AF569600

Seneca
Gesammelte Werke

Seneca

Gesammelte Werke

Aus dem Lateinischen von Otto Apelt

Anaconda

Sämtliche Texte dieses Bandes sind der Ausgabe Seneca: *Philosophische Schriften I–IV.* Leipzig: Meiner 1923 entnommen. Die Auswahl aus den »Moralischen Briefen an Lucilius« übernahm Kim Landgraf, Köln. Orthografie und Interpunktion wurden unter Wahrung von Lautstand und grammatischen Eigenheiten den Regeln der neuen deutschen Rechtschreibung angepasst.

Penguin Random House Verlagsgruppe FSC® N001967

3. Auflage

einem Unternehmen der Penguin Random House Verlagsgruppe GmbH,
Neumarkter Straße 28, 81673 München
produktsicherheit@penguinrandomhouse.de
(Vorstehende Angaben sind zugleich
Pflichtinformationen nach GPSR.)

Umschlagmotiv: Seneca-Porträt, www.shutterstock.com / drawhunter
Umschlaggestaltung: Druckfrei. Dagmar Herrmann, Bad Honnef
Satz und Layout: Andreas Paqué, www.paque.de
Druck und Bindung: GGP Media GmbH, Pößneck
Printed in Germany
ISBN 978-3-7306-1032-9
www.anacondaverlag.de

Inhalt

Von der göttlichen Vorsehung

1. Wie kommt es, dass, wenn eine Vorsehung die Welt lenkt, den rechtschaffenen Menschen doch so viel Unheil widerfährt? So lautet die Frage, die du, mein Lucilius, mir vorgelegt hast. Das ließe sich allerdings bequemer im Verfolg eines größeren Werkes abhandeln, wo bewiesen würde, dass eine Vorsehung über dem Weltall walte und dass Gott seine Hand über uns halte. Doch hier gilt es, von dem Ganzen einen kleinen Teil abzuzweigen und sich mit einem einzelnen Einwurf abzufinden, ohne auf die Sache als Ganzes mich einzulassen. So kann ich es mir denn leicht machen, indem ich als Anwalt der Götter auftrete.

Es erübrigt sich für den vorliegenden Zweck, darzutun, dass dieser gewaltige Weltenbau nicht bestehen könne ohne irgendeinen Hüter und dass dieses Sternenheer mit seinen mannigfachen Bahnen nicht Wirkung eines zufälligen Anstoßes sei, und dass anderseits, was der Zufall in Bewegung setzt, häufigen Störungen ausgesetzt sei und leicht anstoße, während dieser in ungestörter Schnelligkeit sich vollziehende Sternenlauf, der so große Massen von Erde und Meer, so viele hellstrahlende und nach fester Ordnung leuchtende Lichter mit sich führt, sich nur unter dem Machtgebot eines ewigen Gesetzes vollziehen kann. Diese Ordnung ist unvereinbar mit dem Wesen einer unstet umherirrenden Materie, und was sich nur blindlings zusammengefunden hat, kann unmöglich in so künstlicher Lage bleiben, dass die gewaltige Last der Erde in unbeweglicher Ruhe verharre als Zuschauer der raschen Flucht des sich um sie herumdrehenden Himmels, oder dass die in die Niederungen eingedrungenen Meere den Boden aufweichen, ohne ein Anschwellen durch die Flüsse erkennen zu lassen, oder dass aus winzigen Körnern das Größte erwächst. Selbst das, was ohne Ordnung und sichere Regel vor sich zu gehen scheint, nämlich Regengüsse, Gewölk, das Zucken geschleuderter Blitze, die aus geborstenen Bergesgipfeln sich ergießenden Feuermassen, das Erbeben des wankenden Erdbodens und was sonst noch an Aufruhrerscheinungen auf dem Erdenrund sich zeigt, vollzieht sich nicht regellos trotz seiner Plötzlichkeit; vielmehr hat auch dies seine Gründe nicht weniger als die Wunderdinge, die man an fernen Orten bemerkt hat, als da sind warme Quellen inmitten der Fluten sowie geräumige neue Inseln, die aus dem weiten Meere emporsteigen. Beobachtet man ferner, wie das Gestade entblößt wird, wenn das Meer sich in sich selbst zurückzieht, und wie es nach kurzer Zeit wieder von der Flut bedeckt wird, soll man dann glauben, es sei eine blindlings wirkende Strömung, durch welche die Wogen bald zusammengezogen und in sich selbst zusammengedrängt werden, bald wieder hervorbrechen und in mächtigem Andrang sich wieder über ihren alten Platz ergießen, während sie doch in bestimmtem Maße anschwellen und pünktlich nach Stunde und Tag sich vergrößern und vermindern, je nach dem bestimmenden Einfluss des Mondes, der den Fluten des Ozeans ihr Gesetz vorschreibt? Das wird alles erst seiner Zeit zur Sprache kommen und dies umso mehr, weil du an der Vorsehung nicht zweifelst, sondern dich nur über sie beschwerst. Ich will dich mit den Göttern versöhnen, die es mit den Besten auch immer am besten meinen. Denn es wäre wider die Natur, dass je dem Guten das Gute schade. Zwischen guten Menschen und Göttern besteht Freundschaft, und was sie vermittelt, ist die Tugend. Und etwa bloß

Freundschaft? Nein, auch Verwandtschaft und Ähnlichkeit; denn der Gute ist nur in Beziehung auf die zeitliche Dauer von Gott verschieden, sein Schüler und Nacheiferer und wahrhaftiger Abkömmling, den jener hochherrliche Vater, kein lauer Wächter der Tugend, nach Art gestrenger Väter nicht ohne Härte aufzieht. Bemerkst du also, dass gute und den Göttern wohlgefällige Menschen sich abmühen, sich plagen und mühsam emporklimmen, während schlechte in Schwelgerei und Wollust ihr Leben dahinbringen, so bedenke: Auch wir finden Gefallen an dem bescheidenen Auftreten unserer eigenen Söhne, während wir an dem Mutwillen jugendlicher Sklaven nichts auszusetzen haben; jene werden durch strengere Zucht in Schranken gehalten, diese in ihrer Keckheit bestärkt. Ebenso sollst du von der Gottheit denken: Den guten Menschen verhätschelt sie nicht, sie lässt ihn harte Proben durchmachen und gestaltet ihn nach ihrem Muster.

2. »Warum begegnen den Guten viele Widerwärtigkeiten?« Dem Guten kann nichts Böses widerfahren: Was einander entgegengesetzt ist, verschmilzt nicht zur Einheit. Wie die Menge der Ströme, wie die Masse des vom Himmel fallenden Regens, wie die starke Kraft der Heilquellen den Geschmack des Meerwassers nicht ändert, nicht einmal mildert, so bricht sich der Ansturm von Widerwärtigkeiten an der Sinnesart eines tapferen Mannes. Er, der Tapfere, verharrt in seiner Haltung und lässt kein Ereignis an sich herantreten, das nicht *seine* Farbe annehmen müsste; ist er doch mächtiger als alles, was von außen kommt. Das soll nicht heißen: Er fühlt es nicht, wohl aber: Er überwindet es und bietet, sonst ruhig und gelassen, dem, was über ihn hereinbricht, mannhaft Trotz. Alle Widerwärtigkeiten sind in seinen Augen nichts als Kraftproben. Wer aber, wenn er überhaupt ein Mann und für Ehre empfänglich ist. sehnte sich nicht nach würdiger Anstrengung und nach Erfüllung gefahrvoller Aufgaben? Ist nicht für jeden Tatenfrohen das Nichtstun eine Strafe? Man blicke doch um sich: Ath-

leten, denen es Ernst ist mit der Steigerung ihrer Kräfte, schlagen sich am liebsten immer mit den Tapfersten und verlangen von denen, durch die sie sich zum Wettkampf einüben lassen, dass sie ihre volle Kraft gegen sie selbst einsetzen; sie lassen sich Wunden und Drangsale gefallen, und wenn sich nicht Gegner finden, die einzeln ihnen gewachsen sind, so nehmen sie den Kampf zugleich mit mehreren auf. Es erschlafft die Tapferkeit ohne Gegner; erst dann tritt ihre Größe und ihre Kraft hervor, wenn sie durch geduldiges Beharren ihre Stärke bezeugt. Lass dir gesagt sein: Ebenso müssen sich die Guten verhalten: Sie dürfen das Harte und Schwere nicht scheuen und dürfen sich nicht über das Schicksal beklagen; was auch kommen mag, sie müssen sich darein schicken, müssen es zum Guten auslegen. Nicht was, sondern wie man es erträgt, darauf kommt es an. Gewahrst du nicht den großen Unterschied in Sachen der Nachsicht zwischen Vätern und Müttern? Jene wollen ihre Kinder frühzeitig zu ernster Arbeit angetrieben sehen, lassen sie auch an Feiertagen nicht müßig gehen, ersparen ihnen keinen Schweiß, ja zwingen sie mitunter sogar zu Tränen. Dagegen wollen die Mütter sie im Schoße hegen, sie im Schatten halten, wollen sie niemals betrübt, niemals weinend, niemals bei strenger Arbeit sehen. Gottes Gesinnung gegen die Guten ist von der väterlichen Art, seine Liebe zeugt von Tapferkeit. »Sie müssen sich«, so spricht er, »in Atem erhalten durch werktätige Anstrengung, durch Schmerzen und Verluste, um wahre Kraft zu gewinnen.« Was in trägem Behagen aufgefüttert worden ist, das erweist sich als unzulänglich nicht nur für jede Arbeit, sondern auch für die Bewegung, und zwar durch seine eigene Last. Unangefochtenes Glück hält keinen Schlag aus. Aber wer in beständigem Kampfe mit Widerwärtigkeiten liegt, der bekommt durch die Unbilden eine harte Haut, er weicht keinem Unglück, und ist er auch zu Boden gefallen, so kämpft er noch auf den Knien. Du wunderst dich, dass Gott, der für alle Guten die höchste Liebe hegt und sie so trefflich und so hervorragend wie möglich zu sehen wünscht, ihnen ein

Schicksal auferlegt, mit dem sie hart zu ringen haben. Ich aber wundere mich nicht, wenn die Götter zuweilen sich veranlasst fühlen, große Männer im Kampfe mit irgendwelchem Missgeschick zu sehen. Uns macht es zuweilen Vergnügen, wenn ein herzhafter Jüngling ein auf ihn losstürzendes Tier mit seinem Jagdspieße auffängt, wenn er, ohne seine Fassung zu verlieren, dem Ansturm eines Löwen standhält, und das Schauspiel ist umso erfreulicher, je edler derjenige ist, der es uns bietet. Das sind keine Dinge, die der Götter Blicke auf sich ziehen könnten: Es ist Kinderspiel in ihren Augen und Kurzweil menschlichen Leichtsinns. Dagegen ein anderes Schauspiel, würdig, den Blick des ernst über seinem Werke wachenden Gottes auf sich zu lenken: Schaue ein Kampfespaar, würdig des Gottes: einen tapferen Mann im Kampfe mit einem widrigen Schicksale, zumal wenn er es selbst herausgefordert hat. Ich wiederhole es: Ich wüsste nicht, welches schönere Schauspiel Jupiter auf der Erde haben könnte, wenn anders er darauf achten mag, als einen Cato zu sehen, wie er nach dem Sturze seiner mehrfach geschlagenen Partei gleichwohl aufrechten Hauptes dasteht inmitten des allgemeinen Ruins. »Mag auch«, so spricht er, »alles der Gewalt des Einen anheimgefallen sein, mögen die Länder von Legionen, die Meere von Flotten bewacht sein, mag Caesars Soldateska die Tore verrammeln, gleichviel: Cato findet doch seinen Ausweg; eine Hand wird genügen, der Freiheit eine weite Gasse zu machen. Dies Schwert, auch im Bürgerkriege rein und schuldlos erhalten, wird endlich einen guten und herrlichen Dienst leisten: Die Freiheit, die es dem Vaterlande nicht schaffen konnte, wird es dem Cato verleihen. Zage nicht, mein Herz, mache dich an das lange bedachte Werk, wirf die menschlichen Dinge von dir! Schon haben Petrejus uud Juba miteinander wetteifernd den gegenseitigen Tod gesucht und gefunden, einer von des anderen Hand tödlich getroffen. Eine tapfere und preiswürdige Todesgemeinschaft, die aber unserer Größe nicht entspricht. Für einen Cato ist es ebenso schimpflich, von einem anderen den Tod zu erbitten als das

Leben.« – Kein Zweifel: Die Götter haben mit hoher Freude dreingeschaut, wie dieser Mann, sein eigener entschlossenster Rächer, noch Sorge trägt für die Rettung anderer und Anordnungen trifft für die Flucht der Geschlagenen, wie er bis tief in die Nacht hinein seinen Wissensdrang durch Lektüre befriedigt, wie er sein Schwert in die unentweihte Brust stößt, wie er seine Eingeweide herausreißt und seiner erhabenen Seele, die es nicht verdiente, mit dem Schwert in Berührung zu kommen, mit der eigenen Hand zur Freiheit verhilft. Daraus erklärt sich wohl auch die Tatsache, dass der verwundende Stoß sein Ziel nicht sicher erreichte: Die Götter wollten den Cato nicht bloß einmal sehen. Seine Seelengröße musste noch länger auf Erden verweilen und ward zurückgehalten, um sich in noch schwierigerer Lage zu bewähren. Denn der einmalige Todesentschluss fordert nicht so hohen Mut wie die Wiederholung desselben. Warum sollten die Götter sich nicht des Anblickes erfreuen, wie ihr Zögling auf eine so herrliche und denkwürdige Weise abtritt? Der Tod gibt denen die volle Weihe, deren Ende auch diejenigen preisen, die es fürchten.

3. Doch will ich nun im weiteren Verlauf meiner Darstellung zeigen, wie unzutreffend die Vorstellung ist, dass, was ein Übel scheint, es auch wirklich ist. Zunächst behaupte ich, dass das, was du als hart, als widerwärtig und abscheulich bezeichnest, erstens nur zum Besten derer diene, die davon betroffen werden, sodann zum Besten der Gesamtheit, deren Wohl den Göttern mehr am Herzen liegt als das des Einzelnen, ferner, dass es in Einklang mit ihrem Willen geschehe und dass sie das Unglück verdienen, wenn das nicht der Fall ist. Dem soll dann der Nachweis folgen, dass dieser Lauf der Dinge ein Werk des Schicksals sei und sich für die Guten nach genau demselben Gesetze vollziehe, nach welchem sie selbst gut sind. Endlich werde ich dir klarmachen, dass du niemals einen tugendhaften Mann bemitleiden darfst, denn wohl kann er unglücklich genannt werden, aber sein kann er es nicht.

Von allen genannten Punkten scheint der schwierigste der erstgenannte zu sein, nämlich, dass das Gefürchtete und Beängstigende denen, welchen es zustößt, selbst zum Besten diene. »Zu ihrem Besten soll es dienen, erwiderst du, in die Verbannung gestoßen zu werden, Weib und Kind zu Grabe zu tragen, Schande und Schaden über sich ergehen zu lassen?« Wenn du dich wunderst, dass dies einem zum Besten dienen soll, dann müsstest du dich auch wundern, dass so manche durch Wasser und Feuer geheilt werden und nicht minder durch Hunger und Durst. Bedenkst du aber, dass zum Zwecke der Heilung Knochen vom Fleische abgelöst und herausgenommen, Adern hervorgezogen und manche Glieder abgenommen werden, deren Verbleiben an ihrem Platze das unausbleibliche Verderben des ganzen Körpers zur Folge gehabt hätte, so wirst du dir auch den Nachweis gefallen lassen, dass manches Ungemach zum Besten derer dient, die es trifft: Das genaue Gegenspiel zu der Tatsache, dass manches, was man preist und leidenschaftlich begehrt, denen zum Nachteil gereicht, die daran ihr Wohlgefallen gefunden haben; man denke nur an das Nächstliegende, an Überladung des Magens und Trunkenheit, die durch die Lustbegier tödlich wirken. Zu den vielen vortrefflichen Aussprüchen unseres Demetrius gehört der folgende, der mir noch frisch im Gedächtnis ist; noch klingt er und rauscht er mir in den Ohren. »Nichts«, sagte er, »kommt mir unglücklicher vor als ein Mensch, dem nie etwas Widerwärtiges begegnet ist.« Denn er hat keine Gelegenheit gehabt, sich selbst auf die Probe zu stellen. Mag ihm auch alles nach Wunsche gegangen, ja seinem Wunsche vorausgeeilt sein, das Urteil der Götter über ihn war doch kein günstiges: Er schien ihnen nicht würdig, aus einem Kampfe mit dem Schicksal dereinst als Sieger hervorzugehen. Das Schicksal weicht gerade den größten Memmen aus, als spräche es: »Was soll mir dieser als Gegner taugen? Er wird alsbald die Waffen strecken; gegen ihn bedarf es nicht meiner vollen Macht; eine leichte Drohung wird ihn zurückscheuchen; er kann meinen Blick nicht aushalten. Nach einem anderen muss ich mich umschauen, mit dem ich mich auf einen Kampf einlassen kann; es wäre schamlos, mich mit einem Menschen zu messen, der die Niederlage selbstverständlich findet.« Der Gladiator sieht es als eine Schmach an, mit einem Schwächeren sich zu messen; er weiß, dass es kein Ruhm ist, den zu besiegen, der ohne Gefahr zu besiegen ist. Ebenso hält es das Schicksal: Es sucht sich die Tapfersten heraus, die ihm gewachsen sind; an manchen geht es verächtlich vorüber. Gerade den Trotzigsten und in stolzester Haltung Dastehenden greift es an, um seine Kraft gegen ihn anzustrengen: Mit Feuer probiert es seine Kraft an Mucius, mit Armut an Fabricius, mit Verbannung an Rutilius, mit Folterqualen an Regulus, mit Gift an Sokrates, mit dem Tode an Cato. Ein erhabenes Beispiel ist nur möglich als Folge eines bösen Schicksals.

Ist Mucius etwa unglücklich, weil seine Rechte in das Feuer der Feinde greift und sich selbst für seinen Irrtum bestraft? Dass er den König, den er mit bewaffneter Hand nicht in die Flucht schlagen konnte, mit der verbrannten forttreibt? Wie? Wäre er etwa glücklicher, wenn er die Hand am Busen einer Geliebten wärmte?

Ist Fabricius etwa unglücklich, weil er, soweit er von Staatsgeschäften frei war, sein Ackerland bestellt? Dass er Krieg führt so gut gegen Pyrrhus wie gegen den Reichtum? Dass er vom eigenen Herde eben die Wurzeln und Kräuter verzehrt, die er dem Boden durch eigene Arbeit abgewonnen hat, er, der greise Triumphator? Wie? Wäre er etwa glücklicher, wenn er seinem Bauche Fische von fernen Küsten her oder ausländisches Geflügel zuführte, wenn er mit Austern aus dem adriatischen und tyrrhenischen Meer der Trägheit seines überladenen und übelgestimmten Magens wieder aufhülfe, wenn er das ausgesuchteste Wildbret, die blutreiche Beute der Jäger mit einem mächtigen Obstkranze umrahmte?

Ist Rutilius unglücklich, weil diejenigen, die ihn verurteilt haben, sich der Verantwortung vor allen Jahrhunderten ausgesetzt sehen? Weil er mit größerem Gleichmut den Verzicht auf das Vaterland über sich ergehen ließ, als die Rückkehr aus dem Exil? Dass er der Einzige war, der es wagte, dem Sulla ein Nein entgegenzusetzen und, als er zurückgerufen ward, nahe daran war, seine Flucht noch fortzusetzen und sich noch weiter zu entfernen? »Da magst du«, sagt er, »deine Zuschauer finden an denen, die dein Glück mit dir teilen. Mögen sie die Blutströme schauen auf dem Forum, und am Servilianischen See – das ist ja die Mördergrube für Sullas Geächtete – die Häupter der Senatoren und die Mörderbanden, die die Stadt durchstreifen, und die vielen Tausende römischer Bürger, die auf dem *einen* Platze hingeschlachtet wurden nach empfangener Sicherheitsbürgschaft, nein, vielmehr gerade aufgrund derselben: Mögen dem die zuschauen, die es nicht über sich bringen, im Exil zu leben.« Wie? Ist also Sulla glücklich, weil ihm, wenn er sich nach dem Forum begibt, mit dem Schwerte Platz gemacht wird, dass er die Köpfe der hingerichteten Konsulare öffentlich ausstellen uud den Mörderlohn durch den Quästor und die Staatskasse zahlen lässt? Und das alles tut der Mann, der das Cornelische Gesetz gab!

Nun mag Regulus an die Reihe kommen. Was hat ihm das Schicksal geschadet, dass es ihn zu einem Muster von Treue, zu einem Muster von Geduld gemacht hat? Nägel durchbohren ihm die Haut, und wo er auch für seinen erschöpften Leib eine Lagerstätte sucht, immer kommt er auf eine Wunde zu liegen, nie senken sich seine Augenlider zum Schlafe: Je größer die Qual, umso größer der Ruhm, dessen er teilhaftig werden wird. Willst du wissen, wie wenig es ihn reue, den Preis der Tugend so hoch veranschlagt zu haben? Gib ihm das Leben zurück und schicke ihn in den Senat: Er wird nicht anders stimmen.

Du hältst also den Mäcenas für glücklicher, der von Liebesqualen gepeinigt und in Tränen sich verzehrend über die tägliche Sprödigkeit seiner eigensinnigen Gattin durch die sanften Melodien der aus der Ferne erklingenden Musik den Schlaf sucht? Mag er sich durch stärksten Wein betäuben, mag er durch das Rauschen von Wasserfällen den Geist ablenken, mag der durch den Trug von tausend Lustbarkeiten seine geängstete Seele täuschen: Er bleibt auf seinem Flaumlager ebenso wachend wie jener auf seiner Marterbank. Aber jener hat den Trost, dass es die Ehre ist, für die er Hartes erduldet, und er blickt von dem Leiden zurück auf die Ursache, während dieser, durch Wollust erschlafft und an dem Übermaß von Glück leidend, mehr gequält wird durch das, was er duldet, als durch die Ursache seines Leidens. Noch haben die Laster nicht dermaßen die Oberhand bekommen über das Menschengeschlecht, dass es zweifelhaft wäre, ob nicht, wenn der Mensch sein Schicksal selbst wählen dürfte, er in der Regel lieber zu einem Regulus als zu einem Mäcenas geboren sein möchte. Sollte sich aber einer finden, der sich nicht entblödete zu sagen, er hätte es vorgezogen, als Mäcenas und nicht als Regulus geboren zu werden, so hat er, mag er es auch nicht aussprechen, es doch zugleich vorgezogen, als eine Terentia geboren zu werden.

Meinest du, es sei dem Sokrates schlecht ergangen, weil er jenen Giftbecher, zu dem ihn der Staat verurteilt hatte, gerade so austrank, als wäre es eine Arznei für die Unsterblichkeit, und vom Tode sprach, bis dieser selbst eintrat? Ist es ihm übel ergangen, dass sein Blut erstarrte und das Pulsieren der Adern durch die eintretende Kälte allmählich zum Stillstand kam? Wie viel mehr ist er zu beneiden als jene Schlemmer, denen mit Gefäßen aus Edelstein aufgewartet wird, denen ein elender, sich zu jeglicher Gefälligkeit hergebender Lotterbube von ausgemachter Impotenz oder zweifelhafter Mannheit den auf goldener Schüssel präsentierten Schnee zerrinnen lässt. Was sie trinken, das geben diese Kumpane durch Erbrechen zu ihrem Leidwesen wieder von sich, wobei sie ihre eigene Galle zu kosten bekommen. Dagegen wird jener freudig und gern seinen Giftbecher leeren.

Was den Cato anlangt, so genügt das Gesagte. Die Menschheit wird ihm immer das Zeugnis ausstellen, dass ihm das höchste Glück widerfahren sei.

Ihn hat die Natur auserwählt, um als furchtbare Gegnerin ihn im Kampfe zu erproben. »Mit der Feindschaft der Großen (so spricht die Natur) hat es nicht wenig auf sich: So stelle er sich denn dem Pompejus, Caesar und Crassus zu gleicher Zeit entgegen. Es will etwas heißen, sich hinter schlechtere Menschen an Ehre zurückgestellt zu sehen: So trete er denn hinter einen Vatinius zurück. Es ist nichts Geringes, an Bürgerkriegen teilzunehmen: So mag er denn auf dem ganzen Erdenrund für die gute Sache so unglücklich wie beharrlich kämpfen. Es ist keine Kleinigkeit, Hand an sich zu legen: Mag er es denn tun. Was will ich damit erreichen? Es soll jedermann wissen, dass das kein Übel sei, dessen ich einen Cato würdig erachtete.«

4. Glückskinder zu sein können sich auch Massen- und Alltagsmenschen rühmen: Aber schweres Unheil und Schrecknisse, die über die Menschen hereinbrechen, in ihre Schranken zurückzuweisen, das ist das Vorrecht großer Männer. Immer glücklich zu sein und ohne jede Gemütstrübung das Leben zu durchwandern, heißt nur die *eine* Seite der Natur kennen. Du giltst als großer Mann. Aber woher weiß ich das, wenn dir das Schicksal nicht Gelegenheit gibt, deine Tugend zu bewahren? Du hast dich nach Olympia zu den Spielern begeben, aber außer dir niemand. So hast du den Kranz, den Sieg hast du nicht. Ich wünsche dir dazu nicht Glück als einem Helden, sondern wie einem, dem das Konsulat oder die Prätur zugefallen ist: Du bist um eine Ehre reicher geworden. In gleichem Sinne könnte ich auch wohl zu einem ehrenwerten Mann sagen, wenn ihm kein schwierigerer Fall die unbedingt nötige Gelegenheit bot, die Kraft seines Charakters zu zeigen: »Ich erkläre dich für unglücklich, weil du niemals unglücklich geworden bist. Du bist durchs Leben gegangen, ohne einen Gegner zu haben; niemand kann wissen, was du vermagst, nicht einmal du selbst.« Denn zur Kenntnis seiner selbst ist Erprobung unerlässlich. Was man vermag, kann man nicht anders erkunden als durch eigenen Versuch. Daher haben manche, denen das Unglück nicht nahen wollte, es selbst aus freien Stücken aufgesucht und ihrer Tu-

gend, die im Dunkel zu verschwinden drohte, Gelegenheit verschafft, sich zur Anerkennung zu bringen. Es freuen sich, behaupte ich, zuweilen große Männer über eintretendes Unglück, ganz ähnlich wie Soldaten über den Krieg. Den Gladiator Triumphus hörte ich unter dem Kaiser Tiberius Klage führen über den Mangel an öffentlichen Schaustellungen: »Wie schade«, sagte er, »um die schöne Zeit.« Die Tugend sehnt sich nach Gefahr und denkt an ihr Ziel, nicht an das, was sie zu leiden haben wird; denn auch das, was sie dulden wird, ist ein Teil ihres Ruhmes. Kriegsmännner rühmen sich ihrer Wunden; froh über den glücklichen Erfolg, weisen sie auf die blutenden Stellen hin; wer unversehrt aus der Schlacht zurückkehrt, mag das Gleiche geleistet haben: Gleichwohl zieht der die Augen mehr auf sich, der verwundet heimkehrt. Gerade dann, behaupte ich, sorgt die Gottheit für die, die sie am meisten geehrt zu sehen wünscht, wenn sie ihnen Gelegenheit bietet zu mutigen und tapferen Taten. Dazu bedarf es irgendwelcher schwierigen Lage: Den Steuermann lernst du im Sturm, den Krieger in der Schlacht erkennen. Woher sollte ich wissen, wie viel Widerstandskraft du gegen die Armut hast, wenn du vor Reichtum nicht weißt, wohin damit? Woher sollte ich wissen, welche Beharrungskraft du hast gegen Schmach, Verleumdung und Volkshass, wenn du bis ins Alter hierin nichts als Beifall genießest, wenn dich unverwüstbare Gunst begleitet, die aus tiefer Neigung der Herzen dir zuströmt? Woher weiß ich, mit welchem Gleichmut du den Verlust von Kindern ertragen wirst, wenn du die Deinigen noch alle um dich siehst? Ich habe dich andere trösten hören; aber zu augenscheinlicher Erkenntnis wäre ich erst dann gekommen, wenn du dich selbst getröstet, wenn du selbst deinem Schmerze Schweigen geboten hättest. Um des Himmels willen, zittert doch nicht vor dem, was die unsterblichen Götter gleichsam als Sporn für euer Herz euch zuführen! Das Missgeschick ist die Schule der Tugend. Diejenigen kann man mit Recht unglücklich nennen, die durch des Glückes Überfülle in Schlaffheit verfallen, die wie auf regungslosem Meere träge Ruhe gefesselt hält. Was über sie hereinbricht, wird ihnen ein ungewohnter Schrecken sein. Wer keine Erfahrung hat, der fühlt sich durch Schicksalsschläge härter getroffen; für den noch zarten Nacken ist das Joch eine drückende Last. Der bloße Gedanke an eine Wunde lässt den jungen Soldaten erblassen: Ohne die Miene zu verziehen, schaut der alte Kriegsmann auf sein fließendes Blut; weiß er doch, dass der Blutverlust häufig den Sieg zur Folge hatte. Die also, denen sie wohl will, die sie liebt, härtet die Gottheit ab, prüft sie, übt sie; diejenigen dagegen, denen sie scheinbar Gunst und Schonung gewährt, spart sie als Weichlinge für kommendes Unglück auf. Denn ihr irrt, wenn ihr an irgendwelche Ausnahme glaubt. Auch jener, der so lange glücklich war, wird sein Teil erhalten. Die scheinbare Freilassung ist nur ein Aufschub. Warum sucht die Gottheit gerade die Besten sei es mit Krankheit sei es mit Trauer sei es mit sonstigem Ungemach heim? Aus demselben Grunde, aus dem auch im Kriegslager mit den gefahrvollen Aufträgen die Tapfersten betraut werden: Die Auserlesensten sendet der Feldherr aus, um im nächtlichen Hinterhalt den Feind anzugreifen oder Erkundungen einzuholen über die Marschlinie oder um einen Posten zu verjagen. Und keiner von den mit solchem Auftrag Ausziehenden sagt etwa: »Der Feldherr hat es übel mit mir gemeint«, sondern: »Er hat richtig geurteilt.« Ebenso mögen diejenigen, denen zugemutet wird, Dinge zu ertragen, die Furchtsamen und Feigen Anlass zu Tränen geben, sagen: »Die Gottheit hat uns für würdig erachtet, an uns zu erproben, was die menschliche Natur zu dulden vermöge.« Lasst ab von eurer Sucht nach Verzärtelung, lasst ab von der Jagd nach dem entnervenden Glück, durch das der Geist erschlafft und, wenn ihn nicht eine ernste Schicksalswarnung zur Besinnung auf das Menschenlos hinführt, gleichsam in ununterbrochene Trunkenheit versinkt. Wen der Schutz der Fenster immer vor jedem Lufthauch bewahrt hat, wessen Füße beständig warm gehalten wurden durch Wärmekissen, die durch Wechsel immer wieder ersetzt wurden, wessen Speisesaal eine immer gleichmäßig warme

Temperatur zeigte durch an den Wänden verdeckt angebrachte Vorrichtungen, dem wird auch der leiseste Luftzug nicht ohne gefährliche Folgen für ihn sein. Alles, was das Maß überschreitet, ist schädlich; am gefährlichsten aber ist maßloses Glück: Es erregt das Gehirn, lässt leere Einbildungen im Geiste auftauchen und breitet darüber ein Dunkel aus, das eine schwanke Mitte hält zwischen Irrtum und Wahrheit. Sollte es nicht besser sein, anhaltendes Unglück erträglich zu machen durch den Beistand der Tugend, als durch unaufhörliche und maßlose Glücksgaben sein Dasein zu untergraben? Leichter ist der Tod durch Hunger; Überladung zersprengt den Leib.

Es halten also die Götter mit den tugendhaften Menschen es so, wie die Lehrer mit ihren Schülern: Sie fordern ein höheres Maß von Leistungen von denen, die höhere Hoffnungen erwecken. Glaubst du, dass den Lakedämoniern ihre Kinder nicht lieb seien, deren Charakterart sie erproben durch Geißelhiebe, denen sie sich von Staats wegen aussetzen müssen? Die Väter selbst dringen in sie, die Geißelschläge standhaft über sich ergehen zu lassen, und bestürmen die Wundgeschlagenen und Halbentseelten mit Bitten, standzuhalten und sich Wunden auf Wunden gefallen zu lassen. Was Wunder also, wenn die Gottheit edle Geister hart prüft? Für die Tugend gibt es kein weichliches Prüfungsmittel. Das Schicksal spart nicht mit Schlägen und Verwundungen gegen uns: Lasst es uns dulden! Es ist nicht Grausamkeit, es ist ein Wettkampf; je öfter wir ihn aufnehmen, umso mehr werden wir an Tapferkeit gewinnen. Der festeste Teil des Körpers ist der, welcher im Dienste der Berufstätigkeit fortwährend geübt worden ist. Wir müssen uns dem Schicksal darbieten, um durch es selbst gegen es gehärtet zu werden. Allmählich wird es uns dahin bringen, dass wir ihm gewachsen sind; die beständig drohende Gefahr wird uns zu Verächtern der Gefahr machen. So hat der Seemann einen Körper, der den Unbilden des Meeres gewachsen ist, der Bauer abgehärtete Hände, der Krieger Arme, die stark genug sind, die Geschosse zu entsenden, der Läufer geschmeidige Glieder: Was jeder geübt hat, darin liegt auch seine festeste Kraft.

Das Dulden ist für den Geist die Schule, um das Dulden gering achten zu lernen. Wozu es dies bei uns bringen kann, wird man erkennen, wenn man beachtet, wie viel bei Völkern, die von der Natur kümmerlich bedacht und eben infolge ihrer Dürftigkeit zu erhöhter Tatkraft gelangt sind – wie viel bei ihnen die Anstrengung zu leisten vermag. Überschaue alle Völker, die jenseits der Grenzen des römischen Friedensgebietes liegen, ich meine die Germanen und alle die schweifenden Völker, die uns an der Donau begegnen. Ein ewiger Winter, ein trüber Himmel liegt auf ihnen, ein unfruchtbarer Boden nährt sie nur kümmerlich; gegen den Regen wehren sie sich durch den Unterschlupf unter Stroh und Laub, über vereiste Sumpfstrecken eilen sie im Sprung dahin, zur Nahrung fangen sie das Wild. Hältst du sie für beklagenswert? Nichts ist beklagenswert, was Gewohnheit zur Natur gemacht hat. Denn mit der Zeit wandelt sich das zum Vergnügen, wozu man sich anfangs nur aus Not verstanden hat. Sie haben keine Heimstätten, keine Wohnsitze, außer denen, welche eintretende Ermüdung sie Tag für Tag errichten lässt. Elende und nur mit Anstrengung zu erwerbende Nahrung, ein grausam hartes Klima, keine Kleidung für den Leib! Was dir als Unglück erscheint, das ist das Lebenslos so vieler Völker! Und da wunderst du dich noch, dass tugendhafte Menschen vom Schicksal gerüttelt werden, um zu innerer Festigung zu gelangen? Kein Baum ist fest und stark, der nicht häufigen Windstößen ausgesetzt ist; gerade diese Erschütterung gibt ihm inneren Halt und lässt seine Wurzeln sich sicherer in das Erdreich einsenken. Nur ein kurzes und fragliches Dasein ist den Bäumen beschieden, die im sonnigen Tale aufgewachsen sind. Um sich also gegen Schrecken zu sichern, liegt es im eigensten Interesse tugendhafter Menschen, sich vielfach in gefahrvollen Lagen zu bewegen und mit Gleichmut zu ertragen, was nur dem ein Übel ist, der mit dem Ertragen auf übelem Fuße steht.

5. Bedenke ferner: Es liegt im Interesse der Gesamtheit, dass gerade die Besten sich sozusagen dem Kriegsdienste weihen und Proben ihrer Kraft ablegen. Gott hat sich, ebenso wie der Philosoph, die Aufgabe gestellt, darzutun, dass, was die große Masse begehrt und was sie mit Scheu von sich weist, weder gut ist noch schlecht. Gut wird etwas sein, wenn er es nur guten Menschen (als Aufgabe) zuweist, schlecht, wenn er nur schlechte Menschen damit behelligt. Ein Gegenstand des Abscheus müsste die Blindheit sein, wenn niemand sein Augenlicht verlöre, außer wer es verdiente, dass man es ihm raubte: Daher mag ein Appius und ein Metellus um sein Augenlicht gebracht werden. Reichtum ist kein Gut (im strengen Sinne): Darum mag ihn auch ein Hurenwirt wie Elius haben, damit die Leute das Geld, das im Tempel seine Weihe empfing, auch im Hurenhaus sehen. Auf keine Weise kann Gott Dinge, die man mit aller Begier ersehnt, mehr in Verruf bringen, als wenn er sie den Verruchtesten zuteilwerden lässt, von den Besten dagegen fernhält. »Aber«, sagt man, »es ist doch wider alle Billigkeit, wenn ein braver Mann verstümmelt oder gekreuzigt oder gefesselt wird, während Schurken mit heiler Haut frei und frech umherspazieren.« Was weiter? Ist's nicht auch unbillig, dass tapfere Männer zu den Waffen greifen, im Lager übernachten und sich als Schutzwehr vor dem Wall aufstellen mit verbundenen Wunden, während gleichzeitig in der Stadt Buben, die sich gewerbsmäßig zu jeder Wollust und Unzucht hergeben, in voller Sicherheit weilen? Und mehr noch. Ist es nicht unbillig, dass die edelsten Jungfrauen des Nachts geweckt werden zum schuldigen Dienste im Tempel, während lockere Dirnen sich des tiefsten Schlafes erfreuen? Der Ruf zur Arbeit hält die Besten in Atem: Der Senat hat oft den ganzen Tag zu tun mit Erledigung geschäftlicher Fragen, während gleichzeitig die verworfensten Gesellen entweder auf dem Marsfelde sich taumelnd herumtreiben oder in einer Garküche stecken oder sich in wer weiß welcher Gesellschaft die Zeit vertreiben.

Die nämliche Erfahrung machen wir in der Menschengemeinschaft überhaupt: Die tugendhaften Männer mühen sich ab, bringen Opfer und werden geopfert, und zwar ohne Widerstreben; sie werden vom Schicksal nicht gezogen, sie folgen ihm und halten gleichen Schritt mit ihm; hätten sie's gewusst, so wären sie ihm zuvorgekommen. Auch folgenden herzhaften Ausspruch erinnere ich mich von unserem wackeren Demetrius gehört zu haben: »Diese einzige Klage«, sagte er, »kann ich gegen euch, ihr unsterblichen Götter, vorbringen, dass ihr mir eueren Willen nicht vorher kundgegeben habt. Dann hätte ich mich früher dazu eingefunden, während ich jetzt erst auf eueren Ruf zur Stelle bin. Wollt ihr mir meine Kinder nehmen? Für euch sind sie geboren. Wollt ihr einen Teil meines Körpers? Nehmt ihn; es ist nichts Großes, was ich damit verspreche; die Zeit ist nicht fern, wo ich ihn ganz verlasse. Wollt ihr mein Leben? Warum sollte ich zögern, euch das wieder anheimzustellen, was ihr mir gegeben habt? Was ihr auch bittet, ich gebe es gern. Aber lieber wäre es mir gewesen, ich hätte es meinerseits euch angeboten als es bloß wieder abgeliefert. Was bedurfte es denn eines Entreißens? Ihr könntet es ja euch entgegenbringen lassen. Aber auch so werdet ihr es nicht entreißen; denn entrissen wird einem etwas nur, wenn man es nicht freiwillig geben will.«

Ich lasse mich zu nichts zwingen, ich dulde nichts wider meinen Willen, ich diene nicht Gott, sondern stehe mit ihm in Einverständnis, und dies umso mehr, als ich weiß, dass alles nach einem festen und für alle Ewigkeit gegebenen Gesetze seinen Ablauf nimmt. Das Schicksal leitet uns, und gleich die erste Stunde bei unserer Geburt hat darüber entschieden, wie viel Zeit weiterhin einem jeden noch bleibt. Eine Ursache hängt von der anderen ab, persönliche und öffentliche Angelegenheiten sind in langer Reihe miteinander verkettet: Daher gilt es, mutig alles auf sich zu nehmen, weil das Eintreten der Ereignisse nicht, wie wir wähnen, zufällig erfolgt, sondern bestimmungsgemäß. Längst schon im Voraus sind deine Freuden, deine Tränen bestimmt, und so mannigfaltig sich auch das Leben der Einzelnen zu gestalten scheint, so kommt es doch am Ende auf das Eine hinaus: Wir empfangen Vergängliches und sind selbst nur vergängliche Wesen. Wozu also unsere Entrüstung? Wozu unser Murren? Dazu sind wir geboren. Mag die Natur mit unseren Körpern, die ihr gehören, machen, was sie will; wir wollen jederzeit frohen und tapferen Sinnes denken: Was wir verlieren, gehört nicht uns. Was ist eines wackeren Mannes Pflicht? Sich dem Schicksal zu ergeben. Es ist ein großer Trost, unsere Vergänglichkeit mit dem Weltganzen zu teilen. Was es auch sein mag, das uns gerade dieses Leben, gerade diesen Tod auferlegt hat, dieselbe Notwendigkeit hält auch die Götter gebunden. Unabänderlich ist die Bahn, der göttliche wie menschliche Angelegenheiten folgen. Jener Gründer und Leiter des Alls hat zwar die Geschicke bestimmt, aber er zeigt sich selbst folgsam und gehorsam; nur *einmal* hat er befohlen.

»Warum aber war Gott so unbillig in der Verteilung des Schicksals, dass er tugendhaften Menschen Armut, Wunden und ein leidvolles Ende zumutete?« Der Künstler kann den Stoff nicht ändern, dieser hat nun einmal seine ihm gegebene Beschaffenheit. Manches kann von manchem nicht losgelöst werden, es hängt zusammen, bildet ein unteilbares Ganzes. Schlaffe Geister, die zum Schlafe geneigt sind oder zu einem Wachen, das sich vom Schlafe kaum unterscheidet, sind aus trägen Elementen geformt; dass ein *Mann* erstehe, der im vollsten Sinne des Wortes diesen Namen verdient, dazu bedarf es eines gewaltsameren Geschickes. Es öffnet sich ihm keine ebene Bahn; bergauf, bergab führt sein Weg, er muss sich hin- und herwerfen lassen und muss sein Schiff im Sturme lenken. Er muss seinen Kurs halten gegen das Schicksal. Viel Trübsal, viel Leid wird über ihn hereinbrechen; aber er hat die Kraft zu lindern und auszugleichen. Feuer erprobt das Gold, Ungemach tapfere Männer. Schau hin auf das hohe Ziel, das der Jugend gesteckt ist, und du wirst dir sagen, dass es kein bequemer und sicherer Weg ist, den sie zu wandeln hat.

> Steil im Beginn ist der Weg, dass kaum die Rosse, vom Frührot frisch gestärkt, ihn erklimmen, am steilsten mitten am Himmel. Siehe, da graut es mir selbst manchmal, das Meer und die Länder anzuschauen, und es schlägt mir das Herz in zagendem Schauder. Rasch ab neigt sich das Ende, besonnener Leitung bedarf es. Oft dann fürchtet für mich, die in wogender Tiefe mich aufnimmt, Tethys selber, ich möchte hinab jäh stürzen zum Abgrund.

Als der hochherzige Jüngling dieses gehört, erwiderte er: »Er gefällt mir, dieser Weg; ich erklimme ihn. Es lohnt sich, ihn zu wandeln, auch wenn man zu Sturz kommen muss.« Ohn' Unterlass sucht nun der Vater den hochgemuten Sohn durch Schreckbilder einzuschüchtern:

> Dass du behaltest den Weg, nicht abgezogen zur Irrfahrt,
> Schreiten musst du hindurch den Hörnern
> des Stieres vorüber,
> Durch des Schützen Geschoss und den Blick
> des grimmigen Löwen.

Darauf jener: »Spann ihn an, den zugesagten Wagen. Was mich deiner Meinung nach einschüchtern soll, das reizt mich nur. Dort will ich stehen, wo die Sonne selbst wankt.«

Der Niedrige und Träge wählt den sicheren Weg: Auf den Höhen wandelt die Tugend.

6. »Warum aber lässt die Gottheit es zu, dass den tugendhaften Menschen Schlimmes widerfährt?« Sie lässt es ja gar nicht zu. Alles wirklich Schlimme hält sie von ihnen ja fern, Verbrechen, Laster, ruchlose Gedanken, habgierige Anschläge, blinde Lustbegier und nach fremdem Gute trachtende Habsucht; ihnen selbst gewährt sie Schutz und Schirm: Verlangt etwa jemand von Gott auch noch

dies, dass er sich zum Behüter ihres Reisegepäcks mache? Sie selbst denken nicht daran, der Gottheit diese Sorge aufzubürden: Sie sind Verächter alles äußeren Gutes. Demokrit warf seinen Reichtum von sich, denn er sah in ihm nur ein Hemmnis für seinen edelen Geist. Was wunderst du dich also, wenn die Gottheit einem tugendhaften Manne widerfahren lässt, was dem Tugendhaften bisweilen selbst nur als Erfüllung seines eigenen Wunsches erscheint? Tugendhafte Männer verlieren Kinder. Warum nicht? Kommen doch Fälle vor, wo sie selbst ihre Kinder töten. Sie werden in die Verbannung getrieben. Warum nicht? Kommt es doch vor, dass sie selbst ihr Vaterland verlassen, um es nie wiederzusehen. Sie werden getötet. Warum nicht? Kommt es doch vor, dass sie selbst Hand an sich legen. Warum haben sie manches Harte zu erdulden? Damit sie andere dulden lehren; sie sind zum Vorbild geboren. Denke dir also, die Gottheit sage: »Was habt ihr für einen Grund, über mich zu klagen, ihr, die ihr Wohlgefallen habt am Rechten? Andere habe ich mit falschen Gütern ausgestattet und ihre nichtigen Seelen gleichsam durch einen langen und trügerischen Traum zum Besten gehabt: Mit Gold, mit Silber, mit Elfenbein habe ich sie überschüttet, in ihrem Inneren suchst du vergebens nach etwas Gutem. Siehst du diese Leute, die dir glücklich scheinen, nicht in ihrem öffentlichen Auftreten, sondern in der Verborgenheit, so sind sie bedauernswert, schmutzig, hässlich, ähnlich wie ihre Wände nur äußerlich übertüncht. Das ist kein echtes und reines Glück: Es ist nichts als eine Kruste, und zwar eine dünne. Solange sie also in der Lage sind, sich aufrecht zu halten und sich das gewünschte Aussehen zu geben, so lange glänzen sie und machen Eindruck: Tritt aber ein störendes Ereignis ein und reißt die Hülle weg, dann zeigt es sich, welchen Abgrund wahrer Scheußlichkeit der erborgte Glanz in sich barg. Euch habe ich sichere und bleibende Güter gegeben, die, je mehr man sie hin und her wendet und von allen Seiten betrachtet, sich als umso besser und höher erweisen. Ich habe es euch möglich gemacht, das Furchtbare zu verachten, euch mit Ekel abzuwenden von den niedrigen Begierden; ihr glänzt nicht von außen, euere Güter haben ihre Richtung nach dem Inneren. So achtet die Schöpfung nicht dessen, was etwa außerhalb ihrer ist, ganz versunken in die Freude an dem Schauspiel, das sie selbst sich gewährt. Ins Innere habe ich alles Gute gelegt; des Glückes nicht zu bedürfen, das ist euer Glück.

›Aber es kommt doch viel Trauriges, Furchtbares, schwer zu Ertragendes.‹ Dies konnte ich euch nicht ersparen, aber dafür habe ich eure Seelen gegen alles gewappnet. Traget es standhaft. Hier habt ihr vor der Gottheit etwas voraus: Für *sie* gibt es überhaupt kein Dulden von Unglück, ihr seid darüber erhaben. Verachtet die Armut: Es lebt niemand so arm, als da er geboren ward. Verachtet den Schmerz: Er wird entweder selbst aufgelöst werden oder *euch* auflösen. Verachtet den Tod: Er macht entweder ein Ende mit euch oder verpflanzt euch anderswohin. Verachtet das Schicksal: Ich habe ihm keine Waffe gegeben, mit der es euern Geist treffen könnte. Und was noch mehr besagen will als alles dies: Ich habe Sorge getragen, dass nichts euch (vom Tode) zurückhalte wider eueren Willen. Der Ausweg steht euch offen; wollt ihr nicht kämpfen, so steht es euch frei, zu fliehen. Daher habe ich von allem, was ich für euch als notwendig erachtete, nichts leichter gemacht als zu sterben. Ich habe der Seele eine dem Wunsche entgegenkommende Stellung angewiesen: Sie lässt sich ziehen; gebet nur Acht und ihr werdet sehen, wie kurz und wie leicht gangbar der Weg ist, der zur Freiheit führt. Ich habe euch den Ausgang kürzer gemacht als den Eingang; sonst würde das Schicksal eine große Gewalt gegen euch in der Hand behalten haben, wenn es mit dem Sterben des Menschen so langsam ginge wie mit der Geburt. Jede Zeit, jeder Ort kann euch zeigen, wie leicht es sei, der Natur den Dienst zu kündigen und, was sie uns geschenkt, ihr wieder anheimzustellen. Ja, auch an den Altären und bei Vollzug der feierlichen Opfergebräuche, inmitten der Gebete und Wünsche, die dem Leben gelten, lernet zugleich den Tod. Die wohlgenährten Körper der Stiere werden durch einen kurzen Stich zu Fall gebracht, und Tiere von gewaltiger Kraft streckt ein Schlag der menschlichen Hand nieder; ein schmales Messer durchschneidet die Sehnen des Nackens, und, ist jenes Mittelglied, welches Kopf und Hals verbindet, durchschnitten worden, dann stürzt die ganze Körpermasse zu Boden.

Der belebende Hauch hat seine Stätte nicht in der Tiefe, und es bedarf nicht schlechtweg des Schwertes, um ihn herauszuholen. Man hat nicht nötig, durch eine tiefe Wunde die inneren Organe zu erkunden: In nächster Nähe ist der Tod. Keinen bestimmten Punkt habe ich zu diesem Stoße ausgesucht: Wähle ganz nach deinem Wunsch, du findest das Ziel. Das, was man »Sterben« nennt, diese Trennung der Seele vom Körper, vollzieht sich mit einer Schnelligkeit, die überhaupt nicht wahrnehmbar ist. Mag nun eine Schlinge den Schlund zuschnüren oder Wasser den Atem absperren, oder mag einer durch Sturz mit dem Kopf auf harten Boden zerschmettert worden sein, oder mag der Andrang der lodernden Flammen einem den Atemzug abgeschnitten haben, was es auch sei, es folgt ein schleuniges Ende. Schämt ihr euch nicht? Was sich so schnell vollzieht, fürchtet ihr wer weiß wie lange.«

Drei Bücher vom Zorn

Erstes Buch

I. Du hast mich aufgefordert, mein Novatus, zur Abfassung einer Schrift über die Mittel, durch die man den Zorn beschwichtigen könne, und du hast, wie mir scheint, auch allen Grund dazu, gerade diese Leidenschaft zu fürchten, die unter allen die widerwärtigste und rasendste ist. Die anderen nämlich haben doch immerhin noch etwas Ruhiges und Gelassenes; diese aber ist ganz nur Aufregung und Schmerzenssturm, rasend in unmenschlicher Begier nach Waffen, Blut und Todesstrafe, nur erpicht darauf, dem anderen zu schaden, und dabei die Achtung vor sich selbst vergessend, sich mitten hineinstürzend in den Pfeilregen und schnaubend nach Rache, die den Rächer selbst mit ins Verderben zu ziehen droht. Es hat daher Philosophen gegeben, die den Zorn einen zeitweiligen Wahnsinn nannten; denn ähnlich wie dieser ist er nicht Herr über sich selbst, setzt sich über allen Anstand hinweg, vergisst alle Verwandtschaftsbande, hält starr und steif an seinem Vorsatz fest, verschließt sich jeder vernünftigen und heilsamen Überlegung, lässt sich durch nichtige Ursachen zur Flamme entfachen, hat kein Auge für Billigkeit und Wahrheit: So gleicht er dem einstürzenden Gebäude, welches über dem Untergrund, auf den es stürzt, in Trümmer zerschellt. Um aber zur Gewissheit zu gelangen, dass die vom Zorn Besessenen nicht recht bei Verstande sind, wirf nur einen prüfenden Blick auf ihr äußeres Gebaren. Denn wie für Tobsucht sichere Kennzeichen sind der freche und drohende Blick, die düstere Stirn, der hastige Gang, die zuckenden Hände, die auffallende Gesichtsfarbe, das häufige und krampfhafte Atemholen, so finden sich die nämlichen Kennzeichen auch an den Zornigen: Die Augen flammen und blitzen, das ganze Antlitz ist hochgerötet durch den Andrang des aus dem tiefsten Herzen emporquellenden Blutes, die Lippen zittern, die Zähne pressen sich zusammen, die Haare richten sich starrend empor, der Atem ist schwer und geräuschvoll, man hört förmlich, wie sich die Glieder in den Gelenken drehen, dazu ihr Stöhnen und Brüllen und ihre stoßweise hervorgeschleuderten, unverständlichen Worte, das häufige Zusammenschlagen ihrer Hände, das Stampfen der Füße auf den Boden, das Beben des ganzen Körpers und seine furchtbar drohende Haltung, das ganze schauerliche und entsetzliche Aussehen solcher sich selbst entstellenden und zur Unkenntlichkeit anschwellenden Menschen – man fragt sich: Ist ein solcher Zustand mehr verabscheuungswürdig oder hässlich? Andere Leidenschaften lassen sich verdecken und im Verborgenen nähren: Der Zorn tritt offen hervor und gibt sich dem Blicke preis, und je heftiger er ist, umso sichtbarer braust er auf. Beobachte nur die Tiere: Sobald sie sich in schädlicher Absicht erheben, kann man gewisse Vorzeichen wahrnehmen: Ihr ganzer Körper legt seine gewöhnliche, ruhige Haltung ab und lässt erkennen, dass es ihnen auf Anspannung ihrer wilden Triebe ankommt: Dem Eber steht der Schaum vor dem Rachen und die Zähne werden durch Reiben geschärft, der Stier bohrt mit den Hörnern in die Luft und wühlt mit den Beinen den Sand auf, der Löwe knurrt, die Schlange bläht den gereizten Hals auf, und angstvoll ist der Anblick wütender Hunde: Kein Tier ist so furchtbar und von Natur so verderblich, dass sich nicht, sobald der Zorn sich seiner bemächtigt, ein weiterer Zuwachs von Wildheit zu erkennen gäbe. Ich weiß recht wohl: Auch die übrigen Leidenschaften lassen sich kaum verbergen, die Wollust, die Furcht und die Kühnheit haben ihre Merkmale und lassen sich voraus erkennen; denn jede auch nur einigermaßen heftig auftretende innere Erregung spiegelt sich unfehlbar irgendwie auf dem Gesicht ab. Worin besteht also der Unterschied? Die anderen Leidenschaften lassen sich erkennen, der Zorn aber drängt sich den Augen auf.

2. Willst du sodann den Blick auf die Wirkungen und verheerenden Folgen des Zornes richten, so kannst du kein Unheil finden, das dem menschlichen Geschlecht mehr Opfer abgefordert hätte. Da zeigen sich dem Blick Szenen von Mord und Vergiftung, von gegenseitigen schmutzigen Beschuldigungen; da schaust du die Niederlagen von Städten, den Untergang ganzer Völker, die öffentliche Versteigerung der Köpfe von Fürsten, die Brandfackeln, die in die Häuser geschleudert werden, und das Feuermeer, das sich über die Mauern der Städte hinaus ergießt und ganze ungeheure Länderstrecken grauenvoll erleuchtet. Blicke hin auf die berühmtesten Staaten, deren Anfänge sich in das Dunkel der Vergangenheit verlieren: Der Zorn hat sie zertrümmert. Blicke hin auf die meilenweit sich hinziehenden Einöden: Der Zorn hat sie entvölkert. Blicke hin auf die geschichtlich bekannten Feldherren als auf Beispiele unheilvollen Geschickes: Den einen hat der Zorn auf seinem Ruhelager mit dem Schwert durchbohrt, den anderen hat er am geheiligten gastlichen Tische gemordet, den einen hat er inmitten seiner der Gesetzgebung dienenden Tätigkeit und unter den Augen des zahlreich versammelten Volkes zerfleischt, den anderen unter der Hand seines vatermörderischen Sohnes umkommen lassen, dem einen die königliche Kehle mit dem Dolch durch Sklavenhand durchbohren lassen, den anderen seine Glieder an das Kreuzesholz ausspannen lassen. Doch ich will dich nicht aufhalten mit der Herzählung der Todesstrafen Einzelner: Du kannst, wenn du von diesen auf einzelne bezüglichen Fällen absiehst, ganze Volksversammlungen durch das Schwert hingemordet sehen, du kannst einen ganzen Menschenhaufen von Soldatenhänden niederge-

macht, ganze Völker zu unterschiedslosem Verderben verurteilt sehen … als ob sie sich unserer Fürsorge entzögen oder unsere Macht nicht anerkennen wollten. Wie? Warum zürnt denn das Volk den Gladiatoren, und zwar so unbilligerweise, dass es sich beleidigt glaubt, wenn jene nicht freudig sich dem Tode preisgeben? Es sieht darin eine Rücksichtslosigkeit gegen sich und bleibt nicht Zuschauer, sondern wandelt sich durch Miene, Haltung und leidenschaftliche Erregung zum Gegner um. Was es damit auch auf sich haben mag, Zorn ist das nicht, sondern nur ein scheinbarer Zorn, wie bei Knaben, die, wenn sie hingefallen sind, den Boden dafür mit Schlägen gezüchtigt sehen möchten; dabei wissen sie überhaupt gar nicht, warum sie zürnen, sondern zürnen eben ohne Ursache und ohne Beleidigung, indes doch nicht ganz ohne einen Schein von Beleidigung, und nicht ohne wirkliche Rachbegier. Man macht ihnen also etwas weis, indem man durch Vorspiegelung von Prügeln den angeblichen Missetäter unter Tränen Abbitte leisten lässt; dabei beruhigen sich die Knaben, und der Scheinschmerz wird durch die Scheinrache abgetan.

3. »Wir zürnen«, wirft man uns ein, »oft nicht denen, welche uns wehe getan haben, sondern denen, welche uns wehe tun wollen; woraus doch folgt, dass der Zorn nicht seinen Ursprung in uns widerfahrenem Unrecht habe.« Allerdings, wir zürnen denen, die uns beleidigen wollen, aber sie beleidigen uns schon durch die bloße Absicht: Wer den Willen hat, uns zu beleidigen, der beleidigt uns schon.

Man wirft uns ferner ein: »Der Zorn ist keine Begierde nach Strafe, denn häufig zürnen die Schwächsten den Mächtigsten, ohne dabei doch auf Bestrafung auszugehen, auf die sie überhaupt keine Hoffnung haben.«

Zunächst haben wir den Zorn bezeichnet als *Begierde* nach zu vollziehender Rache, nicht aber als *Vermögen* dazu; die Wünsche der Menschen sind aber auch auf Dinge gerichtet, die sie nicht erreichen können. Ferner ist kein Mensch so unbedeutend, dass er die Bestrafung auch des Höchstgestellten nicht hoffen könnte. Schaden zu tun steht in unserer Macht. Des Aristoteles Begriffserklärung weicht von der unseren nur wenig ab. Er sagt nämlich, der Zorn sei die Begierde nach Erwiderung der Beleidigung. Den Unterschied zwischen dieser und unserer Definition zu erläutern würde zu weit führen. Gegen beide Definitionen wendet man ein, dass ja auch die Tiere dem Zorn zugänglich seien, ohne durch Unrecht gereizt zu sein und ohne die Absicht, andere mit Strafe oder Leid heimzusuchen. Denn gesetzt auch, sie täten dies, so ist es doch nicht ihre Absicht. Vielmehr liegt die Sache so: Wilde Tiere sind des Zornes nicht fähig, und dies gilt von allen lebenden Wesen außer dem Menschen. Denn der Zorn steht zwar in feindlichem Verhältnis zur Vernunft, entsteht aber nur da, wo Vernunft ihre Stätte hat. Triebe finden sich bei den Tieren, Wut, Wildheit, Losstürmen, Zorn dagegen ebenso wenig als Schwelgerei, mögen sie auch gewissen Lüsten zügelloser hingegeben sein als der Mensch. Man braucht dem Dichter nicht zu glauben, welcher sagte:

> Da vergisst der Eber zu zürnen, nimmer dem Schnelllauf
> Trauet die Hindin, der Bär rennt nicht aufs kräftige Zugvieh.

Zürnen heißt hier so viel wie angereizt, angestachelt werden. Zürnen können sie ebenso wenig wie verzeihen. Die sprachlosen Tiere haben keine menschlichen Leidenschaften, wohl aber haben sie gewisse diesen ähnliche Triebe. Anders kann es nicht sein. Hätten sie Liebe, dann auch Hass, hätten sie Freundschaft, dann auch Zwist, wenn Zwietracht, dann auch Eintracht. Davon finden sich auch bei ihnen gewisse Spuren, aber Gutes und Böses im eigentlichen Sinn gehört nur der Menschenbrust an. Nur der Mensch darf sich des Besitzes der Klugheit, der Voraussicht, der Gewissenhaftigkeit und Überlegung rühmen; die Tiere teilen weder die menschlichen Vorzüge noch die menschlichen Fehler. Ihre ganze äußere und innere Gestaltung ist der menschlichen unähnlich. Jener königliche und leitende Seelenteil ist anders gebildet. Wie sie zwar eine Stimme haben, die aber undeutlich und verworren und der Wortbildung nicht fähig ist, wie sie eine Sprache haben, die aber gebunden und keiner freigestaltenden Mannigfaltigkeit fähig ist, so ermangelt auch der leitende Seelenteil bei ihnen der Schärfe und Genauigkeit. Er empfängt also zwar Eindrücke und Vorstellungen der Dinge, durch die er zu Trieben angeregt wird; allein diese Vorstellungen sind trübe und verworren. Daher das Ungestüm, mit der die Triebe hervorbrechen und sich austoben. Es ist aber nicht Furcht, Bekümmernis, Traurigkeit und Zorn, sondern nur etwas dem Ähnliches. Daher das rasche Verschwinden und die Verwandlung ins Gegenteil: Sie mögen noch so sehr in Wut und angstvoller Erregung gewesen sein, gleich kann man sie wieder ruhig beim Futter sehen, und dem tollen Brüllen und Hin- und Herlaufen folgt alsbald Ruhe und tiefer Schlaf.

4. Damit ist das Wesen des Zornes hinreichend dargelegt. Der Unterschied des Zornes von der Zornsucht *(iracundia)* ist klar: Es ist derselbe wie der zwischen einem Betrunkenen und einem Trunkenbold, zwischen einem, der sich fürchtet, und einem Furchtsamen. Die weiteren Artunterschiede des Zornes, für welche die Griechen ihre besonderen Namen haben, werde ich übergehen, weil wir keine bestimmten Bezeichnungen dafür haben, obschon wir von reizbaren und barschen Menschen reden, nicht weniger auch von verdrießlichen, auffahrenden, lärmenden, unhöflichen und groben Menschen, was alles unter die Artunterschiede des Zornes gehört; darunter kann man auch den Mürrischen rechnen, eine Art entnervter Zornsucht. Es gibt nämlich gewisse Arten von Zorn, die es beim bloßen Lärmen belassen, andere, die ebenso hartnäckig wie häufig sind, wieder andere, die sich weniger in Worten als in Handgreiflichkeiten betätigen, noch andere, die sich in bitteren Schmäh- und Schimpfreden äußern, während andere es bei Klagen und abschlägigen Bescheiden bewenden lassen; wieder an-

dere sind tief und ernst und nach innen gekehrt; und so gibt es noch tausend andere Arten des vielgestaltigen Übels.

5. So viel über das Wesen des Zornes sowie über die Fragen, ob er irgendeinem anderen Geschöpfe zukomme als dem Menschen, wie er sich von der Zornsucht unterscheide und wie viele Arten desselben es gibt. Nunmehr gilt es, zu untersuchen, ob der Zorn der Natur gemäß sei und nützlich, und ob er in irgendwelcher Hinsicht Befürwortung verdiene.

Ob er naturgemäß sei, wird sich herausstellen, wenn wir den Menschen scharf ins Auge fassen. Gibt es etwas Milderes als ihn, so lange seine Seele in der richtigen Verfassung ist? Was aber wäre grausamer als der Zorn? Was ist liebevoller gegen andere als der Mensch? Was feindseliger als der Zorn? Der Mensch ist zu gegenseitiger Hilfeleistung geschaffen, der Zorn zielt auf Vernichtung; der Mensch wünscht Gemeinschaft, der Zorn Trennung; der Erstere will nützen, der andere schaden; der Erstere will auch den Unbekannten hilfreich sein, der andere auch die ihm Nächststehenden behelligen; der eine ist bereit, sich selbst aufzuopfern zum Besten anderer; der andere scheut keine Gefahr für sich selbst, wenn er nur andere mit hinreißen kann. Wer also verkennt mehr das naturgemäße Verhältnis der Dinge als der, der dem besten und vollkommensten Erzeugnis der Natur dieses wilde und verderbliche Laster beilegt? Der Zorn, wie gesagt, ist erpicht auf Strafe, und doch steht es keineswegs in Einklang mit der Natur des Menschen, dass seinem friedlichen Herzen dieses Verlangen innewohne. Das menschliche Leben gründet sich auf werktätiges Entgegenkommen und Eintracht und wird nicht durch Schrecken, sondern durch gegenseitige Liebe zum Bunde und zu gegenseitiger Hilfeleistung zusammengefasst.

6. »Wie also? Wäre nicht ab und zu eine Züchtigung nötig?« Warum nicht? Aber das ist nicht Sache des Zornes, sondern der Ver-

nunft; geht doch die Züchtigung nicht auf Schaden aus, sondern auf Heilung, mag sie auch dem Scheine nach schaden. Wie wir verkrümmte Pfähle, um sie gerade zu richten, bisweilen mit Feuer und Keilen behandeln, nicht um sie zu zerbrechen, sondern um sie zu strecken, so legen wir die bessernde Hand auch an die der Sünde verfallenen Geister, indem wir dem Körper und der Seele Schmerz bereiten. Wie macht's denn der Arzt? In leichteren Fällen sucht er zunächst, ohne tiefere Eingriffe in die tägliche Gewohnheit, für Speise, Trank und Bewegung eine feste Ordnung einzuführen und der Gesundheit nur durch eine veränderte Lebenshaltung aufzuhelfen. An nächster Stelle soll dann das rechte Maß seine Dienste leisten; wenn Mäßigkeit und Ordnung nicht hilft, so entzieht er dies und jenes und lässt Beschränkungen eintreten; und führt auch das nicht zum Ziel, so untersagt er die Speisen überhaupt und entlastet den Körper durch Fasten; versagen die gelinderen Mittel, so schlägt er eine Ader und legt Hand an die Glieder, wenn sie durch ihren Zusammenhang schädlich wirken und die Krankheit weiter verbreiten: Kurz, kein Heilverfahren scheint hart, wenn der Erfolg heilsam ist. So ziemt es dem Gesetzeshüter und Lenker des Staates, so lange wie möglich durch den Einfluss des Wortes, und zwar des sanfteren Wortes, auf die Geister bessernd zu wirken in der Weise, dass er sie auf ihre Pflichten hinweist und die Herzen erfüllt mit lebhaftem Eifer für Recht und Billigkeit und das Laster verhasst, die Tugend aber preiswürdig macht. Dann erst geht er zu ernsteren Vorhaltungen über, die sich aber noch auf Mahnung und Tadel beschränken; so spät als möglich schreite er zu Strafen, und auch diese seien zunächst noch leicht und widerrufbar; die Todesstrafen, als die äußersten, wende er nur für die allerschwersten Verbrechen an; denn niemand soll dem Tode verfallen außer dem, für den der Tod selbst ein Gewinn ist. Nur in *einer* Beziehung wird er dem Arzte nicht ähnlich sein: Der Arzt macht dem, dem er das Leben nicht schenken kann, das Ende leicht; dieser dagegen lässt die Verurteilten unter Schmach und öffentlicher Beschimpfung aus dem

Leben scheiden, nicht als ob er Freude hätte an irgendjemandes Bestrafung – eine so unmenschliche Rohheit liegt dem Weisen ganz fern –, nein, sie sollen allen zur Warnung dienen, und da sie im Leben unnütze Glieder der menschlichen Gesellschaft waren, so soll ihr Tod wenigstens dem Staate einigen Nutzen schaffen.

Von Natur also verlangt der Mensch nicht nach Strafe; daher ist auch der Zorn nicht der Natur des Menschen gemäß; denn gerade er verlangt ja nach Strafe. Ich kann mich auch auf Platons Urteil berufen – denn was schadet es, fremde Meinungen zu benutzen, soweit sie auch die unseren sind? – »Der Tugendhafte«, sagt er, »tut niemandem ein Leid an.« Die Strafe tut ein Leid an: Also passt sie nicht für den Tugendhaften, ebenso wenig also auch der Zorn, denn Strafe und Zorn gehören zusammen. Wenn der Tugendhafte an der Strafe keine Freude hat, so wird er auch keine Freude haben an der Leidenschaft, welcher die Strafe eine Wonne ist: Folglich ist der Zorn nicht naturgemäß.

7. Mag nun auch der Zorn nicht naturgemäß sein, muss man ihn doch nicht gelten lassen, weil er sich häufig als nützlich erwiesen hat? »Er gibt dem Geist einen gewissen Schwung und Sporn; ohne ihn richtet im Kriege die Tapferkeit nichts Großartiges aus, ohne ihn fehlt das begeisternde Feuer und die lebendige Triebkraft, welche die Beherzten sich den Gefahren entgegenwerfen lässt.« Daher erscheint es manchen als das Beste, den Zorn zu mäßigen, nicht aber zu tilgen, und nach Abzug des Überschüssigen ihn auf ein heilsames Maß zu beschränken, immer aber so viel beizubehalten, als hinreicht, um die Tätigkeit nicht erlahmen und Kraft und Frische der Seele nicht verschwinden zu lassen.

Erstens ist es leichter, Verderbliches auszuschließen als es sich gefügig zu machen, und es nicht zuzulassen, als, wenn dies geschehen, es in Schranken zu halten. Denn hat sich dies Verderbliche einmal als unentbehrlicher Besitz in uns eingenistet, so wird es mächtiger als der, der es zu leiten hat, und lässt sich nicht mehr beschneiden oder mindern. Sodann aber ist die Vernunft selbst, welche die Zügel zu führen hat, nur so lange mächtig, als sie sich von den Leidenschaften fernhält; hat sie sich mit ihnen vermischt und sich dadurch verunreinigt, dann vermag sie nicht mehr sie im Zaume zu halten, während sie doch imstande gewesen wäre sie von vornherein zu entfernen. Denn ist die Seele einmal in Bewegung gesetzt und aus dem Gleichgewicht gekommen, so wird sie zur Dienerin dessen, der auf sie einwirkt. Bei manchen Dingen liegen die Anfänge noch in unserer Hand; im weiteren Verlaufe aber reißen sie uns mit sich fort und machen den Rückzug unmöglich. Wie der einmal in jähen Sturz geratene Körper keine Verfügungskraft mehr über sich hat, sodass an keinen Widerstand und kein Aufhalten mehr zu denken ist, wie vielmehr dieser unwiderrufliche Zug nach unten jede Besinnung und Reue abschneidet und man nun unbedingt dahin gelangen muss, wohin man überhaupt nicht seine Schritte hätte zu wenden brauchen, so ist es der Seele, wenn sie einmal sich der Liebe und anderen Leidenschaften preisgegeben hat, nicht mehr verstattet den Ansturm zurückzuweisen; sie wird notwendig fortgerissen und in die Tiefe gestürzt durch ihr eigenes Gewicht und durch die in den Abgrund führende Natur der Laster.

8. Der beste Rat ist es, die erste Regung des Zornes auf der Stelle von sich zu weisen und seine Angriffe gleich im Keime zu ersticken und alles daranzusetzen, nicht in die Gewalt des Zornes zu kommen. Denn hat er einmal angefangen uns vom rechten Wege abzuziehen, so ist es übel bestellt um die Rückkehr zum Seelenheil, weil die Vernunft nichts mehr zu sagen hat, wo die Leidenschaft einmal ihren Einzug gehalten hat, und wo ihr mit unserer Einwilligung ein gewisses Recht eingeräumt worden ist. Er, der Zorn, wird von nun ab nur seinem Willen folgen, nicht deine Erlaubnis abwarten. Unmittelbar an den Grenzen, behaupte ich, muss man den Feind abweisen; denn hat er einmal den Fuß im Lande und ist

er durch die Tore eingedrungen, so lässt er sich von den Gefangenen keine Mäßigung auferlegen. Denn die Seele hat keinen abgesonderten Platz und beobachtet die Leidenschaften nicht von außen her, um ihnen ein ungehöriges Fortschreiten zu verwehren, sondern sie wandelt sich selbst in Leidenschaft um und ist deshalb außerstande jene ihre nützliche und heilsame, aber nun schon preisgegebene und geschwächte Kraft wieder zu voller Geltung zu bringen. Denn, wie gesagt, diese beiden – Seele und Leidenschaften – haben nicht getrennte und voneinander abgesonderte Sitze, sondern sie sind nur Umgestaltungen der Seele nach der besseren oder schlechteren Seite hin. Wie soll nun die an mannigfachen Fehlern leidende Seele sich wieder erheben, wenn sie einmal dem Zorne nachgegeben hat? Oder wie soll sie sich freimachen von der Mischung, in der die schlechteren Elemente vorherrschen?

»Aber manche«, sagt man, »halten doch im Zorn die Grenzen ein.« Was soll das heißen? Sollen sie überhaupt nichts tun von dem, was der Zorn ihnen gebeut, oder doch etwas? Tun sie nichts, so ist klar, dass der Zorn, den ihr als eine der Vernunft gleichsam überlegene Kraft zu Hilfe rufet, zur Durchführung großer Pläne nicht nötig ist. Schließlich frage ich: Ist er stärker oder schwächer als die Vernunft? Wenn stärker, wie kann ihm dann die Vernunft Zügel anlegen, da doch nur das Schwächere zu gehorchen pflegt? Ist er aber schwächer, so reicht die Vernunft für sich ohne ihn zur Vollbringung der Taten aus und bedarf nicht der Hilfe des Schwächeren. »Aber manche Zornige bleiben sich gleich und wissen sich in Schranken zu halten.« Aber wann denn? Wenn der Zorn schon im Schwinden ist und von selbst entweicht, nicht, wenn er noch in voller Hitze ist; denn dann ist er mächtiger. »Je nun. Lässt man nicht zuweilen auch im Zorn die Gehassten unversehrt und hütet sich, ihnen Schaden anzutun?« Das kommt vor. Aber wann? Wenn eine Leidenschaft als Gegnerin der anderen auftritt, oder wenn Furcht oder Begierde entscheidenden Einfluss gewinnen. Dann ist es nicht das Verdienst der Vernunft, durch welches der Zorn zum Schweigen gebracht ist, sondern die Leidenschaften sind es, die einen unsicheren und übelen Frieden zustande gebracht haben.

9. So ergibt sich denn, dass der Zorn nichts in sich hat, was Nutzen schafft; auch für kriegerische Taten taugt er nichts zur Erhöhung des Mutes. Denn niemals darf die Tapferkeit sich das Laster zum Bundesgenossen erwählen: Sie ist sich selbst genug. Gilt es, ihre Kraft zur Wehr einzusetzen, so zürnt sie nicht, sondern rafft sich selbst auf und lässt je nach Ermessen Anspannung und Nachlassen wechseln, ein Vorgang ganz ähnlich dem, welcher sich beim Abschleudern von Geschossen aus Wurfmaschinen abspielt: Es liegt in der Hand des Absenders, die Schleuderkraft zu regeln.

»Der Zorn«, sagt Aristoteles, »ist unentbehrlich: Es kann kein Kampfeserfolg ohne ihn erzielt werden; er muss die Seele erfüllen und den Geist anfeuern; doch darf er nicht die Rolle des Feldherrn spielen, sondern die des Soldaten.« Das ist nicht richtig. Denn wenn er auf die Vernunft hört und ihrer Führung folgt, so ist er eben nicht mehr Zorn, dessen wesentliches Merkmal der Trotz ist. Widersetzt er sich aber und hält er auf gegebenen Befehl nicht Ruhe, sondern stürmt er in seiner Leidenschaft und Wildheit weiter, so ist er für die Seele ein ebenso unbrauchbarer Diener wie ein Soldat, der nicht auf das Rückzugssignal achtet. Lässt er sich also zügeln, dann gebührt ihm ein anderer Name; er hört auf, Zorn zu sein, denn unter diesem verstehe ich nur etwas Zügelloses und Unbändiges; lässt er sich aber nicht zügeln, so ist er verderblich und darf nicht als Hilfsmacht gelten. So ist er also entweder nicht Zorn oder überhaupt nutzlos. Denn wenn einer Strafe verhängt, nur weil es nötig ist und nicht aus Strafbegier, so darf man ihn nicht unter die Zornigen rechnen. Ein brauchbarer Soldat ist der, welcher vernünftiger Anordnung Folge leistet. Die Leidenschaften sind ebenso schlechte Diener wie Führer.

10. Darum wird die Vernunft niemals blinde und stürmische Triebe zu Hilfe nehmen, gegen die sie selbst ihr Ansehen nicht wahren

und die sie niemals in Schranken halten kann, sie müsste ihnen denn gleiche und ähnliche Triebe entgegensetzen [wie z. B. dem Zorn die Furcht, der Schlaffheit den Zorn, der Angst die Begierde]. Bleibe der Tugend dies Unglück erspart, dass die Vernunft jemals ihre Zuflucht zu Lastern nehme! Eine solche Seele kann niemals zu sicherer Ruhe gelangen. In einem wahren Meer von Unruhe muss derjenige leben, der seine Sicherheit nur in seinen Fehlern und Gebrechen sucht, der nicht tapfer sein kann, ohne zu zürnen, nicht tätig, ohne den Begierden zu dienen, nicht ruhig, ohne zu fürchten. Wer sich zum Sklaven einer Leidenschaft macht, der ist sein Lebtag ein Tyrannenknecht. Schämt man sich nicht, die Tugenden zu Schützlingen der Fehler zu machen? Dann hat die Vernunft nichts mehr zu sagen, wenn sie nichts mehr vermag ohne Leidenschaft; das ist der Anfang zu völliger Gleichheit und Ähnlichkeit mit ihr. Denn was macht es für einen Unterschied, wenn einerseits die Leidenschaft eine unbedachte, der Vernunft bare Sache ist, anderseits die Vernunft ohne Leidenschaft nichts ausrichten kann? Beides kommt auf eins hinaus, wenn eines ohne das andere nicht bestehen kann. Wer aber möchte so vermessen sein, die Leidenschaft der Vernunft gleichzustellen? »Die Leidenschaft«, entgegnet man, »ist dann nützlich, wenn sie maßvoll ist.« Nein, nur, wenn sie ihrer Natur nach nützlich ist. Wenn sie aber eine Gegnerin von Herrschaft und Vernunft überhaupt ist, so wird sie durch ihre Mäßigung nur das erreichen, dass sie, je geringer sie ist, umso weniger *schadet*: Eine maßvolle Leidenschaft ist also nichts anderes als ein maßvolles Übel.

11. »Aber dem Feinde gegenüber«, sagt man, »ist der Zorn doch notwendig.« Nirgends weniger; müssen doch gerade hier die stürmischen Triebe sich mäßigen und gehorchen. Denn wie steht es denn mit den Barbaren, die körperlich so viel kräftiger und Anstrengungen gewachsener sind? Was beeinträchtigt ihre Macht und Kraft? Nichts anderes als der Zorn, der sein eigener, größter Wi-

dersacher ist. Auch die Gladiatoren schützt ihre Kunst, während der Zorn sie entwaffnet. Und schließlich, was bedarf es überhaupt des Zornes, wenn Vernunft das Nämliche ausrichtet? Meinst du etwa, der Jäger habe einen Zorn auf das Wild? Und doch fängt er's auf, wenn es anrennt, und verfolgt es, wenn es flieht, und all das vollzieht die Vernunft ohne Zorn. Was war es, was die Tausende und Abertausende der Cimbern und Teutonen, deren Flut sich über die Alpen ergossen hatte, dermaßen zunichtemachte, dass kein Bote die Nachricht davon zu den Ihrigen brachte, sondern nur das Gerücht? Was war es anders als der Umstand, dass der Zorn an die Stelle der Tapferkeit trat? Mag der Zorn auch mitunter Hindernisse wegräumen und beseitigen, häufiger bereitet er sich selbst das Verderben. Germanen – was überträfe sie an Mut? Was wäre heftiger im Ansturm? Was begieriger nach Waffen, diesen ihren beständigen Begleitern von Geburt und Kindheit an, denen ihre ganze Sorge gewidmet ist unter Zurückstellung alles anderen? Wo gäbe es Proben größerer Abhärtung als bei ihnen, die großenteils der nötigen Körperbedeckung ermangeln sowie des Schutzes gegen die beständige Raueit des Klimas? Gleichwohl werden sie, noch ehe sie eine römische Legion zu sehen bekommen haben, geschlagen von Spaniern, Galliern und den entnervten Kriegern Asiens und Syriens. Und was war es anderes als die Zornesleidenschaft, die sie zu so leicht überwindbaren Gegnern machte? Frisch denn ans Werk! Gib diesen Körpern, gib diesen Seelen, die von Wollust, Üppigkeit, Reichtum nichts wissen, gib ihnen vernünftige Einsicht, gib ihnen regelnde Zucht – ich will nichts weiter sagen: Es bleibt uns dann wohl nichts übrig, als die alte römische Sittenzucht wieder zu Ehren zu bringen. Wodurch anders hat Fabius den geschwächten Kräften des Reiches wieder aufgeholfen als dadurch, dass er zu zaudern, zu zögern und zu warten wusste, alles Dinge, von denen die Zürnenden nichts wissen? Vorbei war es mit dem Reich, das damals völlig auf der Kippe stand, wenn Fabius sich zu dem hergegeben hätte, was der Zorn anriet. Maßgebend für seinen Entschluss war die Rücksicht auf das Wohl des Ganzen, und in richtiger Schätzung seiner Kräfte, die er alle beisammen halten musste, wenn das Ganze nicht zugrunde gehen sollte, ließ er jeden Gedanken an Schmerz und Rache fahren, einzig und allein bedacht auf das Nützliche und auf die Gunst der Gelegenheit. Erst ward er seines Zornes Meister, dann Sieger über Hannibal. Und Scipio? Hat er nicht den Hannibal und das punische Heer und alles, dem sein Zorn gelten musste, sich selbst überlassen und den Krieg nach Afrika hinübergespielt, so zögernd, dass er sich in den Augen der Übelwollenden der Genusssucht und Lässigkeit verdächtig machte? Und der andere Scipio? Hat er nicht immer wieder und lange vor Numantia gelegen und den für ihn wie für den Staat so schmerzlichen Umstand, dass der Sieg über Numantia mehr Zeit in Anspruch nahm, als der über Karthago, mit Gleichmut über sich ergehen lassen? Indem er die Feinde mit Wall und Graben umschloss, brachte er sie dahin, dass sie durch ihre eigenen Schwerter fielen.

Also der Zorn bringt keinen Nutzen, selbst in Schlachten und Kriegen nicht; denn er neigt zur Überstürzung und hütet sich nicht vor Gefahren, während er andere damit bedroht. Die zuverlässigste Tapferkeit ist die, welche lange und vielfältige Umschau hält und sich in der Gewalt hat und sich bedachtsam und planmäßig dem Ziele nähert.

12. »Wie?«, wendet man ein, »wird der Tugendhafte nicht zürnen, wenn er sieht, dass sein Vater getötet, seine Mutter fortgeschleppt wird?« Zürnen wird er nicht, wohl aber als Rächer und Schützer auftreten. Was lässt dich aber befürchten, die kindliche Liebe sei kein hinreichend starker Sporn auch ohne den Zorn? Oder fahre in demselben Tone fort: »Wie also? Wenn er sieht, dass sein Vater oder sein Sohn in Stücke zerschnitten wird, wird dann der Tugendhafte nicht in Tränen ausbrechen und alle Fassung verlieren?« Das sind Anfälle, wie wir sie bei Weibern sehen, wenn eine entfernte Ahnung von Gefahr sie befällt. Der brave Mann wird seine

Pflicht erfüllen, unbeirrt und ohne Zagen; und er wird, was eines tugendhaften Mannes würdig ist, so tun, dass jedes unmännliche Gebaren dabei ausgeschlossen ist. Mein Vater soll getötet werden: Ich werde ihn verteidigen. Er ist getötet worden: Ich werde ihn rächen, weil es sich so gehört, nicht weil es mir wehe tut. »Tugendhafte Männer zürnen, wenn den Ihrigen ein Unrecht zugefügt wird.« Wenn du diese Behauptung aufstellst, Theophrastus, so suchst du damit mannhafteren sittlichen Lehren den Weg zu versperren und wendest dich, den berufenen Richter vermeidend, an die große Menge. Weil jedermann bei einem solchen Erlebnis der Seinigen in Zorn gerät, so glaubst du, die Menschen würden es für ihre Pflicht und Schuldigkeit erklären, es damit so zu halten, wie es tatsächlich geschieht; denn fast jeder hält die Leidenschaft für berechtigt, der er huldigt. Aber ebenso zürnen sie, wenn ihnen das warme Wasser nicht in der gehörigen Weise gereicht wird, oder wenn ihr Trinkglas zerbrochen ist, oder wenn ihr Schuh mit Schmutz bespritzt ist. Nicht Liebe gegen die Ihrigen ist es, die jenen Zorn erregt, sondern Schwäche ist es, wie bei Kindern, die beim Verluste von Nüssen ebenso weinen wie beim Verluste von Eltern. In Zorn geraten für die Seinigen ist nicht Zeichen der Liebe, sondern der Schwäche. Dagegen ist es schön und würdig, für Eltern, Kinder, Freunde und Mitbürger als Verteidiger aufzutreten, dem Gebote der Pflicht selbst folgend, gestützt auf unseren Willen, unser Urteil und unsere Voraussicht, nicht in blinder Leidenschaft und Wut. Denn keine Leidenschaft ist rachbegieriger als der Zorn; aber eben deshalb taugt er nichts zur Rache: Vorschnell und kopflos, wie fast jede Begierde, macht er sich selbst zum Hindernis für Erreichung dessen, worauf er es abgelegt hat. Daher hat er denn auch weder im Frieden noch im Kriege jemals Gutes zur Folge gehabt; denn den Frieden macht er zu einer Art Krieg, unter den Waffen aber vergisst er, dass der Kriegsgott es bald mit diesem, bald mit jenem hält, und so kommt er in fremde Gewalt, weil er sich selbst nicht zu beherrschen wusste. Ferner verdienen Fehler nicht etwa darum für die Praxis des Lebens zugelassen zu werden, weil man ihnen ab und zu einen Erfolg verdankt; werden doch auch gewisse Arten von Krankheiten durch Fieber gelindert, ohne dass es darum nicht besser wäre, dieses Heilmittel wäre überhaupt nicht vorhanden: Fort mit solcher Heilmethode, der zufolge man seine Gesundheit der Krankheit verdanken muss! Ähnlich steht's mit dem Zorn: Mag er auch zuweilen unverhofft Nutzen gebracht haben wie Gift, Absturz oder Schiffbruch, so ist er doch deshalb nicht überhaupt für heilsam zu erachten. Die Fälle sind eben nicht selten, wo an sich Verderbliches zur Rettung führte.

13. Ferner ist das wirklich Begehrenswerte umso besser und wünschenswerter, je größer es ist. Wenn die Gerechtigkeit etwas Gutes ist, so wird niemand behaupten, sie würde dadurch besser, dass man an ihr irgendwelche Verminderung vornimmt; wenn die Tapferkeit etwas Gutes ist, so wird niemand sie in ihrem Bestand auch nur im Geringsten geschmälert zu sehen wünschen: Also wäre auch der Zorn je größer desto besser; denn handelt es sich um irgendetwas Gutes, wer wird sich da einer Vermehrung widersetzen? Nun ist doch eine Verstärkung des Zornes vom Übel; also ist sein Dasein überhaupt vom Übel. Was durch Zunahme sich verschlimmert, ist nichts Gutes.

»Nützlich«, sagt man, »ist der Zorn, weil er kampfmutiger macht.« Das passt auch auf die Trunkenheit; denn sie macht frech und keck, und viele taugen mehr zum Kampf, wenn sie etwas angetrunken sind. So müsste man denn auch behaupten, Wahnsinn und Verrücktheit sei für unsere Krafterhöhung unentbehrlich, weil die Tollwut oft stärker macht. Ja, macht nicht zuweilen einen sogar die Furcht aus einem Hasenfuß zu einem Helden, und hat nicht die Todesfurcht auch die Schlaffsten zu tüchtigen Kämpfern gemacht? Aber Zorn, Trunkenheit, Furcht und dergleichen sind verwerfliche Reizmittel und leisten der Tapferkeit keine Dienste – denn diese bedarf keiner Laster –, sondern regen nur den trägen und schlaffen

Mut etwas an. Niemand wird durch Zürnen tapferer, abgesehen von dem, bei dem ohne Zorn von Tapferkeit überhaupt nicht die Rede gewesen wäre. So ist der Zorn nicht ein Verstärkungsmittel der Tapferkeit, sondern ein Ersatzmittel. Wäre der Zorn etwas Gutes, müsste er dann nicht eine Mitgabe gerade der vollkommensten Menschen sein? Allein die Zornsüchtigsten sind Kinder, Greise und Kranke, und alles Schwächliche ist von Natur zu Klage (und Zorn) geneigt.

14. »Es kann nicht anders sein«, sagt Theophrastus, »als dass der Tugendhafte über die Schlechten in Zorn gerät.« Das hätte zur Folge, dass, je tugendhafter einer ist, er umso zornsüchtiger sein wird. Nein, umgekehrt: Umso friedfertiger wird er sein, frei von Leidenschaften und von jedem Hass gegen andere. Die sich aber eines Vergehens schuldig machen, was hätte er für einen Grund, diese zu hassen, da es doch nur ein Irrtum ist, der sie zu dergleichen Vergehungen treibt? Wer einsichtig ist, der hasst nicht den Irrenden; sonst wird sich sein Hass auch gegen ihn selbst richten. Bedenke er doch, wie oft er selbst gegen die gute Sitte verstößt, wie viele seiner Handlungen auf Nachsicht Anspruch machen: Dann müsste er gegen sich selbst auch zornig werden. Denn kein billig denkender Richter wird in eigener Sache anders urteilen als in fremder Angelegenheit. Niemand, behaupte ich, wird sich finden, der sich selbst von jeder Schuld freispricht; wer sich schuldlos nennt, der tut dies nur in Rücksicht auf etwaige Zeugen, nicht auf sein eigenes Gewissen. Wie viel menschlicher ist es, den Fehlenden gegenüber eine milde und väterliche Gesinnung zu zeigen und ihnen nicht auf dem Nacken zu sitzen, sondern sie auf bessere Wege zu bringen! Wenn einer aus Unkunde des Weges auf deinem Grundstück umherirrt, dann ist es besser, ihm den richtigen Weg zu zeigen, als ihn fortzujagen.

15. Bessern also muss man den Fehlenden, hier durch Mahnung, dort durch fühlbare Mittel, hier durch Milde, dort durch Strenge,

und diese Besserung, die ebenso wohl ihm wie anderen zugutekommt, soll erreicht werden nicht ohne Züchtigung, aber ohne Zorn. Denn wer zürnt dem, den er heilt?

»Aber sie lassen sich nicht bessern; es findet sich in ihnen kein Ansatz zur Milde, kein Anhalt zu guter Hoffnung.« Gut denn! So mögen sie aus der menschlichen Gesellschaft ausgeschieden werden, sie, die alles besudeln was sie berühren; mögen sie ihrer Schlechtigkeit ledig werden auf die einzig mögliche Weise, aber auch dies ohne Hass. Denn was hätte ich für einen Grund, den zu hassen, dem ich den größten Nutzen erweise dadurch, dass ich ihn von sich selbst befreie? Hasst jemand seine eigenen Glieder, wenn er sie abschneidet? Damit hat der Zorn nichts zu schaffen, es ist eine schmerzvolle Kur. Tolle Hunde schlagen wir tot, einen wilden und unbändigen Stier töten wir, sieches Vieh schlachten wir, damit es die Herde nicht anstecke, Missgeburten schaffen wir aus der Welt, selbst Kinder ertränken wir, wenn sie schwächlich und missgestaltet zur Welt gekommen sind, und es ist nicht Zorn, sondern Vernunft, Untaugliches von Gesundem zu scheiden. Nichts ziemt dem Strafenden weniger, als im Zorn zu handeln, da die Strafe umso wirksamer ist für die Besserung, wenn sie mit unbefangenem Urteil verhängt worden ist. Daher das Wort des Sokrates, das er an einen Sklaven richtete: »Du würdest meine Faust zu fühlen bekommen, wenn ich nicht im Zorn wäre.« Es war klug von ihm, die Zurechtweisung des Sklaven auf andere Zeit zu verschieben; für den Augenblick wies er sich selbst zurecht. Wer in aller Welt wird der Leidenschaft ein Maß setzen, wenn Sokrates es nicht wagte sich dem Zorn hinzugeben?

16. Um Irrende und Verbrecher im Zaume zu halten, bedarf es also keines zornigen Zuchtmeisters; denn da der Zorn ein Fehler der Seele ist, so darf man nicht Fehler verbessern dadurch, dass man selbst sich eines solchen schuldig macht. »Wie? Soll ich einem Räuber nicht zürnen? Und folglich auch nicht einem Giftmi-

scher?« Nein: Zürne ich doch auch mir selbst nicht, wenn ich Blut lassen muss. Jede Art von Strafe wende ich als Heilmittel an: »Du bewegst dich noch auf der ersten Stufe der Verirrungen und vergehst dich nicht schwer, aber häufig: So wird zunächst ein Verweis unter vier Augen, sodann vor der Öffentlichkeit als Besserungsmittel in Anwendung kommen. – Ist es schon zu weit mit dir gekommen, um noch durch Worte geheilt zu werden, dann reicht eine Ehrenstrafe nicht aus: Du musst einen kräftigeren und fühlbaren Druck auf dich ausüben lassen; du musst es dir also gefallen lassen ins Exil und in unbekannte Gegenden geschickt zu werden. Fordert aber deine schon völlig verhärtete Niederträchtigkeit noch kräftigere Heilmittel, dann werden Ketten und Kerker in Anwendung kommen. Nimm vollends an, du habest eine unheilbare Seele, die Verbrechen an Verbrechen reiht, nimm an, du würdest gar nicht erst durch Gründe angetrieben, an denen es einem Schurken nie fehlen wird, sondern die Sünde selbst sei dir genügsamer Grund zum Sündigen; nimm an, du hättest die Niederträchtigkeit dermaßen in dich eingesaugt und mit deinen inneren Organen vermischt, dass sie nur im Verein mit ihnen dich verlassen kann; nimm an, du wünschtest bald eines elenden Todes zu sterben: So werden wir uns sehr um dich verdient machen; wir werden dich befreien vom Wahnsinn, mit dem du dich und andere peinigst, und werden dir, nachdem du dir selbst und anderen zur Qual und Marter gelebt hast, das einzig dir noch übrig bleibende Gut gewähren: den Tod.« Warum soll ich dem zürnen, dem ich den größten Dienst erweise? Zuweilen kann man sein Mitleid mit einem nicht besser zum Ausdruck bringen als dadurch, dass man ihn tötet. Gesetzt, ich beträte als erfahrener Sachverständiger das Lazarett eines Heeres oder eines reichen Hauses, so würde ich nicht allen den verschiedenen Kranken das Nämliche vorschreiben. Ich stehe im Dienste des Staates und soll ihn gesund erhalten; da sehe ich in so vielen Gemütern gar mannigfach verschiedene Fehler: Für eines jeden Leiden muss ein Heilmittel gesucht werden, den einen heile

Beschämung, den anderen ein Aufenthalt in der Fremde, den einen Schmerz, den andern Armut, noch einen anderen das Schwert. So werde ich denn, auch wenn ich als leitender Beamter das Unheil kündende Gewand anzulegen und das Signal für die Versammlung des Volkes zu geben habe, das Tribunal nicht mit wütender Miene und in feindseliger Stimmung betreten; nein, in meiner Miene soll sich das Gesetz spiegeln, und jene feierlichen Worte werde ich mehr mit gelassener und ernster als mit vor Wut bebender Stimme sprechen, und den Befehl, dass dem Gesetze nun sein Lauf gelassen werde, werde ich nicht im Zorn, aber mit Strenge geben. Und wenn ich den Befehl gebe, den Schuldigen zu enthaupten oder den Vatermörder in den Sack einzunähen, oder wenn ich an einem Soldaten die Todesstrafe vollziehen lasse oder einen Landesverräter oder Staatsfeind auf den Tarpejischen Felsen stelle, so wird dies ohne Zorn mit derselben Miene und in derselben Stimmung geschehen, mit der ich Schlangen und giftigen Tieren den Garaus mache.

»Die Zornsucht ist nun einmal nötig zum Strafen«, sagst du. Wie? Meinst du etwa, das Gesetz zürne Menschen, die es gar nicht kennt, die es nie gesehen hat, die es, wenn es auf *seine* Hoffnung ankommt, überhaupt nie geben wird? Des Gesetzes Gesinnung also musst du dir zu eigen machen, das nicht zürnt, sondern befiehlt. Denn gesetzt, es zieme dem Tugendhaften, wegen böser Taten zu zürnen, dann wird es ihm auch zustehen, über das Glück böser Menschen sich zu ärgern. Denn was ist empörender, als dass Schurken in Saus und Braus leben und dass Leute die Gunst des Glückes missbrauchen, für die auch das härteste Schicksal noch zu gut wäre? Aber er wird ebenso auf ihr Wohlleben ohne Neid hinblicken, wie auf ihre Schandtaten ohne Zorn. Was er nicht billigen kann, verurteilt der gute Richter, aber er hasst es nicht.

»Wie also? Wenn ein Weiser es mit dergleichen Dingen zu tun bekommt, wird dann sein Herz ganz unberührt bleiben, wird sich nicht ein lebhafteres Gefühl in ihm regen als im gewöhnlichen Zustand?« Ich gebe es zu: Er wird eine leichte und gelinde Bewegung in sich verspüren; denn wie Zenon sagt, auch in des Weisen Gemüt bleibt, selbst wenn die Wunde geheilt ist, noch eine Narbe zurück. Er wird also gewisse Ahnungen, er wird noch einen Schimmer der Leidenschaften in sich wahrnehmen; von ihnen selbst aber wird er frei sein.

17. Aristoteles behauptet, gewisse Leidenschaften seien, ihre richtige Behandlung vorausgesetzt, eine Art Waffen. Das wäre richtig, wenn sie wie kriegerisches Rüstzeug angelegt und abgelegt werden könnten ganz nach dem Belieben des Inhabers. Diese Waffen, die Aristoteles der Tugend verleiht, sind selbsttätige Kampfesmittel; sie warten nicht auf die führende Hand, sind Herren, nicht Knechte. Es bedarf keiner derartigen Hilfsmittel; die Natur hat uns hinreichend mit Vernunft ausgerüstet. Mit ihr hat sie uns eine Waffe gegeben, stark, dauerhaft, folgsam, nicht schwankend, nicht von der Art, dass sie sich möglicherweise auch gegen den Inhaber wenden könnte. Die Vernunft genügt für sich allein nicht nur zum vorschauenden Entwurf, sondern auch zur tatkräftigen Ausführung. Kann man sich etwas Törichteres denken, als dass die Vernunft ihren Schutz bei der Zornsucht suche, sie, die unwandelbare, bei der schwankenden, sie, die treue, bei der treulosen, sie, die gesunde bei der kranken? Und ist nicht auch für die Handlungen, die doch, wie es scheint, allein in Betracht kommen, wenn es sich um die Hilfe des Zornes als um eine (angebliche) Notwendigkeit handelt, die Vernunft für sich eine weit wirksamere Kraft? Hat sie sich einmal ihr Urteil gebildet über die Notwendigkeit eines Unternehmens, so bleibt sie auch dabei. Denn wer oder was könnte sie denn zu einer Änderung veranlassen? Sie selbst ist sich ihr bester Ratgeber: Hat sie also einmal ihren Entschluss gefasst, so steht dieser auch unwiderruflich fest. Der Zorn lässt sich nicht selten vom Mitleid verdrängen; denn er hat keine haltbare Kraft in sich, sondern besteht in einem hohlen Anschwellen; er kündigt sich durch stürmische Bewegung an, ganz ähnlich den Winden, die sich von der Erde er-

heben und von Flüssen und Sümpfen aufgefangen in heftiger Bewegung sind, doch ohne Dauer: Er, der Zorn, nimmt einen gewaltigen Anlauf, dann ermattet er und verzagt vor der Zeit, und hatte er vorher mit nichts als mit grausamen Drohungen und unerhörten Strafmartern um sich geworfen, so ist er jetzt, wo es die Ausführung der Strafe gilt, bereits gebrochen und kleinlaut. Die Leidenschaft lässt schnell nach, die Vernunft bleibt sich gleich. Doch auch wo der Zorn beharrlicher ist, ist es schon vorgekommen, dass, wenn zwei oder drei von mehreren, die zum Tode verurteilt waren, ihr Blut gelassen hatten, er von dem Morden abließ. Seine ersten Schläge sind scharf: Sie richten Schaden an wie das Gift der Schlangen, wenn sie eben aus ihrer Lagerstätte herauskriechen; aber ihr Gebiss wird unschädlich, wenn das häufige Beißen den Giftvorrat erschöpft hat. So kommt es, dass Gleichschuldige nicht Gleiches leiden, und oft muss der minder Schuldige mehr leiden, weil der Zorn, dem er begegnete, noch zu frisch war. Und überhaupt kennt er keine Gleichmäßigkeit: Bald schießt er über das Maß hinaus, bald macht er vorzeitig halt; gegen sich selbst übt er alle mögliche Nachsicht, urteilt nach Laune, ist taub für andere, duldet keine Fürsprache, hält fest in der Hand, was er einmal gefasst hat, und duldet keinen Widerspruch gegen sein Urteil, mag es auch noch so verkehrt sein.

18. Die Vernunft lässt beiden Parteien die nötige Zeit; dann sucht sie auch für sich einen Beistand, um das Feld freizumachen für volle Enthüllung der Wahrheit: Der Zorn hat es eilig. Die Vernunft will ein Urteil fällen, das der Billigkeit entspricht; der Zorn will das als billig angesehen wissen, was er als Urteil gefällt hat. Die Vernunft sieht nur auf die Sache selbst, um die es sich handelt; der Zorn lässt sich durch nichtige und nicht zur Sache gehörige Umstände beeinflussen. Ihn kann eine etwas zuversichtliche Miene, eine heller tönende Stimme, ein freieres Wort, eine erhöhte Sorge für das Äußere, ein ehrgeiziger Rechtsbeistand, die Gunst beim Volk in

die bitterste Stimmung versetzen; oft verdammt er den Angeklagten, weil er den Verteidiger hasst; auch wenn ihm die Wahrheit sichtbar vor Augen gerückt wird, liebt und schützt er den Irrtum; um keinen Preis will er sich widerlegen lassen, und bei verfehltem Beginnen scheint ihm Beharrlichkeit ehrenvoller als Reue.

Ich habe den Cnejus Piso noch gekannt, einen Mann, der von vielen Fehlern frei war, aber von der schroffen Art unserer Urgroßväter, dem starre Härte über Beharrlichkeit ging. Er hatte im Zorn den Befehl zur Hinrichtung eines Soldaten gegeben, der ohne seinen Begleiter vom Urlaub wieder zurückgekehrt war. Piso war nämlich der Meinung, der Soldat hätte seinen Begleiter, den er nicht wieder zur Stelle brachte, umgebracht. Der Soldat bat um eine kurze Frist, um seinen verlorenen Kameraden wieder aufzusuchen. Piso schlug es ab. Der Verurteilte ward über den Wall hinausgeführt, und schon bot er seinen Nacken dar, als plötzlich jener angeblich ermordete Kamerad erschien. Da befahl der die Hinrichtung leitende Centurio dem diensttuenden Soldaten, das Schwert in die Scheide zu stecken, und führte den Verurteilten zum Piso, um dem Piso wieder zur Unschuld zu verhelfen; denn dem Soldaten hatte das Schicksal dazu verholfen. Unter gewaltigem Zulauf werden die beiden Kameraden unter lebhaftem Jubel des Lagers zur Stelle gebracht. Wutentbrannt betritt Piso das Tribunal und gibt den Befehl, beide hinzurichten, sowohl den, der sich keines Mordes schuldig gemacht, wie den, der nicht umgekommen war. Gibt es etwas Empörenderes? Weil sich einer als unschuldig erwiesen hatte, mussten zwei den Tod über sich ergehen lassen. Und Piso fügte noch einen Dritten hinzu. Eben den Hauptmann, der den Verurteilten zurückgebracht hatte, ließ er hinrichten. Auf der nämlichen Stätte wurden drei zum Tode bestimmt um der Unschuld eines Einzigen willen. O welche Erfindsamkeit steht der Zornsucht zu Gebote, um Anlässe zu ihrer Wut zu erdichten. »Dich«, sagt er, »lasse ich hinrichten, weil du verurteilt worden bist; dich, weil du für deinen Kameraden die Ursache seiner Verurteilung warst; dich, weil du dem Befehl des Feldherrn zur Ausführung der Todesstrafe nicht Folge geleistet hast«: Es gelang ihm, drei Verbrechen herauszuklügeln, wo er kein einziges gefunden hatte.

19. Der Zornsucht, meine ich, haftet folgender Übelstand an: Sie will sich nicht leiten lassen; sie ist voll Zorn gegen die Wahrheit selbst, wenn diese ersichtlich mit seinem Willen in Widerspruch steht; mit Schreien, Poltern und rasendem Beben des ganzen Körpers stürzt sie sich auf die, auf welche sie es abgelegt hat, und lässt es an Schmähungen und Schimpfreden nicht fehlen. Das tut die Vernunft nicht; gegebenen Falles aber macht sie, dem Gebot der Notwendigkeit folgend, ganzen Hausgenossenschaften den Garaus und vernichtet Familien, die für den Staat eine tödliche Gefahr sind, mit Weib und Kind, reißt selbst die Häuser nieder und macht sie dem Erdboden gleich und rottet die Namen aus, deren Klang den Tod der Freiheit bedeutet; aber das tut sie nicht knirschend und den Kopf hin und her werfend oder in einer dem Richter irgendwie unziemlichen Haltung, dessen Miene gerade dann am ruhigsten und gelassensten sein muss, wenn er besonders wichtige Dinge zu verkünden hat. »Was brauchst du denn«, sagt Hieronymus, »erst die Lippen zusammenzubeißen, wenn du einen schlagen willst?« Was würde er gesagt haben, wenn er einen Prokonsul hätte vom Tribunal hinabspringen und dem Liktor das Rutenbündel wegreißen und seine Kleider zerreißen sehen, weil die des anderen zu langsam abgerissen wurden? Wozu die Tische umwerfen? Wozu die Becher zerschlagen? Wozu mit dem Kopf gegen die Säulen rennen? Wozu die Haare ausraufen, Schenkel und Brust mit Schlägen bearbeiten? Was für ein maßloser Zorn muss das sein, der sich gegen sich selbst kehrt, weil er nicht schnell genug gegen einen anderen losbrechen kann. Solch einen Rasenden halten die Nächststehenden fest und bitten ihn, doch wieder mit sich selbst eins zu werden. Von all dem tut der nichts, der frei von Zorn einem jeden die gebührende Strafe auferlegt. Oft lässt er einen, den er über einem Vergehen ertappt hat, ungestraft. Wenn

Reue über die Tat für die Zukunft Besserung verspricht, wenn er sieht, dass die Schlechtigkeit nicht aus der Tiefe kommt, sondern, wie man zu sagen pflegt, nur an der Oberfläche der Seele haftet, dann wird er Straflosigkeit gewähren, die weder dem Empfänger noch dem Geber zum Schaden gereichen wird. Mitunter wird er schwere Verbrechen leichter ahnden als geringere, wenn jene infolge eines bloßen Fehltrittes, nicht aus Grausamkeit, begangen worden sind, diese aber ihren Grund in einer verborgenen und versteckten und fest eingenisteten Durchtriebenheit haben. Ein und dasselbe Vergehen wird er bei zweien nicht mit derselben Strafe belegen, wenn es der eine aus Leichtsinn begangen hat, der andere aber nichts verabsäumt hat, um sich zum Missetäter zu machen. Bei jeder Bestrafung wird er sich der doppelten Bedeutung der Strafe bewusst bleiben: In dem einen Falle soll sie angewendet werden, um die Übeltäter zu bessern, in dem anderen, um sie aus der Welt zu schaffen. In beiden Fällen wird er seinen Blick nicht auf die Vergangenheit richten, sondern auf die Zukunft – denn, wie Platon sagt, kein Vernünftiger straft, weil gefehlt worden ist, sondern um zu verhüten, dass nicht weiter gesündigt werde; denn das Vergangene kann nicht rückgängig gemacht werden, das Zukünftige lässt sich verhindern –, und diejenigen, die als warnende Beispiele für die schlimmen Folgen der Schlechtigkeit dienen sollen, wird er vor den Augen der Menge hinrichten lassen, damit sie nicht nur selbst den Tod über sich ergehen lassen, sondern auch andere durch diesen ihren Tod abschrecken. Du siehst, in welchem Maße derjenige, der dies alles zu erwägen und abzuschätzen hat, von jeder leidenschaftlichen Erregung frei sein muss, wenn ihm eine die größte Umsicht fordernde Befugnis in die Hand gelegt wird: die Macht über Leben und Tod. Es führt zu schlechtem Ende, wenn einem Zornigen das Schwert in die Hand gegeben wird.

20. Auch ist es eine irrige Meinung, dass der Zorn etwas zur Seelengröße beitrage, denn von Größe ist hier nicht die Rede; es han-

delt sich nur um ein Anschwellen. Auch beim Körper, der durch ein Übermaß schädlicher Säfte aufgetrieben wird, ist die Krankheit nicht Wachstum, sondern verderbliche Überfülle. Alle, die der Wahnwitz hinaushebt über das Niveau des menschlichen Denkens, glauben in sich etwas Hohes und Erhabenes zu verspüren; tatsächlich aber fehlt es an jeder haltbaren Grundlage, und was ohne eine solche emporgeschossen ist, das ist eines baldigen Einsturzes sicher. Der Zorn hat keinen festen Stützpunkt. Er hat seinen Ursprung nicht in etwas Festem und Bleibendem, sondern ist windig und leer und steht von der Seelengröße ebenso weit ab wie die Keckheit von der Tapferkeit, der anmaßende Stolz von dem edlen Selbstvertrauen, die Trübseligkeit von dem tiefen Ernst, die Grausamkeit von der Strenge. Ein ganz erheblicher Unterschied, behaupte ich, besteht zwischen erhabener und stolzer Sinnesart. Die Zornsucht hat nichts zu schaffen mit großen und edlen Zielen. Dagegen ist es meiner Ansicht nach das Kennzeichen einer schlaffen, unglücklichen und ihrer Schwäche sich bewussten Sinnesart, der Trübseligkeit nachzuhängen, ähnlich den mit Geschwüren und Krankheiten behafteten Leuten, die bei den leisesten Berührungen aufseufzen. So ist der Zorn eine Untugend, die sich vor allem bei Frauen und Kindern findet. »Aber er findet sich doch auch bei Männern.« Ja, es finden sich auch Männer, die kindische und weibische Seelen haben.

»Wie aber? Hört man nicht aus dem Munde von Zornigen zuweilen Worte, die von einer hohen Sinnesart zu zeugen scheinen?« Nein, ganz im Gegenteil; sie kommen aus dem Munde von Menschen, die von wahrer Größe nichts wissen, wie jenes entsetzliche und abscheuliche Wort: »Mögen sie hassen, wenn sie nur fürchten!« Das stammt bekanntlich aus Sullas Zeiten. Ich weiß nicht, welcher der beiden Wünsche für ihn der verderblichere war, dass man ihn hassen oder dass man ihn fürchten sollte. »Mögen sie hassen!« Er konnte dabei wohl an die Gefahr denken, dass man ihn verfluche, dass man ihm nach dem Leben trachte, dass man ihn stürzen würde. Was fügt er hinzu? Was für ein Heilmittel wünscht er sich gegen den Hass? Mag ihn des Himmels Fluch treffen! »Mögen sie hassen!« – und was nun? Etwa, wenn sie nur gehorchen? Nein. Oder wenn sie sich nur einverstanden erklären? Nein. Nun, was denn? »Wenn sie mich nur *fürchten.*« Unter solcher Bedingung möchte ich nicht einmal geliebt werden. Das soll der Ausspruch eines großen Geistes sein? Du bist im Irrtum: Das ist nicht Größe, sondern Unmenschlichkeit.

Traue nicht den Worten der Zornigen: Sie machen gewaltigen Lärm und werfen mit Drohungen um sich, aber innerlich sind sie die größten Feiglinge. Auch hast du keinen Grund, das Wort des Livius, dieses Meisters der Rede, für wahr zu halten: »Ein Mann von mehr Geistesgröße als von sittlicher Tadellosigkeit.« Hier ist keine Trennung möglich: Groß kann nur sein, was zugleich auch sittlich tadellos ist; denn Seelengröße ist meines rachtens unerschütterlich und von festem Kern und von Grund aus sich gleich und unbeugsam, alles Dinge, die einem sittlich verwahrlosten Geist völlig fernliegen. Denn dieser kann wohl furchtbar, kann verwirrend und verderblich sein, aber Größe, deren Schutz und Stärke die Tugend ist, kann er nicht haben. Allerdings, im Umgangston, im Auftreten, in der ganzen äußeren Haltung kann er den Eindruck einer gewissen Größe machen. Leute dieser Art werden wohl manche Äußerung von sich geben, die man für geistreich hält. Man denke an C. Caesar (Caligula), der, dem Himmel zürnend, weil seine Ballettvorstellungen, bei denen er lieber selbst Mitwirkender als Zuschauer war, unter dem Groll des Himmels litten, und weil eine seiner festlichen Veranstaltungen durch Blitze – die doch nichts weniger als mit Sicherheit den Schuldigen treffen – sich zu einer Schreckensszene wandelte, den Jupiter zum Kampfe herausforderte, und zwar auf Tod und Leben. Er tat dies mit den Worten Homers (Il. 23, 724):

Hebe mich oder ich dich!

Welcher Wahnsinn! Als ob selbst von Jupiter ihm kein Schaden zugefügt werden, oder er sogar dem Jupiter etwas anhaben könne. Irre ich nicht, so hat dieses sein Wort nicht wenig dazu beigetragen, die Verschworenen in ihrer Absicht zu bestärken. Denn das schien doch eine alles Glaubliche überschreitende Geduldprobe, wenn man den noch länger als Herrn über sich dulden sollte, der den Jupiter nicht über sich dulden wollte.

21. Mag also der Zorn noch so gewaltig erscheinen und Götter und Menschen verachten, etwas Großes, etwas Edles ist er nicht. Legt einer dem Zorn die Macht bei, Seelengröße hervorzubringen, so muss er sie auch der Prunksucht zuschreiben – denn diese will mit Elfenbeinsesseln prunken, will sich mit Purpurkleidern, mit Gold bedecken, will Länder versetzen, Meere abdämmen, Wasserfälle bilden, schwebende Lustgärten anlegen. Auch der Geiz könnte dann den Schein der Seelengröße erwecken: Gold- und Silberhaufen sind seine Lagerstätte, sein Grundbesitz ist groß genug, um als Provinz zu gelten, und die einzelnen Verwalter haben Gebiete unter sich, größer als die Konsuln sie erlosen. Auch die Wollust dürfte dann als Seelengröße erscheinen: Sie durchschwimmt Meerengen, sie entmannt Scharen von Jünglingen, sie bietet sich mit Todesverachtung dem Schwerte des Gatten dar. Ja, auch der Ehrgeiz kann sich für Seelengröße ausgeben: Er ist nicht zufrieden mit den jährlichen Ehrenstellen, er will womöglich seinen *einen* Namen den ganzen Kalender füllen sehen und will über den ganzen Erdkreis mit seinen Inschriften sich bemerklich machen. Dies ganze Treiben, mag es sich auch noch so glänzend entfalten und steigern, ist doch beschränkt, armselig und niedrig; hehr und erhaben ist allein die Tugend, und nichts ist groß, was nicht auch frei von Leidenschaft ist.

Zweites Buch

1. Das erste Buch, mein Novatus, behandelte einen gefälligeren Stoff; denn das Abgleiten unserer Fehler auf schiefer Ebene ist ein Thema, das der Behandlung keine Schwierigkeiten bereitet. Jetzt gilt es, einen magereren Stoff zu behandeln. Die Frage nämlich, um die es sich hier handelt, ist die, ob der Zorn seinen Ursprung habe in unserem urteilenden Verstande oder in einem heftigen Anstoß von außen, das heißt, ob er ganz von selbst in Bewegung komme oder ob, wie sonst meist, auch der Verstand daran seinen Anteil habe. Die Untersuchung darf die Mühe, in die Tiefe zu graben, nicht scheuen; nur so kann sie sich dann auch zu jenen höheren Betrachtungen erheben. Auch bei unserem Körper handelt es sich ja doch zunächst um die richtige Fügung von Knochen, Nerven und Gelenken, als den sichernden Grundlagen und Lebenselementen für das Ganze, die dem Auge wenig Reizvolles bieten; daran erst schließt sich dasjenige, was die Bedingung ist für den ästhetischen Eindruck der äußeren Erscheinung, und nach alledem erst ergießt sich, wenn der Körper bereits fertig ist, als Letztes der das Auge entzückende Zauber der Farbe über das Ganze.

Was den Zorn anlangt, so ist kein Zweifel, dass er durch die sich unmittelbar aufdringende Vorstellung des Unrechts erregt werde; aber ob der Zorn selbst sich sofort zugleich mit der Wahrnehmung einstellt und ohne Hinzutritt einer Seelentätigkeit hervorbricht, oder ob er unter Zustimmung der Letzteren erregt werde, das ist eben die Frage. Unsere Ansicht geht dahin, dass der Zorn für sich nichts unternehme, sondern nur unter Zustimmung der Seele; denn die Vorstellung erlittenen Unrechts in sich zu bilden und die Rache dafür lebhaft zu begehren und beide Vorstellungen zu verbinden, nämlich einerseits, dass man nicht hätte beleidigt werden dürfen, anderseits, dass man sich rächen müsse, das ist nicht Sache eines Antriebes, der ohne unseren Willen sich geltend macht. Der Antrieb selbst ist einfach; aber wie er hier erscheint, ist er zusammengesetzt und enthält mehreres. Man hat etwas wahrgenommen, ist darüber entrüstet gewesen, hat sein Verdammungsurteil darüber ausgesprochen und schreitet zur Rache: All dies kann nicht geschehen, ohne dass die Seele zu diesen Eindrücken ihre Beistimmung gegeben hat.

2. »Was willst du«, fragt man, »mit dieser Untersuchung?« Dass wir uns eine deutliche Vorstellung von dem Wesen des Zornes bilden. Alle unwillkürlichen Erregungen nämlich sind unüberwindlich und unvermeidlich, wie z. B. der Schauder, wenn wir mit kaltem Wasser bespritzt werden, unser Widerwille bei gewissen Berührungen; bei schlimmen Nachrichten richten sich uns die Haare auf; bei schamlosen Worten legt sich eine gewisse Röte über unser Antlitz, und der Blick in einen jähen Abgrund macht uns schwindlig. Alles dies steht nicht in unserer Gewalt, und darum unterbleibt auch jeder Versuch der Vernunft, es zu hindern. Der Zorn dagegen wird durch vernünftige Vorstellungen und Mahnungen zum Weichen gebracht, denn er ist ein von unserem Willen abhängiger Fehler der Seele und gehört nicht zu dem, was man als unvermeidliche Folge unseres Menschenloses hinnehmen muss und was darum auch den Weisesten begegnet. Dazu gehört auch jener gewaltsame Eindruck, der uns bei der Vorstellung des Unrechtes in Aufregung versetzt. Dieser Eindruck zeigt sich sogar bei den szenischen Darstellungen des Theaters sowie beim Lesen alter Geschichten. Es ist, als würden wir von Zorn ergriffen gegen den Clodius, wenn er den Cicero in die Verbannung treibt, und gegen Antonius, wenn er ihn umbringt. Wer fühlt sich nicht von Ingrimm erfasst über den Bürgerkrieg des Marius, über die Proskriptionen des Sulla? Wer grollt nicht dem Theodotus und Achillas und jenem Knaben, der eine Ruchlosigkeit verübte, die alles andere, nur nicht knabenhaft war? Bisweilen regt uns ein Gesang auf und das rasche Tempo eines Musikstückes sowie der Schall der Kriegstrompete. Auch ein schauerliches Gemälde sowie der trauri-

ge Anblick von Hinrichtungen, mögen sie auch noch so gerecht sein, verfehlt nicht eines erschütternden Eindruckes auf unser Gemüt, daher auch das Mitlachen beim Lachen anderer und die unwillkürliche Mittrauer in einem Kreise von Trauernden, sowie unsere leidenschaftliche Teilnahme an den Wettkämpfen anderer. Das alles sind nicht Zornesausbrüche, ebenso wenig wie es Traurigkeit ist, wenn der Anblick eines auf der Bühne dargestellten Schiffbruches unser Antlitz verfinstert, ebenso wenig auch, wie es Furcht ist, was des Lesers Gemüt durchschüttert, wenn Hannibal nach der Schlacht von Cannae die Mauern der Hauptstadt umlagert; sondern all dies sind unwillkürliche Gemütserregungen, sind nicht Leidenschaften, sondern nur Anfänge und Vorspiele von Leidenschaften. So lässt mitten im Frieden einen Krieger, der längst schon die Toga wieder angelegt hat, der Schall der Trompeten scharf aufhorchen, und Soldatenpferde spitzen beim Geräusch der Waffen das Ohr. Alexander, sagt man, habe, wenn Xenophantus Flöte blies, mit der Hand nach dem Schwert gegriffen.

3. Nichts von dem, was zufällig unser Gemüt erregt, darf Leidenschaft genannt werden. Die Seele ist dabei sozusagen mehr leidend als tätig. Wenn man also beim Eintreten von Sinneseindrücken erregt wird, so ist das noch nicht Leidenschaft; zu dieser kommt es erst dann, wenn man sich jenen Eindrücken überlässt und dieser zufälligen Erregung weiter nachgibt. Denn wenn einer Erbleichen der Gesichtsfarbe oder den Erguss von Tränen oder eine unanständige geschlechtliche Regung oder tiefes Atemholen und plötzliches Aufblitzen der Augen oder ähnliche Erscheinungen für ein Zeichen von Leidenschaft und dauernder Gemütsstimmung hält, so täuscht er sich und begreift nicht, dass dies nur körperliche Erregungen sind. So kommt es denn, dass oft genug der tapferste Held, wenn er sich die Waffen anlegt, von Blässe befallen wird, und dass beim Ertönen des Kampfsignals dem unerschrockensten Soldaten die Knie ein wenig zittern, und auch einem großen Feld-

herrn, ehe die Kampfeslinien aufeinanderstoßen, das Herz pocht, und dass es auch den geübtesten Redner, wenn er sich anschickt zu reden, kalt überläuft. Der Zorn will nicht nur erregt sein, er will auch vorstürmen, denn er ist Angriff; Angriff aber ist undenkbar ohne Zustimmung des Verstandes, denn von Rache und Strafe kann überhaupt nicht die Rede sein, ohne dass die Seele davon weiß. Setze den Fall: Es hält sich jemand für beleidigt und will sich rächen, doch irgendein Grund spricht dagegen, und siehe da, seine Erregung legt sich: Das nenne ich nicht Zorn, sondern Gemütserregung, die sich der Vernunft fügt; von Zorn ist nur da die Rede, wo die Schranken der Vernunft übersprungen und niedergerissen werden. Jene erste Erregung des Gemütes also, die durch die Vorstellung des Unrechts in uns veranlasst ward, ist ebenso wenig Zorn wie die Vorstellung des Unrechts selbst. Erst jener darauf folgende Angriffsdrang, der die Vorstellung des Unrechts nicht nur in sich aufnahm, sondern ihr auch Beifall schenkte, ist Zorn, eine Erregung des Gemütes, die mit vollem Willen und Bewusstsein zur Rache schreitet. Kein Zweifel: Die Furcht hat immer die Flucht im Auge, der Zorn immer den Angriff. Lass also ab von dem Glauben, dass irgendetwas erstrebt oder gemieden werden könne ohne die Zustimmung des Verstandes.

4. Und nun eine Belehrung darüber, wie die Leidenschaften anfangen oder wachsen oder ins Kraut schießen! Die erste Erregung ist nicht freiwillig, sie ist nur eine Vorbereitung der Leidenschaft, gleichsam eine Androhung derselben. Die dann folgende steht in Verbindung mit dem Willen, der aber nicht hartnäckig darauf besteht, als müsste ich mich rächen, da ich beleidigt sei, oder als ob der andere gestraft werden müsste, da er sich vergangen habe; die dritte Erregung hat bereits die Macht über sich verloren, denn sie verlangt nach Rache nicht nur wenn es sein muss, sondern unter allen Umständen, also eine völlige Beseitigung der Vernunft. Jenem ersten heftigen Eindruck auf das Gemüt können wir uns

nicht durch vernünftige Überlegung entziehen, so wenig wie bei jenen körperlichen Erscheinungen, von denen die Rede war: Wenn andere gähnen, müssen wir auch gähnen; wenn einer plötzlich mit dem Finger nach meinem Auge fährt, dann muss ich es zudrücken: Das sind Dinge, wo die Vernunft keine entscheidende Rolle spielen kann, wo höchstens die Gewohnheit und beständige Aufmerksamkeit eine Abschwächung bewirken kann. Die weitere Erregung, wie sie sich in der zweiten und dritten Stufe darstellt, hängt vom Urteil ab, sowohl was ihre Entstehung als was ihre Überwindung anlangt.

5. Ferner drängt sich noch die Frage auf, ob die gewohnheitsmäßigen Wüteriche, die ihre Freude haben am Menschenblut, in Zorn sind, wenn sie Menschen ums Leben bringen, von denen sie weder ein Unrecht erlitten haben noch etwa ihrerseits glauben, dass sie es erlitten hätten, wie Apollodorus oder Phalaris. Das ist nicht Zorn, es ist tierische Rohheit. Denn sie schadet nicht, weil ihr Unrecht widerfahren ist, sondern, um nur selbst schaden zu können, ist sie sogar bereit sich Unrecht gefallen zu lassen; ihre Geißelhiebe und Zerfleischungen dienen nicht der Rache, sondern der Lust. Wie steht es also damit? Der Ursprung dieses Übels liegt im Zorn. Wenn diesem die Bahn freigelassen wird zur Übung und Sättigung, so schwindet jeder Gedanke an Milde und Gnade; jedes Gefühl für Zusammengehörigkeit mit den übrigen Menschen wird aus der Seele ausgerottet, und so wandelt sich schließlich der Zorn in Grausamkeit. Diese Unmenschen lachen also, haben ihre Freude und unbändige Lust an dem grausamen Spiel und tragen eine Miene zur Schau, die von allem anderen eher zeugt als von Zorn, grausam zum Zeitvertreib. Als Hannibal einen mit Menschenblut gefüllten Graben sah, soll er ausgerufen haben: »O herrlicher Anblick!« Wie viel schöner noch würde er es gefunden haben, wenn er einen Fluss oder einen See damit hätte füllen können! Was Wunder, wenn dich ein solcher Anblick besonders entzückt. Geburt

und Kindheit sind dir ja ganz inmitten von Blut und Mord verlaufen. Zwanzig Jahre hindurch wird dir die Glücksgöttin als Begünstigerin dieser Grausamkeit lächelnd zur Seite stehen, überall wirst du dein Auge an dem erwünschten Schauspiel weiden können; du wirst es schauen am Trasimenischen See, bei Cannae und zuletzt bei deinem Carthago. Volesus, der vor einiger Zeit unter dem seligen Augustus Prokonsul in Asien war, ließ an einem Tage dreihundert Menschen mit dem Beile hinrichten. Als er darauf mit stolzer Miene zwischen den Reihen der Toten einherschritt, stieß er, als hätte er wer weiß welche Großtat vollzogen, in griechischer Sprache die Worte hervor: »O welch königliche Tat!« Was würde dieser Elende als König getan haben? Das war nicht Zorn, sondern ein größeres, ein unheilbares Übel.

6. »Die Tugend«, sagt man, »muss, wie sie alles, was ehrenhaft ist, begünstigt, so auch voll Zorn sein gegen alles Schändliche.« Klingt das nicht, als müsste die Tugend zugleich niedrig und groß sein? Und doch sagt das der, der sie erhoben und erniedrigt zu sehen wünscht; denn die Freude an einer guten Tat ist rühmlich und herrlich, der Zorn über den Frevel eines anderen dagegen ist verwerflich und kleinlich. Niemals wird sich die Tugend dazu hergeben, Laster nachzuahmen, während sie Laster bekämpft; der Zorn selbst muss ihrer Züchtigung anheimfallen, denn er ist um nichts besser, ja häufig sogar schlimmer als die Vergehen, gegen welche er zürnt. Froh und heiter zu sein ist eine selbstverständliche und natürliche Beigabe der Tugend; zu zürnen, steht nicht in Einklang mit ihrer Würde, ebenso wenig wie traurig zu sein; dagegen hat die Zornsucht zur Begleiterin die Traurigkeit, und diese ist es, in die sich schließlich aller Zorn auflöst, sei es infolge eintretender Reue oder infolge erlittener Niederlage. Ferner: Wenn es im Wesen des Weisen liegen soll, über Vergehen zu zürnen, dann müsste er über größere Vergehen mehr zürnen und müsste häufig zürnen; folglich müsste der Weise nicht nur zornig sein, sondern geradezu zorn-

süchtig. Allein wenn wir des Glaubens sind, dass in der Seele des Weisen weder großer noch häufiger Zorn seine Stätte habe, warum wollen wir ihn dann nicht lieber gänzlich von dieser Leidenschaft frei haben? Denn wo wäre Maß und Grenze zu finden, wenn er je nach der Schwere eines jeden Vergehens zürnen müsste? Entweder wird er unbillig sein, wenn er über ungleiche Vergehen in gleichem Grade zürnt, oder er muss ein wahrer Ausbund von Zornsucht werden, wenn er so oft, als Verbrechen den Zorn herausfordern, damit losbricht.

7. Und was wäre unwürdiger, als dass die Seelenregung des Weisen von der Schlechtigkeit anderer abhänge? Soll Sokrates nicht mehr imstande sein mit der nämlichen Miene in sein Haus zurückzukehren, mit der er es verlassen hatte? Soll wirklich der Weise über Schandtaten zürnen und über Verbrechen sich aufregen und betrüben, dann gibt es nichts Bedauernswerteres als den Weisen: Sein ganzes Leben wird nichts anderes sein als eine Kette von Anlässen zu Zorn und Trauer. Denn wann wird es einen Augenblick geben, wo ihm nicht etwas Missfälliges unter die Augen käme? So oft er das Haus verlässt, führt ihn der Weg vorbei an verdächtigen Gestalten aller Art, an Verbrechern, an Geizhälsen, an Verschwendern, an Schamlosen und ihrer Laster Frohen; er wende sein Auge, wohin er will, überall trifft es auf Dinge, die seinen Unwillen erregen: Seine Kraft muss versagen, wenn er so viel Zorn aufbieten soll, als es der jedes Malige Anlass erfordert. Diese Tausende von Menschen, die bei Tagesanbruch nach dem Forum eilen, was für schändliche Händel, was für noch schändlichere Advokaten sind es, mit denen sie es zu tun haben! Der eine beschwert sich über die Entscheidungen seines Vaters, die er besser demütig über sich hätte ergehen lassen, ein anderer tritt gegen seine Mutter auf, ein Dritter erhebt Klage wegen eines Verbrechens, bei dem er ersichtlich selbst der eigentlich Schuldige ist; und zum Richter wird einer gewählt, der verdammen muss, was er selbst getan hat, und die Umstehenden neh-

men Partei für die schlechte Sache, bestochen durch die Redekunst des Verteidigers.

8. Doch wozu auf alle Einzelheiten eingehen? Wenn du das Forum gefüllt siehst von der Menschenmasse und den Komitienplatz besetzt von der zuströmenden Menge und den Zirkus dort, wo fast das ganze Volk beisammen ist, so glaube mir: So viel Menschen da sind, so viele Laster. Was du da von Bürgern siehst, das lebt alles in Unfrieden miteinander: Eines winzigen Vorteils wegen geht der eine auf das Verderben des anderen aus; jeder sucht seinen Gewinn durch die Schädigung des anderen; den Glücklichen hassen, den Unglücklichen verachten sie; gegen den Höheren bäumen sie sich auf, den Geringeren ducken sie; von den verschiedensten Begierden werden sie angestachelt; ein bisschen Vergnügen, ein Stückchen Beute zu erschnappen, scheint ihnen kein Opfer zu groß. Ihr Leben verläuft wie ein Fechterspiel: Sie trinken und kämpfen mit den Nämlichen. Es ist eine Ansammlung von wilden Tieren, nur dass diese untereinander Frieden halten und sich nicht gegenseitig beißen, während jene sich gegenseitig zerfleischen und sich aneinander sättigen. Überhaupt unterscheiden sie sich von den sprachlosen Tieren nur dadurch, dass diese gegen ihre Ernährer zahm werden, während die Raserei der Menschen sich schonungslos auch gegen die wendet, von denen sie ernährt wurden.

9. Fängt der Weise einmal an zu zürnen, so wird er kein Ende finden. Alles starrt von Schandtaten und Lastern; keine Strafgewalt ist imstande der Masse der Frevel Einhalt zu tun; ein wahrer Wettkampf der Niederträchtigkeit spielt sich in gewaltiger Ausdehnung vor unseren Augen ab; täglich wächst die Lust am Frevel, und in gleichem Maße schwindet die Scheu dahin. Von irgendwelcher Rücksicht auf das Bessere und Billigere ist nicht mehr die Rede, und die Zügellosigkeit kennt keine Schranken mehr für ihr Gelüsten. Die Verbrechen halten sich nicht mehr verborgen: Vor unseren

Augen gehen sie vor sich. Die Niederträchtigkeit ist so sehr Gemeingut geworden und sitzt allen so im Blute, dass die Unschuld nicht etwa nur eine Seltenheit, nein, völlig geschwunden ist. Denn sind es etwa bloß einzelne oder wenige, die dem Gesetze Hohn sprechen? Von allen Seiten, wie auf ein gegebenes Signal, stürzt alles herbei, um Recht und Unrecht durcheinander zu wirren:

> Kein Gastfreund schonet den Gastfreund,
> Noch der Eidam den Schwäher; auch liebende Brüder sind selten,
> Meuchlerisch stellet das Weib dem Gemahl nach, dieser der Gattin,
> Und Stiefmütter bereiten aus falbem Kraute den Gifttrank,
> Selber auch späht voreilend der Sohn nach den Jahren des Vaters.

Und das sind doch nur aus der Masse herausgegriffene einzelne Schandtaten, die der Dichter uns hier vorführt. Er hat nicht geschildert die feindlich einander gegenüber lagernden Heeresmassen derselben Nation, den Kampf zwischen Vätern und Söhnen, welche, die einen dieser, die anderen der Gegenpartei den Fahneneid schworen, nicht wie durch Bürgerhand die Brandfackel in die Vaterstadt geworfen wird. Er sagt nichts von den feindlichen Reiterschwadronen, die im Fluge alle Schlupfwinkel der Verbannten durchspüren, nichts von der Vergiftung der Brunnen, von der künstlich erzeugten Pestkrankheit, nichts von den Belagerungsgräben, mit denen man die Väter und Mütter umschließt, nichts von den überfüllten Kerkern, von den Bränden, die ganze Städte in Asche legen, von dem verderblichen Wechsel der Gewaltherrschaft, nichts von den geheimen Umtrieben zum Sturze von Königreichen und Gemeinwesen, nichts von der Lobpreisung und Verherrlichung dessen, was eine elende Schandtat war, so lange man noch die Gewalt hatte, es zu unterdrücken, von Raub, Unzucht und

Wollust, bis zur widernatürlichsten Befriedigung des Geschlechtstriebes. Dazu noch das staatliche Sündenregister: die Meineide im Völkerverkehr, die Bundbrüchigkeiten, die rücksichtslose Beutesucht des Stärkeren, die keine andere Grenze kennt als die etwaige Kraft des Widerstandes, die listigen Vorspiegelungen, die Diebstähle, Betrügereien, Veruntreuungen, wofür verdreifachte Gerichtshöfe noch nicht ausreichen. Wenn der Weise in dem Maße sich erzürnen soll, wie es die Ruchlosigkeit der Verbrecher erfordert, dann kann von Zorn nicht mehr die Rede sein, sondern nur noch von Tollheit.

10. Weit besser ist es, sich klarzumachen, dass man über Verirrungen nicht zürnen darf. Denn was soll es, wenn man einem zürnt, der in der Dunkelheit unsicher umhertappt? Oder dass man einem Tauben zürnt, der unsere Anweisungen nicht versteht? Was hat es für einen Sinn, wenn man Knaben zürnt, die, statt auf Erfüllung ihrer Pflichten bedacht zu sein, sich dem Spiel und den kindischen Neckereien mit ihren Altersgenossen hingeben? Was soll es, wenn man Leuten zürnt, weil sie krank, weil sie alt oder schwach werden? Zu den übrigen Mängeln der Sterblichen gehört auch dieser, diese Umnebelung des Verstandes, die sich im Irrtum kundgibt, gehört die Notwendigkeit des Irrtums nicht nur, sondern auch die Tatsache, dass wir ihn lieb haben. Um sich des Zornes gegen Einzelne zu erwehren, ist es ratsam, von vornherein allen zu verzeihen; dem ganzen Menschengeschlecht ist man Nachsicht schuldig. Zürnst du jungen Männern und Greisen, weil sie stehlen, dann musst du auch den Kindern zürnen, denn es kommt die Zeit, wo auch sie fehlen werden. Zürnt man den Knaben, die bei ihren Jahren noch kein Unterscheidungsvermögen für die Dinge haben? Weit mehr besagen will doch und gerechter ist doch die Entschuldigung, dass man Mensch sei, als dass man Knabe sei. Das ist nun einmal unser Los von Geburt ab: Wir sind Geschöpfe, die ebenso zahlreichen geistigen wie körperlichen Krankheiten ausgesetzt

sind, zwar nicht stumpf und dumpf, aber schlechte Ausnutzer unseres Scharfsinns, einer dem anderen ein Beispiel von Fehlern. Wer den Vorausgehenden folgt, die einen falschen Weg eingeschlagen haben, sollte der nicht Verzeihung verdienen, da er seinen Irrtum mit allen anderen teilt?

Den Einzelnen trifft die volle Strenge des Feldherrn; aber wenn das ganze Heer davongelaufen ist, dann ist Verzeihung vonnöten. Was entwaffnet den Zorn des Weisen? Die Massenhaftigkeit der Fehlenden. Er sagt sich, dass es ebenso unbillig wie gefährlich sei einem Fehler zu zürnen, den alle teilen. Heraklit brach jedes Mal in Tränen aus, wenn er ausging und allerseits so viel Menschen sah, die ein elendes Dasein führten oder vielmehr elend zugrunde gingen, und bedauerte alle, die ihm begegneten, wenn sie froh und glücklich waren. Eine Mildherzigkeit, die zur Schwäche wurde! Er selbst gehörte zu den Beklagenswerten. Dagegen zeigte sich Demokrit, wie man sagt, unter den Leuten nie anders als mit lachender Miene; so wenig ernsthaft erschien ihm alles, was in vollem Ernst betrieben wurde. Wo bleibt da für den Zorn noch Raum? Alles ist ja danach entweder zu belachen oder zu beweinen. Der Weise wird den Fehlenden nicht zürnen. Warum? Weil er weiß, dass niemand von Geburt ein Weiser ist, sondern es erst wird. Weiß er doch, dass im ganzen Verlaufe der Zeit nur verschwindend wenige weise werden; denn er weiß genau Bescheid über die Beschränktheit des Menschenlebens; kein Vernünftiger aber zürnt der Natur. Sollte er sich etwa wundern, dass am Dornstrauch im Walde kein Obst hängt? Sollte er sich wundern, dass Hecken und Gebüsch keine Fülle nützlicher Frucht tragen? Niemand zürnt, wo die Natur der Anwalt des Fehlers ist. Also friedlich gestimmt und nachsichtig gegen Verirrungen, kein Feind der Fehlenden, sondern als Führer zum Besseren verlässt der Weise täglich sein Haus mit dem Gedanken: »Es wird mir gar mancher Trunkenbold begegnen, gar mancher Wollüstling, gar mancher Undankbare, gar mancher Geizhals, gar mancher von den Furien des Ehrgeizes Verfolgte.« Alles dies wird er so gelassen und freundlich ansehen wie der Arzt seine Kranken. Zürnt etwa der, dessen Schiff durch die ringsum entstandenen Fugen viel Wasser eindringen lässt, darob den Schiffsleuten und dem Schiff selbst? Er sucht vielmehr nach Abhilfe, sperrt hier dem Wasser den Zutritt, schöpft es dort aus, verstopft die sichtbaren Löcher, gegen die versteckten und unbemerkt Bodensatz ansammelnden setzt er sich in unverdrossener Anstrengung zur Wehr und lässt sich nicht irre machen dadurch, dass anstelle des ausgepumpten immer neues Wasser eindringt. Zäh ausharrender Hilfe bedarf es gegen andauernde und sich immer verjüngende Übel, nicht um sie auszutilgen, wohl aber um sie nicht Herr werden zu lassen.

11. »Der Zorn«, sagt man dagegen, »ist nützlich, weil er die Frechlinge verscheucht, weil er die Bösen abwehrt.« Für's Erste: Wenn der Zorn eine Kraft hat, die seiner Drohung gleichkommt, so ist er eben deshalb, weil er furchtbar ist, auch verhasst. Es ist aber gefährlicher, gefürchtet als verachtet zu werden; ist er aber kraftlos, so ist er in höherem Grade der Verachtung ausgesetzt und entgeht nicht dem Schicksal, verlacht zu werden, denn was wäre schaler als die ins Blaue hineintobende Zornsucht? Zweitens ist so manches nicht darum wirkungsvoller, weil es schrecklicher ist, und schwerlich darf man dem Weisen mit dem Spruche kommen: »Was des wilden Tieres Waffe ist, das ist auch die des Weisen, nämlich die Furcht vor ihm.« Wie? Fürchtet man nicht Fieber, Gicht und böse Geschwüre? Ist etwa darum etwas Gutes daran? Ist daran nicht vielmehr alles verächtlich, abscheulich und hässlich, und wird es nicht eben deshalb gefürchtet? So ist der Zorn an und für sich hässlich und keineswegs furchtbar, aber er wird von vielen gefürchtet, wie eine hässliche Larve von Kindern. Kein Zweifel: Die Furcht fällt immer zurück auf den, von dem sie ausgeht, und niemand wird gefürchtet, der selbst nichts zu fürchten braucht. Hier mag dir die Erinnerung aufsteigen an jenen Vers des Laberius, der, mitten im Bürgerkrieg

im Theater gesprochen, bei dem ganzen Volk solchen Widerhall fand, dass es schien, als wäre dies Wort dem Volke unmittelbar aus der Seele gesprochen:

Wen viele fürchten, den bedrohen viele auch.

So hat es die Natur gewollt: Wer seine Größe der Furcht anderer vor ihm verdankt, der ist selbst von Furcht nicht frei. Wie schreckhaft ist das Herz der Löwen bei manchem ganz leichten Geräusch. Ein Schatten, eine Stimme, ein ungewohnter Geruch genügt, um die grimmigsten wilden Tiere in Aufregung zu versetzen. Alles, was Schrecken erweckt, das zittert auch selbst. Kein Weiser also hat Grund zu dem Wunsche, gefürchtet zu werden, und zu dem Glauben, der Zorn sei etwas Großes, weil er Furcht erweckt. Werden doch auch die verächtlichsten Dinge gefürchtet, wie z. B. Gift, stinkende Knochen und Bisse. Und das ist nichts Wunderbares. Hält doch auch ein mit Federn bestecktes Netz die größten Herden wilder Tiere beisammen und führt sie ins Verderben. Vogelscheuche (Popanz) ist der Name dieses Schreckmittels. Dem Nichtigen ist das Nichtige schreckhaft. Das wechselvolle Bild sich rasch umdrehender Wagenräder scheucht Löwen in ihre Höhle zurück, Elefanten geraten in Schrecken durch das Grunzen eines Schweines. Die Furcht vor dem Zorn gleicht also der Angst von Kindern vor dem Schatten oder des Wildes vor einer roten Feder. In sich selbst hat der Zorn nichts Festes und Kraftvolles; nur auf schwache Seelen macht er Eindruck.

12. »Man müsste«, wendet man ein, »die Niederträchtigkeit aus der Welt schaffen, wenn man den Zorn loswerden will; das Eine ist aber so unmöglich wie das Andere.«

Fürs Erste: Es ist nichts Unmögliches, dass einer nicht friert, obschon es Winter ist, und nicht schwitzt trotz der Hitze der Sommermonate, sei es, dass er durch die Gunst der Ortslage gegen die

Unbilden des Klimas gesichert ist, sei es, dass er durch Abhärtung und Gewöhnung seines Körpers sich dagegen unempfindlich gemacht hat. – Sodann nimm einmal das umgekehrte Verhältnis an und sage: Man muss zunächst die Tugend aus der Seele verbannen, ehe man der Zornsucht Eintritt gewährt; denn mit den Tugenden lassen sich die Laster nicht vereinigen, und es ist ebenso unmöglich, dass einer zu gleicher Zeit zornig und tugendhaft sein kann, wie dass er zugleich krank und gesund ist.

Dagegen wendet man ein: »Es ist unmöglich, allen Zorn aus der Seele zu tilgen; das lässt die Natur des Menschen nun einmal nicht zu.« Es ist nichts so schwer und so unzugänglich, das der menschliche Geist nicht überwinden und mit dem er sich nicht durch unablässig wachsame Besonnenheit vertraut machen könnte. Es gibt keine noch so wilden und selbstherrlichen Leidenschaften, die sich nicht durch strenge Zucht bändigen ließen. Wozu der Geist sich zwingt, das setzt er auch durch. Manche haben es dahin gebracht, dass nie ein Lächeln über ihre Züge glitt; manche haben dem Weine, manche dem Liebesgenuss, einige sogar jeglichem Getränke entsagt. Manche haben, zufrieden mit kurzem Schlaf, sich an eine unermüdliche Wachsamkeit gewöhnt. Es gibt Leute, die es dahin gebracht haben sich auf ganz schwachen und aufwärts gespannten Seilen in raschem Laufe zu bewegen, oder ungeheure, die menschliche Kraft fast übersteigende Lasten zu tragen, oder in unermessliche Tiefen zu tauchen und sich den Druck des Wassers gefallen zu lassen, ohne Atem schöpfen zu können. Und so gibt es tausend anderes, worin hartnäckige Ausdauer jedes Hindernis überwunden und gezeigt hat, dass nichts schwer sei, zu dessen Ertragung der menschliche Geist sich selbst nötigt. Die soeben als Beispiel aufgeführten Leute ernten für ihre zähe Anstrengung entweder keinen oder keinen entsprechenden Lohn, – denn was hat denn der Herrliches zu erwarten, der sich darauf geübt hat, auf ausgespanntem Seile zu laufen oder seinen Nacken mit einer ungeheuren Last zu beladen, oder sich den Schlaf zu versagen oder sich in die Tiefe des

Meeres hinabzulassen? – Gleichwohl ermüdet er in seinem Eifer nicht, bis er zum Ziele gelangt ist, das ihm keinen erheblichen Entgelt bringt: Und wir sollten uns nicht der Ausdauer befleißigen, wir, denen ein so herrlicher Lohn winkt? Die unerschütterliche Ruhe der glücklichen Seele? Was will es doch heißen, sich frei zu machen von dem größten Übel, dem Zorn, und mit ihm von Raserei, Wildheit, Grausamkeit, Wut und anderen ihn begleitenden Leidenschaften?

13. Wir dürfen uns nicht nach einem Anwalt für ihn umsehen und nach einer Entschuldigung für seine Ausgelassenheit, unter dem Vorgeben, er sei entweder nützlich oder unvermeidlich. Denn welches Laster fände nicht seinen Verteidiger. Sage ja nicht, er könne nicht ausgerottet werden. Die Krankheiten, an denen wir leiden, sind heilbar, und wenn wir uns nur bessern *wollen*, so unterstützt uns die Natur selbst dabei, die uns zum Rechten geschaffen hat. Auch ist der Weg zur Tugend nicht, wie manche glauben, steil und rau: Man gelangt zu ihr auf ebener Bahn. Ich bin kein falscher Prophet. Leicht ist der Weg zum glücklichen Leben: Betretet ihn nur unter günstigen Vorzeichen und unter dem günstigen Beistand der Götter selbst! Euer ganzes Treiben ist weit schwieriger. Was gibt uns mehr Ruhe als der Seelenfrieden, was dagegen macht mehr Beschwerde als der Zorn? Was ist gelassener als die Milde, was drängender zu aufregender Geschäftigkeit als die Grausamkeit? Züchtigkeit bringt Ruhe, Lustbegier lässt einem zu nichts Zeit. Kurz, die Tugenden zu hüten ist leicht, die Laster zu nähren erfordert nicht geringen Aufwand. Der Zorn muss beseitigt werden – das geben zum Teil auch die zu, die wenigstens seiner Verminderung das Wort reden: Es muss völlig mit ihm aufgeräumt werden; ein Nutzen ist nie von ihm zu erwarten. Ohne ihn wird es leichter sein und der richtige Weg sich finden, die Verbrechen zu beseitigen, die Bösen zu strafen und sie der Besserung zugänglich zu machen. Alles, was dem Weisen obliegt, wird

er ohne jede Beihilfe von etwas Schlechtem vollziehen, und er wird nichts beimischen, was ihn veranlassen müsste, sorgsam das Maß der Zutat zu überwachen.

14. Niemals also ist der Zornsucht Zulass zu gewähren, wenn man auch bisweilen die Miene dazu annehmen muss, wenn es gilt, die träge Aufmerksamkeit der Hörer aus dem Schlummer aufzurütteln, wie man Pferde, die sich nur langsam zum Laufen bequemen wollen, durch Sporn und Fackelbrand in Gang bringt. Wo vernünftige Belohnung nichts ausrichtet, da muss zuweilen die Furcht helfen, die man den Betreffenden einflößt. Zorn ist ebenso wenig nützlich als Trauer und als Furcht.

»Aber wie? Treten nicht Fälle ein, die den Zorn unwillkürlich reizen?« Ja; aber gerade dann muss man sich am entschiedensten gegen ihn zur Wehr setzen. Und es ist nicht schwer, seiner Aufregung Herr zu werden. Man blicke nur auf die Athleten, die, wo es sich doch nur um den untergeordnetsten Teil des Menschen handelte, nur um seinen Körper, gleichwohl die Schläge und Schmerzen sich gefallen lassen, um die Kräfte des schlagenden Gegners zu erschöpfen, und ihrerseits nicht losschlagen, wenn der Zorn dazu auffordert, sondern wenn der günstige Augenblick sich bietet. Pyrrhus, dieser größte Meister und Lehrer des gymnischen Wettkampfes, pflegte, wie es heißt, seine Schüler immer vor dem Zorne zu warnen. Denn der Zorn ist ein Störenfried für die Kunst und richtet sein Augenmerk nur auf den anzurichtenden Schaden. So kommt es denn, dass die Vernunft häufig zur Geduld mahnt, der Zorn dagegen zur Rache, und war es uns möglich, über die ersten Übel hinwegzukommen, so sehen wir uns nun in größere verwickelt. Die verletzende Schärfe eines einzigen Wortes, das wir nicht mit Gleichmut über uns ergehen ließen, hat manchen ins Exil gebracht, und wer eine leichte Beleidigung nicht stillschweigend zu ertragen wusste, hat oft das schwerste Unheil über sich heraufbeschworen, und wer es mit Unwillen von sich wies, auf das kleinste Stückchen aus dem Vollbesitz der Freiheit zu verzichten, hat das Joch der Knechtschaft auf sich geladen.

15. Man wendet ein: »Um einzusehen, dass der Zorn etwas Hoheitsvolles in sich habe, musst du deinen Blick auf die freien Nationen richten, die ja doch die zornsüchtigsten sind, wie die Germanen und die Scythen.«

Das hat seinen Grund in Folgendem: Tapfere und von Haus aus kräftige Naturen sind zum Zorne geneigt, so lange sie noch nicht den mildernden Einfluss geistiger Zucht und Bildung an sich erfahren haben. Manches nämlich ist eine Mitgabe der Natur nur an edlere Geister, wie ein fruchtbarer, wenn auch vernachlässigter Boden kräftigen Baumwuchs hervorbringt, und wie hoher Wald auf günstigem Boden emporschießt. So bringen denn auch von Natur kräftige Geister Zornsucht hervor, und feurig und hitzig wie sie sind, lassen sie nichts Schwächliches und Kleinliches in sich aufkommen; allein dieser Frische und Lebhaftigkeit haftet der Mangel an Bildung an wie allem, was ohne künstliche Beihilfe nur durch die Güte der Natur emporsprießt; und werden diese Geister nicht beizeiten in Zucht genommen, so gewöhnen sie, die alle Anlage zu wahrer Tapferkeit hatten, sich an Verwegenheit und kopflose Draufgängerei. Wie? Sind zarter organisierte Naturen nicht auch mit gelinderen Fehlern behaftet, wie Weichherzigkeit, nachsichtige Liebe und Schüchternheit? So kann ich dir oft eine gute Natur gerade an ihren Fehlern zu erkennen geben. Aber mögen sie auch Anzeichen einer besseren Natur sein, so bleiben sie darum doch Fehler. Sodann steht es mit jenen in wilder Freiheit lebenden Völkern ähnlich wie mit den Löwen und Wölfen: Wie sie nicht dienen können, so können sie auch nicht herrschen; denn sie haben nicht die Kraft eines gebildeten, sondern eines wilden und unzugänglichen Geistes. Niemand aber kann herrschen, der sich nicht dazu verstehen will, sich auch beherrschen zu lassen. In der Regel sind daher diejenigen Völker im Besitze der Herrschaft gewesen, die unter einem milderen Himmel wohnen. Die in den kälteren, nördlichen Erdstrichen wohnenden Völker sind unbändiger Natur, wie der Dichter sagt:

und ihrem Himmel ganz ähnlich.

16. Ein weiterer Einwurf lautet: »Für die edelsten Tiere gelten die, in denen viel Zorn ist.« Diese Vergleichung ist irreführend. Man darf für den Menschen nicht solche Wesen als Beispiel hinstellen, bei denen der stürmische Trieb an die Stelle der Vernunft tritt: Bei dem Menschen tritt die Vernunft an die Stelle des stürmischen Triebes. Doch selbst bei den Tieren ist nicht dasselbe für alle nützlich: Dem Löwen hilft der Zorn, dem Hirsch sein schlaues Wesen, dem Habicht der stürmische Angriff, der Taube die Flucht. Aber auch das ist nicht richtig, dass die zornigsten Tiere die besten seien. Die wilden Tiere allerdings, die sich von Raub nähren, sind umso besser, je zorniger sie sind; aber an den Rindern und Pferden, die dem Zügel folgen, dürfte die Geduld zu loben sein. Doch warum den Menschen auf so unglücklich gewählte Beispiele verweisen? Blicke hin auf die Welt und auf Gott, den unter allen lebenden Wesen der Mensch allein kennt, um allein ihn auch nachzuahmen.

Ferner sagt man: »Die Zornsüchtigen hält man für die Arglosesten unter allen Menschen.« Allerdings. Vergleicht man sie mit Betrügern und Schlauköpfen, so erscheinen sie arglos, weil sie harmlos genug sind, sich keines Argen zu versehen. Doch möchte ich sie nicht arglos nennen, sondern unvorsichtig. Diese Bezeichnung brauchen wir auch für Toren, Schlemmer und Verschwender, ja für alle Laster, die nichts mit Heimtücke zu tun haben.

17. »Bei einem Redner«, sagt man, »ist es manchmal besser, wenn er zornig ist.« Nein, hier handelt es sich nur um Nachahmung des Zornes. Machen doch auch Schauspieler, ohne zornig zu sein, durch ih-

ren Vortrag Eindruck auf das Volk; nur müssen sie mit Geschick den Zornigen spielen. Auch vor Richtern also und in der Volksversammlung, sowie überall, wo es gilt, eine unseren Wünschen entsprechende Stimmung bei anderen zu erzeugen, werden wir bald den Zornigen, bald den Fürchtenden, bald den Mitleidigen spielen, um andere in diese Stimmung zu versetzen, und oft genug schon hat eine Nachahmung der Leidenschaften mehr Wirkung erzielt, als es der wahren Leidenschaft möglich gewesen wäre.

»Es ist«, sagt man, »ein Zeichen schlaffer Sinnesart, wenn man keines Zornes fähig ist.« Das ist wohl richtig, aber nur dann, wenn man nichts in sich hat, was kräftiger ist als der Zorn. Man braucht weder Räuber zu sein noch ein Mensch, der sich ohne Weiteres zum Opfer des Räubers hergibt, weder mitleidselig noch grausam: Der eine hat ein zu weiches Herz, der andere ein zu hartes. Der Weise halte nach beiden Seiten hin Maß und biete zu energischem Handeln nicht den Zorn auf, sondern seine Kraft.

18. Damit haben wir die Untersuchung über den Zorn zu Ende geführt. Nun gilt es, die Heilmittel dagegen zu erörtern. Auf zwei Punkte kommt es da meines Erachtens an: Erstens, man darf nicht in Zorn geraten, und zweitens, man darf, wenn man im Zorn ist, sich nicht zu Fehlern hinreißen lassen. Wie man bei der Körperpflege verschiedene Vorschriften gibt, einerseits zum Schutze und zur Erhaltung der Gesundheit, anderseits zur Wiederherstellung derselben, so müssten wir dem Zorn durch verschiedene Mittel einerseits überhaupt vorbeugen, anderseits Zügel anlegen. Um ihm von vornherein vorzubeugen, müssen wir einige das Leben überhaupt betreffende Vorschriften geben: Sie beziehen sich teils auf die Jahre der Erziehung teils auf die folgenden Zeiten, also eine Zweiteilung.

Die Erziehung fordert die größte und für die Zukunft fruchtbarste Sorgfalt. Denn es ist leicht, die noch zarten Gemüter in Ordnung zu halten, wogegen sich Fehler, die mit uns groß geworden sind, nur schwer ausrotten lassen.

19. Den günstigsten Nährboden für die Zornsucht bieten hitzige Naturen. Den vier Elementen nämlich, die es gibt, Feuer, Wasser, Luft und Erde, entsprechen vier Eigenschaften (Kräfte), nämlich Warm, Kalt, Trocken und Feucht. Auf der Mischung der Elemente beruhen demnach sowohl die örtlichen Unterschiede wie die der lebenden Wesen und des Körpers und des Charakters. Daher die Verschiedenheit der Gemütsarten nach überwiegenden Neigungen, je nach dem Vorwalten eines der Elemente. Daher nennen wir verschiedene Gegenden feucht, trocken, warm und kalt. Ebenso steht es mit den Unterschieden bei Tieren und Menschen. Es kommt darauf an, wie viel einer Feuchtigkeit und Wärme in sich hat. Nach demjenigen Element, das bei einem überwiegt, bestimmt sich auch der Charakter. Hitzige Gemütsart wird Zornsucht erzeugen, denn das Feuer ist von tätiger und eindringender Kraft; das Übergewicht des Kalten in der Mischung erzeugt furchtsame Gemütsart, denn die Kälte ist träge und starr. Manche der Unsrigen erklären daher die Brust für die Ursprungsstätte der Zorneserregung, indem das Blut um das Herz herum heiß werde. Die Ursache, weshalb man dem Zorn gerade diese Stelle anweist, ist keine andere als die, dass die Brust der wärmste Teil des ganzen Körpers ist. Bei denen, die mehr Feuchtigkeit in sich haben, wächst der Zorn nur allmählich, weil die Wärme bei ihnen erst geschaffen werden muss, nämlich durch Bewegung. Daher ist der Zorn bei Kindern und Frauen mehr heftig als wuchtig und leichter im Anfang. In den Jahren, wo die Trockenheit zunimmt, ist der Zorn heftig und kräftig, doch ohne weiteres Anschwellen und Zunahme, weil auf die in Abzug begriffene Wärme Kälte folgt. Greise sind eigensinnig und klagsüchtig wie Kranke und Genesende und wie solche, deren Wärme durch Abspannung oder durch Blutentziehung dahingeschwunden ist. In derselben Lage befinden sich die an Durst und Hunger sich Verzehrenden und deren Körper blutlos und schlecht genährt und unterwertig ist. Der Wein entflammt den Zorn, denn er erhöht die Wärme; je nach der Natur eines jeden

geraten manche in Hitze, wenn sie betrunken sind, manche, wenn sie verwundet sind. Und durch nichts anderes erklärt sich auch die Tatsache, dass die Zornsüchtigsten die von gelblicher und rötlicher Gesichtsfarbe sind: Sie haben von Natur die Farbe, die bei den anderen durch den Zorn erzeugt wird, denn sie haben ein bewegliches und hitziges Blut.

20. Aber wie die Natur manche zum Zorne geneigt macht, so gibt es noch vieles andere, was die nämliche Wirkung hervorbringen kann wie die Natur. Bei den einen liegt der Grund in Krankheit oder Körperverletzung; bei den anderen in Anstrengung oder ununterbrochenem Wachen, kummervollen Nächten, Sehnsucht und Liebesqual; alles, was schädlich auf Körper oder Geist einwirkt, macht die kranke Seele zu Klagen geneigt. Aber das alles sind nur Anfänge und Veranlassungen. Die Hauptsache ist die Gewohnheit. Wenn diese ihren Einfluss in dieser Richtung geltend macht, so nährt sie die Fehler. Die Natur umzuwandeln ist freilich schwer, und die Mischung der Elemente, wie sie bei der Geburt nun einmal war, lässt sich nicht ändern. Allein dabei mag doch die Erkenntnis von Nutzen sein, dass man feurigen Geistern den Wein vorenthalten muss, wie denn Platon glaubt, ihn den Knaben versagen zu müssen, da das Feuer nicht durch Feuer angefacht werden dürfe. Auch mit Speisen darf man sie nicht überladen, denn dadurch werden die Körper aufgeschwemmt und mit dem Körper schwillt auch der Geist auf. Anstrengende Beschäftigung soll sie in Atem halten, ohne sie zu erschöpfen, auf dass die Wärme gemindert, aber nicht aufgezehrt werde; nur der übermäßigen Hitze soll ein Dämpfer aufgesetzt werden. Auch Spiele werden von Nutzen sein; denn maßvolle Lust lässt den Geist sich erholen und bringt ihn in die rechte Verfassung. Den durch mehr Feuchtigkeit oder Trockenheit oder Kälte gekennzeichneten Naturen droht vom Zorne keine Gefahr; wohl aber sind gelindere Fehler bei ihnen zu befürchten wie Ängstlichkeit, Bedenklichkeit, Hoffnungslosigkeit

und Argwohn. Dergleichen Geister bedürfen der Aufrichtung, der freundlichen Zusprache und der Anregung zum Frohsinn. Und da Zorn und Trübsinn nicht nur verschiedene, sondern einander geradezu entgegengesetzte Heilmittel verlangen, so muss man immer dem entgegenarbeiten, was uns angeboren ist.

21. Am meisten, behaupte ich, wird es sich lohnen, wenn man gleich von Anfang an bei den Knaben ein gesundes Erziehungsverfahren einschlägt. Die Leitung ist aber schwierig; denn wir müssen darauf bedacht sein, einerseits dem ihnen innewohnenden Zorn keine Nahrung zu geben, anderseits ihre natürliche Anlage nicht abzustumpfen. Die Sache fordert genaue Beobachtung; denn beides, sowohl was man fördern als was man niederhalten will, erfordert ähnliche Behandlung. Leicht aber täuscht das Ähnliche auch die Aufmerksamen. Es wächst das Selbstbewusstsein, wenn man ihm die Zügel schießen lässt, wogegen es zu stark gemindert wird, wenn man ihm sklavische Unterwürfigkeit zumutet; es fühlt sich gehoben, wenn es gelobt wird, und gibt guten Hoffnungen für sich Raum, allein eben dies Verfahren erzeugt auch Übermut und Zornsucht. Die Leitung muss also die Mitte halten zwischen beiden, sie muss sich bald des Zügels bald des Sporns bedienen. Dem Zögling darf nie etwas Erniedrigendes, etwas Sklavenartiges zugemutet werden. Niemals soll er in die Lage gebracht werden, demütig um etwas zu bitten, noch soll er Nutzen davon haben, wenn er das etwa tut, vielmehr soll man seinem Standpunkt Rechnung tragen und seine früheren Handlungen und löblichen Versprechungen für die Zukunft ihm zugutekommen lassen. Bei den Wettkämpfen mit den Altersgenossen soll er sich nach unserem Willen weder besiegen noch zum Zorn reizen lassen; man halte darauf, dass er gute Kameradschaft hält mit denen, mit denen er sich im Wettkampf zu messen pflegt, damit er sich daran gewöhne, nicht schaden zu wollen, sondern zu siegen; wenn er gesiegt und irgendetwas Lobwürdiges vollbracht hat, mag er sich wohl gehoben fühlen, aber nicht

sich brüsten. Denn der Freude folgt Frohlocken, dem Frohlocken Aufgeblasenheit und übertriebene Selbstschätzung. Man gönne ihm angemessene Erholung, aber zu Schlaffheit und Trägheit lasse man es nicht bei ihm kommen, und fern bleibe jede Berührung mit Wollust. Denn nichts regt die Zornsucht mehr an als eine weichliche und schmeichlerische Erziehung. Daher die Erfahrung: Je mehr man dem einzigen Söhnchen nachsieht, je mehr man den Verwaisten erlaubt, umso trauriger steht es um ihre Seele. Der wird den Unbilden nicht gewachsen sein, dem niemals etwas abgeschlagen worden ist, dessen Tränen die besorgte Mutter immer abgewischt hat, der mit seinen Klagen über den Pädagogen stets Recht behalten hat. Siehst du nicht, dass bei jeder Erhöhung der Stellung die Neigung zum Zorn wächst? Bei Reichen und Vornehmen und hohen Beamten tritt das besonders hervor: Alles Nichtige und Eitele, was ihre Seele in sich barg, wird durch die Gunst der Umstände zu rascher Blüte gebracht. Das Glück nährt die Zornsucht, wenn ein Schwarm von Schmeichlern die hochmütigen Hörer umdrängt: »Was? Der sollte sich mit dir messen? Du schätzest dich nicht hoch genug für deine Stellung, du wirfst dich selbst weg«, und dergleichen Spornreden mehr, denen selbst ein gesundes und von Haus aus wohlbestelltes Gemüt kaum widersteht. Halte man also das Knabenalter so weit wie möglich von jeder Schmeichelei fern. Nur was wahr ist, soll der Knabe hören. Furcht soll ihm nicht immer erspart bleiben, sittliche Scheu soll ihm immer beiwohnen, Älteren soll er Ehrerbietung bezeugen. Nichts soll er durch Zornsucht ertrotzen. Was dem Weinenden versagt ward, soll dem Beruhigten gewährt werden. Den Reichtum der Eltern mag er schauen, aber ausnutzen soll er ihn nicht. Der Tadel soll ihm nicht erspart bleiben, wenn er irgend gefehlt hat.

Von großer Wichtigkeit ist es, dass man den Knaben freundliche Lehrer und Aufseher gibt. Alles, was noch in zarter Jugend steht, schließt sich eng an das Nächste an und nimmt es sich in seiner eigenen Entwickelung zum Vorbild: In den Sitten der Jünglinge spiegelt sich das Wesen der Ammen und Erzieher ab. Als ein bei Platon erzogener Jüngling zu den Eltern zurückgebracht ward und den Vater in heftigem Zank begriffen sah, sagte er: »Dergleichen habe ich bei Platon niemals gesehen.« Kein Zweifel: Die Nachahmung seines Vaters wird ihm schneller gelungen sein als die des Platon. Vor allem sei ihre Beköstigung einfach, ihr Gewand nicht kostbar und ihr Aufwand nicht größer als der ihrer Kameraden. Wer von Beginn an mit vielen auf gleichem Fuß zu leben gewöhnt worden ist, der wird nicht zürnen, wenn einmal einer ihm gleichgestellt wird.

22. Aber das alles hat nur für unsere Kinder Bedeutung. Was uns selbst anlangt, so ist die Zeit vorbei, wo das Los der Geburt und die Erziehung noch Raum ließ für Tadel oder Anweisung zum Besseren. Wir müssen darauf bedacht sein, das Weitere nunmehr folgen zu lassen. Wir müssen also die ersten Anlässe zum Zorn bekämpfen. Ursache der Zornsucht aber ist die Meinung, beleidigt zu sein, eine Meinung, der man mit starkem Misstrauen begegnen muss. Selbst das, was offen und klar zutage liegt, darf man nicht ohne Weiteres gelten lassen; denn es gibt manches Falsche, was den Schein der Wahrheit an sich trägt. Man muss sich immer Zeit nehmen: Die Zeit offenbart erst die Wahrheit. Wer andere beschuldigt, gegen den muss man schwerhörig sein. Es gibt einen Fehler der menschlichen Natur, mit dem wir bekannt sein müssen, um uns zugleich auch vor ihm in Acht zu nehmen, nämlich: Wir glauben gern, was wir ungern hören, und geraten in Zorn, ehe wir uns ein ruhiges Urteil über die Sache gebildet haben. Und mehr noch: Wir lassen uns nicht nur durch Beschuldigungen bestimmen, sondern auch durch bloßen Verdacht, ja, schon die zum Schlimmen ausgelegte Miene und das Lächeln eines anderen genügt uns, um ganz Unschuldigen zu zürnen. Daher muss man zunächst als Anwalt für den Abwesenden gegen sich selbst auftreten und mit dem Zorne zurückhalten. Denn eine aufgeschobene Strafe kann immer noch

vollzogen werden; ist sie aber vollzogen, so kann sie nicht mehr zurückgenommen werden.

23. Man kennt die Geschichte von jenem Tyrannenmörder, der auf halbvollendeter Tat ergriffen ward: Hippias ließ ihn foltern, damit er die Mitwisser angebe. Da nannte er die umstehenden Freunde des Tyrannen, von denen er wusste, dass ihnen das Leben desselben besonders teuer war. Jener ließ darauf alle nacheinander, wie sie genannt worden waren, umbringen und fragte dann, wer noch übrig wäre. »Du allein«, lautete die Antwort, »denn ich habe dir sonst keinen übrig gelassen, dem du lieb wärest.« Der Zorn also machte es, dass der Tyrann dem Tyrannenmörder selbst in die Hände arbeitete und seine eigenen Schutzwächter mit seinem Schwerte niedermachte.

Wie hebt sich davon des Alexander Hochherzigkeit ab! Er hatte von seiner Mutter einen Brief erhalten mit der Mahnung, sich vor dem Gifttrank seines Arztes Philippus in Acht zu nehmen. Alexander las den Brief und leerte ohne Zagen den ihm dargereichten Becher: Er hatte einen stärkeren Glauben an seinen Freund; er war es wert, einen Unschuldigen zum Freunde zu haben, war es wert, den tatsächlichen Beweis dafür zu geben! Ich lobe das an Alexander umso mehr, weil niemand mehr wie er den Anwandlungen des Zornes ausgesetzt war; je seltener bei Königen sich die Mäßigung findet, umso lobenswerter ist sie. Ähnlich ist das Verhalten des Cajus Caesar, der seinen Sieg im Bürgerkrieg durch außerordentliche Milde krönte: Als ihm einige Kästchen mit Briefen an Cnejus Pompeius in die Hände fielen, deren Absender entweder auf der Gegenseite gestanden hatten oder neutral geblieben waren, verbrannte er sie. So maßvoll er auch zu zürnen pflegte, so zog er es doch vor, sich jeder Möglichkeit dazu zu berauben; als erwünschteste Art der Verzeihung erschien ihm die, gar nicht zu wissen, was jeder Einzelne sich gegen ihn habe zuschulden kommen lassen.

24. Unglaublich viel Unheil richtet die Leichtgläubigkeit an. Oft darf man überhaupt nicht hinhören, denn in gewissen Fällen ist Selbsttäuschung besser als Misstrauen. Man verbanne aus der Seele den Argwohn und das Mutmaßen, diese trügerischsten Reizmittel: »*Der* hat mich auffallend unfreundlich gegrüßt; *der* hat meinen Kuss nicht herzlich erwidert; *der* hat das Gespräch, kaum begonnen, rasch wieder abgebrochen; *der* hat mich nicht zu Tisch geladen; *der* machte eine Miene, die auf steigende Abneigung schließen ließ.« Und dem Verdacht folgt alsbald eine Kette von Trugschlüssen: Schlichte Unbefangenheit tut uns not und eine wohlwollende Beurteilung der Dinge. Nur was in die Augen springt und offensichtlich ist, dürfen wir glauben, und wenn unser Argwohn sich als nichtig erwiesen hat, dann müssen wir mit unserer Leichtgläubigkeit scharf ins Gericht gehen; denn diese schonungslose Kritik wird dahin führen, dass wir allmählich der Leichtgläubigkeit den Abschied geben.

25. Daraus folgt denn auch, dass wir uns nicht durch elende Kleinigkeiten und Schmutzereien erbittern lassen dürfen. Da ist ein Sklave nicht rührig genug, da ist das Wasser für den Genießer zu lau oder das Sofa nicht recht in Ordnung oder der Tisch nicht richtig gedeckt: Darüber sich aufzuregen, ist Wahnsinn. Wen ein leichter Luftzug frösteln macht, der ist krank und von schwächlicher Gesundheit; wen ein weißes Kleid unwirsch macht, der ist mit einem Augenleiden behaftet; wer Seitenstechen bekommt beim Anblick fremder Arbeit, der ist ein ausgemachter Wollüstling. Vom Mindyrides, einem Bürger von Sybaris, erzählt man, er habe, als er einen Arbeiter sah, der beim Graben seine Hacke etwas hoch in die Luft schwang, geklagt, er werde müde, und habe ihm verboten seine Arbeit in seiner Anwesenheit fortzusetzen. Derselbe Mensch klagte über Übelbefinden, weil er auf einer ungleichmäßigen Schicht von Rosenblättern gelegen hätte. Wo die Lustbegierden einmal Seele und Körper zugleich zerrüttet haben, findet man nichts mehr er-

träglich, nicht weil es hart ist, sondern weil es ein Weichling ist, der es über sich ergehen lassen muss. Denn was hat es doch für einen Sinn, wenn einen das Husten oder Niesen irgendjemandes in Wut versetzt, oder eine Fliege, die man nicht mit der gehörigen Achtsamkeit von ihm verscheucht hat, oder ein Hund, der einem zwischen die Beine läuft, oder ein Schlüssel, den ein unachtsamer Diener hat aus der Hand fallen lassen? Wie soll denn einer, dessen Ohren höchst empfindlich sind gegen das Knarren eines Sessels, den man wegschiebt, sich gelassen abfinden mit den Schmähungen seiner Mitbürger oder den Verwünschungen, mit denen man ihn in der Volksversammlung oder der Kurie überhäuft? Wird er den Hunger und den Durst auf einem Sommermarsch aushalten, er, der dem Diener zürnt, der ihm das Getränk nicht gehörig mit Schnee mischt? Nichts also nährt die Zornsucht mehr als maßlose und völlig energielose Üppigkeit. Die Seele will hart behandelt sein, damit sie nicht jeden Schlag empfindet, sondern nur die harten.

26. Wir zürnen entweder solchen Wesen, von denen uns überhaupt keine Beleidigung widerfahren konnte, oder solchen, von denen dies der Fall sein konnte. Von den Ersteren ist einiges ohne Empfindung, wie z. B. ein Buch, das man häufig von sich wirft, weil es mit zu kleinen Buchstaben geschrieben, oder zerreißt, weil es fehlerhaft ist, wie Kleider, die man auseinanderreißt, weil sie unser Missfallen erregen. Wie töricht, Dingen zu zürnen, die unseren Zorn weder verdient haben noch ihn fühlen! »Aber im Grunde sind es nicht die Dinge, die uns ärgern, sondern die Leute, die sie gemacht haben.« Zunächst geraten wir häufig in Zorn, ohne noch überhaupt an diese Unterscheidung zu denken. Sodann werden vielleicht die werktätigen Urheber selbst sich genügend zu entschuldigen wissen: Der eine hat es nicht besser machen können als er's gemacht hat, und wenn er sein Handwerk nicht vollständig beherrscht, so liegt darin nicht die Absicht, dich zu beleidigen. Ein anderer hat seine Arbeit nicht zu dem Zwecke geliefert, um dich

zu ärgern. Schließlich, was ist törichter, als seine Galle, deren Ansammlung doch nur den Menschen galt, sich gegen bloße Sachen ergießen zu lassen? Und so wie es sinnlos ist, dem Leblosen zu zürnen, so gilt das auch von unserem Verhältnis zu den unvernünftigen Tieren, die uns nicht beleidigen können, weil ihnen der Wille dazu fehlt; denn es gibt keine Beleidigung, sie gehe denn aus Absicht hervor. Schaden also können sie uns wohl wie ein Schwert oder ein Stein, aber beleidigen können sie uns nicht. Gleichwohl gibt es Leute, die es als eine Beleidigung ansehen, wenn sich dieselben Pferde gegen den einen folgsam, gegen den anderen störrisch zeigen, als ob es der urteilende Verstand und nicht die bloße Gewohnheit in Verbindung mit der Kunst der Behandlung wäre, die gewisse Tiere gewissen Menschen gefügiger macht. So wie es denn töricht ist, darüber zu zürnen, so nicht minder gegenüber Kindern und solchen, deren Verstand nicht weit über den kindlichen Verstand hinausreicht. Denn alle dergleichen Vergehen haben in den Augen eines billigen Richters in dem Unverstand einen zureichenden Anwalt für ihre Unschuld.

27. Manches kann gar nicht schaden und hat nur wohltätige und heilsame Kraft, wie die unsterblichen Götter, die weder schaden wollen noch können; denn ihr ganzes Wesen ist Milde und Freundlichkeit, so weit entfernt anderen Unrecht zu tun wie sich selbst. Es sind also Toren und völlige Verkenner der Wahrheit, die die Gottheit verantwortlich machen für das Toben des Meeres, für die Maßlosigkeit der Regengüsse, für die Härte des Winters, während doch tatsächlich nichts von all dem, was uns schadet und nützt, ausgerechnet um unsertwillen geschieht. Denn wir sind für das Weltall nicht der Grund des Wechsels zwischen Winter und Sommer. Diese Erscheinungen folgen ihren eigenen Gesetzen, in denen der göttliche Wille seine Erfüllung findet. Es ist nichts als Überhebung, wenn wir uns einbilden, wir seien danach angetan, dass um unsertwillen so gewaltige Kräfte sich in Bewegung setzen. Nichts also

von all dem geschieht, um uns dadurch Leid zu bereiten, im Gegenteil, es geschieht alles zu unserem Heil. Manches, behaupteten wir, *könne* überhaupt nicht schaden, anderes *wolle* es nicht. Zu Letzterem gehören gute Obrigkeiten, Eltern, Lehrer und Richter, deren Strafmaßnahmen man eine ähnliche Bedeutung beilegen muss wie etwa einem chirurgischen Messer oder der Enthaltsamkeit oder was sonst uns Qualen bereitet, um uns zu nützen. Angenommen, wir sind bestraft worden; gut, dann sollen wir nicht nur an das denken, was wir leiden, sondern auch an das, was wir verübt haben, und sollen mit uns zurate gehen über unsere Lebensführung. Wenn wir uns nur selbst die Wahrheit eingestehen wollen, so werden wir uns ein höheres Strafmaß zuerkennen.

28. Wollen wir billige Richter der Dinge im Ganzen sein, so müssen wir uns zunächst sagen, dass niemand von uns Menschen ohne Schuld ist. Aus der Nichtbeachtung dieser Tatsache erklärt sich der grelle Aufschrei der Entrüstung: »Ich habe nichts verbrochen, ich habe nichts getan.« Nein! Du gestehst nur nichts ein. Wir sind empört über irgendwelche Zurechtweisung oder Strafe, die uns widerfahren ist, und in demselben Augenblick vergehen wir uns dadurch, dass wir unseren Missetaten auch noch Anmaßung und Trotz hinzufügen. Wer kann sagen, er habe sich keine einzige Gesetzwidrigkeit zuschulden kommen lassen? Gesetzt aber, dem sei so, was ist das doch für eine armselige Unschuld, bloß vor dem Gesetze gut zu sein! Wie viel weiter reicht das Gebot der Pflichten als das des Rechtes. Wie vieles fordert die Frömmigkeit, die Menschenliebe, der Edelmut, die Gerechtigkeit, die Treue, was alles auf den Gesetzestafeln nicht verzeichnet ist. Allein selbst bei völliger Einschränkung auf den Wortlaut des Gesetzes können wir uns vor uns selbst nicht genügend rechtfertigen: Unsere Gedanken stimmten zuweilen nicht völlig überein mit unseren Taten, wir wünschten im Stillen anderes, begünstigten anderes, und ab und zu sind wir nur deshalb unschuldig, weil unsere eigentliche Absicht nicht

erreicht ward. Der Gedanke daran soll uns zu billigerem Urteil über Verfehlungen anderer verhelfen, soll uns nachsichtiger machen gegen die, welche uns schmähen. Auf keinen Fall dürfen wir braven Männern zürnen (denn wer soll verschont bleiben, wenn wir auch den Braven zürnen?), am allerwenigsten den Göttern; denn nicht sie sind es, sondern das Gesetz der Sterblichkeit ist es, das uns jegliches Ungemach auferlegt. »Aber Krankheiten und Schmerzen stürmen auf uns ein!« Nun, etwas müssen wir uns doch gefallen lassen, wir, denen diese hinfällige Wohnstätte nun einmal als ihr Los zugefallen ist.

Sagt man dir, dass sich jemand ungünstig über dich geäußert habe, so besinne dich, ob du nicht selbst früher einmal dir so etwas gegen ihn erlaubt hast, besinne dich, über wie viele du so redest. Wir müssen meiner Meinung nach uns sagen, dass manche uns nicht Unrecht tun, sondern es nur vergelten, andere sogar im Grunde es mit uns ganz gut meinen, andere unter dem Druck der Notwendigkeit handeln, noch andere aus Unkunde, ja dass selbst die, welche es mit Willen und Wissen tun, es mit ihrer Beleidigung gegen uns nicht auf die Beleidigung selbst abgesehen haben: Mancher hat sich durch den Kitzel der Witzelei hinreißen lassen, oder hat etwas getan, nicht um uns zu schaden, sondern weil er selbst seinen Zweck nicht erreichen konnte, ohne uns dabei zugleich einen Hieb zu versetzen; oft beleidigt die Schmeichelei, eben indem sie schmeichelt. Denke doch jeder an sich selbst: Wie oft er in falschen Verdacht geraten ist, wie viele seiner dienstlichen Leistungen das Schicksal hatten, für Beleidigungen angesehen zu werden, wie viele er erst gehasst hat, ehe er sie zu lieben begann; dann wird er es nicht über sich bringen, sofort zu zürnen, zumal er sich im Stillen in jedem einzelnen Falle vermutlicher Beleidigung sagt: »Das habe ich auch selbst schon mir zuschulden kommen lassen.« Aber wo wirst du einen so ehrlichen Selbstrichter finden? Der Nämliche, der lüstern auf eines jeden anderen Weib schaut und sich voll berechtigt glaubt sie zu lieben, weil sie einem anderen zugehört, der leidet es nicht, dass man seine Gattin auch nur ansehe. Der Treulose fordert am strengsten das Einhalten der Treue; wer selbst ein Eidbrecher ist, will keine Lüge ungestraft durchgehen lassen; der gewerbsmäßige Verleumder will es sich nicht gefallen lassen, dass man ihm selbst den Prozess macht, und wer sich selbst alles erlaubt, duldet es nicht, dass man auf die Züchtigkeit seiner Sklaven einen Angriff mache. Für fremde Fehler haben wir ein scharfes Auge, unsere eigenen sehen wir nicht. Daher die sonderbaren Erscheinungen: Der Vater, selbst schlechter als sein Sohn, verweist diesem die vorzeitigen Gelage, und wer seiner eigenen Genusssucht nichts versagt, ist unerbittlich streng gegen die Genusssucht anderer, der Tyrann zürnt über den Mörder, und der Tempelräuber bestraft den Diebstahl. Ein gut Teil der Menschen zürnt nicht den Fehlern, sondern denen, die sie begehen. Wir werden uns größere Mäßigung auferlegen, wenn wir den Blick auf uns selbst gerichtet halten und uns fragen: »Haben wir nicht auch selbst schon etwas Derartiges begangen? Ist uns nicht schon ein ähnlicher Irrtum untergelaufen? Was soll es also heißen, wenn wir das Verdammungsurteil darüber aussprechen?«

29. Das wirksamste Mittel gegen den Zorn ist Aufschub. Fordere vom Zorn zunächst nicht, dass er verzeihe, sondern dass er sich ein Urteil bilde. Seine ersten Regungen sind heftig; er wird nachlassen, wenn man ihm Zeit lässt. Und versuche es nicht, ihn auf einmal mit einem Hiebe zu fällen; man wird seiner ganz Herr werden, wenn man ihn stückweise in Angriff nimmt. Was uns zum Zorne reizt, beruht teils auf den Mitteilungen anderer, teils auf dem, was wir selbst hören oder sehen. Was uns von anderen zugetragen wird, dürfen wir nicht sofort glauben; viele sagen die Unwahrheit, um zu täuschen, viele, weil sie selbst getäuscht worden sind. Manche suchen durch Beschuldigung anderer sich Gunst zu erhaschen, und erfinden Beleidigungen, um den Schein zu erwecken, als empfänden sie Bedauern darüber. Mancher ist boshaft und geht darauf aus,

innige Freundschaften zu trennen. Er säet Misstrauen und hat seine Freude daran, dem Schauspiel zuzusehen und aus sicherer Ferne die nunmehr Verfeindeten zu beobachten.

Sollst du über eine winzige Summe als Richter entscheiden, so würdest du keinen Beweis ohne Zeugen annehmen, würdest keinen Zeugen ohne Eid gelten lassen, würdest beiden Parteien einen Anwalt bestellen, würdest ihnen Zeit geben und sie nicht bloß einmal anhören; denn die Wahrheit tritt umso klarer ans Licht, je häufiger man sich mit ihr beschäftigt: Einen Freund aber willst du im Augenblick verdammen? Ohne ihn anzuhören, ohne ihn zu fragen, ohne ihm die Möglichkeit zu geben, seinen Ankläger kennenzulernen oder sein Verbrechen, zürnst du ihm? Hast du denn schon die Aussagen beider Seiten vernommen? Eben der, der es dir hinterbracht hat, wird sich in Schweigen hüllen, wenn er den Beweis liefern soll. »Du darfst mich nicht in den Handel hineinziehen; soll ich vor Gericht erscheinen, so werde ich leugnen; gibst du nicht nach, so werde ich dir nie wieder etwas mitteilen.« So schürt er, und gleichzeitig entzieht er sich selbst dem Streit und dem Kampf. Will dir jemand nur im Geheimen etwas mitteilen, so ist das so gut, als ob er es überhaupt nicht mitteilte. Was ist unbilliger als im Geheimen glauben und doch unverhohlen zürnen?

30. In manchen Fällen sind wir selbst Zeugen der uns zugefügten Beleidigung. Dabei werden wir die Natur und den Charakter der Täter genau in Betracht ziehen. Ist es ein Kind, so wird man seiner Jugend etwas zugutehalten; es weiß nicht, ob es wirklich unrecht tut. Ist es dein Vater, so hat er sich entweder durch das Gute, das von ihm ausgegangen, auch das Recht verschafft, sich einmal gehen zu lassen, oder, was uns anstößig ist, ist vielleicht sogar ihm als Verdienst anzurechnen. Ist es ein Weib, so glaube an einen bloßen Irrtum. Hat er auf Befehl gehandelt, nun, wer kann so unbillig sein, der Notwendigkeit zu grollen? Ist es ein Beleidigter, nun, es geschieht dir kein Unrecht, wenn du erleidest, was du zuvor selbst ge-

tan hast. Ist es ein Richter, so traue seinem Urteil mehr als deinem eigenen. Ist es ein König: Wenn er in dir einen Schuldigen straft, so füge dich der Gerechtigkeit, wenn einem Unschuldigen, so füge dich dem Schicksal. Ist's ein unvernünftiges Tier oder etwas dem Ähnliches, so stellst du dich ihm gleich, wenn du zornig wirst. Ist's eine Krankheit oder ein Unfall, es wird leichter an dir vorüberziehen, wenn du geduldig ausharrst. Ist's eine Gottheit, dann ist's ebenso vergeblich, wenn du ihr zürnst, als wenn du ihren Zorn auf einen anderen herabflehst. Ist es ein braver Mann, der dir Unrecht getan hat, so glaube es nicht; ist es ein Böser, so wundere dich nicht; er wird von einem anderen zur Rechenschaft gezogen werden, die er dir schuldet, und überdies ist, wer gesündigt hat, schon durch sich selbst gestraft.

31. Es gibt, wie oben gesagt, zwei Arten von Veranlassungen zum Zorn: Erstens, wenn wir glauben, Unrecht erfahren zu haben, worüber zur Genüge gesprochen worden ist; zweitens, wenn wir glauben, es sei uns *unbilliger* Weise zugefügt worden. Dies Letztere ist nun zu erörtern. Für unbillig halten die Menschen manches, weil sie es nicht verdient hätten davon betroffen zu werden, manches auch, weil sie es nicht erwartet hätten. Für unwürdig halten wir, was uns unvermutet kommt; daher regt uns am heftigsten das auf, was gegen unser Hoffen und Erwarten eintritt, und daher kommt es auch, dass uns im Hauswesen eine Kleinigkeit in Harnisch bringt, und dass man unter Freunden Unrecht nennt, was eine bloße Nachlässigkeit ist.

»Wie kommt es also«, fragt man, »dass uns die Beleidigungen von Feinden in Aufregung versetzen?« Weil wir sie nicht erwartet haben oder wenigstens nicht in diesem Grade. Das ist die Folge unserer übertriebenen Selbstliebe. Wir bilden uns ein, wir müssten auch unseren Feinden als unverletzlich gelten; jeder kommt sich vor wie ein König, der sich anderen gegenüber alles erlauben darf, sich selbst aber verschont wissen will. Entweder also ist es der Stolz, der uns zornsüchtig macht, oder unsere mangelhafte Weltkenntnis: Denn wie kann man sich darüber wundern, dass Schurken Schurkereien verüben? Ist es denn etwas Unerhörtes, wenn ein Feind schadet, ein Freund einen Verstoß macht, ein Sohn einen Fehltritt tut, ein Sklave sich etwas zuschulden kommen lässt? – Fabius erklärte, es sei die erbärmlichste Ausrede für einen Feldherren, wenn er sage: »Das hätte ich nicht geglaubt.« Meiner Ansicht nach ist es die erbärmlichste Entschuldigung für den Menschen überhaupt. Sei auf alles gefasst und innerlich vorbereitet: Selbst ein guter Charakter wird seine raueren Seiten haben. Es liegt nun einmal in der menschlichen Natur die Anlage zur Hinterlist, zur Undankbarkeit, zur Begehrlichkeit, zur Ruchlosigkeit. Willst du über den Charakter eines Einzelnen urteilen, so denke immer an die Gesamtheit. Wo du am fröhlichsten bist, hast du am meisten zu fürchten. Wo dir alles ruhig scheint, da fehlt es nicht an drohendem Schaden, nur dass er noch auf sich warten lässt. Denke immer, es könne etwas eintreten, was dir Leid bringt. Der Steuermann ist niemals so leichtsinnig, alle seine Segel ohne Vorkehrungen auszuspannen: Er sorgt für gehörige Bereitschaft aller Handhaben zum Einreisen. Vor allem bedenke auch dies: Die Macht zu schaden ist etwas Grässliches und Verwünschenswertes und dem Menschen am wenigsten Wohlanstehendes, der freundlich genug ist, auch das Wilde zu zähmen. Schaue hin auf die Elefanten, wie ihr Nacken dem Joche sich beugt, schau, wie auf dem Rücken von Stieren Kinder und Frauen sicher und sorglos umherspringen und wie beim Gelage einem Schlangen sich die Brust hinaufwinden, ohne einem Schaden zu tun, schaue auch inmitten der Häuser Bären und Löwen, die sich ruhig streicheln lassen, und sonst noch allerhand wilde Tiere, die ihrem Herrn schmeicheln: Schämen muss man sich, die Rollen zwischen Tier und Mensch vertauscht zu sehen.

Es ist ein Frevel, dem Vaterlande zu schaden, also auch ein Frevel, einem Mitbürger zu schaden, denn er ist ein Teil deines Vaterlandes – die Teile sind heilig, wenn das Ganze Ehrfurcht gebietend ist –, folglich auch einem Menschen überhaupt, denn er ist dein Mitbürger in einer größeren Stadt. Sollten etwa auch die Hände den Füßen schaden und den Händen die Augen? Wie alle Glieder miteinander einig sind, weil die Erhaltung jedes Einzelnen im Interesse des Ganzen liegt, so sollen die Menschen jeden Einzelnen schonen, weil sie zur Gemeinschaft geboren sind, das Wohl der Gemeinschaft aber nicht gewahrt werden kann ohne die liebevolle Obhut über die Teile.

Selbst die Vipern und Nattern, und was sonst durch Biss oder Stich schadet, würden wir nicht ausrotten, wenn wir sie auf weiterhin zahm machen oder es dahin bringen könnten, sie für uns und andere ungefährlich zu machen: Also werden wir auch einem Menschen nicht Schaden zufügen, weil er sich vergangen hat, sondern damit er sich nicht wieder vergehe; die Strafe soll sich niemals auf die Vergangenheit beziehen, sondern auf die Zukunft, sie zürnt nicht, sondern beugt vor. Denn wollte man jeden strafen, der einen Zug zum Schlimmen und Bösen in sich hat, so dürfte niemandem die Strafe erspart bleiben.

32. »Aber der Zorn«, sagt man, »hat doch einen gewissen Lustreiz; es ist süß, den Schmerz wieder heimzuzahlen.« Keineswegs. Bei Wohltaten macht es einem Ehre, Güte mit Güte zu erwidern; anders steht es mit der Erwiderung von Beleidigungen durch Beleidigungen. Dort ist es schimpflich, sich besiegen zu lassen; hier ist es schimpflich, zu siegen. Es gibt ein aller Menschlichkeit spottendes Wort, das gleichwohl überall im Sinne der Gerechtigkeit im Umlauf ist: Wiedervergeltung (Talion). Es unterscheidet sich von »Beleidigung« nur durch die Reihenfolge: Wer den Schmerz heimzahlt, hat nur eher eine Entschuldigung für sein Vergehen. Dem Marcus Cato versetzte einer aus Versehen im Bade einen Schlag – denn wer hätte ihm absichtlich etwas zu Leide getan? – Als er dann um Verzeihung bat, sagte Cato: »Ich wüsste mich nicht an einen solchen Schlag zu erinnern.« Er hielt es für besser, von der Sache

nichts wissen zu wollen, als sich zu rächen. Du fragst, ob jenem nach einem solchen Streich nichts Schlimmes widerfahren sei? Gott bewahre, nichts als Gutes. Er machte Bekanntschaft mit Cato. Es zeugt von Hochherzigkeit, wenn man Beleidigungen verachtet. Die kränkendste Art von Rache, die einen treffen kann, ist es, gar nicht für wert gehalten zu werden, um ein Opfer der Rache zu werden. Bei vielen haben sich leichte Beleidigungen gerade dadurch tiefer in ihre Seele eingegraben, dass sie sich rächten. Der ist eine große und edle Erscheinung, der es macht wie ein gewaltiges Tier, das das Gebell kleiner Hunde anhört, ohne sich darum zu bekümmern.

33. »Man wird«, heißt es, »sich weniger verachtet sehen, wenn man sich für eine Beleidigung rächt.« Wenn wir zur Rache greifen wie zu einem Heilmittel, so soll es ohne Zorn geschehen, nicht als wenn Rache süß wäre, aber doch gewissermaßen nützlich. Oft aber ist's besser, von der Sache nichts wissen zu wollen, als sich zu rächen. Beleidigungen vonseiten der Machthaber muss man mit heiterer Miene ertragen, nicht bloß mit Geduld: Sie werden es wieder so machen, wenn sie sehen, dass sie ihren Zweck erreicht haben. Das ist der schlimmste Fehler an Menschen, die durch großes Glück übermütig geworden sind: Wen sie beleidigt haben, den hassen sie auch. Allbekannt ist die Äußerung eines Mannes, der im Dienste der Könige grau geworden war. Als ihn jemand fragte, wie er zu dem gelangt sei, was bei Hofe die größte Ausnahme ist, nämlich zum Greisenalter, antwortete er: »Dadurch, dass ich mir Beleidigungen gefallen ließ und noch Dank dafür sagte.« Oft liegt die Sache so, dass es weit besser ist, überhaupt sich nichts merken zu lassen, als die Beleidigung zu rächen.

Cajus Caesar (Caligula) ließ den Sohn des hoch angesehenen römischen Ritters Pastor in den Kerker sperren, weil er sich nicht mit seinen Toilettenkünsten und seiner Haarkräuselei befreunden könnte. Der Vater bat, ihm den Sohn am Leben zu lassen; da ließ ihn (den Sohn) der Kaiser sofort hinrichten, als wäre er durch diese Bitte erst auf die Hinrichtung hingewiesen worden. Um sich aber gegen den Vater nicht aller menschlichen Rücksichten zu entschlagen, lud er ihn an dem Todestag zur Tafel. Pastor fand sich ein, ohne in seiner Miene irgendwelche Verstimmung erkennen zu lassen. Der Kaiser ließ ihm eine halbe Kanne vorsetzen und ließ einen Beobachter neben ihm Platz nehmen. Der Ärmste hielt durch in einer Lage, in der es ihm vorkommen musste, als ob er seines Sohnes Blut tränke. Der Kaiser ließ ihm Salböl und Kränze überreichen und befahl Acht zu geben, ob er sie annahm: Er nahm sie. An dem Tage; wo er seinen Sohn begraben, nein, wo er ihn nicht begraben hatte, saß er an einer Tafel von hundert Gästen und schlürfte Getränke, wie sie kaum an den Geburtstagen seiner Kinder am Platze gewesen wären, er, der von Podagra heimgesuchte Greis, ohne eine Träne zu vergießen und ohne durch das geringste Zeichen seinen Schmerz kundzugeben. Er benahm sich als Gast beim Mahl gerade so, als ob er mit seiner Bitte beim Kaiser durchgedrungen wäre. Du fragst: Warum? Er hatte noch einen zweiten Sohn. Man vergleiche damit den Priamus. Verbarg er nicht auch seinen Zorn, umfasste er nicht die Knie des Königs, führte er nicht die mörderische und vom Blut seines Sohnes triefende Hand an seinen Mund, nahm er nicht am Mahl teil? Ja, aber ohne Salböl, ohne Kränze, und sein grimmigster Feind musste viel Trostworte aufwenden, um ihn dahin zu bringen, dass er überhaupt Speise zu sich nahm, und nicht etwa, dass er gewaltige Becher zu leeren hatte unter der Aufsicht eines ihm beigegebenen Beobachters. Du hättest den römischen Vater verachten mögen, wenn er in Angst um sich selbst gewesen wäre; so aber war es die Liebe zu seinen Kindern, die seinen Zorn in Schranken hielt. Er hätte es verdient, sich von der Tafel entfernen zu dürfen, um die Gebeine seines Sohnes zu sammeln; selbst dies gestattete der zuweilen doch auch gütige und freundliche junge Kaiser nicht: Durch häufiges Zutrinken mahnte er den Greis, sich seines Kummers zu entschlagen, und suchte ihn dadurch nur noch mehr zu reizen; dagegen zeigte sich jener froh und uneingedenk dessen, was an diesem Tage sich abgespielt hatte: Um den anderen Sohn war's geschehen, wenn es dem Gast nicht gelungen wäre, sich dem Henker wohlgefällig zu machen.

34. Dem Zorn also muss man entsagen, gleichviel ob der Gegner uns gewachsen ist oder mächtiger oder schwächer. Mit einem, der uns gleich ist, sich zu messen, ist eine bedenkliche Sache, mit einem Überlegenen, eine Tollwut, mit einem Schwächeren, eine Erniedrigung. Es verrät eine kleinliche und elende Sinnesart, den, der einen beißt, wieder zu beißen. Mäuse und Ameisen passen auf dich auf, wenn du nur die kleinste Handbewegung nach ihnen zu machst; alles Schwache fühlt sich verletzt, wenn es berührt wird.

Es wird uns zu größerer Milde stimmen, wenn wir an das Gute denken, was uns der, dem wir jetzt zürnen, früher einmal erwiesen hat, und seine Verdienste werden die Beleidigung ausgleichen. Auch das sollen wir in Betracht ziehen, wie viel der Ruf unserer Milde dazu beitragen wird, uns beliebt zu machen, wie viele nützliche Freunde uns unsere Nachsicht verschaffen kann.

So wollen wir auch dem Zorn entsagen gegen die Kinder von Gegnern und Feinden. Zu den Beispielen von Sullas Grausamkeit gehört auch die Tatsache, dass er selbst die Kinder der Geächteten aus dem Staate entfernte. Nichts ist unbilliger, als den Hass gegen den Vater auf den Sohn sich vererben zu lassen. So oft wir uns nicht geneigt fühlen Verzeihung zu gewähren, sollten wir uns fragen, ob es uns vorteilhaft wäre, wenn keines Menschen Herz der Verzeihung fähig wäre: Wie oft hat einer um Verzeihung bitten müssen, der sie seinerseits versagt hatte! Wie oft hat er sich flehend dem zu Füßen geworfen, den er von seinen zurückgestoßen! Was ist rühmlicher, als den Zorn mit Freundschaft zu vertauschen? Wie steht es mit dem römischen Volk? Sind nicht diejenigen seine treuesten Bundesgenossen, die vorher seine hartnäckigsten Feinde waren? Wie stünde es heute um das Reich, wenn nicht eine heilsame Vorsorge Sieger und Besiegte zu einer Einheit verschmolzen hätte? Gesetzt, es zürnt dir einer: Reize ihn dagegen durch Wohltaten. Der Zwist hört sofort auf, wenn die eine Partei zurücktritt; Kampf setzt immer den gleichen Kampfeswillen auf beiden Seiten voraus. Aber der beiderseitige Zorn treibt beide gegeneinander, es kommt zum Kampfe. Der verdient den Vorzug, der sich zuerst zurückzieht; der Sieger ist hier der Besiegte. Es hat dir einer einen Stoß versetzt: weiche zurück; denn erwiderst du den Stoß, so wird das nur Anlass geben zu weiteren Stößen und zu Entschuldigung; du kannst dich nicht mehr losreißen, auch wenn du möchtest.

35. Würde wohl jemand wünschen, den Feind mit solcher Wucht zu verwunden, dass die Hand in der Wunde stecken bliebe und sich nicht wieder herausziehen ließe? Eine derartige Waffe aber ist der Zorn: Er lässt sich kaum rückgängig machen. Handelt es sich um Waffen und Schwert, so gehen wir bei der Auswahl mit aller Vorsicht zu Werke; sie müssen handlich sein, das Schwert bequem und gefügig: Was aber die Leidenschaften anlangt, diese schweren und wuchtigen und nicht zu stillenden Seelenerregungen, so wollen wir nicht suchen, ihnen vorzubeugen? Mir will nur die Art von Schnelligkeit gefallen, die auf Befehl auch den Schritt hemmt und nicht über das bestimmte Ziel hinüberstürmt, sondern sich lenken lässt und aus vollem Lauf zum Schritt überzugehen weiß. Kein Zweifel: Unsere Nerven sind krank, wenn sie unwillkürlich zucken. Der ist ein Greis oder ein Schwächling, der, wenn er spazieren gehen will, ins Rennen gerät. Was unsere Seelenregungen anlangt, so müssen wir diejenigen für die Gesündesten und Kräftigsten halten, die nicht dem eigenen blinden Triebe folgen, sondern sich durch unser Urteil bestimmen lassen. Dabei wird aber nichts nützlicher sein, als den Blick zuerst zu richten auf das Hässliche und Entstellende der Sache, sodann auf das Gefährliche derselben. Keine Leidenschaft aber zeigt ein Bild größerer Störungen und Verworrenheit als der Zorn. Er entstellt das schönste Antlitz, macht

die ruhigsten Gesichtszüge wild, aller Anstand schwindet bei den Zornigen; mag ihre Kleidung auch noch so regelrecht gewesen sein, sie lassen nun ihr Gewand schleppen und vergessen sich völlig; mag ihr Haar, sei es von Natur oder durch Kunst, dem Auge auch noch so gut gefallen, jetzt bäumt es sich auf wie ihr Gemüt; die Adern schwellen, die Brust wird durch das rasche Atmen gewaltig erschüttert, der wütende Ausbruch der Stimme droht den Hals zu zersprengen, die Glieder zittern, die Hände sind unruhig, der ganze Körper in schwankender Bewegung. Wie mag es drinnen in der Seele aussehen, wenn die äußere Erscheinung einen so abstoßenden Eindruck macht! Wie viel entsetzlicher noch wird sich das Innere ausnehmen mit dem gesteigerten Atem, der ungestümeren Leidenschaft, die bersten muss, wenn sie nicht ausbricht. Male dir im Geiste Bilder aus von Feinden oder von wilden Tieren, die von Mordlust triefen oder zum Morde sich aufmachen, denke an die Ungeheuer der Unterwelt, wie sie die Fantasie der Dichter geschaffen hat, mit Schlangen umwunden und feurigen Hauches, Gestalten wie die Furien, die um Krieg zu entzünden und Zwietracht zu säen unter den Völkern und den Frieden in Stücke zu zerreißen als gräulichste Gestalten aus der Unterwelt hervortauchen: Das ist das Bild, das wir uns vom Zorn machen müssen, die Augen blitzend von Feuersglut, die Stimme ein Wechsel von Zischen, Brüllen, Stöhnen, Knirschen und was es für noch hässlichere Töne geben mag, mit beiden Händen die Waffen schüttelnd (denn sich durch einen Schild zu schützen, daran denkt er nicht), wild um sich blickend, voll Blut und Narben und Spuren der Schläge gegen sich selbst, wahnsinnigen Ganges, umhüllt mit tiefer Finsternis, anstürmend, verheerend, verscheuchend, verfolgt vom Hasse aller, am meisten von dem eigenen, und, wenn er anders nicht kann, von dem Wunsche beseelt, Erde, Meer und Himmel zum Einsturz zu bringen, voll Hass zugleich und gehasst. Oder, wenn man will, mag man ihn sich in der Gestalt denken, wie sie der Dichter malt:

Und froh hebet den Schritt im zerrissenen Mantel
die Zwietracht,
Welcher in Hass nachschreitet mit blutiger Geißel Bellona.

oder was man sich sonst für eine noch abschreckendere Gestalt dieser abschreckenden Leidenschaft ausdenken mag.

36. Manchem Zornigen hat, wie Sextius sagt, ein Blick in den Spiegel sich nützlich erwiesen. Die ungeheuerliche Umwandlung ihrer Erscheinung machte sie ganz verwirrt. Sie erkannten sich gleichsam nicht wieder in diesem ihrem gegenwärtigen Zustand. Und was für einen winzigen Teil ihrer Hässlichkeit gab dies Spiegelbild wieder. Könnte sich die Seele mit Augen schauen lassen, könnte sie irgendwie durch die Materie hindurchleuchten, der Anblick würde uns förmlich bestürzt machen, so schwarz, so besudelt, so aufwallend, so verzerrt, so verschwollen würde sie uns vorkommen. Schon jetzt, wo sie sich nur durch eine dichte Decke von Knochen, Fleisch und sonstigen Hindernissen zu erkennen gibt, ist ihre Hässlichkeit abschreckend genug: Wie vollends, wenn sie sich unverhüllt sehen ließe? Du willst nicht glauben, es sei schon irgendjemand durch den Spiegel vom Zorn abgeschreckt worden. Wie steht's damit? Wer zum Spiegel ging, um sich zu ändern, der hatte sich bereits geändert; so lange sie noch in vollem Zorn sind, gibt es ja doch für die Zornigen kein schöneres Bild als das des Furchtbaren und Erschrecklichen, und demgemäß wünschen sie auch zu erscheinen.

Wichtiger also ist es, sich danach umzutun, wie vielen der Zorn an und für sich geschadet hat. Manche haben durch das Übermaß von Hitze sich die Adern gesprengt, und der ihre Kraft übersteigende Aufwand von Stimme hat zu Blutstürzen geführt, und die sich heftig in die Augen ergießende Feuchtigkeit hat ihnen die Sehkraft genommen, und frühere Krankheiten brachen aufs Neue aus. Es gibt keinen schnelleren Weg zum Wahnsinn. Viele sind daher im Zorn stecken geblieben und haben ihren einmal hinausgetriebenen Verstand niemals wiederbekommen: Den Ajax trieb die Raserei in den Tod, in die Raserei trieb ihn der Zorn. Auf ihre Kinder flehen sie den Tod herab, auf sich selbst die Armut, auf ihr Haus den Einsturz, und dabei leugnen sie ihren Zorn ab ebenso wie die Rasenden ihren Wahnsinn. Ihren besten Freunden werden sie Feind, und von ihren treuesten Anhängern werden sie gemieden; die Gesetze, außer soweit sie die Handhabe bieten, anderen zu schaden, vergessen sie, die geringste Kleinigkeit bringt sie in Harnisch, sie lassen nicht mit sich reden, sich keine Gefälligkeit erweisen, alles soll gewaltsam geschehen; mit dem Schwert sind sie bei der Hand, um zu kämpfen und um sich damit den Todesstoß zu geben. Denn das größte Übel, gegen das alle anderen Laster zurücktreten, hat sich ihrer bemächtigt. Andere Laster halten allmählich ihren Einzug; die Gewalt des Zornes dagegen ist eine plötzliche und auf einmal alles überwältigende. Schließlich macht er sich alle anderen Leidenschaften untertan: Er überwindet die feurigste Liebe. Von Zorn erfüllt haben manche ihre Lieblinge erstochen, um dann sich denen in die Arme zu werfen, denen sie den Tod gegeben. Selbst den Geiz, das härteste und am wenigsten beugsame Übel, hat der Zorn kurz und klein gemacht; denn er gibt sich dazu her, seine angesammelten Schätze zu zerstreuen und in sein Haus und die dort zusammengehäufte Habe Feuer zu werfen. Wie? Hat nicht sogar mancher Ehrgeizige die höchsten Ehrenzeichen von sich geworfen und die ihm angebotene Ehrenstelle ausgeschlagen? Es gibt keine Leidenschaft, über die sich der Zorn nicht zum Herren machte.

Drittes Buch

I. Jetzt, mein Novatus, wollen wir uns der Erfüllung deines lebhaftesten Wunsches zuwenden, nämlich untersuchen, wie mau den Zorn aus der Seele tilgt oder ihn wenigstens zügelt und seinen stürmischen Trieben Einhalt tut. Dies muss bisweilen ganz offen und frei geschehen, nämlich da, wo das Unheil es zulässt, weil es noch in minderer Kraft auftritt, in anderen Fällen in versteckter Weise, wo es zu heftig aufflammt und durch jedes Hemmnis noch stärker gereizt wird und anschwillt. Es kommt darauf an, wie groß und inwieweit noch ungeschwächt die Kraft des Zornes ist; danach bestimmt es sich, ob wir ihn gewaltsam zurücktreiben oder ihm nachgeben müssen, bis der erste Sturm sich gelegt hat, damit er nicht die Mittel der Abwehr selbst mit sich fortreiße. Das Verfahren muss sich nach dem Charakter eines jeden richten; manche sind hochmütig und lassen den Fügsamen ihre ganze Kraft fühlen; manche werden wir durch Strafmittel zur Vernunft bringen; manche hat ein Verweis, manche ein Geständnis, manche das Schamgefühl von ihrem Vorhaben abgebracht, manche der Verzug, allerdings ein langsam wirkendes Mittel gegen ein sich überstürzendes Unheil, und nur an letzter Stelle verwendbar. Die übrigen Leidenschaften nämlich haben es nicht so eilig; sie lassen eine langsamere Heilung zu; der Zorn aber, einmal angeregt, wird durch sein Ungestüm sich selbst zur Beute; er schreitet nicht langsam fort, sondern tritt, wenn er einmal anfängt, gleich mit voller Kraft auf. Er regt nicht, wie die übrigen Laster, die Seele zunächst bloß auf, sondern reißt sie mit sich fort, nimmt ihr die Macht über sich selbst und lässt sie nicht zurückschrecken vor dem gemeinsamen Verderben; ja nicht nur gegen sein eigentliches Ziel wütet er, nein, auch gegen alles, was ihm in den Weg kommt. Die übrigen Laster setzen die Seele in starke Bewegung; der Zorn stürzt sie in den Abgrund. Auch wenn man den Leidenschaften nicht widerstehen kann, so können diese doch selbst ihre Pausen haben. Der Zorn dagegen gleicht den Blitzen und Orkanen und sonstigen Elementargewalten, die nicht Schritt für Schritt herannahen, sondern jäh von oben hereinstürzen: Er verstärkt seine Gewalt von Augenblick zu Augenblick. Andere Laster brechen die Gemeinschaft mit der Vernunft, er will von Gesundheit überhaupt nichts wissen; andere nehmen langsam zu und haben ein kaum merkliches Wachstum: In den Zorn stürzt sich die Seele mit voller Wucht. Es gibt keinen besinnungsloseren und gegen seine eigene Kraft nachgiebigeren Drang; der Erfolg macht ihn übermütig, der Misserfolg rasend; kein Misslingen macht ihm die Sache zum Ekel; hat das Schicksal ihm den Gegner entführt, so richten sich seine Bisse gegen ihn selbst; auf den Anlass zur Sache und deren Bedeutung kommt es ihm nicht an; das Geringfügigste genügt, um ihn zu voller Höhe anschwellen zu lassen.

2. Kein Lebensalter bleibt von ihm unberührt, keine Menschenklasse wird verschont. Einige Völker wissen dank ihrer Armut nichts von Üppigkeit; manche haben, weil sie durch ihr Wanderleben beständig in Atem erhalten wurden, sich aller Trägheit erwehrt; diejenigen, die fern von Sittenverfeinerung ein schlichtländliches Dasein führen, kennen keine Übervorteilung, keinen Trug und keines der Laster, die auf dem Forum im Schwange sind. Aber ein Volk, das vom Zorne unberührt blieb, gibt es nicht; er zeigt seine Macht ebenso den Griechen wie den Barbaren, nicht weniger verderblich für gesetzlich geordnete Gemeinwesen als für solche, wo es kein anderes Recht gibt als das des Stärkeren. Die übrigen Leidenschaften versuchen ihre Kraft nur an Einzelnen; der Zorn ist die einzige Leidenschaft, die zuweilen sich dem ganzen Gemeinwesen mitteilt. Niemals ist ein ganzes Volk von Liebe zu einer Frau entbrannt, niemals hat ein ganzer Staat all sein Hoffen und Denken auf Geld und Gewinn gerichtet: Der Ehrgeiz bemächtigt sich immer nur Einzelner, erst des einen, dann des anderen; Zügellosigkeit ist kein allgemeines Übel: Der Zorn dagegen vereinigt oft die ge-

samte Masse zu gemeinsamem Vorgehen; Männer und Frauen, Greise und Kinder, Hoch und Niedrig werden *eines* Sinnes, und die ganze durch wenige Worte erregte Menge eilt dem Anstifter selbst voraus; alsbald greift man nach Waffen und Feuerbränden, Krieg wird den Nachbarn angekündigt oder mit den Mitbürgern geführt; ganze Häuser mit Mann und Maus werden niedergebrannt, und wer eben noch wegen seiner gewinnenden Beredsamkeit hoch in Ehren stand, bekam den Zorn seiner Hörer zu spüren; gegen ihren eigenen Feldherrn schleuderten die Legionen ihre Wurfspieße; die ganze Masse des niederen Volkes erhob sich gegen die Patrizier; die Ratsversammlung, der Senat, erkor sich, ohne sich Zeit zu nehmen zu geordneter Aushebung und ohne einen rechtmäßigen Feldherrn zu ernennen, Hals über Kopf Männer zur Vollstreckung seiner Zorneswut und vollzog an Männern hohen Standes, die man in den Häusern der Stadt aufspürte, eigenhändig die Todesstrafe. Unter Bruch des Völkerrechtes verging man sich an Gesandtschaften; in unsäglicher Wut raste die Bürgerschaft; man nahm sich nicht Zeit, die hochgehenden Wogen sich legen zu lassen, nein, auf der Stelle wurde die Flotte segelfertig gemacht und mit schleunigst zusammengerafften Kriegsscharen bemannt. Ohne Ordnung, ohne geregelten Oberbefehl zog das Volk aus, mit Waffen, die der Zufall und das blinde Zugreifen ihnen in die Hand gab, um dann durch schwere Niederlage die Kopflosigkeit des verwegenen Zornes zu büßen. Wenn Barbaren sich blindlings in Kriege stürzen, so ist der Ausgang in der Regel folgender: Wenn eine anscheinende Beleidigung ihre reizbaren Gemüter in Aufregung versetzt hat, dann lässt es ihnen keine Ruhe; alsbald fallen sie gleich einem einstürzenden Haus über die Legionen her, ohne Ordnung, unerschrocken, jeder Vorsicht spottend, voll Verlangen nach selbstgeschaffenen Gefahren; sie haben ihre Lust daran, sich verwunden zu lassen, das Schwert tiefer in die Brust zu senken, mit ihrem Körper die feindlichen Wurfgeschosse aufzufangen und so durch selbstverschuldete Wunden ihr Ende zu finden.

3. »Kein Zweifel«, sagst du, »die Kraft des Zornes ist gewaltig und verheerend: Daher zeige nun, wie man von ihm geheilt werden kann.« Da muss ich zunächst auf das in den früheren Büchern Gesagte zurückkommen. Aristoteles nämlich tritt ja als Verteidiger des Zornes auf und will nichts davon wissen, dass wir uns desselben völlig entledigen. Er nennt den Zorn einen Sporn der Tugend; wird er uns genommen, so ist, sagt er, die Seele ohne Wehr; ihr Eifer für große Unternehmungen erlahmt und erschlafft. Dieser Standpunkt nötigt uns, die Hässlichkeit und Rohheit des Zornes ins hellste Licht zu stellen und es augenscheinlich zu machen, was für ein Ungeheuer der Mensch sei, wenn er gegen einen Menschen wütet, und von welch wildem Drange er sich fortreißen lässt, Verderben stiftend, nicht ohne sich selbst damit ins Verderben zu stürzen, und bestrebt, durch seinen Druck das zu versenken, was nicht sinken kann, ohne den, welcher den Druck ausübt, mit hinabzuziehen. Kann man nun noch von Vernunft reden bei einem, der, wie von einem Wirbelwind ergriffen, nicht geht, sondern fortgerissen wird, Sklave einer rasenden Leidenschaft, der die Rache nicht einem anderen überlässt, sondern sie selbst vollzieht, mit Leib und Seele seiner Wut hingegeben, ein Henker derer, die seinem Herzen am nächsten stehen und deren Verlust er bald bitter bereuen wird? Und diese Leidenschaft will man zur Gehilfin und Begleiterin der Tugend machen, sie, die jede besonnene Überlegung zunichtemacht, ohne welche doch die Tugend überhaupt nichts ausrichtet? Hinfällig und vom Übel und das eigene Unglück verstärkend ist die (anscheinende) Kräftigung, zu welcher die Krankheit und ein Fieberanfall dem Kranken verhilft. Glaube also ja nicht, dass ich meine Zeit mit überflüssigen Dingen vertändele, wenn ich den Zorn, als ob das Urteil der Menschen über ihn ein schwankendes wäre, in übelen Ruf bringen möchte; gibt es ja doch einen, und zwar berühmten Philosophen, der den Zorn zum Träger wichtiger Dienstleistungen macht und ihn als nützlich hinstellt und als begeisternd für die Aufgaben der Schlacht und des tätigen

Lebens, kurz für alles, was eine gewisse Wärme erheischt. Niemand soll den Wahn in sich aufkommen lassen, als ob der Zorn wirklich zu irgendwelcher Zeit, an irgendwelchem Ort Nutzen stiften würde. Daher gilt es, seine zügellose und unbändige Raserei darzulegen. Dabei darf man nichts vergessen, was in seinem Geleite auftritt: Folter, Stricke, Zuchthäuser, Kreuze, die Feuermale, mit denen die eingegrabenen Leichen umgeben werden, die Haken, an denen die Leichen fortgeschleppt werden, die mancherlei Arten von Fesseln und von Strafen, die Verstümmelungen der Glieder, die Brandmale an der Stirn, die Käfige der Bestien: Mitten hinein in diese seine Werkzeuge muss man den Zorn stellen, wie er entsetzlich und schauerlich knirscht, noch widerwärtiger als alles, wodurch er seine Wut kundgibt.

4. Mag man auch im Übrigen verschiedener Meinung sein, so viel steht doch fest: Keine Leidenschaft entstellt den Menschen äußerlich mehr. Wir haben ihn in dieser Beziehung in den früheren Büchern geschildert: unwirsch, hitzig, bald bleich durch das Zurücktreten des nach innen gedrängten Blutes, bald rot und beinahe blutig, wenn alle Hitze und aller Lebenshauch dem Gesichte zuströmt, mit schwellenden Adern, die Augen in zitternder Bewegung, als wollten sie herausspringen, bald wieder starr auf einen Punkt geheftet; dazu nimm das Knirschen der aufeinandergestoßenen Zähne, um ein Geräusch hervorzubringen ganz ähnlich dem seine Hauer wetzenden Eber; ferner das Rasseln der Gelenke beim Ineinanderknicken der Hände, die häufigen Schläge auf die Brust, das hastige Atmen und die tief aus der Brust sich emporringenden Seufzer, den zitternden Körper, die kaum verständlichen Worte und hervorgestoßenen Ausrufe, die bebenden, zuweilen zusammengepressten und wer weiß was für Flüche hervorzischenden Lippen. Wahrhaftig, der Anblick wilder Tiere, sei es dass der Hunger sie wütend macht oder der in ihr Eingeweide eingedrungene Pfeil, ist, selbst wenn sie halb tot mit ihrem letzten Biss dem Jäger

den Garaus machen wollen, minder widerwärtig, als der eines von Zorn glühenden Menschen. Benutze nur die Gelegenheit, ihre Ausrufe und Drohungen anzuhören. Was sind es für Worte, die aus ihrer gemarterten Seele kommen! Wird nicht ein jeder dem Zorne aus dem Wege gehen wollen, wenn er einmal eingesehen hat, dass er selbst das erste Opfer desselben ist? Willst du mir also verwehren, diejenigen zu warnen, die den Zorn sich in voller Freiheit entfalten lassen, die ihn für einen Beweis von Kraft halten und eine zum Sprunge stets bereite Rache zu den großen Vorzügen einer hochbegünstigten Lebensstellung rechnen – soll ich sie nicht darüber aufklären, wie wenig bei dem von Macht, ja nicht einmal von Freiheit die Rede sein kann, der den Zorn zu seinem Kerkermeister macht? Soll ich nicht, um sie zu größerer Wachsamkeit und Aufsicht über sich selbst zu bringen, sie darauf hinweisen, dass es gemeinhin die schlechten Naturen sind, denen die übrigen Seelenübel beiwohnen, während die Zornsucht sich auch bei gebildeten und im Übrigen sittlich gesunden Menschen einschleicht? Das hat sogar zur Folge, dass manche die Zornsucht geradezu zum Kennzeichen redlicher Sinnesart machen, und dass der Glaube verbreitet ist, je freundlicher einer sei, umso mehr sei er dem Zorne zugänglich.

5. »Was willst du damit sagen?« So fragst du. Nun, es soll niemand vor dem Zorne sich sicher halten, da er auch milde und friedliche Naturen zu Grausamkeit und Gewalttätigkeit fortreißt. Wie gegen die Pest weder Körperstärke noch sorgliche Behutsamkeit etwas hilft – denn sie trifft den Starken so gut wie den Schwachen –, so droht vom Zorn nicht nur den unruhigen Charakteren Gefahr, sondern auch den gesetzten und gelassenen, und für diese ist er umso entstellender und gefährlicher, je größer die Veränderungen sind, die er hervorruft. Es sind drei Aufgaben, um die es sich hier handelt. Erstens gilt es, überhaupt nicht in Zorn zu geraten, zweitens beizeiten davon abzulassen, drittens auch den Zorn eines an-

deren zu beschwichtigen. So werde ich denn zuerst davon sprechen, wie man sich davor hütet, überhaupt in Zorn zu geraten, zweitens, wie wir uns davon befreien, und schließlich, wie man den Zürnenden zurückhält, besänftigt und wieder zu sich bringt.

Uns vor Zorn überhaupt zu behüten werden wir dadurch erreichen, dass wir uns alle Sünden des Zornes immer wieder vergegenwärtigen und uns ein richtiges Urteil über ihn bilden. Es muss förmlich Klage vor uns gegen ihn geführt und er muss verurteilt werden. Alle seine schlimmen Seiten müssen aufgespürt und ans Licht gestellt werden. Um seine Natur klar hervortreten zu lassen, muss man ihn mit den schlimmsten Dingen vergleichen. Der Geiz geht auf Erwerb aus und scharrt Mittel zusammen, die schließlich doch auch ein Besserer nutzbar machen kann; der Zorn dagegen verursacht Aufwendungen und ist nur für wenige kostenlos: Wie viele Sklaven hat nicht ein zornsüchtiger Herr davongejagt, wie viele hat er ums Leben gebracht! Wie viel mehr hat er durch sein Zürnen eingebüßt, als das betrug, was seinen Zorn erregte! Der Zorn hat manchem Vater Trauer, manchem Gatten Ehescheidung gebracht, manchem Beamten Hass, manchem Bewerber eine Niederlage gebracht. Er ist schlimmer als Üppigkeit, denn diese hat ihre Freude eben an ihrer eigenen Lust, der Zorn an dem Schmerze anderer. Er tut es der Bosheit und dem Neide zuvor; denn diese wünschen andere nur unglücklich zu *sehen*, der Zorn will sie unglücklich *machen*; jene haben ihre Freude an zufälligem Unglück anderer; der Zorn kann nicht auf den Zufall warten; er will dem Gehassten seinerseits schaden und hat kein Interesse daran, dass ihm von anderer Seite geschadet werde. Nichts ist schlimmer als Feindseligkeit: Diese stiftet der Zorn; nichts ist verderblicher als der Krieg: In ihm entlädt sich der Zorn der Machthaber. Übrigens ist auch schon der Zorn des gemeinen Volkes sowie der persönliche Zorn ein Krieg, nur dass hier die Waffen und die Männer fehlen. Zudem straft sich der Zorn selbst, indem er Strafe vollzieht, ganz abgesehen von den weiteren Folgen, die sich bald einstellen werden, als da sind: Verluste, Nachstellungen, beständige Beunruhigung infolge der gegenseitigen Kämpfe. Der Zorn begibt sich der menschlichen Natur: Diese mahnt zur Liebe, jener zum Hass; diese will Nutzen gestiftet wissen, jene Schaden. Dazu kommt noch, dass die Zornesentrüstung, da sie ihren Grund in übertriebener Selbstschätzung hat und nur den Schein von Seelenhoheit erweckt, tatsächlich kleinlich und engherzig ist; denn es gibt niemanden, der nicht *unter* dem stände, von dem er sich verachtet glaubt. Aber der wahrhaft große Geist, der sich selbst richtig schätzt, rächt Beleidigungen nicht, weil er sich nicht beleidigt fühlt. Wie die Pfeile von einem harten Gegenstand abprallen und Schläge gegen harte Körper dem Schlagenden selbst Schmerz bereiten, so ist keine Beleidigung imstande sich einem hochherzigen Gemüt fühlbar zu machen; sie bricht eher in sich zusammen als der, den sie treffen soll. Wie viel schöner ist es, alle Beleidigungen und Schmähungen von sich abprallen zu lassen, als wäre man undurchdringlich für jedes Geschoss! Rache ist Eingeständnis des Schmerzes; der ist kein großer Geist, auf den Beleidigungen Eindruck machen. Wer dich beleidigt, ist entweder mächtiger oder schwächer als du: Ist er schwächer, dann schone ihn; ist er stärker, dann schone dich.

6. Nichts ist ein sichererer Beweis von Geistesgröße, als wenn einem nichts begegnen kann, was einen in Aufregung zu setzen vermöchte. Die obere Schicht des Weltganzen, die besser geordnet und den Sternen nahe ist, lässt weder Wolkenbildung zu noch Sturm noch Wirbelwind; sie kennt keinen Aufruhr; die Blitze leuchten und wirken nur in den unteren Regionen. Ebenso der erhabene Geist: Immer ruhig und in gleichmäßig fester Haltung verharrend, lässt er in seiner Seele nichts aufkommen, was den Zorn wachrufen könnte, maßvoll und Ehrfurcht erweckend und bestens geordnet. Von all dem findet man nichts beim Zornigen. Denn wem, der sich dem Schmerz und der Wut überlässt, schwände nicht zunächst alle sittliche Scheu? Wer, der in blinder Leidenschaft auf

einen anderen losstürzt, wirft nicht alles, was er von Sittsamkeit in sich hatte, von sich? Wer, der sich in solcher Aufregung befindet, könnte noch seine Sinne zusammenhalten zu pünktlicher und geordneter Pflichterfüllung? Wer seiner Zunge Zügel anlegen? Wer irgendwie seine Körperhaltung bewahren? Wer könnte, einmal losgelassen, sich im Zügel behalten? Hier kann uns die heilsame Vorschrift des Demokrit zugutekommen, der zufolge die Gemütsruhe sich darin kundgibt, dass man weder in persönlichen noch in öffentlichen Angelegenheiten vieles oder unsere Kräfte Übersteigendes unternehme. Niemals geht einem Vielbeschäftigten der Tag dahin, ohne dass ihm nicht durch eine Person oder eine Sache ein Strich durch die Rechnung gemacht würde, wodurch sein Zorn geweckt wird. Wie ein durch die belebten Straßen der Stadt Eilender mit manchen Personen zusammenprallen und bald da ausgleiten, bald dort aufgehalten werden muss, auch mitunter in eine Pfütze treten muss. so tauchen in diesem zerstreuten und vielbewegten Leben vielerlei Hindernisse, vielerlei Klagen auf: Da hat einer unsere Hoffnung getäuscht, ein anderer ihr Aufschub bereitet, ein Dritter ihre Erfüllung unmöglich gemacht. Unsere Vorsätze nahmen einen anderen Verlauf als wir gedacht. Keinem ist das Glück so gewogen, dass es seinen vielen Versuchen sich durchweg freundlich erwiese. So kommt es denn, dass der, dem manches gegen seinen Plan verläuft, unduldsam wird gegen Menschen und Dinge und aus den geringfügigsten Gründen in Zorn gerät, bald über eine Person, bald über ein Geschäft, bald über einen Ort, bald über das Schicksal, bald über sich selbst. Um also der Seele zur Ruhe zu verhelfen, muss man sie vor Störungen bewahren und, wie gesagt, sie nicht quälen durch die Beschäftigung mit vielerlei wichtigen und die Kraft übersteigenden Dingen. Es will nicht viel besagen, leichtes Gepäck, gut auf die Schultern verteilt, zu tragen und es ohne zu stolpern nach dieser oder jener Stelle zu schaffen; aber Lasten, die uns fremde Hände aufgeladen haben und deren Druck wir kaum aushalten, lassen wir an erster bester Stelle herunterfallen;

schwanken wir doch schon, so lange wir die Last noch auf uns haben, der wir nicht gewachsen sind, bedenklich hin und her.

7. Ebenso, glaube mir, steht es mit den öffentlichen und häuslichen Angelegenheiten. Sind die Geschäfte leicht und handlich, so hat der Handelnde leichtes Spiel, da sich alles ihm fügt; sind sie aber überwältigend und außer Verhältnis zu dem, der sie führt, so ist es schon schwer, sie überhaupt in Angriff zu nehmen, und hat man sich darauf eingelassen, so lasten sie schwer auf dem Betreffenden und reißen ihn mit sich fort, und dem Anschein nach schon in seine Gewalt gebracht, kommen sie mit ihm zu Fall. So kommt es denn, dass häufig der gute Wille nichts ausrichtet, wenn nämlich jemand schwierige Dinge in Angriff nimmt, die er durch seinen vorhandenen guten Willen nicht leicht machen kann. Lässt du dich auf ein Unternehmen ein, so schätze genau die eigene Kraft ab sowie die Bedeutung dessen, was du vorhast und was auf dich selbst bestimmend einwirkt. Denn die Reue über ein misslungenes Werk wird dich unwirsch machen. Es kommt hier auf den Unterschied eines hitzigen und eines kühlen und unterwürfigen Naturells an: Einen Hochgesinnten wird das Misslingen zum Zorne reizen, einen Schlaffen und Trägen dagegen wird es traurig stimmen. Unsere Handlungen dürfen also weder kleinlich noch verwegen und ungeheuerlich sein; unsere Hoffnung soll sich in engen Grenzen halten; wir sollen nichts unternehmen, was, auch wenn wir es erreicht haben, uns doch bald Anlass gibt zur Verwunderung darüber, dass es uns gelungen ist.

8. Wir müssen alles tun, um Beleidigungen aus dem Wege zu gehen, die wir nicht zu tragen wissen. Wir müssen uns an möglichst friedliche, gefällige, nicht argwöhnische und mürrische Menschen anschließen. Der Charakter derer, mit denen wir umgehen, teilt sich uns bis zu einem gewissen Grade mit, und wie gewisse körperliche Leiden durch Ansteckung auf andere übergehen, so teilen

sich auch die Fehler des Charakters den Nächststehenden mit: Ein Trunkenbold macht seine Tischgenossen zu Liebhabern des Weines; der Umgang mit Unzüchtigen macht auch den tapferen Mann unter Umständen zum Weichling; die Habsucht überträgt ihr Gift auf die ihr zunächst Stehenden. Anderseits steht es ebenso mit den Tugenden: Sie haben einen mildernden Einfluss auf ihre ganze Umgebung, und stärker noch als eine zuträgliche Gegend und ein günstiges Klima auf die Gesundheit wirkt der Umgang mit besseren Menschen auf sittlich noch nicht gefestigte Gemüter. Wie groß ein derartiger Einfluss ist, wird dir klar werden, wenn du darauf achtest, dass selbst wilde Tiere durch das Zusammenleben mit uns zahm werden, und dass keine noch so schreckliche Bestie ihre ungestüme Kraft bewahrt, wenn sie lange Zeit die Gemeinschaft des Menschen geteilt hat: Alles Ungefüge wird zurückgedrängt und verliert sich allmählich in der milden Umgebung. Dazu kommt, dass, wer mit ruhigen Menschen in Gemeinschaft lebt, nicht nur gebessert wird, sondern auch keine Veranlassungen zum Zorn findet, also auch keine Gelegenheit, seine Anlage dazu zu üben. Daher muss er alle meiden, von denen er weiß, dass sie seine Zornsucht reizen würden. »Wer sind denn diese Leute?«, fragst du. Gar manche, die aus verschiedenen Gründen die nämliche Wirkung erzielen werden: Da wird dich ein Hoffärtiger beleidigen durch seine Verachtung, ein Hämischer durch Schmähung, ein Frechling durch Beleidigung, ein Scheelsüchtiger durch seine Bosheit, ein Kampfhahn durch seine Streitlust, ein Windbeutel und Lügenbold durch seine Aufschneidereien; du wirst es dir nicht gefallen lassen wollen, von einem Argwöhnischen gefürchtet zu werden, einem Halsstarrigen dich zu fügen, von einem Wollüstling beiseitegeschoben zu werden. Wähle dir redliche, gefällige und maßvolle Genossen, die deinen Zorn nicht reizen, wohl aber ertragen. Noch mehr Nutzen wirst du von fügsamen, freundlichen und liebenswürdigen Genossen haben, ohne dass es jedoch bis zur Schmeichelei kommt; denn zu viel Beifall ist dem Zornsüchtigen anstößig. Ich hatte einen braven Mann zum Freund, der aber zum Zorne neigte; ihm gegenüber musste man sich ebenso sehr vor Schmeichelei hüten wie vor Schmähung. Der Redner Caelius war bekanntlich sehr zornsüchtig. Mit diesem speiste, wie es heißt, auf seinem Zimmer ein ausgesucht fügsamer Klient; aber wer mit Caelius einmal in näherem Verkehr stand, für den war es kaum möglich, sich der Streitlust seines Genossen zu entziehen. Der Klient hielt es für das Beste, zu jeder Äußerung des Wirtes Ja zu sagen und die zweite Rolle zu spielen. Das ward dem Caelius unerträglich, und er rief dem Jasager die Worte zu: »So lass doch endlich ein Wort des Widerspruchs hören, damit wir zwei sind.« Aber obschon er darüber sich erzürnte, dass jener nicht zürnen wollte, so gab er sich doch bald zufrieden auch ohne Gegner. Wenn wir uns also unserer Zornsucht bewusst sind, so ist es ratsam, uns solche Genossen zu wählen, die sich unseren Mienen und Worten gern fügen; sie werden uns zwar verzärteln und uns die übele Gewohnheit beibringen, nichts Unerwünschtes zu hören; doch wird es immerhin sein Gutes haben, einen uns anhaftenden Fehler gewissermaßen in Ruhestand zu versetzen, indem man ihm keine Gelegenheit gibt, sich zu äußern. Auch unerträgliche und gewalttätige Naturen sind der Schmeichelei zugänglich: Wer recht zu streicheln versteht, unter dessen Händen verschwindet alle Rauheit und finstere Strenge. Wenn ein Wortgefecht zu lang und zu grimmig wird, so breche man beizeiten ab, ehe man sich zu sehr hinein verbissen hat: Der Streit schöpft aus sich selbst immer neue Nahrung, und wer sich einmal zu tief darein eingelassen hat, der kommt nicht wieder los. Es ist leichter, sich des Streites ganz zu enthalten, als sich davon loszumachen.

9. Auch vor zu schweren geistigen Anstrengungen müssen sich Zornsüchtige hüten oder sie wenigstens nicht weiter treiben, als ihre Spannkraft reicht; ihr Geist darf sich nicht auf zu vielerlei werfen, sondern muss sich an das schöngeistige Gebiet halten: Werke der Dichtkunst sollen besänftigend auf ihr Gemüt wirken, und die

Geschichte soll mit ihren Wundererzählungen ihren Geist fesseln, der eben einer weicheren und zarteren Behandlung bedürftig ist. Pythagoras beschwichtigte seine Gemütserregungen durch die Leier. Wer aber weiß nicht, dass, wie einerseits Zinken und Trompeten Aufregungsmittel sind, so anderseits gewisse Sangesweisen Besänftigungsmittel zur Beruhigung des Geistes? Kranken Augen tut das Grüne wohl, und geschwächte Sehkraft hält sich gern an gewisse Farben, während sie durch den Glanz anderer geblendet wird; so sind für kranke Gemüter aufheiternde wissenschaftliche Beschäftigungen ein Beruhigungsmittel. Dem Forum, der Advokatentätigkeit, den Gerichtshöfen müssen wir den Rücken wenden, sowie allem, was den Fehler nur ärger macht; ebenso müssen wir uns vor körperlicher Abspannung hüten, denn sie erstickt alle Milde und Sanftmut in uns und reißt uns zur Heftigkeit hin. Wer also einen schwachen Magen hat, der beschwichtigt, wenn er sich zur Erledigung besonders schwieriger Geschäfte aufmacht, seine Galle durch Speise; denn diese wird hauptsächlich durch Übermüdung erregt, sei es, weil sie die Wärme nach der Mitte hin drängt und dem Blute schadet und den Umlauf desselben infolge des leidenden Zustandes der Adern hemmt, sei es, weil der geschwächte und ermattete Körper auf den Geist einen Druck ausübt. Wenigstens erklärt es sich daraus, dass die durch Krankheit oder die Last der Jahre Geschwächten mehr zum Zorne hinneigen. Hunger und Durst sind aus demselben Grunde zu meiden: Sie erbittern das Gemüt und schüren das Feuer in ihm. Ein altes Wort lautet: Der Ermüdete ist händelsüchtig. Ähnlich aber auch der Hungrige und Durstige, sowie jeder, den irgendetwas quält. Denn wie Geschwüre bei leiser Berührung, in der Folge aber auch schon bei dem Gedanken an Berührung schmerzen, so fühlt sich das angegriffene Gemüt durch die unbedeutendsten Kleinigkeiten beleidigt; bei manchen genügt schon ein Gruß, ein Brief, ein Wort, ein Fragen, um sie in Harnisch zu bringen: Was krank ist, lässt sich nicht berühren, ohne dass es zu Klagen führt.

10. Das Beste ist es daher, sobald man des Übels inne wird, Hand an die Heilung zu legen, ferner in seinen Reden sich so wenig als möglich gehen zu lassen und dem stürmischen Drange zu wehren. Es ist aber leicht, seinen Leidenschaften gleich bei ihrem ersten Entstehen auf die Spur zu kommen: Gewisse Vorboten kündigen die Krankheiten an. Wie dem Sturm und Regen gewisse ankündigende Zeichen vorausgehen, so gibt es für Zorn, Liebe und alle jene Stürme, die die Seele aufwühlen, gewisse Vorzeichen. Leute, die an Epilepsie leiden, merken das Herannahen des Krankheitsanfalles schon im Voraus, wenn die äußersten Teile des Körpers kalt werden, wenn es vor den Augen flimmert, wenn die Nerven zittern, wenn das Gedächtnis nachlässt und sie von Schwindel erfasst werden. Sie suchen daher durch bekannte Heilmittel der einsetzenden Krankheit vorzubeugen und durch Einwirkungen auf Geruch und Geschmack die drohende geistige Umnachtung abzuwehren; oder sie wenden Wärmungsmittel an zur Bekämpfung des Frostes und der Erstarrung; versagt aber das Heilmittel, so halten sie sich vom Menschengedränge fern und kommen an menschenleerer Stelle zu Fall. Es lohnt sich, seine Krankheit zu kennen und ihrer Gewalt Einhalt zu tun, ehe sie sich freie Bahn verschafft. Was ist es denn, was uns am heftigsten aufregt? Sehen wir uns danach um! Den einen reizen Beschimpfungen durch Worte, den anderen Beschimpfungen durch Taten; der eine ist stolz auf seine hohe Geburt, der andere auf seine Schönheit und will sie vor jeder Verletzung gewahrt wissen; der eine will für einen besonders feinen Kopf gelten, der andere für einen großen Gelehrten; der eine ist empfindlich gegen Stolz, der andere gegen Trotz; der eine hält Sklaven nicht für wert, sich ihretwegen zu erzürnen, der andere führt im Hause ein strenges Regiment, draußen zeigt er sich mild; der eine wittert Neid, wenn man ihn um etwas bittet, der andere Verachtung, wenn man ihn nicht bittet. Nicht alle sind von der nämlichen Seite verwundbar. Daher gilt es, seine Schwächen zu kennen und ihnen nach Kräften vorzubeugen.

11. Es hat keinen Segen, alles zu sehen, alles zu hören. Viele Beleidigungen tut man gut an sich vorübergehen zu lassen; die meisten von ihnen erleidet der überhaupt nicht, der sie nicht kennt. Du willst nicht zornsüchtig sein? Gut, dann sei nicht neugierig. Wer allem nachgeht, was gegen ihn geredet wird, wer alles Boshafte, was auch nur im Geheimen gegen ihn vorgebracht wird, ausstöbert, der bringt sich selbst um alle Ruhe. Nicht selten ist es nur erst die Auslegung, die den Schein einer Beleidigung erweckt; daher muss man manches der Zeit überlassen, über manches lachen, manches verzeihen. Auf vielerlei Weise kann man die Macht des Zornes einschränken; meist tut man gut, die Sache von der lächerlichen Seite zu nehmen. Sokrates soll, als er einen Backenstreich erhielt, nichts weiter gesagt haben als: Es sei doch zu beklagen, dass der Mensch nicht weiß, wann er mit einem Helm ausgehen müsse Nicht darauf kommt es an, wie eine Beleidigung zugefügt wird, sondern wie man sich mit ihr abfindet. Und warum sollte es auch so schwer halten, sich zu mäßigen? Haben doch bekanntlich selbst Tyrannen trotz ihrer durch Glücksfügung und Willkür genährten Launenhaftigkeit die ihnen zur anderen Natur gewordene Grausamkeit in Schranken gehalten. Wenigstens erzählt man von Pisistratus, dem Tyrannen von Athen, er habe, als beim Gastmahl ein Betrunkener sich sehr scharfe Äußerungen gegen seine Grausamkeit erlaubt habe und manche schon bereit waren mit ihren Fäusten für den Tyrannen einzuspringen, und der eine auf diese, der andere auf jene Weise schürte, sich in seiner Ruhe nicht stören lassen und den Scharfmachern geantwortet, er zürne jenem nicht mehr, als wenn einer mit verbundenen Augen auf ihn losgestürzt wäre.

12. Nicht wenige schaffen selbst den Grund zu Klagen, indem sie entweder falschen Verdacht hegen oder Kleinigkeiten aufbauschen. Oft kommt der Zorn zu uns, öfter wir zu ihm. Niemals sollte man ihn heranrufen, und auch wenn er sich seinerseits einfindet, sollte man ihn abweisen. Niemand will selbst die Schuld auf sich neh-

men, niemand sagt zu sich selbst: »Das, worüber ich zürne, habe ich wohl entweder selbst schon einmal getan oder war wenigstens fähig, es zu tun«; niemand bringt die Gesinnung des Handelnden, sondern nur die Handlung selbst in Rechnung, und doch hat der Betreffende allen Anspruch darauf, dass man prüfe, ob er es mit voller Absicht oder nur aus Zufall getan habe, ob aus Zwang oder aus Täuschung, ob aus Hass oder aus Gewinnsucht, ob er es nur sich oder einem anderen zuliebe getan habe. Auch das Alter des fehlenden Gegners kommt in Betracht, sowie seine Lebensstellung, sodass es entweder edel oder wenigstens nicht erniedrigend ist, etwas zu ertragen und es sich gefallen zu lassen. Wir müssen uns in Gedanken an die Stelle desjenigen setzen, dem wir zürnen. Gemeinhin aber ist es die falsche Selbstschätzung, die uns zornig macht, und was wir selbst gern tun möchten, das wollen wir uns von anderen nicht gefallen lassen. Niemand will mit seiner Sache warten, und doch ist das wirksamste Mittel gegen den Zorn der Aufschub, damit seine erste Hitze sich lindere und die Finsternis, die den Geist umhüllt, zurückweiche oder nicht mehr so dicht sei. Manches von dem, was dich jählings fortriss, wird eine einzige Stunde schon mildern, wie viel mehr also ein Tag; manches wird ganz verschwinden. Wenn der erbetene Beistand der Zeit nichts ausrichtet, so wird sich doch herausstellen, dass dabei nicht bloßer Zorn vorliegt, sondern auch die Überlegung ihr Wort mit gesprochen hat. Willst du dir über die wahre Beschaffenheit eines Dinges klar werden, so lass nur die Zeit walten: Im flüchtigen Vorüberströmen lässt sich nichts genau erkennen. Platon konnte einmal, als er seinem Sklaven zürnte, sich nicht Zeit lassen, sondern befahl ihm, sofort sein Gewand abzulegen und seinen Rücken den Schlägen darzubieten, die er ihm mit eigener Hand verabfolgen wollte; als er sich aber klar darüber wurde, dass er zürne, hielt er seine bereits erhobene Hand in der Höhe zurück, fest gebannt in der Stellung eines, der im Begriff ist, zuzuhauen. Da trat zufällig ein Freund ein, der ihn fragte, was er vorhätte. Platon antwortete: »Ich vollziehe die

Strafe an einem zornsüchtigen Menschen.« Wie betäubt blieb er in der einem Weisen nicht wohl anstehenden Stellung eines Menschen stehen, der im Begriff ist seine Wut an einem anderen auszulassen, ohne noch an den Sklaven zu denken; denn er hatte einen anderen gefunden, der die Züchtigung eher verdiente. Deshalb entsagte er der Gewalt über die Seinigen und sagte, als er über ein Vergehen in Aufregung geriet zum Speusippus: »Speusippus, züchtige mir den Sklaven da mit Schlägen, denn ich bin in Zorn.« Er konnte sich also nicht entschließen zuzuschlagen aus einem Grunde – dem Zorn –, der einen anderen gerade zum Zuschlagen getrieben hätte. »Ich bin im Zorne«, sagte er, »werde also das Maß überschreiten und mir zu viel erlauben: Der Sklave hier soll nicht in die Gewalt dessen kommen, der sich selbst nicht in der Gewalt hat.« Möchte jemand einem Zornigen die Rache überlassen sehen, wenn Platon sich selbst seines Herrenrechtes begibt? Es sei dir nichts erlaubt, so lange du im Zorn bist. Warum? Weil du da willst, es solle dir alles erlaubt sein.

13. Kämpfe mit dir selbst! Bist du entschlossen, den Zorn zu überwinden, so kann *er* deiner nicht Herr werden. Es ist aber der Anfang des Sieges über ihn, wenn du ihn in der Verborgenheit zurückhältst und ihm keinen Ausweg lässest. Wir müssen die verräterischen Zeichen verwischen und ihn so viel wie möglich geheim und verborgen halten. Das wird uns Mühe genug machen, denn er will ausbrechen, will die Augen flammen machen und unser Antlitz verändern; aber sobald man ihm den Austritt gestattet, ist er Herr über uns. Er bleibe im innersten Winkel unserer Brust verschlossen und sei Untertan, nicht Herrscher. Ja, alle seine Kennzeichen müssen wir ins Gegenteil umkehren: Unsere Miene sei milder, unsere Stimme sanfter, unser Gang langsamer; mit der Zeit bildet sich mit dem Äußeren auch das Innere um. Bei Sokrates war es ein Zeichen des Zornes, wenn er die Stimme sinken ließ und nicht recht mit der Sprache herauswollte. Offenbar kämpfte er dann mit

sich selbst. Er ward also von seinen Vertrauten gleichsam auf frischer Tat ertappt und überführt, und der Vorwurf des verhaltenen Zornes war ihm gar nicht unwillkommen. Warum hätte er sich nicht darüber freuen sollen, dass viele um seinen Zorn wussten, niemand aber ihn zu fühlen bekam? Sie hätten ihn aber wohl zu fühlen bekommen, wenn er nicht seinen Freunden das Recht gegeben hätte, ihm den Kopf zu waschen, wie er sich das auch gegen sie herausnahm. Wie viel mehr Grund haben *wir*, es so zu halten! Bitten wir also gerade unsere besten Freunde, gerade dann von ihrer Freiheit gegen uns den ausgiebigsten Gebrauch zu machen, wenn wir am wenigsten fähig sind, es uns gefallen zu lassen; sie sollen zu unserem Zorne nicht ihren Segen geben. Nein, wir müssen sie zu Hilfe rufen gegen ein mächtiges und unserer Neigung entgegenkommendes Übel, so lange wir bei Sinnen sind, so lange wir uns in der Gewalt haben.

Leute, die nicht trunkfest sind und fürchten, dass die Trunkenheit sie zu Torheiten und Unverschämtheiten verführen könnte, weisen die Ihrigen an, sie von der Tafel zu entfernen. Kränkliche Leute, die von ihrer Krankheit her ihre Maßlosigkeit kennen, verbieten bei einem weiteren Krankheitsanfall geradezu, dass man ihnen Gehorsam leiste. Am besten ist es, wenn man den Fehlern, die man kennt, mit Hemmungsmitteln vorbeugt und vor allem die Seele in eine Verfassung bringt, dass sie auch bei der größten Erschütterung durch Unglücksschläge oder Überraschungen entweder überhaupt keinen Zorn empfindet, oder, wenn er aus Anlass einer schweren unerwarteten Beleidigung sich hervordrängt, ihn tief in das Innere zurückweist und ihren Schmerz nicht zu erkennen gibt. Dass dies möglich ist, wird sich zeigen, wenn ich aus einer gewaltigen Masse einige wenige Beispiele beibringe, aus denen man einerseits lernen kann, welche Fülle des Unheils der Zorn in sich schließt, wenn er die ganze Machtvollkommenheit allgewaltiger Herrscher sich dienstbar macht, anderseits, wie er sich selbst beherrschen kann, wenn eine ihm überlegene Furcht ihn niederhält.

14. Den König Cambyses, der den Wein übermäßig liebte, ermahnte Präxaspes, einer seiner nächsten Vertrauten, sich im Trinken zu mäßigen; Trunkenheit sei eine hässliche Sache für einen König, auf den aller Augen und Ohren gerichtet seien. Darauf erwiderte jener: »Um dir zu zeigen, dass ich mich nicht vergesse, will ich dir alsbald den Beweis geben, dass weder Auge noch Hand mir nach dem Weingenuss den Dienst versagen.« Darauf trank er noch reichlicher als sonst und aus größeren Humpen, und schon voll des Weines und berauscht befahl er, der Sohn seines Tadlers solle über die Schwelle des Saales hinaustreten und sich da, die linke Hand über den Kopf gebogen, aufstellen. Dann spannte er den Bogen und durchbohrte das Herz des Jünglings; denn das hatte er für sein Ziel erklärt. Darauf ließ er die Brust öffnen, zeigte den im Herzen steckenden Pfeil, und nach dem Vater sich umwendend fragte er ihn, ob er noch eine hinreichend sichere Hand habe. Dieser aber beteuerte, selbst Apollo hätte nicht sicherer schießen können. Sei er dem Zorn der Götter preisgegeben, er, der elende Gesell, ein Sklave, mehr noch der Gesinnung als dem Stande nach! Er machte sich zum Lobredner einer Tat, deren Zuschauer zu sein schon eine Unnatur war. Die auseinandergerissene Brust seines Sohnes und das unter der Wunde noch schlagende Herz erachtete er für eine passende Gelegenheit zu Schmeicheleien: In einen Ruhmeswettkampf hätte er mit dem König eintreten sollen, einen zweiten Schuss hätte er fordern müssen, nämlich es ihm freistellen, an dem Vater selbst noch deutlicher die Sicherheit seiner Hand zu erweisen! O über den blutdürstigen König, wert, dass aller der Seinigen Bogen gegen ihn gerichtet würden. Wir verfluchen ihn, der seine Gelage mit Mord und Leichen beschloss; aber fluchwürdiger ist doch das Lob des Schusses als der Schuss selbst. Es bleibe dahingestellt, wie der Vater sich hätte benehmen müssen, als er an der Leiche des Sohnes stand unter dem Eindruck der Mordtat, deren Zeuge und Anlass er gewesen: Was aber unser eigentliches Thema anlangt, so liegt in diesem Vorfall der klare Beweis, dass der Zorn unterdrückt werden

könne. Er hat den König nicht geschmäht, hat mit keinem Worte auch nur angedeutet, dass er unglücklich sei, obschon er sein Herz nicht minder als das seines Sohnes durchbohrt sah. Man kann sagen, er habe recht getan, seine Worte zu verschlucken; denn hätte er auch als Zornerfüllter geredet, so hätte er doch als Vater nichts ausrichten können. Man könnte wohl mit einigem Recht sagen, er habe sich in letzterem Falle klüger gezeigt als zu Anfang, wo er dem König Mäßigung im Trinken anempfahl, ihm, der besser tat, Wein statt Blut zu trinken; denn hätte es seine Hand nur mit dem Becher zu tun gehabt, so wäre alles friedlich verlaufen. So aber reihte er sich der Zahl jener an, die durch schwere Schläge, die sie treffen, den Beweis dafür liefern, wie teuer den Freunden der Könige ihre guten Ratschläge zu stehen kommen.

15. Ich zweifle nicht, dass auch Harpagus seinem und der Perser König so einen Rat erteilt habe, der ihn so ergrimmte, dass er ihm seine Söhne als Speise vorsetzte und immer wieder fragte, ob er mit der Zubereitung zufrieden wäre; als er schließlich sah, dass er vollauf gesättigt sei von diesem höllischen Gericht, ließ er die Häupter seiner Söhne bringen und fragte ihn, wie er mit der Aufnahme zufrieden sei, die er hier gefunden. Dem Unglücklichen stockte die Zunge nicht, seine Lippen blieben nicht geschlossen: »Bei einem König«, sagte er, »ist jede Mahlzeit angenehm.« Welchen Vorteil brachte ihm diese Schmeichelei? Dass ihm die Einladung zur Verzehrung der Überreste erspart ward. Ich verwehre dem Vater nicht, die Tat seines Königs zu verurteilen, ich verwehre ihm nicht, nach einer Rache zu suchen, die einer so unerhörten Schandtat entspricht; aber ich entnehme doch für meinen Zweck daraus die Lehre, dass auch ein aus ungeheuerlichem Unglück erwachsender Zorn geheim gehalten werden könne und sich zu Worten bequeme, die mit dem eigenen Inneren in Widerspruch stehen. Diese Zügelung des Schmerzes ist notwendig, besonders für Leute, die solche Stellungen bekleiden und zur königlichen Tafel zugezogen

werden. So speist man dort, so trinkt man, so antwortet man, so lächelt man zu dem gewaltsamen Tode der Seinigen. Ob das Leben so viel wert ist, bleibe dahingestellt; es ist dies eine andere Frage. Wir wollen damit nicht Trostgründe geben für ein so trauriges Zuchthaus; wir wollen nicht dazu auffordern, die Blutbefehle der Henker hinzunehmen: Wir weisen auf einen Weg hin, der aus jeder Sklaverei zur Freiheit führt. Ist die Seele krank und durch eigene Schuld unglücklich, so kann sie diesem Elend ein Ende machen zugleich mit sich selbst. Sowohl zu dem, der es mit einem König zu tun hat, der mit Pfeilen nach der Brust der Freunde schießt, wie zu dem, dessen Gebieter Väter mit den Eingeweiden ihrer Kinder sättigt, sage ich: »Was seufzest du, du Tor? Was wartest du, dass entweder irgendein Feind durch Vernichtung deines Volkes dich befreit oder irgendein mächtiger König aus der Ferne herbeieile? Blicke nur um dich, überall findet sich ein Ende für dein Leid. Siehst du jene steile Höhe? Dort führt ein Weg zur Freiheit. Siehst du dort das Meer, dort den Fluss, dort den Brunnen? Tief unten im Grunde sitzt da die Freiheit. Siehst du jenen niedrigen, verdorrten, kümmerlichen Baum? Da hängt die Freiheit. Siehst du deine Kehle, deine Gurgel, dein Herz? Sie bieten dir Flucht aus der Knechtschaft. Sind es zu mühevolle Ausgänge, auf die ich damit hinweise, und fordern sie zu viel Mut und Kraft? Suchst du nach einem Weg zur Freiheit? Jede Ader an deinem Körper bietet ihn.«

16. Solange uns aber nichts so unerträglich scheint, dass es uns aus dem Leben heraustriebe, müssen wir den Zorn unter allen Umständen zurückdrängen. Verderblich ist er den Untergebenen; denn jede Äußerung des Unwillens fördert nur das Marterwerk; man macht den Druck von oben umso härter und fühlbarer, je größeren Trotz man ihm entgegensetzt. So zieht das Wild die Schlingen durch sein Schütteln nur umso straffer an, so teilen die Vögel den Vogelleim, indem sie ihn zitternd abzuschütteln suchen, dem ganzen Gefieder mit. Kein Joch ist so eng anschließend, dass es nicht den Ziehenden

weniger verletzte als den Widerstrebenden; es gibt nur *ein* Erleichterungsmittel gegen den Druck schwersten Unglücks: Geduld und Fügsamkeit in das Unvermeidliche. Aber so nützlich auch schon für Untergebene die Zügelung ihrer Leidenschaften und vor allem des rasenden und unbändigen Zornes ist, so trifft dies doch noch mehr auf die Herrscher zu. Alles ist dem Untergang geweiht, wo die Gunst des Glückes allen Launen des Zornes freien Raum lässt, und es ist unmöglich, dass die Macht, die zum Schaden der überwiegenden Menge ausgeübt wird, langen Bestand habe; sie gerät in Gefahr, sobald die gemeinsame Furcht alle die einzelnen, die unter dem Joche seufzen, zur Einheit verbunden hat. Daher sind zahlreiche Herrscher bald von Einzelnen ermordet worden, bald von der Masse niedergemetzelt worden, wenn das allgemeine Leid die Untertanen dazu brachte, ihren Zorn gemeinsam gegen den einen zu richten. Anderseits haben gar viele ihren Zorn schalten und walten lassen, als wäre er ein auszeichnendes Vorrecht der Krone, wie Darius, der zuerst, nachdem er die Herrschaft dem Magier entrissen, die Perser und einen großen Teil des Orients unter seine Herrschaft brachte. Als er den Scythen, seinen östlichen Grenznachbarn, den Krieg erklärt hatte, bat ihn Oeobazos, ein hochbetagter Edelmann, er möchte doch dem Vater zum Troste von den drei Söhnen den einen zurücklassen und sich für den Heeresdienst mit den beiden anderen begnügen. Da erklärte der König feierlich, er werde noch über das Erbetene hinausgehen, er werde sie ihm alle zurücklassen. Und was tat er? Vor den Augen des Vaters ließ er sie töten und warf sie ihm hin: Wäre er ja doch grausam gewesen, wenn er sie alle mitgenommen hätte. Aber wie viel gütiger war doch Xerxes! Als ihn Pythius bat, er möchte ihm von seinen fünf Söhnen doch *einen* vom Kriegsdienste freigeben, stellte er ihm die Wahl des Freizugebenden anheim; dann ließ er den Erwählten in zwei Stücke zerreißen und diese auf beide Seiten der Heerstraße legen als Sühneopfer für das Heer. Und so fand denn das Heer auch das Ende, das ihm gebührte: Besiegt und nach allen Richtungen hin zersprengt und allenthalben nichts als Tod und Verderben sehend, zog es mitten durch die Leichen der Seinigen dahin.

17. Solcher Unmenschlichkeit waren im Zorn Barbarenkönige fähig, sie, die jeglicher Bildung, jeglichen Sinnes für Wissenschaft bar waren. Nun sollst du aber auch hören von dem Zögling des Aristoteles, von dem König Alexander: Tötete er doch seinen vertrautesten und mit ihm erzogenen Freund Clitus, und zwar mit eigener Hand, bei der Tafel, weil er ihm nicht genug schmeichelte und es zu wenig eilig hatte, aus einem Mazedonier und freien Manne sich zu einem persischen Sklaven umzuwandeln. Ließ er doch auch den nicht weniger ihm vertrauten Lysimachos einem Löwen vorwerfen. Und war dieser Lysimachos, den ein glücklicher Zufall vor den Zähnen des Löwen bewahrt hatte, deshalb etwa milder, als er selbst zur Herrschaft gelangte? War er es doch, der seinen Freund, den Rhodier Telesphorus, über und über verstümmeln, ihm Ohren und Nase abschneiden ließ, um ihn dann wie ein neuartiges, noch nie gesehenes Wundertier in einem Käfig lange Zeit zu füttern; denn die Verstümmelung und Entstellung seines Gesichtes hatte ihn jeglicher Menschenähnlichkeit beraubt. Dazu kam noch der Hunger, der Schmutz und die Besudelung des Körpers, der seinem eigenen Unrat überlassen blieb; überdies die verschwollenen Knie und Hände, die er wegen der Enge des Raumes als Füße benutzen musste, während seine Seiten durch das fortwährende Anstoßen vereitert waren: So bot er den Beschauern einen grässlichen und abschreckenden Anblick, und, durch seine Strafe einmal zum Ungeheuer geworden, musste er es erleben, dass sich allmählich auch das Mitleiden mit ihm verlor. Aber so unähnlich auch er, der Dulder, einem Menschen war, so war es doch der Täter noch viel mehr.

18. Möchten doch die Beispiele für solche Unmenschlichkeit sich auf fremde Völker beschränken; möchte doch nicht mit anderen aus der Fremde eingeschleppten Lastern auch die Barbarei der To-

desquälereien und der Zornwutausbrüche den Römern zur Gewohnheit geworden sein! Dem Marcus Marius, dem das Volk in jeder Straße Statuen errichtet und Weihrauch und Wein gespendet hatte, ließ L. Sulla die Beine brechen, die Augen ausreißen, die Zunge ausschneiden, die Hände abhauen. So ließ er ihn gliedweise zerfleischen, als ob er ihn ebenso oft tötete, als er ihn verwundete. Wer war der Vollstrecker dieses Befehls? Wer anders als Catilina, der sich schon damals auf jede Missetat einübte. Dieser riss ihn in Stücke vor dem Grabmal des Quintus Catulus, eine schwere Beschimpfung für die Asche dieses mildherzigen Mannes: Da musste jetzt tropfenweise ein Mann sein Blut lassen, der zwar kein Mustermensch war, aber doch volksfreundlich und, wenn auch über Verdienst, so doch nicht mit Unrecht geliebt. Marius verdiente dies zu erleiden, Sulla diesen Befehl zu geben, Catilina ihn zu vollstrecken; aber das Gemeinwesen verdiente es nicht, zugleich die Schwerter seiner Feinde und seiner Retter an sich verspüren zu müssen. Doch wozu auf längst vergangene Zeiten den suchenden Blick richten? Es ist noch nicht lange her, dass C. Caesar (Caligula) den Sextus Papinius, dessen Vater Konsular war, den Batitianus Bassus, seinen Quästor, Sohn seines Prokurators, mit noch anderen Senatoren und römischen Rittern an *einem* Tage geißeln und foltern ließ, nicht etwa zum Zweck der Untersuchung, sondern weil es ihm Spaß machte. Er konnte sich ferner so wenig darein finden, ein Vergnügen, nach welchem seine ungeheure Grausamkeit ein augenblicklich zu erfüllendes Verlangen trug, hinauszuschieben, dass er in der Allee der Gärten seiner Mutter, die den Säulengang vom Gestade trennt, in Gesellschaft von Matronen und Senatoren auf und ab wandelnd, einige von jenen Unglücklichen bei Lampenlicht enthaupten ließ. Was drängte denn so? Welche persönliche oder öffentliche Gefahr war denn im Verlaufe der *einen* Nacht im Anzuge? Was hätte es denn ausgemacht, wenigstens den Tagesanbruch abzuwarten, um nicht in Pantoffeln dem Schauspiel der Hinrichtung von Senatoren des römischen Volkes beizuwohnen!

19. Die Sache erfordert es, auf seine übermütige Grausamkeit noch einen weiteren Blick zu werfen, obschon es manchem so vorkommen könnte, als verfehlte ich den rechten Weg und geriete in die Irre. Aber gerade diese Ausführung wird ein Licht werfen auf den Zorn, der in seiner Wut alles Maß überschreitet. Er hatte die Senatoren mit Geißelhieben bearbeiten lassen: Er selbst brachte es dahin, dass man sagen konnte: »Das ist nichts Ungewöhnliches.« Er hatte sie alle Qualen ausstehen lassen, die entsetzlichsten, die es überhaupt gibt, mit Stricken, Zwangsjacken, Folterpferd, Feuer und mit seinem Anblick. Hier wird man die Antwort zu hören bekommen: »Was will denn das sagen, wenn er drei Senatoren wie nichtswürdige Sklaven unter Schlägen und bei Flammenschein umbringen ließ, er, der daran dachte, den ganzen Senat niederzumetzeln, der den Wunsch äußerte, das ganze römische Volk möchte einen einzigen Hals haben, damit er seine auf so viele Orte und Zeiten verteilten Henkertaten mit *einem* Schlag und an *einem* Tag insgesamt abtun könnte.« Was ist so unerhört, als eine Hinrichtung bei Nacht? Raubtaten pflegt man im Dunkel der Nacht zu verbergen; aber Strafvollzug nützt als abschreckendes Beispiel und als Mittel zur Besserung umso mehr, je mehr er zu allgemeiner Kenntnis kommt. Auch hier höre ich schon die Erwiderung: »Was wunderst du dich so sehr? Das ist ja für dieses Raubtier nichts weiter als tägliche Gewohnheit; dafür lebt es, dafür wacht es, das ist sein Tun und Treiben bei Nacht.« Nun, es wird sicher kein Zweiter sich finden, der den Befehl gibt, allen denen, die er bestrafen lässt, mit einem eingezwängten Schwamm den Mund zu stopfen, um ihnen die Möglichkeit zu nehmen, noch ein Wort laut werden zu lassen. Wo hat man jemals einem zum Tode Bestimmten einen letzten Seufzer unmöglich gemacht? Es war ihm bange bei dem Gedanken, der letzte Schmerz würde sich in einem freieren Worte äußern, er würde etwas Unerwünschtes zu hören bekommen; war er sich doch unzähliger Schandtaten bewusst, die niemand sonst ihm vorzuwerfen wagen würde als ein dem Tode Geweihter. Waren etwa einmal

keine Schwämme zur Stelle, so ließ er die Kleider der Unglücklichen zerreißen und ihnen die Lappen in den Mund stopfen. Welch unerhörte Grausamkeit! Es muss doch erlaubt sein, den letzten Atemzug ausströmen zu lassen; der scheidende Lebenshauch will doch seinen Ausweg haben und sich nicht zwingen lassen nur durch eine Wunde zu entweichen! Es bedarf keiner näheren Ausführung darüber, dass er auch die Väter der Hingerichteten in derselben Nacht durch damit beauftragte Zenturionen in ihren Wohnungen umbringen ließ; das will so viel sagen als: Der Mitleidige wollte ihnen die Trauer ersparen. Es gilt mir hier ja nicht, des *Gaius* Wut zu schildern, sondern die Wut des Zornes: Dieser rast nicht nur gegen einzelne Menschen, sondern zerfleischt ganze Völker, ja verschont nicht Städte und Flüsse und Dinge, die jeder Schmerzempfindung enthoben sind.

20. So ließ der Perserkönig einem ganzen Volke in Syrien die Nasen abschneiden, woher der Ort Rhinocolura (Nasenstutz) seinen Namen hat. Verfuhr er etwa schonungsvoll, dass er ihnen nicht die ganzen Köpfe abschlagen ließ? Nein, diese neu erfundene Strafart machte ihm Spaß. Etwas Ähnliches hätten auch jene Äthiopen erleben können, die wegen ihrer langen Lebensdauer Makrobier (Langlebige) genannt werden. Diese nämlich hatten nicht in unterwürfigem Gehorsam das Joch der Sklaverei auf sich genommen, hatten vielmehr seinen Gesandten freimütige Antworten erteilt, in denen die Könige nichts anderes als Beschimpfungen sahen. Deshalb brauste Cambyses gegen sie in hellem Zorne auf und rückte, ohne für Zufuhr gesorgt, ohne die Wege erkundet zu haben, durch unzugängliche, glühende Sandwüsten mit seiner gesamten Heeresmasse nebst allem Tross gegen sie vor. Schon gleich bei Beginn fehlte es an dem Nötigen, und das unfruchtbare, unangebaute und von keinem menschlichen Fuß betretene Gelände bot nicht die geringste Hilfe in der Not. Anfangs suchten sie den Hunger zu stillen durch zartes Laub und durch Baumsprossen, dann mit künstlich er-

weichter Baumrinde und was sonst die Not zur Nahrung erfinden ließ. Als aber die Sandwüsten auch keine Wurzeln und Kräuter mehr boten und die Einöde auch keine Tiere mehr sehen ließ, wählten sie immer durchs Los den zehnten Mann aus zur Nahrung, die grässlicher war als der Hunger. Immer aber noch trieb den König der Zorn jählings weiter, mochte auch sein Heer teilweise zugrunde gegangen sein, teilweise zur Nahrung gedient haben, bis ihn endlich die Angst ergriff bei dem Gedanken, dass das Los auch ihn treffen könne: Da endlich gab er das Zeichen zum Rückzug. Und bei alledem wurde ihm noch das edle Geflügel behütet und das Geräte für seine Mahlzeiten auf Kamelen nachgeführt, während seine Soldaten darüber das Los warfen, wer von ihnen elend umkommen oder noch elender leben sollte.

21. Dieser König glühte von Zorn gegen ein unbekanntes und unschuldiges Volk, das aber doch der Empfindung dafür fähig war; Cyrus dagegen zürnte einem Fluss. Denn als er, um Babylon zu belagern, eiligst in den Krieg zog, bei dem doch alles auf die Benutzung günstiger Umstände ankommt, versuchte er, über den breit daherströmenden Fluss Gyades an einer seichten Stelle überzusetzen, ein gewagtes Unternehmen, auch wenn der Sommer seinen Einfluss geltend macht und den Fluss auf den niedrigsten Wasserstand bringt. Hier wurde eines von den weißen Pferden, die den Wagen des Königs zu ziehen pflegten, von den Fluten fortgerissen, was den König in starke Aufregung versetzte. Er schwur, er werde den Fluss, der sich an dem königlichen Geleite verging, dahin bringen, dass er auch von Weibern betreten und überschritten werden könne. Er ließ denn all sein Kriegsgerät dahin schaffen und ließ nicht eher mit der Arbeit locker, als bis er das Bett beiderseits auf je 180 Kanäle verteilt und trockengelegt hatte, indem das Wasser über das ganze Gelände hin in 360 Wasserrinnen geleitet wurde. So führte er, statt mit dem Feinde, dem der Krieg angekündigt worden, mit dem Flusse Krieg, und darüber ging nicht nur die Zeit

verloren, ein großer Verlust bei großen Unternehmungen, sondern auch der Kriegseifer der Soldaten sowie die Gelegenheit, die noch ungerüsteten Feinde mit dem Angriff zu überraschen.

Solch ein Wahnsinn – wie könnt' ich's anders nennen – befiel auch die Römer. C. Caesar (Caligula) ließ ein herrliches Landhaus in der Gegend von Herkulanum zerstören, weil seine Mutter einst darin in Gewahrsam gehalten worden war; er machte es dadurch berühmt; denn so lange es stand, fuhr man ruhig mit dem Schiff an ihm vorüber: Jetzt fragt jeder nach der Ursache der Zerstörung.

22. Doch man hat seine Aufmerksamkeit nicht bloß auf die Beispiele zu richten, die vor Fehlern warnen, sondern auch auf die gegenteiligen, welche zur Nachfolge auffordern, auf Beispiele also von Mäßigung und Milde seitens solcher, denen es weder an Grund zum Zorn fehlte noch an der Macht zur Rache.

Was wäre z. B. dem Antigonus leichter gewesen, als zwei gemeine Soldaten hinrichten zu lassen, die am Zelte des Königs, wo sie der Ruhe pflogen, taten, was Menschen trotz aller damit verbundenen Gefahr so gern tun, nämlich sich über ihren König missfällig äußerten? Antigonus hatte alles gehört; denn es war zwischen den Redenden und ihm nur ein Vorhang, welchen jener ein wenig zur Seite schob mit den Worten: »Macht euch weg von hier, sonst hört euch der König.« Eben derselbe hörte eines Nachts, wie einige seiner Soldaten alles Unheil auf den König herabfluchten, weil er sie hierher in diesen undurchdringlichen Morast geführt hätte. Alsbald gesellte er sich als Helfer denen zu, die am schwersten zu leiden hatten. Als er ihnen herausgeholfen hatte, ohne dass sie über seine Person Bescheid wussten, sagte er: »Nun fluchet auf den Antigonus, durch dessen Schuld ihr in diese Not geraten seid; den aber segnet, der euch aus diesem Schlund herausgeholfen hat.« Auch von seinen Feinden nahm er Schmähungen mit derselben Milde auf wie von seinen Mitbürgern. Als z. B. Griechen in einem kleinen Kastell von ihm belagert wurden und im Vertrauen auf die Lage des Ortes voll Verachtung gegen den Feind sich mancherlei Scherze erlaubten über des Antigonus missfälliges Äußere, indem sie sich bald über seine kleine Statur, bald über seine eingedrückte Nase lustig machten, rief er: »Das freut mich und lässt mich Gutes hoffen, wenn ich in meinem Lager einen Silenus habe.« Als er dann diese Witzbolde durch Hunger in seine Gewalt gebracht hatte, verfuhr er mit den Gefangenen so, dass er die Kriegstauglichen auf seine Kohorten verteilte, die Übrigen aber als Sklaven verkaufen ließ, und auch dies, sagte er, würde er nicht getan haben, wenn es nicht denen zuträglich wäre einen Herren zu haben, die ein so loses Maul hätten.

23. Dieses Mannes Enkel war Alexander, der seine Lanze gegen seine Tischgenossen schleuderte, der von zwei Freunden, wie kurz vorher berichtet, den einen einem Löwen hinwarf, den anderen seinem Grimm selbst zum Opfer brachte. [Von diesen beiden blieb jedoch der dem Löwen Hingeworfene am Leben.] Dies Laster war also kein Erbteil vonseiten seines Großvaters, ja nicht einmal vonseiten seines Vaters. Denn wenn Philippus überhaupt eine Tugend besaß, so war es die Duldsamkeit gegen Schmähungen, ein mächtiges Mittel zur Stütze der Herrschaft. Unter anderen athenischen Gesandten war auch Demochares zu ihm gekommen, der wegen seiner vorlauten und frechen Zunge Parrhesiastes (der Freimütige) genannt ward. Philippus hörte die Gesandtschaft gnädig an; dann sagte er: »Saget mir, ob ich den Athenern irgendwelchen Gefallen erweisen kann.« Alsbald gab Demochares die Antwort und sagte: »Dich aufhängen.« Die Umstehenden waren empört über eine so unglaublich unhöfliche Antwort, deren herausfordernder Ton danach angetan war, allgemeines Erstaunen hervorzurufen. Philippus aber verwies sie zur Ruhe und entließ jenen Thersites, ohne ihm ein Haar zu krümmen. »Ihr aber«, sagte er, »ihr übrigen Gesandten, sagt den Athenern, dass, wer dergleichen Reden im Munde führe, viel stolzer sei als der, welcher ohne Rache sie anhört.«

Auch der selige Augustus hat durch Wort und Tat vielfach in denkwürdiger Weise zu erkennen gegeben, dass er den Zorn nicht über sich hat Herr werden lassen. Der Geschichtsschreiber Timagenes hatte sich gegen ihn selbst sowie auch gegen seine Gattin und sein ganzes Haus gewisse Äußerungen erlaubt, und seine Worte waren nicht verloren gegangen; denn leichtfertige Witzelei findet leicht Anklang und haftet im Munde der Leute. Oft warnte ihn der Kaiser, er sollte seine Zunge zügeln; doch ließ er sich nicht abbringen, und so verbot ihm der Kaiser den Hof. In seinen späteren Jahren lebte dann Timagenes im Hause des Asinius Pollio, und in der ganzen Stadt riss man sich um ihn: Der Ausschluss vom Kaiserhof verschloss ihm keine Tür. Die geschichtlichen Arbeiten, die er später verfasst hat, las er öffentlich vor; die Bücher, in denen er die Taten des Kaisers Augustus geschildert, warf er ins Feuer und verbrannte sie. Mit dem Kaiser lebte er in Feindschaft; doch niemand fürchtete seine Freundschaft; man ging ihm nicht aus dem Wege wie einem vom Blitze Getroffenen; ja, es gab einen, der den so tief Gefallenen ganz in sein Herz schloss. Der Kaiser, wie gesagt, ließ sich das ruhig gefallen, selbst dadurch nicht gereizt, dass er durch seine Schriften seinem Ruhm und seinen Taten zu nahe getreten war. Niemals beklagte er sich bei dem Wirt und Freund seines Gegners. Nur das eine Wort (griechisch) sagte er zu Asinius Pollio: »Du hältst eine Bestie (θηριοτροφεῖς).« Dieser machte Anstalt, sich zu entschuldigen; doch der Kaiser sagte abwehrend: »Lass ihn dir lieb sein, mein Pollio, lass ihn dir lieb sein!« Und als Pollio sagte: »Wenn du befiehlst, mein Kaiser, so werd' ich ihm auf der Stelle mein Haus verbieten«, erwiderte er: »Glaubst du, ich würde einen solchen Befehl geben, da ich euch wieder miteinander versöhnt habe?« Pollio war nämlich früher einmal auf Timagenes erzürnt gewesen und hatte keinen anderen Grund gehabt, von diesem Zorn abzulassen, als weil der Kaiser seinerseits dem Timagenes zu zürnen begonnen hatte.

24. Mag sich denn jeder, so oft er gereizt wird, sagen: »Bin ich denn mächtiger als Philippus? Er ließ sich doch, ohne Rache zu nehmen, schmähen. Bin ich denn in meinem Haus ein mächtigerer Herr, als es Augustus war, der über den ganzen Erdkreis herrschte? Er begnügte sich doch damit, die Gesellschaft seines Schmähers zu meiden.« Warum sollte ich meines Sklaven allzu deutliche Antwort, oder seine trotzige Miene, oder sein unverständliches Murmeln mit Geißelhieben und Fesseln strafen? Wer bin ich, dass es ein Verbrechen wäre, meinem Ohre wehe zu tun? Viele haben ihren Feinden verziehen, und ich sollte nicht verzeihen, wenn Leute faul, nachlässig, geschwätzig sind? Einen Knaben entschuldigt sein Alter, ein Weib ihr Geschlecht, einen Fremden seine Freiheit, einen Hausgenossen seine Vertraulichkeit. Jetzt beleidigt er uns zum ersten Mal: Bedenken wir doch, wie lange wir unser Wohlgefallen an ihm gehabt. Er hat uns auch sonst schon oft beleidigt: Gut denn, tragen wir, was wir schon lange getragen. Es ist unser Freund: Nun, er hat wider seinen Willen gehandelt. Es ist unser Feind: Nun, er tat, was er nicht lassen konnte. Wir tun gut, einem Klügeren nachzugeben, mit einem Toren nicht zu streng ins Gericht zu gehen, und allen zugunsten müssen wir uns sagen, auch die weisesten Männer seien vor Fehlgriffen nicht sicher, niemand sei so umsichtig, dass seine Wachsamkeit nicht zuweilen versage, niemand so durchgereift, dass nicht ein zufälliger Umstand seinen Ernst zu einem hitzigeren Vorgehen verleiten könnte, niemand so ängstlich gegen Verstöße, dass er nicht unversehens einen begehe, gerade indem er ihn meiden will.

25. Ein schwaches Gemüt findet im Unglück Trost darin, dass auch das Glück großer Männer ins Schwanken gerät, und derjenige beweint seinen Sohn im stillen Winkel mit größerer Fassung, der es mit angesehen hat, dass auch aus Königspalästen schmerzlich beweinte Tote zu Grabe getragen werden: So erträgt denn auch derjenige eine ihm widerfahrene Beleidigung oder verächtliche Behandlung mit größerem Gleichmut, der daran denkt, dass es keine noch

so große Macht gibt, die nicht der Beleidigung ausgesetzt wäre. Wenn auch die Verständigsten Fehler begehen, wessen Irrtum wäre dann nicht entschuldbar? Blicken wir doch zurück auf unser eigenes Leben: Wie oft sind wir in unserer Jugend lässig gewesen in der Pflichterfüllung, wie oft unbescheiden im Gespräch, maßlos beim Wein. Ist einer erzürnt, so müssen wir ihm Zeit lassen, sich darauf zu besinnen, was er getan hat: Er wird es an Selbstvorwürfen nicht fehlen lassen. Mag er uns schließlich auch die Strafe schuldig bleiben: Wir haben keinen Grund, Gleiches mit Gleichem zu vergelten. Darüber kann kein Zweifel sein: Wer auf Beleidiger verächtlich herabblickt, der erhebt sich über den großen Haufen und steht auf einer höheren Warte. Der wahren Größe ist es eigen, sich von Beleidigungen nicht getroffen zu fühlen. So blickt das Riesentier gelassen auf die kläffenden Hunde, so schlägt der Wogenschwall vergeblich an die gewaltige Klippe. Wer nicht in Zorn gerät, bleibt unerschüttert bei Beleidigung; wer zornig wird, verliert die Ruhe. Er aber, den ich eben als erhaben über jedes Ungemach hingestellt habe, hält das höchste Gut gleichsam fest umschlossen in den Armen und wendet sich nicht nur gegen Menschen, sondern gegen das Schicksal selbst mit den Worten: Mache, was du willst, du bist doch nicht mächtig genug, meine heitere Stimmung zu trüben. Das verbietet die Vernunft, deren Herrschaft ich mein Leben unterstellt habe. Mehr Schaden werde ich vom Zorn haben als von der mir zugefügten Beleidigung. Unbedingt. Denn diese hat ihr bestimmtes Maß; wohin aber der Zorn mich führen würde, das bleibt ungewiss.

26. Du sagst: »Ich kann mir's nicht gefallen lassen; es erdrückt mich, wenn ich eine Beleidigung über mich ergehen lassen soll.« Du schlägst der Wahrheit ins Gesicht. Wer den Zorn ertragen kann, der kann auch eine Beleidigung ertragen. Und im Grunde läuft doch dein Verhalten darauf hinaus, dass du zur Beleidigung auch noch den Zorn auf dich nehmen musst. Wie kommt's denn, dass du dir das Ungestüm eines Kranken und die Reden eines Wahnsinni-

gen und die Ungezogenheiten von Knaben gefallen lässt? Doch wohl, weil du der Meinung bist, sie wissen nicht, was sie tun. Was liegt denn daran, wodurch der Unverstand verschuldet ist? Unverstand liegt überall zugrunde und dient zur Entschuldigung. »Wie also«, sagst du, »soll es ihm straflos hingehen?« Auch angenommen, du selbst wünschtest es so, es wird doch anders kommen. Denn die größte Strafe für begangenes Unrecht ist, es getan zu haben, und keiner wird schwerer bestraft, als wer der Marter der Reue verfällt.

Ferner muss man auch auf die Natur des Menschenlebens Rücksicht nehmen, um über alle Vorfälle richtig zu urteilen; ein unbilliger Richter darüber ist der, welcher den Einzelnen zum Vorwurf macht, was allgemeiner Fehler ist. Die Hautfarbe der Äthiopen ist unter ihnen selbst nichts Auffälliges, und bei den Germanen ist das rötliche und in einen Knoten zusammengebundene Haar nichts dem Manne Unziemliches: Was dem ganzen Volke gemein ist, das kann man bei dem Einzelnen nicht auffallend oder entstellend finden. Die hier genannten Erscheinungen finden ihre Erklärung und Entschuldigung in der Gewohnheit einer einzelnen Gegend, eines einzelnen Erdenwinkels. Nun frage dich, wie viel mehr Nachsicht da am Platze ist, wo es sich um Dinge handelt, die dem ganzen Menschengeschlecht gemein sind. Wir alle sind unbesonnen und unvorsichtig, wir alle sind unzuverlässig, unzufrieden, ehrgeizig – doch wozu mit linderen Worten den allgemeinen Schandfleck verdecken? – Wir alle sind Sünder. Was also an anderen getadelt wird, das findet ein jeder im eigenen Busen. Warum hältst du dich über die Blässe des einen, über die Magerkeit des anderen auf? Herrscht doch die Pest im Lande! Seien wir also verträglicher miteinander: Wir leben als Böse unter Bösen. Ich wüsste nichts, was uns Ruhe bringen könnte, als eine Übereinkunft über gegenseitige Nachsicht. »Jener hat mir schon Schaden getan, ich ihm noch nicht.« Aber vielleicht hast du doch schon einen anderen beleidigt oder wirst ihn beleidigen. Achte nicht bloß auf diese Stunde oder auf diesen Tag, gib dir Rechenschaft über deine ganze Seelenverfassung! Auch wenn du nichts Böses getan hast, du kannst es doch tun.

27. Wie viel besser ist's, eine Beleidigung zu verschmerzen, als sich zu rächen! Die Rache nimmt viel Zeit weg, fordert viele weitere Beleidigungen heraus, während sie sich nicht beruhigen kann über die eine; der Zorn dauert bei uns allen länger als die Verletzung. Wie viel besser ist's, die entgegengesetzte Richtung einzuschlagen und nicht Fehler gegen Fehler kämpfen zu lassen; denn wer, meint man, würde wohl recht bei Sinnen sein, der einem ausschlagenden Maultier wieder mit Ausschlagen entgegentreten oder einen beißenden Hund wieder beißen wollte? »Diese wissen ja doch nicht, dass sie Unrecht tun«, sagst du. Indes erstens: Wie unbillig ist doch ein Mensch, in dessen Augen gerade der Umstand, dass man ein Mensch ist, ein Hindernis bildet für Erlangung der Verzeihung. Sodann, wenn die übrigen Geschöpfe dadurch gegen deinen Zorn gesichert sind, dass ihnen die Überlegung abgeht, so muss jeder so eingeschätzt werden, der der Überlegung bar ist. Denn was kommt denn darauf an, dass er in anderen Beziehungen den Tieren unähnlich ist, wenn er in diesem Punkt, der für alle Tiere ein Entschuldigungsgrund ihrer Fehler ist, mit ihnen übereinstimmt, nämlich in der geistigen Blindheit? Er hat einen Fehler gemacht. Ist es das erste Mal? Ist es das letzte Mal? Traue ihm nicht, auch wenn er sagt: »Ich werd' es nicht wieder tun.« Er wird fehlen und andere wider ihn; unser ganzes Leben wird eine Kette von Verirrungen sein. Das Unsanfte muss mit sanfter Hand angefasst werden. Was man bei der Trauer mit bestem Erfolg zu sagen pflegt, das wird sich auch beim Zorn sagen lassen: Wirst du wohl einmal aufhören oder nie? Wenn überhaupt, ist's dann nicht besser, von dem Zorne zu lassen, als zu warten, bis der Zorn dich verlässt? Oder soll diese Erregung ewig in dir bleiben? Hast du keine Augen, um zu sehen, was für ein friedloses Dasein du dir damit in Aussicht stellst? Denn wie wird es mit dem Zorne stehen, wenn du immer gleich aufbrausest? Dazu lass dir Folgendes gesagt

sein: Wenn du in guter Absicht dich selbst in Erregung versetzest und ab und zu die veranlassenden Umstände wieder herbeiführst, durch die du aufgereizt wirst, dann wird der Zorn von selbst weichen und mit der Zeit seine Kraft verlieren. Wie viel besser ist es, er wird von dir bezwungen als von sich selbst.

28. Du zürnst bald dem, bald jenem; den Sklaven, dann den Freigelassenen; den Eltern, dann den Kindern; Bekannten, dann Unbekannten: An Gründen fehlt es nie, wenn nicht das Herz als Fürsprecher eintritt. Von hier reißt dich die Wut dorthin, von dort wieder anderswohin, immer stellen sich neue Reizungen ein, und so geht es mit der Raserei ohne Ende fort. O du Unseliger, wann soll es einmal zur Liebe kommen? O über die gute Zeit, die du auf eine so erbärmliche Sache verschwendest! Wie viel besser wär' es doch gewesen, dir stattdessen Leute zu Freunden zu machen, Feinde milder zu stimmen, ein Staatsamt zu verwalten, für dein Hauswesen tätig zu sein, als eifrig auszuspähen, was du einem anderen Böses tun kannst, wie du seinem Ansehen, seinem Vermögen, seiner Person Eintrag tun kannst, ein Vorhaben, das sich nicht durchführen lässt ohne Kampf und Gefahr, magst du es auch mit einem Schwächeren zu tun haben! Mag er dir gefesselt überliefert werden, mag er ganz deiner Willkür preisgegeben sein und sich alles gefallen lassen müssen: Oft hat doch die übertriebene Gewaltsamkeit dem Schlagenden ein Gelenk verrenkt oder eine Sehne an eben den Zähnen, die er eingeschlagen hatte, zerrissen. Manche hat die Zornsucht zu Krüppeln gemacht, manche hat sie entkräftet, auch wenn ihnen kein Widerstand geboten wurde. Dazu bedenke, dass von Natur nichts so schwach ist, dass es ohne Gefahr für den Zerstörungssüchtigen zugrunde ginge; auch Schwache macht hier der Schmerz, dort ein Zufall auch den Stärksten gleich. Und ist das meiste, was uns in Zorn versetzt, nicht derart, dass es uns wohl kränkt, aber uns nicht verletzt? Es ist doch ein großer Unterschied, ob sich einer meinem Willen tätlich widersetzt oder sich ihm nur entzieht, ob er mir etwas nimmt oder nicht

gibt. Allein uns gilt es als gleich, ob man uns etwas wegnimmt oder uns etwas versagt, ob man uns die Hoffnung völlig abschneidet oder die Sache nur hinausschiebt, ob man gegen uns oder nur zu seiner Verteidigung handelt, ob aus Liebe zu einem anderen oder aus Hass gegen uns. Es gibt aber auch Fälle, wo der andere nicht nur gerechten, sondern auch ehrenwerten Grund hat, gegen uns aufzutreten: Der eine nimmt seinen Vater in Schutz, der andere seinen Bruder, der eine sein Vaterland, der andere seinen Freund. Gleichwohl verzeihen wir ihnen nicht, wenn sie tun, was sie nicht unterlassen konnten, ohne sich unsere Missbilligung zuzuziehen; ja, kaum zu glauben, oft haben wir Hochachtung vor einer Tat und Missachtung gegen den Täter. Doch wahrhaftig, ein großer und gerechter Mann blickt gerade auf den tapfersten unter seinen Feinden und auf den hartnäckigsten Verteidiger der Freiheit und Wohlfahrt seines Vaterlandes mit größter Hochachtung hin und wünscht sich solche Mitbürger, solche Soldaten.

29. Es ist unwürdig, einen zu hassen, dem man Lob schuldet; wie viel unwürdiger aber ist es noch, einen zu hassen aus einem Grunde, der ihn vielmehr unserem Mitleide empfehlen sollte. Man setze z. B. den Fall: Ein Gefangener, der, ehe er sich's versah, das Sklavenjoch auf sich nehmen musste, kann sich nicht gleich der Freiheit völlig entwöhnen; er zeigt wenig Lust zu niedrigen und anstrengenden Diensten; oder ein durch Müßiggang träge Gewordener kann mit dem Pferde und Wagen des Herrn nicht gleichen Schritt halten; einen anderen durch die täglichen Nachtwachen Übermüdeten überfällt der Schlaf; oder ein aus städtischem Sklavendienst und Müßiggang in das harte Landleben Versetzter sträubt sich gegen die schwere Arbeit oder nimmt sich ihrer wenigstens nicht wacker an! Da haben wir zu unterscheiden, ob einem die Kraft oder der Wille fehlen. Gar manchen werden wir von Schuld freisprechen, wenn wir uns dazu gebracht haben, erst zu überlegen, ehe wir zürnen. Nun aber überlassen wir uns dem ersten Aufwal-

len und bleiben dabei, ungeachtet der Grundlosigkeit unserer Erregung, damit es nicht scheine, als hätten wir ohne Grund angefangen, und, was das Schlimmste ist, die Unbilligkeit des Zornes macht uns nur noch verstockter; wir halten fest an ihm, als wäre es ein Beweis gerechten Hasses, wenn man recht gründlich hasst.

30. Wie viel besser ist es, gleich auf den ersten Anfang scharf Acht zu haben: Wie geringfügig, wie unschuldig ist er oft! Was du an den unvernünftigen Tieren wahrnimmst, das kannst du auch an den Menschen bemerken: Es sind Kleinigkeiten und Nichtigkeiten, durch die wir uns aufregen lassen. Den Stier versetzt die rote Farbe in Wut; gegen einen Schatten bäumt sich die Natter auf; Bären und Löwen reizt ein vorgehaltenes Tuch zur Wut. Alle Geschöpfe, die von Natur wild und wutig sind, werden durch nichtige Dinge in Schrecken gesetzt. Die nämliche Erscheinung findet sich bei unruhigen und beschränkten Geistern. Der leiseste Argwohn bringt sie auf falsche Fährte, in einem Maße, dass sie anspruchslose Wohltaten zuweilen für Beleidigungen erklären, und eben das ist, wenn nicht der häufigste, so doch der bitterste Anlass zur Zornsucht. Denn auch den besten Freunden zürnen wir, weil sie uns angeblich weniger haben zugutekommen lassen als wir erwarten durften und als uns andere erwiesen haben. Und doch liegt für beides die Abhilfe nahe. Man hat sich einem anderen gefälliger erwiesen: Wir sollen uns über das Unsrige freuen, ohne Vergleiche anzustellen; niemals wird glücklich sein, wer sich über einen Glücklicheren nicht beruhigen kann. Ich habe weniger, als ich gehofft hatte: Aber vielleicht habe ich mehr gehofft, als mir zustand. Dies ist der gefährlichste Punkt, das ist die Quelle des verderblichsten Zorns, der auch vor dem Heiligsten nicht zurückschrecken wird. Dem seligen Julius Caesar haben nicht sowohl seine Feinde als seine Freunde den Garaus gemacht, deren unerfüllbare Hoffnungen er nicht erfüllt hatte. An gutem Willen fehlte es ihm nicht – denn nie hat es einen uneigennützigeren Sieger gegeben, der für sich nichts beanspruchte

als das Recht auszuteilen –, aber wie konnte er so unerhörten Wünschen entsprechen, da jeder so viel forderte, wie nur *einer* bekommen konnte? So musste er denn seinen Sessel von seinen Parteigenossen mit gezückten Schwertern umgeben sehen, unter ihnen den Tillius Cimber, seinen eifrigsten Parteigänger noch kurz vorher, sowie andere, die erst nach des Pompejus Tode Pompejaner geworden. Dies ist's auch, was die Waffen der Könige gegen sie selbst gekehrt hat und was die treuesten Anhänger dazu trieb, nach dem Tode derer zu trachten, für die und vor denen zu sterben sie gelobt hatten.

31. Wer nach Fremdem hinschielt, dem gefällt das Seinige nicht: Daher zürnt mancher auch den Göttern, dass ein anderer vor uns den Vorrang hat, und vergisst, wie viele er noch hinter sich hat und welcher ungeheure Schwall von Neid sich hinterwärts an ihn anhängt, an ihn, der nur wenige Beneidete vor sich hat. Allein der Dünkel der Menschen geht so weit, dass, mögen sie auch noch so viel empfangen haben, sie sich doch für benachteiligt ansehen, wenn sie nicht alles bekommen, was sie hätten bekommen können. »Er hat mir die Prätur verliehen: Aber ich hatte aufs Konsulat gehofft; er hat mir zwölf Fasces (Rutenbündel) gegeben: Aber er hat mich nicht zum ordentlichen Konsul gemacht; er hat mich zu der Würde erhoben, nach deren Inhaber das Jahr benannt wird: Aber er verhilft mir nicht zur Priesterwürde; ich bin in ein Priesterkollegium aufgenommen: Aber warum nur in *eines*? Er hat mich zur höchsten Würde erhoben: Aber mein Vermögen ist dabei leer ausgegangen; er hat mir gegeben, was er irgendeinem anderen auch geben musste: Von dem Seinigen hat er nichts dazu getan.« Mein Gott, danke doch lieber für das, was du bekommen hast; auf das Andere warte und freue dich, dass du noch nicht alles hast. Es stimmt einen froh, noch weiter hoffen zu können. Hast du alle anderen hinter dir gelassen, so freue dich, dass du im Herzen deines Freundes der Erste bist; sind dir viele voran, so denke daran, wie

viel größer die Schar derer ist, die hinter dir stehen, als derer, die vor dir stehen. Du fragst, welches dein größter Fehler sei? Du rechnest nicht richtig: Was du gibst, stellst du hoch ein, was du empfängst, niedrig.

32. Bei dem einen muss uns dies, bei dem anderen jenes vom Zorn abhalten; bei dem einen sei es die Furcht, bei dem anderen die Achtung, beim Dritten die Verachtung. Es ist doch ohne Zweifel schon etwas ganz Erkleckliches, wenn wir einen armen Schelm von Sklaven ins Arbeitshaus stecken! Wozu die Eile, ihm sofort mit Schlägen zu kommen, ihm auf der Stelle die Knochen zu brechen? Deine Strafgewalt wird dir ja nicht genommen, wenn du sie nicht augenblicklich verwendest; lass ihr Zeit, bis nicht mehr der Zorn aus ihr spricht, sondern wir uns auf uns selbst besonnen haben und in solcher Verfassung befehlen. Ist der Zorn erst gewichen, dann wollen wir sehen, was es mit dem Handel eigentlich auf sich hat. Denn darin versehen wir's am meisten: Wir greifen zum Schwerte, zu Todesstrafen und strafen mit Fesseln, Kerker und Hunger Vergehen, die mit ein paar leichten Geißelhieben abgetan gewesen wären. Man entgegnet: »Sollen wir wirklich alles, wodurch wir verletzt zu sein meinen, für geringfügig, armselig und kindisch halten? Wie kannst du uns das zumuten?« Nun, was mich betrifft, so scheint es mir der beste Rat, sich eine hochherzige Gesinnung anzueignen und sich klarzumachen, wie niedrig, verwerflich und für jeden, der sich höhere geistige Ziele steckt, verächtlich das ist, worum wir uns zanken, hin und her laufen, außer Atem geraten.

33. Um nichts macht man mehr Geschrei als um das liebe Geld: Dies lässt die Gerichtshöfe nicht zur Ruhe kommen, hetzt Väter und Kinder gegeneinander, schreckt vor Gift nicht zurück, drückt Mördern ebenso gut wie Legionen das Schwert in die Hand; an ihm klebt unser Blut; um seinetwillen streiten und zanken sich Eheleute ganze Nächte hindurch, drängen sich die Leute um die Tribunale der

Obrigkeit, geraten Könige in Wut, werden zu Räubern und verwandeln Städte, an deren Aufbau Jahrhunderte gearbeitet haben, zu Trümmerhaufen, um in der Asche derselben nach Gold und Silber zu stöbern. Man hat seine Lust daran, Geldsäcke im Winkel liegen zu sehen; um ihretwillen strengt man die Stimme an, dass die Augen förmlich aus dem Kopfe heraustreten, um ihretwillen hallen die Gerichtsstätten wider von dem Lärm der Verhandlungen, sitzen Männer zu Gericht, die aus fernen Gegenden herbeibeschieden worden sind, um zu entscheiden, wessen Habsucht die besser berechtigte sei. Und wie vollends, wenn es sich gar nicht einmal um einen Geldsack handelt, sondern wenn um eine Handvoll Kupfergeld oder um einen Denar, den ein Sklave falsch auf Rechnung gesetzt hat, ein alter Mann, der ohne Erben sterben wird, vor Zorn sich nicht lassen kann? Wie, wenn wegen eines lumpigen Zinsrestes, eines Tausendstels, ein gelähmter Wucherer, dessen Hände beim Aufsetzen der Rechnung den Dienst versagen, ein Geschrei erhebt und allen Anfällen der Krankheit zum Trotz seine Pfennige von den Bürgen einkassiert? Häufe vor mir alles Geld aus sämtlichen Bergwerken auf, deren Ausbeutung wir so eifrig betreiben, breite vor mir alle Reichtümer aus, die in den Schatzhäusern geborgen sind, wo die Habsucht sie wieder wie unter der Erde ruhen lässt, aus der sie zum Unheil heraufbefördert wurden: Diese ganze zusammengehäufte Masse ist es in meinen Augen nicht wert, dass ein braver Mann darüber die Stirn runzelt. Wie viel Grund haben wir doch, das zu belachen, was uns Tränen auspresst!

34. Und nun weiter! Richte dein Auge auf das Übrige, auf Speise und Trank und all den Prunk, mit welchem die Eitelkeit sie ausstattet, achte ferner auf (als auf Gründe des Zorns) Schmähworte, auf unanständige Gebärden, auf störrische Zugtiere, auf faule Sklaven, auf Verdächtigungen sowie auf böswillige Auslegung der Worte anderer, die zur Folge hat, dass die dem Menschen verliehene Sprache wie ein Unrecht der Natur gegen uns erscheint. Glaube

mir, es sind reine Lappalien, wegen deren wir uns so ernsthaft erbosen, Dinge wie die, um welche sich Knaben zanken und streiten. Nichts von dem, was wir mit so tiefer Ergriffenheit betreiben, ist wirklich ernst und groß. Eben darin liegt, behaupte ich, der Grund für eueren Zorn und euere Sinnesverwirrung: Ihr achtet das Kleine für groß. Dieser wollte mich um eine Erbschaft bringen; jener hat mich vor Gericht gebracht wegen langjähriger aussichtsreicher Erbschleicherei; ein anderer hat es auf meine Buhlerin abgelegt. Was ein Band der Liebe sein sollte, das ist nun Ursache des Zerwürfnisses und Hasses, nämlich dass beide dasselbe wollen. Ein schmaler Pfad bringt die auf ihm Wandelnden leicht in Zusammenstoß und Streit miteinander; auf einer breiten und geräumigen Landstraße ziehen ganze Scharen dahin, ohne sich gegenseitig zu stören: Das, worauf ihr es abgesehen habt, führt zu Streit und Hader mit denen, die nach dem Gleichen trachten; denn es handelt sich um unbedeutende Dinge, die nicht an den einen gelangen können, ohne dem anderen entrissen zu werden.

35. Du ärgerst dich, dass dir ein Sklave oder ein Freigelassener, dass dir die Gattin oder ein Klient widersprochen habe, und es dauert nicht lange, so klagst du, dass im Staat die Freiheit nicht mehr gelte, der du im eigenen Hause den Garaus gemacht hast. Anderseits, wenn einer, den du fragst, keine Antwort gibt, so nennst du es Trotz. Er mag reden, er mag schweigen, er mag lachen. »Vor dem Herrn?«, sagst du. Ja sogar vor dem Hausvater. Was schreist du? Was belferst du? Greifst gar mitten während der Tafel nach der Geißel, weil die Sklaven sich durch Sprechen bemerklich machen, weil das Schweigen der Einsamkeit mit dem Gewühl einer Volksversammlung unvereinbar ist? Deine Ohren sind nicht dazu da, um melodische und durch Weichheit und Zartheit sich einschmeichelnde Tonstücke zu hören; Lachen und Weinen musst du hören, Schmeichelworte und Scheltworte, Frohes und Trauriges, Stimmen von Menschen und Knurren und Bellen von Tieren. Schwächling du, was erschrickst du

denn über das Geschrei eines Sklaven, über das Erklingen von Metall oder über das Anklopfen an der Tür? Du magst noch so reizbar sein, den Donner musst du doch anhören. Was für die Ohren gilt, das übertrage nun auch auf die Augen, die nicht weniger wählerisch sind, wenn man sie nicht in Zucht hält: Ein Fleck genügt, sie zu beleidigen, eine Besudelung, Silber, das nicht blank geputzt ist, eine Pfütze, der man nicht bis auf den Grund sehen kann. Die nämlichen Augen, die sich nur bunten und in frischem Glanze strahlenden Marmor gefallen lassen, die keinen Tisch sehen wollen ohne reichliche Masern, die in ihrem Hause den Fuß nur auf einen Boden setzen wollen, der kostbarer ist als Gold, lassen draußen ihr Auge mit völligstem Gleichmut über holprige und schmutzige Pfade gleiten sowie über größtenteils unsaubere Gestalten, die ihnen begegnen, auch über die verwitterten Wände der Miethäuser mit ihren Rissen und Unregelmäßigkeiten. Es liegt also nur an ihrer Stimmung, wenn sie draußen an nichts Anstoß nehmen, daheim dagegen in Aufregung geraten: Dort ist ihre Stimmung gleichmütig und duldsam, daheim mürrisch und verdrießlich.

36. Alle Sinne sind der Kräftigung bedürftig; sie sind von Natur fügsam, wenn nicht übele Neigung sie verdirbt, die täglich zur Rechenschaft gezogen werden muss. So machte es Sextius. Am Schluss jedes Tages, wenn er sich zur Ruhe begab, fragte er sich: »Welchen Mangel in dir hast du heute gut gemacht? Welchen Fehler hast du bekämpft? In welcher Beziehung hast du dich gebessert?« Der Zorn wird nachgeben und maßvoller werden, wenn er weiß, dass er täglich vor den Richter gefordert wird. Was kann es Schöneres geben als diese Gewohnheit, den ganzen Tag zur Prüfung an sich vorüberziehen zu lassen? Und was für ein Schlaf folgt auf diese Selbstschau, wie ruhig, wie tief und frei, wenn die Seele entweder ihr Lob oder ihre Mahnung erhalten hat und als ihr eigener geheimer Beobachter und Richter sich Rechenschaft gegeben hat über ihr sittliches Verhalten! Ich mache von dieser Fähigkeit Gebrauch

und verantworte mich täglich vor mir selbst. Wenn das Licht entfernt und meine Gattin, bekannt mit meiner Gewohnheit, verstummt ist, überschaue ich meinen ganzen Tag und wäge meine Handlungen und Äußerungen ab; nichts bleibt mir verborgen, nichts übergehe ich. Warum sollte ich denn auch vor meinen Verfehlungen mich fürchten, da ich sagen kann: »Gib Acht, dass du das nicht wieder tust; für diesmal sei es dir verziehen. Bei jenem Wortkampf hast du dich von der Streitlust zu weit fortreißen lassen; lass dich nicht wieder in ein Gespräch mit Unkundigen ein; diejenigen sind unbeholfen, die nie haben Schüler sein wollen. Jenen hast du mit deiner Mahnung zu scharf angefasst; daher hast du ihn nicht gebessert, sondern beleidigt. Künftig sieh nicht nur darauf, ob es wahr ist, was du sagst, sondern ob der, dem es gesagt wird, die Wahrheit auch verträgt. Ein Gutgearteter lässt sich gern mahnen; je schlechter einer ist, desto barscher ist sein Auftreten gegen den, der ihn zurechtweist.

37. »Beim Gastmahl hast du dich durch die Witzeleien und Sticheleien gewisser Leute verletzt gefühlt: Du musst dir eben sagen, dass man gemeine Gesellschaften meiden soll; beim Wein erlaubt man sich mehr, denn schon im nüchternen Zustand geht vielen das Feingefühl ab. Du hast einen deiner Freunde in Zorn gesehen über den Türhüter eines Rechtsanwaltes oder eines Reichen, weil er ihm den Eintritt verwehrt hatte, und grolltest wohl auch selbst um seinetwillen dem elenden Sklaven: Du grollst also einem Kettenhund? Wirf diesem nur ein paar Bissen hin, so beruhigt er sich trotz alles vorherigen Gebells. Wende den Rücken und lache! Bald ist es der Türhüter, der sich für wer weiß was hält, weil er eine Schwelle zu bewachen hat, die von einem Haufen Prozessierender umdrängt wird, bald der drinnen weilende Hausherr, der überglücklich ist und sich als einen hochbegnadeten und mächtigen Herrn ansieht, weil es nicht leicht ist, Zutritt zu ihm zu erhalten: Er weiß nicht, dass es der Kerker ist, der sich am schwersten öffnet. Du musst im-

mer darauf gefasst sein, mancherlei über dich ergehen zu lassen. Wer wundert sich, dass er im Winter friert, dass er auf dem Meere seekrank wird, dass er auf der Straße angerannt wird? Die Seele kennt keine Furcht, die auf alles gefasst ist. Wenn man dir beim Gastmahl einen weniger ehrenvollen Platz anwies, so machtest du Miene, dem Gastgeber, dem Einlader, ja sogar dem zu grollen, der dir vorgezogen ward. Tor du! Was kommt darauf an, ob du einen Platz weiter oben oder unten sitzest? Kann ein Kissen deiner Ehre einen Zuwachs verschaffen oder ihr Abbruch tun? Du nimmst es einem übel, dass er sich unfreundlich über dein Talent äußerte. Soll das allgemeiner Grundsatz sein? Dann würde Ennius dich hassen, weil du an ihm keinen Geschmack findest, und Hortensias würde dir Fehde ankündigen, wenn du mit seinen Reden nicht einverstanden wärest, und Cicero wäre dir Feind, wenn du dich über seine Gedichte lustig machtest. Bei Bewerbung um einen Amtsposten musst du dir die Abstimmung ruhig gefallen lassen.

38. Es hat dir jemand eine Schmach angetan. Etwa eine größere, als sie dem stoischen Philosophen Diogenes widerfuhr? Als dieser gerade über den Zorn sprach, spuckte ihm ein frecher Bursche ins Gesicht. Er ließ das ruhig über sich ergehen, wie es einem Weisen ziemt, mit den Worten: »Ich zürne zwar nicht; aber vielleicht müsste ich doch zürnen.« Wie viel besser noch unser Cato! Als dieser als Anwalt die Sache eines Klienten vertrat, spuckte ihn Lentulus, jener herrschsüchtige und leidenschaftliche Parteimann zur Zeit unserer Väter, an, und zwar mitten auf die Stirn mit einer fetten, mit voller Anstrengung angesammelten Speichelmasse. Cato wischte sich das Gesicht ab mit den Worten: »Ich will jedermann bezeugen, Lentulus, dass man im Irrtum ist, wenn man behauptet, du seiest kein Großmaul.«

39. Wir sind nun schon so weit, mein Novatus, dass unsere Seele sich in einer guten Verfassung befindet: Sie spürt entweder über-

haupt keine Zornessucht mehr in sich, oder ist Herr über sie. Sehen wir nun zu, wie wir den Zorn anderer beschwichtigen; denn wir wollen nicht nur gesund sein, sondern auch gesund machen.

Das erste Aufwallen des Zornes dürfen wir uns nicht zutrauen durch Vorhalt zu beschwichtigen; er ist da taub und unvernünftig; wir müssen ihm Zeit lassen. Wenn er nachlässt, dann sind Heilmittel am Platz. Geschwollene Augen betasten wir nicht, um das starre Geäder nicht durch Bewegung zu reizen; und ebenso halten wir's mit den übrigen Fehlern, so lange sie noch in Hitze sind. Für den Beginn der Krankheiten ist Ruhe das Heilsamste. Du erwiderst: »Was will denn dein Heilmittel besagen, wenn es nur den von selbst schon aufhörenden Zorn beschwichtigt?« Nun, zunächst bewirkt es, dass er schneller aufhört; sodann beugt es einem Rückfall vor; ja auch dem Anfall selbst, den mit diesem Mittel zu lindern man sich nicht anheischig machen kann, wird er doch einen Streich spielen: Er wird alle Werkzeuge der Rache aus dem Wege räumen, wird sich selbst zornig stellen, um als scheinbarer Helfer und Schmerzensgenosse seinen Ratschlägen größeres Gewicht zu geben, wird immer neuen Verzug ausfindig machen, und scheinbar nach größerer Befriedigung der Rache suchend, wird er die augenblickliche hinausschieben. Alle Kunst wird er anwenden, um der Wut Ruhe zu verschaffen. Ist sie sehr ungestüm, so wird er den, dem er nicht Widerstand leisten kann, bei der Ehre anpacken oder ihm Furcht einflößen; ist sie schwächer, so wird er Unterhaltungen anzuknüpfen wissen, die durch den Reiz und die Neuheit der Mitteilungen und durch Erregung der Wissbegierde ablenkend wirken. Man erzählt von einem Arzt, der die Tochter eines Königs heilen sollte und dies nicht ohne Anwendung des Messers tun konnte, er habe nach gelinder Erwärmung der geschwollenen Brust mit dem in einem Schwamm versteckten Messer die Operation vollzogen; das Mädchen hätte sich gegen das Instrument gesträubt, wenn es unverdeckt gewesen wäre; so aber ließ sie sich den Schmerz gefallen, weil er unerwartet kam. Es gibt Fälle, in denen die Heilung nur durch Täuschung gelingt.

40. Zu dem einen wirst du sagen: »Nimm dich in Acht, dass deine Feinde sich über deine Zornsucht nicht lustig machen.« Zu dem anderen: »Sieh dich vor, dass du in der Schätzung derer nicht sinkst, die an deine Seelengröße und Kraft glauben. Ich bin wahrhaftig empört über das, was dir widerfahren, und kann nicht genug Schmerz darüber empfinden; aber es gilt eben die Zeit abzuwarten; die Strafe wird nicht ausbleiben; bewahre es in deiner Seele; wenn es in deiner Macht steht und die Gelegenheit kommt, wirst du's ihm heimzahlen.« Den Zürnenden aber züchtigen und deinerseits Zorn gegen Zorn zu stellen heißt, die Sache nur schlimmer machen. Du kannst verschiedene Wege einschlagen und schonend vorgehen, du müsstest denn etwa eine so erhabene Person sein, dass du den Zorn so demütigen kannst, wie es der selige Augustus tat, als er bei Vedius Pollio zur Tafel war. Einer von dessen Sklaven hatte ein Kristallgefäß zerbrochen; da ließ ihn Vedius abführen zum Vollzug einer noch dazu ganz unerhörten Todesstrafe: Er sollte den Muränen vorgeworfen werden, deren es in seinem Fischteich einige von gewaltiger Größe gab. Wer sollte nicht glauben, das sei eine bloße Laune des Übermuts und der Üppigkeit? Nein, es war Grausamkeit. Der Bursche entschlüpfte den Häschern und warf sich dem Kaiser zu Füßen, mit keiner weiteren Bitte als der um eine andere Todesart: Nur den Fischen wollte er sich nicht zur Nahrung vorwerfen lassen. Der Kaiser war tief bewegt durch diese unerhörte Grausamkeit und befahl, ihn frei zu geben, dagegen sämtliche Kristallgefäße vor seinen Augen zu zerschlagen und sie in den Fischteich zu werfen. Das war seitens des Kaisers die richtige Züchtigung für seinen Freund; er machte den rechten Gebrauch von seiner Macht. »Du gibst den Befehl, Menschen von der Tafel abzuführen und sie zur Strafe in unerhörter Weise zu zerfleischen? Wenn dir ein Becher zerbrochen wird, sollen die Eingeweide eines Menschen zerrissen werden? Bist du so selbstherrlich, dass du einen zum Tode abführen lässt in Anwesenheit des Kaisers?« Hat einer so viel Macht, dass er den Zorn von höherer Stelle abfertigen kann, so

mag er mit ihm übel ins Gericht gehen, aber nur mit einem Zorn von der eben beschriebenen Art, einem wilden, unmenschlichen, blutdürstigen Zorn, der bereits unheilbar ist, wenn er nicht irgendeine überlegene Macht fürchtet.

41. Geben wir denn unserer Seele den Frieden, den ihr die beständige innere Beschäftigung mit heilsamen Lehren, redliches Handeln und eine stets nur auf Pflicht und Ehre bedachte Sinnesart verschaffen kann! Das Gewissen sei unser Leitstern, das Gerede der Leute kümmere uns nicht bei unserem Tun: Mag uns auch ein übler Ruf folgen, wenn wir uns nur wahrhaft verdient machen. »Aber der große Haufe bewundert die Draufgänger, und die Kühnen stehen in Ehren, die Friedlichen hält man für Schlafmützen, für müßige Träumer.« Ja, vielleicht auf den ersten Blick; aber sobald das sich immer gleichbleibende Verhalten den Beweis geliefert hat, dass es nicht Geistesträgheit sei, sondern innerer Frieden, so verehrt ihn die nämliche Volksmasse und erweist ihm ihre Hochachtung. Die hässliche und feindselige Leidenschaft des Zornes hat also nichts in sich, was irgend ersprießlich wäre, sondern im Gegenteil alle Übel, Schwert und Brand. Sie tritt alles Ehrgefühl mit Füßen, besudelt die Hände mit Mord, schändet mit den zerstückelten Leichen der Kinder den Boden, lässt keinen Winkel frei von Verbrechen, hat keine Anerkennung für den Ruhm, keine Furcht vor der Schande, unverbesserlich, wenn sie sich aus Zorn in Hass verhärtet hat.

42. Halten wir uns frei von diesem Übel, säubern wir unseren Geist, rotten wir alles mit der Wurzel aus, was noch hängen geblieben ist; denn mag es auch noch so geringfügig sein, es wird doch wieder emporkeimen und reifen! Nicht mäßigen, nein völlig verbannen müssen wir den Zorn – denn wie könnte es für das Schlechte überhaupt ein rechtes Maß geben? Und wir können es auch; nur dürfen wir es an Anstrengung nicht fehlen lassen. Dabei wird nichts uns bessere Dienste leisten als der Gedanke an unsere

Sterblichkeit. Jeder sage zu sich wie auch zu dem anderen: »Was nützt es, als wären wir für die Ewigkeit geboren, uns mit Groll zu befehden und unsere so kurze Lebenszeit zu verzetteln? Was nützt es, wenn wir die Tage, die wir in ehrbarer Freude verbringen könnten, dazu verwenden, anderen Schmerzen und Qualen zu bereiten? Jene ernsteren Dinge dulden keinen Abzug an Zeit, mit der man sparsam umgehen muss. Was stürzen wir uns in den Kampf? Warum machen wir den Streit zu unserem Lebensgenossen? Warum beladen wir uns, uneingedenk unserer Schwachheit, mit einer Bürde unsäglichen Hasses und machen uns, selbst so hinfällige Geschöpfe, daran, andere zu Fall zu bringen? Nicht lange, und ein Fieber oder ein sonstiges körperliches Leiden wird der Fortsetzung dieser Feindseligkeiten, denen wir mit so hartnäckiger Unversöhnlichkeit nachgehen, ein Ende bereiten. Nicht lange, und der Tod tritt trennend auch zwischen das grimmigste Gegnerpaar. Was gebaren wir uns wie toll und machen das Leben zu einem heillosen Wirrsal? Es schwebt über unserem Haupt das Verhängnis, rechnet uns die verlorenen Tage an und kommt uns Schritt für Schritt näher. Du bestimmst einem anderen seine Todesstunde, und wer weiß, ob es nicht deine eigene sein wird.

43. Warum hältst du nicht lieber das kurze Leben zusammen und machst es zu einer Quelle der Freude und Zufriedenheit für dich und die anderen? Warum lebst du nicht lieber so, dass dich alle lieb haben und nach deinem Heimgang dich wieder zurückwünschen? Was trachtest du danach, den, der dich von oben her behandelt, herabzuziehen? Warum suchst du deinen unbequemen Widersacher, diesen niedrigen und erbärmlichen Gesellen, der aber gegen seinen Vorgesetzten hämisch und unwirsch ist, durch deine Macht zunichtezumachen? Was zürnst du deinem Sklaven oder deinem Herrn oder deinem König oder deinem Klienten? Lass dir's nur eine Weile gefallen. Siehe, da kommt der Tod, der euch gleichmacht. Bei den Morgenschauspielen im Amphitheater sehen wir oft dem

Kampfe der miteinander zusammengebundenen Stiere und Bären zu, die, wenn der eine dem anderen hart zugesetzt hat, den Todesstoß erhalten von dem, der dazu bestellt ist. So ist es auch mit uns: Wir lassen an einem, den irgendein Band an uns fesselt, unseren Grimm aus, während dem Sieger wie dem Besiegten das Ende unmittelbar bevorsteht. Wollten wir doch lieber in Ruhe und Frieden die kleine Spanne der uns noch vergönnten Zeit zubringen! Möchte unsere Leiche ruhen ungestört vom Hasse irgendeines Menschen! Oft macht ein Feuerlärm in der Nähe einem Hader ein Ende, und das Erscheinen eines Raubtieres scheucht den Räuber von dem Wanderer weg. Man hat nicht Zeit, sich mit kleineren Übeln herumzuschlagen, wenn ein größeres Unheil im Anzug ist. Wozu Streit und Nachstellungen? Kannst du dem, welchem du zürnst, mehr anwünschen als den Tod? Er wird auch ohne dein Zutun sterben. Es ist verlorene Arbeit, sich um das zu bemühen, was doch von selbst eintreten wird. Du erwiderst: »Ich habe es nicht gerade auf den Tod abgesehen, sondern auf Verbannung, Schmach, Schaden; die sollen ihn treffen!« Ich finde es verzeihlicher, seinem Feinde eine Wunde zu wünschen, als eine Pustel, denn dies zeugt nicht nur von boshafter, sondern auch von kleinlicher Gesinnung. Magst du es nun auf die härtesten oder auf geringere Strafen abgelegt haben: Wie rasch verfliegt die kurze Spanne Zeit, während der jenem die Qual der Strafe auferlegt und dir die boshafte Freude daran gegönnt ist! Wie bald werden wir den letzten Atemzug tun. So lange wir aber noch atmen, so lange wir noch unter Menschen sind, wollen wir auch Menschlichkeit üben: Niemandem soll Furcht vor uns, niemandem Gefahr von uns drohen; Beeinträchtigungen, Beleidigungen, Schmähungen, Sticheleien wollen wir verachten und frohen Mutes die kurzen Widerwärtigkeiten ertragen. Im Handumdrehen, sozusagen, werden wir der Sterblichkeit unseren Tribut zahlen.

Trostschrift an Marcia

1. Wüsste ich nicht, Marcia, dass dir weibliche Gemütsschwäche ebenso fernliegt wie alle anderen Fehler, und dass dein Charakter dem Auge gleichsam ein Musterbild altrömischer Sittenstrenge bietet, so würde ich nicht den Mut haben, deinem Schmerz entgegenzutreten – geben doch selbst Männer sich solcher Stimmung gern hin und hängen ihr nach –, und hätte nie die Hoffnung gefasst, in so ungünstiger Zeit, vor einem so abgeneigten Tribunal und bei so gehässiger Beschuldigung es durchsetzen zu können, dass du endlich von der Klage gegen dein Schicksal abstündest. Vertrauen gab mir dazu deine bereits bewährte Seelenstärke und deine unter schweren Erfahrungen erprobte Tugend. Jedermann weiß, wie du es mit deinem Vater gehalten hast, den du nicht weniger geliebt hast wie deine Kinder, nur dass du nicht wünschtest, er möchte sie überleben; und wer weiß, vielleicht hast du auch dies gewünscht, denn die innige kindliche Liebe erlaubt sich wohl auch manches gegen die bewährte Sitte. Soviel an dir lag, hast du den Tod deines Vaters Cremutius Cordus zu hindern gesucht. Als es dir zur Gewissheit ward, dass inmitten der Schergen des Sejan dies der einzige Ausweg aus der Knechtschaft sei, hast du dich, ohne seinen Vorsatz gutzuheißen, doch darein gefügt und Tränen vergossen. Vor der Welt hast du zwar selbst deine Seufzer unterdrückt, aber dabei nicht etwa eine heitere Miene geheuchelt, und das zu einer Zeit, wo es schon für Pietät galt, nicht gegen die Pietät zu verstoßen. So-

bald aber der Umschwung der Zeiten die Möglichkeit dazu gab, hast du deines Vaters Geist, um den es sich doch bei dem Todesurteil handelte, der Welt wieder nahegebracht und ihn, deinen Vater, vor dem wahren Tode bewahrt, und hast seine Bücher, für die dieser heldenhafte Mann sein Leben hatte lassen müssen, wieder zu dem Rang öffentlicher Denkmäler erhoben. Aufs Höchste hast du dich verdient gemacht um die römische Literatur – ein großer Teil dieser Schriften war den Flammen überliefert worden –; aufs Höchste um die Nachwelt, auf die eine unverfälschte geschichtliche Berichterstattung gelangen wird zum Ruhme ihres Urhebers; aufs Höchste um ihn selbst, dessen Andenken lebt und leben wird im Gedächtnis, so lange man noch Wert darauf legt, die Römerwelt kennenzulernen, so lange es noch irgendeinen geben wird, der sich zurückwenden will zu den Taten der Vorfahren, so lange sich noch jemand findet, der zu wissen begehrt, was es heißen will, ein Römer zu sein, was es heißt, ungebeugt zu bleiben, nachdem alles den Nacken schon gebeugt und sich dem Joch des Sejan gefügt hatte, was es heißt, ein freier Mann zu sein, frei im Denken, Wollen und Handeln. Wahrlich, es wäre für das Gemeinwesen ein schwerer Verlust gewesen, wenn du ihn, der wegen zweier herrlicher Vorzüge, Beredsamkeit, verbunden mit Freimut, der Vergessenheit überliefert worden war, nicht wieder zutage gefördert hättest. Man liest ihn, man schätzt ihn; in die Hände der Menschen, in ihre Herzen aufgenommen, ist er bewahrt vor dem Schicksal der Verjährung. Dagegen werden selbst die *Ruchlosigkeiten* jener Henker, durch die sie allein einer Erwähnung überhaupt wert erscheinen, der Vergessenheit anheimfallen.

Diese Hoheit deines Geistes lässt mich keine Rücksicht nehmen auf dein Geschlecht und ebenso wenig auf deinen Blick, welchen die ununterbrochene Trauer so vieler Jahre umschleiert hält, nachdem sie sich einmal auf ihn herabgesenkt hat. Und glaube mir, ich denke nicht an Liebedienerei und an täuschendes Spiel mit deinen Gefühlen: Weit zurückliegendes Unglück führe ich dir ins Gedächtnis zurück, und, um dir zu zeigen, dass auch dieser Schlag zu heilen ist, decke ich dir die Narbe einer gleich großen Wunde auf. Mögen andere sanft und schmeichlerisch zu Werke gehen; ich bin entschlossen, mit deiner Trauer den Kampf aufzunehmen und der Ermattung und Erschöpfung deiner Augen, die, wenn du die Wahrheit hören willst, bereits mehr aus Gewohnheit als aus Sehnsucht beständig mit Tränen gefüllt sind, Einhalt zu tun, am liebsten, wenn du dich selbst zur Mithelferin machst bei Anwendung der dir geltenden Heilmittel, wo nicht, selbst wider deinen Willen, magst du dich auch noch so sehr an deinen Schmerz anklammern, den du dir nun einmal als Ersatz erkoren hast für deinen dir entrissenen Sohn; denn wie soll dieser Schmerz denn enden? Alle Versuche sind fehlgeschlagen; der Zuspruch der Freunde, die gewichtige Stimme einflussreicher und dir verwandter Männer, was haben sie geholfen? Hingabe an die Wissenschaften, dies väterliche Erbgut, hat ihre Bedeutung für dich verloren; deine Ohren sind taub für ihre Belehrungen, kaum dass sie Trost schaffen für die kurze Zeit der Beschäftigung mit ihnen. Selbst jenes natürliche Heilmittel der Zeit, die auch den größten Kummer beschwichtigt, hat seine Kraft an dir, an dir allein, verloren. Schon ist das dritte Jahr vergangen, ohne dass inzwischen jener erste Anfall etwas von seiner Kraft verloren hat; täglich erneuert und verstärkt sich die Trauer; durch dies Hinziehen hat sie sich bereits ein gutes Recht erworben, und es ist so weit gekommen, dass sie es für eine Schande hält, aufzuhören. Wie alle Fehler sich tief im Inneren einnisten, wenn sie nicht gleich bei ihrem ersten Auftreten unterdrückt werden, so gewinnen diese traurigen, unseligen und gegen sich selbst wütenden Triebe am Ende aus der Bitterkeit selbst ihre Nahrung, und der Schmerz wird für das unglückliche Gemüt zu einer verkehrten Lust. Daher hätte ich gewünscht, gleich in der ersten Zeit mich der Heilung annehmen zu können; noch in der Entstehung begriffen, hätte dies mächtige Übel mit linderen Mitteln bekämpft werden können; was einmal eingewurzelt ist, lässt sich nur durch heftigeren Kampf zurückweisen. Es steht hier ganz ähnlich wie mit der Heilung von Wunden: Solange sie noch frisch bluten, macht ihre Heilung keine Schwierigkeiten; man kann sie brennen, kann ihrer Vertiefung vorbeugen, kann sie mit den Fingern untersuchen, während sie vernachlässigt sich zu bösen Geschwüren ausbilden. Einem so verhärteten Schmerze kann ich jetzt nicht mit Nachgiebigkeit und Weichherzigkeit beikommen; hier gilt es nicht biegen, sondern brechen.

2. Wer einen anderen zum Besseren bekehren will, beginnt bekanntlich in der Regel mit guten Lehren und endigt mit Beispielen. Mitunter ist es indes nützlich, von dieser Regel abzuweichen; denn für den einen eignet sich dieses, für den anderen jenes Verfahren. Manche lassen sich durch Vernunftgründe leiten, anderen muss man mit berühmten Namen beikommen und durch den Hinweis auf ein imponierendes Vorbild, das den in Bewunderung versunkenen Geist des Betrachters in seinem Banne festhält. Zwei hervorragende Beispiele deines Geschlechtes zugleich und deiner Zeit will ich dir vor Augen stellen, zwei Frauen, von denen die eine sich völlig dem Schmerze zur Beute überließ, während die andere, von gleichem, ja noch verderblicherem Schicksal betroffen, dem Unglück doch keine lange Herrschaft über sich einräumte, sondern rasch ihre Fassung wiedergewann. Octavia und Livia, die eine des Augustus Schwester, die andere seine Gattin, hatten beide den Verlust noch jugendlicher Söhne über sich ergehen lassen müssen, von denen sie mit Sicherheit annehmen durften, dass sie dereinst den Thron besteigen würden. Der Octavia Sohn war Marcellus, dem sein Oheim und Schwiegervater sehr gewogen war, als dem künftigen Träger der Regierungslast, ein Jüngling von lebhaftem Temperament und umfassendem Geiste und dabei doch zugleich von einer Genügsamkeit und Selbstbeherrschung, die in seinem Alter und bei seiner hohen Stellung nicht geringe Bewunderung verdienten, ausdauernd in Anstrengungen, den Lustbarkeiten abhold, bereit, alles auf sich zu nehmen, was sein Oheim ihm über-

tragen und wozu er ihn gleichsam als festen Stützpunkt benutzen wollte. Er hatte eine gute Wahl getroffen: Dies Fundament war jedem Drucke gewachsen. Octavia konnte ihr Lebtag kein Ende finden des Weinens und des Jammerns und ließ keine tröstende Stimme an sich heran. Durch nichts ließ sie sich auch nur für einen Augenblick davon abbringen, diesem *einen* Gedanken nachhängend und fest an ihn gebannt. Ihr Leben lang blieb sie so, wie sie bei der Beerdigung gewesen war; weit entfernt, sich etwa selbst aufzuraffen, wollte sie sich auch von anderen nicht aufrichten lassen, überzeugt, es wäre ein zweiter Kindesverlust, wenn sie auf ihre Tränen verzichtete. Sie wollte kein Bild von ihrem geliebten Sohne haben; niemand durfte vor ihr seiner Erwähnung tun. Sie hasste alle Mütter, und besonders richtete sich ihre Wut gegen Livia, weil das ihr verheißene Glück, wie es schien, nunmehr auf deren Sohn übergegangen war. Der Finsternis und Einsamkeit sich völlig ergebend, schenkte sie selbst ihrem Bruder keine Beachtung mehr; die dem ehrenden Andenken des Marcellus gewidmeten Gedichte und sonstige Zeichen der Teilnahme aus der Gelehrtenwelt wies sie zurück und verschloss ihre Ohren jedem Trost. Von den üblichen Feierlichkeiten hielt sie sich fern, und selbst gegen den die hohe Stellung ihres Bruders umgebenden Glanz voll Abscheu, vergrub und verbarg sie sich. Im Kreise der Kinder und Enkel legte sie die Trauerkleidung nicht ab, nicht ohne Anstoß für alle die Ihrigen, deren Wohlsein sie nicht davor bewahrte, sich verwaist vorzukommen.

3. Livia hatte ihren Sohn Drusus verloren, dem eine große Zukunft als künftigem Herrscher bevorstand und der schon damals ein großer Feldherr war; er war tief in das Innere von Germanien vorgedrungen und hatte die römischen Feldzeichen aufgepflanzt in Gegenden, wo man bis dahin von den Römern so gut wie nichts wusste. Auf diesem Zuge ereilte ihn der Tod. Während seiner Krankheit erwiesen ihm die Feinde selbst in friedlicher Ergebenheit alle Ehre, ohne einen Wunsch laut werden zu lassen über das,

was ihnen frommte. Dieser Tod, der ihn zu einem Opfer der Vaterlandsliebe gemacht, erweckte die stärkste Teilnahme aller Bürger, Provinzen und des gesamten Italiens, durch dessen Fluren sich der Leichenzug unter dem feierlichen Geleite der Abgeordneten von Munizipien und Kolonien einem Triumphzug ähnlich bis nach der Hauptstadt bewegte. Der Mutter war es nicht vergönnt gewesen, den letzten Kuss und das ersehnte Abschiedswort aus dem Munde ihres Sohnes zu empfangen. In langer Strecke hatte sie den Resten ihres Drusus das Geleite gegeben durch ganz Italien, durch den Feuerschein zahlreicher Scheiterhaufen immer wieder aufgeregt, als ob sie ihn ebenso oftmals wieder verlöre. Aber sobald die Beisetzung erfolgt war, trennte sie sich auch von ihrem Schmerze und trauerte nicht mehr, als es der Anstand forderte, in Rücksicht auf ihre Zugehörigkeit zum Kaiserhaus sowie auf ihre Stellung als Mutter. Dabei hörte sie aber nicht auf, den Namen ihres Drusus zu feiern, sich ihn überall im häuslichen wie im öffentlichen Verkehr zu vergegenwärtigen, sehr gern von ihm zu reden und von ihm zu hören; sie lebte in der Erinnerung an ihn, die doch niemand festhalten und immer wieder erneuern kann, der dies Andenken zu einer Quelle der Trauer für sich gemacht hat. Wähle nun zwischen beiden Beispielen! Welches scheint dir nachahmenswerter? Willst du jenem ersteren folgen, so gehörst du nicht mehr unter die Zahl der Lebenden: Du wirst dich nicht nur den Kindern anderer entfremden, sondern auch den Deinigen, ja selbst dem, dem deine ganze Sehnsucht gilt. Die Mütter werden dir aus dem Wege gehen, denn es beschleicht sie bei deinem Anblick die Ahnung eines Unheils; ehrbare und erlaubte Vergnügungen wirst du von dir weisen als entehrend in deiner Lage; du wirst (wie eine Verfemte) das Tageslicht scheuen und deinen Jahren grollen, dass sie dich nicht auf der Stelle dem Untergang weihen und dir ein rasches Ende bereiten; du wirst, was ich dir nicht als Schuld anrechne, weil es tatsächlich in deinen Augen schimpflich und deinem Herzen ganz fremd ist, vor der Welt den Eindruck machen, als ob du zum Leben nicht

Lust, zum Sterben nicht die Kraft habest. Wählst du dir aber das andere, maßvollere und mildere Vorbild zur Nacheiferung, dies Beispiel erhabenster Frauengröße, dann wirst du nicht in Kummer leben, nicht von Qualen erdrückt werden. Denn ach! Was für eine Torheit ist es doch, sich für sein Unglück selbst noch zu strafen und sein Unglück durch weiteres Unglück zu steigern! Dein Lebelang bist du der Tugend und Sittenstrenge treu geblieben: Zeige dich also auch in deiner jetzigen Lage dementsprechend; denn auch im Schmerz gibt es eine gewisse Mäßigung und Selbstbeherrschung. Und was den Jüngling selbst anlangt, der es so sehr verdiente, dich in eine frohe Stimmung zu versetzen, die du mit Wort und in Gedanken immer bei ihm weilst, so wird er sich durch dich mehr geehrt fühlen, wenn er sich seiner Mutter in der Gestalt und Stimmung zeigt, die im Leben ihm eigen war – heiter und freudvoll.

4. Und ich will dich nicht auf übertrieben strenge sittliche Forderungen verweisen, will dir nicht zumuten, mit übermenschlicher Kraft das Menschliche zu tragen, will dir nicht ansinnen, dass du noch am Leichentage die letzte mütterliche Träne weinst. Mag ein Schiedsrichter über uns beide entscheiden, und zwar soll der Streitpunkt der sein, ob der Schmerz groß oder unaufhörlich sein soll. Ich zweifele nicht: Du hast an dem Beispiel der Julia Augusta, mit der du auf so vertrautem Fuße gestanden hast, mehr Wohlgefallen. Sie fordert dich zur Nachfolge ihres Vorgehens auf. Sie gewährte gleich beim ersten Aufwallen, wo, wer ins Unglück geraten, sich am unfügsamsten und wildesten gebärdet, dem Areus, dem philosophischen Freund ihres Gatten, den Zutritt, und hielt nicht zurück mit dem Bekenntnis, dass diese Unterredung ihr nützlich und eine größere Stütze gewesen sei als das römische Volk, das sie nicht traurig machen wollte durch die eigene Trauer, eine größere auch als Augustus, der, nachdem ihm der eine Gehilfe entzogen, sich unsicher zu fühlen begann und durch die Trauer der Seinigen nicht noch mehr gebeugt werden durfte, eine größere endlich auch als

Tiberius, dessen kindliche Liebe die Wirkung hatte, dass sie bei jenem bitteren und von aller Welt beweinten Todesfall es nur zu empfinden hatte, dass sie statt zweier nun nur noch *einen* Sohn haben sollte. Wie führte sich der Mann bei ihr ein? Welchen Ton schlug er an gegenüber der Frau, die mit größter Achtsamkeit über ihrem Rufe wachte? Ich glaube, den folgenden: »Bis zu diesem Tage, Julia, hast du, soviel ich wenigstens weiß, ich, deines Gatten beständiger Begleiter, dem nicht nur, was in die Öffentlichkeit dringt, bekannt ist, sondern auch alle geheimeren Regungen euerer Herzen – hast du dich bemüht, jedem etwaigen Tadel gegen dich vorzubeugen; und nicht nur in wichtigeren Angelegenheiten, nein, auch in den kleinsten hast du daran festgehalten, nichts zu tun, was von der öffentlichen Meinung, dieser freimütigsten Richterin der Fürsten, etwa Verzeihung erheischte. Und ich meine, es gibt nichts Schöneres für die Herrscher dieser Welt, als vielen Verzeihung zu gewähren, sich selbst aber nicht in die Lage zu bringen, der Verzeihung zu bedürfen: Halte also auch in dieser deiner jetzigen Lage an deiner Gewohnheit fest und vermeide alles, was du entweder gar nicht oder anders getan sehen möchtest.«

5. »Sodann bitte und beschwöre ich dich, gegen Befreundete dich nicht unzugänglich und abweisend zu zeigen. Denn es ist dir doch kein Geheimnis, dass sie alle in Unklarheit sind, wie sie sich zu benehmen haben: Sollen sie in deiner Gegenwart die Rede auf Drusus bringen oder nicht? Es könnte ja in dem letzteren Fall das Übergehen des herrlichen Jünglings als eine Beleidigung für diesen erscheinen, in dem anderen eine Erwähnung seiner für dich verletzend sein. Wenn wir für uns beisammen sind, dann feiern wir seine Taten und Worte mit verdienter Hochachtung; vor dir aber beobachten wir über ihn tiefes Stillschweigen. So bringst du dich um den schönsten Genuss, um das Lob deines Sohnes, das du, wie ich nicht zweifle, selbst mit Aufopferung deines Lebens, wenn es möglich wäre, auf alle Ewigkeit ausdehnen würdest. Daher dulde nicht

nur, nein, veranlasse selbst solche Gespräche, in denen er den Gegenstand der Erzählung bildet, und leihe dem Namen und dem Gedächtnis deines Sohnes ein offenes Ohr; und lass dich das nicht anfechten, wie es bei andern der Fall ist, die in einer solchen Lage das Anhören von Trostgründen nur als eine Fortsetzung ihres Unglücks ansehen. Jetzt hast du dich ganz auf die *eine* Seite geworfen, vergisst alles Bessere und siehst dein Schicksal nur von der schlimmen Seite an; du denkst nicht an das Zusammenleben mit deinem Sohne und die erfreulichen Begegnungen mit ihm, nicht an seine kindlichen und lieblichen Schmeichelworte, nicht an seine Fortschritte in den Wissenschaften; du hängst ganz und gar nur an jener letzten Gestaltung der Dinge und bringst alles nur Mögliche mit ihr in Zusammenhang, als ob sie nicht für sich schon schauerlich genug wäre. Trachte nicht, ich bitte dich, nach dem unsinnigen Ruhme, für die Unglücklichste zu gelten! Bedenke zugleich, es sei nichts Großes, sich im Glücke tapfer zu zeigen, wenn das Leben in günstigem Verlaufe dahinfließt: Auch des Steuermanns Kunst zeigt sich nicht bei ruhigem Meer und fügsamem Wind; es muss ein Unwetter eintreten, wenn sich der Mut bewähren soll. So lass dich denn nicht beugen, sondern stehe fest auf deinen Füßen, und welche Last dir auch von oben zufällt, trage sie, nur vom ersten Lärm etwas aus dem Gleichgewicht gebracht. Nichts ärgert das Schicksal mehr als Gelassenheit.«

Darauf verweist er sie auf den noch lebenden Sohn, und auf die Enkel, die der Dahingegangene ihr hinterlassen hat.

6. Um deine Sache, Marcia, hat es sich dort gehandelt; dir hat Areus seinen Rat erteilt; verändere nur die Person, und er hat *dich* getröstet. Doch angenommen, Marcia, dein Verlust sei größer als der irgendeiner Mutter vor dir – ich will dich nicht milder stimmen und unterschätze dein Unglück nicht –, wenn das Geschick durch Tränen zu beugen ist, so lass uns unsere Tränen vereinigen; der ganze Tag verlaufe dann unter Trauerklagen, die Nacht werde

schlaflos in Trübsal dahingebracht, auf der schon wunden Brust mögen sich weiter die Spuren der sie zerfleischenden Hände mehren, auch das Antlitz werde nicht geschaut, kurz der Kummer möge in jeder Weise sein grausames Werk betreiben, vorausgesetzt, dass er damit etwas ausrichte. Wenn aber, was einmal dahin gegangen, durch kein Barmen und Klagen zurückgerufen wird, wenn das unbeugsame und in alle Ewigkeit festgestellte Geschick durch kein Jammern sich ändern lässt und der Tod festhält was er dahingerafft hat, so nehme die Trauer ein Ende, denn ihre Zeit ist vorbei. Fügen wir uns also einer vernünftigen Leitung, und lassen wir uns nicht durch diese ungestüme Kraft vom richtigen Wege abziehen! Schmach über den Lenker des Schiffes, dem die Fluten das Steuerruder entrissen, der die flatternden Segel verlässt und das Schiff dem Wind und Wetter preisgibt; Preis dagegen dem, der, den Schiffbruch vor Augen, sich von den Wellen begraben lässt, die Hand festgefügt an das Steuerruder und den Wogen trotzend.

7. »Aber die Sehnsucht nach den Seinen ist doch ein natürlicher Zug des Herzens.« Wer stellt das in Abrede, solange sie sich in den rechten Grenzen hält? Macht sich doch nicht etwa bloß der Verlust der uns Teuersten, schon die Trennung von ihnen wie eine Wunde fühlbar und bewahrt auch die stärksten Seelen nicht vor dem Gefühl einer gewissen Beklommenheit. Aber das Meiste tut doch dabei die Einbildung: Sie ist stärker als das, was die Natur auferlegt. Schau auf die unvernünftigen Tiere: Wie lebhaft ist ihre Sehnsucht und doch wie kurz! Der Kühe Gebrüll hört man noch einen oder den anderen Tag, und nicht länger dauert das unstete und tolle Hin- und Herrasen der Stuten. Wenn das Wild den Spuren seiner Jungen nachgegangen ist und die Wälder durchsucht hat und dann voll Wut in die ausgeplünderte Lagerstatt zurückkehrt, dauert es nur eine kleine Weile, und die Wut hat sich wieder gelegt. Die Vögel umschwirren mit lautem Gezwitscher ihre leeren Nester; doch im Augenblick sind sie wieder beruhigt und setzen ihren Flug fort. Kein

Geschöpf vermisst seine Jungen lange; nur beim Menschen ist dies der Fall: Er schürt seinen Schmerz und zieht ihm seine Grenzen nicht nach dem unmittelbaren Gefühl, sondern nach seinem Ermessen. Aber durch die Trauer sich völlig knicken zu lassen ist unnatürlich. Und der Beweis dafür? Erstens: Der nämliche Verlust von Angehörigen schlägt den Frauen tiefere Wunden als den Männern, den Barbaren tiefere als den Mitgliedern eines friedlichen und gebildeten Volkes, dem Laien tiefere als dem in die Wissenschaft Eingeweihten. Und doch hält sich die von der Natur empfangene Kraft bei allen in den nämlichen Grenzen der Wirksamkeit. Demnach kann, was Verschiedenheit und Abweichung zeigt, nicht den Charakter reiner Natur tragen. Die Brennkraft des Feuers mussten alle Lebensalter verspüren, aller Städte Bürger, die Männer so gut wie die Frauen; das Eisen wird an jedem Körper seine schneidende Kraft bewähren. Warum? Weil die Kräfte ihm von der Natur verliehen sind, die alles Persönliche von ihrem Bestimmungskreis ausschließt. Armut, Trauer, Verlust empfindet der eine so, der andere anders, je nach dem Einfluss, den die Gewohnheit auf ihn ausgeübt hat, und das Vorurteil über Dinge, vor denen *er* sich nicht zu fürchten brauche, macht ihn schwach und geduldlos.

8. Zweitens: Was natürlich ist, mindert sich nicht durch die Andauer, wogegen der Schmerz sich im Laufe der *Zeit* verzehrt. Mag er noch so unnachgiebig sein, mag er sich täglich aufbäumen und gegen alle Heilmittel aufbrausen, dieses wirksamste Mittel, den Trotz zu bändigen, nimmt ihm doch seine Kraft. Zwar hält auch jetzt noch, Marcia, deine maßlose Trübseligkeit an und hat sich, wie es scheint, bis zu völliger Verhärtung gesteigert, zwar nicht mehr so aufgeregt wie anfangs, aber hartnäckig und verstockt; gleichwohl werden dir die Jahre auch diesen Trübsalskelch tropfenweise leeren: So oft du eine andere Beschäftigung vornimmst, wirst du eine Erleichterung spüren. Jetzt ist dein Auge immer nur auf dich selbst gerichtet. Es ist aber ein großer Unterschied, ob du dich willenlos

deinem Schmerz hingibst oder dich zur Gebieterin über ihn machst. Wie viel mehr entspricht es der Hoheit deines sittlichen Standpunktes, der Trauer ein Ende zu machen, als es an dich herankommen zu lassen, und nicht zu warten, bis der Tag kommt, wo der Schmerz dir zum Trotz aufhört. Verzichte selbst auf ihn!

9. »Woher also«, entgegnet man, »unsere große Hartnäckigkeit im Beklagen unseres Loses, wenn dies nicht auf Geheiß der Natur geschieht?« Weil wir uns nicht im Voraus eine Vorstellung von dem Übel machen, sondern warten, bis es uns trifft. Als wären wir selbst gefeit und wandelten auf sichererer Straße als die anderen, lassen wir uns durch fremdes Unglück nicht daran mahnen, dass es jedermann treffen kann. So viel Leichenzüge sehen wir an unserem Hause vorüberziehen, und wir denken nicht an den Tod; so viel bittere Todesfälle ereignen sich. Und wir? Wir denken an die Toga unserer Kinder, an ihren künftigen Kriegsdienst, an ihren Eintritt in das väterliche Erbe. So häufiger plötzlicher Wechsel von Reichtum in Armut ist uns vor Augen getreten, und doch ist es uns niemals in den Sinn gekommen, dass es auch mit unserem Hab und Gut gleich misslich bestellt ist. Die notwendige Folge ist, dass wir unter der Wucht des auch über uns hereinbrechenden Unglücks umso mehr zusammenknicken: Es trifft uns wie der Blitz aus blauem Himmel; wogegen man aber sich längst vorgesehen hat, das trifft uns mit schwächerem Schlag. Du musst dir bewusst sein, dass du allen Schlägen ausgesetzt bist, und dass die Pfeile, die andere durchbohrt haben, auch dein Haupt umschwirrt haben! Als ob du ungenügend bewaffnet gegen eine Mauer oder einen von zahlreichen Feinden besetzten und schwer zugänglichen Platz vorgingest, sei auf Wunden gefasst und darauf, dass alle von oben herabfliegenden Steine nebst Pfeilen und Wurfspießen auf *deinen* Körper geschleudert seien. So oft einer neben dir oder hinter dir niedergefallen ist, rufe aus: »Du täuschest mich nicht, o Schicksal, du wirst mich nicht unvorbereitet und unachtsam überraschen. Ich weiß, was du vor-

hast: Einen anderen zwar hast du getroffen, aber mich hast du gemeint.« Wer sieht je sein Hab und Gut so an, als könnte es zugrunde gehen? Wer unter uns ist so starken Herzens, an Verbannung, an Armut, an Todesverluste zu denken? Wenn einer gemahnt wird, an solche Möglichkeiten zu denken, wird der nicht solche Mahnung als böse Vorbedeutung mit Abscheu von sich weisen und dergleichen Grässliches auf das Haupt seiner Feinde oder gar des unzeitigen Mahners selbst herabwünschen? »Ich hätte nicht geglaubt, dass es so kommen würde.« Glaubst du von irgendetwas, dass es nicht eintreten werde, wenn du doch weißt, dass es vielen zustoßen kann, und wenn du mit eigenen Augen siehst, dass es vielen zugestoßen ist? Es gibt einen trefflichen Vers, der es verdiente, nicht bloß von der Bretterbühne aus gehört zu werden:

»Was *einen* trifft, des mag sich jedermann versehn.«

Der da hat Kinder verloren: Auch du kannst welche verlieren. Der da ist verurteilt worden: Auch deiner Unschuld droht Gefahr. Dieser Irrtum täuscht uns und nimmt uns die Kraft, wenn uns das trifft, auf dessen mögliches Eintreten wir uns nie in Gedanken vorbereitet haben. Wer im Voraus den Blick auf zukünftige Übel gerichtet hat, der bricht ihre Kraft, wenn sie sich einstellen.

10. Was es auch sein mag, meine Marcia, das uns äußeren Glanz verleiht, Kinder, Ehrenstellen, Reichtum, geräumige Säle und Vorhöfe, in denen sich die Masse der vergebens um Einlass bittenden Klienten drängt, ein gefeierter Name, eine durch Abkunft oder Schönheit glänzende Gattin und alle sonstigen Gaben eines unsicheren und wandelbaren Glückes – das alles sind von fremder Hand uns geliehene Herrlichkeiten; nichts davon wird uns als dauerndes Geschenk gegeben; es sind zusammengeborgte und ihrem Herrn zurückzugebende Ausstattungsstücke, mit denen die Bühne geschmückt wird. Das Eine wird heute, das Andere morgen wieder

zurückgegeben; nur weniges wird uns bis ans Ende bleiben. Es hat also keinen Sinn, dass wir uns wer weiß was darauf einbilden, als wären wir die wirklichen Eigentümer. Wir haben es nur auf Borg erhalten. Wir dürfen es brauchen und nutzen, so lange es dem Herrn des Geschenkes gefällt. Wir müssen, was uns auf unbestimmte Zeit verliehen ist, stets zur Rückgabe bereithalten und der Aufforderung dazu ohne Murren nachkommen. Das ist ein elender Schuldner, der auf seinen Gläubiger schimpft. Alle die Unsrigen, sowohl die, welche nach unserem Wunsche und gemäß der natürlichen Ordnung der Geburtsfolge uns überleben sollen, als die, welche selbst mit Recht das Verlangen tragen uns im Tode voranzugehen, müssen wir so lieben, als hätten wir keine Gewähr, ich will nicht sagen, für einen ewigen, nein, nur für einen über eine längere Zeit sich erstreckenden Besitz derselben. Oft muss unser Herz daran erinnert werden, dass unsere Liebe solchen gilt, die von uns bald abscheiden werden oder schon im Abscheiden begriffen sind. Was dir vom Schicksal verliehen ist, besitze so, als gäbe es niemanden, der Gewähr dafür leistet. Erfreuet euch ungesäumt der Lieblichkeit eurer Kinder, und lasset anderseits auch die Kinder sich euerer Liebe erfreuen; genießet ohne Aufschub jede Freude! Ihr habt keine Gewähr für die heutige Nacht – doch diese Frist ist schon zu lang gedacht –, nein auch nur für die nächste Stunde. Eile tut not, der Feind steht euch im Rücken; nur noch ein Augenblick, und die Schar eurer Begleiter wird zerstreut und eure Lebensgemeinschaft, wenn der Ruf erschallt, gelöst sein. Was wir haben, haben wir nur auf Raub. Unselige ihr, die ihr nicht versteht als Flüchtlinge zu leben!

Wenn du den Verlust deines Sohnes betrauerst, so liegt darin eine Anklage jener Zeit, in der er geboren ward; denn gleich bei der Geburt ward ihm auch der Tod angekündigt. Dieses Gesetz waltete über seiner Geburt, dies Schicksal war sein unabtrennlicher Begleiter von Mutterleib ab. Der Herrschaft des Verhängnisses sind wir unterstellt, eines harten und unüberwindlichen Gebieters, nach dessen Machtspruch wir alles über uns ergehen lassen müssen, mögen wir es verdient haben oder nicht. Mit unseren Körpern wird es schonungslos, schmählich, grausam verfahren; die einen wird es mit Feuerzangen quälen, die, sei es zur Strafe, sei es zur Heilung angewendet worden; die anderen wird es in Fesseln schlagen, was bald dem Feinde bald dem Mitbürger zustehen wird; andere wird es nackt im wogenden Meere umhertreiben und, wenn sie mit den Fluten gerungen haben, nicht einmal auf eine Sandbank oder auf das Gestade sich retten lassen, sondern in dem Bauche eines riesigen Seeungetüms verschwinden lassen, noch andere in mannigfachen Krankheiten sich abzehren und lange zwischen Leben und Tod schweben lassen. Wie eine launenhafte, eigensinnige und gegen ihre Sklavin herzlose Herrin wird es blindlings Strafen und Belohnungen austeilen.

11. Doch was hat es für einen Sinn, Einzelnes zu beklagen? Das ganze Leben ist beklagenswert, neues Ungemach bricht über uns herein, noch ehe man sich mit dem alten abgefunden hat. Darum tut es vor allem euch Frauen not, euch beherrschen zu lernen; denn ihr seid maßlos im Kummer; es gilt, mit der Herzenskraft hauszuhalten, dass sie für viele Schmerzen ausreiche. Nie darf man aus dem Auge lassen, welches Los uns selbst wie allen anderen gefallen ist. Sterblich bist du geboren, Sterbliche hast du geboren. Du selbst, ein morscher und hinfälliger Leib und mit Krankheitskeimen reichlich durchsetzt, wie konntest du hoffen, in einem so schwächlichen Stoff Festes und Ewiges zu tragen? Dein Sohn ist aus dem Leben geschieden, das heißt, er ist an das Ziel gekommen, dem alles das zueilt, dem, wie du glaubst, höheres Glück beschieden ist als dem, den du geboren. Dahin wandert, wenn auch in ungleichem Schritt, all das Volk, das auf dem Forum die Gerichtshalle füllt, in den Theatern seine Schaulust befriedigt, in den Tempeln betet. Alles, magst du es lieben oder verehren, oder magst du es verachten, alles wird einander gleichgemacht, wenn es zu Asche ge-

worden. Das ist es ja doch, worauf jener Pythische Spruch hinweist: »Erkenne dich selbst.« Was ist der Mensch? Ein schwaches Gefäß, das zu zerbrechen ein bloßes Schütteln und Rütteln genügt; es bedarf keines gewaltigen Sturmes, um dich zerbersten zu machen; du brauchst nur irgendwo stark anzustoßen, und es ist vorbei mit dir. Was ist der Mensch? Ein schwächlicher und gebrechlicher Körper, nackt, wie ihn die Natur geschaffen, wehrlos, fremder Hilfe bedürftig, jeder bösen Laune des Schicksals preisgegeben, und mag er seine Muskelkraft noch so sehr durch Übung gesteigert haben, doch jeden wilden Tieres Futter und jedermanns Schlachtopfer, aus lockerem und weichem Stoffe zusammengewoben und nur in den äußeren Zügen ansprechend, unfähig, Kälte, Hitze, Anstrengung zu ertragen, schon durch seine bloße Unsauberkeit und Trägheit wieder der Verwesung anheimfallend, in ewiger Angst um seine Nahrungsmittel, deren Mangel ebenso wie ihre Überfülle ihm verderblich wird, voll Angst und Sorge um seinen Schutz, unsicheren und stockenden Atems, der sich, zu schwach, um gehört zu werden, durch die Brust ringt, bis er urplötzlich mit einem scharf in die Ohren schneidenden Ton aus der Körperhülle entweicht, immer an sich selber zehrend, ein elendes und unnützes Gemächte. Und da wundern wir uns über den Tod, der das Werk eines einzigen, röchelnden Atemzuges ist? Braucht es denn etwa großer Veranstaltungen, um den Menschen zu Fall zu bringen? Geruch und Geschmack, Müdigkeit und Nachtwachen, Trank und Speise, kurz alles, ohne das er nicht leben kann, ist tödlich für ihn. Wohin er auch seine Schritte wendet, er wird sofort seiner Schwachheit inne: Er verträgt nicht jedes Klima; anderes Trinkwasser, ein Luftzug, an den er nicht gewöhnt ist, kurz, die geringfügigsten Anlässe und Anstöße werfen ihn aufs Krankenlager, ein morsches, kränkliches, sein Leben mit Weinen beginnendes Geschöpf. Und doch, welche Stürme erweckt dies so erbärmliche Geschöpf! Zu welchem Gedankenfluge versteigt es sich, uneingedenk des ihm beschiedenen Loses! Unsterbliches, Ewiges wälzt es in seinem Hirn, macht Entwürfe für Enkel und Urenkel, und mitten in der Beschäftigung mit weit aussehenden Plänen streckt es der Tod darnieder, und was man hohes Alter nennt, ist nur der Ablauf weniger Jahre.

12. Dein Schmerz, soll er irgendwelchen vernünftigen Sinn haben, wem gilt er denn? Gilt er deinem Missgeschick oder dem des Abgeschiedenen? Fühlst du dich durch den Verlust deines Sohnes deshalb so tief ergriffen, weil er dir keine frohen Stunden bereitet hat, oder deshalb, weil, wenn er länger gelebt hätte, du solche von ihm noch erwarten durftest? Behauptest du das Erstere, so machst du dadurch deinen Verlust erträglicher; denn was ihnen keine Lust und Freude gewährt hatte, das vermissen die Menschen weniger. Räumst du aber ein, dass er dir viel frohe Stunden bereitet hat, dann darfst du nicht darüber klagen, dass er dir genommen ist, sondern musst dankbar sein für das Erfreuliche, das du an ihm erlebt hast. Denn eben durch das Erziehungswerk selbst schon, das du an ihm vollbracht, bist du mit reichster Frucht belohnt. Oder sollte denen, die Kinder erziehen, die Erziehung selbst nicht schon auch Frucht der Erziehung sein, während doch Leuten, die sich um das Gedeihen von jungen Hunden, Vögeln und was dergleichen ergötzliches Spielzeug mehr ist, mit höchstem Ernst und Eifer bemühen, aus dem bloßen Anschauen, Betasten und zärtlichen Umschmeicheln unvernünftiger Tiere nicht wenig Vergnügen erwächst? Mag dir also seine Geschäftigkeit keinen Nutzen gebracht, seine Gewissenhaftigkeit dir nicht als Wächterin gedient, seine Klugheit dir keinen Rat erteilt haben – dies allein schon, dass du ihn hattest, dass du ihn liebtest, ist Frucht genug. »Aber«, erwiderst du, »er hätte länger leben, hätte größer werden können.« Doch trotzdem war dir damit ein glücklicheres Los beschieden, als wenn er dir überhaupt nicht geschenkt worden wäre; denn wird uns die Wahl gelassen, ob es uns lieber sei, nur auf kurze Zeit glücklich zu sein oder auf Glück überhaupt zu verzichten, so ist doch ein wenn auch bald dahinschwindendes Glück besser als der Verzicht auf je-

des Glück überhaupt. Möchtest du etwa lieber einen ungeratenen Sohn gehabt haben, der eben nur mitgezählt und mitgenannt wird, oder einen so hochbegabten, wie es der Deinige war, ein Jüngling beizeiten verständig, beizeiten pietätvoll gegen seine Eltern, beizeiten Gatte, beizeiten Vater, beizeiten willig zu jeder Pflichterfüllung, beizeiten Priester, alles wie im Eilschritt? Selten, dass ein Reichtum an Gütern und Vorzügen sich mit der Dauer derselben vereinigt: Nur allmählich sich entwickelndes Glück ist dauerhaft bis ans Ende. Die unsterblichen Götter wollten dir deinen Sohn nicht auf lange Zeit gönnen; dafür gaben sie dir ihn gleich in einer Vollkommenheit, die sonst nur das Werk einer langen Zeit ist. Du kannst auch nicht behaupten, die Götter hätten dir das besondere Los auferlegt, deinen Sohn nicht genießen zu dürfen. Blicke umher im ganzen Kreise von Bekannten und Unbekannten: Allenthalben werden dir Menschen begegnen, die Schwereres erduldet haben. Große Feldherren, Fürsten haben es an sich erfahren. Auch die Götter bleiben nach den Sagen nicht verschont; vermutlich sollte es eine Art Trost sein für die Lücken, die der Tod in unsere Reihen reißt, dass auch die Götterwelt vor Zusammenbruch nicht gewahrt bleibt. Lass, sage ich, alle Familien an deinem Blick vorüberziehen, du wirst keine nennen können, die so unglücklich wäre, dass sie nicht sich mit einer noch unglücklicheren trösten könnte.

Ich denke wahrhaftig nicht schlecht genug von deinem Charakter, um dich für fähig zu halten, es würde dir leichter werden, dein Unglück zu tragen, wenn ich dir eine gewaltige Schar von Trauernden vorführe: Es ist eine Art von Schadenfreude, wenn man sich mit der Menge der Unglücklichen tröstet. Einige wenige indes werde ich anführen, nicht um dir den Nachweis zu geben, dass es den Menschen so zu ergehen pflege – denn es wäre lächerlich, Beispiele der Sterblichkeit zu häufen –, sondern um dir zu zeigen, dass es viele gegeben, die durch geduldiges Ertragen dem Leide den Stachel nahmen. Mit dem Glücklichsten will ich den Anfang machen. L. Sulla verlor seinen Sohn, ohne dass dies Ereignis seiner

Bosheit und seiner unbeugsamen Tapferkeit gegen die Feinde und gegen die Mitbürger Eintrag tat oder die Wirkung gehabt hätte, dass es als ein Missgriff erschienen wäre, wenn er nach dem Tode seines Sohnes den Beinamen des »Glücklichen« annahm, ohne Furcht vor dem Hass der Menschen, auf deren Unglück sein übergroßes Glück sich gründete, noch vor dem Neide der Götter, die ihm eben dies nicht verzeihen konnten, dass »Sulla so glücklich« war. Doch das mag dahingestellt bleiben, wes Geistes Kind Sulla war – auch seine Feinde werden einräumen, dass er großes Geschick an den Tag legte, sowohl als er die Waffen ergriff, als da er sie niederlegte –, das, worauf es hier ankommt, leidet keinen Zweifel: Was auch die Glücklichsten nicht verschont, ist nicht das größte Übel.

13. Griechenland bewundert bekanntlich jenen Vater, der mitten in der Opferhandlung die Nachricht von dem Tode seines Sohnes erhielt: Er ließ nur den Flötenspieler innehalten und nahm sich den Kranz vom Haupte, während er im Übrigen das Opfer dem Brauche gemäß vollführte. Dass sich die Bewunderung dieses Verhaltens nicht allzu sehr steigere, ist dem Pontifex Pulvillus zu verdanken, dem, während er mit seiner Hand den Tempelpfosten gefasst hielt und das Kapitol einweihte, der Tod seines Sohnes gemeldet ward. Er stellte sich, als hätte er nichts gehört, sprach die üblichen Worte der priesterlichen Weiheformel, ohne dass irgendein Seufzer sein Gebet unterbrach, und empfahl beim Namen seines Sohnes den Tempel der Gnade Jupiters. Gewiss, die Trauer musste doch ein Ziel finden, wenn sie nicht einmal am ersten Tage und beim ersten Überfall den Vater von dem öffentlichen Altare und von der Weihehandlung abzulenken vermochte. Er war in der Tat wie ausersehen dafür, diese denkwürdige Weihe zu vollziehen, würdig eines so hohen Priestertums, er, der sich nicht davon abbringen ließ, die Götter zu ehren, selbst wo sie zürnten. Als er in sein Haus zurückgekehrt war, ließ er zwar den Tränen den Lauf und ließ einige Kla-

gen laut werden und vollzog, was für die Verstorbenen üblich war, nahm aber dann wieder die Miene vom Kapitol an.

Paulus hat in den Tagen jenes großartigen Triumphes, wo er den König Perseus, diesen berühmten Herrscher, vor seinem Wagen gefesselt einher ziehen ließ, zwei seiner Söhne an andere zur Adoption überlassen; die zwei, die er für sich zurückbehalten hatte, musste er begraben. Welch hohe Vorstellung muss man sich wohl von diesen Zurückgehaltenen machen, da unter den Weggegebenen sich ein Scipio befand! Nicht ohne Rührung sah das römische Volk des Paulus Triumphwagen leer. Gleichwohl hielt er seine Rede vor dem Volk und dankte den Göttern, dass sie ihm seinen Wunsch erfüllt hätten; denn er habe gefleht, dass, wenn wegen des großartigen Sieges dem Neide der Himmlischen ein Tribut gezahlt werden müsse, dies lieber auf seine als auf des Staates Kosten geschehen solle. Das wird dir ein Bild seiner Hochherzigkeit geben. Er wünschte sich Glück zu seiner Verwaisung. Wer hätte mehr Grund zur Erregung über eine so tief greifende Veränderung gehabt? Trost und Stütze zugleich verlor er an seinen Söhnen! Und doch war es dem Perseus nicht vergönnt, den Paulus in Trauer zu sehen.

14. Was frommt's nun, dir zahllose Beispiele großer Männer vorzuführen und Unglückliche aufzusuchen, als ob es nicht schwerer wäre, Glückliche zu finden? Denn man nenne die Familie, die bis ans Ende in allen ihren Gliedern unangefochten geblieben, die vor jeder Störung bewahrt worden wäre! Nimm das nächste beste Jahr heraus und lass die leitenden Beamten vor uns treten: den Lucius Bibulus, wenn du willst, und den Caius Caesar – bei aller Feindschaft untereinander gleichen sie doch in ihrem Schicksal einander. Dem L. Bibulus, einem mehr gutmütigen als tapferen Mann, wurden zwei Söhne zugleich getötet, mit denen eine freche Soldatenschar in Ägypten ihren Hohn getrieben hatte, sodass der Verlust der Söhne nicht weniger Ursache zu Tränen des Schmerzes bot, als der Urheber des Mordes zu Tränen des Ingrimms. Bibulus indes, der

während seines ganzen Amtsjahres wegen der Feindschaft mit seinem Kollegen sich in seinem Hause verborgen gehalten hatte, ging am nächsten Tage nach Empfang der doppelten Todesmeldung wieder an seine gewohnten Staatsgeschäfte. Also *ein* Trauertag für den Verlust zweier Söhne! Wie kann man sich kürzer damit abfinden? So schnell machte er der Trauer um seine Söhne ein Ende, er, der um sein Konsulat ein Jahr lang getrauert hatte. Und C. Caesar? Als er Britannien durchzog, da er seinem Glück durch den Ozean keine Grenze stecken ließ, erhielt er die Nachricht von dem Tode seiner Tochter, deren Schicksal für den Staat nicht weniger bedeutsam war als sein eigenes. Es war vorauszusehen, dass Cn. Pompeius sich nicht dazu verstehen würde, einen Nebenbuhler neben sich aufkommen zu lassen, und dass er dem bedenklichen Aufstieg des anderen ein Ziel setzen werde, auch wenn sie einander in die Hände arbeiteten. Gleichwohl unterzog sich Caesar schon am dritten Tage wieder seinen Feldherrngeschäften und war mit dem Schmerz so schnell fertig geworden, wie es seine Gewohnheit in allen anderen Dingen war.

15. Was soll ich dir die Todesfälle in den Häusern der anderen kaiserlichen Herrscher aufzählen? An ihnen übt, wie mir scheint, das Schicksal bisweilen seine Grausamkeit aus, auf dass sie auch der übrigen Menschheit sich nützlich erweisen als Zeugen dafür, dass selbst die angeblich den Göttern Entstammten und zur Zeugung von Göttern Berufenen ihr eigenes Schicksal nicht so in der Hand haben wie das anderer. Der selige Augustus gab nach dem Verlust seiner Kinder, seiner Enkel und sämtlicher Angehörigen seinem vereinsamten Hause durch Adoption neue Stützen. Er trug es aber tapfer als Vertreter seiner eigenen Sache, dem viel daran gelegen war, dass niemand sich über die Götter beklage. Der Kaiser Tiberius verlor seinen eigenen und seinen Adoptivsohn. Er hielt jedoch selbst seinem Sohne die Leichenrede auf der Rednerbühne, wobei die Leiche vor ihm aufgestellt war, nur dass sie durch eine leichte

Hülle verdeckt war, um den Pontifex vor dem Anblick der Leiche zu schützen. Alles Volk brach in Tränen aus; nur er verzog keine Miene und gab dem neben ihm stehenden Sejanus den Beweis, mit welcher Fassung er den Verlust der Seinigen über sich ergehen lassen könne. Du siehst, wie groß die Menge hervorragendster Männer war, die von dem alles darniederwerfenden Schicksal nicht verschont blieben, trotz aller Vorzüge ihres Geistes und trotz aller staatlichen und persönlichen Auszeichnungen, die auf sie gehäuft waren. Aber so ist es eben: Dies Unwetter macht die Runde, verheert ohne Wahl alles und schleppt seinen Raub davon, als hätte es ein gutes Recht darauf. Lass sie Mann für Mann Rechenschaft geben: Keinem ist das Los gefallen, ungestraft ins Leben einzutreten.

16. Ich weiß, was dir auf der Zunge liegt: »Du hast ganz vergessen, dass es ein Weib ist, dem du Trost zusprichst; du hältst dich mit deinen Beispielen nur an Männer.« Wem aber darf man denn die Behauptung zutrauen, die Natur habe es übel gemeint mit der geistigen Ausstattung der Frauen und habe ihre Vorzüge auf einen engen Raum beschränkt? Sie haben, glaube mir, den gleichen lebhaften Trieb, die gleiche Fähigkeit zum Edlen, wenn sie nur wollen; sie haben die gleiche Kraft, Schmerz und Anstrengung zu ertragen, wenn sie sich nur richtig gewöhnen. Man gedenke doch, gute Götter, des Ortes, wo wir reden. Es ist die Stadt, in der eine Lucretia und ein Brutus den Nacken der Römer von dem Joche der Königsherrschaft erlösten: Dem Brutus verdanken wir die Freiheit, der Lucretia den Brutus. Es ist die Stadt, in der wir der Clölia in Bewunderung der hervorragenden Kühnheit, mit der sie unter Verachtung des Feindes den Fluss durchschwamm, ihren Rang beinahe in der Reihe der Männer anwiesen: Auf der heiligen Straße, als Statue hoch zu Ross, an belebtester Stätte, beschämt sie unsere jungen Mitbürger, die sich in gepolsterten Sänften in einer Stadt umherbewegen, in der man auch Weiber mit einem Rosse beschenkt hat.

Und wünschest du dir Beispiele vorgeführt zu sehen von Frauen, die den Verlust der Ihrigen tapferen Sinnes über sich ergehen ließen, so brauche ich nicht Haus für Haus zu suchen: Aus *einer* Familie stelle ich dir zwei Cornelien: erstens die Tochter des Scipio, die Mutter der Gracchen. Zwölf Kindern schenkte sie das Leben, und alle zwölf sah sie sich durch den Tod entrissen. Für die Übrigen will das weniger besagen, da sie weder durch ihre Geburt noch durch ihren Verlust für den Staat von Bedeutung waren; aber sie musste den Tiberius und Gaius getötet und unbeerdigt sehen, Männer, denen auch diejenigen die Größe nicht absprechen werden, die sie nicht als Muster der Tugendhaftigkeit gelten lassen. Gleichwohl erwiderte sie denen, die ihr Trost zusprachen und sie unglücklich nannten: »Ich werde mich nie unglücklich nennen, ich, die ich Gracchen geboren habe.« Cornelia, die Gattin des Livius Drusus, hatte ihren trefflichen und hochbegabten Sohn verloren: In den Spuren der Gracchen wandelnd, war er nach Einbringung vieler Anträge in seinem eigenen Hause umgebracht worden, ohne dass man über den Mörder sichere Kunde erhielt. Gleichwohl trug sie den bitteren und ungerächten Tod ihres Sohnes mit der nämlichen Seelenhoheit, mit der er selbst seine Gesetzesanträge eingebracht hatte. Du wirst dich endlich mit dem Schicksal aussöhnen, Marcia, wenn es dich auch nicht mit seinen Pfeilen verschonte, mit denen es die Scipionen und ihre Mütter und Töchter verfolgte, und die es gegen die Cäsaren richtete. Das Leben ist von einer Fülle von Unfällen bestürmt, vor denen niemand lange Frieden hat, kaum Waffenstillstand. Vier Kinder hast du geboren, Marcia; kein Geschoss, sagt man, verfehlt sein Ziel, das gegen eine dichtgedrängte Masse geschleudert wird. Ist es ein Wunder, dass deine ansehnliche Schar nicht ohne Beeinträchtigung und Verlust davonkommen konnte? »Aber«, sagst du, »das Schicksal war umso unbilliger, als es die Söhne nicht nur geraubt, sondern mit Tücke herausgelesen hat.« Man kann doch nie von Unrecht sprechen, wenn man bei Teilung mit einem Mächtigeren das Gleiche bekommt: Zwei

Töchter hat dir das Schicksal gelassen und Enkel durch sie; und selbst den, den du des Früheren uneingedenk am heftigsten betrauerst, hat es dir nicht ganz geraubt: Du hast von ihm zwei Töchter, eine große Last, wenn du dich sträubst wider dein Schicksal, ein großer Trost, wenn du dich mit ihm abfindest. Bringe dich in die Stimmung, bei ihrem Anblick dich an deinen Sohn erinnert zu fühlen, nicht an deinen Schmerz! Der Landmann, dem Bäume zugrunde gegangen sind entweder dadurch, dass ein Sturm sie völlig entwurzelt hat oder dass ein plötzlicher Wirbelwind sie geknickt hat, hütet sorgsam die von ihnen übrig gebliebenen Schösslinge und füllt die Lücke durch Einsenkung von Samen und Pflänzlingen alsbald wieder aus; und nicht lange – denn die Zeit reicht ohne Säumen und im Augenblick ihre Hand zum Verderben sowohl wie zum Nachwuchs –, so schießen sie empor, erfreulicher als die verlorenen. Diese Töchter deines Metilius lass dir nun als Ersatz für ihn gelten; sie sollen die Lücke füllen und deinen *einen* Schmerz durch doppelten Trost lindern. Es ist allerdings eine Eigentümlichkeit der Menschen, dass ihnen nichts so sehr gefällt, als was sie verloren haben. Wir sind ungerecht gegen das uns Gebliebene aus Sehnsucht nach dem, was uns entrissen ward. Wenn du dich aber besinnen willst, wie schonend das Schicksal trotz allen Ingrimms mit dir verfahren ist, so wirst du zu der Erkenntnis kommen, dass du mehr hast als Trost: Blicke hin auf deine zahlreichen Enkel, auf deine beiden Töchter. Du tust auch gut, Folgendes dir selbst zu sagen: »Ich würde durch mein Unglück tief erschüttert sein, wenn einem jeden das Schicksalslos fiele, das seinem sittlichen Wandel entspricht, und wenn die Tugend imstande wäre jedes Unheil von uns abzuhalten; doch, wie ich mir wohl bewusst bin, liegt die Sache so, dass Böse und Gute unterschiedslos den nämlichen Unbilden ausgesetzt sind.«

17. »Doch bleibt es immer hart, einen Jüngling zu verlieren, den man erzogen hat und der der Mutter wie dem Vater bereits ein

Schutz und eine Zierde geworden.« Wer leugnet, dass es schwer sei? Aber es ist Menschenlos. Dazu bist du geboren, dass du verlierest, dass du umkommest, dass du hoffest, fürchtest, dich und andere beunruhigest, dem Tode ausweichest und ihn zugleich wünschest, und, was das Schlimmste ist, nie wissest, wie es eigentlich mit dir steht.

Stelle dir vor, es hätte einer die Absicht, nach Syrakus zu reisen. Man könnte ihm folgenden Rat geben: »Mache dich erst bekannt mit allen Beschwerden und mit allen Annehmlichkeiten der beabsichtigten Reise; dann schiffe dich ein! Was dich fesseln kann, ist Folgendes: Du wirst zunächst die Insel selbst sehen, wie sie durch eine schmale Meerenge von Italien getrennt ist, während sie vor Zeiten bekanntlich mit dem Festland zusammenhing; plötzlich brach die Meeresflut herein und

Riss das Siculerland von Hesperien.

Ferner wirst du – denn du kannst dicht an dem gierigen Meeresschlund hinfahren – die fabelhafte Charybdis schauen, unschädlich, so lange der Südwind sie verschont; aber sobald dieser sich heftiger regt, dann ist kein Schiff sicher davor, von ihrem gewaltigen und tiefen Rachen verschlungen zu werden. Schauen wirst du ferner die in Liedern hochgefeierte Arethusa, die Quelle eines lieblich schimmernden, bis auf den Grund durchsichtigen kleinen Sees, in den sie ihr kühles Wasser ausströmen lässt, sei es, dass die Nymphe dies Gewässer als dort entspringend auffand, sei es, dass ein in die Erde sich versenkender Strom das Wasser, völlig klar und unvermischt mit trübem Meereswasser, unterhalb des Grundes so weiter Meeresstrecken bis an das dortige Ziel geführt hat. Weiter wirst du schauen den ruhigsten aller Häfen, die, sei es die Natur, sei es Menschenhand, zu Schutzplätzen für Flotten gemacht hat, so gesichert, dass auch die Wut der gewaltigsten Stürme sich vergeblich daran versucht. Schauen wirst du die Stelle, wo Athens Macht erlag, wo jener natürliche Kerker, jener Steinbruch mit seinen himmelhoch ragenden Wänden die tausend und abertausend Gefangenen in sich schloss, ferner die gewaltige Stadt selbst in ihrer weiten Ausdehnung, die für viele andere Städte Raum genug haben würde, warm im Winter und keinen Tag ohne Sonnenstrahl. Aber ist alles dies an dir vorübergezogen, so wird ein lästiger und ungesunder Sommer verderben, was der Winter Gutes getan. Dort wird vor deinem Geiste Dionysios auftauchen, der Tyrann, der Vernichter von Freiheit, Recht und Gesetz, gierig nach Herrschaft auch nach des Platon Weggang, gierig nach dem Leben auch nach seiner Thronentsetzung. Die einen wird er mit Feuer, die anderen mit Geißeln martern, noch andere wegen leichten Vergehens enthaupten lassen; seine Wollust zu befriedigen, wird er Männer und Weiber entbieten und noch nicht genug daran haben, auf einmal zwei vorzunehmen aus den wüsten Scharen derer, die seinen maßlos üppigen Herrscherlaunen dienen mussten. Das wäre es denn, was dich zur Reise einladen und was dich abschrecken kann; so triff nun deine Entscheidung: Gehe zu Schiff oder bleibe zurück!«

Wer nach solcher Aufklärung sich bereit fände, Syrakus zu besuchen, hätte der wohl gerechten Grund zur Klage über irgendjemand außer über sich selbst, da er nicht zufällig, sondern mit voller Einsicht in den Sachverhalt sich dahin begeben hätte?

Die Natur spricht zu uns allen: Ich betrüge niemanden. Hast du Söhne bekommen, so können sie schön, können aber auch hässlich sein; vielleicht kommen sie stumm zur Welt. Es kann einer oder der andere von ihnen ebenso wohl der Retter des Vaterlandes werden wie sein Verräter. Du brauchst der Hoffnung nicht zu entsagen, dass sie sich Achtung genug erwerben werden, um zu verhüten, dass irgendjemand sich herausnähme, dir wegen ihrer ein böses Wort zu sagen; mache dich aber auch mit der Möglichkeit vertraut, dass sie solche Schurken werden, dass du sie selbst verwünschest! Nichts steht im Wege, dass sie dir die letzte Ehre erweisen und du von deinen Kindern gepriesen werden könntest; aber sei auch gefasst darauf, in die Lage zu kommen, dass du einen Knaben oder Jüngling oder Greis auf den Scheiterhaufen legen musst; denn die Jahre tun nichts zur Sache, weil jeder Leichenzug, dem ein Vater folgt, eine herbe Prüfung ist. Bringst du im Einverständnis mit solchen dir vorgelegten Bedingungen Kinder zur Welt, so kann sich deinerseits gegen die Götter kein Unwille regen; sie haben sich dir ja für nichts verbürgt.

18. Nach diesem Gleichnis lass uns nun den Eintritt ins Leben überhaupt deuten. Es handelte sich bei diesem Gleichnis um die Frage, ob du dich zu einem Besuche von Syrakus entschließen wolltest; zu dem Ende habe ich dir alles dargelegt, was dich dazu reizen, aber auch alles, was dich davon abhalten könnte. Nun nimm an, ich wäre dein Ratgeber für deinen Eintritt ins Leben: »Du bist im Begriff, einzutreten in eine Stadt, die Göttern und Menschen gemeinsam ist, die alles umfasst, die an bestimmte und ewige Gesetze gebunden ist und im Dienste der Himmlischen rastlos ihr Werk vollzieht. Da wirst du unzählige Sterne leuchten sehen, wirst staunen, wie das *eine* Gestirn, die Sonne, alles mit ihrer Kraft durchdringt und regelt, wie sie durch ihren täglichen Lauf den Wechsel von Tag und Nacht bestimmt und durch ihren jährlichen Lauf Sommer und Winter gleichmäßig teilt. Schauen wirst du des Mondes nächtliche Wechselfolge, wie ihm die geschwisterlichen Begegnungen ein mildes und sanftes Licht verleihen, und er bald sich versteckt, bald dem ganzen Erdkreis sein Licht spendet, nach Zu- und Abnahme veränderlich, nie seiner unmittelbar vorhergehenden Gestalt gleich. Schauen wirst du auch die fünf Gestirne, die ihre eigenen Bahnen wandeln in einer dem raschen Weltumschwung entgegengesetzten Richtung; von ihren Bewegungen, so geringfügig sie sein mögen, hängt das Schicksal der Völker ab, und alles, das Größte wie das Kleinste, erhält die Gestalt, die ihm durch den günstigen oder ungünstigen Stand der Gestirne bestimmt wird. Staunen wirst du über das sich ansammelnde Gewölk, über die sich

ergießenden Wassermassen, über die zuckenden Blitze und das Krachen des Himmels. Und wendest du das von dem Anblick der himmlischen Erscheinungen gesättigte Auge, so erwartet dich eine andere Gestaltung der Dinge, mit anderen Wundern dich überraschend: hier eine weit gedehnte Fläche mit endlos sich fortsetzenden Gefilden, dort hochragende Bergesgipfel, die über gewaltigen, schneebedeckten Höhenzügen thronen; abstürzende Flüsse und Ströme, die sich aus *einer* Quelle, der eine nach Westen, der andere nach Osten, wenden, schön belaubte Bergspitzen und reichliche Waldungen mit ihren Tieren und dem Durcheinanderklingen mannigfaltigen Vogelgesangs. Dein Auge schweift hin über die Städte in ihrer mannigfach verschiedenen Lage und über Völkerschaften, die infolge schwieriger Bodengestaltung ein abgeschiedenes Dasein führen, indem die einen sich zum Schutze die Bergeshöhen wählen, andere sich durch Bäche, durch ihre Lage an einem See oder durch Täler zu sichern suchen. Du siehst sorgfältig gepflegte Saatfelder, aber auch wildwachsendes Gebüsch. Du folgst mit dem Auge den sanften Krümmungen des Bächleins durch das Wiesengelände, siehst die lieblichen Meereseinbuchtungen und die sich zu Häfen gestaltenden Küstenlinien, die zahlreichen über die Meeresfläche verteilten Inseln, durch welche eine gewisse Gliederung des Meeres ermöglicht wird. Dazu nimm nun noch den Glanz der Minerale und des Edelgesteins sowie das Gold, das durch die eilenden Wellen der Waldbäche im Sande mitgeführt wird, und die feurigen Lufterscheinungen, wie sie sich mitten auf dem Festland und auch wieder mitten auf dem Meere zeigen, und das die Erde umschließende Weltmeer, das durch dreifache Einbuchtung den Zusammenhang der Völker unterbricht und sich in gewaltiger Eigenmächtigkeit austobt. Hier kannst du auch in den unruhigen und ohne Wind hin und her flutenden Gewässern gewaltige, die Landtiere an Größe übertreffende Ungetüme sehen, einige schwerfällig und nur unter fremder Leitung sich bewegende, andere wiederum behänd und schneller als die durch Ruder bewegten Schiffe; manche von ihnen schlürfen Wasser ein und blasen es zu nicht geringer Gefahr für die Vorüberschiffenden wieder aus. Auch wird dein Blick auf Schiffe treffen, die nach unbekannten Ländern suchen. Da wirst du sehen, dass die menschliche Kühnheit vor keinem Wagnis zurückschreckt; und nicht bloß Zuschauer wirst du sein, sondern wirst auch selbst mit kräftig Hand anlegen. Lernen wirst du und lehren mancherlei Künste, teils solche, welche das Leben versorgen, teils solche, welche es schmücken, teils solche, welche es leiten. Dabei wird es aber tausendfältiges Unheil geben für Körper und Seele: Krieg, Raub, Gift, Schiffbruch, Aufruhr des Wetters und des Körpers, schmerzlichen Verlust der uns Teuersten und den Tod, von dem es ungewiss ist, ob er ein leichter sein wird oder ein durch Strafe und Marter qualvoller. Gehe mit dir zurate und erwäge, wofür du dich entscheiden sollst: Lust und Leid sind hier verbunden; um zu jener zu gelangen, musst du dieses auf dich nehmen. Wirst du antworten, du wollest leben? Warum nicht? Doch nein, ich glaube, du wirst dich nicht zu etwas entschließen, was dir unfehlbares Leid bringt, sobald dir etwas davon entrissen wird – gut, dann lebe den eingegangenen Bedingungen gemäß! »Es hat uns«, erwiderst du, »niemand befragt.« Es sind doch unsere Eltern darum befragt worden; sie kannten also die Bedingungen des Lebens und haben uns daraufhin das Leben geschenkt.

19. Aber um nun auf die Trostgründe zu kommen, so lass uns zunächst sehen, was hier den Gegenstand unserer Fürsorge bildet, sodann wie wir dagegen anzukämpfen haben. Der Trauernde ist schmerzlich bewegt von der Sehnsucht nach dem, den er geliebt hat. Das ist an sich offenbar etwas, was man ertragen kann. Um solche, die in der Ferne weilen und ihr weiteres Leben fern von uns führen werden, weinen wir nicht, mag uns auch aller Umgang mit ihnen ebenso wie ihr Anblick versagt sein. Es ist also die bloße Vorstellung, die uns quält, und jedes Übel hat uns so viel zu besagen, als wir es anschlagen. Das Heilmittel liegt also in unserer Hand.

Wir brauchen uns nur vorzustellen, sie – die Verstorbenen – seien bloß fern von uns; wir brauchen uns nur selbst zu täuschen: Wir haben sie von uns gehen lassen, nein, wir haben sie vorausgeschickt, um sie einzuholen. Der Trauernde stößt wohl auch die Klage aus: »Ich habe nun keinen Beistand mehr, niemanden, der mich vor Verachtung in Schutz nimmt.« Der Trostgrund, den ich dagegen anführe, ist zwar nichts weniger als löblich, aber er entspricht doch den tatsächlichen Verhältnissen: In unserem Staate steht es so, dass die Kinderlosigkeit mehr Gunst erwirbt als raubt; ja, diese Art von Vereinsamung, die ehedem einen zerstörenden Einfluss auszuüben pflegte, weist jetzt dem Greisenalter den Weg zur Macht, in dem Grade, dass manche sich stellen, als wären sie mit ihren Söhnen tief verfeindet, und ihre Kinder verleugnen, und sich gewaltsam kinderlos machen. Ich weiß, du wirst entgegnen: »Für mich handelt es sich nicht um eine Beeinträchtigung meines Vorteils; der ist nicht würdig des Trostes, der den Tod seines Sohnes beklagt wie den Verlust eines Sklaven, und der Zeit und Stimmung findet, um bei einem Sohn an etwas anderes zu denken als an diesen selbst.« Was macht dich also, meine Marcia, so traurig? Dass dein Sohn aus dem Leben geschieden, oder dass er nicht lange gelebt hat? Ist's das Erstere, so hättest du immer schon Leid tragen müssen; denn du hast immer gewusst, dass er sterben werde. Sage dir nur immer wieder, dass der Gestorbene aller Übel enthoben ist, dass alles, was uns die Unterwelt schrecklich macht, nichts als Erdichtung ist, dass keine Finsternis die Toten umhüllt, dass es dort keinen Kerker gibt, keine Feuerströme, keinen Fluss der Vergessenheit, keine Gerichtshöfe und keine Angeschuldigten und in dieser schrankenlosen Freiheit nicht neue Tyrannen. Das alles ist nur ein Spiel der Dichtung, die uns mit leeren Schreckbildern ängstigt. Der Tod ist die Erlösung von allen Schmerzen, ist die Grenze, über welche unsere Leiden nicht hinausgehen; er versetzt uns wieder in jenen Ruhezustand, dessen wir vor unserer Geburt teilhaftig waren. Wer mit den Toten Mitleid hat, der muss auch

Mitleid haben mit den Ungeborenen. Der Tod ist weder ein Gut noch ein Übel; denn nur das kann ein Gut oder ein Übel sein, was überhaupt *etwas* ist; was aber selbst nichts ist und alles ins Nichts zurückführt, das macht uns nicht zur Beute des Schicksals. Denn alles Gute und Schlimme dreht sich um irgendeinen stofflichen Gegenstand. Das Schicksal kann über das keine Gewalt mehr haben, was die Natur aus der Hand gegeben hat, und unglücklich kann nicht sein, wer nichts ist. Dein Sohn hat die Schranken hinter sich gelassen, innerhalb deren man unfrei ist; er weilt im Schoße eines großen und ewigen Friedens; keine Furcht vor Armut, keine Sorge um Reichtum, keine stachelnde und seelenverderbende Lustbegier ficht ihn an; er bleibt unberührt von jedem Neid über fremdes Glück sowie vom Neide anderer über das seine, und selbst sein keusches Ohr wird nicht beleidigt durch irgendwelche Schmähungen; er braucht sich nicht zu sorgen um irgendwelches staatliche oder persönliche Unglück; nicht schwebt er in ängstlicher Sorge um die Zukunft, die immer auf noch Schlimmeres gefasst sein muss. Endlich hat er die Stätte erreicht, von der nichts mehr ihn verdrängt, wo nichts ihn schreckt.

20. Ach, welche Unkenntnis ihres eigenen Elends verraten doch diejenigen, die den Tod nicht als die beste Erfindung der Natur preisen und ihre Hoffnung auf ihn stellen, sei es, dass er das Glück in sich birgt oder dem Unglück steuert, sei es, dass er dem Lebensüberdruss und der Müdigkeit des Greises ein Ende macht oder das noch viel versprechende Jugendalter in seiner Blüte dahinsinken lässt, oder dass er die Kindheit abruft vor Erreichung der härteren Altersstufen, für alle ein Ende, für viele Genesung, manchem erwünscht und niemandem ein wohlmeinenderer Helfer als denen, zu denen er ungerufen kommt! Er macht den Knecht frei, dem Herrn zum Trotz; er löst die Kette der Gefangenen; er entreißt dem Kerker auch die, denen schrankenlose Despotengewalt jeden Ausweg daraus versperrt hatte. Verbannten, deren Auge immer sehn-

süchtig nach der Heimat gerichtet ist, zeigt er, dass nichts darauf ankomme, in welchem Lande man sein Grab finde. Wenn bei Verteilung eines Gesamtbesitzes das Schicksal fehlgegriffen und von Natur Gleichberechtigte teils zu Herren, teils zu Knechten gemacht hat, dann ist es der Tod, der alles wieder gleich macht. An wem er sein Werk vollbracht hat, der hängt von keines anderen Willkür mehr ab. Er ist es, der jeden Standesunterschied ausgleicht und keinen das Niedrige seiner Lage empfinden lässt. Er ist es, der keinem den Zutritt zu sich verwehrt; er ist es, Marcia, nach dem dein Vater Verlangen getragen. Er ist es, das behaupte ich, dem man es zu danken hat, dass es keine Strafe ist, geboren zu werden, dem ich es verdanke, dass ich nicht zusammenbreche unter dem Druck des drohenden Missgeschicks, dass mein Geist ungebeugt und seiner selbst Herr bleibt: Ich habe eine Zufluchtsstätte. Mein Blick fällt dort auf Marterhölzer nicht nur von einerlei Art, sondern von den einen in dieser, von den anderen in jener Form hergestellt. Manche haben die Kreuzigung so eingerichtet, dass der Kopf gegen die Erde gewandt ist; andere haben den Pfahl durch die Schamteile getrieben; noch andere lassen ihre Opfer am Galgen die Arme ausstrecken. Ich sehe Folterseile, sehe Geißelhiebe; für jedes Glied, für jedes Gelenk hat man besondere Vorrichtungen erfunden: Aber ich sehe auch den Tod. Siehe, dort stehen blutdürstige Feinde, übermütige Mitbürger: Aber ich sehe dort auch den Tod. Die Knechtschaft lässt sich tragen, wenn es einem für den Fall, dass man es mit dem Herrn nicht mehr aushalten kann, freisteht, mit einem einzigen Schritt zur Freiheit zu gelangen. Dass ich dich lieb habe, mein Leben, das verdanke ich dem Tod!

Bedenke, wie viel Gutes der Tod hat, wenn er zur rechten Zeit eintritt; bedenke, wie vielen es geschadet hat, dass sie länger lebten! Hätte den Gnaeus Pompejus, diese Zierde und Stütze unseres Reiches, die Krankheit in Neapel hinweggerafft, so wäre er zweifellos als der Erste des römischen Volks gestorben. So aber hat ihn ein geringer Zuwachs an Zeit von seiner Höhe herabgestoßen. Er musste es noch erleben, dass die Legionen vor seinen Augen niedergemetzelt wurden und dass zu den so traurigen Überresten jener Schlacht, in der der Senat das vorderste Glied gebildet hatte, der Feldherr selbst gehörte. Er musste noch den ägyptischen Henker sehen und den Leib, an dem sich die Sieger nicht zu vergreifen gewagt hatten, dem Trabanten darbieten; und wäre er auch unverletzt geblieben, er hätte doch seine Rettung nur beklagen müssen: Denn was wäre schimpflicher, als dass ein Pompejus sein Leben der Gnade eines Königs hätte danken sollen! Wäre Marcus Cicero zu der Zeit gefallen, wo er des Catilina Dolchen entging, die ihm wie dem Vaterlande galten, als Befreier und Retter des Staates, ja, hätte er noch seine Tochter zu Grabe getragen, so hätte er auch da noch als ein glücklicher Mann sterben können. Es wäre ihm erspart geblieben, zu sehen, wie die Dolche gegen die Häupter des Staates gezückt wurden, wie die Mörder sich in die Güter der Getöteten teilten, zum Beweis, dass der bloße Besitz schon genügte, sie dem Tode zu weihen. Er hätte nicht mit sehen müssen, wie die Lanze als Zeichen der Versteigerung der konsularischen Spolien aufgesteckt wurde, nicht, wie die Mordtaten vom Staate unter Bezahlung vergeben wurden, nicht die Räubereien, Kriege und Freibeutereien – lauter neue Catilinas. Hätte den Marcus Cato auf seiner Rückkehr von Cypern und von seiner Tätigkeit als Vollstrecker des königlichen Testamentes das Meer verschlungen meinetwegen mitsamt der gewaltigen Geldsumme, die er mit sich führte zur Bestreitung der Kosten des Bürgerkrieges, hätte es dann das Schicksal nicht gut mit ihm gemeint? Er hätte dann doch wenigstens den Gewinn gehabt, dass niemand es gewagt hätte, unter den Augen eines Cato Frevel zu treiben; so aber zwang der Zuwachs weniger Jahre ihn, den geborenen Schützer nicht nur *seiner* Freiheit, sondern auch der des Staates, vor Caesar zu fliehen und sich dem Pompejus anzuschließen. Was also deinen Sohn, Marcia, anlangt, so hat ihm sein frühzeitiger Tod kein Unglück gebracht: Er hat ihm vielmehr die Erduldung aller Übel erspart.

21. »Aber er ist doch allzu schnell dahingegangen und vor der Zeit.« Stelle dir zunächst vor, er hätte noch ein langes Leben gehabt – denke dir das menschliche Leben so weit wie möglich ausgedehnt: Wie viel beträgt es denn? Für eine kurze Spanne der Zeit geboren, um bald dem kommenden Scheiterhaufen Platz zu machen, richten wir uns in dieser uns aufgedrängten Herberge ein. Und dabei rede ich von unserer Lebenszeit, die sich mit unglaublicher Schnelligkeit, verglichen mit der Ewigkeit, abspielt! Stelle die Rechnung auf die Jahrhunderte der Städte, was wirst du sehen? Wie kurze Zeit auch die bestanden haben, die sich ihrer langen Vergangenheit rühmen. Alles Menschliche ist kurz und hinfällig und macht nur einen verschwindenden Teil der unendlichen Zeit aus. Diese unsere Erde mit ihren Städten und Völkern, mit ihren Flüssen und den sie umkreisenden Meeren erscheint uns nur als ein Punkt, wenn wir sie mit dem Weltall vergleichen, und noch kleiner als ein Punkt ist unsere Lebenszeit, wenn wir sie mit der Gesamtheit der Zeit vergleichen, deren Maß größer ist als das der Welt; denn wenn die Letztere ihren Verlauf immer aufs Neue wiederholt, so geschieht das innerhalb des Zeitverlaufes. Was hat es also für einen Zweck, dasjenige auszudehnen, dessen Zuwachs, mag er auch noch so groß sein, doch nicht viel mehr ist als ein Nichts? Nur in einem Falle ist, was wir leben, beträchtlich, nämlich wenn es uns genug ist. Du magst mir Männer von großer Lebenskraft nennen, Männer, die ein denkwürdig hohes Alter erreicht haben, du magst mir hundert und zehn Jahre vorrechnen: Wenn du den Blick auf die Gesamtheit der Zeit richtest, so wird der Unterschied zwischen der kürzesten und der längsten Lebensdauer auf ein Nichts zusammenschrumpfen, sobald du den wirklich durchlebten Zeitraum ins Auge fasst und ihn vergleichst mit dem, den man nicht durchlebt hat.

Ferner ist er abgeschieden zu der ihm passenden Zeit; denn er hat gelebt, so lange er leben sollte; darüber hinaus war ihm nichts mehr beschieden. Die Menschen haben nicht einerlei Greisenalter, wie auch die Tiere nicht: Bei manchen Tieren reichen vierzehn Jahre hin, um sie zum Greisenalter zu bringen; für sie ist also das höchste Alter das, welches für die Menschen nur die erste Stufe ist. Jeder hat seine ihm bestimmte, von den anderen verschiedene Lebenskraft. Niemand stirbt zu früh; denn es hat noch keinen gegeben, der länger leben sollte, als er gelebt hat. Jedem ist seine Grenze gesetzt, und sie wird immer unverrückbar an ihrer Stelle bleiben. Keine Gewissenhaftigkeit in der Pflichterfüllung, keine Beliebtheit wird sie weiter hinausschieben. Nimm es so, als hättest du ihn mit vollem Bedacht verloren. Er hat sein Teil erhalten:

Er erreichte das Ziel des gegebenen Alters.

Quäle dich also nicht mit dem Gedanken: »Er hätte länger leben können.« Sein Leben ist nicht abgebrochen, und niemals drängt sich der Zufall störend in die Lebensjahre ein. Es wird gehalten, was einem jeden versprochen ist; das Schicksal nimmt seinen Verlauf: Es legt nichts zu und nimmt von dem einmal Zugesagten auch nichts hinweg. Vergebens sind Wünsche und Bemühungen: Jeder wird haben, was ihm der erste Tag zuwies. Von dem Augenblick an, wo er zuerst das Licht erblickte, hat er den Weg des Todes betreten und ist seinem Verhängnis immer näher gerückt, und selbst jene Jahre, die seiner Jugend zugelegt wurden, sie wurden ihm am Leben abgezogen. Wir alle sind in dem Irrtum befangen zu glauben, dass erst die Greise und Hinfälligen dem Tode zuneigen, während doch gleich das Kindesalter und die Jugend, kurz jedes Alter darauf hinführt. Das Schicksal verrichtet sein Werk: Es verschleiert uns das Gefühl unserer Vernichtung, und auf dass uns der Tod umso leichter beschleiche, verbirgt er sich unter dem Namen des Lebens: Das kleine Kind will schon ein Knabe, der Knabe schon mannbar sein, der Mann schon ein Greis. Das Wachsen selbst, bei Lichte betrachtet, ist nichts als ein Abnehmen.

22. Du klagst, Marcia, dein Sohn habe nicht so lange gelebt, als er hätte leben können? Woher weißt du denn, ob es ihm gefrommt hätte länger zu leben? Ob ihm mit diesem seinem Tode nicht am besten gedient war? Kannst du jetzt in unseren Tagen irgendjemanden finden, dessen Verhältnisse so fest begründet und gesichert wären, dass er im weiteren Verlaufe der Zeit nichts zu befürchten hätte? Alles Menschliche ist schwankend und im Flusse, und keine Seite unseres Lebens ist so empfindlich und so zart als die, die unseren Wünschen am meisten entspricht. Darum ist den Glücklichsten der Tod zu wünschen; denn bei dem großen Unbestand und verwirrenden Wechsel der Dinge ist nichts sicher als was vorüber ist. Wer bürgt dir dafür, dass die körperliche Schönheit deines Sohnes, die trotz der verlangenden Blicke der üppigen Stadt durch die sorgsamste Behütung seiner Unschuld ihm bewahrt blieb, den zahlreichen Krankheitsanfällen so weit hätte entgehen können, dass er diesen seinen Schmuck unverletzt mit ins Greisenalter hinübergenommen hätte? Denke an die tausend Verunstaltungen der Seele; haben doch auch treffliche Geister die Hoffnung, die sie in der Jugend für ihre weitere Entwickelung erweckten, nicht bis ins Greisenalter hinein gerechtfertigt, sondern haben sich oft genug ablenken lassen: Entweder hat sich eine späte und darum umso widerwärtigere Üppigkeit ihrer bemächtigt und hat den anfänglichen Glanz mehr und mehr verbleichen lassen, oder sie sind ganz dem Dienste der Garküche und des Bauches verfallen, sodass es ihre oberste Sorge ist: Was werden wir essen, was werden wir trinken? Nimm dazu Brand, Einsturz, Schiffbruch und die Eingriffe der Chirurgen, die sie an dem lebendigen Leibe durch Herausschneiden von Knochen oder durch Einzwängen ihrer Hand in die Eingeweide oder durch qualvolle Kuren an den Schamteilen vornehmen. Sodann Verbannungen (dein Sohn war doch nicht unschuldiger als Rutilius), Gefängnis (er war doch nicht weiser als Sokrates), freiwilliger Tod durch Selbstmord (er war doch nicht Ehrfurcht gebietender als Cato): Lässt du dies alles an deinem Geiste vorüberziehen, dann wirst du dir sagen,

dass es mit denjenigen am besten bestellt ist, welche die Natur beizeiten in Sicherheit gebracht hat; denn das war der Lohn, der sie für ihr Leben erwartete. Nichts ist so trügerisch als das menschliche Leben, nichts so heimtückisch. Wahrlich, keiner würde es angenommen haben, wenn es ihm dargeboten würde als einem Wissenden. Ist es also das größte Glück, nicht geboren zu werden, so ist, denke ich, das Nächste, nach kurzer Lebenszeit wieder heimzukehren. Vergegenwärtige dir jene für dich so schmerzliche Zeit, da Sejanus deinen Vater seinem Klienten Satrius Secundus als eine gute Beute zufallen ließ. Er grollte deinem Vater wegen einer oder der anderen freimütigen Äußerung, weil er es nicht stillschweigend mit hatte ansehen können, dass Sejanus nicht etwa warte, bis man ihn uns auf den Nacken setze, sondern selbst hinaufklettere. Es wurde beschlossen, ihm im Theater des Pompejus, das der Kaiser (Tiberius) nach dem Brande wieder herstellen wollte, eine Statue zu errichten. Da rief Cordus aus, erst dies sei der eigentliche Untergang des Theaters. Und hatte er damit nicht vollständig recht? Sollte er nicht außer sich darüber sein, dass über der Asche des Pompejus ein Sejanus aufgestellt und in dem monumentalen Prachtbau des Pompeius ein treuloser Soldat die göttliche Weihe erhielt? Es erfolgt nun die Unterzeichnung seines Verdammungsurteils, und die Meute der bissigen Hunde, die sein Gegner mit Menschenblut nährte, um sie nur für sich zahm und unschädlich, für alle anderen aber zu wütenden Bestien zu machen, wird nun mit ihrem Gebell gegen ihn, der sich dessen nicht versah, losgelassen. Was sollte er machen? Wollte er am Leben bleiben, so musste er sich als Bittflehender an den Sejan wenden; wollte er sterben, so musste er sich mit seiner Tochter darüber verständigen. Beides war hoffnungslos: So beschloss er denn, seine Tochter zu täuschen. Er nahm also ein Bad, um sich zu schwächen, und begab sich dann in sein Zimmer, angeblich, um etwas zu genießen; aber nachdem er die Diener fortgeschickt, warf er einiges durchs Fenster hinaus, um glauben zu machen, er habe gegessen; an der Mittagstafel blieb er unbeteiligt, unter dem Vorgeben, er habe auf seinem Zimmer sich bereits satt gegessen. Ebenso hielt er es am zweiten und dritten Tag. Am vierten Tag stellte sich das Sinken seiner Kräfte deutlich heraus. Da umarmte er dich mit den Worten: »Teuerste Tochter, vor der ich nie ein Geheimnis gehabt habe, abgesehen von diesem, ich habe den Weg des Todes betreten und habe wohl schon die Mitte erreicht; zurückrufen darfst du und kannst du mich nicht.« Nun ließ er alles Licht absperren und hielt sich in der Finsternis. Als sein Entschluss bekannt wurde, war man allgemein froh darüber, dass dem Rachen der gierigen Wölfe die Beute entrissen ward. Die Ankläger wandten sich auf Veranlassung des Sejanus zur Entscheidung der Sache an die Konsuln und führten Beschwerde über den Selbstmordversuch des Cordus, um zu verhindern, wozu sie ihn doch selbst gezwungen hatten: Sie wollten sich den Cordus als ihre Beute um keinen Preis entgehen lassen. Es handelte sich hier um die wichtige Frage, ob Angeklagte des Rechtes auf freiwilligen Tod verlustig gehen sollten. Noch beriet man, noch wandten sich zum zweiten Mal die Ankläger an die Konsuln, da hatte er bereits seine Freiheit erlangt. Siehst du nun, Marcia, welche überraschenden Wendungen im Missgeschick der Menschen eintreten können? Du weinst, dass einer von den Deinen sterben musste? Und hier war es nahe daran, dass es ihm nicht gestattet wurde zu sterben.

23. Alles Zukünftige ist also unsicher und neigt eher zum Schlimmen hin. Dazu kommt aber noch, dass der Weg zu den Himmlischen am leichtesten ist für diejenigen Seelen, die beizeiten dem Menschenverkehr entrückt werden; denn sie führen am wenigsten Unrat und beschwerenden Beisatz mit sich; noch haben sie das feinere Gefühl nicht verloren und das Irdische nicht allzu sehr in sich eindringen lassen und wenden sich nun, befreit, leichteren Fluges, zu ihren alten Ursprungsstätten zurück, sich aller Flecken und Unsauberkeiten entledigend. Und nie ist großen Geistern das Verweilen im Körper lieb; sie sehnen sich danach, dieser Körperform zu

entrinnen und zu entweichen; nur mit Widerstreben lassen sie sich diese Einengung gefallen, erhabenen Geistes das All durchdringend und gewohnt, von der Höhe auf die Menschenwelt herabzublicken. Daher des Platon Ausspruch: Der Geist des Weisen neige sich ganz dem Tode zu und strebe, sich des Körpers zu entäußern; das sei sein Sinnen und Trachten, das sei sein beständiger Wunsch.

Wie könntest du, Marcia, angesichts der fast an einen Greis erinnernden Verständigkeit deines jungen Sohnes, angesichts seiner Gemütsart, die allen Anwandlungen sinnlicher Lust überlegen, aller Vorzüge teilhaftig, aller Fehler ledig war, nach Reichtum ohne Habsucht, nach Ehren ohne Ehrgeiz, nach Vergnügungen ohne Üppigkeit strebte –, wie konntest du glauben, dass dieser dir lange erhalten bleiben könne? Was seinen Höhepunkt erreicht hat, ist unfern seinem Ende. Vollendete Tugend entzieht sich und entschwindet unseren Augen, und was in aller Frühe schon reif geworden ist, das wartet nicht auf den späten Abend. Je heller das Feuer leuchtet, umso schneller erlischt es; längere Dauer hat es, wenn es genährt von zähem und widerspenstigem Brennstoff und von Rauch niedergehalten nur ein verqualmtes Licht gibt; denn die nämliche Ursache, die ihm schlechte Nahrung gibt, hält es auch nieder. So ist den Geistern ein umso kürzeres Ziel gesetzt, je heller sie leuchten; denn wo eine Zunahme nicht mehr statthaben kann, da ist der Untergang nahe. Fabianus erzählt – und unsere Eltern haben es miterlebt –, es habe einen Knaben von außerordentlicher Größe und Kraft in Rom gegeben; doch starb er eines frühzeitigen Todes, was jeder Verständige vorausgesagt hatte; es war einfach unmöglich für ihn, zu einem Alter zu gelangen, das er schon im Voraus durchlaufen hatte. So steht es nun einmal: Überfrühe Reife ist ein Anzeichen baldigen Todes; das Ende naht heran, wenn das Wachstum sich aufgezehrt hat.

24. Entschließe dich dazu, ihn nach seinen Tugenden und Vorzügen, nicht nach seinen Jahren zu schätzen: Dann hat er lange genug

gelebt. Da er des Vaters beraubt war, lebte er bis zum vierzehnten Jahr unter der Fürsorge von Vormündern und ununterbrochen unter der Obhut der Mutter. Als er dann seinen eigenen Herd hatte, wollte er doch den Deinigen nicht verlassen und blieb in Gemeinschaft mit der Mutter, während sich die Kinder sonst kaum das Zusammensein mit dem Vater gefallen lassen. Ein Jüngling, durch Wuchs, Schönheit sowie durch Körperkraft zum Soldaten geboren, nahm er doch keine Kriegsdienste, um sich nicht von dir zu trennen. Erwäge, Marcia, wie selten diejenigen Frauen ihre Kinder sehen, die in anderen Häusern wohnen. Bedenke, dass die vielen Jahre, während deren die Söhne im Felde stehen, für die Mütter verloren sind und in Kümmernis von ihnen hingebracht werden. Dann wirst du dir sagen, dass es eine ausgiebige Zeit gewesen sei, die du ohne jeden Abzug genossen hast. Niemals hat er sich deinen Blicken entzogen; unter deinen Augen hat er seine Studien getrieben mit hervorragendem Talent, das ihn zu einem Rivalen seines Großvaters gemacht hätte, wenn dem nicht seine Bescheidenheit widerstrebt hätte, die für so manche der Grund war, über ihre Fortschritte nichts verlauten zu lassen. Ein Jüngling von seltener Schönheit, hat er in so zahlreicher Gesellschaft von Frauen, die den Männern gefährlich sind, jeder Versuchung, an der es nicht fehlte, widerstanden, und als ihm die Lüsternheit einiger allzu nahetrat, errötete er, als wäre es eine Sünde gewesen, dass er ihnen gefallen hatte. Diese seine sittliche Lauterkeit hatte zur Folge, dass er noch in ganz jungen Jahren des Priesteramtes würdig schien, ohne Zweifel unter Fürsprache der Mutter; allein selbst die Mutter hätte nichts ausgerichtet, wenn es nicht ein so trefflicher Bewerber gewesen wäre, für den sie eintrat. In der Betrachtung solcher Tugenden halte deinen Sohn gleichsam ans Herz gedrückt! Jetzt hat er volle Zeit für dich; jetzt gibt es nichts, was ihn von dir wegrufen könnte; niemals wird er dir Kummer, niemals Schmerz bereiten. Das Einzige, was dir an einem so trefflichen Sohne Schmerz bereiten konnte – sein Ende –, hast du betrauert. Alles Übrige, jedem

Unfall entzogen, ist reiner Genuss, wenn du nur mit deinem Sohne umzugehen verstehst, wenn du nur erkennst, was an ihm das Köstlichste gewesen. Nur die äußere Gestalt deines Sohnes ist dahingeschwunden und sein durchaus nicht völlig getreues Bild; er selbst gehört nun der Ewigkeit an und erfreut sich eines besseren Zustandes, aller Lasten ledig und nur sich selbst zugehörig. Alles, was du hier als unsere Umkleidung siehst, Knochen, Sehnen und die sie umhüllende Haut, das Antlitz, die dienenden Hände und die sonstigen schützenden Beigaben, sind nur Fesseln und Verdunkelungen des Geistes. Er wird dadurch überschüttet, gehemmt, angesteckt, von der Wahrheit und dem, was sein eigen ist, abgezogen und in Irrtum versenkt. All sein Ringen und Kämpfen gilt diesem beschwerenden Fleische, um von ihm nicht abgelenkt und zum Stocken gebracht zu werden. Er strebt dahin, von wo er in diese Tiefen sich herabsenkte. Dort erwartet ihn die ewige Ruhe, ihn, der nun nach dem irdischen Mischmasch und undurchdringlichen Wust die volle Reinheit und Helligkeit schaut.

25. Du hast also keinen Grund, immer wieder zum Grabe deines Sohnes zu eilen. Was dort liegt, war das Wertloseste an ihm und ihm selbst das Beschwerlichste, Gebeine und Asche, die ebenso wenig Teile von ihm sind als seine Kleider und sonstigen Körperbedeckungen. In sich selbst völlig unbeeinträchtigt, ist er von der Erde entwichen, ohne von sich etwas auf ihr zurückzulassen; ohne Verlust ist er von ihr geschieden. Nur kurze Zeit verweilte er noch über uns, bis er geläutert war und jede Spur von Unreinlichkeit des sterblichen Lebens an sich getilgt hatte, um sich dann zur vollen Höhe zu erheben und unter den seligen Geistern zu wandeln. Eine heilige Schar empfing ihn dort, die Scipionen und Catonen, und unter denen, die das Leben verachteten und sich durch den Giftbecher aus ihm befreiten, ist auch dein Vater, Marcia. Dort ist zwar allen alles verwandt, doch er zieht seinen Enkel, der sich des neuen Lichtes erfreut, dicht an sich heran und belehrt ihn über die

Bahnen der Nachbargestirne und führt ihn nicht als oberflächlicher Dilettant, sondern als wahrer und gründlichster Kenner aller Erscheinungen voll Freude in die Geheimnisse der Natur ein. Und wie dem Fremden in unbekannten Städten ein Wegweiser willkommen ist, so dem Wissbegierigen, der Verlangen trägt nach Kenntnis der himmlischen Erscheinungen und ihrer Gründe, ein dorten einheimischer Erklärer. Er lässt den Blick sich hinabrichten nach den irdischen Tiefen, denn es macht Freude, von der Höhe zurückzuschauen auf das, was man hinter sich gelassen. Halte dich denn, Marcia, so, als würdest du von Vater und Sohn beobachtet, nicht als solchen, wie du sie früher kanntest, sondern als unendlich viel höheren und wahrhaft erhabenen Wesen. Gib dich nicht dazu her, den Gedanken an irgendetwas Niedriges oder Gemeines in dir aufkommen zu lassen und Tränen zu vergießen um die Deinigen, die zu besseren Wesen umgewandelt worden sind. Sie sind versetzt in die freien und endlosen Räume der Ewigkeit, keine unterbrechenden Meere trennen sie, keine Bergeshöhen oder unzugänglichen Täler oder gefahrdrohenden Untiefen der Syrten; Beweis dafür (für diese räumliche Hemmungslosigkeit) sind die Planeten, diese leicht beweglichen, flinken und in ihren Bahnen sich kreuzenden Sterne, die sich zwischen den Fixsternen hin und her bewegen.

26. Nimm also an, aus dieser himmlischen Höhe vernähmest du die Stimme deines Vaters, Marcia, der bei dir so hoch in Ehren stand wie du bei deinem Sohne; nimm an, er rufe dir, nicht mit der Gesinnung, in der er den Bürgerkrieg beweinte, mit der er die ächtenden Gewalthaber selbst für immer geächtet hat, nein, mit einer umso viel hoheitsvolleren, als er selbst erhabener ist, folgende Worte zu: »Warum, meine Tochter, gibst du dich so lange dem Kummer gefangen? Warum verharrst du in einer solchen Verkennung der Wahrheit, dass du meinst, es sei deinem Sohne übel mitgespielt worden, dass er sich bei wohlbestelltem Hause selbst in voller Un-

versehrtheit zu seinen Ahnen versammelt habe? Weißt du nicht, durch welch furchtbare Stürme das Schicksal alles in Verwirrung bringt? Wie es sich niemandem gütig und gefällig erweist als denen, die sich am wenigsten um seine Macht gekümmert haben? Soll ich dir Könige nennen, die an Glück alle Menschen hinter sich gelassen hätten, wenn der Tod sie frühzeitiger dem drohenden Missgeschick entzogen hätte? Oder römische Feldherren, denen zur Größe nichts fehlt, wenn man von ihrer Lebenszeit etwas abzieht? Oder Männer edelster Art und berühmtesten Namens, die ihren Nacken dem erhobenen Soldatenschwerte beugten? Blicke hin auf deinen Vater und auf deinen Großvater. Dieser kam in die Gewalt eines ihm fremden Mörders. Und was mich anlangt, so habe ich niemandem je über mich Gewalt gegeben und habe durch freiwillige Entziehung der Nahrung gezeigt, dass die Gesinnung, die ich in meinen Schriften zeigte, kein leerer Schein war. Warum wird in unserem Hause am längsten über den getrauert, der des glücklichsten Todes gestorben ist? Wir finden uns alle zusammen an *einer* Statt und sehen, nicht, wie ihr glaubt, von tiefer Nacht umfangen, bei euch nichts Wünschenswertes, nichts Erhabenes, nichts Strahlendes, sondern nur Niedriges, Beschwerliches, Angstvolles und kaum eines Schimmers von unserem Lichte Teilhaftiges! Hier gibt es – brauche ich euch das erst zu sagen? – kein wechselseitiges, wütendes Aufeinanderrennen mit den Waffen, keinen Untergang von Flotten durch Flotten, kein Sinnen und Trachten nach Vatermord, keine Rechtshändel, von deren Lärm das Forum Tag für Tag widerhallt; hier geht nichts im Verborgenen vor sich, es gibt keine versteckten Gedanken, das Herz birgt keine Geheimnisse, das Leben ist offen und jedem sichtbar, der Blick umfasst die gesamte Vergangenheit und Zukunft. Ich fühlte mich getrieben, die Vorgänge eines einzigen Jahrhunderts zu schildern, die sich in der jüngsten Vergangenheit und unter einem sehr geringen Teil der Menschheit abgespielt haben: Jetzt kann ich nun so viele Jahrhunderte, den Zusammenhang und die Abfolge so vieler Zeitalter, die Summe aller

Jahre überschauen; entschleiert liegen vor meinem Blick die Reiche, die emporsteigen so gut wie die, welche zusammenstürzen werden, liegt der Fall mächtiger Städte, liegen neue Bahnen des Meeres. Vielleicht ersteht ein Trost für deinen Sehnsuchtskummer aus dem allgemeinen Schicksal; so lass dir denn gesagt sein: Es wird nichts stehen bleiben, wo es jetzt steht, der Zeiten Ablauf wird alles darniederwerfen und mit sich fortführen. Nicht nur mit den Menschen wird das Schicksal sein Spiel treiben – denn welch winzigen Teil vom Bereiche der Schicksalsmacht stellt die Menschheit dar –, nein, auch mit Örtlichkeiten und Erdstrichen und Weltteilen. Ganze Berge wird es versinken lassen und anderwärts neue Felsenmassen emporsteigen lassen; Meere wird es verschlingen, Flüssen einen anderen Lauf geben, den Völkerverkehr zunichtemachen und dadurch die Gemeinschaft und Zusammengehörigkeit des Menschengeschlechtes auflösen. An anderen Stellen wird es ganze Städte in ungeheueren Abgründen verschwinden lassen, wird sie durch Erdbeben ins Wanken bringen, wird aus den untersten Tiefen den Pesthauch empordringen lassen, wird alles bewohnte Land überschwemmen, wird alle Geschöpfe durch das Versinken des Erdkreises töten und durch gewaltige Feuermassen alles, was sterblich ist, versengen und in Brand stecken. Und ist die Zeit gekommen, wo die Welt, um sich zu erneuern, sich vertilgt, da wird sich dies alles durch seine eigenen Kräfte zunichtemachen; Gestirne werden gegen Gestirne prallen, und alles, was jetzt in bester Ordnung sein Licht ausstrahlt, wird bei dem allgemeinen Weltenbrande eine einzige Feuermasse bilden. Auch wir seligen Geister, in die Ewigkeit entrückt, werden, wenn es der Gottheit gefällt den ganzen Weltenbau von Neuem zu beginnen, auch unserseits nicht ausgeschlossen werden von dem allgemeinen Zusammenbruch und Untergang, und werden in die alten Urbestandteile umgewandelt werden.«

Wohl deinem Sohne, o Marcia, dem das kein Geheimnis mehr ist!

Vom glücklichen Leben

An seinen Bruder Gallio

1. Wer, mein Bruder Gallio, wünschte sich nicht ein glückliches Leben? Aber um zu erkennen, was uns zum Lebensglück verhelfen kann, dazu fehlt uns der richtige Blick. Nichts ist schwerer, als sich des glücklichen Lebens teilhaftig zu machen. Ja, je stürmischer man ihm zueilt, umso mehr entfernt man sich von ihm, wenn man den Weg verfehlt hat; führt dieser nach der entgegengesetzten Seite, so wird gerade die Eile der Grund, den Abstand zu vergrößern. Wir müssen uns also zunächst Klarheit verschaffen über Wesen und Beschaffenheit des Zieles; sodann gilt es, Umschau zu halten nach dem Wege, auf dem wir am schnellsten zu ihm gelangen können, wobei der Weg selbst, wenn er nur der rechte ist, uns zu der Erkenntnis verhelfen wird, wie viel wir täglich vor uns bringen und in welchem Maße wir dem Punkte näherkommen, nach dem uns unser natürliches Verlangen hintreibt. Solange wir kreuz und quer umherschweifen und uns nicht von einem Führer leiten lassen, sondern lediglich von dem einander heillos widersprechenden Geschnatter und Stimmengewirr der Menge, schwindet das kurze Leben unter lauter Fehltritten dahin, mag man sich auch Tag und Nacht um vernünftige Einsicht bemühen. Daher entscheide man sich über das Ziel und den Weg nicht ohne einen bestimmten Sachkundigen, der genau Bescheid weiß über die Richtung, in der

wir uns vorwärtsbewegen. Denn hier steht es nicht so wie bei sonstigen Wanderungen: Bei diesen sichert uns irgendein Grenzweg, auf den man trifft, nebst der Nachfrage bei den dort Ansässigen, vor Irregehen, während hier gerade der betretenste und menschenreichste Weg am leichtesten täuscht. Auf nichts also müssen wir mehr achten als darauf, nicht nach Art des Herdenviehs der vorauslaufenden Schar zu folgen: Wir würden dann nur den meist betretenen, nicht aber den richtigen Weg wählen. Und doch verwickelt uns nichts in größeres Unheil, als dass wir uns nach dem Gerede der Menge richten, in dem Wahne, das sei das Beste, was sich allgemeinen Beifalls erfreut und wofür sich uns viele Beispiele bieten, und dass wir nicht nach Maßgabe vernünftiger Einsicht, sondern des Vorganges anderer leben. Daher jene gewaltige Anhäufung stürzender Menschen, die einer über den anderen fallen. Was man bei tödlichem Menschengedränge sieht, wo die Menge sich staut und sich selbst zerquetscht – niemand stürzt, ohne zugleich einen anderen mit zu Fall zu bringen, und die Vordersten ziehen die Folgenden mit sich –, das kann man durchgängig im Leben beobachten. Keiner irrt nur für sich, sondern gibt zugleich Grund und Veranlassung zum Irrtum anderer. Der blinde Anschluss an die Vorhergehenden wirkt aber schädlich, und während männiglich lieber glauben als selbst denken will, kommt es nie zu einem klaren eigenen Urteil über das Leben; immer hält man es nur mit dem Glauben an andere, und so treibt denn der von Hand zu Hand weitergegebene Irrtum mit uns sein Spiel und bringt uns zum Absturz: Die Beispiele anderer werden uns zum Verderben. Wir können Heilung finden; nur müssen wir uns absondern von der großen Masse. Allein wie die Sache jetzt liegt, wirft sich die Volksmenge zur Verteidigerin ihres eigenen Unheils gegen die Vernunft auf. Daher erlebt man Ähnliches wie in den Wahlversammlungen (Komitien), wo sich die eigentlichen Macher der Wahl selbst wundern, wenn infolge des Umschwunges der wandelbaren Volksgunst ihre eigenen Kandidaten zu Prätoren gewählt worden sind. Ein und dieselbe Sache erhält unsere Billigung, erhält unseren Tadel. Das ist der Ausgang jedes Gerichtes, wo nach dem Gutdünken der Menge entschieden wird.

2. Wenn es sich um das Lebensglück handelt, darfst du mir nicht mit einer Antwort kommen, wie sie bei den Abstimmungen im Senat üblich ist: »Auf dieser Seite scheint die Majorität zu sein.« Denn eben darum ist sie die schlimmere. Wo es sich um Fragen der Menschheit handelt, sind wir nicht in der glücklichen Lage, sagen zu können, dass der Mehrzahl das Bessere gefalle: Der Standpunkt der großen Masse lässt gerade den Schluss auf das Schlimmste zu. Wir müssen also fragen, was zu tun das Beste, nicht was das Gebräuchlichste ist, und was uns den Besitz ununterbrochen dauernden Glückes sichert, nicht was dem großen Haufen, diesem verwerflichsten Ausleger der Wahrheit, genehm ist. Zur großen Masse rechne ich aber ebenso gut gekrönte Häupter wie Menschen im Kittel. Denn ich blicke nicht auf die Farbenpracht der Kleider, die dem Körper ein stattliches Aussehen verleihen; ich traue nicht den Augen, wo es sich um den Menschen handelt; ich habe eine bessere und zuverlässigere Leuchte, um Wahres und Falsches zu unterscheiden: Es ist des Geistes Wert, den der Geist auffinden soll. Ist er – der Geist – einmal dazu gekommen, ruhig aufzuatmen und Einkehr in sich zu halten, wie wird er sich dann unter dem selbstbereiteten Druck der Folterqualen die Wahrheit gestehen! »Alles«, wird er sagen: »was ich bisher getan, o möchte es doch ungetan sein; überschlage ich im Geiste alles, was ich gesagt habe, so beneide ich die Stummen; alles, was ich mir gewünscht habe, erscheint mir wie ein Fluch aus dem Munde der Feinde; alles, was ich gefürchtet habe, gute Götter, wie viel geringer war das anzuschlagen als das, was ich mit heißem Verlangen mir vergebens herbeiwünschte! Mit vielen habe ich in Feindschaft gestanden und habe mich, dem Hasse entsagend, wieder mit ihnen versöhnt, sofern überhaupt unter Übeltätern von Versöhnung die Rede sein kann:

Meine Freundschaft mit mir selbst steht noch auf schwachen Füßen. Ich habe mir redlich Mühe gegeben, mich aus der großen Menge herauszuheben und durch irgendwelchen Geistesvorzug die Augen auf mich zu lenken. Und der Erfolg? Er war kein anderer als der, dass ich mich wohlgezielten Angriffen ausgesetzt sah und den Böswilligen die Blößen zeigte, wo sie mich packen konnten. Siehst du sie, die meine Beredsamkeit preisen, meinem Reichtum nachlaufen, um meine Gunst buhlen, meine Macht in den Himmel heben? Sie alle sind nichts anderes als entweder meine Feinde oder, was dasselbe besagt, sie können es sein: Die Schar der Bewunderer ist nicht größer oder kleiner als die der Neider. Warum richte ich mein Sinnen und Trachten nicht vielmehr auf etwas als gut Erprobtes, dessen ich mir innerlich gewiss bin, statt auf etwas, womit ich nach außen hin Staat mache? All das, was die Augen auf sich zieht, was die Vorübergehenden haltmachen lässt, was der eine dem anderen staunend zeigt – es ist nichts als äußerer Glanz ohne jeden inneren Wert.«

3. Schauen wir also aus nach einem nicht äußerlich glänzenden Gut, sondern einem solchen, das in sich gefestigt und gleichmäßig ist und seine höhere Schönheit von weniger bemerkbarer Seite zeigt! Das lasst uns ausfindig machen. Und es liegt nicht in der Ferne; man muss nur wissen, wohin man die Hand strecken soll. Jetzt tappen wir gleichsam im Finsteren, haben das sehnsüchtig Gesuchte unmittelbar vor uns und gehen dicht daran vorüber. Doch um dir lange Umwege zu ersparen, will ich mich nicht auf die Meinungen anderer einlassen – denn es wäre eine zeitraubende Sache, sie aufzuzählen und zu widerlegen –: Lass dir meine Ansicht genügen. Wenn ich aber sage: meine Ansicht, so binde ich mich damit nicht an irgendeinen einzelnen Meister der Stoa: Auch ich habe das Recht der eigenen Meinung. Daher werde ich mich an diesen oder jenen anschließen, werde einen anderen auffordern, einzelne Punkte seiner Meinung bestimmt hervorzuheben, und werde, wenn ich

etwa erst zuletzt aufgerufen werde, nichts von dem, wofür sich meine Vorgänger ausgesprochen haben, verwerfen und nur erklären: »Ich stimme dafür, nur mit folgendem Zusatz.« Dabei halte ich mich, worin die Stoiker alle übereinstimmen, an die Natur. Von ihr nicht abzuirren, nach ihrem Gesetz und Beispiel sich zu bilden, das ist Weisheit. Glücklich also ist dasjenige Leben, das mit seiner Natur in vollem Einklang steht. Dies Ziel zu erreichen ist aber nicht anders möglich als wenn zuvörderst der Geist gesund und im dauernden Besitz dieser seiner Gesundheit ist, wenn er ferner tapfer und voll Feuer ist, sodann auch im Leiden ein schönes Muster von Ergebenheit, in die Umstände sich schickend, achtsam auf den Körper und seine Bedürfnisse, doch nicht bis zur Ängstlichkeit, voll Bedacht auch für alles, was sonst zum Leben gehört, ohne die mindeste Überschätzung, bereit, des Schicksals Gaben zu nutzen, nicht aber, um sich zu ihrem Sklaven zu machen. Als Folge davon stellt sich – das ist dir auch ohne ausdrücklichen Hinweis darauf klar – andauernde Ruhe verbunden mit dem Gefühl der Freiheit ein unter Fernhaltung von allem, was uns reizt oder in Schrecken versetzt. Denn ist der Reiz der Sinnengenüsse geschwunden, so stellt sich stattdessen, was kleinlich, hinfällig und eben durch seine Lasterhaftigkeit schädlich ist, eine erstaunlich frohe Stimmung ein, unerschütterlich und sich immer gleichbleibend, sodann Friede und Eintracht der Seele sowie hochherzige Gesinnung verbunden mit Sanftmut; denn wilde Rohheit hat ihren Ursprung immer nur in der Schwäche.

4. Man kann den Begriff des höchsten Gutes auch noch anders bestimmen, nämlich so, dass man denselben Inhalt mit anderen Worten umschreibt. Wird doch das nämliche Heer bald in gedehnterer, bald in mehr gedrängter Front aufgestellt, und entweder in einer von den Flügeln nach dem Zentrum eingebogenen oder in gerader Linie formiert, wobei, gleichviel wie es geordnet ist, seine Kraft sowie seine Bereitschaft, für dieselbe Sache einzutreten, die

nämliche bleibt. Ähnlich steht es mit der Bestimmung des höchsten Gutes: Das eine Mal kann sie in gegliederter und weitläufiger, das andere Mal in kurzer und gedrängter Form gegeben werden. Es kommt also auf dasselbe hinaus, wenn ich sage: »Das höchste Gut ist eine alles Zufällige gering achtende, nur an der Tugend sich erfreuende Sinnesart« oder: »Eine unbeugsame Seelenkraft, kundig der Dinge, bedächtig und ruhig im Handeln, voll Menschenliebe und fürsorgender Teilnahme für die Umgebung.« Man kann auch so definieren, dass man sagt: »Glücklich ist derjenige Mensch, für den es nichts Gutes und Übles gibt als die gute und die schlechte Gesinnung, der der edlen Sitte huldigt, dem nichts über die Tugend geht, den Schicksalsfügungen nicht stolz aber auch nicht verzagt machen, der kein größeres Gut kennt als das, welches er sich selbst geben kann, dem die wahre Lust die Verachtung der Lüste ist.« Will man sich gehen lassen, so kann man das Nämliche ohne jede Schädigung oder Beeinträchtigung des Sinnes noch in diese und jene Form umgießen. Denn was hindert uns zu sagen, ein glückliches Leben habe seinen Bestand in einer freimütigen, aufrechten, unerschrockenen und standhaften Sinnesart, die, jeder Furcht, jeder Begierde enthoben, begeistert ist für die Ehre als einziges Gut, voll Abscheu gegen die Schande als einziges Übel, während alles Übrige nichts ist als eitel Tand, das Lebensglück weder beeinträchtigend noch erhöhend, kommend und gehend ohne Vermehrung oder Verminderung des höchsten Gutes? Ihm, der auf so festem Grund steht, muss notwendig, mag er wollen oder nicht, heitere Stimmung beständige Gefährtin sein sowie auch ein herzlicher, weil aus dem Herzen kommender Frohmut; denn worüber er sich freut, das darf er sein Eigentum nennen, und seine Wünsche gehen nicht hinaus über das, worüber er zu gebieten hat. Sollte solcher Besitz nicht in vollem Maße aufwiegen die kümmerlichen, verächtlichen und rasch vorüberschwindenden Reizungen unseres armseligen Körpers? Der nämliche Tag, an dem er die Lust zu seinem Gebieter macht, macht auch den Schmerz zu seinem Herrn. Du hast ja doch ein offenes Auge für das Übele und Schädliche der Knechtschaft, in die derjenige sich begibt, den Lust und Schmerz, diese unbeständigsten und zügellosesten Herrscher, abwechselnd in Beschlag nehmen. Also gilt es sich loszuringen, um den Weg zur Freiheit zu gewinnen. Sie zu erlangen gelingt nur durch die Gleichgültigkeit gegen das Schicksal: Dann wird sich jenes unschätzbare Gut einstellen, jene fest in sich gegründete Seelenruhe und Geisteshoheit, jene erhabene und unerschütterliche Freude, die nach Austreibung des Irrtums aus der Erkenntnis der Wahrheit entspringt, jene Herzlichkeit und Gemütsheiterkeit, an der er seine Freude hat nicht als an Gütern an sich, sondern als an Früchten des ihm als Eigentum zugehörigen Gutes.

5. Da ich mit Begriffsbestimmungen einmal im Zuge bin, so sei noch Folgendes hinzugefügt: Glücklich kann derjenige genannt werden, der weder von Begierden noch von Furcht erregt wird – wohlverstanden dank seiner vernünftigen Einsicht. Denn auch das Felsgestein ist frei von Furcht und Traurigkeit und ebenso das Vieh; doch wird sie niemand glücklich nennen, sie, denen jedes Bewusstsein des Glückes fehlt. Ebenso steht es mit denjenigen Menschen, die ihr Stumpfsinn und der Mangel an Selbstbewusstsein auf die Stufe des Viehs und der leblosen Dinge gesetzt hat. Es ist kein Unterschied zwischen jenen und diesen; denn haben Letztere überhaupt keine Vernunft, so haben zwar jene so etwas wie Vernunft, aber eine verkehrte, unheilvolle und widersinnig wirkende; kann doch niemand glücklich genannt werden, der von Wahrheit nicht die mindeste Ahnung hat. Das glückliche Leben gründet sich also auf ein richtiges und sicheres und keinen Schwankungen unterliegendes Urteil. Nur dann nämlich ist der Geist rein und aller Übel ledig, wenn er nicht nur gegen Lästerungen gefeit ist, sondern auch gegen Nadelstiche, fest entschlossen, nicht zu weichen von der Stelle, wo er einmal Fuß gefasst hat, und seinen Platz gegen jede Wut und Feindseligkeit des Schicksals zu verteidigen; denn was die

Sinnenlust anlangt, mag sie auch von allen Seiten sich uns aufdrängen und keinen Zugang unbenutzt lassen und die Seele mit ihren Reizmitteln umschmeicheln und bald dies bald jenes Register ziehen, um uns, sei es den Menschen im Ganzen oder nach seinen einzelnen Organen, in begehrliche Unruhe zu versetzen, so frage ich doch: Welcher Sterbliche, in dem auch nur eine Spur von Menschentum sich noch findet, möchte sich wohl Tag und Nacht kitzeln lassen und unter völliger Preisgabe der Seele all sein Denken und Trachten in den Dienst des Leibes stellen?

6. »Aber auch die Seele«, sagt man, »wird doch ihre Vergnügungen haben.« Ja, mag sie sie haben und über Schwelgerei und Sinnengenuss entscheiden, mag sie sich anfüllen mit alle dem, was gemeinhin der Sinnenlust dient, mag sie zurückschauen auf die Vergangenheit und schwelgen in der Erinnerung an geschwundene Lusterregungen und schon auf der Lauer liegen für weiterhin kommende, mag sie Hoffnung an Hoffnung reihen und, während der Leib noch nicht fertig ist mit Verdauung der jetzigen Überfütterung, mit ihren Gedanken der weiterhin kommenden vorgreifen: In meinen Augen wird sie nur umso bedauernswerter sein; denn das Schlechte zu wählen statt des Guten ist nichts als Torheit. Ohne gesunde Vernunft kann niemand glücklich sein, und geistig gesund ist niemand, der das Schädliche erstrebt statt des Besten. Glücklich ist also nur, wer im Besitze gesunden Urteils ist; glücklich ist nur, wer mit seiner Lage, welcher Art sie auch sein mag, zufrieden ist und in Eintracht mit seinen Verhältnissen lebt; glücklich ist nur der, dessen ganze Lebenslage sich der Billigung der Vernunft erfreut.

7. Haben doch selbst diejenigen, die das höchste Gut in die Gedärme verlegt haben, ein Einsehen dafür, welche schimpfliche Stellung sie ihm angewiesen haben. Sie behaupten daher, die Lust könne von der Tugend nicht getrennt werden, und versichern, niemand könne tugendhaft leben, ohne zugleich lustvoll zu leben, und niemand lust-

voll, ohne zugleich tugendhaft. Ich wüsste nicht, wie es möglich sei, so verschiedene Dinge zusammenzukoppeln. Lasst, ich bitte euch, den Grund hören für die angebliche Untrennbarkeit von Lust und Tugend! Wurzelt denn etwa, weil das Gute in der Tugend seine Quelle hat, in dieser auch das, worauf euer Sinnen und Trachten gerichtet ist? Allein, wären Lust und Tugend wirklich untrennbar, so würden wir im Leben nicht so manches zu sehen bekommen, was angenehm, aber nicht tugendhaft, so manches hinwiederum, was in höchstem Maße tugendhaft, dabei aber voll Ungemach und nur unter Schmerzen zu erringen ist. Dazu kommt noch Folgendes: Die Lust gesellt sich auch dem schimpflichsten Leben zu; die Tugend dagegen hat mit schlechtem Leben nichts gemein; und es gibt Leute, die unglücklich sind nicht aus Verzicht auf die Lust, sondern gerade um der Lust willen, was nicht der Fall wäre, wenn mit der Tugend die Lust untrennbar vereinigt wäre, auf welch Letztere die Tugend oft verzichten muss, ohne sie indes jemals nötig zu haben. Warum stellt ihr Dinge zusammen, die einander nicht ähnlich, ja geradezu entgegengesetzt sind? Die Tugend ist etwas Hohes, Erhabenes und Königliches, unüberwindbar, nicht mürbe zu machen: die Lust etwas Niedriges, Sklavisches, Schwächliches, Einfältiges, dessen Heimstätte und Wohnort Bordelle und Garküchen sind. Der Tugend wirst du begegnen im Tempel, auf dem Forum, in der Kurie; sie steht als Wächterin vor den Mauern, staubbedeckt, mit gerötetem Antlitz, mit schwieligen Händen: Die Lust dagegen versteckt sich häufiger in der Nähe von Bädern, Schwitzstuben und Bezirken, wo man vor der Polizei Angst hat, weichlich, kraftlos, von Wein und Salböl triefend, bleich oder geschminkt und durch Arzneien fast zum Leichnam gemacht. Das höchste Gut trägt den Stempel der Unsterblichkeit; es kennt kein Ende, keinen Überdruss, keine Reue; denn die rechte Sinnesart kennt keinen Wechsel und keinen Widerwillen gegen sich selbst und weicht keinen Finger breit ab von der besten Gestaltung des Lebens. Die Lust dagegen erlischt, sobald sie den Höhepunkt des Entzückens erreicht hat; sie hat keinen weiten Spielraum; daher bringt sie schnelle Sättigung, wird uns zum Ekel und welkt nach der ersten stürmischen Hingabe wieder ab. Es ist kein Verlass auf irgendetwas, das seinen natürlichen Bestand in nichts anderem als in der Bewegung hat. So kann es denn auch durchaus keinen festen Gehalt haben; geht es doch ebenso schnell vorüber, wie es kommt, zum Untergang bestimmt durch die Art, wie es mit sich selbst verfährt; es eilt dem Ende zu, und der Anfang weist schon auf den Schluss hin.

8. Ist das Lustgefühl nicht ebenso wohl eine Mitgabe für die Bösen wie für die Guten, und haben die Schurken etwa weniger Wohlgefallen an ihrer Schändlichkeit als die Tugendhaften an den sie auszeichnenden Vorzügen? Daher das alte Mahnwort, dem besten Leben müsse man nachtrachten, nicht dem lustvollsten; denn die Lust soll sich nicht zum Leiter des rechten und guten Willens aufwerfen, sondern soll nur sein Begleiter sein. Soll doch unser Führer die Natur sein: Sie ist es, auf welche die Vernunft achtet und deren Rat sie einholt. Glücklich leben und naturgemäß leben kommt also auf dasselbe hinaus. Was das besagen will, darüber sei folgende Auskunft erteilt: Wir müssen uns an unsere körperlichen Anlagen und das, was unserer Natur entspricht, achtsam und ohne Zagen als an vergängliche und flüchtige Dinge halten, dürfen uns nicht in ihre Knechtschaft begeben und sie, die nicht unser eigentliches Ich sind, nicht zu Herren über uns werden lassen, müssen vielmehr, was dem Körper erwünscht ist und was uns von außen her zukommt, so betrachten, als wären es Hilfstruppen und Leichtbewaffnete im Heereslager – uns zu dienen sind sie bestimmt, nicht uns zu beherrschen –; nur dann sind sie unserem Geiste als unserem eigentlichen Wesen nützlich. Unzugänglich und unüberwindlich für äußere verderbliche Einflüsse sei der Mann, sei ein Bewunderer nicht anderer, sondern seiner selbst, habe Zutrauen zu sich und sei auf alles gefasst, ein Selbstgestalter seines Lebens. Sein Selbstvertrauen sei nicht ohne Einsicht, seine Einsicht nicht ohne Beharrlichkeit: Was er einmal beschlossen, das soll auch Bestand haben, und seine Ent-

scheidungen sollen nicht rückgängig gemacht werden. Selbstverständlich wird ein solcher Mann ein Meister tadelloser Haltung sein und in allen seinen Handlungen Zeugnis ablegen von Hochherzigkeit verbunden mit Menschenfreundlichkeit. Die Außenwelt soll er erforschen mit dem durch die Sinnesorgane erregten Verstand, und diese Anregung soll er zum Ausgangspunkt nehmen – denn er hat keinen anderen Anhalt für sein Beginnen und für Befriedigung seines Bedürfnisses, der Wahrheit auf die Spur zu kommen – aber er soll in sich selbst zurückkehren. Denn auch die alles umfassende Welt und ihr Leiter, die Gottheit, hat zwar ein Streben nach außen, kehrt aber von allen Richtungen her in sich selbst zurück. Ebenso soll es unser Geist halten: Hat er sich, der Anregung seiner Sinnesorgane folgend, mit der Außenwelt beschäftigt, so zeige er sich ihrer wie seiner selbst mächtig. Auf diese Weise wird sich jene einheitliche Kraft und Macht bilden, die mit sich in Einklang steht und deren Frucht jene unerschütterliche Einsicht ist, die keinen Zwiespalt kennt und sich nicht verfängt in bloßen Meinungen, Vorstellungen und Einbildungen. Wenn sie zu ihrer rechten Gliederung und zu allseitigem Zusammenschluss und, sozusagen, zu harmonischem Zusammenklang gelangt ist, dann hat sie die Schwelle des höchsten Gutes erreicht. Denn da findet sich nichts Verkehrtes, nichts Unsicheres mehr, nichts, woran sie straucheln und zu Fall kommen könnte. Alles wird da der Mensch auf eigenen Befehl tun, und nichts wird sich ereignen, worauf er nicht gefasst wäre, wenn er mit Leichtigkeit und Entschlossenheit und ohne zu zögern zum Handeln schreitet. Denn Trägheit und Unentschlossenheit ist ein Zeichen von innerem Kampf und Unbeständigkeit. Darum kann man kühnlich sagen, das höchste Gut sei Seeleneintracht. Denn da kann es wohl an Tugenden nicht fehlen, wo Übereinstimmung und Einheit sich findet: Zwietracht hat ihren Sitz bei den Lastern.

9. »Indes auch du«, wendet man ein, »huldigst der Tugend aus keinem anderen Grunde, als weil du von ihr irgendwelche Lust

erwartest.« Erstens, wenn die Tugend irgendwelche Lust gewähren sollte, so folgt daraus nicht, dass sie um dieser willen erstrebt werde; denn sie gewährt nicht schlechtweg Lust, sondern gewährt diese nur zugleich mit, und sie strengt sich nicht für diese an, sondern ihre Anstrengung wird, wenn sie auch auf etwas anderes abzielt, doch diese zugleich mit erlangen. So wie auf einem Acker, der durch den Pflug für die Saat gelockert ist, mancherlei Blumen mit aufwachsen, ohne dass etwa für dieses Nebengewächs, mag es auch dem Auge gar wohltun, so viel Mühe verwandt worden wäre – die Absicht des Säemanns war eine andere, das hat sich nur nebenbei eingefunden –, so ist die Lust nicht Lohn oder Grund der Tugend, und sie gefällt nicht, weil sie ergötzt, sondern wenn sie gefällt, so ergötzt sie zugleich. Das höchste Gut liegt in unserem Urteilsvermögen selbst und in dem bestbeschaffenen Verstande; hat dieser seine Bestimmung erreicht und hat er sich seine festen Grenzen gebildet, dann ist das höchste Gut zu seiner Vollendung gelangt und verlangt nach nichts Weiterem; denn über das Ganze hinaus gibt es nichts, so wenig wie über das Ende hinaus. Daher gehst du fehl, wenn du fragst, was es sei, um deswillen ich die Tugend erstrebe; denn du fragst nach etwas, was über das Höchste hinausgeht. »Was verlangst du denn von der Tugend?« So fragst du. Ich antworte: »Sie selbst.« Denn sie hat nichts, was besser wäre als sie, sie ist sich selbst ihr Preis. Oder ist das etwa zu wenig? Wenn ich dir sage: »Das höchste Gut ist eine unerschütterliche Unbeugsamkeit, Umsicht, Erhabenheit, Gesundheit, Freiheit, Harmonie und Schönheit der Seele«, forderst du auch dann noch irgendetwas Höheres, durch das diese Vorzüge erst ihre volle Bedeutung erhalten? Was redest du nur von Lust? Des Menschen Bestes ist es, worauf ich es abgelegt habe, nicht des Bauches, der geräumiger ist beim Vieh und beim Wild.

10. »Du willst mich absichtlich nicht verstehen«, entgegnest du: »Behaupte ich doch, niemand könne lustvoll leben, wenn er nicht

gleichzeitig auch tugendhaft lebt, was bei verstandlosen Tieren nicht möglich ist wie überhaupt nicht bei solchen, die ihr ganzes Glück im Essen finden. Klar und offen, behaupte ich, trete ich dafür ein, dass dasjenige Leben, das ich als lustvolles bezeichne, ohne Einfluss der Tugend nicht möglich ist.« Gut. Aber wer weiß nicht, dass gerade die Stumpfsinnigsten es am meisten mit diesen eueren Erlustigungen halten, und dass das Laster in Lustbarkeiten geradezu schwelgt, ja, dass die Seele selbst darauf ausgeht, allerlei verderbliche Arten der Lust für sich ausfindig zu machen? Vor allem Übermut und Selbstüberschätzung und eine über die anderen sich erhaben dünkende Aufgeblasenheit; ferner blinde und jeder Umsicht bare Verliebtheit in alles Eigene, reichliche Üppigkeit, stürmisches Frohlocken über Kleinigkeiten und Kindereien, ferner witzelnde Geschwätzigkeit und hoffärtige Schmähsucht, mattherzige und schläfrige Trägheit und Schlaffheit. Mit alle dem räumt die Tugend gründlich auf, hält strenge Musterung und schätzt die Lüste gegeneinander ab, ehe sie Zulass gewährt; ja, selbst diejenigen, denen sie ihre Billigung nicht versagt hat, schätzt sie nicht hoch ein oder lässt sie unter allen Umständen zu: Was ihr Freude macht, ist nicht der Genuss, sondern die Mäßigung im Genuss. Die Mäßigung aber mindert den Einfluss der Lüste, und darum vergreift sie sich an deinem höchsten Gute. Du umschlingst die Lust mit beiden Armen, ich dämpfe sie; du schwelgst in der Lust, mir ist sie nur Mittel zum Zweck; du hältst sie für das höchste Gut, ich überhaupt nicht für ein Gut; du tust alles der Lust wegen, ich nichts.

11. Wenn ich sage, ich tue nichts um der Lust willen, so rede ich von jenem Weisen, dem du allein die Lust (als berechtigtes Prinzip) zuerkennst. Ein Weiser aber ist in meinen Augen nicht der, der noch irgendetwas über sich hat und vollends gar die Lust: Von ihr beherrscht, wie könnte er die Widerstandskraft finden gegen Mühsal und Gefahr, gegen Armut und gegen die zahlreichen das Men-

schenleben umschwirrenden Bedrohungen? Wie wird er den Anblick des Todes, wie die Schmerzen aushalten? Wie das Krachen des Weltgefüges und die gewaltigen Scharen grimmigster Feinde, er, der sich von einem so weichlichen Gegner hat überwinden lassen? »Alles, wozu die Lust ihm rät, wird er tun.« Schau hin! Siehst du nicht, wie vieles sie ihm anraten wird? »Sie kann ihm nichts Schimpfliches raten«, lautet die Entgegnung, »weil sie Gefährtin der Tugend ist.« Siehst du da nicht abermals, wie es mit dem höchsten Gute bestellt ist, das eines Wächters bedarf, um überhaupt ein Gut zu sein? Wie aber wäre die Tugend imstande, die Lust zu beherrschen, deren Wink sie folgt? Ist Folgsamkeit nicht Sache des Gehorchenden, Leitung Sache des Befehlenden? Kehrst du die Stellung von beiden um? Ein herrliches Amt aber hat bei euch die Tugend als Vorkosterin im Dienste der Lust! Doch es wird sich herausstellen, ob bei denen, die mit der Tugend so schmachvoll umgehen, überhaupt noch von Tugend die Rede ist; kann sie doch ihren Namen nicht mehr führen, wenn sie von ihrem Platze hat weichen müssen. Einstweilen genügt es, hinsichtlich des vorliegenden Themas euch zahlreiche Beispiele anzuführen von Männern, die ganz den Lüsten ergeben, vom Glück mit allen seinen Gaben überschüttet wurden, und von denen du gleichwohl eingestehen musst, dass sie erbärmliche Gesellen waren. Schau hin auf euern Nomentanus und Apicius, die die Leckerbissen von Land und Meer – diese köstlichen Güter, wie sie sie nennen – verdauen und auf ihrem Tische eine Musterkarte der ganzen Tierwelt ausgebreitet sehen. Schau hin auf diese Nämlichen, wie sie auf Rosenlager gebettet ihre Blicke über die Erzeugnisse ihrer Garküche schweifen lassen, wie sie ihre Ohren weiden am Klange der Gesänge, ihre Augen an Schauspielen, ihren Gaumen an Leckerbissen! Durch weiche und sanfte Wärmkissen wird ihr ganzer Leib zur Empfänglichkeit angeregt, und, um auch die Nase mit zu beschäftigen, wird auch der Ort selbst, wo man der Üppigkeit opfert, mit allerhand Wohlgerüchen erfüllt. Von diesen musst du doch sagen, dass sie in

Lustbarkeit leben, und doch wird ihnen nicht wohl sein, weil es kein Gut ist, an dem sie ihre Freude haben.

12. »Allerdings«, heißt es darauf, »wird es ihnen nicht wohl zu Mute sein; denn es kommt ihnen mancherlei der Quere, was sie in ihrer Stimmung stört, und der Zwiespalt in ihrem Inneren wird ihren Geist beunruhigen.« Dass dem so sein wird, gebe ich zu; allein nichtsdestoweniger werden jene Toren selbst trotz ihrer inneren Unausgeglichenheit und trotz des Druckes der Reue, unter dem sie liegen, große Lustempfindungen genießen, sodass man gestehen muss, sie seien in solcher Lage von jedem Gefühl der Belästigung ebenso weit entfernt wie von der rechten Sinnesart, und, wie das bei den meisten der Fall ist, sie seien in einem heiteren Wahnsinn und in lachender Tollheit befangen. Dagegen sind die Lustempfindungen der Weisen zurückhaltend, maßvoll und beinahe matt, gedämpft und kaum bemerkbar; stellen sie sich ja doch ungerufen ein, und obschon sie sich von selbst eingefunden haben, werden sie doch nicht mit hohen Ehren und mit besonderer Freude vonseiten der Genießenden empfangen; man mischt sie ins Ganze mit ein und gewährt ihnen einen Anteil am Leben, wie man Spiel und Scherz dem Ernste beigesellt.

Weg also mit dieser Verdoppelung des nicht Zusammengehörigen, mit dieser Verflechtung der Lust und der Tugend, einer Verkehrtheit, mit der man nur den verworfensten Gesellen schmeichelt! Siehe da diesen ausgemachten Wollüstling, der sich immer wieder entlädt und in Trunkenheit taumelt: Er weiß, dass er ein lustvolles Leben führt, und darum glaubt er, dies Leben sei auch ein tugendhaftes; hört er doch von anderen, die Lust sei untrennbar von der Tugend, und darum gibt er seine Laster für Weisheit aus und bekennt sich offen zur Schamlosigkeit. Es ist also nicht Epikur, von dem sie den Antrieb zu ihrer Schwelgerei erhalten haben; nein, ihren Lastern ergeben, verbergen sie ihre Genusssucht in den Falten seines Philosophenmantels und drängen sich dahin, wo, wie sie hören, das Lob der Lust erklingt. Und dabei beachten sie nicht – und das ist wahrhaftig meine Überzeugung –, wie nüchtern und trocken sich die Lust in der Auffassung Epikurs darstellt, sondern der bloße Name macht, dass sie herbeieilen, um. für ihre Lustbegierden einen Schirm und Schleier zu finden. So geht ihnen denn auch das einzige Gute verloren, was sie in ihrer Schlechtigkeit noch hatten, die Scheu vor der Sünde. Denn sie loben nun das, wovor sie vorher immerhin noch erröteten; ja sie rühmen sich nun ihres Lasters; und so darf jene verschwindende Scheu überhaupt nicht wagen, sich wieder zur Geltung zu bringen, nachdem das schimpfliche Lotterleben einmal einen ehrbaren Titel bekommen hat. Darin liegt der Grund des verderblichen Einflusses jener Anpreisung der Lust: Was sittlich aufklärend und belehrend wirkt, das entzieht sich zunächst den Blicken; was aber die Sitten verdirbt, das liegt offen zutage.

13. Ich selbst bin trotz des vermutlichen Widerspruchs meiner philosophischen Zunftgenossen der Meinung, dass des Epikur Lehre sittlich tadelfrei und richtig ist und, wenn man ihr näher tritt, sogar nicht frei von einer gewissen Härte; denn jene Lust wird im Grunde auf ein äußerst bescheidenes Maß zurückgeführt, und die Forderung, die wir an die Tugend stellen, stellt er an die Lust: Sie soll der Natur gehorchen; der Natur aber genügt ein äußerst bescheidenes Maß von Üppigkeit. Wie steht es also? Jener, der seine Faulenzerei und den Wechsel von Küche und Bordell Glück nennt, sucht nach einem ehrenwerten Gewährsmann für eine schlechte Sache, und ist er, angelockt durch den verführerischen Namen, an Ort und Stelle angelangt, dann ergibt er sich der Lust, und zwar nicht der, von welcher er dort hört, sondern der, die er selber mitgebracht hat, und hat er sich einmal eingeredet, seine Laster stünden mit der Lehre in leidlicher Übereinstimmung, so fröhnt er ihnen ohne Scheu und wirft sich der Schwelgerei in die Arme nicht mehr im Verborgenen, sondern fortab erhobenen Hauptes. Daher behaupte ich nicht, wie die meisten der Unseren, Epikurs Schule sei eine Lehrerin der Laster; vielmehr lautet meine Behauptung so: Man spricht übel von

ihr, sie ist verrufen, und zwar mit Unrecht. Wie kann das einer wissen, wenn er nicht in ihr eigentliches Heiligtum Zutritt erhalten hat? Ihre Außenseite ist es eben, die unwillkürlich Anlass zu solchem Grunde gibt und zu schlimmen Erwartungen verleitet. Es steht damit, wie mit einem Helden, der sich in Weiberkleidung gehüllt hat. Du bist deiner Ehrbarkeit sicher, deine Mannbarkeit ist unangetastet, dein Körper frei von jeder schimpflichen Berührung; aber in der Hand führst du die Pauke. Möge man also eine ehrbare Aufschrift und äußere Bezeichnung wählen, die schon durch sich selbst der Seele eine Anregung gibt! Diejenige Bezeichnung, die sich für diese Schule eingebürgert hat, schmeichelt dem Körper und hat geradezu eingeladen zu den Lastern, die sich alsbald eingefunden haben. Wer zur Sache der Tugend hält, der legt auch Proben ab von seiner edlen Anlage; wer aber der Lust nachgeht, der zeigt sich entnervt, geknickt, der Männlichkeit bar und in Gefahr, der Schande zu verfallen, wenn ihm nicht einer klaren Aufschluss gegeben hat über die unterschiedlichen Arten der Lust, um ihn zu der Erkenntnis zu bringen, welche von ihnen sich innerhalb des natürlichen Bedürfnisses halten, und welche von ihnen blindlings dahin stürmen und sich ins Grenzenlose verlieren und umso unersättlicher sind, je mehr sie gesättigt werden. Wohlan denn, man lasse der Tugend den Vortritt, und jeder Schritt wird gesichert sein. Ein Übermaß von Lust ist schädlich: Bei der Tugend braucht man nicht zu fürchten, dass ein Übermaß bei ihr eintrete, denn in ihr selbst liegt ja das Maß. Das ist kein Gut, was mit seiner eigenen Größe zu ringen hat. Wer von Natur ein vernunftbegabtes Wesen ist, was kann dem Besseres dargeboten werden als die Vernunft? Und wenn du Gefallen findest an jener Verdoppelung von Tugend und Lust und nur in diesem Geleite den Weg zum glücklichen Leben zurücklegen willst, gut, so gehe die Tugend voran, die Lust sei nur ihr Begleiter und schwebe wie ein Schatten um den Körper. Die Tugend, diese erhabenste Herrscherin, zur Magd der Lust zu machen, dazu kann nur der sich verstehen, dem für wirkliche Größe jede Auffassung fehlt.

14. Voran gehe die Tugend, sie sei die Bannerträgerin; an Lust wird es uns trotzdem nicht fehlen; doch werden wir sie zu beherrschen und zu mäßigen wissen; durch Bitten wird man uns etwas abgewinnen können, durch Zwang niemals. Dagegen bringen sich diejenigen, die der Lust den Vorrang einräumen, um beides; denn die Tugend geht ihnen verloren, und was die Lust betrifft, so sind sie nicht Herren derselben, sondern ihre Sklaven, indem sie entweder durch den Mangel daran gequält oder durch die Überfülle erstickt werden, erbarmungswert, wenn sie sich, von ihr verlassen sehen, erbarmungswerter, wenn sie von ihr überschüttet werden, ähnlich denen, die den Gefahren des Syrtenmeeres preisgegeben sind und die bald auf dem Trockenen sitzen bleiben, bald wieder in wogender Flut dahingeschaukelt werden. Das ist die Folge des Übermaßes an Zügellosigkeit und der (blinden) Vernarrtheit in wer weiß was; denn wessen Streben statt auf Gutes auf Schlechtes gerichtet ist, für den ist es gefährlich, seinen Wunsch zu erreichen. Wie wir auf wilde Tiere mit Mühe und Gefahr Jagd machen und selbst, wenn es gelungen ist sie einzufangen, ihr Besitz doch kein unbedenklicher ist – denn oft zerfleischen sie ihre Herren –, so steht es auch mit den starken Aufregungen der Lust: Sie schlagen zum großen Unheil aus, und, in unsere Gewalt gebracht, bewältigen sie uns selbst. Je zahlreicher und größer sie sind, umso tiefer sinkt der, den die Menge den Glücklichen nennt, und umso größer ist die Zahl derer, deren Sklave er ist.

Ich möchte bei diesem Bild noch etwas länger verweilen: Wie der Jäger, der das Lager des Wildes aufspürt und nicht geringen Wert darauf legt

> mit der Schlinge zu fangen das Wild

und

> mit Hunden zu sperren den weit sich dehnenden Bergwald,

um seiner Spur zu folgen, Wichtigeres im Stich lässt und sich vielen Obliegenheiten entzieht, so lässt der, welcher der Lust nachjagt, alles andere liegen, und die Freiheit ist das Erste, was er preisgibt und seinem Bauche opfert: Weit entfernt, sich die Lust zu erkaufen, verkauft er vielmehr sich selbst der Lust.

15. »Aber was steht denn«, heißt es zur Erwiderung darauf, »dem im Wege, dass Tugend und Lust sich zur Einheit verschmelzen und so das höchste Gut geschaffen wird, dergestalt, dass zwischen Sittlichkeit und Lust kein Unterschied mehr besteht?« Darum, weil, was ein Teil des Sittlichen ist, notwendig auch sittlich sein muss, und weil das höchste Gut sich nicht mehr im Vollbesitz seiner Reinheit fühlen wird, wenn es etwas in sich bemerkt, was von dem Besseren absticht. Auch die Freude, die der Tugend entquillt, so gut sie auch ist, ist doch kein Teil des unbedingt Guten, ebenso wenig wie Fröhlichkeit und Ruhe, mögen die Ursachen, aus denen sie stammen, auch noch so schön sein; denn sie gehören zwar zu den Gütern, sind aber nur Folgen des höchsten Gutes, nicht eigentliche Bestandteile desselben. Wer aber Tugend und Lust zur Gemeinschaft verbindet, und zwar nicht einmal mit gleichem Rang für beide, der schwächt durch die Gebrechlichkeit des einen Gutes alle Lebenskraft des anderen ab und macht die Freiheit, sie, die nur dann unüberwindlich ist, wenn sie nichts Wertvolleres über sich kennt, zur Sklaverei. Denn fortan bedarf sie der Gunst des Schicksals, und das ist die schwerste Knechtschaft. So kommt es denn zu einem Leben voll Angst, Misstrauen, Zagen, Furcht vor dem Zufall und vor zeitlichen Wechselfällen. Du gibst der Tugend kein wuchtiges, unerschütterliches Fundament, sondern weisest ihr einen wandelbaren Standort an; was aber wäre so wandelbar als die Erwartung von Zufälligkeiten und die schwankende Beschaffenheit des Körpers und der den Körper beeinflussenden Dinge? Wie kann man da der Gottheit gehorsam bleiben und alles, was da kommen mag, mit edler Fassung über sich ergehen lassen ohne Klage über das Schicksal,

vielmehr bereit, alles Schlimme zum Besten auszulegen, wenn man schon die leiseste Regung von Lust und von Schmerz über sich Herr werden lässt? Ja, selbst dem Vaterlande kann man kein Beschützer oder Retter sein, so wenig wie ein Verteidiger seiner Freunde, wenn unsere Neigung nun einmal den Lüsten zugewendet ist. Es muss also das höchste Gut sich zu jenem Punkte erheben, von dem es durch keine Gewalt herabgezogen werden kann, zu dem weder Schmerz noch Hoffnung noch Furcht noch sonst irgendetwas Zutritt hat, was dem guten Rechte des höchsten Gutes Eintrag tun könnte. Diese Höhe kann aber nur die Tugend erklimmen. Ihren Schritt muss man einhalten, um jenem Gipfelpunkt siegreich beizukommen. Sie wird heldenhaft standhalten und was auch kommen mag ertragen, nicht nur geduldig, sondern auch willig, und wird sich immer dessen bewusst sein, dass jede zeitliche Schwierigkeit in dem Gesetz der Natur begründet ist; sie wird wie ein braver Soldat sich ihre Wunden gefallen lassen, wird ihre Narben zählen und, von Geschossen durchbohrt, sterbend noch denjenigen lieben, für den sie fällt, ihren Feldherrn; es wird ihr der alte Spruch vorschweben: Folge der Gottheit! Wer aber klagt und jammert und seufzt, der wird gewaltsam gezwungen, dem Befehle nachzukommen und trotz allen Widerstrebens zum Gehorsam genötigt. Welche Torheit aber ist es, sich zwingen zu lassen, statt folgsam zu sein. Wahrhaftig, ebenso wie es Einfältigkeit und Verkennung der eigenen Lebensbedingungen ist, wenn man sich darüber grämt, dass man auf etwas verzichten muss oder einen Stein des Anstoßes wegzuräumen hat, nicht minder auch, wenn man sich verwundert oder unwillig ist über Dinge, von denen die Guten ebenso wenig verschont bleiben wie die Bösen, als da sind Krankheiten, Todesfälle, Gebrechlichkeit und was sonst dem menschlichen Leben in die Quere kommt. Was nach dem unabänderlichen Weltenplan an Leiden uns auferlegt ist, das müssen wir guten Mutes auf uns nehmen. Wie durch Fahneneid sind wir verpflichtet, uns mit dem Los der Sterblichkeit abzufinden und uns nicht irre machen zu lassen durch das, was zu meiden nicht in unserer Macht steht. Wir leben in einer Monarchie: Der Gottheit zu gehorchen ist Freiheit.

16. In der Tugend aber ist das Glück begründet. Diese Tugend aber, welche Ratschläge wird sie dir erteilen? Du sollst nichts für ein Gut oder für ein Übel halten, für dessen Vorkommen weder Tugend noch Bösartigkeit infrage kommt; sodann musst du unerschütterlich deinen Platz behaupten, sowohl im Kampf gegen das Schlechte, wie in der Verteidigung des Guten, um, soweit es möglich ist, dich zu einem Ebenbild Gottes zu machen. Was verspricht sie dir für die Mühen dieses Feldzuges? Einen erhabenen und fast göttlichen Lohn: Du wirst zu nichts gezwungen sein, wirst niemandes Hilfe bedürfen, wirst frei sein, sicher und ungeschädigt; nichts wirst du vergebens in Angriff nehmen, in nichts gehindert werden; alles wird dir nach Wunsch gehen, nichts gegen deine Annahme und deinen Willen. »Also wie? Reicht die Tugend aus zum glücklichen Leben?« In ihrer Vollendung und Göttlichkeit – warum sollte sie nicht ausreichen, ja ihre Gaben sogar im Überfluss bieten? Denn was könnte dem fehlen, der jedes Wunsches bar ist? Was braucht der von außen her, der alles, dessen er bedarf, in sich selbst gesammelt hält? Wer dagegen erst zur Tugend hinanstrebt, der bedarf, wenn er auch schon weit fortgeschritten ist, doch noch einiger Gunst des Schicksals; denn noch hat er mit menschlicher Unzulänglichkeit zu ringen, bis er jeden Knoten löst und jede Fessel der Sterblichkeit sprengt. Worin besteht also der Unterschied? Darin, dass die einen fest an das Irdische gebunden, die anderen an ihren Beruf gefesselt oder auch mit Geschäften überhäuft sind, während der, der zum Höheren fortschreitet und sich aufwärts bewegt, nur eine lose Kette noch an sich trägt, noch nicht der vollen Freiheit teilhaftig, aber doch beinahe so gut wie ein Freier.

17. Wenn also einer von denen, die gegen die Philosophie losbellern, in gewohnter Weise sagt: »Warum bist du im Worte tapferer

als im Leben? Warum sprichst du einem Höheren nach dem Munde, warum hältst du Geld für ein dir unentbehrliches Hilfsmittel, warum erregst du dich über Verluste, warum vergießt du Tränen bei der Nachricht von dem Tode der Gattin oder eines Freundes, und warum kümmerst du dich um das Gerede der Leute und fühlst dich durch ihre bösen Zungen verletzt? Warum ist dein Landgut besser gepflegt, als es der natürliche Bedarf erfordert? Warum hältst du dich mit deiner Mahlzeit nicht an deine eigene Vorschrift? Warum hast du so zierliches Hausgeräte? Warum trinkt man bei dir Wein, der älter ist als du selbst? Warum wendet man Sorge auf das Landschaftsbild? Warum pflanzt man Bäume, die weiter sonst nichts hergeben als Schatten? Warum trägt deine Frau das ganze Vermögen eines reichen Hauses als Schmuck an den Ohren? Warum werden deine Sklaven in kostbare Kleider gesteckt? Warum wird bei dir eine Kunst daraus gemacht, die Gäste zu bedienen, warum wird das Silbergeschirr nicht nach Zufall und Belieben, sondern mit Sachkenntnis aufgestellt, warum gibt es einen besonderen Vorschneider des Fleisches?« Beliebt dir's, so kannst du in diesem Tone noch fortfahren: »Warum hast du Besitzungen jenseit des Meeres? Warum mehr als du kennst? Warum bist du zu deiner Schande entweder so unachtsam, dass du deine Handvoll Sklaven nicht kennst, oder so verschwenderisch, dass du mehr hast, als dass dein Gedächtnis ausreichte, dir ihre Namen zu merken?« – Ich werde weiterhin deine Schmähungen noch verstärken und mir mehr Vorwürfe machen, als du es für möglich hältst. Für den Augenblick beschränke ich mich auf Folgendes: Ich bin kein Weiser, und – um deinem Übelwollen noch mehr Nahrung zu geben – ich werde es auch nicht werden. Verlange also nicht von mir, dass ich den Besten gleich sei, sondern nur, dass ich besser sei als die Schlechten. Es ist mir genug, wenn ich Tag für Tag meine Fehler um etwas herabmindere und mir über meine Verirrungen Vorhalt tue. Ich bin nicht zu voller Gesundheit gelangt, und ich werde es auch nicht; es sind mehr Linderungsmittel als Heilmittel für mein Podagra, mit dem ich mir zu schaffen mache, zufrieden, wenn es sich seltener einstellt und weniger Plage macht. Indes mit eurem Gehwerk verglichen, ihr Schwächlinge, bin ich ein Läufer. Das sage ich nicht in meinem Namen – denn ich fühle mich noch mitten im Gewoge aller Fehler –, sondern im Namen eines derer, die bereits etwas vor sich gebracht haben.

18. »So sprichst du«, heißt es darauf, »aber dein Leben nimmt sich ganz anders aus.« Das ist der Vorwurf, ihr bösartigen und gerade den besten Männern aufsässigsten Gesellen, der dem Platon, der dem Epikur, der dem Zenon gemacht worden ist. Alle diese Männer wollten ja keine Auskunft geben darüber, wie sie selbst lebten, sondern wie zu leben ihnen selbst vonnöten wäre. Von der Tugend rede ich, nicht von mir, und wenn ich die Laster schmähe, so schmähe ich an erster Stelle die meinigen. Sobald ich die Kraft dazu erlangt habe, werde ich leben, wie es sich gehört. Und eure in Gift getauchte Bosheit soll mich nicht abschrecken von dem unbedingt Guten; selbst das Gift, mit dem ihr andere bespritzt, euch selbst aber tötet, soll mich nicht abhalten, ohne Unterlass ein Leben zu preisen, nicht wie ich es führe, sondern wie es nach meiner festen Überzeugung geführt werden muss, soll mich nicht abhalten, die Tugend anzubeten und in weitestem Abstand mich mühselig ihr nachzuschleppen. Soll ich denn etwa erwarten, dass von der Böswilligkeit irgendetwas verschont bleibe, von ihr, der weder ein Rutilius noch ein Cato heilig war? Was hat es denn auf sich, wenn diesen Leuten, denen der Zyniker Demetrius nicht arm genug ist, irgendjemand zu reich vorkommt? Von einem Mann strengster Selbstzucht, der gegen alle Bedürfnisse der Natur den Kampf besteht, und der umso ärmer ist als die übrigen Zyniker, weil, während diese sich nur den Besitz versagt haben, er auch schon das Verlangen danach sich versagte – von einem solchen Manne wagen sie zu behaupten, er sei nicht dürftig genug! Denn du weißt: Er ist nicht nur ein Lehrer der Tugend, sondern auch der Armut.

19. Diodorus, ein Epikureischer Philosoph, der sich kurzweg entschloss, seinem Leben mit eigener Hand ein Ende zu machen, hat, so behauptet man, nicht nach den Grundsätzen Epikurs gehandelt, wenn er sich die Kehle abschnitt: Die einen erklären diese Tat für Wahnsinn, die anderen für Unbesonnenheit. Er indes hat, im Gefühl seines Glückes und mit seinem Gewissen völlig im Reinen, sich beim Scheiden aus dem Leben selbst ein Zeugnis ausgestellt: Er pries die Ruhe seines im Hafen angelangten und vor Anker gegangenen Lebens und bekräftigte, dies durch die Worte, die ihr mit Unbehagen vernahmet, als ob ihr dem Beispiele folgen solltet:

Ja, ich habe gelebt, vollendend, was mir beschieden.

Ihr redet hin und her über des einen Leben und über des anderen Tod, und bei Nennung großer und rühmlich bekannter Männer belfert ihr wie kleine Hunde, denen unbekannte Menschen in den Weg kommen; denn für euch ist es vorteilhaft, dass niemand als gut gilt, weil die Tugend anderer sich wie ein Vorwurf ausnimmt für alle Schurken. Voll Neid vergleicht ihr Glanzvolles mit eurem Schmutz und habt kein Einsehen dafür, welchen Schaden ihr von diesem Wagnis zu gewärtigen habt. Denn wenn diejenigen, die es mit der Tugend halten, habsüchtig, wollüstig, ehrgeizig sind, was seid denn dann ihr, denen schon der Name Tugend ein Gräuel ist? Ihr behauptet, niemand handle so, wie er sich in Worten gibt, niemand lebe nach dem Muster, das er im Munde führt. Was Wunder? Reden sie doch von Heldentaten, von Dingen, die noch nie da gewesen und die über alle Stürme des Menschenlebens hinausgehen; denn sie suchen sich loszureißen von den Marterpfählen, an die ein jeder von euch sich selbst eigenhändig festnagelt; kommt es aber zur Todesstrafe, so hängt jeder nur an einem einzigen Marterpfahl; diejenigen dagegen, welche auf sich selbst Acht haben, sind nicht an *einem* Pfahl angenagelt, sondern an so vielen, als sie Leidenschaften in sich bergen. Sie sind Lästerer und haben eine starke

Ader für Schmähungen gegen andere. Ich möchte glauben, sie würden das unterlassen, wenn nicht manche noch vom Galgen herab die Zuschauer mit ihrem Auswurf besudelten.

20. »Die Philosophen leisten nicht, was sie in Worten lehren.« Aber sie leisten eben dadurch, dass sie lehren, dass sie edle Ziele geistig erfassen. Denn wenn sie gründlich genau ihren Worten gemäß handelten, was gäbe es Beglückteres als sie? Vor der Hand liegt kein Grund vor, gute Worte und aus gutem Herzen kommende treffliche Gedanken zu verachten. Die Beschäftigung mit heilsamen Studien bleibt löblich auch ohne den tatsächlichen Erfolg. Was Wunder, wenn diejenigen, die steile Höhen in Angriff genommen haben, nicht bis zum Gipfel hinauf gelangen? Aber wenn du das Herz auf dem rechten Flecke hast, so versage denen, die Großes versuchen, auch wenn sie stürzen, nicht deine Achtung! Es zeugt von edler Sinnesart, wenn man, nicht sowohl die eigene Kraft dabei in Rechnung ziehend als die unserer Menschennatur überhaupt, sich an hohe Aufgaben wagt und sich im Geist höhere Ziele setzt, als wie sie auch hervorragend begabte Männer erreichen können. Nimm an, es stelle sich einer die Aufgabe: »Beim Anblicke des Todes soll meine Miene keine andere sein als bei dem einer Komödie. Keine Anstrengungen, sie mögen so groß sein wie sie wollen, werde ich scheuen; denn ich mache den Geist zur Stütze des Körpers. Reichtümer werde ich verachten, gleichviel ob sie mir gehören oder einem anderen, weder trauriger gestimmt, wenn sie anderswo lagern, noch fröhlicher, wenn sie mich selbst umstrahlen. Mit dem Glück habe ich nichts zu schaffen, mag es nun kommen oder weichen. Alle Länder will ich als eigenen Besitz betrachten, den meinigen als den aller. Mein Leben soll geleitet sein von dem Bewusstsein, dass ich für andere geboren bin, und ich werde der Mutter Natur dafür dankbar sein; denn wie konnte sie besser für mich sorgen? Mich, den einen, hat sie allen geschenkt, mir, dem *einen* alle. Was ich auch

habe, ich werde es weder knauserig behüten noch verschwenderisch ausstreuen. Alles soll mir nur als gütiges Geschenk, nicht als eigentlicher Besitz gelten. Meine Wohltaten werde ich nicht nach Zahl oder Gewicht schätzen, nein, nur nach dem Wert des Empfängers. Was ein Würdiger empfängt, ist in meinen Augen immer noch zu wenig. Nicht beliebige Meinung, sondern nur feste Überzeugung soll all mein Handeln leiten. Was ich aufgrund meiner vollen Überzeugung tue, das gilt mir so viel, als geschähe es unter den Augen des ganzen Volkes. Der Zweck des Essens soll mir kein anderer sein als Befriedigung des natürlichen Bedürfnisses, nicht Füllung und Entleerung des Bauches. Gegen Freunde will ich gefällig und entgegenkommend, gegen Feinde mild und verträglich sein. Zum Gewähren will ich bereit sein, noch ehe man mich bittet, und anständigen Bitten werde ich halbwegs entgegenkommen. Mein Vaterland, des bin ich gewiss, ist die Welt, und seine Vorsteher sind die Götter; sie stehen über mir und umgeben mich als Richter über meine Taten und Worte. Und wenn entweder die Natur mein Leben zurückfordert oder die eigene wohlüberlegte Entscheidung ihm entsagt, dann werde ich scheiden mit dem Zeugnis, dass ich ein gutes Gewissen geliebt und Edles erstrebt habe, dass durch mich keines Menschen Freiheit gemindert, am wenigsten meine eigene gemindert worden sei.« – Wer sich solche Ziele setzt, solches will und in Angriff nimmt, der wandelt den Weg, der zu den Göttern führt; ja, wenn er auch nicht ans Ziel gelangt,

> so war's doch ein großes Beginnen.

Ihr aber, ihr Lästerer, die ihr die Tugend hasst und den, der sie hochhält, euer Treiben ist nicht ohne Beispiel. Scheuen ja doch auch kranke Augen das Sonnenlicht, und wenden sich doch auch Nachttiere von dem hellen Tageslicht ab: Schon bei der ersten Dämmerung werden sie stutzig und suchen allerseits ihre Schlupfwinkel auf und verbergen sich lichtscheu in den engsten Öffnungen. Nur zu! Macht eurem Ärger Luft und übt eure unselige Zunge im Schmähen der Guten, schnappt nach ihnen und beißt sie: Weit eher werdet ihr euch die Zähne ausbeißen, als euer Absehen damit erreichen.

21. »Warum«, sagt man, »bleibt jener dort bei all seiner Philosophie im Leben doch ein reicher Mann? Warum nennt er den Reichtum verächtlich und bleibt doch in seinem Besitz? Warum erklärt er das Leben für verachtenswert und lebt doch? Warum die Gesundheit für verachtenswert und hütet sie doch auf das sorgsamste und wünscht sich die beste? Auch Verbannung erklärt er für ein leeres Wort und sagt: Was ist es denn für ein Unglück, eine Gegend mit der anderen zu vertauschen? Gleichwohl zieht er es, wenn möglich, vor, im Vaterlande seine alten Tage hinzubringen. Zwischen längerer und kürzerer Frist, sagt er, sei kein Unterschied; gleichwohl dehnt er, wenn nichts hindert, seine Lebenszeit aus und freut sich noch in hohem Greisenalter friedlich seines Lebens?« Allerdings, erwidere ich, erklärt er diese Dinge für verachtenswert, aber nicht, man solle auf ihren Besitz überhaupt verzichten, sondern man solle nur nicht ängstlich an ihrem Besitze festhalten; er weist sie nicht von sich ab, aber muss er sich von ihnen trennen, so lässt er sie ohne Kümmernis ziehen. Was vor allem den Reichtum anlangt, wo wird ihn das Schicksal sicherer verwahrt wissen als da, von wo es ihn wieder zurückerhalten wird, ohne jede Klage dessen, der ihn zurückgibt? Als Marcus Cato den Curius und Coruncarius pries und jenes Zeitalter, in dem eine Handvoll Silberblechgeräte ein Verbrechen war, gegen das der Censor einschreiten müsste, war er selbst im Besitze von vierzig Millionen Sesterzien. Das war ohne Zweifel weniger, als Crassus, aber mehr als Cato Censorius besaß. Vergleicht man, so war er seinem Urgroßvater weiter voraus als Crassus ihm, und hätten sich ihm noch größere Schätze geboten, er hätte sie nicht zurückgewiesen. Denn der Weise hält sich nicht ir-

gendwelcher Glücksgaben für unwert; er liebt den Reichtum nicht, aber gegebenen Falles gibt er ihm den Vorzug; er schließt ihn nicht in sein Herz, wohl aber in sein Haus ein; er weist den Besitz nicht zurück, sondern hält ihn zusammen und sieht es nicht ungern, dass seiner Tugend reichere Mittel zu Gebote stehen.

22. Wie kann aber ein Zweifel darüber bestehen, dass dem Weisen der Reichtum mehr Gelegenheit bietet, seinen Geist vielseitig zu entfalten, als die Armut? Besteht doch im Falle der Armut die Tugendbetätigung wesentlich nur darin, sich nicht beugen und drücken zu lassen, während der Reichtum einen weiten Spielraum bietet für Bewährung von Mäßigkeit, Freigebigkeit, Achtsamkeit, ordnendem Überblick und Großzügigkeit. Der Weise wird sich nicht verächtlich vorkommen, auch wenn er noch so klein von Natur ist; gleichwohl würde er es gern sehen, wenn er hohen Wuchses wäre. Auch körperlich schwach und eines Auges verlustig wird er sich gesund fühlen; gleichwohl würde es ihm lieber sein, wenn er körperlich kräftiger wäre, dabei immer sich dessen bewusst, dass er in sich noch etwas Stärkeres hat. Mangelhafte Gesundheit wird er zu tragen wissen, sich aber feste Gesundheit wünschen. Es gibt so manches, was zwar für den Kern der Sache wenig in Betracht kommt und uns ohne Vernichtung des Hauptgutes entzogen werden kann, was aber gleichwohl seinen Beitrag liefert zur andauernden Fröhlichkeit, die aus der Tugend entspringt. Der Reichtum regt den Weisen an und heitert ihn auf, ähnlich wie den Seereisenden ein günstiger, die Segel schwellender Wind, oder wie ein heiterer Tag und sonniger Platz im Winter und bei Frost.

Welcher Weise ferner – ich rede von den unsrigen (den Stoikern), denen die Tugend als einziges Gut gilt – stellt in Abrede, dass die Dinge, die wir als gleichgültig bezeichnen, gleichwohl einen gewissen Wert haben und eine Abstufung dieser Werte zeigen? Manche von ihnen schätzt man bis zu einem gewissen Grade, auf einige legt man hohen Wert. Lass dich also nicht irre machen: Der Reichtum gehört zu den geschätzten Dingen. Du entgegnest: »Nun, was spöttelst du denn dann über mich, wenn er in deinen Augen ebenso viel gilt wie in den meinen?« Willst du wissen, inwiefern dies nicht der Fall ist? Wenn der Reichtum mir entschwindet, so nimmt er mir nichts weg außer sich selbst; du aber wirst in solchem Falle außer dir sein und dir selbst wie verloren vorkommen, wenn er dich verlassen hat; bei mir gilt der Reichtum bis zu einem gewissen Grade, bei dir gilt er alles; kurz, ich bin Herr des Reichtums, du sein Sklave.

23. Lass also ab davon, den Philosophen das Geld zu verbieten. Niemand hat die Weisheit zur Armut verdammt. Der Philosoph mag reiche Schätze besitzen, aber Schätze, die niemandem abgepresst und nicht mit fremdem Blut befleckt sind, Schätze, die ohne Unrecht gegen irgendjemand, ohne schmutzige Zugriffe erworben, Schätze, deren Abgang sich ebenso vollzieht wie ihr Zugang und über die niemand Ach und Weh ruft außer dem boshaften Neider. Häufe sie auf, so viel du willst, sie machen dir keine Schande; sie haben vieles an sich, was jeder gern sein nennen möchte, aber nichts, was irgendeinem ein Recht geben könnte, es sein zu nennen. Er, der Weise, wird die Gunst des Glückes nicht von sich weisen und wird sich des ehrbar erworbenen Erbgutes weder rühmen noch schämen. Indes kann er doch auch Grund finden, sich zu rühmen, wenn er sein Haus öffnet und der gesamten Bürgerschaft Zutritt gewährt und sagen kann: »Was ein jeder als das Seine erkennt, das kann er mitnehmen.« Welch hochstehender Mann, welches Muster eines Reichen, wenn er nach dieser Aufforderung um keinen Groschen ärmer ist! Das soll so viel heißen wie: Wenn er allem Volk die Durchsuchung gestattet, wenn niemand bei ihm etwas fand, was er mit Beschlag belegen könnte, so kann er kühn und vor aller Augen seines Reichtums sich freuen. Der Weise lässt keinen Denar über seine Schwelle kommen, an dem ein Makel haftet, wird

aber anderseits auch reiche Schätze als Gabe des Glückes und Frucht seiner Tugend nicht zurückweisen und ihnen die Tür verschließen. Denn warum sollte er ihnen denn nicht eine gute Unterkunft gönnen? Lasst sie nur kommen, sie sollen gute Aufnahme finden. Er wird mit ihnen weder prahlen noch sie verstecken – das Eine würde von Albernheit, das Andere von Furcht und Engherzigkeit zeugen, als hielte er eine große Kostbarkeit ängstlich unter seinem Gewand an die Brust gedrückt –; auch wird er sie, wie gesagt, nicht aus dem Hause hinauswerfen. Denn was sollte er denn zu seiner Rechtfertigung sagen? Etwa »Ihr seid mir nichts nütze« oder »Ich verstehe mich nicht auf Verwendung des Reichtums«? Wie er wohl imstande sein wird, einen Weg zu Fuß zurückzulegen, aber doch es vorziehen würde einen Wagen zu benutzen, so wird er zwar imstande sein sich der Vernunft zu fügen, aber doch den Wunsch haben, reich zu sein. Er wird also den Besitz reicher Mittel nicht abweisen, sie aber als unzuverlässige und flüchtige Gaben ansehen und es nicht dazu kommen lassen, dass sie irgendeinem anderen oder ihm selbst beschwerlich werden. Er wird seine Hand auftun – was spitzt ihr die Ohren? was schielt ihr nach dem Goldregen? – er wird seine Hand auftun für rechtschaffene Leute oder für solche, die er dazu machen kann; er wird seine Habe austeilen mit gewissenhafter Auswahl der Würdigsten, immer in dem vollen Bewusstsein, dass er Rechenschaft ablegen muss über Ausgaben so gut wie über Einnahmen, wird sie nie austeilen ohne berechtigte und billigenswerte Gründe – denn wenn ein Geschenk an den Unrechten kommt, so ist das eine Art schimpflicher Bankerott –, er wird offene, aber nicht durchlöcherte Taschen haben, aus denen viel herausgeht, aber nichts herausfällt.

24. Es ist ein Irrtum, zu glauben, das Schenken sei eine leichte Sache: Die Sache hat vielmehr ihre großen Schwierigkeiten, wenn anders die Grabe aufgrund reiflicher Überlegung erfolgen und nicht nach Zufall oder plötzlicher Laune verschleudert werden soll. Die

einen verpflichte ich mir im Voraus zu Dank, den anderen vergelte ich, was ich empfangen; dem einen helfe ich aus, weil er es nicht verdient von der Armut erniedrigt und, wenn einmal von ihr befallen, in ihr festgehalten zu werden; manchen wiederum werde ich nichts geben trotz bestehenden Mangels, weil, wenn ich gebe, der Mangel doch gleich wieder da sein wird; manchen werde ich's anbieten, einigen sogar aufdrängen. Nachlässigkeit in dieser Beziehung ist mir unmöglich: Niemals führe ich sorgfältiger Buch, als wenn es sich um Geschenke handelt. »Wie?«, bemerkst du, »schenkst du denn in Erwartung von Entgelt?« Nein, aber ich will auch nicht völlig darauf verzichten. Mein Geschenk soll von der Art sein, dass es zwar nicht zurückgefordert werden darf, aber eine Vergeltung möglich macht. Mit einer Wohltat soll es so bestellt sein, wie mit einem tiefvergrabenen Schatz: Man darf ihn nicht eher ausgraben, als bis die Not dazu zwingt. Ferner, das Haus des Reichen selbst, wie viel Anlass zum Wohltun bietet es! Denn wer sollte die Freigebigkeit nur auf die Vollbürger beschränken? Den Menschen als solchen mich nützlich zu erweisen befiehlt mir die Natur: Ob sie Sklaven sind oder Freie, freigeboren oder freigelassen, ob sie ihre Freiheit auf dem Rechtsweg erworben haben oder durch das Wohlwollen von Freunden – was kommt darauf an? Überall, wo es Menschen gibt, hat auch die Wohltätigkeit ihre Stätte. Es kann das Geld auch innerhalb des Hauses verwendet werden und zu einer Schule der Freigebigkeit werden, die ihren Namen nicht daher hat, dass die Freien auf sie Anspruch haben, sondern daher, dass sie ihren Ursprung in einer freien Seele hat. Sie wird in der Hand des Weisen niemals an Schurken und Unwürdige verschwendet, noch ist sie jemals auf ihren verschlungenen Wegen so ermattet, dass sie nicht, so oft sie auf einen Würdigen trifft, wieder wie ein frischer Quell sprudelte.

Fasset also nicht falsch auf, was die der Weisheit Beflissenen so ehrenwert, tapfer und mutig kundtun, und vor allem vergesset nicht: Etwas anderes ist, wer sich der Weisheit befleißigt, etwas anderes, wer bereits im Besitz der Weisheit ist. Jener wird dir sagen: »Meine Worte klingen sehr schön, aber noch stecke ich tief im Schlamm; du darfst mich nicht allzu streng beim Worte nehmen: Nach Kräften fördere ich mich, bilde ich mich und strebe hinauf zu einem hohen Ideal; erst wenn ich so weit fortgeschritten bin, als ich mir vorgenommen, erst dann verlange, dass mein Tun meinen Worten entspricht!« Wer aber bereits auf der Höhe menschlicher Tugendhaftigkeit steht, der wird sich anders zu dir stellen und sagen: »Erstens bist du nicht der Mann danach, dir zu erlauben, über Bessere ein Urteil zu fällen; ich habe bereits – und das ist ein Beweis, dass ich nicht fehlgehe – die Erfahrung gemacht, dass ich den bösen Menschen missfalle. Um dir jedoch Rede zu stehen, der ich mich keinem Menschen gegenüber entziehe, so vernimm, was ich verspreche und welchen Wert ich jedem Dinge beilege. Der Reichtum, behaupte ich, ist kein Gut; denn wäre er das, so würde er die Menschen gut machen. Tatsächlich aber findet er sich auch bei Schurken, und darum darf man ihn nicht ein Gut nennen. Und so spreche ich ihm denn diesen Namen ab. Gleichwohl gebe ich zu, dass man ihn haben darf, dass er nützlich ist und großen Vorteil für das Leben mit sich führt.

25. Wir sind also beiderseits darüber einverstanden, dass man sich des Reichtums nicht zu schämen brauche. So vernehmt denn nun, warum ich ihn gleichwohl nicht zu den Gütern rechne, und wie verschieden von den euern die Vorteile sind, die ich ihm abgewinne. Stelle dir vor, ich wäre Herr des glänzendsten Hauses, umgeben von lauter Gold- und Silbergeschirr: Ich werde mir nichts einbilden auf diese Herrlichkeiten, die zwar rings um mich sind, aber nicht in mir. Bringe mich dagegen auf die Pfahlbrücke und reihe mich in die Schar der Bettler ein: Ich werde deshalb nicht verächtlicher von mir denken, wenn ich meinen Platz unter denen habe, die ihre Hand nach einem Pfennig ausstrecken. Was macht es denn aus, ob ich keinen Bissen Brot mehr habe, wenn ich die Möglichkeit habe zu sterben? Wie steht es nun also? Ich ziehe jenes glänzende Haus der Brücke vor. Denke dir mich umgeben von glänzendem Gerät

und in prachtstrotzender Zimmereinrichtung: Ich werde mir nicht glücklicher vorkommen, wenn ich einen schmiegsamen Mantel trage, wenn meine Gäste auf Purpurdecken ruhen. Weise mir eine andere Matratze an: Ich werde nicht unglücklicher sein, wenn mein müder Hals auf einem Bündel Heu ruht, oder wenn ich auf einem Zirkuskissen sitze, dessen Füllung durch die zersprungenen Nähte der alten Leinwand hervorquillt. Wie steht es nun? Lieber will ich in feiner Kleidung und geschmückt Zeugnis ablegen von meiner inneren Welt als mit nackten oder halb bedeckten Schulterblättern. Gesetzt, alle Tage verliefen mir nach Wunsch, ein Freudentag reihe sich an den anderen: Das soll mir kein Grund zur Selbstzufriedenheit sein. Lass dagegen diese Gunst der Zeit ins Gegenteil umschlagen, lass mein Gemüt von Verlust, Trauer, Bitternissen aller Art erschüttert werden, lass keine Stunde vergehen ohne irgendwelche Klage: Ich werde doch allem Übel zum Trotz mich nicht unglücklich nennen, werde deshalb nicht einen einzigen Tag verwünschen; denn ich habe mich vorgesehen, dass mir kein Tag zum Unglückstag werde. Wie steht es also? Lieber ist es mir, wenn ich in der Lage bin, meine Freude zu mäßigen, als wenn ich in die Lage komme, den Schmerz dämpfen zu müssen.«

So wird dir auch der große Sokrates sagen: »Mache mich zum Sieger über alle Nationen, lass mich auf dem prachtstrotzenden Bacchuswagen im Triumph vom Sonnenaufgang bis nach Theben fahren, lass die Könige der Erde mich als ihren obersten Richter anerkennen: Ich werde mich gerade dann am meisten als Mensch fühlen, wenn man mich allerseits als Gottheit begrüßt. Neben dieser erhabenen Höhe denke dir alsbald eine jähe Umwandlung: Man setzt mich auf einen nicht mir gehörigen Tragsessel, um den Triumphzug eines stolzen und rohen Siegers zu verherrlichen: Ich werde mich nicht erniedrigt fühlen, wenn ich hinter dem fremden Siegerwagen hergetragen werde, verglichen mit meinem früheren Standort. Wie steht es nun? Ich werde gleichwohl lieber Sieger als Gefangener sein. Das ganze Reich des Schicksals ist in meinen Augen nichtig; aber, habe ich die Wahl, so entscheide ich mich für das Günstigere. Was mich auch trifft, es soll mir recht sein; aber lieber wünsche ich mir doch das Leichtere und Angenehme und für den Betreffenden weniger Beschwerliche. Denn glaube ja nicht, es gebe irgendeine Tugend, die keine Anstrengung erfordere; aber die eine bedarf des Sporns, die andere des Zügels. Wie der Körper bei abschüssigen Stellen zurückgehalten, bei Erklimmung steiler Höhen angetrieben werden muss, so haben gewisse Tugenden eine abschüssige, andere eine ansteigende Bahn. Kein Zweifel: Alle Tugenden, die im Kampfe liegen mit den Härten des Schicksals und die Macht desselben zu brechen wissen, als da sind Geduld, Tapferkeit, Beharrungskraft, müssen aufwärts klimmen, müssen sich stemmen und im Widerstand abmühen; und ist es nicht anderseits ebenso ersichtlich, dass Freigebigkeit, Mäßigung und Mildherzigkeit ihre Richtung nach abwärts haben? Bei diesen Letzteren zügeln wir unseren Seelendrang, um Überstürzung zu verhüten; bei den Ersteren muntern wir ihn auf und spornen ihn auf das Schärfste an. Bei Armut also kommen jene kampfeslustigen, mehr der Tapferkeit huldigenden Tugenden in Betracht, bei Reichtum jene bedachtsameren, die den Schritt verlangsamen und den eigenen Drang hemmen. Was nun mein Verhältnis zu diesen beiden betrifft, so wünsche ich mir lieber diejenigen, die einer ruhigen Ausübung bedürfen, als diejenigen, deren Bewährung Blut und Schweiß fordert. Also – spricht der Weise – steht die Sache nicht so, dass ich anders lebe als rede, sondern ihr versteht es nur anders; nur der Schall der Worte trifft euer Ohr: Nach ihrer Bedeutung fragt ihr nicht.«

26. »Welcher Unterschied also besteht zwischen mir, dem Toren, und dir, dem Weisen, wenn wir beide doch Wert auf Besitz legen?« Ein sehr erheblicher: Bei dem Weisen ist der Reichtum nichts weiter als Sklave, bei dem Toren macht er sich zum Herrn. Der Weise gestattet dem Reichtum nichts, euch gestattet der Reichtum alles. Ihr gebärdet euch, als hätte euch irgendjemand den ewigen Besitz

desselben zugesagt: Ihr gewöhnt euch an ihn und verwachst mit ihm. Der Weise dagegen denkt gerade dann am angelegentlichsten an die Armut, wenn er sozusagen im Reichtum schwimmt. Niemals traut der Feldherr dem Frieden in dem Maße, dass er sich nicht bereit hielte für den Krieg, der, wenn er auch nicht zum Ausbruch kommt, doch angekündigt ist. Euch macht ein schöner Palast übermütig, als könnte er nicht durch Brand oder Einsturz vernichtet werden; euch raubt die Fülle des Besitzes jede Besinnung, als wäre er jeder Gefahr überhoben und viel zu groß, um dem Schicksal die Macht zu geben, damit aufzuräumen. Dem Müßiggang hingegeben, spielt ihr mit euerm Reichtum, ohne an die Gefahr zu denken, in der eben dieser Reichtum schwebt, ähnlich den Barbaren, die, von Feinden belagert und meist unkundig der Kraft der Maschinen, müßig der Arbeit der Belagerer zuschauen ohne jede Ahnung von dem Zweck dessen, was in der Ferne vorbereitet wird. Ebenso steht es mit euch: Ihr duselt dahin in eurer Umgebung, ohne an die Unfälle zu denken, die euch bedrohen und bald kostbare Beute davontragen werden. Wie anders beim Weisen: Wer ihm seinen Reichtum raubt, der muss ihm doch all das Seinige lassen; lebt er doch der Gegenwart froh und um die Zukunft unbekümmert. »Nichts«, sagt der große Sokrates oder wer sonst gegen menschliche Zufälle so gewappnet und selbstherrlich ist, »nichts habe ich mir fester zum Grundsatz gemacht, als meine Lebensführung nicht nach euren Vorurteilen zu gestalten. Lasst eure gewohnten Reden von allen Seiten mich umtönen: Ich sehe darin keine Schmähungen, sondern nur das Geschrei von Kindern, die sich in elender Lage befinden.« So spricht der Mann, der der Weisheit teilhaftig geworden, den reines und schuldloses Gemüt zum Tadel gegen andere treibt, nicht, weil er sie hasst, sondern weil er sie bessern will. Er wird dem noch Folgendes zufügen: »Was eure Meinung über mich anlangt, so bekümmert sie mich nicht um meinetwillen, sondern um euretwillen; denn seinen Hass und seine Feindschaft gegen die Tugend durch Schreien kundzugeben, heißt jeder vernünftigen Hoffnung den Abschied geben. Ihr tut mir kein Leid an, so wenig wie den Göttern die, die ihre Altäre umstürzen. Aber der böse Vorsatz und die schlimme Absicht leuchtet doch durch auch da, wo sie nicht schaden kann. So lasse ich mir eure Irrreden gefallen, wie Jupiter, der große, allmächtige, die Albernheiten der Dichter über sich ergehen lässt, von denen der eine ihm Flügel andichtet, der andere Hörner, der eine ihn als Ehebrecher und Nachtschwärmer einführt, der andere als grimmigen Gegner der Götter oder auch als Feind der Menschen, der eine als Räuber von freigeborenen und noch dazu ihm verwandten Jünglingen, der andere als Vatermörder und als Eroberer des nicht ihm, sondern seinem Vater gehörigen Reiches: Frechheiten, die nichts anderes zur Folge hatten, als dass den Menschen die Scham vor der Sünde abhandenkam, wenn sie den Göttern derartiges zutrauten. Allein obschon mir diese Lästerungen nichts anhaben, so richte ich doch um euretwillen an euch die Mahnung: Habet Achtung vor der Tugend, glaubet denen, die als bewährte Jünger derselben laut bekennen, es sei etwas Großes und von Tag zu Tag als solches sich in immer größerem Maße Offenbarendes, dem sie nachstrebten. Ehret sie selbst gleich den Göttern und ihre Lehrer gleich den Priestern, und so oft dieser heilige Name erklingt, verfallet in ehrfurchtsvolles Schweigen. Dieser Spruch *(favete linguis)* hat nichts zu tun mit ›Gunst‹ *(favor)*, sondern gebietet Schweigen, damit die Opferhandlung dem heiligen Brauche gemäß vollzogen werden könne ohne Unterbrechung durch irgendwelches ungehörige Wort. Und viel mehr noch ist *euch* das Gebot von Nutzen, in voller Sammlung und mit Unterdrückung jedes Lautes zuzuhören, sobald von diesem Orakel der Tugend ein Spruch verkündet wird. Wenn einer, die Klapper schwingend, dem gebieterischen Brauche gemäß Lügen verkündet, wenn irgendeiner, der sich auf Tätowieren der Arme versteht, seine Arme und Schultern mit hoch erhobener Hand blutig ritzt, wenn irgendein altes Weib auf den Knien über den Weg kriechend ein Geheul anschlägt, oder ein Greis, mit Leinwand angetan, ein

Lorbeerbüschel und am hellen Tage eine Leuchte vor sich hertragend den Ruf erschallen lässt, irgendein Gott sei voll Zornes, da lauft ihr zusammen und horchet auf, und einer des anderen Betroffenheit verstärkend versichert ihr, das sei ein Gottbegeisterter.«

27. Horchet auf! Sokrates ist es, der euch von jenem Kerker aus, den er durch seinen Eintritt reinigte und dem er einen Rang verlieh, der den einer jeden Kurie überbietet – er ist es, der euch zuruft: »Was ist das für ein Wahnsinn, was ist das für ein Göttern wie Menschen feindseliges Gebaren, die Tugenden in Verruf zu bringen und das Heilige mit Lästerreden in den Staub zu ziehen? Bringt ihr es über euch, so preiset die Guten; wo nicht, so lasst sie zur Seite! Findet ihr Gefallen daran, euere widerwärtige Frechheit zu üben, so macht euch unter euch einer über den anderen her; denn wenn ihr euren Wahnwitz gegen den Himmel richtet, so begeht ihr zwar keinen Gottesfrevel, aber es ist verlorene Mühe. Ich habe vor Zeiten dem Aristophanes Stoff geboten zu allerlei Witzen; die ganze Schar der Komiker hat ihre giftige Lauge über mich ausgegossen: Zu strahlendem Glanze wird meine Tugend gebracht durch eben die Angriffe, die auf ihre Verunglimpfung berechnet waren; denn es ist vorteilhaft für die Tugend, der Welt vorgeführt und geprüft zu werden, und niemand erkennt besser ihren Wert als diejenigen, die durch Angriffe auf sie ihre Kraft zu fühlen bekommen haben: Die Härte des Kiesels ist niemandem besser bekannt als denen, die auf ihn schlagen. Ich darf mich vergleichen einem einsamen Fels in seichtem Meeresgrund, den die Wogen, von allen Seiten andringend, unaufhörlich peitschen, ohne ihn doch von der Stelle zu rücken oder durch den im Laufe so vieler Menschenalter oft wiederholten Anprall zum Abbröckeln zu bringen. Springet nur heran, umstürmt mich mit euren Angriffen: Meine Beharrungskraft soll Siegerin über euch bleiben. Was fest und unüberwindlich ist, an dem probiert alles, was dagegen anstürmt, seine Kraft nur zum eigenen Unheil: Suchet euch also einen weichen und fügsamen Stoff,

in dem euere Pfeile haften können. Ihr aber habt Zeit genug, anderer Fehler aufzuspüren und über irgendeinen abzusprechen mit den Worten: ›Was fängt dieser Philosoph mit seiner viel zu geräumigen Wohnung an? Warum schwelgt er in viel zu üppigen Mahlzeiten?‹ Die Hitzbläschen an anderen spürt ihr aus, ihr, die ihr selbst mit Geschwüren geradezu übersät seid. Das ist gerade, als wollte einer, den grässliche Krätze zum Gerippe macht, sich lustig machen über die kleinen Tüppelchen und Warzen, von denen auch die schönsten Körper nicht frei sind. Werft dem Platon vor, dass er um Geld gebeten, dem Aristoteles, dass er Geld angenommen, dem Demokrit, dass er sich nichts daraus gemacht hat, dem Epikur, dass er es verbrauchte, macht mir selbst den Umgang mit Alcibiades und Phädrus zum Vorwurf, ihr, für die es kein größeres Glück geben könnte, als zunächst einmal unsere Fehler nachzuahmen! Warum achtet ihr nicht lieber auf eure eigenen Fehler, deren Stiche ihr allerseits fühlt als teils mehr äußerlich störend, teils tief in den Eingeweiden brennend? Mag eure Selbsterkenntnis noch so unzureichend sein, es steht mit den menschlichen Dingen doch nicht so, dass euch Muße genug bliebe, um eure Zunge sich in Schmähungen ergehen zu lassen gegen Männer, die euch weit überlegen sind.

28. Das seht ihr nicht ein und nehmt eine Miene an, die wenig zu eurer Lage passt, ähnlich der jener zahlreichen Zuschauer im Zirkus oder im Theater, in deren Haus sich ein Todesfall ereignet hat, ohne dass sie noch eine Ahnung davon haben. Ich aber, von der Höhe herabschauend, sehe die Stürme, die entweder gegen euch im Anzug sind, um bald genug das Gewölk zu durchbrechen, oder schon unmittelbar über euch stehen, bereit, euch das Eurige zu rauben. Und wie denn? Treibt nicht auch jetzt schon, wenn ihr es auch noch nicht recht spürt, ein Wirbelwind eure Seelen im Kreise herum und reißt sie mit sich, sie, die das Nämliche bald fliehen, bald zu erhaschen suchen, bald himmelhoch gehoben, bald in die unterste Tiefe hinabgestoßen?«

Von der Muße

An Serenus

I. Massengeselligkeit ist durch die Wucht der Einstimmigkeit für uns eine Schule der Fehler. Mögen wir auch sonst nichts für unser Seelenheil tun, die Abgeschiedenheit ist doch an und für sich schon von Nutzen: Wir werden uns bessern, wenn wir vereinzelt sind. Können wir uns doch beschränken auf den Umgang mit den trefflichsten Männern und uns ein Muster auserwählen, nach dem wir uns in unserer Lebensführung richten, eine Möglichkeit, die uns nur durch die Abgeschiedenheit vom Geschäftsleben gewährt wird. Nur dann kann man sich das zu eigen machen, was einmal unseren Beifall gefunden hat, wenn sich niemand dazwischen schiebt, der unser noch nicht zum festen Grundsatz gewordenes Urteil unter Beihilfe des großen Haufens in andere Bahnen lenkt; dann kann das Leben in gleichmäßigem und einheitlichem Zuge fortschreiten, das wir gemeinhin durch die sich widersprechendsten Vorsätze in Zwiespalt mit sich bringen; denn unter den sonstigen Übeln ist dies das schlimmste, dass wir mit den Fehlern selbst wechseln. So entgeht uns selbst der immerhin verhältnismäßige Vorteil, bei einem uns schon vertraut gewordenen Übel zu bleiben. Bald gefällt uns dies, bald wieder jenes, weil unser Urteil nicht nur verkehrt, sondern auch jedem Windzug preisgegeben ist: Den Wogen gleich schwanken wir hin und her und greifen bald nach diesem, bald wieder nach jenem; was wir gesucht, geben wir auf, und das Aufgegebene suchen wir wieder; es ist ein beständiger Wechsel von Begierde und Reue. Denn wir hängen ganz ab von dem Urteil anderer, und das Beste in unseren Augen ist das, was recht zahlreiche Bewerber und Lobredner hat, nicht das, was lobwürdig und erstrebenswert ist, wie denn unser Urteil über Tauglichkeit und Untauglichkeit des Weges sich nicht bestimmt nach dessen tatsächlicher Beschaffenheit, sondern nach der Menge der Fußspuren, von denen keine nach rückwärts weisen.

Du wirst mir erwidern: »Was fällt dir ein, Seneca? Du trennst dich von deiner Partei? Behauptet ihr Stoiker doch sonst aufs Bestimmteste: ›Bis zum letzten Lebenshauch werden wir tätig sein, werden nicht ablassen, für das Gemeinwohl zu arbeiten, den Einzelnen beizustehen, selbst den Feinden hilfreich zu sein mit lindernder Hand. Wir sind's, die keinem Alter die Arbeit ersparen und die, nach dem Worte des redegewaltigen Dichters,

»drücken des Greisen Haupt mit dem Helm«.

Wir sind's, bei denen es vor dem Tode nichts gibt, was nach Müßiggang aussieht, ja bei denen, wenn irgend möglich, sogar der Tod selbst jeden Gedanken an Müßiggang abweist‹. Was kommst du uns mit den Lehren Epikurs mitten unter den Grundsätzen Zenons? Warum gehst du nicht frisch und frank, wenn dir deine Partei nicht mehr behagt, zu den Gegnern über, statt an ihr zum Verräter zu werden?«

Darauf erwidere ich dir zunächst: »Forderst du etwa mehr von mir, als dass ich mich meinen Führern und Vorgängern ähnlich erweise? Wie steht's denn damit? Ich halte den Weg ein, auf den sie mich nicht etwa nur hingewiesen haben, sondern auf dem sie selbst meine Führer gewesen sind.«

2. Jetzt will ich dir beweisen, dass ich den Lehren der Stoiker nicht untreu werde; sind sie doch auch selbst nicht ihnen untreu geworden; und doch wäre ich durchaus entschuldigt, wenn ich auch nicht ihren Lehren folgte, sondern ihrem Beispiel. Ich will meine Behauptung nach zwei Seiten hin durchführen: Erstens werde ich zeigen, dass man schon von früher Jugend an sich ganz der Betrachtung der Wahrheit widmen, die leitenden Grundsätze für das Leben erforschen und sie für seine Person ausüben kann; sodann dass man gleichsam als ausgedienter Soldat, in vorgerücktesten Jahren, mit bestem Rechte dies tun und es auf andere, fähige Geister übertragen könne nach Art der Vestalischen Jungfrauen, die nach Maßgabe ihres Alters in ihren Dienstleistungen wechseln, indem sie zuerst die heiligen Bräuche vollziehen lernen, um dann, wenn sie dies erlernt haben, selbst als Lehrerinnen dafür zu wirken.

3. Ich will beweisen, dass die Stoiker gerade so denken; nicht, als hätte ich es mir zum Gesetz gemacht, mir nichts zu erlauben, was gegen ein Wort des Zenon oder Chrysippus verstößt, sondern weil die Sache selbst mir erlaubt, ihrer Meinung beizutreten; wäre doch, wer stets nur der Ansicht eines Einzigen folgt, kein Senator, sondern ein bloßer Parteimann. Wäre doch alle Weisheit schon in unserer Gewalt, läge die Wahrheit doch offen zutage, und hätten wir doch nicht nötig, irgendeinen unserer Lehrsätze zu ändern! Tatsächlich aber steht es so, dass wir die Wahrheit suchen nicht anders als unsere Lehrmeister.

Es sind vor allem zwei Schulen, die miteinander in Streit liegen, die der Epikureer und Stoiker; aber beide empfehlen die Muße, wenn auch in verschiedenem Sinn. Epikur sagt: »Der Weise wird sich von der staatsmännischen Tätigkeit fernhalten, es müsste denn irgendwelche Zwangslage eintreten.« Zenon sagt: »Der Weise wird in den Staatsdienst eintreten, es müsste denn irgendein Hindernis vorliegen.« Der eine fordert grundsätzlich die Muße, der andere nach Lage der Sache. Sachlage aber ist hier ein sehr weiter Begriff.

Ist der Staat zu verdorben, um ihm noch aufzuhelfen, ist er eine Beute der Schurken, dann wird sich der Weise nicht vergeblich ins Zeug werfen und sich nutzlos opfern; besitzt er nicht Ansehen oder Kraft genug und wird er auf die öffentliche Tätigkeit verzichten müssen, wenn seine Gesundheit ihn hindert, so wird er den für ihn nach seiner sicheren Überzeugung ungangbaren Weg nicht einschlagen, so wenig wie er ein leckes Schiff den Wogen anvertrauen würde, oder so wenig wie ein Leibesschwächling sich in die Liste für den Kriegsdienst eintragen lassen würde. Und so kann denn auch der, welcher noch völlig freie Hand über sein künftiges Leben hat, vor Bestehen irgendwelchen Sturmes sich einen sicheren Standpunkt wählen, kann sich von vornherein den edlen Geistesbestrebungen widmen und sich der unverkürzten Muße hingeben, ein begeisterter Pfleger der Tugenden, die auch im ruhigsten Dasein geübt werden können. Denn was vom Menschen verlangt wird, ist dies, dass er den Mitmenschen nütze, womöglich recht vielen, wo nicht, wenigen, wo nicht, den nächststehenden, und wo auch dies nicht möglich, sich selbst. Denn wenn er sich den anderen nützlich erweist, fördert er das allgemeine Wohl. Wie jeder, der durch eigene Schuld herabsinkt, nicht nur sich selbst schadet, sondern auch allen denen, welchen er als gebesserter Mensch hätte nützen können, so macht sich jeder, der sich selbst in Zucht hält, eben dadurch auch um andere verdient, dass er auf künftigen Nutzen für jene anderen bedacht ist.

4. Lassen wir zwei Gemeinwesen uns vor die Seele treten, das Eine groß und wahrhaft allgemein, das Götter und Menschen umfasst, wo unser Blick nicht an diesem oder jenem Eckchen haftet, sondern wo uns zum Ausmaß des Ganzen die Sonne dient, das Andere, an das uns der Zufall unserer Geburt gebunden hat; das mag entweder Athen oder Karthago oder sonst welche Stadt sein, die nicht der gesamten Menschheit, sondern nur einem bestimmten Teil gehört. Einige wenden ihre Tätigkeit zur nämlichen Zeit beiden Gemeinwe-

sen zu, dem größeren wie dem kleineren, einige nur dem kleineren, einige nur dem größeren. Diesem größeren Gemeinwesen können wir auch im Ruhestand dienen, ja vielleicht im Ruhestand noch besser, beschäftigt mit den Fragen: Was ist das Wesen der Tugend? Gibt es nur eine oder mehrere? Ist es die Natur oder Erziehungskunst, die die Menschen tugendhaft macht? Ist es nur ein einziges Ganzes, das Meere und, Länder samt allem, was in Meer und Land enthalten ist, umfasst, oder hat die Gottheit viele Weltkörper dieser Art umhergestreut? Ist die Materie, aus der alles Erzeugte hervorgeht, durchweg stetig und gehaltvoll, oder ist sie gespalten und wechselt Leeres mit Festem? Wie steht's mit der Gottheit? Schaut sie tatenlos ihrem Werke zu, oder legt sie selbst Hand an? Ist sie nur von außen rings um das Ganze herumgespannt, oder durchdringt sie auch das ganze Innere? Ist die Welt unvergänglich, oder gehört sie zu dem Hinfälligen und zeitlich Begrenzten? Wer derartige Betrachtungen anstellt, was leistet er der Gottheit? Dies, dass seine erhabenen Werke eines Zeugen nicht entbehren.

5. Ein uns ganz geläufiger Lehrsatz besagt, es sei das höchste Gut, naturgemäß zu leben: Die Natur hat uns zu beidem geschaffen, zum Betrachten wie zum Handeln. Jetzt soll das Erstere Gegenstand unserer beweisenden Erörterung sein. Wie steht's damit? Liegt der Beweis nicht zutage? Frage sich nur ein jeder, welcher lebhafte Drang in ihm liegt, Unbekanntes kennenzulernen, wie ihn jede sagenhafte Kunde aufregt. Manche wagen sich hinaus aufs Meer und nehmen die Beschwerden einer wenn auch noch so weiten Reise auf sich, einzig um den Lohn, etwas Verborgenes und weit Entferntes kennenzulernen. Dieser Drang ist es auch, der die Volksmassen zu Schaustellungen versammelt, der mit zwingender Gewalt dazu treibt, das Verschlossene auszuspähen, das Geheime auszuforschen, Altertümer aus der Verborgenheit hervorzuziehen, sich Kunde zu verschaffen von den Sitten barbarischer Völker. Die Natur hat uns einen wissbegierigen Geist gegeben; und, ihrer

Kunst und Schönheit sich bewusst, hat sie als Erzeugerin uns zu Zuschauern des großartigen Weltschauspiels gemacht; denn sie hätte sich um den Lohn ihrer Schaffensmühe gebracht, wenn sie so Großes, so Herrliches, so feinsinnig Geordnetes, so Prachtvolles, so vielseitig Schönes einer leblosen Einöde dargeboten hätte. Um dich zu überzeugen von ihrer Absicht, eingehend betrachtet und nicht bloß eines flüchtigen Blickes gewürdigt zu werden, achte darauf, welchen Platz sie uns angewiesen hat: In ihre Mitte hat sie uns gestellt und uns ringsum einen freien Umblick über alles gewährt; nicht nur die aufrechte Stellung hat sie dem Menschen verliehen, sondern, um ihn tauglich zum Überschauen zu machen, auf dass er den Lauf der Gestirne von ihrem Aufgang bis zu ihrem Untergang verfolgen und seinen Blick den Umschwung des Ganzen begleiten lassen könne, hat sie ihm auch ein nach oben gerichtetes Haupt gegeben und es auf einen biegsamen Hals gesetzt. Indem sie ihn ferner des Tages durch je sechs und des Nachts wieder durch je sechs Sternbilder hindurchführt, hat sie Sorge getragen, keinen ihrer Teile seiner Betrachtung zu entziehen, um durch das, was sie seinem Auge dargeboten, auch das Verlangen rege zu machen nach der Kenntnis des Übrigen. Denn wir sehen einesteils nicht alles, anderseits sehen wir es nicht in seiner natürlichen Größe; aber unser Scharfblick erschließt uns den Weg zur Erforschung und legt den Grund zur Erkenntnis der Wahrheit, dergestalt, dass die Forschung von dem Augenscheinlichen übergeht zu dem Dunkelen und etwas findet, das älter ist als die Welt: Von wannen diese Gestirne ausgegangen, wie es mit dem Weltall bestellt gewesen sei, bevor es sich in seine Teile sonderte, welcher Plan zur Scheidung des Verkehrten und Verworrenen geführt habe; wer den Dingen ihre Stellen angewiesen habe, ob das Schwere durch seine eigene Natur herabgesunken sei, das Leichte im Fluge emporgestiegen sei, oder ob außer dem Eigentrieb und dem Gewicht der Körper irgendwelche höhere Kraft allem Einzelnen das Gesetz gegeben habe; ob etwas Wahres ist an dem besonders eindrucksvollen Beweis für die göttliche

Anlage des menschlichen Geistes, demzufolge ein Teil und gleichsam gewisse Funken der Sternenwelt auf die Erde übergesprungen und an einer ihnen nicht zugehörigen Stelle hängen geblieben seien. Unser Denkvermögen durchbricht die Bollwerke des Himmels und begnügt sich nicht, das zu wissen, was sich dem Auge darbietet. »Ich forsche«, sagt er, »nach dem, was jenseits der Welt liegt, ob es eine unendliche Öde sei, oder ob es auch seinerseits seine Grenzen habe; ich forsche nach der Beschaffenheit dessen, was außerhalb dieser unserer Welt liegt: Ist es ein formloses Durcheinander, nach jeder Seite hin sich gleich weit erstreckend, oder hat es eine gewisse Regelung erfahren; hängt es mit dieser unserer Welt zusammen, oder ist es weit von ihr getrennt und schwebt da in leerem Raum; sind es unteilbare Körperchen, durch die alles zustande kommt, was entstanden ist und sein wird, oder ist seine Masse in sich zusammenhängend und als Ganzes veränderlich? Sind die Elemente einander widerstreitend, oder stehen sie nicht miteinander im Kampf, sondern vereinigen sie ihre Wirkung nur aus verschiedenen Richtungen?« Ist es dem Menschen aufgegeben, seine Geisteskraft an der Lösung dieser Fragen zu erproben, so erwäge, wie kurz die ihm dazu vergönnte Zeit ist, auch wenn er diese Zeit ganz dafür in Anspruch nimmt und sich von ihr nicht das geringste Teilchen durch Nachgiebigkeit entreißen oder durch Unachtsamkeit entgehen lässt. Mag der Mensch auch noch so sehr mit seinen Stunden geizen, mag er es auch bis an die Grenzen menschlicher Lebensdauer bringen, mag auch das Schicksal ihn vor jeder Störung dessen, wozu er von Natur bestimmt ist, bewahren, er ist gleichwohl eben als Mensch für die Erkenntnis des Unsterblichen allzu sehr Sterblicher. So lebe ich denn der Natur gemäß, wenn ich mich ganz dieser Erkenntnis hingegeben habe, wenn ich ihr Bewunderer und Verehrer bin. Die Natur aber hat mich für beide Aufgaben bestimmt, für das tätige Leben und für die denkende Betrachtung. Beides vollziehe ich; denn auch die denkende Betrachtung ist nicht ohne Tätigkeit.

6. »Aber«, wendest du ein, »es kommt darauf an, ob du dich dieser Tätigkeit widmest aus reiner Lust an ihr, ohne etwas anderes dabei zu fordern als eben die Betrachtung ohne Unterbrechung und ohne Aufhören; denn sie ist reizvoll und hat etwas Verführerisches.« Darauf erwidere ich dir: Ebenso kommt es beim bürgerlichen Geschäftsleben auf dein inneres Verhältnis zur Sache an, ob du nämlich in beständiger Hast und Unruhe bist und dir keinen Augenblick Zeit gönnst, um dich von den menschlichen Angelegenheiten den göttlichen Dingen zuzuwenden. Wie es durchaus nicht zu billigen ist, sich nur auf die äußeren Dinge zu stürzen ohne eine Spur von Liebe zur Tugend und ohne Interesse für Pflege des Geistes, und ganz aufzugehen in weltlichen Bemühungen – denn beides muss gemischt und miteinander verbunden werden –, so ist die tatenlos an die Muße verschwendete Tugend ein unvollkommenes und brach liegendes Gut; denn sie lässt niemals eine Probe sehen von dem, was sie erkennend in sich aufgenommen hat. Wer möchte leugnen, dass die Tugend ihre Fortschritte durch Taten bewähren muss und sich nicht darauf beschränken darf, bloß mit dem Geiste zu erfassen, was zu tun sei, sondern endlich einmal auch Hand anlegen und das Wohlüberlegte zur Tat werden lassen muss? Allerdings, wenn es nicht an dem Weisen selbst liegt, dass er mit dem Handeln zurückhält, wenn es nicht an dem zum Handeln geneigten Mann fehlt, sondern an einem befriedigenden Feld der Tätigkeit, wirst du ihm dann wohl erlauben, sich ganz auf sich selbst zu beschränken? Welche Gesinnung treibt wohl den Weisen zur Hingabe an die Muße? Er weiß, dass er auch dann eine Tätigkeit entfalten wird, die der Nachwelt von Nutzen ist. Was mich wenigstens betrifft, so behaupte ich, dass sowohl Zeno wie Chrysipp höhere Aufgaben erfüllt haben, als wenn sie Armeen angeführt, Ehrenstellen bekleidet, Gesetze gegeben hätten: Haben sie doch Gesetze gegeben nicht für einen einzelnen Staat, sondern für das gesamte Menschengeschlecht. Warum sollte also für einen durch innere Tüchtigkeit hervorragenden Mann eine derartige Muße nicht an-

gemessen sein, die ihm dazu verhilft, künftigen Jahrhunderten Ordnungsregeln zu geben und seine Stimme nicht vor wenigen ertönen zu lassen, sondern vor der Völkerversammlung der ganzen Menschenwelt, der gegenwärtigen wie der zukünftigen? Schließlich frage ich, ob Kleanthes und Chrysipp und Zeno nicht nach ihren Lehren gelebt haben. Du wirst zweifellos antworten, sie hätten dem entsprechend gelebt, was sie als Lebensregel verkündet hatten; und doch hat sich keiner von ihnen mit Staatsverwaltung abgegeben. Du erwiderst: »Sie waren nicht in der Lage und in der angesehenen Stellung, die gemeinhin die Vorbedingung bildet für Zulassung zum öffentlichen Staatsdienst.« Aber nichtsdestoweniger haben diese Männer kein träges Leben geführt: Ihnen ist es gelungen, den Weg zu zeigen, wie die eigene Ruhe den Menschen mehr Nutzen bringen kann als das Hin- und Herrennen und die Abhetzung der anderen. So ist es denn gekommen, dass diese Männer, wenn sie auch keine staatsmännische Tätigkeit entfalten, gleichwohl den Eindruck machten, viel zuwege gebracht zu haben.

7. Zudem unterscheidet man drei Arten der Lebensführung und streitet gemeinhin darüber, welches die beste sei: Die eine hält es mit der Lust, die andere mit der denkenden Betrachtung, die Dritte mit der geschäftlichen Tätigkeit. Zunächst wollen wir unter Beiseitelassung jeder Streitsucht und Entfernung jedes Hassgefühls, mit dem wir unversöhnlich den Bekennern der gegnerischen Lebensauffassungen entgegenzutreten pflegen, uns vor Augen halten, wie dies alles unter verschiedenen Beziehungen doch auf das Nämliche hinausläuft: Weder verzichtet der, welcher der Lust huldigt, etwa ganz auf die denkende Betrachtung, noch der, der es mit der denkenden Betrachtung hält, auf die Lust; wie denn auch der, dessen Leben der Geschäftstätigkeit gewidmet ist, keineswegs völlig auf die denkende Betrachtung verzichtet. »Indes«, erwiderst du, »ist doch ein sehr erheblicher Unterschied, ob etwas das eigentliche Ziel oder nur eine Begleiterscheinung des anderen ist.« Allerdings mag das einen gro-

ßen Unterschied ausmachen; gleichwohl kann aber das Eine nicht ohne das Andere sein: Weder ist der denkende Betrachter ohne Tätigkeit noch der Geschäftsmann ohne denkende Betrachtung; ja auch jener Dritte, in dessen Verurteilung wir übereinstimmen, huldigt nicht der völlig untätigen Lust, sondern derjenigen, deren er sich durch vernünftige Überlegung auf die Dauer zu versichern weiß. So hält es denn selbst jene der Lust huldigende Philosophenschule mit der Tätigkeit. Warum sollte sie dies auch nicht? Sagt doch Epikur selbst, er werde ab und zu die Lust meiden, ja sogar dem Schmerz den Vorzug geben, nämlich dann, wenn entweder der Lust die Reue zu folgen droht oder man sich durch einen geringeren Schmerz einen schwereren erspart. Worauf zielen alle diese Bemerkungen ab? Sie sollen den Beweis liefern, dass die denkende Betrachtung den Beifall aller hat; für die einen ist sie das eigentliche Ziel, für uns (Stoiker) ist sie eine Station, nicht der Hafen.

8. Dazu achte noch darauf, dass man nach dem Grundsatz des Chrysippus in Muße leben darf, nicht etwa nur in dem Sinn, dass man sie nicht abzuweisen brauche, sondern in dem, dass man sie sich selber erkiest. Wir Stoiker sind weit entfernt, zu behaupten, der Weise werde sich jedem beliebigen Staatswesen widmen. Was aber macht es für einen Unterschied, auf welche Art und Weise der Weise zur Muße gelangt, ob deshalb, weil sich für ihn kein Staatswesen findet, oder deshalb, weil er selbst sich nicht in das Staatswesen findet, es müsste denn allenthalben sich ein wirkliches Gemeinwesen finden? Ein solches aber wird uns bei scharfen Anforderungen immer fehlen. Ich frage, welchem Staatwesen sich der Weise widmen soll, dem der Athener, wo ein Sokrates verurteilt wird, aus dem ein Aristoteles entfliehen muss, um sich der Verurteilung zu entziehen, wo die Gehässigkeit aller Tugend den Garaus macht? Du wirst nicht zugeben, dass der Weise sich einem solchen Staatswesen widmen werde. Wird sich also der Weise etwa in den Dienst des Karthagerstaates stellen wollen, wo ewiger Aufruhr herrscht und der

Freiheitssinn jedem Ehrenmann gefährlich wird, wo Recht und Sittlichkeit nichts gilt, wo gegen Feinde unmenschliche Grausamkeit und gegen die eigenen Bürger Feindseligkeit herrscht? Auch diesen Staat wird er meiden. Wollte ich sie alle, einen nach dem anderen, durchgehen, ich werde keinen finden, der sich den Weisen oder den der Weise sich gefallen lassen könnte. Findet sich nun nirgends jener Staat, der unserem Geiste vorschwebt, so tritt der Fall ein, dass die Muße für alle notwendig wird, weil sich nirgends dasjenige findet, das vor der Muße den Vorzug erhalten könnte. Wenn einer behauptet, es sei das Beste, zu Schiff zu gehen, dann aber die Warnung hinzufügt, man dürfe sich nicht auf ein Meer begeben, wo Schiffbrüche an der Tagesordnung und plötzliche Stürme die Regel sind, die dem Steuermann das Spiel gänzlich verderben, dann, glaube ich, verwehrt er mir die Anker zu lichten, wenngleich er die Seefahrt preist.

Von der Gemütsruhe

An Serenus

[Brief des Serenus an Seneca]

1. [Serenus]: Bei innerer Selbstschau, mein Seneca, machten sich mir gewisse Gebrechen bemerkbar, teils sichtlich und offen daliegend, wie mit Händen zu greifen, teils verborgener und versteckter Art, und noch andere, nicht anhaltender Art, sondern stoßweise wiederkehrend, und diese, darf ich sagen, sind die allerlästigsten, gleich streifenden Feinden, die nur die Gunst des Augenblicks zu einem Anfall benutzen, sodass man weder gerüstet sein kann wie im Kriege noch sorglos wie im Frieden. Und gerade dies ist der Zustand, auf dem ich mich überwiegend ertappe – denn warum sollte ich dir nicht als meinem Arzt die Wahrheit gestehen? – Weder unbedingt frei fühle ich mich von den Fehlern, die ich fürchtete und hasste, noch auch anderseits völlig in ihrer Gewalt. Ich befinde mich also, wenn auch nicht gerade in der schlimmsten, so doch in einer höchst kläglichen und verdrießlichen Lage: Ich bin weder krank noch gesund. Und komme mir nicht mit dem Einwand, zu jeder Vortrefflichkeit bilde ein schwacher Ansatz den Anfang, erst die Zeit bringe dauernden und festen Halt. Ich verkenne nicht, dass auch, was auf die äußere Herrlichkeit hinarbeitet, wie z. B. auf Ehrenämter, auf den Ruhm der Beredsamkeit, sowie auf alles, was von der Zustimmung anderer abhängt, nur durch gedul-

diges Ausharren sich durchsetzt – nicht nur, was uns wahre Kraft schafft, sondern auch jene Künste, die, um Gefallen zu erwecken, einer gewissen Schminke bedürfen, erfordern manches Jahr, bis die Länge der Zeit der Farbe allmählich Festigkeit und Dauer verleiht – allein ich fürchte, dass die Gewohnheit, diese Begründerin einer gewissen Beständigkeit im Verlauf der Dinge, diesen Fehler sich bei mir noch tiefer einwurzeln lässt: Langer Umgang macht uns dem Bösen wie dem Guten befreundet. Das eigentliche Wesen dieser zwiespältigen, weder entschieden zum Rechten noch zum Verkehrten sich neigenden Gemütsschwäche kann ich dir nicht mit einem Schlagwort klarmachen, sondern nur durch eine Reihe von Einzelheiten; ich will dir meine Zustände schildern; du magst den Namen für die Krankheit finden.

Ich bin großer Freund der Sparsamkeit, ich gesteh es. Mein Lager soll nicht durch prunkhafte Ausstattung Neid erregen, ich mag nichts wissen von einem Gewand, das man aus einem schmucken Kasten hervorholt und dem man durch aufgelegte Gewichte und tausenderlei Druckmittel einen erzwungenen Glanz gegeben hat; nein ich lobe mir ein einfaches Hauskleid, das weder zum Aufbewahren noch zum Anlegen besondere Sorge erfordert. Meine Mahlzeit soll keiner Dienerschaft bedürfen, weder zur Zubereitung noch zum Aufwarten und Zuschauen; sie soll nicht schon viele Tage vorher bestellt und vieler geschäftiger Hände Werk sein, sondern wohlfeil und leicht beschaffbar, nicht aus fernen Bezugsquellen mit vielen Kosten bereitet, sondern überall erhältlich, weder dem Vermögen noch dem Körper schädlich, nicht von der Art, dass sie den Eingangsweg auch zum Ausgangsweg hat.

Zum Diener wünsche ich mir einen schlichten Naturburschen, zudem wuchtiges Silbergeschirr, wie es mein das Landleben liebender Vater hatte, ohne aufgeprägten Künstlernamen, einen Tisch, der nicht durch reiche Maserung die Augen auf sich zieht und durch häufigen Besitzwechsel unter Prachtliebhabern stadtbekannt ist, sondern dem schlichten Gebrauche dienend, ohne eines Gastes besonderes Wohlgefallen zu erwecken oder seinen Neid zu erregen.

Doch so sehr ich mich dadurch befriedigt fühle, so werde ich doch an mir selbst wieder irre, wenn ich den Blick werfe auf die stattlichen Einrichtungen mancher großen Herren zur Ausbildung von Sklavenknaben, auf die tadellose Kleidung der Dienerschaft mit den Goldstickereien, prächtiger als bei Prozessionen, und auf die Schar strahlender Sklaven, ferner auf ein Haus, dessen Fußboden schon eine Kostbarkeit ist, das in allen Winkeln von Reichtum strotzt, ja dessen Dach sogar durch seinen Glanz die Blicke auf sich lenkt; dazu der Volkshaufe, der das durch die verschwenderische Pracht dem Ruin geweihte Erbgut umlagert und sich zur Begleitung aufdrängt. Dazu die Bewässerungsanlagen, die mit ihrem spiegelklaren Wasser den Speisesaal umrahmen! Was bedarf es weiterer Worte darüber sowie über die Mahlzeiten selbst, die dem Glanz dieser Aufmachungen entsprechen? Wenn ich so aus einer vermoderten Häuslichkeit komme, dann hat der Glanz dieser Prachtentfaltung etwas Verführerisches für mich und umgaukelt mich von allen Seiten, dann flimmert's mir vor den Augen, und eher noch kann ich mich *innerlich* fassen als den Blick erheben. So trete ich also den Rückzug an, nicht schlechter geworden, wohl aber betrübter, und bewege mich inmitten meiner armseligen Umgebung nicht mehr so selbstbewusst; ich fühle leise Gewissensbisse, und es beschleicht mich der Zweifel, ob jenes nicht vorzuziehen sei; nichts davon macht mich zu einem anderen Menschen, aber alles dies rüttelt doch an mir.

Ich entschließe mich, den Anweisungen meiner Lehrer zu folgen und mich mitten in den Strudel der Staatsgeschäfte zu stürzen. Dazu verleitet mich nicht etwa das Verlangen nach Ehrenstellen, nach dem Konsulat, nach Purpur oder Rutenbündeln, sondern der Wunsch, meinen Freunden, meinen Verwandten und allen meinen Mitbürgern, ja der ganzen Menschheit mich dienlicher und nützlicher zu machen. Festen Entschlusses und besonnen folge ich dem

Zeno, dem Kleanthes, dem Chrysippus, von denen indes doch keiner selbst sich auf Staatsgeschäfte einließ, obschon jeder von ihnen dazu mahnte. Hat irgendetwas mein Gemüt, das keine starken Stöße verträgt, erschüttert, begegnet mir, wie das im Leben so häufig der Fall ist, irgendetwas, was mir wider den Mann geht, oder will eine Sache nicht recht von der Stelle rücken, oder fordern irgendwelche Lappalien einen unverhältnismäßigen Zeitaufwand, dann wende ich mich der Muße zu, und dabei geht es mir wie den Tieren, selbst wenn sie ermüdet sind: Der Schritt nach der Heimstätte ist schneller; ich schließe mich behaglich in meine vier Wände ein: »Niemand soll mir fortab einen Tag rauben, denn er kann mir nichts geben, was an Wert dem entspräche: Der Geist vertiefe sich ganz in sich selbst, widme sich ganz dem eigenen Dienste, treibe nichts, was sich nicht auf ihn bezieht, nichts, was vor den Richter gehört; alles Verlangen sei nur auf die Ruhe gerichtet, die von Sorgen für Staat oder einzelne Bürger nichts weiß.«

Aber wenn dann wieder eine kräftigere Lektüre den Mut aufgerichtet und leuchtende Beispiele anstachelnd gewirkt haben, dann regt sich wieder der Trieb nach dem Forum: Dem einen möchte ich meine Stimme leihen, dem anderen meine Dienste, um, wenn es auch nichts nützt, doch wenigstens den Versuch zu machen, ihm zu nützen; auch den Übermut mancher im Glück sich Überhebenden möchte ich dort vor aller Öffentlichkeit demütigen.

Was die Studien anlangt, so meine ich, es sei wahrlich besser, die Dinge selbst scharf ins Auge zu fassen und um ihrer willen zu reden, die Worte aber aus der Sache hervorwachsen zu lassen, dergestalt, dass der frei gestaltete Vortrag den Anforderungen der Sache folgt. »Wozu bedarf es denn schriftlich ausgearbeiteter Reden? Was hat es denn auf sich mit deinem Streben, die Nachwelt nicht über dich schweigen zu lassen! Zum Sterben bist du geboren, ein stilles Leichenbegängnis erfordert weniger Umständlichkeiten. Daher bringe, um Zeit zu gewinnen, zum eigenen Nutzen, nicht zum tönenden Nachruhm, in einfacher Schreibart etwas zu Papier; wer für das Erfordernis des Tages schreibt, der erspart sich unnötige Mühe.«

Hat sich dann aber der Geist durch erhebende Gedanken wieder aufgerichtet, dann ist er ehrgeizig auf die Fassung der Worte bedacht, und seinem höheren Fluge entspricht auch das Verlangen nach eindrucksvollem Ausdruck und nach einer der Würde der Sache angemessenen Darstellung. Dann setze ich mich über Vorschrift und beschränkende Regel hinweg, überlasse mich einem höheren Schwung und rede gleichsam eine höhere Sprache.

Ich will nicht weiter ins Einzelne eingehen. Diese Unbeständigkeit einer an sich guten Sinnesweise werde ich in keiner Lebenslage los; ja ich fürchte, dass ich allmählich ganz vom Wege abkomme, oder, was noch besorgniserregender ist, dass ich einem Schwebenden gleiche, der herabfallen muss, oder dass es vielleicht noch schlimmer steht als es meinem Blicke erkennbar ist. Denn was uns selbst betrifft, das sehen wir immer mit parteiischem Auge an, und Voreingenommenheit schadet immer dem Urteil. Ich glaube, viele hätten zur Weisheit gelangen können, wenn sie nicht geglaubt hätten, sie hätten sie schon erreicht, und wenn sie sich nicht manche Fehler selbst verhehlt hätten, manche auch mit offenen Augen übersehen hätten. Denn man glaube ja nicht, es sei mehr fremde Schmeichelei als unsere eigene, die uns zugrunde richte. Wer wagt es, sich selbst die Wahrheit zu sagen? Wer hätte nicht mitten im umgebenden Gedränge von Lobhudlern und Schmeichlern sich selbst doch am meisten geschmeichelt? Ich bitte dich also: Wenn du ein Mittel hast, diesen meinen schwankenden Zustand zum Stillstand zu bringen, so halte mich für wert, dir meine Ruhe verdanken zu dürfen. Ich weiß: Diese meine Gemütsschwankungen sind nicht gefährlicher Art und arten nicht ins Stürmische aus. Soll ich durch ein der Sachlage wirklich entsprechendes Bild das, worüber ich klage, dir zum Ausdruck bringen: Es ist nicht ein Sturm, der mich schüttelt, sondern die Seekrankheit. Wie es auch immer damit stehen mag, befreie mich von dem Übel und leiste mir Hilfe, der ich, das Land vor Augen, Not leide.

2. [Seneca]: Glaube mir, mein Serenus, lange schon suche ich selbst im Stillen mir die Frage zu beantworten, womit ich einen Gemütszustand wie den Deinigen etwa vergleichen könnte, und ich finde kein passenderes Seitenstück dazu, als den Zustand derer, die nach überstandener langer und schwerer Krankheit ab und zu von kleinen Störungen und leichten Anfällen heimgesucht werden und, selbst wenn sie auch die Rückstände der eigentlichen Krankheit bereits überwunden haben, sich doch noch von Argwohn beunruhigt fühlen und, schon genesen, sich doch noch von den Ärzten den Puls fühlen lassen und in jeder Steigerung ihrer Körperwärme Anlass zu allerhand Quengeleien finden. Bei ihnen, mein Serenus, steht es nicht etwa so, dass der Körper nicht völlig gesund wäre, nein! Er hat sich nur noch nicht hinreichend an die Gesundheit gewöhnt: So zeigt auch das ruhige Meer noch eine gewisse zitternde Bewegung, wenn der Sturm sich gelegt hat. Es bedarf also bei dir nicht jener kräftigeren Mittel, über die wir bereits hinaus sind; du brauchst nicht dir selbst schroff entgegenzutreten, brauchst nicht in Zorn gegen dich auszubrechen, brauchst nicht die derbsten, die strengsten Seiten hervorzukehren, sondern musst, was allerdings erst zuletzt kommt, dir selbst vertrauen und glauben, dass du auf dem rechten Wege seiest, unbeirrt durch die nach allen möglichen Seiten hinweisenden Spuren zahlreicher anderer, darunter auch solcher, die überhaupt wie blind umhertappen. Das, wonach du sehnlichstes Verlangen trägst, ist aber etwas Großes, Erhabenes, nahezu Göttliches, nämlich Unerschütterlichkeit. Diese Bestandesfestigkeit der Seele nennen die Griechen Euthymia (Wohlgemutheit), über die es eine vortreffliche Schrift des Demokrit gibt. Ich nenne sie Gemütsruhe, denn es ist nicht nötig, die Worte formgetreu nachzuahmen und zu übertragen; die Sache selbst, um die es sich handelt, muss mit einem passenden Ausdruck

bezeichnet werden, der die griechische Benennung der Bedeutung nach wiedergibt, nicht der äußeren Form nach.

Unsere Frage geht also dahin, wie man der Seele zu einem gleichmäßigen und heilsamen Gange verhelfen kann, dergestalt, dass sie in bestem Einvernehmen mit sich stehe und ihre Freude an sich selbst habe und diese Freude nicht unterbreche, sondern immer im Zustand friedlicher Ruhe verharre, sich weder überhebend noch sich herabwürdigend: Das wird das Wesen der Gemütsruhe ausmachen. Wie man dazu gelangen könne, will ich im Allgemeinen untersuchen: Du wirst dir aus dieser allgemeinen Anweisung herausnehmen, was du für dich gut findest. Doch muss das Übel im Ganzen ans Licht gezogen werden; jeder kann sich dann seinen Teil daraus entnehmen. Zugleich wirst du daraus ersehen, wie viel geringere Not du mit deiner Selbstquälerei hast als die, welche gefesselt durch den Glanz einer hohen Stellung und belästigt durch die Verpflichtungen eines hohen Titels, mehr durch ein gewisses schamhaftes Ehrgefühl als durch wirkliche Neigung in ihrer Gleisnerei festgehalten werden.

Alle sind sie in der nämlichen Lage, sowohl die vom Leichtsinn Besessenen wie die vom Überdruss und von beständiger Veränderungssucht Geplagten, denen immer das besser gefällt, was sie aufgegeben haben, nicht minder die Faulenzer und Tagediebe. Ihnen reihen sich noch die an, die, wie die schwer Einschlafenden, sich hin und her wälzen und sich bald auf die eine, bald auf die andere Seite werfen, bis sie endlich vor Müdigkeit Ruhe finden; der beständige Wechsel ihrer Lebensweise führt dann dahin, dass sie endlich bei derjenigen stehen bleiben, bei der nicht etwa der Widerwille gegen Veränderung, sondern das Alter sie festhält, das nicht mehr die Regsamkeit zu Neuerungen hat; dazu gesellen sich noch die, deren geringe Beweglichkeit nicht etwa auf Charakterfestigkeit zurückzuführen ist, sondern auf Schlendrian: Sie leben nicht eigentlich, wie sie wollen, sondern wie sie einmal angefangen haben. Daneben gibt es noch unzählige Spielarten; aber die Wirkung des

Fehlers kommt auf dasselbe hinaus, auf das Missfallen an sich selbst. Dies Missvergnügen hat seinen Grund in der Ungebärdigkeit des Seelenzustandes und in den begehrlichen Trieben, die entweder nicht entschieden genug oder erfolglos sind: Es fehlt entweder an dem der Höhe der Wünsche entsprechenden Wagemut oder an der Gunst des Schicksals zur Erreichung derselben; man stellt seine Rechnung immer ganz und gar auf die Zukunft – eine ewige Unrast, ein beständiges Schwanken, wie es unausbleiblich ist in solchen Schwebezuständen! Immer sind es nur die eigenen Wünsche, wodurch diese Leute sich bestimmen lassen; ja, das Unehrbare und schwer zu Erreichende wird für sie ein Gegenstand der Selbstbelehrung und des Zwanges; und erweist sich alle Mühe als erfolglos, so quält sie das Unwürdige ihrer vergeblichen Anstrengungen, und es schmerzt sie, nicht etwa, dass sie Verwerfliches, sondern dass sie es vergebens gewollt haben. Da werden sie denn von Reue gepackt über ihr Beginnen und von Angst vor einem neuen Anfang, und es stellt sich jener schwankende Gemütszustand ein, der keinen Ausweg findet, weil sie ihre Begierden weder zu beherrschen noch ihnen nachzugeben vermögen; daher denn auch die Hemmung des einer festen Entscheidung unfähigen Lebens und das Einrosten der inmitten vereitelter Wünsche erstarrenden Geisteskraft.

Das alles wird noch drückender, wenn sie aus Hass gegen das ihnen zu so großem Unheil ausschlagende Geschäftsleben ihre Zuflucht zur Muße nehmen, zu weltfremden Studien, die sich nicht vertragen mit einer von vornherein auf staatsmännische Tätigkeit angelegten Sinnesart, der es aufs Handeln ankommt und der die Unruhe natürliches Bedürfnis ist; hat sie doch in sich zu wenig, was ihr Trost gewähren könnte. Werden einem so Gearteten die erfrischenden Anregungen entzogen, die das Geschäftsleben mit all seinem bunten Hin und Her ihm gewährt, so kann er sich mit dem Haus, mit der Einsamkeit, mit seinen vier Wänden nicht zufriedengeben: Es macht ihm Unbehagen, sich sich selbst überlassen zu sehen. Daher denn jener Widerwille, jenes Missfallen an sich selbst, jenes Hin- und Herschwanken des nirgends einen festen Halt findenden Gemütes; daher jenes trübselige und krankhafte Sichhinschleppen in der Muße; schämt er sich vollends, die Ursachen seines Unbehagens einzugestehen, treibt ihn also die sittliche Scheu, die Qualen sich ganz nur in seinem Inneren abspielen zu lassen, dann erwürgen sich die so in die Enge getriebenen Leidenschaften, vergebens nach einem Ausweg suchend, einander selbst. Daher die Trübseligkeit, die Mattigkeit, das tausendfältige Hin- und Herschwanken der ihrer Selbstgewissheit völlig verlustig gegangenen Seele, die, wenn sich Hoffnungen auftun, gleich oben hinaus will, sind sie fehlgeschlagen, dann in Verzagtheit und Trauer versinkt; daher die Stimmung, die sie dazu bringt, ihre Muße zu verwünschen und zu jammern, dass sie nichts mehr zu tun haben, daher der grimmige Neid über das Emporkommen anderer. Denn die Scheelsucht wird genährt durch den unseligen Müßiggang: Man wünscht allen den Sturz, weil man sich selbst nicht in die Höhe bringen konnte; aus diesem Widerwillen gegen die Fortschritte anderer und der Verzweiflung am eigenen Fortkommen entspringt dann der Ingrimm gegen das Schicksal, der über den Zeitgeist jammert, sich zu verstecken sucht und über seine eigene Strafe hinbrütet, in Scham und Verdruss über sich selbst. Denn von Natur ist der menschliche Geist voll Regsamkeit und Bewegungsbedürfnis. Jede Gelegenheit sich zu regen und aus sich selbst herauszutreten ist ihm willkommen, am willkommensten den durchtriebensten Geistern, die ihre Freude daran finden, sich von einem Geschäft ins andere zu stürzen. Wie gewisse Geschwüre es an sich haben, nach an sich ihnen schädlichen Betastungen zu verlangen, und es begrüßen, wenn eine Hand sie ihnen gewährt, und wie die hässliche Krätze am Körper ein wahres Entzücken empfindet, wenn man sie durch Reiben reizt, ebenso, möchte ich behaupten, sind den Geistern, an denen Leidenschaften wie böse Geschwüre ausbrechen, Mühe und Plackereien ein Genuss. Gibt es ja doch mancherlei, was auch unserem Körper Lust und Schmerz zugleich bereitet, zum

Beispiel, sich im Liegen umzudrehen und sich auf die noch nicht müde Seite zu legen und wechselnd bald diese, bald jene Lage zu wählen, wie Achilles bei Homer, der sich bald auf die Brust, bald auf den Rücken legt und sich selbst die verschiedensten Lagen gibt nach Art des Kranken, der es nicht in *einer* Lage aushält und jede Veränderung wie eine Erlösung begrüßt.

Auch Reisen unternimmt man dahin und dorthin, durchwandert auch das Küstengelände, und bald zu Wasser bald zu Lande versucht sich der dem Gegenwärtigen immer abholde Veränderungsdrang. »Jetzt ist Kampanien die Losung.« Doch nicht lange, so hat man die Überkultur satt. »Urwüchsiges Gelände lasst uns beschauen, durchwandern wir denn die Bergwaldungen Bruttiums und Lukaniens.« Doch inmitten dieser Einöden darf es auch nicht an einer erfreulichen Entschädigung fehlen, an einem Ort, wo verwöhnte Augen sich wieder erholen können von dem schaurigen Blick auf grauenhaft wilde Länderstrecken. »Auf denn, nach Tarent mit seinem gefeierten Hafen, mit seinem milden Winter, eine Gegend, die selbst für die große Masse der Bevölkerung reichlichen Ertrag lieferte.« Gar zu lange schon hat das Ohr auf das Beifallklatschen und das Jubelgetöse verzichten müssen; es regt sich wieder die Lust, auch Menschenblut (im Zirkus) fließen zu sehen: »Lasst uns also den Kurs wieder auf Rom richten.« Eine Reise folgt auf die andere, ein Schauspiel auf das andere, wie Lukrez sagt:

> So sucht jeder die Flucht vor sich selbst.

Aber was hilft es, wenn er sich nicht selber entfliehen kann? Er folgt sich selbst und ist sein eigener lästigster Begleiter. Es ist also – darüber müssen wir uns klar sein, nicht des Ortes Schuld, sondern unsere eigene, unter der wir leiden: Wir ermangeln der Kraft, alles zu erdulden, weder mit Mühsal noch mit Lust, weder mit uns noch mit irgendeiner Sache können wir auf die Dauer uns abfinden. Manche hat das in den Tod getrieben, dass sie, ihren Vorsatz häufig ändernd, doch immer wieder auf das Nämliche zurückkamen und zu nichts Neuem mehr kommen konnten: Sie wurden des Lebens und der Welt überdrüssig, und es drängte sich ihnen auf die Lippe die Frage der heillosen Genussmenschen: »Ach, wie lange noch immer wieder dasselbe?«

3. Du fragst, wie man meiner Ansicht nach diesem Lebensüberdruss abhelfen könne. Das Beste wäre, wie Athenodorus sagt, wenn man sich dem tätigen Leben, den Aufgaben des Staates und den bürgerlichen Pflichten widmete. Denn wie manche in der Sonnenhitze mit Kraftübungen und Ertüchtigung des Körpers den ganzen Tag hinbringen, wie z. B. für die Athleten es weitaus das Zweckmäßigste ist, fast ihre ganze Zeit auf Kräftigung ihrer Arme und ihres Körpers als auf ihre ausschließliche Lebensaufgabe zu verwenden, so ist es für euch, die ihr euch die Angelegenheiten des öffentlichen Lebens zum Kampffeld für euere Geisteskraft erwählt habt, weitaus das Beste, bei dieser einzigen Aufgabe es bewenden zu lassen. Denn hat man sich einmal vorgenommen, sich seinen Mitbürgern und Mitmenschen nützlich zu erweisen, so ist es die beste Schulung und zugleich Forderung, wenn man sich mitten in den Strudel des Geschäftslebens hineinstürzt und nach Kräften dem Gemeinwesen wie dem Einzelnen dient. »Aber bei dem wahnwitzigen Ehrgeiz der Menschen, sagt man, und bei der Menge der Verleumder, die Recht in Unrecht verdrehen, entbehrt die schlichte Ehrlichkeit des nötigen Schutzes, und immer hat man mehr mit Hemmung als mit Erfolg zu rechnen; darum muss man sich vom Forum und von der Öffentlichkeit zurückziehen; aber wirkliche Geistesgröße hat auch im Privatleben Raum genug, sich zu entfalten. Steht es doch mit den Menschen nicht wie mit den Löwen und wilden Tieren, deren Ungestüm durch Käfige unschädlich gemacht wird: Ihre Wirksamkeit ist gerade in der Zurückgezogenheit am größten. Wer aber in solcher Verborgenheit lebt, der muss bei aller Abgeschiedenheit seines der Muße gewid-

meten Lebens stets von dem Willen beseelt sein, den Einzelnen wie der Menschheit überhaupt durch sein Talent, sein Wort, seinen Rat zu nützen; erweist sich doch auch dem Staate nicht etwa bloß der nützlich, der Amtskandidaten dem Volke vorstellt, der Angeklagte verteidigt und über Krieg und Frieden sein Urteil abgibt, sondern auch, wer die Jugend zum Guten aufrüttelt, wer bei dem großen Mangel an tüchtigen Lehrern die Seelen der Tugend zugänglich macht, wer dem Rennen des Menschen nach Geld und Genuss sich nach Kräften entgegenstemmt und, wenn nichts anderes, es doch wenigstens aufhält – der wirkt bei aller Zurückgezogenheit doch für das öffentliche Wohl. Oder leistet etwa derjenige mehr, der als Richter zwischen Fremden und Bürgern oder als städtischer Prätor den Parteien in feierlichem Tone das Urteil verkündigt, als der, welcher Auskunft darüber gibt, was die Gerechtigkeit sei, was die Frömmigkeit, was die Geduld, was die Tapferkeit, was die Todesverachtung, was die Göttererkenntnis, eine wie hohe Stellung unter allen Gütern, die umsonst zu haben sind, ein gutes Gewissen einnehme? Wenn du also deine Zeit auf Studien verwendest, die du der Geschäftstätigkeit entziehst, so bedeutet das nicht, dass du abtrünnig geworden bist oder ein Amt ausgeschlagen hast; leistet doch auch nicht nur der Kriegsdienste, der in Reihe und Glied steht und den rechten oder linken Flügel verteidigt, sondern auch der, welcher die Tore beschützt und einen zwar weniger gefahrvollen, aber doch nicht müßigen Posten innehat, der des Wachtdienstes wartet und die Aufsicht über das Zeughaus führt, Dienstleistungen, die zwar kein Blut kosten, aber doch als Kriegsjahre angerechnet werden. Hältst du es mit den wissenschaftlichen Studien, dann bist du vor jedem Lebensüberdruss sicher, und du wirst dir nicht aus Überdruss am Tageslicht die Nacht herbeiwünschen; weder dir selbst wirst du zur Last noch anderen entbehrlich sein; du wirst einen zahlreichen Freundeskreis gewinnen, dem gerade die Besten sich anzuschließen Verlangen tragen. Denn niemals bleibt Vortrefflichkeit verborgen, mag sie auch noch so wenig an die Öffentlichkeit gekommen sein; sie lässt es nicht an Erkennungszeichen fehlen: Jeder feinere Geist wird sie an ihren Spuren zu erkennen wissen. Denn wenn wir allem Verkehr entsagen und der ganzen Menschenwelt den Rücken kehren und uns um nichts kümmern als um uns selbst, so wird sich als Folge dieser Vereinsamung, die jedes ernsten Strebens bar ist, die Verlegenheit einstellen, dass man nicht weiß, womit man sich beschäftigen soll. Wir werden also darauf verfallen, hier ein Gebäude zu errichten, dort eines niederzureißen, hier das Meer durch Aufschüttungen weiter hinauszurücken, dort das Wasser trotz aller Geländeschwierigkeiten künstlich herbeizuleiten und mit der Zeit, auf deren Verwendung uns die Natur angewiesen hat, ein verwerfliches Spiel zu treiben: Die einen gehen geizig mit ihr um, die anderen verschwenderisch; die einen verwenden sie so, dass sie Rechenschaft darüber ablegen, die anderen so, dass jede Spur davon verflogen ist – die denkbar schimpflichste Verwendungsweise! Oft hat ein hochbetagter Greis keinen anderen Beweis für die Länge seines Lebens als die Summe seiner Jahre.«

4. Was mich betrifft, mein lieber Serenus, so will es mir scheinen, als hätte Athenodoros zu viel Gewicht auf die Zeitumstände gelegt und den Rückzug zu schnell angetreten. Ich will zwar nicht leugnen, dass man ab und zu den Rückzug antreten müsse, aber bedächtigen Schrittes und ohne Preisgeben der Feldzeichen, unter Wahrung der soldatischen Ehre; diejenigen haben mehr Achtung und Sicherheit seitens ihrer Feinde zu erwarten, die mit den Waffen in der Hand sich zu Verhandlungen einfinden. Folgendes Verhalten dürfte meines Erachtens der Mannhaftigkeit und dem, der sich ihrer befleißigt, ziemen: Wenn das Schicksal die Übermacht hat und uns die Möglichkeit zur Fortsetzung unserer Tätigkeit abschneidet, so darf man nicht sofort den Rücken wenden und wehrlos fliehend einen Schlupfwinkel suchen, als gäbe es irgendeinen Ort, wohin uns das Schicksal nicht verfolgen könnte, sondern man ziehe seiner Wirksamkeit zu-

nächst engere Grenzen und suche mit Auswahl etwas ausfindig zu machen, wodurch man sich dem Staate nützlich erweisen kann. Der Kriegsdienst ist einem verschlossen, nun, so bewerbe man sich um Ehrenstellen; man muss als Privatmann leben, gut, so versuche man es als Redner; ist einem das Reden verboten, so stelle man sich als stummer Anwalt in den Dienst seiner Mitbürger; ist schon das bloße Betreten des Forums gefährlich für einen, so übernehme er in den Häusern, im Theater, bei Gastmahlen die Rolle des guten Gesellschafters, des treuen Freundes, des maßvollen Gastes; ist ihm der Kreis der bürgerlichen Tätigkeit verschlossen, so zeige er sich wirksam als Mensch. Darum haben wir mit edler Beherztheit uns nicht in die Mauern einer einzelnen Stadt eingeschlossen, sondern die ganze Welt zu unserem Verkehrsfeld gemacht und uns zum Weltbürgertum bekannt, um so der Tüchtigkeit einen weiteren Spielraum zu schaffen. Ist dir der Gerichtshof und die Rednerbühne oder die Volksversammlung verschlossen, so schaue rückwärts auf die weiten Länderstrecken, auf die zahlreichen Völkerschaften; niemals wird das dir verschlossene Gebiet so umfangreich sein, dass nicht noch ein größeres für dich übrig bliebe. Doch wer weiß, vielleicht trifft dich selbst die ganze Schuld; denn du willst nicht anders denn als Konsul oder als Prytane oder als Keryx oder als Sufet dem Staate dienen. Wie? Willst du etwa auch Kriegsdienst tun nur als Feldherr oder als Tribun? Mögen auch andere im Vorderglied stehen und mag das Los dich in das dritte Glied (zu den Triariern) gestellt haben, du musst auch da mit Wort, Mahnung, Beispiel, Mut dich als Soldat bewähren. Auch nach Verlust seiner Hände hat jener Krieger Mittel und Wege gefunden, um der Sache der Seinen zu nützen: Er harrt aus auf seinem Platz und hilft durch seinen Zuruf. Dem ähnlich musst du handeln: Wenn das Schicksal dir den ersten Platz im Staate versagt, so wanke und weiche doch nicht von der Stelle: Hilf durch Zuruf, und hat man dir den Mund gestopft, so wanke und weiche doch nicht: Hilf durch Schweigen. Niemals ist das Bemühen eines tüchtigen Bürgers nutzlos: Dadurch, dass man ihn hört oder sieht, durch Blick,

Wink, stummes Beharren, ja durch seinen Gang schon macht er sich nützlich. Wie manches Heilkraut, ohne dass man es kostet oder berührt, durch den bloßen Geruch schon wirkt, so spendet die Tugend schon aus der Ferne und aus der Verborgenheit ihren Segen. Wer in ihrem Dienste steht, mag er nun frei umherwandeln und ganz nach seinem Belieben über sich verfügen oder in seinen Entschließungen von anderen abhängig sein und nicht mit vollen Segeln fahren, mag er in stiller Zurückgezogenheit weilen und in engbegrenztem Kreis oder öffentlich wirken, gleichviel in welcher Lage er ist: Er macht sich überall nützlich. Kannst du wirklich glauben, das Beispiel eines der edelen Muße sich hingebenden Mannes gewähre keinen erheblichen Nutzen? Gewiss nicht. Darum ist es weitaus das Beste, die Geschäfte zeitweise mit der Muße zu vertauschen, wenn das tätige Leben durch zufällige Hindernisse oder durch die Lage des Staates gehemmt wird; denn niemals ist alles dermaßen abgesperrt, dass für keine edle Handlung mehr Raum wäre.

5. Kannst du einen Staat finden, der in einem elenderen Zustande gewesen wäre als der der Athener zu jener Zeit, als die dreißig Tyrannen ihr Unwesen mit ihm trieben? Dreizehnhundert Bürger, darunter die besten, hatten sie umgebracht, und das war ihnen noch nicht genug, sondern die Grausamkeit reizte sich selbst nur noch mehr auf. In dem Staate, in dem es einen Areopag gab, dies hochheilige Gericht, in dem es einen Senat (Ratsversammlung) gab und ein Volk, dem Senate ähnlich, versammelte sich Tag für Tag das verwünschte Henkerkollegium, und das unselige Rathaus war nicht geräumig genug für die Tyrannen. Konnte ein Staat zur Ruhe kommen, in dem es so viele Tyrannen gab als ausreichend gewesen wären für die Trabantenschar? Ja, auch jede Hoffnung auf Wiedererlangung der Freiheit war den Geängstigten versagt, und kein Ausweg aus so überwältigendem Unheil tat sich ihnen auf: Denn woher sollten dem unglücklichen Staate so viele Harmodios erstehen? Doch inmitten dieses Elendes gab es einen Sokrates, der

die trauernden Väter tröstet und die am Staate Verzweifelnden aufzurichten suchte und den Reichen, die für ihr Vermögen zitterten, das Gewissen schärfte ob der zu späten Reue über ihre heillose Habsucht und ein glänzendes Muster war für jeden, der gewillt war ihm nachzueifern, da er, den Gewaltherren zum Trotz, sich frei unter ihnen bewegte. Über ihn jedoch hat Athen selbst im Kerker den Tod ergehen lassen: Die Freiheit wollte sich die Freiheit dessen nicht gefallen lassen, der unbehelligt der Schar der Tyrannen getrotzt hatte. Daraus magst du dir die Lehre entnehmen, erstens, dass ein Weiser auch in einem schwer darniederliegenden Gemeinwesen Gelegenheit findet, sich hervorzutun, nicht minder aber auch die, dass in einem blühenden und glücklichen Staate Geld, Neid und tausend andere Untugenden ohne Waffen die Herrschaft führen. Je nach der Lage des Staates also, je nach der Gunst oder Ungunst des Schicksals werden wir entweder uns recken oder uns ducken, auf alle Fälle aber uns immer in Bewegung halten und nicht unter dem lähmenden Einfluss der Furcht in Starrheit verfallen. Nein, der nur ist mir ein Mann, der rings von Waffen umstarrt und von klirrenden Ketten, seiner Mannhaftigkeit keinen Abbruch tun lässt und sie den Blicken entzieht; denn sich retten heißt nicht sich begraben. Curius Dentatus hatte gewiss recht, wenn er sagte, er wolle lieber tot sein als wie ein Toter leben; es gibt kein schlimmeres Unheil, als aus der Zahl der Lebenden auszutreten, ehe man stirbt. Allein, wirft einen der Zufall in eine der Wirksamkeit abholde Zeit des staatlichen Lebens, dann muss man darauf bedacht sein, sich mehr der Muße und den Wissenschaften zu widmen und muss ähnlich wie auf einer gefahrvollen Seefahrt alsbald im Hafen Zuflucht suchen und nicht warten, bis die Umstände die Trennung erzwingen, sondern selbst sich von ihnen trennen.

6. Das Erste, was wir tun müssen, ist, uns selbst genau zu prüfen, sodann die Geschäfte, denen wir uns widmen wollen, und drittens die Leute, für die oder mit denen wir uns zu tun machen.

Vor allem ist es nötig, unsere eigenen Kräfte genau abzuschätzen; denn gewöhnlich überschätzen wir unsere Kraft: Der eine kommt zu Fall durch das blinde Vertrauen auf seine Beredsamkeit, der andere überschätzt sein ererbtes Vermögen und gerät darüber in Schulden, ein Dritter mutet in rastlosem Diensteifer seinem schwächlichen Körper zu viel zu. (Es ist zu erwägen, ob deine Natur geeigneter ist für das Geschäftsleben oder für ruhige Studien und für die Beschaulichkeit, und du musst dich dem zuwenden, wohin die Eigenart deiner Begabung dich zieht – Isokrates führte den Ephorus eigenhändig vom Forum weg, weil er von ihm mehr erwartete, wenn er sich der Geschichtsschreibung zuwendete – denn der Geisteszwang wirkt meist lähmend, alle Mühe ist umsonst, wenn die Natur widerstrebt.) Bei manchen ist die Schüchternheit ein Hemmnis für den Staatsdienst, der eine feste Stärke erfordert; andere macht ihr Starrsinn ungeeignet für den Hof; wieder andere können ihren Zorn nicht bemeistern, und jede Verstimmung reißt sie zu unbesonnenen Äußerungen hin; der oder jener Witzling versteht sich nicht genug zu beherrschen und kann gefährliche Späße und Einfälle nicht bei sich behalten. Für alle diese taugt die Ruhe mehr als das Geschäftsleben; eine stürmische und leidenschaftliche Natur tut gut, den Reizungen einer für sie bedrohlichen Freiheit auszuweichen.

Ferner sind die Gegenstände, denen wir uns berufsmäßig widmen wollen, ihrerseits genau zu prüfen und unsere Kräfte mit den Anforderungen zu vergleichen, die diese Gegenstände an uns machen werden. Denn immer muss der Handelnde mehr Kraft haben als das Behandelte: Die Last, die größer ist als die Kraft des Tragenden, muss uns notwendig zu Boden drücken. Auch gibt es manche Geschäfte, die nicht sowohl groß als reich an Nachwuchs sind und viele weitere Geschäfte nach sich ziehen. Auch die muss man meiden, die eine ganz neue und verwickelte Art von Beschäftigung zur Folge haben; auch darf man sich nicht an Dinge machen, die einem nicht den freien Rückzug gestatten. An diejenigen muss man Hand anlegen, deren Abschluss man erreichen oder wenigstens erhoffen kann; was im weiteren Verlauf immer Weiteres nach sich zieht und über das vorgesteckte Ziel hinausführt, davon soll man die Hand lassen.

7. Was die Menschen anlangt, mit denen man es zu tun hat, so ist eine Auswahl ganz unerlässlich. Man frage sich: Sind sie es wert, dass wir einen Teil unserer Zeit an sie wenden? Kommt, was wir an Zeit dadurch verlieren, ihnen wirklich auch zugute? Gibt es doch manche, die unsere Freundlichkeiten gegen sie uns als einen Schuldposten an sie anrechnen. Athenodorus sagte, er werde sich nicht einmal zur Tafel einfinden bei einem, der sich ihm dafür nicht als Schuldner fühle. Du sagst dir wohl selbst, dass er noch viel weniger sich bei solchen als Gast einfinden würde, die mit einer Einladung zur Tafel einen Freundschaftsdienst in gleichwertiger Münze bezahlt zu haben meinen, die die Trachten ihrer Speisen als Ehrengeschenke anrechnen, als ob sie mit solchen Prunkleistungen anderen eine Ehrung erwiesen. Nimm ihnen Zeugen und Zuschauer, und mit der Freude an ihrer vereinsamten Garküche wird es vorbei sein.

Nichts aber macht uns mehr Freude als treue und herzliche Freundschaft. Was für ein Segen ist es, treue Seelen um dich zu haben, denen du jedes Geheimnis sicher anvertrauen kannst, deren Mitwissen du weniger zu fürchten brauchst als dein eigenes, deren Äußerungen deinen Kummer lindern, deren Urteil deine Pläne fördern, deren Heiterkeit deinen Trübsinn verscheuchen kann, deren Gegenwart schon ein Genuss für dich ist. Die Wahl allerdings darf nur auf solche fallen, die frei sind von schlimmen Leidenschaften; denn die Laster sind lauernde Feinde und übertragen sich auf die Nächststehenden und haben eine unheilvoll ansteckende Wirkung. Wie man also in Zeiten der Pest Sorge tragen muss, nicht mit schon erkrankten und schwer ringenden Personen in Berührung zu kommen, um nicht die Gefahr auf uns zu übertragen, die uns schon durch den bloßen Anhauch bedroht, so müssen wir uns bei der Wahl unserer Freunde strengste Charakterprüfung zur Regel machen, um nur solche zu wählen, die noch möglichst unverdorben sind. Es ist der Anfang der Krankheit, wenn man Gesundes mit Krankem mischt.

Damit will ich nicht sagen, du dürftest dich an niemanden anschließen als an den Weisen und dürftest es nur mit ihm halten; denn wo findest du ihn? Ihn, den wir schon so viele Jahrhunderte lang suchen? Als Bester gelte, der am wenigsten schlimm ist! Du würdest wohl kaum die Möglichkeit einer glücklicheren Wahl haben, wenn du unter Männern wie Platon und Xenophon und den Vertretern der weitverzweigten geistigen Nachkommenschaft des Sokrates die Guten auswählen dürftest, oder wenn dir das Cato-Zeitalter für die Wahl zur Verfügung stände, das eine Fülle von Männern hervorbrachte, die es wert waren, Catos Zeitgenossen zu sein (daneben aber auch zahlreiche Schurken, schlimmer als sonst irgendwann, und Anstifter von unerhörten Gräueltaten; denn nach beiden Seiten hin bedürfte es starker Vertretung, um des Cato Bedeutung kenntlich zu machen; es musste einerseits Ehrenmänner geben, die für ihn volles Verständnis hatten, wie Schurken, an denen er seine Kraft zu erproben hatte); jetzt aber, bei dem großen Mangel an braven Männern, wird die Wahl weniger krittlich sein. Vor allem aber meide man die Schwarzseher und Klagesüchtigen, denen nichts gut genug ist, um nicht darüber ein Klagelied anzustimmen. Mag einer auch ein treuer und wohlwollender Gesell sein, er ist doch ein Feind unserer Ruhe durch seine ewige Aufregung und sein beständiges Seufzen.

8. Gehen wir nun zu den Vermögensverhältnissen über, dieser stärksten Quelle menschlicher Kümmernisse. Denn vergleiche alles, wodurch wir sonst geängstigt werden – Todesfälle, Krankheiten, Befürchtungen, Wünsche, Überstehen von Schmerzen und Anstrengungen – mit den Widerwärtigkeiten, die uns unser Geld bereitet,

so fällt das Letztere weitaus am schwersten ins Gewicht. Darum mache man sich klar, dass Besitzlosigkeit ein viel leichterer Schmerz ist als Besitzverlust, und man wird einsehen, dass die Armut ein umso geringerer Anlass zu qualvoller Pein ist, je weniger bei ihr ein Verlust überhaupt infrage kommt. Denn du irrst, wenn du glaubst, die Reichen erwiesen sich mutiger im Ertragen von Verlusten: Die größten wie die kleinsten Körper sind gleich empfindlich gegen Wunden. Sehr treffend sagt Bion, es sei für die Kahlköpfigen ebenso ärgerlich, wenn ihnen Haare ausgerissen würden, als für die Vollhaarigen. Ebenso, glaube mir, steht es mit den Armen und Reichen, sie leiden die nämliche Pein: Beide hängen an ihrem Geld und können sich nicht ohne Empfindlichkeit davon trennen. Erträglicher indes, wie gesagt, und leichter ist es, etwas nicht zu erwerben, als es zu verlieren; daher die freudigere Stimmung derer, denen das Glück niemals gelächelt hat, als derer, denen es den Rücken wendet. Diese Einsicht ging dem Diogenes auf, diesem gewaltigen Geist, und dies hatte die Wirkung, dass ihm nichts entrissen werden konnte. Nenne es Armut, Mangel, Dürftigkeit oder welchen schimpflichen Namen du diesem Sicherheitszustande geben willst: Ich werde erst dann ihn, den Diogenes, für nicht glücklich halten, wenn du mir einen anderen aufweisen kannst, dem nichts verloren gehen kann. Ich müsste mich doch sehr täuschen, wenn es nicht eine Stellung gleich der eines Königs wäre, unter Geizigen, Betrügern, Räubern und Banditen der Einzige zu sein, der gegen den Schaden gefeit ist. Zweifelt einer an Diogenes' Glück, so kann er diesen Zweifel auch auf die Verhältnisse der unsterblichen Götter übertragen und fragen, ob sie nicht des Glückes entbehrten, da sie weder Landgüter noch Gärten noch großen Bodenbesitz für fremde Pflanzer haben, noch riesigen Wucherzins auf dem Forum. Schämst du dich nicht, du Anbeter des Reichtums? Blicke doch hin auf das Weltall: Aller Habe bar wirst du die Götter sehen; sie geben uns alles, aber haben nichts. Hältst du den für arm oder für ähnlich den unsterblichen Göttern, der auf alle Gaben des Zufalles verzichtet? Hältst du den Demetrius Pompejanus etwa für glücklicher, der sich nicht schämte, reicher zu sein als Pompejus? Täglich ließ er sich Bericht erstatten über die Zahl seiner Sklaven, wie der Feldherr über seine Soldaten, er, für den zwei Stellvertreter und eine geräumigere Zelle schon längst Reichtum genug gewesen wäre. Dem Diogenes dagegen konnte sein einziger Sklave entlaufen, ohne dass er es für der Mühe wert hielt, ihn zurückzuholen, als man ihn ihm zeigte. »Es wäre doch schimpflich«, sagte er, »wenn Manes ohne Diogenes leben könnte, aber Diogenes nicht ohne Manes.« Damit wollte er wohl sagen: »Treibe du nur dein Geschäft, o Schicksal; beim Diogenes hast du nichts mehr zu suchen. Für mich (mir zuliebe) ist der Sklave entlaufen, oder ist vielmehr frei davon gegangen.« Die Dienerschaft forderte Kleidung und Unterhalt, man hat so viele Bäuche gieriger Bestien zu befriedigen, hat Kleider für sie zu kaufen, ihre diebischen Hände zu überwachen und sich mit ihren Tränen und Verwünschungen beim Verrichten ihres Dienstes abzufinden. Wie viel glücklicher ist doch der, welcher niemandem etwas schuldet außer dem, dem er am leichtesten eine abschlägige Antwort erteilen kann, nämlich sich selbst! Doch da wir nicht die Kraft eines Diogenes besitzen, sollten wir unser Vermögen wenigstens einschränken, um weniger den Schlägen des Schicksals ausgesetzt zu sein. Brauchbarer für den Kriegsdienst sind solche Körper, deren Glieder sich leicht der für sie bestimmten Waffenrüstung einfügen, als solche, die ein Übermaß haben und deren Größe sie allenthalben den Wunden preisgibt: Das beste Vermögensmaß ist das, welches einerseits nicht etwa schon als Armut zu gelten hat, andererseits doch auch nicht allzu weit von der Armut entfernt ist.

9. Wir werden uns aber mit diesem Maße befreunden, wenn wir uns nur erst mit der Sparsamkeit auf guten Fuß gesetzt haben, ohne die auch aller Reichtum nicht hinreicht und kein Landbesitz sich weit genug für uns ausdehnt, zumal die Abhilfe doch so naheliegt und die Armut sich in Reichtum umwandeln kann, wenn

man nur die Genügsamkeit zu Hilfe zieht. Gewöhnen wir uns, uns jeden Prunkes zu entschlagen und als maßgebend den Nutzen der Dinge anzusehen, nicht den äußeren Schmuck. Die Speise stille den Hunger, der Trank den Durst, der Geschlechtstrieb halte sich innerhalb der ziemenden Grenzen. Lernen wir, mit unseren eigenen Gliedmaßen auszukommen und in Kleidung und Lebensweise uns nicht nach der neuesten Mode zu richten, sondern nach der ehrbaren Sitte der Alten; lernen wir, die Enthaltsamkeit zu steigern, die Genusssucht in Schranken zu halten, die Ruhmbegierde zu mäßigen, den Jähzorn zu lindern, mit der Armut uns auf freundlichen Fuß zu stellen, die Genügsamkeit in Ehren zu halten, auch wenn sich so mancher bisher ihrer schämte, den natürlichen Bedürfnissen durch leicht zu beschaffende Mittel Befriedigung zu gewähren, ungezügelte Hoffnungen und die Sucht des Plänemachens für ferne Zukunft gleichsam in Fesseln zu halten und es dahin zu bringen, dass wir den Reichtum mehr von uns selbst als vom Glücke erwarten. Bei der großen Mannigfaltigkeit schwerer Schicksalsschläge kann es nicht ausbleiben, dass, wenn man die großen Segel ausspannt, der Sturm nicht gewaltige Verheerungen anrichte; man muss die Segel einreffen, um dem Schicksal kein sicheres Ziel für seine Angriffe zu bieten. So kommt es, dass Verbannungen und Bedrängnisse zum Heile ausschlugen und durch leichteres Ungemach schweres geheilt ward. Schenkt die Seele vernünftigem Rate kein Gehör, und will sie sich durch leichtere Mittel nicht heilen lassen, warum sollte es ihr dazu nicht zuträglich sein, wenn Armut, Schande, völliger Vermögenszusammenbruch den Betreffenden heimsucht, wenn Unheil gegen Unheil ausgespielt wird? Gewöhnen wir uns also, unsere Mahlzeiten zu halten ohne eine Schar von Gästen, uns mit weniger Dienstpersonal zu begnügen, bei Anschaffung unserer Kleidung nur auf deren eigentlichen Zweck zu sehen und uns in unseren Wohnungsverhältnissen zu beschränken! Nicht nur im freien Lauf und im Wettkampf des Zirkus gilt es, an rechter Stelle einzulenken, sondern auch in dieser Lebensbahn.

Auch was die wissenschaftlichen Studien anlangt, so hat der Aufwand dafür, an sich gewiss lobwürdig, doch nur so lange Sinn und Verstand, als er Maß hält. Wozu die unzähligen Bücher und Bibliotheken, von denen der Besitzer in seinem ganzen Leben kaum die Kataloge durchgelesen hat? Es belastet die Masse den Lernenden, ohne ihn zu belehren, und es ist weit vernünftiger, dich an wenige Schriftsteller zu halten, als irrend umherzuschweifen von einem zum anderen. Vierzigtausend Bücher sind in Alexandria verbrannt. Mag ein anderer diese Bibliothek als schönstes Denkmal königlicher Freigebigkeit preisen, wie T. Livius, der sagt, es sei dies ein hervorragendes Werk des guten Geschmackes und der umsichtigen Fürsorge der Könige gewesen: Es war dies weder guter Geschmack noch umsichtige Fürsorge, sondern ein wissenschaftlicher Prunk, ja man kann nicht einmal sagen, ein »wissenschaftlicher«, denn sie hatten es dabei nicht abgelegt auf wissenschaftliche Studien, sondern auf eine Schaustellung, wie so viele Ignoranten, die ihre Nase niemals auch nur in ein Elementarbuch gesteckt haben, die Bücher nicht als Hilfsmittel der Wissenschaft, sondern als Schaustücke für ihre Mahlzeiten ansehen. Man schaffe sich also Bücher an, so viel als zu unserem Bedarf hinreichen, aber nicht zur Schaustellung. »Es ist doch besser«, erwiderst du, »wenn sich der Aufwand auf Bücher, als auf korinthische Gefäße und Gemälde wendet.« Was zu viel ist, ist überall vom Übel. Was kannst du denn zur Entschuldigung eines Menschen vorbringen, der erpicht ist auf Schränke von Zitrusholz und Elfenbein, der die einzelnen Bände unbekannter oder nichtswürdiger Schriftsteller zusammensucht und inmitten dieser unermesslichen Bücherhaufen gähnt und sein eigentliches Vergnügen nur an den Vorsatzblättern seiner Bücherrollen und an ihren Titeln hat? Es sind just die größten Faulpelze, bei denen du die ganze Redner- und Geschichtsliteratur finden kannst, aufgeschichtet auf Regale bis ans Dach hinauf. Findet man doch bereits in Badeanstalten und Thermen Bibliotheken in nettester Aufmachung als unentbehrliche Zierde des Hauses. Ich würde ja nichts dagegen haben, wenn diese Erscheinung auf übertriebenen Eifer für die Wissenschaft zurückzuführen wäre; tatsächlich aber werden diese gesammelten Werke der gefeiertsten Geister, geziert mit ihren Bildnissen, nur zum Schein und zum Schmuck der Wände angeschafft.

10. Aber nimm an, du seiest in eine schwierige Lebenslage geraten und das Schicksal habe dir, sei es im häuslichen oder im öffentlichen Leben, wider alles Vermuten eine Schlinge umgeworfen, die du weder lösen noch zerreißen kannst, so denke an die Gefesselten: Anfangs wird es ihnen schwer, sich mit ihrer Last und den hemmenden Fußketten zurechtzufinden; haben sie aber einmal den Vorsatz gefasst, statt darüber in Wut zu geraten, sich in ihr Schicksal zu fügen, so lehrt sie die Not, das Unvermeidliche tapfer, die Gewohnheit, es leicht zu tragen. In keiner Lebenslage wird es dir an Aufmunterungen, Erholungen und Aufheiterungen fehlen, wenn du es über dich gewinnst, das Schlimme lieber für erträglich zu halten, als es dir verhasst zu machen. Die Natur, die wohl wusste, welchen harten Prüfungen sie uns durch unsere Geburt aussetzte, hat sich kein größeres Verdienst um uns erworben, als dies, dass sie zur Linderung unseres Ungemachs die Gewohnheit erfand, die uns bald auch mit dem Schwersten vertraut macht. Niemand würde es aushalten, wenn das Unglück bei weiterer Fortdauer immer dieselbe Kraft hätte wie beim ersten Schlag. Wir alle sind an das Schicksal gekettet, die einen mit goldener und gefügiger Kette, die anderen mit eng anschließender und rostiger; doch was kommt darauf an? Wir alle, ohne Unterschied, leben in einer Art Gefangenschaft, und angebunden sind auch die, die uns angebunden haben, du müsstest denn die Kette an der Linken für leichter halten. Den einen fesseln Ehrenstellen, den anderen Reichtum; einige leiden unter ihrer vornehmen Geburt, andere unter dem Gegenteil; manche müssen sich fremde Herrschsucht gefallen lassen, manche hinwiederum sind Opfer der eigenen; manche sind durch Verbannung an den nämlichen Ort gebunden, manche durch ihre priesterliche

Würde: Das ganze Leben ist im Grunde nichts anderes als Knechtschaft. Darum gilt es, sich an seine Lage zu gewöhnen, so wenig als möglich über sie zu klagen und keine Erleichterung, die es etwa bietet, unbenutzt zu lassen. Nichts ist so bitter, dass ein gefasstes Herz nicht noch Trost fände. Oft hat die für ein Haus zu Gebot stehende Bodenfläche durch das Geschick des Baumeisters sich für den Bedarf einer starken Bewohnerschaft ausreichend erwiesen und seine Raumverteilung hat die, wenn auch noch so enge Fläche bewohnbar gemacht. Begegnen wir den Schwierigkeiten mit kühlem Verstande: Auch das Harte kann erweicht und das Enge erweitert und die Last minder drückend gemacht werden, wenn man sich nur auf die Kunst des Tragens versteht.

Zudem darf man die Begierden nicht ins Ungemessene ausschweifen lassen, sondern ihnen nur einen geringen Spielraum gewähren; denn ganz einschließen lassen sie sich doch nicht. Halten wir uns also, unter Verzicht auf das Unmögliche oder schwer Erreichbare, an das Naheliegende und unserer Hoffnung Entgegenkommende, doch immer in dem Bewusstsein, dass alles gleich nichtig ist, äußerlich zwar mancherlei Gestalt annehmend, innerlich aber durchweg hohl. Hüten wir uns auch vor dem Neid gegen Höherstehende. Was hoch emporragt, birgt des Absturzes Gefahr in sich. Diejenigen dagegen, die ein minder freundliches Geschick in eine bedenkliche Mittelstellung gebracht hat, werden sicherer fahren, wenn sie ihre an sich zum Stolz auffordernde Stellung jedes Scheines von Anmaßung entkleiden und ihr Los möglichst dem Durchschnittslos angleichen. Es gibt zwar viele, die an ihre hohe Stellung unablöslich gekettet sind, von der sie nur durch jähen Sturz herabkommen können; aber sie gestehen selbst ganz offen, dass sie nichts drückender empfinden als dies, dass sie sich gezwungen sehen andere zu bedrücken und nicht in Freiheit, sondern gebunden zu sein. Mögen sie durch Gerechtigkeit, durch Milde, durch Menschlichkeit, durch Freigebigkeit und Wohltätigkeit einer freundlichen Wendung ihres Schicksals gehörig vorarbeiten, und möge die Hoffnung darauf das Bedenkliche ihrer schwankenden Lage mindern. Nichts aber wird uns sicherer schützen vor diesem wogenden Seelenzustand, als wenn wir seinem Anschwellen immer eine feste Grenze setzen und uns durch Beispiele davor warnen lassen, nicht dem Schicksal die Entscheidung über das Ablassen anheimzugeben, sondern aus eigenem Entschlusse schon lange zuvor haltzumachen. So wird denn eine oder die andere Begierde die Seele anstacheln; aber die Beschränkung auf ein gewisses Maß wird sie vor Übergriffen ins Grenzenlose und Unsichere bewahren.

11. Diese meine Ausführungen beziehen sich auf mehr oder minder unvollkommene, der geistigen Reife entbehrende Durchschnittsmenschen, nicht auf den Weisen. Dieser braucht nicht ängstlich Schritt für Schritt zu wandeln; sein Selbstvertrauen ist so stark, dass er ohne Bedenken sich dem Schicksal widersetzen und ihm keinen Fußbreit Landes einräumen wird. Auch hat er nicht den mindesten Grund, es zu fürchten, da er nicht nur Sklaven, reichen Besitz und würdevolle Stellung, sondern auch seinen Körper, seine Augen, seine Hand und was dem Menschen den Wert seines Lebens erhöhen mag, ja sich selbst unter die Dinge rechnet, auf die kein Verlass ist, und lebt, als wäre er sich selbst nur geliehen und müsse sich ohne Murren wieder zurückgeben, wenn man ihn zurückfordere. Er fühlt sich aber keineswegs dadurch erniedrigt, dass er weiß, er gehöre sich nicht selbst, sondern er wird alles so gewissenhaft, so umsichtig tun, wie ein gottesfürchtiger und frommer Mann zu hüten pflegt, was seiner Treue anvertraut ist. Wenn aber der Befehl an ihn herantritt, es wieder zurückzugeben, wird er mit dem Schicksal nicht hadern, sondern sagen: »Dank sei dir für das, was ich besaß und hatte. Ich habe zwar das Deinige nur gegen schweren Zins mir zugutekommen lassen; doch weil du es so befiehlst, so gebe ich es hin, trete es dankbar und willig ab. Soll ich auch jetzt noch etwas von dir behalten, so will ich es bewahren; bist du anderen Sinnes, so gebe ich dir alles Silber, verarbeitetes und ge-

prägtes, mein Haus, mein Gesinde zurück, überantworte es dir.« Und fordert die Natur zurück, was sie uns früher gegeben, so werden wir auch zu dieser sagen: »Nimm ihn zurück, den Geist, den du gegeben, nimm ihn zurück als ein veredeltes Gut; ich sträube und weigere mich nicht; willig stelle ich dir zur Verfügung, was du mir gabst, ohne dass ich es merkte; nimm es hin!« Zurückzukehren, woher man gekommen ist, was hat es denn damit auf sich? Der führt kein wünschenswertes Leben, der nicht gut zu sterben weiß. Daher muss man vor allem dem Tode keine so hohe Bedeutung beimessen, sondern den Odem zu einer verächtlichen Nebensache machen. Den Gladiatoren, sagt Cicero, verzeihen wir es nicht, wenn sie unter allen Umständen ihr Leben zu erhalten bedacht sind; dagegen kargen wir ihnen gegenüber nicht mit unserer Gunst, wenn sie sich als Verächter des Lebens erweisen. So, wisse, steht es auch mit uns. Gar oft nämlich ist die Angst vor dem Tode die Ursache des Todes. Das Schicksal, dem dies ein ergötzliches Schauspiel ist, sagt: »Wozu soll ich dich aufsparen, du heilloses und feiges Geschöpf? Nur umso kräftiger wird man mit Hieb und Stich gegen dich losgehen, weil du den Mut nicht hast, deine Kehle darzubieten. Anders du da! Du wirst länger leben und leichter sterben, der du das Schwert nicht mit widerstrebendem Nacken und vorgestreckten Händen auf dich niederfahren siehst, sondern mutig stirbst.« Wer den Tod fürchtet, wird nie einer des lebenden Menschen würdigen Tat fähig sein. Aber wer sich dessen bewusst ist, dass gleich bei seiner Empfängnis auch die endgültige Bestimmung über ihn getroffen sei, der wird der Vorschrift gemäß leben und mit derselben Geisteskraft zugleich auch das erreichen, dass ihn nichts von allem, was da kommen mag, unvorbereitet trifft; denn immer sieht er, was möglicherweise eintreten kann, gewissermaßen als wirklich eintretend, voraus und lindert dadurch das Ungestüm alles hereinbrechenden Unheils, das den in vollem Maße darauf Vorbereiteten keine Überraschung bringt, während es den sich gesichert Wähnenden und nur an Glück Denkenden als schwere Prüfung erscheint. Lass es Krankheit sein oder Gefangenschaft, Einsturz, Brand: Nichts von dem allen kommt völlig überraschend; ich wusste schon, an welche sturmbewegte Gemeinschaft die Natur mich angeschlossen habe. Wie oft habe ich in meiner unmittelbaren Nachbarschaft Jammergeschrei vernommen, wie oft sind an meiner Schwelle vorüber kindliche Leichen unter Fackel- und Kerzenlicht zu Grabe getragen worden; oft hat sich seitwärts das Gedonner eines einstürzenden Gebäudes vernehmen lassen; viele von denen, die das Forum, die Kurie, das Interesse der Unterhaltung mir nahe gebracht hatte, raffte die Nacht hinweg und das mörderische Halseisen riss die in trauter Freundschaft ineinandergeschlungenen Hände auseinander: Soll ich mich wundern, dass auch über mich ab und zu Gefahren hereinbrechen, die rings um mich herum immer ihr Wesen getrieben haben? Es gibt nicht wenige Menschen, die, wenn sie eine Seefahrt antreten, an den Sturm nicht denken. Handelt es sich um ein treffendes Wort, so berufe ich mich darauf, gleichviel, wie man über den Urheber denkt. Publilius, der an hinreißender Kraft manchen geistvollen Vertreter der Tragödie und Komödie hinter sich lässt, hat, wenn er sich über seinen gewöhnlichen Bretterwitz und seine auf die oberste Galerie berechnete Spaßmacherei erhebt, so manches Schlagwort geprägt, kräftiger als die Tragödie und weit hinaus über das Maß der Volksbühne. So unter anderen auch dies:

> Was einen trifft, des mag sich jedermann versehn.

Wenn einer sich von dieser Wahrheit ganz durchdringen lässt und alles Leid, das ungezählt sich täglich über andere häuft, so ansieht, als hätte es freie Bahn auch zu ihm selbst, dann wird er sich längst mit Schutzwaffen versehen haben, ehe der Angriff erfolgt. Es ist zu spät, wenn man die Seele erst nach der Gefahr zum Bestehen der Gefahr anhält. »Das hätte ich nicht für möglich gehalten« und »Hättest du denn jemals an ein solches Vorkommnis geglaubt?« Ja, warum denn nicht? Wo ist der Reichtum, dem nicht Armut, Hunger und der Bettelstab unversehens folgen könnte? Welche Stellung, auch noch so würdevoll, schützt davor, dass dem Prachtgewand, dem Augurenschmuck und dem Patrizierschuh sich auch erniedrigende Schmach beigeselle und Ausstoßung aus dem Senat und tausenderlei Beschimpfungen und völlige Missachtung? Wo ist das Königtum, das sicher wäre vor Einsturz, vor Zerschmetterung, vor Gebieter und Henker? Und da wird nicht lange gefackelt; eine einzige Stunde liegt zwischen dem Königsthron und der Kniebeugung vor fremdem Herrscher. Lass dir also gesagt sein, dass jede Lage dem Wechsel preisgegeben ist, und dass, was irgendeinen trifft, auch dich treffen kann. Du bist reich. Etwa reicher als Pompejus? Als Gaius (Caligula), von früher her mit ihm verwandt, neuerdings sein Gastfreund, diesem den Kaiserpalast geöffnet hatte, um ihn aus seinem eigenen Hause auszuschließen, gab man ihm weder Brot noch Wein. Viele Flüsse waren in seinem Besitz gewesen, die auf seinem Grund und Boden ihre Quelle und ihren Lauf hatten, und nun bettelte er um einige Tropfen Wasser; Hunger und Durst machten seinem Leben im Palaste seines Verwandten ein Ende, während sein Erbe ihm, dem er jede Nahrung verweigerte, ein öffentliches Leichenbegängnis veranstaltete.

Du hast die höchsten Ehrenstellen bekleidet: etwa gar so hohe, so unverhoffte oder so umfassende wie Sejanus? An dem Tage, wo ihm der Senat noch das Geleite gegeben hatte, zerriss ihn das Volk in Stücke; von ihm, auf den Götter und Menschen alles nur irgend erdenkliche zusammengehäuft hatten, blieb nichts mehr übrig, was des Henkers Hand wert gewesen wäre.

Du bist König: Ich will dich nicht auf den Krösus verweisen, der den Scheiterhaufen besteigen musste, aber ihn auch verlöschen sah, er, der nicht nur sein Königreich, sondern auch seinen Tod überlebte, auch nicht auf den Jugurtha, der dem römischen Volk noch in dem nämlichen Jahr, in dem es ihn gefürchtet hatte, in Rom zur Schau gestellt ward: Haben wir selbst doch den König Ptolemäus, den Herrscher von Afrika, und den König Mithridates, den Armenier, inmitten der Wachmannschaften des Caligula gesehen; der eine ward in die Verbannung geschickt, der andere wünschte, er möchte unter besserem Schutze entlassen werden. Bei so unaufhörlichem Auf- und Abschwanken aller menschlichen Dinge musst du alles, was möglicherweise eintreten kann, als dir wirklich bevorstehend ansehen; sonst räumst du dem Unglück eine Macht über dich ein, die derjenige bricht, der beizeiten sich vorsieht.

12. Der nächste Punkt wäre nun folgender: Wir dürfen nicht unnütze Ziele verfolgen und dürfen unsere Bemühungen nicht nutzlos verschwenden; das heißt: Wir dürfen einerseits unsere Wünsche nicht auf Dinge richten, die für uns unerreichbar sind, und dürfen uns anderseits nicht in die Lage bringen, nach Durchsetzung unserer leidenschaftlichen Wünsche die Nichtigkeit derselben zu spät unter tiefer Scham einzusehen; es soll also weder unsere Arbeit vergeblich und ohne Wirkung sein noch der Erfolg in keinem entsprechenden Verhältnis zur Mühe stehen; denn in der Regel führt es zu einer trübseligen Stimmung, wenn entweder der Erfolg überhaupt fehlt oder man sich des Erfolges nur zu schämen hat.

Aufräumen muss man mit dem ewigen Hin- und Herrennen, das so viele Menschen in Atem hält, die in Häusern, in Theatern und auf den Marktplätzen herumschwirren. Sie drängen sich anderen auf, um für sie tätig zu sein, und sie sehen immer aus, als hätten sie etwas zu tun. Fragst du einen von ihnen, wenn er auf die Straße heraustritt: Wohin? Was hast du vor? So wirst du zur Antwort bekommen: »Wahrhaftig, ich weiß es selbst nicht; aber ich werde schon jemanden sehen, werde etwas zu tun bekommen.« Ohne bestimmtes Ziel treiben sie sich Beschäftigung suchend umher und haben es nicht auf etwas Bestimmtes abgesehen, sondern lassen den Zufall walten. Ihr Umherlaufen ist unbedacht und erfolglos, wie bei den Ameisen, die auf den Bäumen umherkriechen, bald oben, bald unten sich bewegend, ohne Beute. Ein diesen ähnliches Leben führen jene vielen, deren Leben man wohl einen geschäftigen Müßiggang nennen könnte. Manche erwecken unser Mitleid, wenn sie wie zu einer Feuersbrunst rennen: Sie drängen die ihnen Begegnenden zur Seite und bringen sich und andere zu Fall, während ihr ganzes Gelaufe doch nur den Zweck hatte, entweder einen zu begrüßen, der ihm den Gruß nicht einmal erwidert, oder sich dem Leichenzug für einen ganz unbekannten Menschen anzuschließen, oder einen bekannten Streithammel vor Gericht zu hören, oder dem Verlöbnis eines, der sich nicht zum ersten Male verlobt, beizuwohnen; sie machen sich zu Begleitern einer Sänfte, ja helfen hie und da auch beim Tragen derselben. Wenn sie dann in zweckloser Ermüdung nach Hause kommen, so schwören sie, sie wüssten selbst nicht, weshalb sie ausgegangen wären, wo sie gewesen wären, um dann am nächsten Tage wieder dieselbe Irrfahrt anzutreten. Jede Arbeit muss also irgendeinen Zweck, irgendeine bestimmte Beziehung haben! Nicht der Tätigkeitstrieb setzt diese Rastlosen in Bewegung; es sind die täuschenden Trugbilder der Dinge, die die Verblendeten nicht ruhen lassen; denn auch bei ihnen ist es irgendwelche Hoffnung, die zur Bewegung anregt: Es reizt sie irgendein Scheinbild, dessen Nichtigkeit ihrem befangenen Geist nicht zum Bewusstsein kommt. Ohne Ausnahme gilt für alle, die ihr Haus nur verlassen, um das Straßengetümmel noch größer zu machen, das Folgende: Es sind leere und nichtige Gründe, die einen jeden von ihnen in der Stadt umherführen; ohne dass er irgendwelchen ernstlichen Arbeitswillen hat, treibt ihn das Morgenlicht hinaus auf die Straße, und nachdem er an so mancher Tür vergebens geklopft und die dienenden Geister begrüßt hat, trifft er, obschon von so vielen abgewiesen, doch niemanden schwerer zu Hause an als sich selbst.

Mit diesem Unfug hängt jene abscheuliche Unsitte zusammen: die Ohrenbläserei und Aushorcherei, das Auskundschaften öffentlicher und geheimer Vorgänge und das Wissen um viele Dinge, die zu erzählen ebenso bedenklich ist wie sie zu hören.

13. Das scheint auch Demokrit im Auge gehabt zu haben, als er so anhub: »Wer ruhig leben will, soll nicht vielerlei treiben, weder im eigenen noch im Staatswesen«, wobei er selbstverständlich an das Unnötige denkt; denn handelt es sich um notwendige Dinge, so gibt es im eigenen wie im öffentlichen Leben nicht nur viele, sondern unzählige Dinge, die man erledigen muss. Wo uns aber keine der üblichen Pflichten ruft, da müssen wir mit unserer Tätigkeit zurückhalten. Denn wer sich auf vielerlei einlässt, der gibt dem Schicksal häufig Macht über sich, dem gegenüber das sicherste ist, sich nur selten mit ihm auf Proben einzulassen, wenn man auch immer an es denken und sich nichts von seiner Zuverlässigkeit versprechen soll. »Ich werde eine Seefahrt unternehmen, es müsste denn etwas dazwischen kommen«; »Ich werde Prätor werden, es müsste denn ein Hemmnis eintreten«; »Das Unternehmen wird mir gelingen, es müsste denn etwas Unerwartetes sich ereignen.« Das ist es, was uns zu der Behauptung führt, dem Weisen könne niemals etwas völlig Unvermutetes begegnen. Wir erheben ihn nicht über die menschlichen Zufälligkeiten, wohl aber über die menschlichen Irrtümer; nicht alles geht ihm nach Wunsch und Willen, aber seine Seele ist immer auf alles gefasst; denn er hat sich vor allem immer gesagt, es könne dem, was er vorhat, sich auch ein Hemmnis entgegenstellen. Notwendig aber tröstet der sich leichter über einen vereitelten Wunsch, dem man das Gelingen nicht bedingungslos versprochen hat.

14. Wir müssen uns aber auch eine gewisse Fügsamkeit nach *der* Seite hin aneignen, dass wir uns nicht gar zu sehr auf das versteifen, was wir uns vorgenommen haben, sondern uns in die jeweilige Schicksalslage fügen und uns nicht bange machen lassen durch einen Wechsel, sei es unseres Entschlusses oder des Schicksals, wenn wir uns nur vor dem Fehler des Wankelmutes bewahren, diesem schlimmsten Feinde der Ruhe. Allerdings führt auch der starre Eigensinn unausbleiblich Beängstigung und Unheil mit sich, da das

Schicksal ihm häufig einen Strich durch die Rechnung macht; aber der wankelmütige, hin und herflatternde Leichtsinn ist doch noch viel schlimmer. Beides ist der Ruhe unzuträglich, sowohl wenn man nichts ändern kann, als wenn man jedem Leiden ausweicht. Jedenfalls aber muss die Seele, von allem Äußerlichen absehend, sich ganz in sich selbst sammeln, muss volles Vertrauen zu sich gewinnen, muss an sich selbst ihre Freude haben, muss, was ihr gehört, hoch achten, was ihrem Wesen fremd ist, möglichst von sich fernhalten und mit sich selbst in Einvernehmen bleiben, darf Verluste nicht zu schwer empfinden und muss auch das Widerwärtige so viel wie möglich zum Besten deuten. Als unser Zeno die Nachricht von einem Schiffbruch erhielt, durch den all sein Hab und Gut untergegangen war, ließ er sich so vernehmen: »Das Schicksal will mir freiere Bahn zum Philosophieren geben.« Den Philosophen Theodorus bedrohte ein Tyrann mit dem Tod, und zwar ohne Begräbnis. Was erwiderte er? »Der Erfüllung deines Wunsches steht nichts entgegen; mein bisschen Blut steht ganz zu deiner Verfügung; und was mein Begräbnis anlangt, was ist es da doch für eine Torheit, zu glauben, es liege mir daran, ob ich auf oder unter dem Erdboden verwese.« Canus Julius, ein ganz hervorragender Mann, den zu bewundern selbst der Umstand kein Hindernis ist, dass er in unserem Jahrhundert geboren ward, hatte einen langen, scharfen Wortwechsel mit Cajus (Caligula), nach dessen Abschluss dieser neue Phalaris zu dem Fortgehenden sagte: »Schmeichle dir ja nicht mit törichter Hoffnung; den Befehl zu deiner Hinrichtung habe ich bereits gegeben.« »Dank dir«, erwiderte er, »mein gnädigster Kaiser!« In welchem Sinne er dies gesagt haben mag, ist mir zweifelhaft, denn ich kann mir mancherlei dabei denken: Wollte er den Gebieter fühlen lassen, wie schmachvoll er gehandelt, und ihm vor Augen führen, dass solch unerhörter Grausamkeit gegenüber der Tod eine Wohltat sei? Oder geißelte er damit den wahnwitzigen Unfug, der damals Mode war? (Denn es war Sitte geworden, dass man sich bedankte für die Ermordung seiner Kinder und für den Raub von Hab und Gut.) Oder nahm er es freudigen Herzens hin als eine Art der Befreiung? Wie es damit auch stehen mag, die Antwort zeugte von hochherzigster Sinnesart. Vielleicht erwidert man: »Es war ja immerhin möglich, dass Gaius darauf hin den Bescheid gegeben hätte, ihn am Leben zu lassen.« Diese Befürchtung hegte Canus nicht; man wusste, wie Gaius mit solchen Befehlen Wort hielt. Glaubst du wohl, dass jener die zehn Tage bis zu seiner Hinrichtung ohne jede Anfechtung von Kummer hingebracht habe? Es klingt fast unglaublich, was dieser Mann gesagt und getan, welche Ruhe er bewahrt hat. Er saß beim Brettspiel, als der Centurio, der den Transport der Verurteilten leitete, auch ihm den Befehl zugehen ließ, sich fertig zu machen. Bei diesem Ruf zählte er die Steine und sagte zu seinem Spielgenossen: »Nimm dich in Acht, und lüge nicht etwa einem vor, du habest gewonnen.« Darauf winkte er dem Centurio zu und sagte: »Du bist mein Zeuge, dass ich um Eines voraus bin.« Meinst du etwa, Canus hätte dies Brettspiel nur dem Spiele zuliebe getrieben? Nein! Dies Spiel war nichts als Hohn. Von Trauer erfüllt waren die Freunde, da sie solch einen Mann verlieren sollten. »Was trauert ihr?«, sagte er; »Ihr forschet, ob die Seelen unsterblich seien: Ich werde es alsbald wissen.« Und so fuhr er auch in seiner Todesstunde fort, nach der Wahrheit zu forschen und seinen eigenen Tod zu einer Quelle der Forschung zu machen. Es begleitete ihn sein Philosoph, und der Zug war nahe dem Hügel, wo man unserem Gotte, dem Kaiser, das tägliche Opfer brachte. Da sagte der Philosoph: »Was denkst du jetzt, Canus? Womit beschäftigt sich dein Geist?« »Ich habe mir vorgenommen«, erwiderte Canus, »in jenem schnellsten aller Augenblicke zu beobachten, ob die Seele ihres Abscheidens sich bewusst sein wird«, und er versprach, wenn er darüber etwas erkundet hätte, als Geist bei seinen Freunden umzugehen und ihnen Kunde zu geben, wie es mit den Seelen stände. Schau, welche Ruhe mitten im Sturm! Ein Geist, würdig der Ewigkeit, der sein Todesverhängnis zur Ergründung der Wahrheit benutzt, der im letzten Lebensaugenblick die scheidende Seele über ihren Zustand befragt und nicht nur bis zum Tode, sondern vom Tode selbst noch etwas lernt. Wer hätte in der Philosophie noch länger beharrt? Aber es sei fern von uns, den großen und der höchsten Achtung würdigen Mann in Eile von uns zu lassen; wir werden dich im Andenken der Welt erhalten, du strahlendes Haupt, du unersetzliches Opfer der Gräuel eines Gaius!

15. Doch es genügt nicht, sich frei zu machen von den Anlässen zur Niedergeschlagenheit über die eigenen Angelegenheiten; denn mitunter bemächtigt sich unser ein Hass gegen das Menschengeschlecht überhaupt. Wenn man bedenkt, wie selten die schlichte Ehrlichkeit ist, wie wenig man von Unschuld weiß, und wie die Treue fast ganz aus der Welt geschwunden ist, außer wo sie etwa Nutzen bringt, wenn uns der ganze Schwarm sieggekrönter Verbrechen entgegentritt, sowie die gleich hassenswerten Gewinne und Verluste der Lustbegier mitsamt dem Ehrgeiz, der sich so weit vergisst, dass er dem Glanze zuliebe die schändlichsten Mittel nicht scheut, da umnachtet sich der Geist, und Finsternis breitet sich über ihn, als wäre alle Tugend ausgestorben, als wäre jede Hoffnung auf sie versperrt und jeder Nutzen von ihr ausgeschlossen. Wir müssen unserem Geist also die Wendung geben, dass uns alle Verirrungen des Volkes nicht verhasst, sondern lächerlich erscheinen, und müssen es mehr mit Demokrit halten als mit Heraklit. Denn dieser konnte sich auf der Straße nicht sehen lassen, ohne Tränen zu vergießen; jener dagegen lachte; dem einen erschien alles, was wir tun, bejammernswert, dem anderen ein Possenspiel. Man muss sich alles leichter machen und fügsam ertragen; es steht dem Menschen besser an, das Leben zu belachen, als es zu beweinen. Zudem macht sich derjenige mehr verdient um das Menschengeschlecht, der da lacht, als der darüber trauert; denn jener lässt der frohen Hoffnung doch wenigstens noch einigen Raum; dieser dagegen weint törichterweise über das, an dessen Verbesserung er verzweifelt. Auch schon im Hinblick auf das All der Dinge zeigt derjenige doch einen höheren

Geistesschwung, der mit dem Lachen als der mit dem Weinen nicht an sich halten kann; denn es ist die unschuldigste Gemütserregung, der er huldigt, und nichts in diesem mächtigen Triebwerk erscheint ihm groß, nichts ernst, ja nicht einmal bedauernswert. Jeder halte sich nur alles Einzelne vor, weshalb wir froh oder traurig sind, und er wird jenes Wort des Bion bestätigen: Alle Betätigung der Menschen gleiche durchaus ihrem Ursprung, und ihr Leben sei nicht heiliger oder ernster als ihre Empfängnis, sie sänken zurück in das Nichts, aus dem sie hervorgegangen. Doch es ist besser, die öffentliche Sittlichkeit und die Fehler der Menschen mit mildem Auge anzusehen und darüber weder ins Lachen noch ins Weinen zu verfallen; denn mit fremdem Leid sich abzuquälen ist ewiges Unheil, und an fremdem Unglück seine Freude zu haben, ist ein Vergnügen, das mit Menschengüte nichts zu tun hat, sowie es anderseits eine nutzlose Menschenfreundlichkeit ist, zu weinen, weil irgendeiner seinen Sohn begräbt, und darüber eine Trauermiene anzunehmen. Auch was unser eigenes Unglück anlangt, so muss man sich so verhalten, dass man dem Schmerze einräumt, was die Natur fordert, nicht was die herrschende Sitte mit sich bringt; denn sehr viele vergießen Tränen, um als Trauernde zu erscheinen, und haben immer trockene Augen, wenn kein Zuschauer da ist; sie schämen sich, nicht zu weinen, wo alle es tun. So tief hat sich diese Unsitte, diese Abhängigkeit von fremder Meinung eingewurzelt, dass auch die selbstverständlichste Sache, der Schmerz, der Heuchelei verfällt.

16. Wir kommen nunmehr zur Betrachtung von Dingen, die nicht ohne Grund tiefstes Bedauern erwecken und einer trüben Stimmung Raum geben. Man blicke hin auf die Fälle, wo es mit ehrenwerten Männern ein trauriges Ende nimmt, wo ein Sokrates gezwungen wird, im Kerker zu sterben, Rutilius in der Verbannung zu leben, Pompeius und Cicero ihren eigenen Schützlingen den Nacken darzubieten, der große Cato, das lebende Musterbild aller Tugend, sich in sein Schwert stürzend, seinen eigenen Untergang

zugleich mit dem des Staates der Welt kundzugeben – da kann es nicht ausbleiben, dass man sich gequält fühlt angesichts dieses ungerechten Lohnes vonseiten des Schicksals. Was soll jeder Einzelne überhaupt noch für sich hoffen, wenn er sieht, dass die Besten das Schlimmste über sich ergehen lassen müssen? Wie steht es also? Vergegenwärtige dir, wie jeder von ihnen sein Schicksal getragen habe, und, sind sie tapfer gewesen, so nimm dir ihr Beispiel zum Muster in deiner Sehnsucht nach ihnen, starben sie aber weibisch und feige, so ist an ihnen nichts verloren. Entweder sind sie wert, dich ihrer mannhaften Tugend zu erfreuen, oder nicht wert, dass man Verlangen trüge nach ihrer Unmännlichkeit. Denn was wäre schimpflicher, als dass die größten Männer durch ihren tapferen Tod uns zaghaft machten? Preisen wir vielmehr den so hohen Lobes Würdigen und sagen: Preis dir, du Held, der du umso glücklicher bist, je tapferer du bist! Alle Angriffe des Schicksals, Neid, Krankheit – sie liegen nun hinter dir; du bist kein Gefangener mehr; du verdientest nach der Götter Meinung kein herbes Schicksal, verdientest vielmehr, dass das Schicksal keine Macht mehr über dich hätte.« Diejenigen aber, die sich darum herum drücken wollen und in der Todesstunde nach dem Leben ausschauen, müssen des Schicksals Gewalt zu fühlen bekommen. Nie werd ich einen beweinen, der freudig stirbt, nie aber auch einen beweinen. der unter Tränen stirbt; jener hat meine Tränen selbst getrocknet, dieser hat durch seine Tränen jedes Recht auf teilnehmende Tränen verwirkt. Soll ich den Herkules beweinen, dass er sich lebendig verbrannt? Oder den Regulus, dass er die Marterqualen über sich ergehen ließ, oder den Cato, dass er den Todesstreich gegen sich wiederholte? Sie alle haben den kurzen Schmerz eines Augenblickes nicht gescheut, um dadurch in die Ewigkeit einzugehen, und haben sich durch ihren Tod unsterblich gemacht.

17. Eine weitere, ergiebige Quelle von Ärgernissen ist die krankhafte Sucht, dir ein erkünsteltes Aussehen zu geben und dich nie-

mandem in deiner natürlichen Gestalt zu zeigen, eine nicht vereinzelte Erscheinung; denn die Zahl derer ist nicht gering, die ein Leben führen voller Verstellung und auf den prunkenden Schein berechnet. Ihre beständige Selbstbeobachtung wird ihnen zur Qual, und es peinigt sie die Angst, sich einmal in anderer Gestalt ertappt zu sehen, als der, in der sie sich gewöhnlich zeigen. Und wir werden den beängstigenden Druck nicht los, wenn wir bei jedem Blick eines anderen argwöhnen, es sei auf eine Beurteilung und mögliche Entlarvung von uns abgelegt. Denn der Zufall bringt vieles mit sich, was trotz allen Widerstrebens unsere Blößen aufdeckt, und, angenommen auch, dass die beständige Achtsamkeit auf sich selbst von gutem Erfolge begleitet sei, so ist es doch kein angenehmes und sorgenfreies Leben, wenn man immer eine bestimmte Maske trägt. Dagegen die schlichte und jeden Aufputz verachtende Natürlichkeit, die keine Verschleierung des wahren Wesens kennt, wie viel Erfreuliches führt sie doch mit sich! Indes auch dies allen Augen offen liegende Leben birgt die Gefahr der Verachtung in sich; denn es gibt manche, denen es Unbehagen macht, die Dinge zu sehr aus der Nähe zu sehen. Allein, einerseits läuft die Tugend nicht Gefahr, an Wert zu verlieren, wenn sie aus der Nähe betrachtet wird, anderseits ist es doch besser, sich durch schlichte Natürlichkeit Verachtung zuzuziehen, als unter der Qual beständiger Verstellung zu leiden. Indes gilt es, die rechte Mitte zu halten. Es ist ein großer Unterschied, ob man ein aufrichtig schlichtes oder ein unachtsames Leben führt.

Vielfach muss man auch in sich selbst Einkehr halten; denn der Umgang mit anders gearteten Menschen stört das erlangte innere Gleichgewicht und weckt Leidenschaften wieder auf und führt allen Schwächen und bedenklichen Rückständen der Seele neue verderbliche Nahrung zu. Doch muss man beides verbinden und miteinander abwechseln lassen, Einsamkeit und Geselligkeit. Wie die Erstere in uns die Sehnsucht nach Menschen weckt, so die Letztere die Sehnsucht nach uns selbst, und beide werden einander hilfreich ergänzen; den Hass gegen das Menschengetümmel wird die Einsamkeit heilen, den Überdruss an der Einsamkeit das Menschengetümmel.

Ferner darf man den Geist nicht in unausgesetzt gleichmäßiger Anspannung halten, sondern muss ihm auch Erheiterung schaffen. Sokrates schämte sich nicht, mit Knaben zu spielen, und Cato pflegte beim Glase Wein die drückenden staatlichen Sorgen von sich zu schütteln, und Scipio, der Triumphator und Held, hielt seinen Körper nicht für zu vornehm, um ihn nach dem Takt des Tanzes zu bewegen, nicht mit gesuchter Zierlichkeit, wie es jetzt üblich ist bei den Modehelden, die schon in ihrem Gange eine mehr als weibische Weichlichkeit verraten, sondern nach dem Muster der Männer der alten Zeit, die bei Spiel und Festfeier nach Männerart den Boden zu stampfen pflegten, ohne befürchten zu müssen an Achtung zu verlieren, und hätten sie auch ihre Feinde zu Zuschauern. Der Geist fordert Erholung; hat er sich ausgeruht, so wird er sich umso kräftiger und regsamer erheben. Wie man fruchtbare Äcker schonend behandeln muss – denn zwingt man sie zu unausgesetzter Fruchtbarkeit, so werden sie sich bald erschöpft haben –, so auch den Geist: Unausgesetzte Anstrengung wird seinen Schwung brechen; gönnt man ihm einige Erholung und Ausspannung, dann wird er wieder zu Kräften kommen; beständige Anstrengung hat eine gewisse Abstumpfung und Mattigkeit zur Folge. Woher sollte auch das heftige Verlangen der Menschen nach derartiger Erholung kommen, wenn Spiel und Scherz nicht eine gewisse natürliche Anziehungskraft hätten; allerdings wird das Übermaß der Anwendung dem Geist alle Wucht und alle Kraft rauben. Ist doch auch der Schlaf zur Erholung unentbehrlich; setzest du ihn aber Tag und Nacht fort, so wäre er der Tod. Es ist ein großer Unterschied, ob man etwas mäßigt oder ob man es aufgibt. Die Gesetzgeber haben Feiertage angeordnet, um die Menschen zu gemeinsamer Fröhlichkeit zu nötigen, als gewissermaßen notwendige, weil lindernd wirkende Unterbrechung der schweren Arbeit. Auch große Männer gaben sich, wie gesagt, für gewisse Tage des Monats Ferienurlaub; manche machten es auch so, dass sie jeden Tag zwischen Muße und anstrengender Arbeit teilten. So machte es der große Redner Asinius Pollio, der, wie wir uns erinnern, sich nie über die zehnte Stunde hinaus mit Arbeiten beschäftigte; selbst das Lesen von Briefen unterließ er nach dieser Stunde, um sich nicht neue Sorgen zu schaffen. Aber in jenen zwei Stunden schüttelte er die Müdigkeit des ganzen Tages ab. Manche machen eine Pause in der Mitte des Tages und verschieben leichtere Arbeiten auf die Nachmittagsstunden. Auch unsere Vorfahren verordneten, dass nach der zehnten Stunde kein neuer Antrag im Senate gestellt werden dürfe. Der Soldat hat seine bestimmten Wachtstunden, und für die, welche von einer Unternehmung zurückkehren, fällt der Nachtdienst aus. Man muss mit dem Geist schonend verfahren und muss ihm bisweilen Ruhe gönnen, die ihm Nahrung und Kraft gibt. Auch muss man sich an der freien Luft ergehen, damit die Seele in vollen Zügen die frische Luft genieße und sich dadurch kräftige und erlabe. Zuweilen tut auch eine Spazierfahrt wohl, eine Reise und Ortsveränderung, Geselligkeit und voller Becher; das frischt den Geist auf. Zuweilen mag es auch bis zu einem Räuschchen kommen, nicht bis zum Untertauchen, aber doch bis zum Eintauchen. Denn der Wein spült die Sorgen weg, greift tief ein ins Gemüt und ist ein Mittel wie gegen manche Krankheiten, so auch gegen den Trübsinn, und der Erfinder des Weines ist Liber genannt worden, nicht wegen der Ungebundenheit der Zunge, sondern weil er die Seele erlöst von der Knechtschaft der Sorgen, sie frei macht, belebt und ihr frischen Mut gibt zu jedem Vorhaben. Doch Mäßigung ist heilsam wie in der Freiheit so auch beim Weine. Solon und Arcesilaus sollen dem Weine gehuldigt haben, und dem Cato hat man Trinklust vorgeworfen. Dieser Vorwurf, von wem er auch herstammen mag, wird eher die Wirkung haben, den betreffenden Fehler zu Ehren zu bringen, als dem Cato Schande zu machen. Doch darf es nicht oft geschehen, damit es nicht zur schlimmen Gewohnheit werde, wenn die Weinlaune sich auch ab und zu einmal bis zur überschäumenden Ungebundenheit steigern mag, um die trübselige Nüchternheit wenigstens auf kurze Zeit zu verscheuchen. Denn mag nun der griechische Dichter recht haben mit seinem Wort »Zuweilen hat es auch seinen Reiz, ausgelassen zu sein«, oder Platon mit seinem Spruch »Vergebens klopft, wer völlig nüchtern ist, an der Musenpforte an«, oder Aristoteles mit seinem Satz »Kein großer Geist war ohne Beimischung von Tollheit«, es ist nicht anders: Nur der stark erregte Geist vermag etwas überragend Großes auszusprechen. Blickt er verächtlich herab auf das Gewöhnliche und Alltägliche, und erhebt er sich in begeistertem Aufschwung zu größerer Höhe, dann erst künden seine Lippen Größeres als ein sterblicher Mund. Nichts Erhabenes und auf der Höhe Thronendes kann er erreichen, solange er bei sich selbst ist. Losreißen muss er sich von der nüchternen Gewohnheit, sich aufschwingen und in die Zügel knirschen, den Lenker mit sich fortreißen und ihn dahin bringen, wohin er auf eigene Hand sich nie getraut hätte zu gelangen.

Da hast du, teuerster Serenus, was die Ruhe sichern, was sie wieder herstellen und was den sich einschleichenden Fehlern wehren mag. Doch wisse, dass dies alles nicht stark genug ist für die Hüter eines unbeständigen Etwas, wenn nicht angestrengte und beständige Achtsamkeit das wankende Gemüt überwacht.

Von der Kürze des Lebens

An Paulinus

1. Die meisten Menschen, mein Paulinus, klagen über die Bosheit der Natur: Unsere Lebenszeit, heißt es, sei uns zu kurz bemessen, zu rasch, zu reißend verfliege die uns vergönnte Spanne der Zeit, so schnell, dass mit Ausnahme einiger weniger den anderen das Leben noch mitten unter den Zurüstungen zum Leben entweiche. Und es ist nicht etwa bloß der große Haufe und die unverständige Menge, die über dies angeblich allgemeine Übel jammert, nein, auch hoch angesehene Männer haben, von dieser Stimmung angesteckt, sich in Klagen ergangen. Daher jener Ausruf des größten der Ärzte: »Kurz ist das Leben, lang die Kunst.« Daher der einem Weisen wenig ziemende Hader des Aristoteles mit der Natur: »Die Natur habe es mit den Tieren so gut gemeint, dass sie ihnen fünf, ja zehn Jahrhunderte Lebenszeit vergönne, während dem Menschen, der für so vieles und für so Großes geboren sei, ein so viel früheres Ende beschieden sei.« Nein, nicht gering ist die Zeit, die uns zu Gebote steht; wir lassen nur viel davon verloren gehen. Das Leben, das uns gegeben ist, ist lang genug und völlig ausreichend zur Vollführung auch der herrlichsten Taten, wenn es nur von Anfang bis zum Ende gut verwendet würde; aber wenn es sich in üppigem

Schlendrian verflüchtigt, wenn es keinem edlen Streben geweiht wird, dann merken wir erst unter dem Drucke der letzten Not, dass es vorüber ist, ohne dass wir auf sein Vorwärtsrücken Acht gegeben haben. So ist es: Nicht das Leben, das wir empfangen, ist kurz, nein, wir machen es dazu; wir sind nicht zu kurz gekommen; wir sind vielmehr zu verschwenderisch. Wie großer fürstlicher Reichtum in der Hand eines nichtsnutzigen Besitzers, an den er gelangt ist, sich im Augenblick in alle Winde zerstreut, während ein, wenn auch nur mäßiges Vermögen in der Hand eines guten Hüters durch die Art, wie er damit verfährt, sich mehrt, so bietet unser Leben dem, der richtig damit umzugehen weiß, einen weiten Spielraum.

2. Was klagen wir über die Natur? Sie hat sich gütig erwiesen: Das Leben ist lang, wenn man es recht zu brauchen weiß. Aber den einen hält unersättliche Habsucht in ihren Banden gefangen, den anderen eine mühevolle Geschäftigkeit, die an nutzlose Aufgaben verschwendet wird; der eine geht ganz in den Freuden des Bacchus auf, der andere dämmert in trägem Stumpfsinn dahin; den einen plagt der Ehrgeiz, der immer von dem Urteil anderer abhängt, den anderen treibt der gewinnsuchende, rastlose Handelsgeist durch alle Länder, durch alle Meere; manche hält der Kriegsdienst in seinem Bann; sie denken an nichts anderes, als wie sie anderen Gefahren bereiten oder ihnen selbst drohende Gefahren abwehren können; manche lässt der undankbare Herrendienst sich in freiwilliger Knechtschaft aufreiben; viele kommen nicht los von dem Glücke anderer oder von der Klage über ihre eigene Lage; die meisten jagt mangels jeden festen Zieles ihre unstete, schwankende, auch sich selbst missfällige Leichtfertigkeit zu immer neuen Entwürfen. Manche wollen von einer sicher gerichteten Lebensbahn überhaupt nichts wissen, sondern lassen sich vom Schicksal in einem Zustand der Schwäche und Schlaffheit überraschen, sodass ich nicht zweifle an der Wahrheit des Wortes jenes erhabenen Dichters, das wie ein Orakelspruch klingt:

»Ein kleiner Teil des Lebens nur ist wahres Leben«;

der ganze übrige Teil ist nicht Leben, ist bloße Zeit. Von allen Seiten drängt und stürmt das Unheil an und lässt nicht zu, dass man den Blick erhebe zur Betrachtung der Wahrheit, drückt die Menschen vielmehr in die Tiefe und fesselt sie an die Begierden. Niemals wird es ihnen möglich, zu sich selbst zu kommen, und tritt zufällig etwa einmal eine Pause ein, dann schwanken sie hin und her wie das tiefe Meer, das auch nach dem Sturm noch in Bewegung ist; kurz, niemals lassen ihre Begierden sie in Ruhe. Und meinst du etwa, ich spräche nur von denen, über deren beklagenswerte Lage alle einig sind? Blicke hin auf jene, die allgemein als Glückskinder angestaunt werden: Sie ersticken an ihrem eigenen Glücke. Wie vielen wird der Reichtum zur Last! Wie vielen raubt das Rednergeschäft und das tägliche Verlangen, ihr Talent leuchten zu lassen, die wahre Lebenskraft! Wie viele bieten infolge des unaufhörlichen Sinnengenusses den Anblick von wandelnden Leichen! Wie vielen lässt die sich drängende Klientenschar keinen freien Augenblick! Kurz, gehe sie alle durch vom Niedrigsten bis zum Höchsten: Der eine sucht einen Anwalt, der andere stellt sich ihm zur Verfügung; der eine ist in Gefahr, der andere übernimmt die Verteidigung; wieder ein anderer fällt das Urteil; keiner sichert sich sein Recht über sich selbst; der eine verzehrt sich im Dienst für den anderen. Frage nach jenen Stützen der Gesellschaft, deren Namen auswendig gelernt werden, du wirst sehen, man unterscheidet sie nach folgenden Merkmalen: Der eine dient diesem, der andere jenem, keiner sich selbst. Ganz sinnlos ist demnach die Entrüstung so mancher: Sie klagen über den Hochmut der Höherstehenden, weil diese für den zudringlichen Besucher keine Zeit gehabt haben! Darf sich irgendjemand herausnehmen, über den Stolz eines anderen zu klagen, der für sich selbst niemals Zeit hat? Jener hat dir unbedeutendem Gesellen doch irgendeinmal einen Blick gegönnt, wenn auch einen noch so hochfahrenden, er hat sein Ohr zu deinem Anliegen herabgelassen; du aber hast dich nie für wert gehalten, einen Blick in dich zu tun, auf dich selbst zu hören. Diese deine Dienstbeflissenheit gibt dir also keinen Anspruch auf Beachtung vonseiten irgendjemandes; denn als du sie ausübtest, lag dem nicht die Absicht einer Verbindung mit dem anderen zu Grunde, sondern nur das Unvermögen, dir selber anzugehören.

3. Mögen auch die glänzenden Geister aller Zeiten über diese Tatsache in Übereinstimmung sein, so werden sie sich doch niemals genug wundern können über diese geistige Finsternis der Menschen. Ihre Landgüter lassen sie von niemand in Beschlag nehmen, und beim geringsten Streit über die Feldmark rennen sie nach Waffen; was aber ihr eigenes Leben betrifft, so lassen sie andere in dasselbe eingreifen; ja nicht genug damit, sie bemühen sich sogar darum, andere zu Herren und Besitzern ihres Lebens zu machen. Es findet sich keiner, der sein Geld austeilen möchte; sein Leben dagegen, unter wie viele verteilt es ein jeder! Ihr Vermögen zusammenzuhalten, sind sie immer eifrig beflissen; handelt es sich aber um Zeitverlust, so zeigen sie sich als die größten Verschwender da, wo der Geiz die einzige Gelegenheit hat, in ehrbarer Gestalt aufzutreten. Greifen wir also aus der Masse der Höherbetagten irgendeinen heraus: »Wir sehen, du bist an der äußersten Grenze menschlichen Lebens angelangt; hundert Jahre oder mehr noch lasten auf dir. Wohlan, überschlage dein Leben und gib Rechenschaft davon. Berechne, wie viel dir davon der Gläubiger, wie viel die Geliebte, wie viel der Angeklagte, wie viel der Klient entzogen hat, wie viel der eheliche Hader, wie viel die Sklavenzucht, wie viel das dienstbeflissene Umherrennen in den Straßen der Stadt; nimm dazu die selbstverschuldeten Krankheiten und was unbenutzt liegen blieb, so wirst du sehen: Die Zahl deiner Jahre ist geringer, als du annimmst. Frage dein Gedächtnis, wenn du einmal deiner Sache wirklich sicher gewesen bist, wie wenige Tage deiner Absicht gemäß verlaufen sind, wie selten du mit dir selbst Umgang gepflogen, wie selten

du dein wahres Gesicht gezeigt, wie oft dein Gemüt verzagt hat; frage dich, was du in dieser langen Lebenszeit tatsächlich geleistet, wie viel dir von deinem Leben durch andere weggenommen worden, ohne dass du den Verlust gewahr wurdest, wie viel dir vergebliche Trauer, törichte Freude, unersättliche Begierde, der Reiz der Geselligkeit Zeit geraubt, wie wenig dir von dem Deinigen geblieben – und du wirst einsehen, dass du stirbst, ehe du reif bist.«

Wie steht's also damit? Ihr lebt, als würdet ihr immer leben; niemals werdet ihr eurer Gebrechlichkeit euch bewusst; ihr habt nicht Acht darauf, wie viel Zeit bereits vorüber ist; ihr verschwendet sie, als wäre sie unerschöpflich, während inzwischen gerade der Tag, der irgendeinem Menschen oder einer Sache zuliebe hingegeben wird, vielleicht der letzte ist. Ihr fürchtet alles, als wäret ihr nur sterblich; ihr begehrt alles, als wäret ihr auch unsterblich. Wie oft vernimmt man die Äußerung: »Mit dem fünfzigsten Jahre begebe ich mich in den Ruhestand, mit dem sechzigsten mach ich mich frei von aller amtlichen Tätigkeit.« Und wer leistet dir Bürgschaft für ein längeres Leben? Wer soll den Dingen gerade den Lauf geben, den du ihnen bestimmst? Schämst du dich nicht, nur den Rest deines Lebens für dich zu behalten und dir für dein geistiges Wohl nur diejenige Zeit vorzubehalten, die sich zu nichts mehr verwenden lässt? Welche Verspätung, mit dem Leben anzufangen, wenn man aufhören muss! Was für eine Torheit, was für ein gedankenloses Übersehen der Sterblichkeit, auf das fünfzigste und sechzigste Jahr alle Heilspläne hinauszuschieben und es sich in den Kopf zu setzen, das Leben zu beginnen an dem Punkte, bis zu dem es nur wenige bringen.

4. Den mächtigsten und höchstgestellten Männern entfallen, wie du bemerken wirst, Äußerungen, in denen sie ihren Wunsch nach Ruhe kundgeben; sie preisen diese und geben ihr den Vorzug vor allen ihren Herrlichkeiten. Sie wünschen mitunter von ihrer Höhe, wenn es ohne Gefahr geschehen kann, herabzusteigen; denn mag

auch von außen keine Gefahr oder Erschütterung drohen, das Glück bricht in sich selbst zusammen.

Der selige Augustus, der sich mehr als sonst irgendeiner der Gunst der Götter erfreute, hat nicht aufgehört, sich Ruhe zu erflehen. Keine Unterhaltung, in der er nicht darauf zurückkam, er hoffe auf Muße: Mit diesem süßen, wenn auch falschen Trost, dass er endlich einmal sich selbst leben würde, suchte er sich seine Arbeitslast zu erleichtern. In einem an den Senat gerichteten Schreiben, in dem er versprach, dass seine Ruhe der Würde nicht entbehren und von seinem früheren Ruhm nicht abstechen werde, finde ich folgende Worte: »Alles das sind Dinge, die sich besser in der Wirklichkeit ausnehmen werden als in der Verheißung. Mich indes hat der lebhafte Wunsch nach dieser heiß ersehnten Zeit, da die Freude an der Wirklichkeit noch auf sich warten lässt, dazu vermocht, mir im Voraus einiges Vergnügen zu sichern durch den süßen Zauber der Worte.« In so hohem Maße begehrenswert erschien ihm die Muße, dass er sie sich in Gedanken im Voraus lebhaft vorstellte, da die Wirklichkeit sie ihm noch versagte. Er, der alles von sich allein abhängig wusste, der über das Schicksal von Menschen und Völkern entschied, dachte in freudigster Stimmung an den Tag, wo er seiner Erhabenheit ledig würde. Er hatte an sich erfahren, wie viel Schweiß jene über alle Länder strahlende Herrlichkeit kostete, wie viel verborgenen Kümmernissen sie als Deckmantel diente. Genötigt, erst gegen seine Mitbürger, sodann gegen seine Amtsgenossen, schließlich auch gegen seine Verwandten die Waffen entscheiden zu lassen, hat er zu Wasser und zu Lande blutige Kämpfe geführt; durch Mazedonien, Sizilien, Ägypten, Syrien, Asien und fast an allen Küsten unter beständigen Kämpfen umhergetrieben, hat er die des Römermordens müden Legionen zur Verwendung für auswärtige Kriege bestimmt. Während er im Alpengebiet Ruhe schaffte und die Feinde bezwang, die sich mitten im Frieden in das Reich eindrängten, während er die Grenzen, sogar über den Rhein, über den Euphrat, über die Donau vorschob, wurden in Rom selbst die Dolche eines Murena, eines Caepio, Lepidus, Egnatius und anderer gegen ihn gewetzt. Noch war er den Nachstellungen nicht entgangen, da setzte seine Tochter und eine ganze Reihe adeliger Jünglinge, die durch sträflichen Umgang wie durch einen Eid an sie gefesselt waren, den bereits durch die Jahre geschwächten Herrscher in Schrecken, und Paulus und abermals ein an der Seite des Antonius Furcht erweckendes Weib. Diese Geschwüre hatte er mitsamt den Gliedern abgeschnitten; andere wuchsen nach. Wie ein durch Blutfülle beschwerter Körper ward er immer an irgendwelcher Stelle von einem Ausbruch heimgesucht. Daher wünschte er sich die Muße; in der Hoffnung und in dem Gedanken an sie beruhigten sich seine Arbeitssorgen; sie war der Wunsch dessen, der die Macht hatte, Wünsche zu erfüllen.

5. Marcus Cicero, hin- und hergeworfen zwischen Männern wie Catalina und Clodius, wie Pompejus und Crassus, die teils seine erklärten Feinde, teils zweideutige Freunde waren, während er mitsamt der Republik schwankte und sie vor dem Untergang zu bewahren suchte, schließlich bei Seite gedrückt, doch weder im Glück beruhigt noch gewappnet gegen das Unglück – wie oft verwünscht er selbst sein Konsulat, das nicht ohne Grund, aber maßlos gepriesen wird! Wie kläglich äußert er sich in einem Brief an Atticus zu jener Zeit, wo Pompejus, der Vater, bereits überwunden war, der Sohn aber in Hispanien die Niederlage wiedergutzumachen suchte. »Was ich hier tue«, schreibt er, »fragst du? Ich weile in meinem Tusculanum, ein Halbfreier.« Daran schließen sich noch weitere Äußerungen, teils Weherufe über die vergangene Zeit, teils Klagen über die Gegenwart, teils verzweifelnde Hinweise auf die Zukunft. Einen Halbfreien nannte sich Cicero. Aber wahrlich, nie wird ein Weiser sich zu einer solchen Erniedrigung seines Namens hergeben, niemals wird er ein Halbfreier sein, er, der doch immer im Besitz der ungeschmälerten und vollen Freiheit ist, aller Bande

ledig, sein eigener Herr und emporragend über die anderen. Denn was könnte den überragen, der über dem Schicksal steht?

6. M. Livius Drusus war ein tatkräftiger und leidenschaftlicher Mann. Er war es, der, sich stützend auf einen gewaltigen Anhang aus der Bevölkerung ganz Italiens, neue Gesetzanträge stellte und das Gracchische Unheil wieder aufleben ließ. Nicht hinreichend scharfen Blickes, um den Ausgang der Dinge zu überschauen, war er weder in der Lage, die Sache durchzuführen, noch stand es ihm frei, das einmal Begonnene liegen zu lassen. So verwünschte er denn, wie es heißt, sein von Beginn an ruheloses Leben, wie man sagt, mit folgenden Worten: »Ich bin der Einzige, der nicht einmal in seinen Knabenjahren jemals einen Feiertag gehabt hat.« Denn er hatte den Mut, noch als Unmündiger und mit der Prätexta Bekleideter vor den Richtern als Anwalt von Angeklagten aufzutreten, und wusste auf dem Forum seinen Einfluss so wirksam geltend zu machen, dass er, wie bekannt, in mehreren Fällen den Richtern seinen Willen aufzwang. Wovon mochte ein so frühzeitiger Ehrgeiz sich abschrecken lassen? Kein Zweifel, eine so vorzeitige Krankheit musste zum größten Unheil ausschlagen für ihn sowohl wie für den Staat. Zu spät also klagte er, es seien ihm keine Feiertage beschieden gewesen, da er von Kindheit auf ein Brausekopf und eine Plage für das Forum war. Man streitet darüber, ob er selbst Hand an sich gelegt; er stürzte nämlich plötzlich an einem Stich durch den Unterleib zusammen; manche lassen es dahingestellt, ob sein Tod ein freiwilliger war, niemand aber, dass er zur rechten Zeit eintrat.

Es wäre überflüssig, noch eine Anzahl anderer anzuführen, die, während sie alle anderen an Glück zu überstrahlen schienen, ihrerseits selbst sich ein vernichtendes Zeugnis ausstellten, indem sie mit Widerwillen auf ihr ganzes vergangenes Leben zurückblickten. Indes durch solche Klagen haben sie weder andere noch sich selbst geändert; denn sobald die Worte verflogen sind, setzen die alten Leidenschaften wieder mit ihrem Spiele ein. Wahrhaftig, euer Leben, mag es auch tausend Jahre überschreiten, wird doch auf eine Winzigkeit zusammenschrumpfen; jenem Unwesen werden die Jahrhunderte der Reihe nach zum Opfer fallen; diejenige Zeitspanne aber, die trotz des raschen Naturverlaufes durch die Vernunft erweitert wird, muss euch allerdings rasch verfliegen; ihr ergreift sie ja nicht, haltet sie nicht fest und zwingt diese schnellste Läuferin nicht zum Stillstand, sondern lasst sie dahingehen wie etwas Überflüssiges und leicht Ersetzbares.

7. Vor allem rechne ich hierher auch diejenigen, die für nichts Zeit haben, als für Wein und Wollust; denn es gibt keine angebliche Beschäftigung, die ehrloser wäre als diese. Die anderen, mag auch nur das Trugbild des Ruhmes es sein, in dessen Bann sie stehen, haben bei ihren Verirrungen doch noch einen gewissen Schein für sich: Verweise mich auf Habgierige oder Jähzornige oder auf Männer, die ohne gerechten Grund hassen oder Krieg führen – sie alle können für ihre Fehler sich doch noch auf eine gewisse Männlichkeit berufen; aber wer sich an den Bauchesdienst oder die Wollust wegwirft, der bedeckt sich mit untilgbarer Schande. Prüfe nur im Einzelnen genau die Art, wie sie ihre Zeit verwenden, sieh ihnen zu, wie lange sie rechnen, wie lange sie über ihren Anschlägen brüten und auf der Lauer liegen, wie lange sie Bücklinge vor anderen machen oder andere nötigen, dies vor ihnen zu tun, wie viel Zeit ihnen ihre eigenen oder fremde Bürgschaften wegnehmen, wie viel ihre Gelage, in denen sie ja längst schon ihren eigentlichen Beruf sehen, und du wirst begreifen, dass ihre eigenen Laster oder vermeintlichen Güter sie überhaupt nicht zu Atem kommen lassen.

Es herrscht schließlich allgemeine Übereinstimmung darüber, dass ein derartig in Beschlag genommener Mensch untauglich ist für irgendwelche ernstliche Beschäftigung, für das Studium der Beredsamkeit und der höheren Wissensfächer; denn sein zerstreuter Geist nimmt nichts tief in sich auf, sondern gibt alles, als wäre es eingezwängt, wieder von sich. Auf alles andere versteht sich ein so in Beschlag genommener Mensch besser, als auf die Kunst zu leben: Es gibt keine Kunst, die schwerer zu erlernen wäre. Lehrmeister für andere Künste finden sich allenthalben, und zwar in großer Zahl; in einigen dieser Künste zeigten sich sogar schon Knaben dermaßen bewandert, dass sie bereits als Lehrer auftreten könnten; aber leben zu lernen, dazu gehört das ganze Leben, und, was du vielleicht noch wunderbarer finden wirst, sein Leben lang muss man sterben lernen. Viele hervorragende Männer haben unter Beseitigung aller Hindernisse und unter Verzicht auf Reichtum, Amtstätigkeit und Vergnügungen bis in das höchste Alter all ihr Bemühen einzig darauf gerichtet, leben zu lernen. Doch ist die Mehrzahl derselben mit dem Geständnis aus dem Leben geschieden, noch hätten sie es nicht zu dieser Kenntnis gebracht. Wie sollten also jene anderen sich darauf verstehen! Es gehört, glaube mir, ein großer und über menschliches Irrsal erhabener Mann dazu, nichts von seiner Zeit umkommen zu lassen, und sein Leben ist aus dem Grunde das längste, weil es in seiner ganzen Ausdehnung ihm selbst zur Verfügung stand. Nichts davon hat brach und unbenutzt gelegen, nichts hing von der Verfügung eines anderen ab; hat er doch nichts gefunden, was wert gewesen wäre, es mit seiner Zeit zu vertauschen, deren sparsamster Hüter er war. Und darum reichte sie für ihn aus, während sie jenen notwendig gefehlt haben muss, deren Leben zum großen Teil den öffentlichen Aufgaben gewidmet war. Und kein Zweifel: Es werden jene dereinst sich des Schadens bewusst werden, den sie sich zugezogen; gar viele wenigstens von denen, die die Last großen Glückes tragen, kann man mitten im Gedränge ihrer Klienten oder bei Ausübung ihrer Anwaltstätigkeit oder sonstiger armseliger Ehrenpflichten zuweilen ausrufen hören: »Es ist mir nicht vergönnt zu leben.« Warum sollte es nicht vergönnt sein? Alle jene, die deine Rechtshilfe in Anspruch nehmen, entziehen dich dir selbst. Jener Angeklagte, wie viele Tage hat er dir geraubt? Wie viele jener, der als Kandidat auftrat? Wie viele jenes alte Weib, das nicht genug Erben begraben kann? Wie viele jener, der sich krank stellte, um die Habsucht der Erbschleicher zu reizen? Wie viele jener an Macht euch überragende Freund, für den ihr nicht Freunde seid, sondern nur ein Mittel, mit euch zu prunken? Gehe sie alle durch, sage ich, und prüfe sie, die Tage deines Lebens, du wirst sehen: Nur wenige, von anderen in Anspruch genommene Tage sind dir übrig geblieben. Wer es endlich zu den ersehnten *Fasces* (der Konsulatswürde) gebracht hat, wünscht sie wieder los zu sein und sagt einmal über das andere: »Wann wird dies Jahr zu Ende sein?« Ein anderer veranstaltet Spiele, die durch des Loses Entscheidung sich übertragen zu sehen er sich zu hoher Ehre angerechnet hatte; jetzt hört man ihn sagen: Wann werde ich die Sache endlich los sein? Um einen anderen reißt man sich förmlich auf dem ganzen Forum, ihn zum Anwalt zu haben, und das Publikum drängt sich um ihn zusammen in einem Kreis, der weit über den Hörbereich hinausgeht: »Wann«, ruft er aus, »wird die Sache vertagt werden?« Es überstürzt ein jeder sein Leben, leidet an Sehnsucht nach der Zukunft und an Überdruss an der Gegenwart. Aber der, welcher keinen Augenblick vorübergehen lässt, ohne ihn zu seinem Heil zu verwenden, der jeden Tag so nützlich verwendet, als ob es der letzte wäre, erwartet den morgenden Tag weder mit Verlangen noch mit Furcht. Denn was für einen neuen Genuss könnte ihm denn irgendeine Stunde bringen? Alles ist ihm bekannt, alles gründlich durchgekostet. Was das Übrige anlangt, so mag das Schicksal nach Belieben darüber entscheiden: Sein Leben ist bereits in Sicherheit. Ein Zuwachs ist noch möglich, ein Abzug nicht, und mit dem Zuwachs steht es ähnlich wie bei einem bereits Gesättigten und Befriedigten, der noch einige Bissen dazu nimmt, nach denen er nicht verlangt, die er sich aber gefallen lässt. Die grauen Haare und die Runzeln geben dir also keinen hinlänglichen Grund zu glauben, es habe irgendeiner lange gelebt: Nicht lange gelebt hat er, er ist nur lange da gewesen. Denn wie? Meinst du etwa, es habe einer eine weite Seefahrt gemacht, den gleich nach Auslaufen aus dem Hafen ein wütender Sturm erfasste, ihn hierhin und dorthin schleuderte und durch das Rasen der umspringenden Winde auf der nämlichen Meeresfläche immer im Kreise herumtrieb? Keine weite Seefahrt hat er gemacht; er ist nur vielfach hin- und hergeworfen worden.

8. Ich wundere mich oft, wenn ich sehe, dass man andere bittet, uns ihre Zeit zu widmen, und dass die darum Ersuchten sich so überaus gefällig erweisen. Beide lassen sich bestimmen durch die Rücksicht auf das, was die Bitte um Zeit veranlasste, keiner von beiden durch die Rücksicht auf die Zeit selbst: Man bittet um sie, als wäre sie nichts; man gewährt sie, als wäre sie nichts. Mit dem allerkostbarsten Besitz geht man um wie mit einem Spielzeug. Die Täuschung kommt daher, dass die Zeit etwas Unkörperliches ist und nicht mit den Augen wahrgenommen wird; daher die geringe Achtung, in der sie steht, ja ihre völlige Wertlosigkeit. Jahresgehälter und Geldzahlungen lässt man sich gern gefallen und vergilt sie durch seine Arbeit, seine Mühe, seinen Fleiß: Die Zeit aber wird von niemand recht geschätzt; man vergeudet sie, als ob sie nichts wert wäre. Aber diese nämlichen Zeitverächter, betrachte sie nur, wenn sie krank sind, wenn die Todesgefahr näher rückt, wie sie die Knie der Ärzte umfassen, und wie sie, wenn die Angst vor etwaiger Todesstrafe sie peinigt, bereit sind, all das Ihrige hinzugeben, um nur am Leben zu bleiben. So auffällige Widersprüche zeigen sich in ihren Seelenregungen. Könnte einem jeden die Zahl seiner künftigen Jahre ebenso genau vorgerechnet werden wie die vergangenen, wie würden diejenigen, die nur noch auf wenige Jahre Aussicht hätten, zittern, wie sparsam würden sie mit diesen wenigen umgehen! Und doch ist es leicht, etwas, dessen man ganz sicher ist, mag es auch noch so gering sein, richtig einzuteilen; weit größere Achtsamkeit erfordert die Behütung dessen, wovon man nicht weiß, wann es aufhöre. Gleichwohl darf man nicht glauben, sie wüssten überhaupt nicht, um was für eine kostbare Sache es sich handelt;

pflegen sie doch zu denen, die ihrem Herzen am nächsten stehen, zu sagen, sie seien bereit, ihnen einen Teil ihrer Jahre zu schenken. Sie geben ohne rechtes Verständnis: Was sie geben, ist für die Empfänger kein Gewinn, für sie selbst aber ein Verlust. Allein eben das, was dadurch herabgemindert wird, kennen sie nicht; sie empfinden den Schaden nicht, und darum ist ihnen der Verlust erträglich. Niemand wird dir die Jahre zurückbringen, niemand dich dir selbst wieder zurückgeben; deine Lebenszeit wird dem Anfang entsprechend dahingehen und ihren Lauf nicht rückgängig machen oder hemmen; sie wird sich nicht ungebärdig stellen, wird dich auf keine Weise an ihre Eile erinnern; ruhig wird sie dahinfließen; keines Königs Machtgebot, keine Volksgunst wird ihr zu einer Verlängerung verhelfen; ihrer anfänglichen Bestimmung gemäß wird sie ihren Lauf vollziehen, wird nirgends einkehren, nirgends verweilen. Worauf läuft's hinaus? Du bist immer mit Geschäften beladen, das Leben eilt; inzwischen wird der Tod sich einstellen, für den du Zeit haben musst, du magst wollen oder nicht.

9. Kann es etwas geben, das zu mehr Mühsal führt als die Sinnesart der Menschen, derjenigen nämlich, die sich auf ihre Klugheit etwas zugutetun? Sie belasten sich mit Geschäften, um besser leben zu können; auf Kosten des Lebens richten sie sich ihr Leben ein! Mit ihren Entwürfen greifen sie weit in die Zukunft. Ferner: Der größte Verlust für das Leben ist die Verzögerung: Sie entzieht uns immer gleich den ersten Tag, sie raubt uns die Gegenwart, während sie Fernliegendes in Aussicht stellt. Das größte Hemmnis des Lebens ist die Erwartung, die sich an das Morgen hängt und das Heute verloren gibt. Was in der Hand des Schicksals liegt, darüber verfügst du; was in der deinen liegt, das lässt du fahren. Wohin blickst du? Wonach streckst du die Arme aus? Alles, was da kommen soll, liegt im Ungewissen. Jetzt, auf der Stelle, erfasse das Leben! Auf! Es ruft dir der größte und wie von göttlichem Geist erfüllte Dichter den heilsamen Spruch zu:

Immer der beste der Tage
im Leben der Menschen, der armen,
Fliehet zuerst.

Das will sagen: »Was zögerst du, was zauderst du? Wenn du ihn nicht fassest, flieht er davon! Und hast du ihn gefasst, so wird er dennoch entfliehen. Darum gilt es, die Schnelligkeit der Zeit im Wettkampf zu überwinden durch schleunigste Ausnutzung: Wie aus einem reißenden Gießbach, der nicht immer fließt, muss man eiligst schöpfen. Auch darin trifft es der Dichter mit seinem Tadel des endlosen Zögerns sehr glücklich, dass er nicht sagt »immer das beste Lebensalter«, sondern »der beste *Tag*«. Was reihst du sorglos und gelassen gegenüber der raschen Flucht der Zeiten Monate und Jahre dir in endloser Folge aneinander, wie es deine Unersättlichkeit für gut befindet? Vom *Tage* spricht der Dichter mit dir, von diesem eben entfliehenden Tage selbst. Ist es also etwa zweifelhaft, dass gerade der beste Tag den armen, mit anderen Worten, den mit Geschäften belasteten Menschen zuerst entflieht? Sie sind noch kindisch, wenn das Greisenalter sie überrascht, in das sie unvorbereitet und ungerüstet eintreten. Denn von Vorsorge war nicht die Rede: Plötzlich und ahnungslos sind sie hineingetaumelt, ohne dass sie merkten, dass es täglich näher rückte. Wie Unterhaltung oder Lektüre oder irgendein fesselnder Gedanke Reisende täuscht, sodass sie eher ihre Ankunft gewahr werden als ihre Annäherung, so werden sich die mit Geschäften Belasteten dieser unaufhaltsamen und rasch verlaufenden Lebensweise, die wir wachend und schlafend gleichen Schrittes fortsetzen, nicht eher bewusst, als bis sie am Ende sind.

10. Wollte ich meine Behauptung durch zergliedernde Beweisführung stützen, so würden sich reichlich Belege dafür finden, dass das Leben der mit Geschäften Belasteten sehr kurz sei. Fabianus, der nicht zu den Kathederlehrern gehörte, sondern zu den echten

und alten Philosophen, pflegte zu sagen: »Gegen die Leidenschaften muss man in kräftigem Ansturm kämpfen, nicht mit bedächtiger Behutsamkeit; nicht mit unmerklichen Wunden, sondern in vollem Anlauf muss die Feindesschar zurückgewiesen werden; ein hänselndes Spiel taugt nichts, denn der Feind muss zerschmettert, nicht bloß gezupft werden.«

Indes, wenn man jenen Geschäftsmännern ihren Irrtum zu Gemüte führt, muss man sie belehren, nicht bloß beklagen. In drei Zeiten teilt sich das Leben: Vergangenheit, Gegenwart, Zukunft. Von ihnen ist die, in der wir stehen, kurz, die, welche uns bevorsteht, zweifelhaft, die wir hinter uns haben, gewiss, denn sie ist es, an welche das Schicksal sein Anrecht verloren hat und die keines Menschen Wille rückgängig machen kann. Diese Zeit ist für die Geschäftsmänner verloren; haben sie doch keine Zeit, in die Vergangenheit zurückzublicken, und findet sich einmal die Zeit, so ist die Erinnerung wenig angenehm, denn es handelt sich um eine bereuenswerte Sache. Nur mit Widerstreben lenken sie also ihre Aufmerksamkeit zurück auf Zeiten verfehlten Lebens und wagen nicht, das wieder anzurühren, dessen Verfehlungen, auch wenn sie durch einen gewissen augenblicklichen Lustreiz uns abgestohlen wurden, durch Wiederauffrischung nur umso sichtlicher werden. Niemand lässt sich gern wieder auf die Vergangenheit ein, außer dem, der alle seine Handlungen der strengsten und nie sich täuschenden Selbstprüfung unterwarf. Wer sich vielfach mit ehrgeizigen Plänen getragen, wer sich als stolzen Verächter, als übermütigen Sieger, als schlauen Betrüger, als habgierigen Räuber, als leichtsinnigen Verschwender erwiesen hat, der scheut notwendig den Rückblick auf seine eigene Vergangenheit. Und doch ist über diesen Teil unserer Zeit die Weihe des himmlischen Friedens gebreitet; ist er doch allen menschlichen Zufällen entrückt und der Herrschaft des Schicksals entzogen, gesichert vor Mangel, vor Furcht, vor Krankheitsanfällen; er kann nicht gestört, uns nicht entrissen werden; sein Besitz ist dauernd und frei von jedem Angstgefühl.

Der Gegenwart gehört nur immer ein Tag um den anderen und auch dieser nur von Augenblick zu Augenblick; aber die Tage der Vergangenheit werden auf euer Geheiß sich euch sämtlich zur Verfügung stellen und sich nach eurem Belieben betrachten und festhalten lassen, wozu die Geschäftsmänner keine Zeit haben. Ein sorgenfreies und ruhiges Gemüt kann abwechselnd bald diesen, bald jenen Teil seines Lebens durchlaufen; die Seelen der Geschäftsmänner sind gleichsam durch ein Joch gehemmt, sie können sich nicht wenden und rückwärts schauen. So sinkt das Leben in den Abgrund, und du magst zuschütten, so viel du nur willst: Es hilfst nichts, wenn kein Untergrund da ist, der es auffängt und festhält. So mögen dir die Lebensjahre auch noch so reichlich gewährt werden: Wenn sie keinen festen Widerhalt haben, so finden sie durch die gelockerten und durchlöcherten Seelen ihren Ausweg. Die Gegenwart ist nur ganz kurz, so kurz, dass sie manchen wie ein Nichts erscheint; sie eilt immer weiter, fließt dahin und kommt nicht zur Ruhe; sie hört eher auf, als sie kam, und duldet ebenso wenig einen Verzug wie das Weltall oder die Gestirne, deren rastlose Bewegung niemals auf demselben Punkte innehält. Nur die Gegenwart also gehört den Geschäftsmännern, sie, die so kurz ist, dass man sie nicht fassen kann, und selbst diese entzieht sich ihnen infolge des zerstreuenden Vielerlei ihrer Tätigkeit.

11. Willst du schließlich wissen, wie kurz ihre Lebenszeit ist? Nun, so sieh zu, auf wie lange Lebenszeit ihre Wünsche gerichtet sind. Hinfällige Greise betteln mit Gelübden um einen Zusatz von wenigen Jahren; sie stellen sich selbst als jünger hin, schmeicheln sich selbst mit der Lüge und betrügen sich selbst mit so freudigem Eifer, als ob sie damit zugleich auch dem Schicksal ein Schnippchen schlügen. Und wenn irgendwelcher Schwächeanfall sie an ihre Sterblichkeit mahnt, wie zittern sie da vor dem Tode, nicht, als träten sie aus dem Leben aus, sondern als würden sie mit Gewalt daraus entfernt. Toren seien sie gewesen, die kein wirkliches Leben geführt hätten –

so jammern sie –, und wenn sie diese Krankheit überständen, dann wollten sie in Muße leben; dann werden sie sich klar darüber, dass sie sich blindlings mit Dingen abgegeben haben, die ihnen keinen Nutzen bringen, und dass ihr ganzes Tun und Treiben ein nichtiges war. Aber wer sein Leben fern von aller unfreien Geschäftigkeit führt, warum sollte es dem nicht hinreichend ausgedehnt sein? Nichts davon wird in den Dienst anderer gestellt, nichts dahin und dorthin verstreut, nichts davon dem Schicksal anheimgegeben, nichts geht durch Nachlässigkeit verloren, nichts wird durch Geschenke in Abzug gebracht, nichts ist überflüssig: Es verzinst sich sozusagen vollständig. Sei es also auch noch so kurz, es reicht doch reichlich aus, und darum wird der Weise, wann auch immer der letzte Tag kommt, nicht zögern, festen Schrittes in den Tod zu gehen.

12. Vielleicht fragst du, was ich eigentlich unter Geschäftsmännern verstehe? Glaube nicht, dass ich damit bloß die meine, die sich erst ganz zuletzt durch die auf sie gehetzten Hunde aus der Gerichtshalle verscheuchen lassen, und die du entweder inmitten einer großen Anhängerschar in eindrucksvollerer, oder, von den Gegnern gefolgt, in minder glänzender Weise sich entfernen siehst, oder bloß die, die ihre Dienstbeflissenheit ihrer Behausung entführt, um an fremden Türen anzuklopfen, oder die, die sich abplagen mit dem staatlichen Versteigerungsgeschäft, das ihnen schandbaren und mitunter für sie verhängnisvollen Gewinn in Aussicht stellt. Gibt es doch auch Leute, die in einer mit Geschäften beladenen Muße leben. Auf ihrem Landgut oder ihrem Ruhebett, mitten in der Einsamkeit, werden sie sich selbst zur Last, obschon sie sich von aller öffentlichen Tätigkeit zurückgezogen haben. Ihr Leben kann man kein der Muße geweihtes nennen; es ist vielmehr nur ein geschäftiger Müßiggang. Nennst du den einen geschäftsfreien, der Muße pflegenden Mann, der seine korinthischen Vasen, diese durch den Wahnsinn der wenigen Liebhaber im Preise so hoch hinangetriebenen Schaustücke, mit peinlichster Sorgfalt instand hält und

seine meiste Zeit auf die verrosteten Metallblättchen verwendet? Der auf dem Ringplatz (denn, Schande über Schande! Dieser Unfug, an dem wir leiden, ist nicht römischen Ursprungs) als Zuschauer ringender Knaben seinen Sitz einnimmt? Der die Herden seiner Zugtiere nach Alter und Farbe in Paare einteilt? Der sich die Athleten neuester Mode hält? Wie? Nennst du der Muße ergeben die, welche stundenlang in der Barbier- und Friseurstube zubringen, wo sie sich den Bartwuchs der letzten Nacht abnehmen lassen, wo über jedes Härchen Rat gehalten, wo jede Verschiebung des Haares ausgeglichen oder bloßgelegte kahle Stellen durch Streichen der Haare nach vorn zu wieder zugedeckt werden? Wie brausen sie gereizt auf, wenn der Barbier sich etwas gehen lässt in dem Wahn, es sei ein *Mann*, den er unter der Schere habe! Wie entrüstet sind sie, wenn ein Büschelchen aus ihrer Mähne aus Versehen abgeschnitten ist, wenn die Anordnung auch nur das Geringste vermissen lässt, wenn nicht alles in Ringeln fällt, wie sich's gehört! Gibt es unter diesen Müßiggängern auch nur einen, der nicht lieber den Staat in Unordnung sähe als sein Haupthaar? Der sich nicht mehr Sorge machte um das tadellose Aussehen seines Kopfes als um dessen rechte innere Beschaffenheit? Der nicht lieber modisch aufgeputzt als brav und tüchtig sein möchte? Diese Leute nennst du der Muße ergeben, deren ganze Tätigkeit zwischen Kamm und Spiegel geteilt ist? Wie steht es mit denen, deren Tätigkeit im Anfertigen, im Auswendiglernen von Liederchen besteht, wobei sie der Stimme, deren natürlicher Gang bei aller Einfachheit so eindrucksvoll schön ist, die gewundensten Modulationen zumuten? Deren Finger den Takt zu irgendeinem Liede abmessend immer gleichsam einen Klang von sich geben, und die, wenn sie zu ernsten, nicht selten auch zu traurigen Dingen zugezogen werden, die Beratung immer mit einer leisen Melodie begleiten? Was sie haben, ist nicht Muße, sondern geschäftiger Müßiggang.

Bei solchen Leuten möchte ich wahrhaftig selbst ihre Gastmähler nicht als freie Zeiten gelten lassen, angesichts der peinlichen

Sorgfalt, mit der sie ihr Silber ordnen, angesichts der Genauigkeit, mit der sie das Untergewand ihrer Lotterbuben aufschürzen, angesichts auch der Spannung, mit der sie darauf achten, wie der Wildschweinbraten dem Koch geraten ist, wie rasch die Kastraten auf das gegebene Zeichen auf ihren Posten eilen, mit welcher Kunst das Geflügel in nicht zu große Stücke zerlegt wird, wie aufmerksam die bedauernswerten Buben den Auswurf der Betrunkenen abwischen. Damit setzen sie sich in den Ruf feiner und gehobener Lebensart, und ihre Untugenden folgen ihnen in ihre geheimsten Lebenslagen, sodass sie weder trinken noch essen, ohne ihrem Ehrgeiz zu fröhnen.

Auch die möchte ich nicht unter die der Muße Ergebenen zählen, die sich in Tragsesseln oder Sänften nach dieser oder jener Stelle hinbefördern lassen und die Stunde zu ihrer Spaziertour kaum erwarten können, als wäre jede Abweichung verpönt; diese Leute, die eines anderen bedürfen, um sich mahnen zu lassen, wann sie sich baden sollen, wann schwimmen, wann speisen. Der Verfall ihrer geistigen Kraft infolge dieser alles Maß übersteigenden Verweichlichung geht also so weit, dass sie durch sich selbst nicht wissen können, ob sie hungrig sind! Ich weiß von einem dieser Lüstlinge – wenn noch von Lust die Rede sein kann bei einem, der verlernt, was die tägliche Gewohnheit für den Menschen mit sich bringt – dass er, als er auf Händen aus dem Bad getragen und auf den Tragsessel gesetzt worden war, die Frage tat: »Sitze ich auch schon?« Dieser Mensch, der nicht wusste, ob er sitze, glaubst du, dass er wisse, ob er lebe, ob er sehe, ob er der Muße ergeben sei? Es ist nicht leicht zu sagen, was man mehr bedauern müsste: Ob er das nicht gewusst hat, oder ob er sich nur stellte, als wisse er es nicht. Oft liegt bei solchen Leuten wirkliche Vergesslichkeit vor; oft aber ist es auch nur Nachäfferei. Gewisse Untugenden machen ihnen Vergnügen als eine Art Beweis ihres Glückes. Es scheint ihnen gar zu platt und verächtlich, wenn ein Mensch weiß, was er tue. Lasse man sich nicht weismachen, die Mimen wären es, die durch ihre trügerischen Übertreibungen die Genusssucht verächtlich machten! Nein, wahrlich, sie übergehen mehr, als sie in ihrer Darstellung vorbringen, und die Menge unglaublicher Laster hat sich in diesem Jahrhundert, das nur nach diesem einzigen Ziel hin erfinderisch ist, dermaßen gesteigert, dass wir den Mimen bereits vorwerfen können, sie gingen hierin nicht weit genug. Wie? Sollte es wirklich einen geben, der dermaßen in Genusssucht erstickt ist, dass er erst einem anderen glaubt, er sitze wirklich? Er ist mitnichten ein der Muße Ergebener; er verdient einen anderen Namen: Krank ist er, oder vielmehr so gut wie tot; wer der Muße ergeben ist, der hat auch noch Gefühl für seine Muße. Dieser Halblebende aber, der eines anzeigenden Gehilfen bedarf zur Erkenntnis seiner eigenen körperlichen Zustände, wie kann der irgendwie Herr sein über seine eigene Zeit?

13. Es wäre reine Zeitverschwendung, wollte ich im Einzelnen die ganze Reihe derer aufführen, die ihr Leben vertan haben im Brettspiel oder Würfelspiel, oder mit der Sorge, ihren Körper von der Sonne durchkochen zu lassen. Die sind nicht der Muße ergeben, deren Vergnügungen viele Vorbereitungen nötig machen. Denn was die betrifft, die sich unfruchtbaren literarischen Studien hingeben, so herrscht wohl kein Zweifel, dass dies nur geschäftiges Nichtstun ist; die Schar dieser Leute ist auch bei den Römern schon ziemlich groß. Es war ein krankhaftes Bestreben der Griechen, zu untersuchen, wie viele Ruderknechte Ulixes gehabt habe, was früher abgefasst sei, die Ilias oder die Odyssee, überdies, ob der Verfasser beider der nämliche sei, und noch manches andere dieser Art, das, wenn man es bei sich behält, als stiller geistiger Besitz uns nichts hilft, oder, wenn man es veröffentlicht, uns mehr lästig als gelehrt erscheinen lässt. Ein Jammer, dass auch die Römer die eitele Sucht ergriffen hat, sich mit überflüssigem Lernstoff zu belasten. Dieser Tage erst hörte ich einen Vortrag über das Thema: »Was haben einzelne römische Heerführer zuerst Neues eingeführt?« Dui-

lius war der Erste, der in einer Seeschlacht siegte – Curius Dentatus der Erste, der Elefanten im Triumph aufführte. Diese Mitteilungen besagen zwar nichts für den Ruhm; immerhin aber bieten sie doch Beispiele von Leistungen unserer Mitbürger: Nutzen darf man sich von solchem Wissen nicht versprechen; doch fesselt uns der Glanz dieser an sich nichtigen Dinge. Auch die Forschung darüber wollen wir gern gelten lassen, wer die Römer zuerst dazu vermocht hat, ein Schiff zu besteigen – das war Claudius, der eben deshalb Caudex genannt wurde, weil ein Gefüge mehrerer Bretter bei den Alten *caudex* (d. i. Baumstamm) genannt ward, woher denn die öffentlichen Gesetzestafeln ›codices‹ heißen, wie denn auch jetzt noch nach alter Gewohnheit die Schiffe, die auf dem Tiber die Zufuhr heranschaffen, *codicariae* genannt werden –; wohl mag auch das beachtenswert sein, dass Valerius Corvinus zuerst Messana bezwang und als Erster in der Familie der Valerier durch Übertragung des Namens der bezwungenen Stadt auf ihn Messana genannt ward, ein Name, der sich allmählich im Volksmunde zu Messala umänderte. Aber soll auch das ein zulässiger Gegenstand der Untersuchung sein, dass L. Sulla zuerst im Zirkus Löwen, die man sonst nur gefesselt zu sehen bekam, frei umherspringen ließ, weil König Bocchus Wurfschützen gesandt hatte, sie zu erlegen? Immerhin mag auch dies verzeihlich sein. Aber lässt sich auch nur eine Spur von Entschuldigung dafür finden, dass Pompejus zuerst achtzehn Elefanten im Zirkus erscheinen ließ, denen unschuldige Menschen als Kampfesgegner preisgegeben wurden? Er, der erste Mann im Staate und unter den alten Größen, wie die Überlieferung besagt, durch besondere Güte ausgezeichnet, hielt es für eine denkwürdige Art von Schauspiel, Menschen der Vernichtung preiszugeben auf eine Art, wie sie noch nie da gewesen. »Sie ringen mit Einsetzen aller Kraft? Das genügt nicht. Sie werden zerfleischt? Das genügt nicht. Unter der Wucht gewaltiger Bestien sollen sie ihr Leben aushauchen.« Besser wäre es gewesen, die Sache der Vergessenheit anheimzugeben, damit nicht weiterhin einer der Mächtigen bei ihm in die Lehre ginge, indem er dies Beispiel an Unmenschlichkeit nachahmenswert fände! Ach! Mit welcher Finsternis schlägt großes Glück des Menschen Geist! Er, Pompejus, hielt sich damals für ein Wesen höherer Art, als er eine solche Masse unglücklicher Menschen den einem anderen Himmelsstrich angehörenden Tierungeheuern preisgab, als er so ungleichartige Geschöpfe zum Kampf gegeneinander hetzte, als er das römische Volk zum Augenzeugen so vielen Blutvergießens machte, um es bald darauf zu zwingen, selbst noch mehr zu vergießen. Doch weiterhin musste er sich, ein Opfer des Alexandrinischen Treubruchs, durch das Schwert eines elenden Sklaven umbringen lassen, jetzt endlich zu der Einsicht gelangt, welch eiteles Spiel er mit seinem Beinamen (der Große) getrieben.

Doch ich kehre nun, nach dieser Unterbrechung, zu meinem eigentlichen Vorhaben zurück; es gilt, nach der nämlichen Seite hin den Forschungseifer gewisser Leute als entbehrlich zu kennzeichnen. In seinem Vortrag erzählte jener Gelehrte, Metellus, der Sieger über die Punier in Sizilien, sei der Einzige unter allen Römern gewesen, der hundertundzwanzig Elefanten bei seinem Triumphe vor seinem Wagen habe herziehen lassen; Sulla sei der Letzte unter den Römern gewesen, der den freien Raum längs der Stadtmauer hin *(pomerium)* erweitert habe, ein Verfahren, das in früheren Zeiten niemals bei Zuwachs einer Provinz, sondern nur nach Erwerb italischen Bodens statthatte. Diese Kenntnis ist immerhin noch wichtiger als die, dass der Aventinhügel außerhalb des Pomeriums liege, wie jener versicherte, und zwar aus einem von zwei Gründen, entweder weil die Plebs (die niedere Volksmasse) vor Zeiten dahin ausgezogen war, oder weil bei des Remus Auspizien die Vögel ihre Beistimmung nicht kundgegeben hätten. Dazu noch unzählige andere Dinge, die entweder rein erlogen oder einer Lüge ähnlich sind. Denn gesetzt auch, sie berichtete alles in gutem Glauben, ja sie verbürgten sich für die Wahrheit, wem werden sie zur Abkehr von seinen Verkehrtheiten verhelfen? Wessen begehrliche Leidenschaften werden sie bändigen? Wen werden sie tapferer, wen gerechter, wen edeler machen? Unser Fabianus pflegte zuweilen zu fragen, ob es nicht besser wäre, sich überhaupt nicht auf Studien einzulassen, als sich in dieses Gestrüpp zu begeben.

14. Der Muße wirklich ergeben sind überhaupt nur die, die ihre Zeit der Weisheit widmen; denn sie allein führen ein wirkliches Leben; sind sie doch nicht nur gewissenhafte Hüter ihrer eigenen Lebenszeit, sondern fügen auch den gesamten Zeitverlauf ihrem Leben hinzu; alles Schaffen vorvergangener Jahre ist ein Erwerb auch für sie. Wir müssten denn ganz undankbar sein, oder jene hochberühmten Pfadfinder heiliger Weisheit sind für uns geboren, haben uns den Weg zum Leben gewiesen. Zu den herrlichsten Schätzen, die durch die Bemühungen anderer aus der Finsternis ans Licht gezogen sind, werden wir geführt; kein Zeitalter ist uns verschlossen, zu allen haben wir Zutritt, und wenn wir im Geistesflug uns über die Schranken menschlicher Schwachheit erheben wollen, so öffnen sich uns lange Zeiträume, die wir durchwandern können. Wir können mit Sokrates Zwiesprache führen, können mit Carneades zweifeln, mit Epikur der Ruhe pflegen, mit den Stoikern die menschliche Natur überwinden, mit den Zynikern über sie hinausgehen. Da die Natur uns mit jedem Zeitalter in Gemeinschaft treten lässt, warum sollten wir uns nicht von dieser beschränkten und hinfälligen Vergänglichkeit mit ganzer Seele zu dem erheben, was unendlich, was ewig ist, was wir mit edleren Wesen gemein haben? Jene, die dienstbeflissen bald dahin bald dorthin eilen, die sich und anderen keine Ruhe lassen, wie steht es mit ihnen? Wenn sie an Tollheit das Menschenmögliche geleistet, wenn sie täglich an aller Türschwellen sich eingestellt und an keiner offenen Tür vorübergegangen sind, wenn sie in den verschiedensten Häusern ihre bezahlte Aufwartung gemacht haben, wie gering wird die Zahl derer sein, die sie in der unermesslichen und durch die mannigfachsten Leidenschaften in Atem gehaltenen Stadt über-

haupt nur zu sehen bekommen! Wie groß wird die Zahl derer sein, die ihnen den Eintritt verweigern, sei es, weil sie noch schlafen oder schwelgen oder kein menschliches Rühren fühlen! Wie groß auch die Zahl derer, die, nachdem sie sie lange mit Warten gequält haben, vorgeblich dringender Geschäfte wegen sie stehen lassen und forteilen. Wie viele werden es vermeiden, den mit Klienten dicht besetzten Vorraum zum Ausgehen zu benutzen, und durch verborgene Nebenausgänge ins Freie entweichen, als ob es nicht beleidigender wäre, die Menschen zu täuschen als abzuweisen. Viele dieser Besuchsempfänger, noch schlaftrunken vom gestrigen Rausche und dunstigen Kopfes, wie werden sie diesen Fehlgängern, die den eigenen Schlaf unterbrechen, um geduldig den anderer abzuwarten, die Begrüßung erwidern? Sie werden den ihnen tausendmal leise zugeflüsterten Namen verächtlich gähnend wiederholen. Dagegen können wir denen wahre Pflichttreue nachrühmen, die Tag für Tag den Zeno, den Pythagoras und den Demokrit sowie die übrigen Wegweiser in den höheren Wissensgebieten, ferner den Aristoteles und Theophrast zu ihren vertrautesten Freunden haben wollen. Keiner von ihnen wird sich ihnen versagen; keiner wird den zu ihm Kommenden entlassen, ohne ihn glücklicher und zu seinem wärmeren Freund gemacht zu haben; keiner wird irgendeinen mit leeren Händen von sich weggehen lassen, gleichviel ob des Nachts oder am Tage – jedermann kann sie immer besuchen.

15. Von ihnen wird keiner dich zu sterben zwingen, aber alle werden es dich lehren; von ihnen wird keiner dir deine Jahre zunichtemachen, wohl aber die seinigen dir zugutekommen lassen. Von einer Unterhaltung mit ihnen brauchst du keine Gefahr zu befürchten; ihre Freundschaft ist nicht bedrohlich für dein Leben; die schuldige Aufmerksamkeit gegen sie verursacht dir keine Kosten. Was du willst, werden sie dir gewähren; sie werden alles tun, dir zur möglichst vollständigen Erlangung dessen zu verhelfen, was du ein-

mal in Angriff genommen hast. Welches Glück, ein wie herrliches Alter erwartet den, der sich unter ihren Schutz gestellt hat! Mit ihnen kann er sich über die unbedeutendsten ebenso wohl wie über die wichtigsten Dinge verständigen; sie kann er täglich zurate ziehen; von ihnen kann er die Wahrheit hören ohne jede Demütigung, Lob erhalten ohne Schmeichelei; nach ihrem Vorbild kann er sich selbst heranbilden. Wir pflegen zu sagen, die Wahl unserer Eltern stehe nicht in unserer Macht, der Zufall sei es, der sie den Menschen gebe. Nein! Die Verfügung über unser Dasein liegt in unserer eigenen Hand. Es gibt Familien der edelsten Geister: Wähle, in welche du dich aufgenommen sehen willst; nicht etwa der Name nur wird auf dich übertragen werden, sondern all das Gute selbst, was ihnen gehört, und das will nicht mit schmutzigem Eigennutz behütet sein, nein, es wird sich umso stärker vermehren, je größer die Zahl derer ist, die du daran teilnehmen lässt. Sie werden dir den Weg zur Ewigkeit weisen und dich emporheben zu jener Stelle, aus der niemand verdrängt werden kann. Das ist die einzige Möglichkeit, die Grenzen der Sterblichkeit zu erweitern, ja sie in Unsterblichkeit umzuwandeln. Ehrungen, Denkmale, alles, was dem Ehrgeiz huldigt, sei es in öffentlichen Anerkennungen, sei es in großartigen Werken der Kunst, ist raschem Verfalle preisgegeben; alles zerstört der Zahn der Zeit und lässt nichts unberührt. Aber dem, worauf die Weisheit ihr Siegel gedrückt hat, kann die Zeit nichts anhaben. Keine Flucht der Jahre wird es vertilgen, keine es mindern; jedes folgende und daran sich weiter anschließende Zeitalter wird zu seiner ehrfürchtigen Schätzung beitragen; denn was in der Nähe liegt, das ist dem Neide ausgesetzt; was in der Ferne liegt, das bewundern wir in voller Unbefangenheit. Das Leben des Weisen hat also einen weiten Spielraum; er sieht sich nicht eingeschlossen in die engeren Grenzen der übrigen Menschen, er erhebt sich über die dem Menschengeschlecht gesetzten Schranken, er macht sich alle Jahrhunderte dienstbar gleich einem Gott. Lass eine Zeit vorüber sein: Er umspannt sie mit seiner Erinnerung; lass sie gegenwärtig sein: Er nutzt sie aus; lass sie zukünftig sein: Er macht sie im Voraus sich zu eigen. Die Zusammenfassung aller Zeiten macht ihm das Leben lang.

16. Dagegen ist das Leben derer sehr kurz und sorgenvoll, die das Vergangene vergessen, die Gegenwart verträumen und vor der Zukunft Angst haben; sind sie ans Ende gekommen, so sehen sie, diese Bedauernswerten, zu spät ein, dass sie so lange beschäftigt gewesen sind, ohne doch etwas zu tun. Und man halte es nicht für einen Beweis langen Lebens, wenn sie mitunter den Tod herbeirufen; es ist ihr Unverstand, der sie mit launenhaften Neigungen und Stimmungen peinigt, die gerade auf das zuführen, was sie fürchten: Sie wünschen sich den Tod oft eben deshalb, weil sie ihn fürchten. Auch darin darf man keinen Beweis sehen wollen für ihr langes Leben, dass ihnen oft der Tag lang wird und dass sie namentlich über langsamen Stundengang klagen, bis die festgesetzte Mittagszeit eintritt; denn nehmen die Geschäfte sie nicht mehr in Anspruch und sind sie auf die Muße angewiesen, so geraten sie in einen ganz haltlosen Zustand und wissen nicht, wie sie darüber verfügen oder wie sie es damit zu Ende bringen sollen; daher suchen sie nach irgendwelcher Beschäftigung, und die ganze Zwischenzeit ist ihnen eine wahre Last, ganz ähnlich der Stimmung vor einem, auf einen bestimmten Tag angekündigten Gladiatorenspiel oder sonstigen Schauspiel oder Vergnügen: Sie möchten über die dazwischen liegenden Tage am liebsten mit einem Sprunge hinüber sein. Haben sie Sehnsucht nach irgendetwas, so wird ihnen jeder Aufschub zu lang; die Zeit dagegen, für die sie schwärmen, ist kurz, enteilt rasch und wird noch viel kürzer durch ihre eigene Schuld; denn sie flattern von einem zum anderen, und ihre Begehrlichkeit richtet sich nicht bloß auf *einen* Gegenstand. Nicht lang sind ihnen die Tage, sondern verhasst; wie kurz dagegen erscheinen ihnen die Nächte, die sie in den Armen ihrer Dirnen oder beim Weine hinbringen. Daher auch der Wahnwitz der Dichter, die durch ihre

Fantastereien die menschlichen Verirrungen nähren. Soll doch nach ihnen Jupiter, ganz hingerissen von der Lust am Beischlaf, die Nacht verdoppelt haben. Was heißt das anders, als unsere Laster zur Flamme entfachen, wenn man die Götter als Anstifter dafür hinstellt; was heißt es anders, als der Krankheit freien Lauf lassen unter Berufung auf das göttliche Vorbild? Müssen ihnen die Nächte nicht sehr kurz vorkommen, die sie so teuer erkaufen? Die Tage verlottern sie in Erwartung der Nacht, die Nacht in der Furcht vor dem Tage.

17. Ihre Genüsse selbst sind angsterfüllt und durch manche Schrecknisse beunruhigt, und gerade, wenn sie vor Lust sich nicht zu lassen wissen, beschleicht sie die unheimliche Besorgnis: »Wie lange wird es dauern?« Diese Stimmung hat Königen Tränen entlockt, und statt dass die Größe ihres Glückes für sie eine Quelle der Freude gewesen wäre, hat der Gedanke an das einst kommende Ende sie mit Schrecken erfüllt. Als der übermütige Perserkönig sein Heer in den weitgedehnten Gefilden sich zur Heerschau gruppieren ließ und nicht nach der Zahl, sondern nach dem Umfang das Ganze abmaß, vergoss er Tränen, dass in hundert Jahren von dieser ganzen jugendkräftigen Masse kein Einziger mehr am Leben sein werde. Aber er selbst, der Weinende, war es, der im Begriff stand, sie dem Schicksal preiszugeben und die einen im Meere, die anderen zu Lande, die einen in der Schlacht, die anderen auf der Flucht umkommen zu lassen und sie, für die er seine Furcht auf hundert Jahre abmaß, innerhalb kurzer Zeit aufzureiben.

Und wie kommt's, dass auch ihre Freuden mit Angst gemischt sind? Es ruhen diese eben auf keinem festen Grunde, und dieselbe Nichtigkeit, der sie entstammen, stört sie auch in ihrem Bestand. Wie muss es aber wohl bei ihnen mit *den* Zeiten stehen, die nach ihrem eigenen Bekenntnis trübselig sind, da auch schon die gehobenen Stunden, in denen sie sich über das menschliche Los erhaben dünken, nicht frei von Schatten sind? Je größer das Gute ist, umso sorgenvoller ist es, und für keine Schicksalslage ist es weniger ratsam, Vertrauen zu hegen, als für die glücklichste. Um die Glückseligkeit zu schützen, bedarf es einer weiteren Glückseligkeit, und für die erfüllten Wünsche bedarf es neuer Wünsche. Denn alles, was wir dem Zufall verdanken, ist ohne Bestand, und je ansehnlicher die Höhe ist, zu der es sich erhebt, umso mehr neigt es zum Untergang. Nun aber hat niemand Freude an dem, was zu fallen droht. Nicht nur sehr kurz also, sondern auch höchst beklagenswert muss das Leben derer sein, die mit schwerer Anstrengung erwerben, was zu besitzen und zu behüten ihnen noch schwerere Mühe macht. Mühsam erringen sie, was sie wünschen; angstvoll halten sie fest, was sie errungen haben. Dabei lassen sie die nimmer wiederkehrende Zeit achtlos dahinschwinden. Neue Beschäftigungen lösen die alten ab, eine Hoffnung erweckt die andere, ein Ziel des Ehrgeizes wechselt mit dem anderen. Nicht dem Elend ein Ende zu machen ist man bestrebt, man sucht nur immer neue Anlässe dazu. Unsere Ehrenämter sind uns zur Qual geworden: Noch mehr Zeit rauben uns die Ehrenämter anderer. Die Zeit liegt nun glücklich hinter uns, in der wir uns als Bewerber abmühten; was folgt nun? Es hebt die nicht weniger mühevolle Zeit an, in der wir als Empfehlende auftreten. Das beschwerliche Anklägergeschäft haben wir aufgegeben: Dafür übernehmen wir nun das nicht minder beschwerliche Richteramt. Vom Richteramt hat man sich losgemacht: Dafür ist man nun Untersuchungsleiter. Man ist grau geworden als bezahlter Verwalter der Güter anderer: Der eigene Reichtum lässt einen nun nicht zur Ruhe kommen. Marius hat dem Kriegsdienst entsagt: Nun quält ihn die Last des Konsulates. Quintius Cincinnatus möchte so rasch als möglich die Diktatur wieder loswerden: Nur zu bald wird man ihn von seinem Pfluge dazu abermals wieder abholen. Gegen die Punier wird, fast noch zu jung für ein so gewaltiges Unternehmen, Scipio zu Felde ziehen; er, der Überwinder Hannibals, der Überwinder des Antiochus, die Zierde seines eigenen Konsulates, der Bürge für das seines Bruders, würde seine

Statue neben der des Jupiter aufgestellt gesehen haben, wenn er nicht Einspruch erhoben hätte: Aber unseliger Bürgerzwist wird ihm, dem Retter, viel zu schaffen machen, und nachdem der Jüngling Ehren, die ihn den Göttern gleich machen, verschmäht hat, wird er als Greis stolz darauf sein, das Exil zu ertrotzen. Nie wird es an Anlässen zur Sorge fehlen, handle es sich um Glück oder um Unglück; das Leben wird ganz im lästigen Drang der Geschäfte dahinschwinden: Zur Muße wird es niemals kommen, es wird beim ewigen Wunsche bleiben.

18. Also, mein lieber Paulinus, halte es nicht mit dem großen Haufen; ziehe dich endlich zurück in den stillen Hafen; du hast dich länger von den Wogen schütteln lassen, als es mit deinen hohen Jahren im Verhältnis steht. Denke, wie oft du mit den Fluten gerungen, wie viele Stürme du teils im Privatleben bestanden, teils im öffentlichen Leben über dich hast hereinbrechen sehen. Zur Genüge hat sich deine Tüchtigkeit in mühevollem und ruhelosem Ringen erprobt. Lass nun die Muße das Versuchsfeld sein für ihre Leistungsfähigkeit! Der größere Teil deiner Lebenszeit, wenigstens der bessere, mag dem Staate gewidmet gewesen sein; etwas von der dir gegönnten Zeit nimm auch für dich in Anspruch. Es ist keine träge und untätige Ruhe, zu der ich dich einlade. Du sollst den Schwung deiner lebhaften Geisteskraft nicht untergehen lassen in Schlaf und Lustbarkeiten, wie sie der große Haufe liebt: Das heißt, nicht der Ruhe pflegen. Du wirst Aufgaben finden, größer als alle Leistungen, die du bisher in strenger Pflichttreue vollzogen hast, Aufgaben, an deren Lösung du in sorgenloser Ruhe arbeiten kannst. Du regelst zwar die Finanzen des Reiches so uneigennützig, als gehörte dir nichts davon, so sorgfältig wie deine eigenen, so gewissenhaft, wie es das öffentliche Interesse erfordert. In einer amtlichen Tätigkeit, in der es schwer ist, dem Hass zu entgehen, erwirbst du dir Liebe; aber gleichwohl, glaube mir, ist es besser, mit dem Stande der Lebensrechnung vertraut zu sein als mit dem der

staatlichen Getreiderechnungen. Deine frische Geisteskraft, die der größten Leistungen fähig ist, lass nun Abstand nehmen von dem zwar ehrenvollen, aber zu einem glücklichen Leben weitaus nicht ausreichenden Staatsdienst. Bedenke: Du hast bei deiner, schon in so früher Jugend begonnenen Beschäftigung mit den Wissenschaften dir doch nicht das Ziel gesetzt, dir viele tausend Scheffel Getreide zu gewissenhafter Verwaltung anvertraut zu sehen: Man durfte von dir etwas Größeres und Höheres erwarten. An Männern von haushälterischer Tüchtigkeit und unermüdlicher Arbeitsamkeit wird es nicht fehlen. Sind doch langsame Zugtiere weit geeigneter schwere Lasten zu schleppen als edle Rosse, deren stolze Regsamkeit wohl schwerlich je einer durch schwere Belastung gehemmt hat.

Bedenke ferner, mit welchen Sorgen du dich belädst, wenn du dich auch weiterhin zu diesem erdrückenden Dienste hergibst! Mit dem Magen der Leute hast du es zu tun. Hungert das Volk, so nimmt es keine Vernunft an, lässt sich durch keine Billigkeit beruhigen, ist jeder Bitte unzugänglich. Ganz vor Kurzem erst in jenen Tagen, da C. Caesar (Caligula) umgebracht ward – der, wenn die Toten noch irgendwelche Empfindung haben, sich über nichts mehr ärgert als darüber, dass er wusste, das ihn überlebende römische Volk habe nur noch für sieben, höchstens acht Tage Lebensmittel –, stellte sich, während er Schiffbrücken schlug und mit den Machtmitteln des Staates ein freventliches Spiel trieb, das auch für Belagerte entsetzlichste Übel ein: Mangel an Lebensmitteln; es fehlte nicht viel, so hätte die Nachäfferei des tollen ausländischen und zu seinem eigenen Verderben übermütigen Königs (Xerxes) zum Untergang und zur Hungersnot und deren unausbleiblicher Folge, dem allgemeinen Zusammenbruch, geführt. Wie musste es damals den Männern zu Mute sein, die mit der Verwaltung der Getreidespeicher betraut waren! Mussten sie nicht gefasst sein auf Steinwürfe, auf Schwert, auf Feuerbrände, auf Gaius (Caligula)? Mit höchster Verstellungskunst verbargen sie das im tiefsten Innern zurückgehaltene schwere Geheimnis, dabei natürlich aber mit gutem Grunde; denn manches muss man heilen, ohne die Kranken es wissen zu lassen: Ist doch für so manchen gerade die Kenntnis seiner Krankheit die Ursache seines Todes geworden.

19. Suche deine Zuflucht nun bei dem, was ruhiger, was sicherer, was erhabener ist! Wenn du es deine Sorge sein lässt, das Getreide unbeeinträchtigt durch Betrug oder Nachlässigkeit der Geleitenden in die Speicher zu bringen, wenn du es vor verderblicher Feuchtigkeit und daraus entstehender Hitze bewahrst, wenn du streng auf richtiges Maß und Gewicht hältst, kannst du das etwa gleichstellen der Beschäftigung mit den heiligen und erhabenen Aufgaben wissenschaftlicher Forschung, wo es gilt, Fragen zu lösen wie diese: Wie steht es in Bezug auf die Gottheit mit ihrem Stoff, mit ihrer Lust, mit ihrem Zustand, mit ihrer Gestalt? Welches Schicksal steht deiner Seele bevor? Welchen Platz wird uns die Natur nach dem Abscheiden aus dem Körper anweisen? Was ist es, was gerade die schwersten Bestandteile der Welt an die Mitte gefesselt hält, während es das Leichte nach oben schweben lässt, zuoberst das Feuer stellt und den Gestirnen den Trieb zu ihren wechselnden Stellungen gibt? Und wie steht's mit den übrigen zahllosen Wundern der Welt? Ach, wolltest du doch, den Boden hinter dir lassend, dein geistiges Auge auf jene Dinge richten! Jetzt, solange das Blut noch warm ist, bei frischer Lebenskraft muss man sich dem Dienste des Höheren weihen. Machst du dies zu deinem Beruf, dann darfst du rechnen auf eine Fülle von herrlichen Kenntnissen, auf Liebe zur Tugend und auf ihre Betätigung, auf gründliche Verabschiedung aller Leidenschaften, auf sichere Kunde über Leben und Sterben, auf tiefe Seelenruhe.

Alle Geschäftsleute sind in einer beklagenswerten Lage; am beklagenswertesten aber ist die Lage derjenigen, die sich nicht einmal mit Geschäften für sich selbst abarbeiten: Ihr Schlaf richtet sich nach dem Schlaf anderer, ihre Schrittführung nach dem Schritte anderer, ja, selbst in ihrem Lieben und Hassen, diesen freiesten aller Seelenregungen, sind sie ganz an den Befehl eines anderen gebunden. Wollen diese Leute wissen, wie kurz ihr Leben sei, so mögen sie nur daran denken, welch winziger Teil davon ihnen selbst gehört.

20. Siehst du also, dass sie schon oft das Ehrengewand hoher Beamten getragen haben, dass ihr Name auf dem Forum gefeiert ist, so lass jeden Neid fahren; ein Stück eigenen Lebens muss man drangeben, um dergleichen zu gewinnen. Um ein Jahr nach sich genannt zu sehen, müssen sie alle ihre Jahre drangeben. Manche schieden aus dem Leben, ehe sie den erstrebten Gipfel des Ehrgeizes erreichten, während sie all ihre Kraft dafür einsetzten. Manche, die durch tausend Unwürdigkeiten zur höchsten Würde emporgeklettert waren, beschlich der traurige Gedanke, sie hätten sich selbst abgemüht für eine Grabschrift. Manchen, die im höchsten Greisenalter sich mit neuen Plänen, hoffnungsvoll wie in der Jugend, trugen, versagte mitten in ihren großen und verwegenen Entwürfen die erlahmte Kraft. Ein Schubiak, der in hohen Jahren als Anwalt für elende Händelsucher nach dem Beifall der umstehenden, unverständigen Menge haschend plötzlich vom Schlage gerührt ward! Schande über den, der, eher des Lebens als seines Tatendranges satt, mitten in seiner Geschäftstätigkeit zusammenbrach. Schande auch über den, der, mitten in der Abrechnung vom Tode überrascht, von den lange hingezogenen Erben verlacht ward. Ein Beispiel, das mir eben einfällt, kann ich nicht übergehen. Sextus Turannius war ein Mann von äußerster Gewissenhaftigkeit und dabei hochbetagt. Als er, schon ein Neunziger, von C. Caesar (Caligula) die Entlassung von der Stellung des Getreideverwalters ohne Ansuchen erhalten hatte, ließ er sich ins Bett bringen und von der umstehenden Dienerschaft beklagen, als wäre er gestorben. Das ganze Haus trauerte über den Ruhestand des hochbetagten Gebieters und ließ nicht eher ab von der Trauer, als bis ihm seine amtli-

che Tätigkeit wieder zurückgegeben war. Eine solche Lust also ist es, unter Geschäften zu sterben? So steht's mit der Sinnesart der meisten: Ihre Gier nach Beschäftigung hält länger an als ihre Arbeitskraft; sie nehmen den Kampf mit der körperlichen Schwäche auf, die ihnen aus keinem anderen Grund schwer erscheint, als weil sie durch sie zur Ruhe verurteilt werden. Mit dem fünfzigsten Jahre hört dem Gesetze nach der Eintritt in den Kriegsdienst, mit dem sechzigsten der Eintritt in den Senat auf; die Menschen machen es sich selbst schwerer, zur Ruhe zu gelangen, als das Gesetz. Während sie so an sich und an anderen Raub begehen, sich einer dem anderen die Ruhe vergällen, sich gegenseitig unglücklich machen, verläuft das Leben inzwischen ohne Gewinn, ohne Freude, ohne jede geistige Förderung: Niemand richtet die Augen auf den Tod, alle gefallen sie sich in weit aussehenden Entwürfen, manche treffen Verfügungen sogar über das, was über ihr Leben hinausliegt, über Grabdenkmäler von ungeheuren Abmessungen, über Stiftungen öffentlicher Anstalten, über Veranstaltungen an ihrem Scheiterhaufen und über prachtstrotzende Leichenbegängnisse. Aber wahrlich, ihre Bestattungen sollten, wie bei kleinen Kindern, zur Nachtzeit bei Fackelschein und Kerzenlicht vor sich gehen.

Trostschrift an Helvia

1. Schon oft, liebste Mutter, nahm ich den Anlauf dazu, dir Trost zuzusprechen; immer wieder aber hielt ich damit zurück. Vieles forderte mich dazu auf, es zu wagen: Erstens wollte es mir scheinen, als würde ich all meines Ungemachs ledig werden, wenn ich deine Tränen, wenn auch nicht völlig zum Versiegen bringen, so doch einstweilen wenigstens abtrocknen könnte; sodann versprach ich mir auf das Bestimmteste mehr Erfolg in meinem Bestreben dich aufzurichten, wenn ich selbst mich zuerst zu einem derartigen Schritt entschlösse; zudem fürchte ich, das von mir überwundene Schicksal könne sich dadurch rächen, dass es irgendeinen von den Meinigen sich zu seinem Opfer ausersehen würde. Darum wollte ich unter allen Umständen, meine eigene Wunde mit der Hand verdeckend, mich leise daran machen, euere Wunden zu verbinden.

Diesen meinen Vorsatz brachte mancherlei wieder ins Stocken; deinem Schmerz, das wusste ich, darf man sich nicht entgegenstemmen, weil sonst die Trostmittel selbst ihn nur reizen und steigern – ist doch bei Krankheiten nichts verderblicher als eine zur Unzeit gereichte Arzenei: Ich legte mich also aufs Warten, bis sich seine Kraft von selbst bräche und er, durch den Aufschub empfänglich gemacht für die Heilmittel, der Berührung und Behandlung zugänglich wäre. Zudem gelang es mir nicht, bei meinem Bemühen um Bekanntschaft mit sämtlichen Werken der hervorragendsten Geister, die auf Beruhigung und Linderung der Trauer abzielen, auch nur ein einziges Beispiel zu finden dafür, dass einer die Seinigen getröstet hätte, während er selbst Gegenstand der Trauer ihrerseits war. So war ich in diesem sonderbaren Ausnahmefall ratlos und musste befürchten, mein Vorgehen würde nicht auf Tröstung hinauslaufen, sondern nur auf Aufreizung der Wunde. Man bedenke: Musste nicht ein Mensch, der mitten vom Scheiterhaufen sein Haupt erhebt, zum Troste der Seinigen ganz neue, nicht der täglichen Umgangssprache entlehnte Worte wählen? Jeder gewaltige und maßlose Schmerz macht aber notwendigerweise unfähig zu sorgsamer Auswahl der Worte; benimmt er einem doch oft genug die Stimme überhaupt. Dem mag sein, wie ihm wolle, ich werde meine ganze Kraft einsetzen, nicht im Vertrauen auf mein Talent, sondern weil ich mit meiner eigenen Person Tröster sein kann anstelle des wirksamsten Trost Verfahrens. Ihm, dem du nichts abschlagen könntest, ihm wirst du, mag auch der Schmerz noch so trotzig und rücksichtslos sein, doch hoffentlich dein Einverständnis dazu nicht versagen, dass deiner Sehnsucht von mir eine Grenze gesetzt werde.

2. Entnimm daraus, wie viel ich mir von deiner Herzensgüte verspreche: Ich zweifle nicht, dass ich bei dir mehr vermögen werde, als dein Schmerz, der bei Unglücklichen an Gewalt alles andere hinter sich lässt. Daher will ich auch nicht sofort den Kampf mit ihm aufnehmen, will ihm vielmehr erst zur Seite stehen und seine Ursprünge darlegen; ich werde alles vorbringen und auch wieder aufreißen, was schon vernarbt ist. Da wird einer sagen: »Was ist das für eine Art zu trösten, wenn man vergessene Leiden in der Erinnerung wieder auffrischt und die Seele all ihr Ungemach wieder schauen lässt, sie, die doch kaum auch nur ein einziges über sich ergehen lassen mag?« Indes, wer so fragt, mag bedenken, dass alles, was in dem Maße verderblich ist, dass es durch seine Kraft das Heilmittel abwehrt, häufig genug durch das Gegenteil geheilt wird. Ich werde solchem Frager daher all seine Trauerfälle, all seine Leiden

vorführen. Das heißt nicht auf sanftem Wege heilen, sondern durch Brennen und Schneiden. Und der Erfolg? Seine Seele, die Siegerin über so zahlreiche Leiden, wird sich schämen, an einem so narbenreichen Körper über eine einzige Wunde so ungebärdig zu sein. Mögen daher diejenigen weinen und klagen, denen langandauerndes Glück ihr verzärteltes Gemüt entnervt hat, mögen sie beim leisesten Druck von Unbill in sich zusammensinken. Wen aber das Unglück Jahr für Jahr verfolgt hat, der möge auch die schwersten Schicksalsschläge mit tapferer und unerschütterlicher Standhaftigkeit über sich ergehen lassen. Ununterbrochenes Unglück hat doch das eine Gute, dass es diejenigen, die es immer wieder heimsucht, schließlich hart macht. Dir hat das Schicksal keine Unterbrechung in den schmerzlichsten Trauerereignissen gegönnt. Selbst dein Geburtstag macht davon keine Ausnahme: Du hast deine Mutter gleich nach der Geburt verloren oder vielmehr noch während deiner Geburt, und fürs Leben warst du gleichsam ein ausgesetztes Waisenkind. Aufgewachsen bist du unter einer Stiefmutter; du hast sie zwar durch volle Ergebenheit und kindliche Ehrfurcht, wie sie sogar an einer wirklichen Tochter sich sehen lassen kann, gezwungen, dir zur Mutter zu werden; indes wen gäbe es, dem nicht auch eine gütige Stiefmutter teuer zu stehen käme? Den gütigen Oheim, diesen trefflichen und wackeren Mann, hast du verloren, als du seine Ankunft erwartetest, und, auf dass das Schicksal seine Grausamkeit nicht durch Verzug dir leichter mache, hast du kaum dreißig Tage danach deinen teueren Gatten, von dem du Mutter von drei Kindern warst, zu Grabe getragen. Dir, der Trauernden, wurde der Trauerfall gemeldet in Abwesenheit aller Kinder, als ob absichtlich auf diese Zeit alle Schicksalsschläge zusammenträfen, auf dass du keinen Ruhepunkt fändest für deinen Schmerz. Ich übergehe die zahlreichen Gefahren und Beängstigungen, die du über dich ergehen lassen musstest, so wie sie unausgesetzt über dich hereinbrachen. Eben erst hast du in denselben Schoß, dem drei Enkel entstammten, die Asche dreier Enkel aufgenommen; zwanzig Tage, nachdem du meinen Sohn, der unter deinen Händen und Küssen gestorben, beerdigt hattest, erhieltest du die Kunde von meiner Verbannung: Das hatte dir noch gefehlt, dass du um Lebende trauern musstest.

3. Von allen Wunden, die deinen Körper jemals trafen, ist diese jüngste, ich gestehe es, die schwerste; sie hat nicht bloß die Haut geritzt, sondern hat sich tief eingebohrt in Brust und Eingeweide. Aber wie die jüngsten Soldaten schon bei leichter Verwundung laut aufschreien und die Hand des Arztes mehr noch fürchten als das Schwert, die Veteranen dagegen, wenn auch noch so schwer verwundet, geduldig und ohne jeden Seufzerlaut, als ginge es sie nichts an, sich des Eiters entledigen lassen, so musst auch du jetzt tapferen Mutes die Heilung über dich ergehen lassen. Jammer, Wehgeheul und sonstiges stürmisches Gebaren, in denen der weibliche Schmerz sich gemeinhin austobt, bleibe fern von dir; denn umsonst wärest du ja von so zahlreichen Leiden heimgesucht worden, wenn du noch immer nicht gelernt hättest, unglücklich zu sein. Bin ich etwa schüchtern mit dir verfahren? Ich habe dir keine deiner Heimsuchungen vorenthalten, habe sie vielmehr alle in voller Häufung dir vor Augen gestellt.

4. Dazu gehörte viel Mut; denn ich habe es mir zur Aufgabe gemacht, deinen Schmerz völlig niederzukämpfen, nicht etwa, ihm nur Schranken zu setzen. Ich werde dies aber, denk' ich, erreichen, wenn ich erstens zeige, dass mir überhaupt kein Leid widerfährt, wegen dessen ich unglücklich genannt werden könnte, geschweige denn, dass ich damit diejenigen unglücklich machen könnte, die mir nahestehen; sodann aber werde ich mich dir zuwenden und dartun, dass auch dein Schicksal, das ganz von dem meinigen abhängt, kein unerträgliches sei.

Lass mich beginnen mit dem, was dein Mutterherz vor allem zu vernehmen verlangt, dass ich kein Unglück leide. Gelingt mir das, so werde ich beweisen, dass eben die Umstände, unter denen ich deiner Meinung zufolge zu leiden habe, nicht unerträglich sind. Kann ich aber damit keinen Glauben finden, so wird meine Achtung vor mir selbst nur steigen, insofern als ich mich glücklich fühle unter Verhältnissen, die sonst nur Unglück über die Menschen zu bringen pflegen. Was mich anlangt, so hast du nicht nötig, anderen zu glauben. Ich selbst gebe dir, um dir die Aufregung über haltlose Meinungsäußerungen zu ersparen, die Versicherung, dass ich nicht unglücklich bin. Und, damit du umso sorgloser seiest, füge ich noch hinzu, dass ich überhaupt gar nicht unglücklich werden kann.

5. Was uns bei der Geburt mitgegeben ward, ist gut, wenn wir dieser Mitgabe nicht untreu werden. Die Natur hat Sorge getragen, dass es zu einem glücklichen Leben keiner großen Veranstaltungen bedarf: Ein jeder kann sich glücklich machen. Auf äußere Zufälligkeiten kommt wenig an; weder nach der guten noch nach der schlimmen Seite hin haben sie viel zu besagen: Den Weisen macht weder das Glück übermütig, noch beugt ihn das Unglück nieder; denn all sein Bestreben war darauf gerichtet, den eigenen Wert nach Kräften zu erhöhen und sich selbst zum Quell aller Freude zu machen. Wie also? Gebe ich mich selbst für einen Weisen aus? Nichts weniger als dies; denn könnte ich das von mir behaupten, so würde ich damit nicht nur leugnen, dass ich unglücklich sei, sondern mich als den allerglücklichsten Menschen preisen, als ein Wesen, das in die Nähe der Gottheit gerückt sei. Tatsächlich aber genügt es mir, zur Linderung aller Leiden mich der Führung weiser Männer anvertraut zu haben und, noch zu schwach zur Selbsthilfe, mich unter den Schutz anderer gestellt zu haben, solcher nämlich, denen es leichtfällt, sich und die Ihrigen zu schützen. Sie haben mir die Weisung gegeben, beständig wie auf Posten zu stehen und auf alle Anschläge des Schicksals, auf alle seine Angriffe im Voraus gefasst zu sein, schon lange ehe sie wirklich erfolgen. Nur für die ist es verhängnisvoll, die sich von ihm überraschen lassen. Wer immer

darauf vorbereitet ist, dem fällt es nicht schwer, durchzuhalten. Streckt doch auch der Anmarsch der Feinde diejenigen zu Boden, die ahnungslos von ihm überrascht werden, während diejenigen, die sich längst *vor* dem Kriege für den kommenden Krieg gerüstet haben, in guter und wohlgefügter Ordnung den ersten und damit den stürmischsten Stoß leicht aufnehmen. Niemals habe ich dem Schicksal getraut, auch wenn es Frieden zu halten schien; allem, was es mir mit freundlichster Güte spendete, Geld, Ehrenstellen, Einfluss, habe ich einen Platz angewiesen, von dem es mir durch seine Hand wieder genommen werden konnte, ohne dass ich dadurch im Geringsten beunruhigt wurde. Ich ließ einen großen Zwischenraum zwischen diesen Geschenken und mir; so hat es mir dieselben zwar weggenommen, aber nicht gewaltsam von mir losgerissen. Missgeschick beugt nur den, der sich durch Glück täuschen lässt. Diejenigen, welche die Gaben desselben als ihr Eigentum und als dauernd betrachten und aufgrund derselben Anspruch auf besonders hohes Ansehen machen, fühlen sich wie vernichtet, wenn ihre eitelen und kindischen Seelen, denen jede echte Lust fremd ist, von ihren trügerischen und flatterhaften Erlustigungen sich trennen müssen; wer dagegen durch das Glück sich nicht hat verblenden lassen, den macht auch der Glückswechsel nicht unglücklich. Gegen beide Möglichkeiten bewahrt er seine unüberwindliche Seelenstärke, deren Kraft fest erprobt ist; denn gerade im Glück erprobt er, was gegen das Unglück Stich halte. Daher habe ich immer geglaubt, dass dem, was Gegenstand allgemeinen Wunsches ist, nichts wahrhaft Gutes innewohne: Vielmehr habe ich es als leer erfunden und als nur blendend, weil übertüncht mit glänzender Farbe, innerlich nichts in sich bergend, was dem äußerlichen Reiz entspräche: Jetzt bin ich so weit, dass ich in dem, was man »Übel« nennt, nichts so Schreckliches und Hartes finde, wie es die herrschende Volksmeinung bedrohlich ankündigt. Das Wort selbst zwar hat infolge einer gewissen verführerischen Übereinkunft jetzt einen etwas harten Klang und schlägt an unser Ohr wie etwas Hartes und Verwünschenswertes: So hat es der Wille des Volkes geboten; allein Volksbeschlüsse werden von den Weisen größtenteils nicht als gültig anerkannt.

6. Sehen wir also ab von dem Urteil der Mehrzahl, die sich durch den ersten äußeren Eindruck der Dinge, je nachdem, wie er sich einmal in der Meinung der Leute festgesetzt hat, bestimmen lässt, und untersuchen, was denn Verbannung tatsächlich sei. Sie ist doch nichts anderes als Ortsveränderung. Doch will ich nicht den Schein erwecken, als wollte ich die Bedeutung des Wortes abschwächen und gerade das Schlimmste, was in ihm enthalten ist, in Abzug bringen; so füge ich denn hinzu: Diese Ortsveränderung bringt mancherlei Nachteile mit sich, als da sind Armut, Schande, Verachtung. Mit diesen Nachteilen werde ich nachher abrechnen; für jetzt will ich zunächst die Aufmerksamkeit auf die Frage hinlenken, was denn die Ortsveränderung selbst für Bitternisse mit sich bringe.

»Das Vaterland zu missen ist etwas Unerträgliches.« So sagt man. Nun schau' doch hin auf dieses Gedränge des Volkes, dem die Häusermasse der unermesslichen Stadt kaum genügt. Der größte Teil dieser Menge verzichtet auf sein Heimatland. Aus Munizipien und Kolonien, ja von allen Seiten des Erdkreises her sind sie da zusammengeströmt: Die einen hat der Ehrgeiz hergeführt, die anderen das Gebot des Staatsdienstes, andere wieder der Gesandtschaftsdienst, noch andere die Genusssucht, die für ihre Laster eine willkommene und reich ausgestattete Stätte sucht, andere der Trieb nach höherer Bildung, andere Schauspiel und Bühne; manche zog irgendein Freundschaftsverhältnis hierher, manche ihre Geschäftsgewandtheit, die hier reiche Gelegenheit findet, ihre Vorzüge zur Geltung zu bringen; wieder andere bringen hier ihre Schönheit zu Markte, noch andere ihre Beredsamkeit; kurz, es gibt keinen Lebensberuf, dessen Vertreter nicht in dieser Stadt zusammenströmten, die den Tugenden wie den Lastern hohe Preise aussetzt. Lass sie alle ihre Namen angeben, frage sie alle nach ihrer Heimat – du wirst sehen: Weitaus die Überzahl bilden die, die ihre Heimat verließen, um in Rom ihr Fortkommen zu suchen, dieser zwar größten und schönsten Stadt, die aber nicht ihr Geburtsort ist.

Verabschiede dich denn von dieser Stadt, die man gewissermaßen als Allerweltstadt bezeichnen könnte, und tritt eine Wanderung an durch alle sonstigen Städte: Du findest keine, die nicht ein gut Teil zugewanderten Volkes in sich birgt. Setze die Wanderung von solchen Orten, deren liebliche Lage und anmutige Umgebung größere Besucherscharen anlockt, weiter fort nach anders gearteten; schaue dir öde Gegenden, raue Inseln, schaue dir Sciathus und Seriphus an, Gyarus und Corsica – du wirst keinen Verbannungsort finden, wo nicht irgendjemand zu seinem Vergnügen sich aufhielte. Wo kann man sonst ein Gelände finden, so nackt, ringsum so steil ansteigend wie dieses Felsgebilde? Was gäbe es Armseligeres in Bezug auf Lebensmittel? Was Unwirtlicheres für Menschen? Was Unerfreulicheres in Bezug auf das Landschaftsbild? Was Unregelmäßigeres in Bezug auf das Klima? Gleichwohl finden sich hier mehr Fremde als Einheimische. Mit der Ortsveränderung an sich hat es also so wenig auf sich, dass selbst dieser Ort manch einen seiner Heimat abwendig macht.

Es gibt meiner Erfahrung nach Leute, die behaupten, es wohne der Seele ein gewisser natürlicher Reiz inne, den Wohnsitz zu verändern und sich anderwärts anzusiedeln; denn dem Menschen ist ein beweglicher und unruhiger Geist gegeben, er bindet sich nirgends, breitet sich aus und lässt seine Gedanken nach allem Bekannten und Unbekannten schweifen, unstet, der Ruhe abhold und hocherfreut durch ungewöhnliche Eindrücke. Darüber wirst du dich nicht wundern, wenn du seinen ersten Ursprung betrachtest: Er, der Geist, ist nicht erwachsen aus irdischer und schwerer Körpermasse, er ist hernieder gekommen aus jenem himmlischen Geist. Das Himmlische aber ist seiner Natur nach immer in Bewegung; es ist flüchtig und enteilt in schnellstem Lauf. Schau' hin auf die Gestirne, die der Welt ihr Licht spenden; keines von ihnen verharrt an derselben Stelle. Die Sonne ist in beständigem Lauf und wechselt ohn' Unterlass ihren Platz, und obschon sie sich mit dem Himmel umdreht, verfolgt sie doch zugleich eine der des Himmels selbst entgegengesetzte Richtung, durchläuft alle Zeichen des Tierkreises und hält nirgends Rast; sie ist in unaufhörlicher Bewegung und Wanderung begriffen von einer Stelle zur anderen. Alle Gestirne vollziehen so immer ihren Kreislauf und kennen keinen Stillstand; wie es Gesetz und Naturnotwendigkeit anordnet, vollziehen sie ihren Lauf, jeder in seiner Bahn; haben sie in bestimmten Perioden ihre Kreisbahnen durchlaufen, so werden sie ihren Lauf durch die zurückgelegten Bahnen wiederholen. Nun wage es und komme mir mit der Meinung, der menschliche Geist, der aus den nämlichen Keimen zusammengesetzt ist, die sich im göttlichen finden, widerstrebe dem Ortswechsel und dem Wandern in die Fremde, während die göttliche Natur an der beständigen und schleunigsten Veränderung ihre Freude hat und sich durch sie erhält!

7. Nun frisch ans Werk! Von den himmlischen Erscheinungen wende den Blick auf die der Menschenwelt! Da wirst du finden, dass ganze Stämme und Völkerschaften ihren Wohnsitz geändert haben. Was bedeutet für uns das Vorhandensein griechischer Städte inmitten barbarischer Landschaft? Was die mazedonische Sprache unter Indern und Persern? Das Scythenland und jener ganze Landstrich von wilden und ungebändigten Völkern zeigt uns achäische Gemeinden, die an den Küsten des Pontus sich angesiedelt haben. Weder des ewigen Winters Grimm noch die Sinnesart der Bewohner, abschreckend wie ihr Himmel, haben der Übersiedelung Einhalt getan. In Asien gibt es Athener in Menge. Milet hat einen Bevölkerungsstrom von fünfundsiebzig Städten in die verschiedensten Gegenden von sich ausgehen lassen. Die ganze Küste Italiens, die von dem unteren Meere bespült wird, war Großgriechenland. Die Etrusker gehören nach Asien. In Afrika wohnen Tyrier, in Spanien Punier; Griechen haben sich in Gallien angesiedelt, Gallier in Grie-

chenland; die Pyrenäen haben den Übergang der Germanen nicht unmöglich gemacht: Durch unwegsame und unbekannte Länderstrecken hat die Menschen ihre bewegliche Leichtfertigkeit glücklich hindurchkommen lassen. Kinder, Weiber und greise Eltern schleppten sie mit sich. Erschöpft von dem ewigen Umherirren wählten die einen ihren Wohnplatz nicht nach wohlüberlegtem Entschluss, sondern legten, wie die Müdigkeit es ihnen eingab, Beschlag auf den ersten besten Landstrich; die anderen machten sich durch Waffenrecht zu Herren des fremden Landes; manche wurden auf der Fahrt nach unbekannten Ländern von den Meereswogen verschlungen; wieder andere setzten sich da fest, wo der völlige Mangel an weiteren Hilfsmitteln sie zum Stillstand zwang. Auch zwang nicht alle der nämliche Grund dazu, ihr Vaterland zu verlassen und ein neues aufzusuchen: Einige trieb die Zerstörung ihrer Städte durch Feindeswaffen, denen sie unter Verlust ihrer Habe entkommen waren, in ferne Länder; andere brachte heimischer Aufruhr auf die Beine; noch anderen ward unerträglich wachsende Übervölkerung Anlass zum Verlassen der Heimat, um diese zu entlasten; wieder andere trieben Pest oder häufige Erdbeben oder irgendwelche unerträgliche Übelstände des unergiebigen Bodens zur Auswanderung; einige ließen sich auch durch die unsichere Kunde von fruchtbaren und maßlos gepriesenen Landstrichen dazu verführen. Bei den einen war es dieser, bei den anderen jener Grund, der sie der Heimat entfremdete. So viel ist jedenfalls klar: Nichts ist an seinem Ursprungsort stehen geblieben. Unaufhörlich zerstreut sich die Menschheit nach allen Richtungen; täglich spielen sich auf dem weiten Erdkreis Veränderungen ab: Neue Städte werden gegründet, Völker mit neuen Namen tauchen auf nach Vertilgung der früheren oder nach ihrer Einverleibung in das Gemeinwesen eines stärkeren Volkes. Alle jene Umsiedelungen und Wanderungen der Völker, was sind sie anders als Massenverbannungen?

Doch wozu deine Geduld ermüden durch so lange Umschweife? Was hat es für einen Zweck, den Antenor dir vorzuführen, den

Gründer von Patavium, und den Euander, der am Ufer des Tiber eine arkadische Herrschaft aufrichtete? Wozu den Diomedes und die anderen, welche der trojanische Krieg als Besiegte zugleich und als Sieger über fremde Länder zerstreute? Ehrt ja das römische Reich als seinen Stifter einen Verbannten, den nach dem Fall seiner Vaterstadt die Not und die Furcht vor dem Sieger als weit umherirrenden Flüchtling mit dem geringen Rest seiner Mannschaft nach Italien verschlug. Dies Volk, wie viele Kolonien hat es dann in alle Provinzen entsandt! Wo der Römer gesiegt hat, da hat er sich angesiedelt. Zu solcher Ortsveränderung meldete man sich gern aus freien Stücken, und selbst der Greis trennte sich von seinen Hausaltären und folgte den Kolonisten über das Meer.

Es bedarf keiner weiteren Aufzählung; nur eines sei noch hinzugefügt, was sich meinem Blicke aufdrängt: Eben diese meine Insel hier hat schon oft ihre Bewohner gewechselt. Ich übergehe die Urzeiten, die im Dunkel fernster Vergangenheit liegen, und beginne mit den Griechen. Es waren die jetzigen Massilioten, die vor der Gründung von Massilia sich hier auf dieser Insel ansiedelten. Was sie von hier verscheucht hat, ist ungewiss, ob die Ungunst des Klimas oder der Blick auf das übermächtige Italien oder der Mangel an natürlichen Häfen; denn dass die Wildheit der Bewohner als etwaiger Grund nicht infrage kommt, erhellt daraus, dass sie sich unter den gerade damals besonders wilden und aller Ordnung widerstrebenden gallischen Völkerschaften anzusiedeln wussten. Es hielten dann die Ligurer ihren Einzug auf der Insel; auch Spanier siedelten auf sie über, wie sich an gewissen Bräuchen und Erscheinungen zeigt; denn sie haben dieselbe Kopfbedeckung und die nämliche Art von Schuhwerk wie die Cantabrer; auch finden sich einige cantabrische Wörter bei ihnen, wenn auch nur in geringer Zahl; denn die Sprache im Ganzen hat durch den Verkehr mit den Griechen und den Ligurern ihren ursprünglichen Charakter verloren. Späterhin sind zwei Kolonien römischer Bürger dahin geleitet worden, die eine von Marius, die andere von Sulla: So vielfachem

Wechsel ist die Bevölkerung dieses dürren und dornigen Felseneilandes unterworfen gewesen. Überhaupt findet sich wohl kaum ein Land, das auch jetzt noch seine Ureinwohner innehaben; alles ist durcheinander gemischt und mit Fremdartigem versetzt. Einer hat den anderen abgelöst: Der eine hat mit aller Kraft erstrebt, was dem anderen ein Gräuel war, und mancher ist aus einem Ort verjagt worden, von dem er andere verdrängt hatte. So hat es nun eben die Vorsehung gewollt, dass keinem Dinge ein Schicksal beschieden sei, das dauernden Bestand habe.

8. Was den Ortswechsel an und für sich anlangt, abgesehen von den sonstigen Unzuträglichkeiten, die eine Verbannung mit sich bringt, so hält Varro, der größte römische Gelehrte, *den* Umstand für ein zulängliches Ausgleichsmittel, dass wir, gleichviel, wohin wir auch kommen, die Natur immer sich selbst gleich finden. Und Marcus Brutus glaubt, man könne sich zufrieden damit geben, dass, wer in die Verbannung geht, alles, was er innerlich Gutes in sich hat, mit sich nehmen könne. Mag mancher auch der Meinung sein, eines dieser beiden Mittel für sich sei nicht wirksam genug, den Verbannten zu trösten, so wird er doch zugeben müssen, dass beide vereint ihre Wirkung kaum verfehlen können. Denn wie gering ist doch alles das, was wir verloren haben! Zwei unvergleichlich herrliche Güter begleiten uns, wohin wir auch unsere Schritte wenden: Die überall sich wiederfindende Natur und was wir persönlich Gutes in uns haben. Dies ist, glaube mir, das Ergebnis der Wirksamkeit jenes unergründlichen Wesens, das der Bildner des Weltalls ist, sei er nun ein allmächtiger Gott oder eine körperlose Vernunft als Schöpferin gewaltiger Werke, oder ein göttlicher Hauch, der Größtes und Kleinstes mit gleichmäßiger Stärke durchströmt, oder ein Fatum und eine unabänderliche Reihenfolge von unter sich zusammenhängenden Ursachen und Wirkungen: Dafür, sage ich, ist gesorgt, dass nur die erbärmlichsten Kleinigkeiten von fremder Willkür abhängen. Alles, was für die Menschen von höchstem Wer-

te ist, ist der menschlichen Willkür entrückt und kann weder gegeben noch genommen werden. Diese Welt, das größte und schönste aller Naturgebilde, und der Geist, der Betrachter und Bewunderer der Welt, ihr erhabenster Teil – sie gehören uns und bleiben uns treu und werden solange mit uns dauern als wir selbst dauern. Daher lass uns frisch und aufrecht, es sei wohin es wolle, unbeirrten Schrittes eilen, lass uns Land um Land durchwandern – so weit die Welt reicht, lässt sich keine Verbannungsstätte finden; denn nichts, was innerhalb der Welt ist, ist dem Menschen fremd. Von welchem Standpunkt auch der Blick von der Erdfläche sich nach dem Himmel erhebt, in gleichen Abständen ist alles Göttliche von allem Menschlichen entfernt. Solange also meine Augen von jenem Schauspiel, an dem sie sich nicht sattsehen können, nicht gewaltsam abgelenkt werden, solange es mir noch gegönnt ist, Sonne und Mond anzuschauen, solange ich noch mich in die Betrachtung der übrigen Gestirne vertiefen, solange ich ihrem Aufgang und Untergang, ihren Entfernungen voneinander und den Ursachen ihres schnelleren oder langsameren Umlaufes nachspüren kann, solange ich noch das die Nacht erleuchtende Sternenheer anblicke, die einen unbeweglich, die anderen nicht in weite Räume hinausschweifend, sondern in ihren engen Bahnen sich bewegend, einige plötzlich aufflackernd, andere durch einen Feuerstrom die Augen blendend, als wollten sie herabfallen, oder mit langgezogenem, hellstrahlendem Lichtschweif schnell vorüberziehend – solange ich mit ihnen verkehre und mich, soweit es dem Menschen vergönnt ist, den Scharen der Himmlischen beigeselle, solange ich meinen nach Betrachtung der ihm verwandten Dinge sich sehnenden Geist immer nach oben gerichtet halte, was macht es mir da aus, worauf mein Fuß trete?

9. »Aber dieses Land hat keinen Boden für fruchtbringende oder sonst erfreuliche Bäume; es wird nicht bewässert durch große und schiffbare Flussläufe; es bringt nichts hervor, was für andere Völker

begehrenswert wäre; kein kostbares Gestein wird hier gebrochen, kein Gold oder Silber gegraben.« Dürftig ist der Geist, der alle seine Freude am Irdischen hat: Man muss ihn hinleiten auf das, was überall in gleicher Gestalt erscheint, überall den gleichen Glanz zeigt. Auch das ist zu bedenken, dass diese Nichtigkeiten den wahren Gütern im Wege stehen durch ihre Unwahrheit und dadurch, dass man ihnen verkehrterweise Glauben schenkt. Je ausgedehntere Säulenhallen man errichtet, je höher man die Türme in die Höhe aufsteigen lässt, je breitere Straßen man anlegt, je tiefere Grotten man für die Sommerzeit anlegt, je größere Steinmassen man für den Bau der hohen Speisesäle verwendet, umso mehr verdeckt man sich die Aussicht auf den freien Himmel. Der Zufall hat dich in eine Gegend verschlagen, wo die glänzendste Unterkunftsstätte eine bescheidene Hütte ist. Wahrlich, es würde von kleinlicher Denkungsart zeugen, und es wäre ein dich entehrender Trost, wenn du dies nur aus dem Grunde tapfer über dich ergehen lässt, weil dir die Hütte des Romulus bekannt ist. Besser, du sprichst dir auf folgende Weise Trost zu: »Diese niedrige Hütte, bietet sie nicht den Tugenden Raum? So ist sie denn schöner als jeder Tempel, wenn man darin die Gerechtigkeit schaut, die Enthaltsamkeit, die Klugheit, Frömmigkeit, die rechte ordnende Übersicht über alle pflichtmäßigen Leistungen, die Einsicht in menschliche und göttliche Dinge. Kein Raum ist zu klein, der die ganze Schar dieser herrlichen Tugenden in sich fasst; keine Verbannung ist beschwerlich, die man mit solchem Gefolge antreten kann.«

Brutus sagt in seinem Buch über die Tugend, er habe in Mytilene den Marcellus in der Verbannung gesehen, und dieser habe da, soweit es mit der Menschennatur vereinbar ist, das glücklichste Leben geführt und habe nie ein eifrigeres wissenschaftliches Interesse gezeigt als zu jener Zeit. Darum fügt er die Bemerkung hinzu, es sei ihm so vorgekommen, als ginge vielmehr er selbst, da er ohne jenen heimkehren sollte, ins Exil, als dass jener im Exil zurückbliebe. Wie viel glücklicher war doch Marcellus damals, wo er dem

Brutus einen so günstigen Eindruck von seinem Exil gab, als damals, wo er als Konsul für das Gemeinwesen wirkte! Welche Größe wohnte doch dem Manne inne, der es zuwege brachte, dass einer sich wie ein Verbannter vorkam, weil er sich von einem Verbannten trennte! Welche Größe wohnte dem inne, der einen Mann zu seinem Bewunderer machte, der selbst von seinem Cato bewundert wurde! Derselbe Brutus erzählt, Cajus Caesar sei an Mytilene vorübergefahren, weil er es nicht über sich gewonnen hätte, den Mann so entehrt zu sehen. Für ihn, den Marcellus, setzte zwar der Senat die Rückkehr durch in einer infolge des allgemeinen flehentlichen Mitleides so besorgten und kummervollen Stimmung, dass es schien, als wären an jenem Tage alle von des Brutus Gesinnung erfüllt und als bäten sie nicht für den Marcellus, sondern für sich, um nicht selbst verbannt zu sein, wenn sie seiner beraubt blieben; aber weit höher steht doch für ihn der Triumph des Tages, wo Brutus sich von ihm nicht zu trennen, Caesar ihn nicht zu sehen vermochte. Denn beide traten für ihn als Zeugen auf: Brutus war voll Schmerz darüber, dass er sich von ihm trennen musste, Caesar voll Scham. Kannst du noch zweifeln, dass der große Marcellus zur Beruhigung seines Gemütes aus Anlass der Verbannung häufig folgende Mahnungen an sich gerichtet habe: »Der Verzicht auf das Vaterland ist kein Unglück für dich. Du hast dich mit den Wissensschätzen vertraut genug gemacht, um dir zu sagen, dass für den Weisen jeder Ort sein Vaterland sei. Und wie? Der, der dich vertrieb, hat er nicht selber volle zehn Jahre hintereinander auf seine Heimat verzichtet? Allerdings zur Vergrößerung des Reiches; aber es war doch eben auch ein Verzicht. Jetzt, o weh, fordert Afrika sein Eingreifen, das an allen Ecken und Enden mit dem Widererwachen des Krieges droht, jetzt ebenso Spanien, das sich aus seinem Zusammenbruch und seiner Demütigung wieder zum Aufruhr erhebt, jetzt auch Ägypten, das treulose, kurz, der ganze Erdkreis, der auf die günstige Gelegenheit lauert, wo das Reich aus den Fugen zu gehen droht. Welcher Gefahr wird er zuerst begegnen? Welcher

Partei entgegentreten? Durch alle Erdstriche wird ihn sein Siegeszug treiben. Mögen die Völker in Ehrfurcht zu ihm aufblicken und ihm huldigen: Du, lass dir fürs Leben genügen, dass Brutus dein Bewunderer ist!«

10. Vortrefflich also fand sich Marcellus in die Lage eines Verbannten, und die Ortsveränderung änderte nichts an seiner Sinnesart, obschon sich Armut ihr zugesellte. Dass dies nicht eine Quelle des Unglückes sei, sieht jeder ein, der sich noch nicht dem Wahnwitz der alles untergrabenden Habsucht und Schwelgerei hingegeben hat. Denn wie wenig reicht hin, um dem Menschen den nötigen Lebensunterhalt zu sichern. Und wem kann es daran fehlen, wenn er nur einigermaßen tüchtig ist? Was mich betrifft, so sehe ich klar: Was mir fehlt, ist nicht der Reichtum, sondern die geschäftliche Tätigkeit. Der Körper hat nur geringe Bedürfnisse: Er verlangt Schutz vor Kälte, Stillung von Hunger und Durst durch Nahrungsmittel; was außerdem begehrt wird, so gilt die Bemühung dafür nur den Lastern, nicht den Bedürfnissen. Nichts nötigt uns dazu, alle Tiefen zu durchsuchen oder Tiere umzubringen, um den Magen zu belasten, und Austern des fernsten Meeres an unbekannten Küsten zutage zu fördern. Mögen Götter und Göttinnen diejenigen dem Untergange weihen, deren schwelgerische Gier noch über die Grenzen eines so beneidenswerten Reiches hinausgreift! Durch Beute von jenseits des Phasis her soll der Bedarf der ehrgeizigen Garküche befriedigt werden, und man schämt sich nicht, Vögel herbeizuschaffen aus dem Lande der Parther, denen wir noch unsere Rache schuldig sind. Von allen Seiten schleppt man alles, Bekanntes und Unbekanntes, zusammen, dem verwöhnten Gaumen zu fröhnen. Der fernste Ozean muss liefern, was der durch Üppigkeit zerrüttete Magen kaum vertragen kann. Man übergibt sich, um zu essen, und ißt, um sich zu übergeben, und die Mahlzeiten, zu deren Bereitung man den ganzen Erdkreis durchsucht, hält man nicht einmal der Verdauung wert. Wer diesen Un-

fug verachtet, was kann dem die Armut anhaben? Ist jemand von Verlangen nach dergleichen Genüssen erfüllt, so ist ihm die Armut sogar von Nutzen: Denn er wird wider Willen geheilt, und selbst wenn er sich nicht zwingen lässt zur Annahme der Gegenmittel, so ist er doch vor der Hand wenigstens, solange das Nichtkönnen andauert, dem einigermaßen ähnlich, der es nicht will. Der Kaiser Gaius Caesar (Caligula), an dem, wie mir scheint, die schöpferische Natur zeigen wollte, was bei höchster Lebensstellung der höchste Grad von Verworfenheit vermöchte, hat an einem einzigen Tag zehn Millionen Sesterzien auf eine Mahlzeit verwendet, und obschon er die Hilfe aller erfinderischen Köpfe dazu in Anspruch nahm, konnte er doch kaum das Rätsel lösen, den Tribut dreier Provinzen für eine einzige Mahlzeit zu verwenden. Wehe über die Erbärmlichen, deren Gaumen nur durch kostspielige Leckerbissen gereizt wird! Kostspielig aber macht sie nicht ein vorzüglicher Wohlgeschmack oder irgendein besonderer Reiz für den Gaumen, sondern die Seltenheit und die Schwierigkeit der Beschaffung. Übrigens, wenn diese Feinschmecker nur zur Vernunft zurückkehren wollten, was bedarf es solcher Künste zum Dienste des Bauches? Wozu die Vermittlungen des Handels? Wozu die Ausraubung der Wälder? Wozu die Durchforschung der Tiefen? Allenthalben finden sich Nahrungsmittel von der Natur überallhin ausgestreut; aber daran gehen sie wie blind vorüber und durchschweifen alle Zonen, setzen übers Meer, und während sie den Hunger mit geringem Geldaufwand stillen könnten, reizen sie ihn durch wer weiß wie großen.

Ich möchte fragen: Wozu lasst ihr die Schiffe in See stechen? Wozu bewaffnet ihr eure Hände gegen Tiere und gegen Menschen? Wozu dies verworrene Treiben und Auseinanderlaufen nach den verschiedensten Richtungen? Wozu häufet ihr Schätze auf Schätze? Wollt ihr euch denn nicht besinnen auf das geringe Ausmaß eurer Leiber? Ist es nicht Wahnsinn und äußerste Verblendung, bei so geringer Aufnahmefähigkeit so vieles zu wünschen? Mehret euer Vermögen auch noch so sehr, erweitert euren Landbesitz: Ihr werdet doch eure Leiber nicht geräumiger machen. Wenn das Handelsgeschäft gut abgelaufen, wenn der Kriegsdienst reiche Beute gebracht, wenn die überall aufgespürten Nahrungsmittel glücklich zusammengeschleppt sind, so wird euch der Raum fehlen, all die Vorräte zu bergen. Warum scharrt ihr so vieles zusammen? Ja, waren denn unsere Vorfahren, deren Tüchtigkeit wir es verdanken, dass wir auch jetzt noch bei aller Lasterhaftigkeit uns über Wasser halten – waren sie denn etwa unglücklich, sie, die sich mit eigener Hand ihre Mahlzeit bereiteten, die den Erdboden als Ruhebett benutzten, deren Häuser noch nicht in Goldschimmer glänzten, deren Tempel noch nicht von Edelsteinen funkelten? So schwur man denn damals heilige Eide bei Göttern, die aus Ton gebildet waren, und die, welche jene Götter angerufen, kehrten, um sich keines Truges schuldig zu machen, zum Feinde zurück, obschon des Todes gewiss. Lebte etwa unser Diktator, der den Gesandten der Samniter Zutritt gewährte und sie anhörte, während er mit eigener Hand seinen bescheidenen Brei auf dem Herde umrührte, mit jener Hand, mit der er den Feind schon oft geschlagen und den Lorbeerkranz in den Schoß des Kapitolinischen Jupiter niedergelegt hatte – lebte er etwa weniger glücklich, als Apicius in unserer Zeit lebte, welcher in der Stadt, aus der einst die Philosophen als angebliche Jugendverderber ausgewiesen worden waren, die Wissenschaft der Kochkunst zu seinem Berufe machte und mit diesem seinem Wissensfach dem Zeitgeist seinen Stempel aufdrückte? Bemerkenswert ist das Ende, das es mit ihm genommen. Nachdem er hundert Millionen Sesterzien auf die Küche verwendet, nachdem er die zahlreichen Geschenke der Großen und das gewaltige Einkommen von dem Kapitol durch eine Reihe von Gelagen vergeudet hatte und sich mit Schulden überladen sah, verschaffte er sich nun zum ersten Mal notgedrungen Einsicht in den Stand seines Haushaltes: Die Rechnung ergab, dass ihm zehn Millionen Sesterzien übrig bleiben würden; es kam ihm vor, als sei ihm nunmehr ein bettelarmes Dasein beschieden, wenn er mit zehn Millionen auskommen musste, und so machte er seinem Leben durch Gift ein Ende. Wahrlich, der Gipfel der Genusssucht, wenn einem zehn Millionen Sesterzien wie Bettelarmut vorkommen! Nun sage einer noch, das Geld sei das Entscheidende fürs Leben, nicht der Geist! Zehn Millionen machten ihn bange, und was andere heiß ersehnen, dem wich er durch den Tod aus. Einem Menschen aber von so verdrehter Sinnesart war dieser letzte Trank der heilsamste. Er aß und trank Gift zu einer Zeit, wo er an unermesslichen Gastereien nicht nur seine Freude fand, sondern sich ihrer auch rühmte, wo er mit seinen Lastern prunkte, wo er seine Mitbürger mehr und mehr zu seiner Schwelgerei bekehrte, wo er die Jugend reizte, seinem Beispiel zu folgen, sie, die auch ohne böse Beispiele von selbst schon gelehrig ist. So ergeht es denen, die über ihren Reichtum nicht nach Maßgabe der Vernunft verfügen, die ihre festen Grenzen einhält, sondern nach lasterhafter Gewohnheit, deren Willkür ins Maßlose und Unfassbare geht. Der Begierde ist nichts genug, der Natur genügt auch schon das Geringste. Die Armut also bringt dem Verbannten keinen Nachteil. Denn keine Verbannungsstätte ist so armselig, dass sie nicht reichlich fruchtbar wäre zur Ernährung eines Menschen.

11. »Aber Kleidung und Haus wird der Verbannte doch vermissen.« Auch das wird er sich nur nach Maßgabe des Bedürfnisses wünschen, und hält er es damit so, dann wird es ihm weder an Obdach noch an Hülle fehlen; denn der Körper braucht ebenso wenig zur Bedeckung wie zur Nahrung. Was die Natur dem Menschen unentbehrlich machte, dessen Erwerb hat sie ihm auch nicht mühevoll gemacht. Allein er verlangt nach einem mit echtem Purpur tief durchtränkten goldstrotzenden Gewand mit allerlei buntfarbigen Stickereien und Künstlichkeiten: Es ist nicht die Schuld der Natur, wenn er arm ist, sondern die seinige. Stellst du ihm auch alles wieder zu, was er verloren hat, du wirst damit nichts ausrichten;

denn diese Wiederzustellung wird zur Folge haben, dass ihm von dem, was er wünscht, mehr fehlt als dem Verbannten von dem, was er hatte. Aber er will nicht verzichten auf den Besitz goldener Vasen für den Prunk des Haushaltes, auf Silberarbeiten von der Hand berühmter alter Künstler, auf ein Stück Kupfer, das nur dem Wahnwitz einiger wenigen Leute seinen Wert verdankt, auf eine Schar von Sklaven, die das Haus nur verengt, so groß es auch sein mag, auf Zugvieh mit gerundetem und zum Fettwerden gezwungenem Leibe, auf die kostbaren Gesteinsarten aller Völker: Mag ihm dies alles auch zuhauf beschafft werden, es wird doch niemals seinem unersättlichen Herzensdrang Genüge tun, ebenso wenig wie irgendein Getränk hinreichen wird, denjenigen zu sättigen, dessen Verlangen nicht aus Mangel entsteht, sondern aus der Glut seiner brennenden Eingeweide; denn es ist nicht Durst, was ihn quält, sondern Krankheit. Und so geht's nicht nur mit Geld und Nahrung, nein, das Gleiche wiederholt sich naturgemäß bei jedem heißen Verlangen, sofern dasselbe seinen Grund nicht in wirklichem Mangel, sondern in fehlerhafter Gemütsanlage hat. Komme dem Verlangenden mit noch so reichlichen Mitteln entgegen, seine Begierde kennt keine Grenze, sondern nur Steigerung. Wer sich also innerhalb des natürlichen Maßes hält, der wird nichts von Armut verspüren; wer dagegen das natürliche Maß überschreitet, der wird auch bei größtem Reichtum die Armut zur Begleiterin haben. Zur Befriedigung der notwendigen Bedürfnisse bieten auch die Verbannungsstätten Mittel genug dar; für überflüssige reichen selbst Königreiche nicht aus. Der Geist ist es, der reich macht; er begleitet uns in die Verbannung, und wenn er nur so viel findet, wie zur Erhaltung des Körpers gehört, so ist er auch in den rauesten Einöden überreich mit seinen eigenen Gütern gesegnet und erfreut sich ihres Genusses. Mit Geld hat der Geist nichts zu schaffen, so wenig wie die unsterblichen Götter. Alles das, was einsichtslose und zu sehr an ihre Körper gebundene Geister hochhalten, Edelsteine, Gold, Silber und große polierte runde Tische, sind Bleigewichte, für die der schlichte und seiner eigenen Natur eingedenke Geist sich nicht erwärmen kann, an sich selbst unbeschwert, leicht beweglich und, wenn er seiner Hülle ledig wird, dazu berufen, sich flugs zu den himmlischen Höhen zu erheben. Einstweilen, soweit es die hemmenden Gliedmaßen und die beschwerliche Last der Körperlichkeit erlaubt, durchmustert er in raschem Gedankenflug die Fülle des Göttlichen. Darum kann er denn auch nimmermehr in Verbannung sein, er, der freie, gottverwandte, der jeder Welt und jeder Zeitdauer gewachsen ist; denn sein Gedanke umschwebt den ganzen Himmel und durchdringt jede vergangene und kommende Zeit. Dieser armselige Körper, diese Schutzwache und Fessel des Geistes, ist allen Zufälligkeiten preisgegeben; er muss die grausamsten Strafen, räuberische Überfälle, Krankheiten über sich ergehen lassen; der Geist selbst dagegen ist unantastbar und ewig und unnahbar für jeden, der ihm Gewalt antun will.

12. Glaube ja nicht, dass ich mich bei meinem Bemühen, die Misslichkeiten der Armut herabzusetzen, die niemand als schwer empfindet, außer wer sich dafür hält, nur auf die Lehren der Philosophen stütze. Wirf nur einen Blick auf die Masse der Armen; den weitaus größeren Teil derselben wirst du durchaus nicht trauriger und bekümmerter finden als die Reichen; vielleicht sind sie sogar umso froher gestimmt, je kleiner der Spielraum für ihre geistigen Regungen ist. Übergehen wir jene durch den Mantelsack bekannten, abgehärteten Philosophen und wenden uns zu den Reichen. Wie vielerlei Umstände gibt es, unter denen sie den Armen ähnlich sind! Sind sie auf Reisen, so ist das Gepäck sehr beschränkt, und so oft die Reise eiliges Vorwärtskommen erheischt, wird die Schar der Begleiter entlassen. Leisten sie Kriegsdienste, welchen winzigen Teil ihrer Habe führen sie dann mit sich, da die Feldordnung alles Entbehrliche ausschließt! Und es sind nicht etwa bloß die besonderen Zeitumstände oder der Mangel an Raum, die sie den Armen gleich machen: Sie setzen sich selbst gewisse Tage fest,

an denen sie auf dem Erdboden speisen und unter Entfernung alles Goldes und Silbers sich irdener Gefäße bedienen. Die Toren! Was ab und zu für sie Gegenstand eifrigsten Begehrens ist, davor haben sie Angst, wenn es für immer gelten soll. O welche geistige Finsternis, welche Verachtung der Wahrheit macht diejenigen blind, die von der Furcht vor der Armut besessen sind, der Armut, die sie Vergnügens halber nachahmen!

Was mich anlangt, so schäme ich mich, sooft ich auf die Beispiele aus dem Altertum hinblicke, Trostgründe für die Armut geltend zu machen; denn die Üppigkeit unserer Zeit hat eine Höhe erreicht, dass das Reisegeld für Verbannte mehr beträgt, als ehedem der Wert eines großherrlichen Erbgutes war. Es ist bekannt genug, dass Homer einen einzigen Sklaven gehabt hat, Platon drei, Zenon, mit dem die starre und mannhafte Philosophie der Stoiker beginnt, keinen. Wird darum irgendjemand behaupten, sie hätten unglücklich gelebt? Wird, wer dies sagt, nicht selbst auf alle den Eindruck eines höchst bedauernswerten Menschen machen? Menenius Agrippa, der zwischen Patriziern und Plebejern der Vermittler der öffentlichen Eintracht gewesen war, war so arm, dass seine Beerdigung nur durch zusammengeschossene Gelder bewerkstelligt werden konnte. Atilius Regulus, der Sieger in Afrika, teilte dem Senat in einem Schreiben mit, sein Tagelöhner sei ihm davongelaufen und sein Landgut entbehre nun seines Bearbeiters, worauf der Senat beschloss, solange Regulus noch abwesend wäre, solle die Sorge dafür dem Staate zufallen. War denn das Fehlen eines Sklaven eine so kostspielige Sache, dass das römische Volk als Pflanzer eintreten musste?

Scipios Töchter bekamen eine Mitgift aus der Staatskasse, weil der Vater ihnen nichts hinterlassen hatte. Es war wahrlich nicht mehr als billig, dass das römische Volk dem Scipio *einmal* den Tribut zukommen ließ, den es von Karthago immer forderte. O glückliche Männer dieser Mädchen, da das römische Volk für euch an die Stelle des Schwiegervaters trat! Hältst du diejenigen, deren

Tänzerinnen eine Million Sesterzien mit in die Ehe bringen, für glücklicher als den Scipio, dessen Kinder vom Senat, ihrem Vormund, schweres Kupfer als Mitgift empfingen? Wer könnte sich der Armut schämen, für die es so herrliche Vorbilder gibt? Wird ein Verbannter sich über Mangel beklagen, wenn es dem Scipio an Mitteln zur Mitgift, dem Regulus an einem Tagelöhner, dem Menenius an Geld zur Beerdigung fehlte, und wenn doch allen diesen das Fehlende darum in umso ehrenderer Weise zugeschossen wurde, weil es ihnen gefehlt hatte? Durch Berufung auf solche Männer erhält die Armut nicht nur Schutz, sondern auch Gewicht.

13. Dem lässt sich Folgendes entgegenhalten: »Was trennst du mit aller Kunst Dinge voneinander, die jedes für sich ertragen werden können, vereinigt aber unerträglich sind? Ortsveränderung ist erträglich, wenn man bloß den Ort wechselt; Armut ist erträglich, wenn keine Entehrung damit verbunden ist, die auch für sich allein schon als schwerster Druck auf der Seele liegt.« Wer mich so durch Häufung der Übel schrecken will, gegen den werde ich mich durch folgende Entgegnung zur Wehr setzen: Hast du die Kraft, irgendwelchem einseitigen Angriff des Schicksals Widerstand zu leisten, so bist du auch allen Angriffen desselben gewachsen. Hat einmal die Tugend die Seele gehärtet, dann macht sie sie allseitig unverwundbar. Hast du der Habsucht, dieser verheerendsten Pest der Menschheit, den Abschied gegeben, dann hast du vom Ehrgeiz nichts mehr zu fürchten; siehst du den letzten Tag nicht als eine Art Strafe, sondern als ein Naturgesetz an, so bist du sicher vor jeder Art von Furcht; denn keinerlei Furcht wird es wagen, in deine Brust einzudringen, aus der du die Todesfurcht verbannt hast. Bedenkst du, dass die Geschlechtslust nicht zur Ergötzung, sondern zur Fortpflanzung des Geschlechtes gegeben sei, so ist doch klar: Wen dies geheime und uns so tief im Blute liegende Verderbnis nicht angesteckt hat, den wird auch jede andere Begierde unberührt lassen. Nicht nur vereinzelte Laster, sondern alle insgesamt

werden von der Vernunft gleichmäßig zu Boden gestreckt: Ihr einmaliger Sieg ist ein allgemeiner und endgültiger. Glaubst du, dass irgendein Weiser sich durch eine Beschimpfung getroffen fühlen könne, er, der sich ganz auf sich selbst gestellt und jeder Gemeinschaft mit den Vorurteilen der großen Masse entsagt hat? Mehr noch als eine Beschimpfung will ein schimpflicher Tod besagen. Und doch: Sokrates betrat mit derselben Miene, mit der er einst allein die dreißig Tyrannen zur Ordnung gewiesen, den Kerker, dazu ausersehen, dem Orte selbst das Entehrende zu nehmen; denn die Stätte, wo Sokrates weilte, konnte nicht mehr als Kerker gelten.

Wer kann gegen Erkenntnis der Wahrheit so verblendet sein, dass er meinte, die doppelte Wahlniederlage des Marcus Cato, bei Bewerbung erst um die Prätur, sodann um das Konsulat, sei ein Schimpf für diesen gewesen? Nein, ein Schimpf war diese Niederlage für die Prätur und das Konsulat, denen Cato nur Ehre gebracht hätte. Niemand wird von einem anderen verachtet, der nicht zuvor von sich selbst verachtet worden ist. Für eine niedrige und verworfene Seele mag solche Schmach am Platze sein; wer sich aber gegen die grimmigsten Schicksalsanfälle mannhaft zur Wehr setzt und das Unheil, durch das andere überwältigt werden, zunichtemacht, dem wird das Missgeschick selbst zum heiligen Schmuck; denn wir Menschen sind einmal so angelegt, dass nichts bei uns größere Bewunderung erweckt als ein Mann, der tapfer dem Unglück die Stirn bietet. In Athen wurde Aristides zur Vollziehung der Todesstrafe an ihm abgeführt, er, vor dem jeder, der ihm begegnete, die Augen niederschlug und seufzte, nicht als ob nur gegen einen gerechten Mann, sondern gegen die Gerechtigkeit selbst vorgegangen werden sollte. Gleichwohl fand sich einer, der ihm ins Gesicht spuckte. Er hätte das übel nehmen können; denn er wusste, dass kein reiner Mund sich so etwas gegen ihn herausnehmen würde; allein er wischte sich das Gesicht ab und sagte lächelnd zu dem ihn begleitenden Beamten: »Warne ihn, er solle künftig nicht wieder so heillos küssen.« Das hieß der Beschimpfung selbst Schimpf antun.

Ich weiß wohl: Einige behaupten, nichts sei schwerer als Verachtung, der Tod verdiene in ihren Augen den Vorzug. Ihnen erwidere ich, auch die Verbannung bringe häufig gar keine Verachtung mit sich: Ist ein großer Mann zu Fall gekommen, so ist er trotz seines Falles noch groß und verfällt ebenso wenig der Verachtung, wie den Tempeltrümmern Hohn angetan wird, die der Gottesfürchtige ebenso heilig hält, als wenn der Tempel noch stünde.

14. Was also mich anlangt, teuerste Mutter, so hast du keinen Grund zu endlosen Tränen; es müssen also die treibenden Gründe in *dir* liegen. Der Möglichkeiten aber sind hier zwei: Entweder fühlst du dich dadurch schmerzlich betroffen, dass du, deiner Meinung nach, einer Stütze beraubt worden bist, oder aber, es ist die Sehnsucht an und für sich selbst, die du nicht ertragen kannst.

Die erstere Möglichkeit brauche ich nur kurz zu berühren; denn ich kenne dein Herz, das an den Seinen nichts anderes liebt als sie selbst. Der Eigennutz würde nur für solche Mütter in Betracht kommen, die mit weiblicher Leidenschaftlichkeit sich in die Machtbefugnis ihrer Söhne eindrängen, die, weil es den Frauen nicht erlaubt ist Ehrenstellen zu bekleiden, ihre Söhne benutzen, um ihrem Ehrgeiz Genüge zu tun, die das Erbgut ihrer Söhne aussaugen und ihre Netze danach auswerfen, die durch ihr aufdringliches Geschwätz anderen zur Last fallen: Du hast an dem Hab und Gut deiner Kinder stets nur die größte Freude gehabt, ohne dabei an eigenen Nutzen zu denken; hast unserer Freigebigkeit immer Grenzen gesetzt, während du für die Deinige keine Grenzen kanntest; hast, noch Tochter des väterlichen Hauses, deinen wohlhabenden Söhnen noch überdies mancherlei zufließen lassen; hast unser väterliches Erbgut so verwaltet, dass du dich dafür abmühtest, als wäre es dein eigenes, und dich enthaltsam zeigtest, als wäre es fremdes Gut; hast unseren Einfluss so wenig ausgenutzt, als läge die Sache dir ganz fern, und von unseren Ehrenstellen hast du nichts gehabt als die Freude und die Kosten: Niemals ist deine rührende

Fürsorge auf den Nutzen bedacht gewesen. Du kannst also, nachdem man den Sohn von deiner Seite gerissen, in Bezug auf ihn nicht das vermissen, was du, solange es ihm noch wohl erging, niemals als dir zugehörig angesehen hast.

15. All mein Bemühen um Trost für dich muss sich auf den eigentlichen Quell deines mütterlichen Schmerzes richten: »Ich soll also meinen teueren Sohn nicht mehr in meine Arme schließen dürfen, soll nicht mehr seines Anblickes, seines Gespräches mich erfreuen! Wo ist er, bei dessen Erscheinen meine traurige Miene sich aufheiterte, dem ich all meine Kümmernisse anvertraute? Wo ist seine Gabe der Unterhaltung, an der ich mich nicht satthören konnte? Wo sind die Studien, denen ich mich an seiner Seite mit mehr als gewöhnlichem Fraueninteresse, mit mehr als mütterlicher Vertraulichkeit widmete? Wo die Begegnungen mit ihm? Wo seine kindliche Heiterkeit, sobald er der Mutter ansichtig ward?« Dazu gesellt sich noch der örtliche Einfluss, die Stätten der Bewillkommnungen und des geselligen Beisammenseins, sowie der Nachklang unserer letzten Unterhaltung, der selbstverständlich der Seele besonders wehe tun muss. Denn auch darin ist das Schicksal besonders grausam mit dir verfahren, dass es dich zwei Tage, bevor mich das Ungewitter traf, ahnungslos und nichts Schlimmes dieser Art befürchtend von mir Abschied nehmen ließ. Es war ja eine Art Glück, dass uns die örtliche Entfernung getrennt hatte, ein Glück, dass dich eine mehrjährige Abwesenheit für dieses Missgeschick vorbereitet hatte: Du kehrtest (nach Rom) zurück, nicht, um dich deines Sohnes zu freuen, sondern um der Gewohnheit der Sehnsucht nach ihm ledig zu werden. Hättest du dich lange vorher von ihm getrennt, so wärest du standhafter gewesen, indem die Entfernung an sich die Sehnsucht gemildert hätte. Wärest du nicht (nach Spanien) zurückgekehrt, so hättest du wenigstens als Letztes die Freude gehabt, den Sohn noch zwei Tage länger zu sehen: So aber hat es ein grausames Geschick so veranstaltet, dass du weder mei-

nem Zusammenbruch beiwohntest, noch an meine Abwesenheit schon wieder gewohnt warst. Aber je härter diese Fügung ist, umso mehr Tapferkeit musst du aufbieten und wie mit einem wohlbekannten und schon oft überwundenen Feind umso hartnäckiger kämpfen. Nicht aus unversehrtem Körper ist dies Blut geflossen: Es waren Narben, durch die des Feindes Waffe sich bohrte.

16. Du hast keinen Grund, dich auf deine Eigenschaft als Frau zu berufen, die ja fast ein förmliches Anrecht hat auf maßlose Tränen, aber doch kein unbegrenztes; und es haben unsere Vorfahren den um ihre Männer Trauernden darum einen Zeitraum von zehn Monaten gewährt, um durch staatliche Anordnung der Hartnäckigkeit des weiblichen Trauerbedürfnisses eine endgültige Grenze zu setzen. Sie hinderten die Trauer nicht, schränkten sie aber ein; denn wie es törichte Nachgiebigkeit ist, sich grenzenlosem Schmerz hinzugeben beim Verlust eines uns besonders werten Angehörigen, so ist es unmenschliche Härte, jeden Schmerzes bar zu sein. Die beste Art der Versöhnung von treuer Liebe und Vernunft ist die, dass man Gefühl für die Sehnsucht hat, aber ihr nicht die Zügel schießen lässt. Du hast keinen Anlass, dich nach gewissen Frauen zu richten, deren Trauer, einmal im Herzen aufgekeimt, erst mit dem Tode aufhörte; du kennst einige, die nach dem Verlust ihrer Söhne das angelegte Trauerkleid nie wieder ablegten. *Dein* Leben zeigte von Anfang an größere Tapferkeit, darum stellt es auch höhere Anforderungen an dich; die Berufung auf weibliche Schwäche ist nicht statthaft für die, der alle weiblichen Untugenden fremd waren. Dich hat die schlimmste Krankheit unserer Zeit, die Schamlosigkeit, nicht angesteckt wie die meisten; nicht Edelgestein, nicht Perlen haben deine Sinne zu wandeln vermocht; dein Auge ist nicht geblendet worden durch den Glanz des Reichtums, als wäre er das höchste Gut der Menschheit; in einem alten und strengen Hause unter bester Zucht aufgewachsen, hast du dich nie zu der auch tüchtigen Naturen gefährlichen Nachahmung des Schlechteren hinreißen lassen; niemals

hast du dich deines Kindersegens geschämt, als ob dieser deinem Alter nicht mehr wohlanständig wäre; niemals hast du nach Art der anderen Frauen, die keinen anderen Ehrgeiz kennen als den einer schlanken Gestalt, deine Schwangerschaft verborgen, als wäre sie eine unziemliche Last; niemals auch hast du dem unter deinem Herzen aufkeimenden jungen Leben ein vorzeitiges Ende bereitet; dein Antlitz hast du nie durch Farbmittel und verführerische Künste befleckt; niemals hast du Gefallen gefunden an einem Gewand, das nichts mehr zu enthüllen hatte, wenn man es ablegte; der einzige Schmuck, die herrlichste und dem Zahn der Zeit unzugängliche Schönheit, die größte Zierde dünkte dir die Keuschheit. Du darfst dich also nicht zur Rechtfertigung deines Schmerzes auf deine Eigenschaft als Weib berufen; deine Tugenden haben dir eine ganz andere Stellung angewiesen; von den Tränen der Weiber musst du dich ebenso fernhalten wie von ihren Untugenden. Es wird selbst Frauen geben, die es nicht dulden wollen, dass du dich in deinem Schmerze verzehrst, die dich vielmehr mit freundlicher Miene auffordern werden, den unerlässlichen Schmerz rasch abzutun. Du musst eben nur auf solche Frauen den Blick richten, die ihre anerkannte Tugend an die Seite der großen Männer stellt. Cornelia sah sich durch das Schicksal von dem Besitz von zwölf Kindern auf zwei noch lebende herabgebracht: Willst du die Kinderverluste der Cornelia zählen, so hatte sie zehn verloren; willst du sie nach ihrem Werte schätzen, so waren es Gracchen, die sie verloren hatte. Gleichwohl untersagte sie ihrer weinenden und ihr Schicksal unter Verwünschungen beklagenden Umgebung, das Schicksal anzuklagen, das ihr ja doch Gracchen zu Söhnen gegeben habe. Diese Frau sollte dem das Leben geben, der in einer Volksversammlung sagte: »Du willst dir herausnehmen, die Frau zu schmähen, die mich zur Welt gebracht hat?« Weit hochherziger noch erscheint mir jenes Wort der Mutter. Der Sohn legte hohen Wert auf die Geburt aus dem Hause der Gracchen, die Mutter auch auf die Leichen. Rutilia folgte ihrem Sohn Cotta ins Exil und hing mit solcher Zärtlichkeit an ihm, dass sie lieber die Verbannung über sich ergehen lassen wollte als die Sehnsucht, und sie kehrte nicht eher zurück als der Sohn. Als er nach der Rückkehr, zu hohem Ansehen gelangt, starb, zeigte sie sich bei diesem Verlust ebenso tapfer wie vorher bei Begleitung in die Verbannung; niemand bemerkte nach vollzogener Beerdigung eine Träne in ihrem Auge. Bei der Verbannung zeigte sie ihre Tapferkeit, bei dem Verluste ihre Besonnenheit; dort hielt nichts sie von ihrer Kindesliebe zurück, hier vermochte nichts sie an unnötige und unkluge Trauer gefesselt zu halten. Mit diesen Frauen möchte ich dich in *eine* Reihe gestellt sehen. Du hast dir ihr Leben immer zum Vorbild genommen, und so wirst du auch gut tun, in Bekämpfung und Niederhaltung des Kummers ihrem Beispiel zu folgen.

17. Ich weiß recht wohl: Die Sache steht nicht in unserer Gewalt, und keine heftige Gemütserregung will sich etwas befehlen lassen, am wenigsten aber die, welche dem Schmerze entstammt; denn sie ist ungestüm und störrisch gegen jedes Heilmittel. Wir wollen sie mitunter verdecken und unsere Seufzer hinunterschlucken; aber wir mögen uns eine noch so gelassene Miene geben, durch alle Verstellung lassen sich die Tränen nicht zurückhalten. Wir suchen bisweilen durch Besuch von Schauspielen und Gladiatorenkämpfen die Seele abzulenken; aber mitten während des Schauspiels, das der Ablenkung dienen soll, wird sie von irgendwelcher leichten Sehnsuchtsanwandlung überfallen. Daher ist es besser, ihren Schmerz durch Kampf zu überwinden als ihr durch Täuschung beikommen zu wollen. Denn wer hintergangen und durch Belustigungen oder geschäftliche Pflichten abgelenkt worden ist, der richtet sich wieder auf und empfängt gerade durch die Ruhe den Antrieb zu neuem Wutausbruch; aber wer der Stimme der Vernunft folgt, der hat dauernden Frieden. Ich werde dich also nicht auf Mittel verweisen, die, wie ich weiß, von vielen gebraucht worden sind, werde dir also nicht raten, dir, sei es durch eine lange Reise Ablenkung zu schaffen, oder durch einen

reizvollen Ausflug Genuss zu bereiten, auch nicht, durch pünktliche Rechnungsführung und Verwaltung des Erbgutes deine Zeit reichlich zu füllen, auch nicht, dich fortwährend in neue Geschäfte zu stürzen: Alles das nützt nur für kurze Zeit und ist nicht Heilung, sondern nur Hemmung des Schmerzes. Ich aber will lieber, dass er aufhöre, als dass er hintergangen werde. Daher weise ich dich dahin, wo alle ihre Zuflucht suchen mussten, die vom Schicksal verfolgt sind, auf die Beschäftigung mit den Wissenschaften: Sie werden deine Wunde heilen, sie werden all deine Traurigkeit verscheuchen. Auch wenn du niemals mit ihnen Umgang gepflogen hättest, müsstest du es jetzt tun; aber soweit meines Vaters altertümliche Strenge das zuließ, hast du alle Gebiete höherer Geistesbildung zwar nicht durchmessen, wohl aber berührt. Ach, hätte doch mein Vater, dieser treffliche Mann, der nur weniger an den Anschauungen und der Gewohnheit der Altvorderen hätte festhalten sollen, sich dazu verstanden, dass du nach den Lehren der Philosophie lieber erzogen worden wärest als bloß davon zu kosten bekommen hättest! Dann brauchtest du dir Hilfe gegen das Schicksal nicht erst zu schaffen, sondern nur sichtbar zu machen. Wenn er dir weniger Freiheit zur Pflege der Wissenschaften gewährte, so geschah das im Hinblick auf jene Frauen, die in den Wissenschaften nicht den Weg zur Weisheit, sondern nur eine Stütze und Zierde ihrer Üppigkeit sehen. Jetzt kehre zu ihnen zurück, du wirst Schutz bei ihnen finden. Sie werden dir Trost, sie werden dir Freude gewähren; hast du sie vertrauensvoll in dich aufgenommen, so bist du weiterhin sicher vor jedem Schmerz, vor jedem Kummer, vor jeder unnützen Qual fruchtloser Niedergeschlagenheit; nichts von alledem wird dich mehr anfechten; denn gegen sonstige Untugenden bist du ja längst gefeit. Dieser Wissensbesitz ist der sicherste Schutz; er allein vermag dich den Launen des Schicksals unzugänglich zu machen.

18. Indes, bis du in jenen Hafen gelangst, den dir der Wissenstrieb in Aussicht stellt, bedarf es für dich gewisser Stützpunkte, und darum

will ich dich einstweilen auf die Umstände hinweisen, die dir Trost gewähren können. Blicke hin auf meine Brüder, deren Wohlergehen dir das Recht nimmt, das Schicksal anzuklagen: Jeder von beiden hat, und zwar nach entgegengesetzter Richtung hin, seine besonderen Vorzüge, an denen du deine Freude haben kannst: Der eine hat durch seine rege Tätigkeit es zu Ehrenstellen gebracht, der andere hat sie mit gutem Bedacht verschmäht. Lass dir die würdige Stellung des einen, die Ruhe des anderen, die Liebe beider zum Troste gereichen! Ich kenne die Sinnesart meiner Brüder in ihren geheimsten Regungen: Des einen Ziel ist Würde, um dir Ehre zu machen, der andere hat sich für ein stilles und ruhiges Leben entschieden in der Absicht, sich dir zu widmen. Mit dieser verschiedenen Bestimmung deiner Söhne einerseits zu helfendem Beistand, anderseits zu erfrischender Geselligkeit hat es das Schicksal gut gemeint: Die Würde des einen kann dir Schutz, die Muße des anderen Genuss gewähren. Sie werden wetteifern in Dienstbeflissenheit gegen dich, und die Sehnsucht nach dem Einen wird durch die Liebe von Zweien reichlich aufgewogen werden; ich darf, was deine Zukunft anlangt, kühnlich behaupten: Es wird dir nichts fehlen, abgesehen von der Zahl.

Von ihnen wende den Blick auch auf deine Enkel, auf Marcus, diesen lieblichen Knaben, bei dessen Anblick jeder Trübsinn schwindet; mag unser Herz von noch so schwerer Last bedrückt, von noch so frischem Gewinn erfüllt sein, seine schmiegsame Zärtlichkeit beschwichtigt alles. Wessen Tränen würden nicht durch seine Heiterkeit gestillt? Wessen kummererfüllte Brust würde nicht freier atmen bei seinen sinnreichen Einfällen? Wen sollte seine Schelmerei nicht zu Scherzen aufgelegt machen? Wen sollte seine Geschwätzigkeit, an der man sich nicht satthören kann, nicht für sich einnehmen und aus schweren Gedankengängen herausreißen? Möchte er, so flehe ich zu Gott, uns doch erhalten bleiben! An mir möge des Schicksals Grausamkeit sich erschöpfen und dadurch zum Stillstand kommen. Was seine Mutter, was seine Großmutter hätte leiden müssen, möge es alles auf mich abgeladen sein! Möge der übrige Familienkreis in seinem Bestande glücklich beharren; über meine Kinderlosigkeit, über meine Lebenslage soll kein Klagelaut über meine Lippen kommen; möge ich nur das Sühnopfer sein für die sonst von Schmerz verschonte Familie.

Halte treu zusammen mit Novatilla, die dir bald Urenkel schenken wird. Ich hatte sie mir so nahe gebracht, sie mir so eng verbunden, dass es fast scheinen könnte, als wäre sie eine Waise geworden dadurch, dass sie mich verlor: Übertrage deine Liebe für mich auch auf sie! Erst kürzlich hat das Schicksal ihr die Mutter entrissen: Deine Liebe kann die Wirkung haben, dass sie den Verlust der Mutter nur betrauert, nicht aber die Folgen zu verspüren braucht. Gleich von jetzt ab suche ihren Charakter zu bilden, ihr Leben zu regeln; tiefere Wurzeln schlagen die Lehren, die frühzeitig in die zarten Seelen gesenkt werden. Möge sie sich an deinen Ton gewöhnen, nach deinem Urteil sich bilden: Du gibst ihr viel, auch wenn du ihr nichts gibst als dein Beispiel. Diese heilige Pflicht wird dir ein Trostmittel sein; denn nichts vermag das tief und aufrichtig trauernde Gemüt von dem Kummer abzulenken, außer entweder die Vernunft oder eine edle Beschäftigung. Zum Trost könnte dir neben dem, was sonst kräftigen Trost bietet, auch dein Vater gereichen, wenn er nicht in der Ferne weilte; doch auch so, wie die Dinge jetzt liegen, magst du aus deiner Gemütsstimmung entnehmen, wie es sich mit der seinigen verhält: Du wirst begreifen, wie viel vernünftiger es ist, dich ihm zu erhalten, als dich mir zu opfern. So oft die Macht des Schmerzes überwältigend dich erfasst und dich in ihren Bann bringen will, denke an deinen Vater! Ihm hast du so viele Enkel und Urenkel geschenkt und dadurch bewirkt, dass du nicht die Einzige seines Stammes bist: Aber eins ins andere gerechnet hängt doch sein Lebensglück wesentlich von dir ab. Solange er lebt, tust du nicht recht daran zu klagen, dass du gelebt hast.

19. Noch habe ich derjenigen nicht gedacht, die dein größter Trost ist, deiner Schwester, dieses dir unwandelbar treuen Herzens,

dem alle deine Sorgen anvertraut werden, als wäret ihr eins, ihrer, die uns allen ihrer Gesinnung nach eine wahre Mutter ist. Eure Tränen haben sich vereint, an ihrem Herzen hast du zuerst wieder aufgeatmet. Sie folgt zwar allen deinen Gemütsregungen; indem sie aber an meine Stelle tritt, beschränkt sie sich nicht etwa darauf, bloß mit dir zu trauern. In ihren Armen bin ich nach Rom gebracht worden; lange Zeit kränkelnd bin ich unter ihrer treuen mütterlichen Pflege wieder genesen; für meine Bewerbung um das Quästoramt hat sie ihren ganzen Einfluss eingesetzt, und sie, die jeder Ansprache und jeder feierlichen Begrüßung schüchtern aus dem Wege ging, überwand mir zuliebe diese ihre Scheu. Ihre zurückgezogene Lebensweise, ihre ländliche Zurückhaltung inmitten einer dreisten Frauenwelt, ihr stilles Wesen, ihre zur Abgeschiedenheit und Muße neigenden Gewohnheiten – alles dies hinderte sie nicht, für mich sogar als Stimmenwerberin aufzutreten. Sie ist, teuerste Mutter, der Trost, an den du dich halten magst zu deiner Genesung; ihr schließe dich so eng als möglich an, von ihren Armen lass dich fest umklammern. Es pflegen die Trauernden das, was sie am meisten lieben, zu fliehen und freie Bahn für ihren Schmerz zu suchen: Enthalte ihr auch deine geheimsten Gedanken nicht vor; magst du nun dies dein Trauergewand beibehalten oder ablegen wollen, bei ihr findest du, sei es Beseitigung des Schmerzes, sei es tröstliche Begleitung; doch, wenn ich die Einsicht dieser unübertrefflichen Frau kenne, so wird sie nicht dulden, dass du dich in nutzloser Trauer verzehrest, und wird dir ein Beispiel erzählen, bei dem ich selbst Zuschauer war. Sie hatte auf der Seefahrt (von Ägypten nach Italien) ihren teuren Gatten, unseren Oheim, verloren, den sie als Jungfrau geheiratet hatte; doch sie ertrug zu gleicher Zeit Trauer und Angst und brachte nach überstandenen Stürmen seinen Leichnam aus dem Schiffbruch ans Land. Ach, wie vieler Frauen herrliche Taten liegen im Dunkel verborgen. Gehörte sie jenen alten Zeiten an, die eine schlichte Empfänglichkeit für Bewunderung der Tugenden hatte, wie würden die Talente wetteifern, die Gattin zu feiern, die, nicht achtend ihrer Schwachheit, nicht achtend der Schrecken des Meeres, gegen die auch die Stärksten nicht gefeit sind, ihr Leben jeder Gefahr aussetzte um eines Grabes willen und, ganz erfüllt von dem Gedanken an des Gatten Beerdigung, für sich selbst keine Gefahr kannte! Alle Dichter singen den Preis der Frau, die sich selbst anstelle ihres Gatten dem Tode geweiht hat; aber mehr noch will es besagen, mit Nichtachtung des eigenen Lebens dem Gatten zu seiner Grabesruhe zu verhelfen; das ist die größere Liebe, die sich der gleichen Gefahr aussetzt für geringeren Vorteil. Daraufhin wird sich niemand wundern, dass sie sich während der ganzen sechzehn Jahre, während deren ihr Gatte Ägypten verwaltete, niemals in der Öffentlichkeit sehen ließ, keine Provinzialen in ihrem Hause empfing, nichts von ihrem Manne sich selbst zuwenden ließ, kein Bittgesuch anderer um Zuwendungen duldete. Daher blickte diese geschwätzige und in Schmähungen gegen ihre Statthalter erfinderische Provinz, in der auch völlig Schuldlose vor böser Nachrede nicht sicher sind, wie zu einem einzig dastehenden Muster von Sittenreinheit mit Hochachtung empor, und – was denen, die auch auf einen gefährlichen Witz ungern verzichten, besonders schwerfällt – enthielt sich jeder mutwilligen Äußerung gegen sie und wünscht sich noch heutzutage eine Frau *ihrer* Art für immer, obschon sie auf eine derartige Hoffnung verzichten muss. Es war schon viel, dass die Provinz sechzehn Jahre hindurch sie sich gefallen ließ; mehr noch will es besagen, dass man überhaupt sie nicht zu sehen bekam. Das führe ich nicht deshalb an, um ihr das gebührende Lob zuteilwerden zu lassen, das in so spärlicher Kürze nur eine Fälschung wäre, sondern um dir die Überzeugung beizubringen, das sei eine hochherzige Frau, die keinen Versuchungen des Ehrgeizes und der Habsucht, dieser verderblichen Begleiter aller Macht, erlag, und die angesichts des nach Entmastung des Schiffes drohenden Schiffbruches sich nicht abschrecken ließ, an ihrem entseelten Gatten hängend, nicht etwa darauf zu sinnen, wie sie selbst der Gefahr entrinnen, sondern wie sie ihn seiner Grabstätte zuführen könnte. Deine Aufgabe ist es nun, dich ihr an Mut gleich zu erweisen und dein Herz von der Trauer abzuwenden und dem Glauben der Leute vorzubeugen, du bereutest es, einen Sohn zu haben.

20. Indes, wenn du auch nichts verabsäumst zur Beschwichtigung deines Schmerzes, so ist es doch unausbleiblich, dass deine Gedanken ab und zu zu mir zurückkehren, und dass keines deiner Kinder dir jetzt lebhafter und häufiger vor Augen stehe, nicht etwa, weil dir die anderen weniger lieb wären, sondern weil es natürlich ist, die Hand öfter an die schmerzhafte Stelle zu legen. Darum vernimm denn, welche Vorstellung du dir von mir machen sollst: Froh und frisch musst du dir mich denken, wie in vollstem Glück; denn ich bin in einer Lage, wie sie besser nicht sein kann: Ist doch mein Geist, entbunden von jeder Berufstätigkeit, jetzt frei für die ihm eigens zukommenden Aufgaben: Bald erfreut er sich an leichteren Studien, bald erhebt er sich, von Wahrheitsdurst getrieben, zur Betrachtung der eigenen Natur sowie der des Alls. Zuerst schaut er aus nach den Ländern und deren Lage, darauf nach der Natur des sie umströmenden Meeres mit der wechselnden Ebbe und Flut; dann lenkt er den Blick auf alles, was zwischen Himmel und Erde sich Furcht Erweckendes abspielt, und durchforscht diese durch Donner, Blitz, Windeswehen sowie durch Ergüsse von Regen, Schnee und Hagel beständig beunruhigte Region; sodann, nach Durchwanderung der niederen Regionen, bahnt er sich den Weg zum Höchsten und schwelgt im Genuss des herrlichsten Schauspiels, des Anblicks des Himmlischen, und, seiner eigenen Ewigkeit gedenkend, dringt er ein in alles, was da war und was in alle Ewigkeit sein wird.

Aus den Moralischen Briefen an Lucilius

Erster Brief

Wert der Zeit

Folge meinem Rat, mein Lucilius, widme dich dir selbst, halte deine Zeit zusammen und hüte sie; du hast sie dir bisher entweder geradezu wegnehmen oder heimlich entwenden oder auch nur entschlüpfen lassen. Glaube mir, es ist so, wie ich schreibe: Ein Teil unserer Zeit wird uns offen geraubt, ein Teil uns heimlich entzogen, und ein Dritter verflüchtigt sich. Am schimpflichsten aber ist derjenige Verlust, der auf Rechnung der Nachlässigkeit kommt. Gib nur genau Acht: Der größte Teil des Lebens fließt uns dahin in verwerflicher Tätigkeit, ein großer im Nichtstun, und das ganze Leben in Beschäftigung mit Dingen, die mit dem wahren Leben nichts zu schaffen haben. Zeige mir den, der wirklichen Wert auf die Zeit legt, der den Tag zu schätzen weiß, der ein Einsehn dafür hat, dass er täglich stirbt! Das eben ist die große Selbsttäuschung, der wir uns hingeben, dass wir den Tod in die Zukunft verlegen: Zum großen Teil liegt er schon hinter uns, alles vergangene Leben liegt im Banne des Todes. Bleibe also dem in deinem Briefe kundgegebenen Vorsatz treu: Lass keine Stunde ungenützt vorübergehen. Nimm den heutigen Tag voll in Beschlag; dann wirst du weniger von dem folgenden abhängen. Mit dem Aufschieben lassen wir das Leben nur enteilen. Nichts, mein Lucilius, ist unser wahres Eigentum außer der Zeit. Dieses flüchtige und schwer fassbare Gut ist das einzige, dessen Besitz uns die Natur vergönnt hat; und doch verdrängt uns der erste Beste daraus. Ja, so groß ist die Torheit der Menschen, dass, während sonst auch das Kleinste und Unbedeutendste, wenn es nur überhaupt ersetzbar ist, von dem Empfänger als Schuldposten anerkannt wird, niemand sich als Schuldner fühlt dem gegenüber, der ihm seine Zeit gewidmet hat, während doch gerade dies das Einzige ist, was auch der Dankbare nicht wiedererstatten kann. Du fragst vielleicht, wie ich es denn selbst mit mir halte, der ich dir diese Lehre gebe? Ich will ganz rückhaltlos zu dir reden: Ich halte es damit wie ein im vollem Wohlstand lebender, dabei aber gewissenhaft haushälterischer Mann; ich führe streng Buch. Ich kann nicht sagen, dass ich nicht mancherlei Verluste hätte, doch vermag ich genau Auskunft zu geben über den Betrag und über die Gründe des Verlustes: Ich kann Rechenschaft ablegen über die Ursachen meiner Armut. Doch teile ich das Schicksal so vieler, die ohne ihr Verschulden in Not geraten sind: Jedermann verzeiht ihnen, aber niemand hilft ihnen. Wie steht es also? Ich halte den nicht für arm, dem auch der geringe Rest des Seinigen noch genügt. Du aber musst, wenn es nach mir geht, das Deinige zusammenhalten und damit bei guter Zeit anfangen. Denn, wie unsere Altvorderen meinten: Wer erst spart, wenn es schon zur Neige geht, der hat die Zeit verpasst. Denn was sich unten im Grunde noch findet, ist nicht nur das Wenigste, sondern auch das Schlechteste.

Zweiter Brief

Wahl der Lektüre

Nicht nur nach deinen schriftlichen Mitteilungen, sondern auch nach dem was ich höre, darf ich Gutes von dir hoffen: Du hastest nicht hin und her und zerstreust dich nicht durch häufigen Ortswechsel. Unstetes Hin- und Herflattern ist Anzeichen eines krankhaften Gemütszustandes. Erstes Anfordernis an eine Geistesverfassung, die als eine wohlgeordnete gelten soll, ist meines Erachtens die Fähigkeit, den Schritt zu hemmen und Einkehr in sich selbst zu halten. Frage dich aber, ob nicht die Beschäftigung mit vielen Schriftstellern und das Lesen von Büchern mannigfachsten Inhaltes einer großen Unstetigkeit und Eilfertigkeit Vorschub leistet. Man muss zu bestimmten Geistern in ein dauerndes und vertrautes Verhältnis treten, wenn man einen dauernden Gewinn für seine Seele sich sichern will. *Nirgends ist, wer überall ist.* Die ihr Leben auf Reisen hinbringen, machen die Erfahrung, dass sie viele Gastfreunde haben, aber keine Freunde. Dasselbe begegnet unausbleiblich denen, die sich mit keinem geistigen Führer innig vertraut machen, sondern alles nur eilig wie im Laufe an sich vorüber gehen lassen. Nichts nütze und kein Zuwachs für den Körper ist die Speise, die der Körper sofort nach dem Genuss wieder von sich gibt. Nichts hemmt mehr die Genesung als häufiger Wechsel der Arzneien; die Wunde vernarbt nicht, an der vielerlei Heilmittel versucht werden; die Pflanze gedeiht nicht, der man einen häufigen Bodenwechsel aufzwingt. Nichts ist so nutzkräftig, dass es im bloßen Vorbeigehen nützt. Die Menge der Bücher wirkt zerstreuend. Da du also nicht alles lesen kannst, was du haben kannst, so genügt es, so viel zu haben, als du lesen magst. Aber ich möchte nun einmal – erwiderst du – bald in diesem Buche blättern, bald in jenem. Nur ein verwöhnter Magen trägt das Verlangen, vielerlei zu kosten; allein das bunte Allerlei hat mehr verunreinigende als nährende Wirkung. Lies also immer nur Schriftsteller von anerkanntem Wert, und hast du dich einmal zu anderen hingetrieben gefühlt, so kehre nur wieder zu jenen zurück. Jeder Tag soll dir einen Beitrag liefern zum siegreichen Kampf gegen Armut, gegen Tod und ebenso gegen die anderen Übel, und hast du mancherlei gelesen, so hebe dir *eines* heraus, um es dir an diesem Tage ganz zu eigen zu machen. So halt' ich es auch meinerseits: Aus mancherlei, was ich gelesen, halte ich eine bestimmte Einzelheit fest. Die heutige ist ein Spruch des Epikur – denn ich pflege auch des Gegners Lager aufzusuchen, nicht als Überläufer, sondern als Kundschafter. Er lautet: »Freudige Armut bringt Ehre.« Doch ist das keine Armut, woran man Freude hat. Nicht wer zu wenig hat, sondern wer mehr *begehrt*, ist arm. Denn was macht es aus, wie viel jener in seiner Truhe liegen hat, wie viel Hemden er besitzt, oder wie viel ausleihbares Geld, wenn er begehrlich nach fremdem Gut ausschaut, wenn er seine Rechnung nicht auf das Erworbene stellt, sondern auf den weiteren Erwerb. Du fragst, welches das Maß des Reichtums sei. Zunächst halte man auf den Erwerb des Nötigen, sodann dessen, was genug ist.

Dritter Brief

Vermeintliche und wirkliche Freundschaft

Du hast mir, wie du schreibst, deinen Brief durch deinen Freund überbringen lassen. Gleich dann mahnst du mich, ich solle nicht alles dich Betreffende ihm mitteilen, denn auch du selbst pflegst das nicht zu tun. So hast du in dem nämlichen Brief ihn erst deinen Freund genannt und dann dies wieder in Abrede gestellt. Wenn du dennoch dies Wort erst in ganz allgemeiner Bedeutung genommen hast, etwa wie wir alle, die sich um Ämter bewerben, »brave Männer« nennen oder wie wir uns unterwegs Begegnende, deren Namen uns nicht einfällt, als »Herren« begrüßen, so mag dies hingehen. Hältst du aber einen für deinen Freund, dem du nicht ebenso vertraust, wie dir selbst, so ist das ein starker Irrtum, der von ungenügender Kenntnis wahrer Freundschaft zeugt. Nein, mit dem Freunde musst du alles beraten; nur musst du über ihn selbst vorher mit dir ins Reine gekommen sein. Ist die Freundschaft einmal geschlossen, dann darf nichts anderes gelten als unbedingtes Vertrauen; mit dem Urteil über die abzuschließende Freundschaft muss man vorher fertig geworden sein. Diejenigen kehren die Reihenfolge der Obliegenheiten um, die im Widerspruch mit den Lehren des Theophrast erst lieben und dann urteilen, und nachdem sie sich ihr Urteil gebildet, nicht mehr lieben. Gehe lange mit dir zurate, ehe du einen dir zum Freunde machst. Bist du schlüssig geworden, so schenke ihm auch dein ganzes Herz, rede so getrost mit ihm wie mit dir selbst. Du selbst zwar musst so leben, dass du dir nichts anvertraust, was du nicht auch deinem Freunde anvertrauen könntest. Doch es treten Umstände ein, die das Herkommen zu Geheimnissen gemacht hat; daher teile mit dem Freunde alle deine Sorgen, alle deine Gedanken. *Hältst* du ihn für treu, so wirst du ihn auch dazu *machen*. Machen doch manche durch ihre Angst hintergangen zu werden sich selbst zu Lehrern der Täuschung und geben dem anderen durch ihren Argwohn ein Recht zum Frevel gegen sie. Was hätte ich für einen Grund, vor meinem Freunde auch nur mit einem einzigen Worte zurückzuhalten? Warum sollte ich nicht glauben allein zu sein, wenn ich mit ihm zusammen bin? Es gibt Leute, welche Dinge, die man nur seinen Freunden anvertrauen darf, jedem, der ihnen begegnet mitteilen und alles was sie bedrückt, in das Ohr jedes anderen abladen. Dagegen auch wieder andere, die selbst das Mitwissen derer scheuen, die ihrem Herzen am nächsten stehen, und die, ungläubig womöglich auch gegen sich selbst, jedes Geheimnis tief im Busen verwahren. Auf keines von beiden darf man sich einlassen, denn beides ist verkehrt, sowohl allen zu trauen wie niemandem. Aber der eine von beiden Fehlern ist sozusagen anständiger, der andere bietet größere Sicherheit. So wird man auch beide tadeln, sowohl die, welche immer unruhig sind, wie die, welche sich ununterbrochener Ruhe hingeben. Denn jene Geschäftigkeit, die an dem wilden Getümmel und Lärm ihre Freude hat, ist keine wahre Tätigkeit, sondern der Wirrwarr eines aufgeregten Gemütes. Und das ist keine Ruhe, die jede Bewegung für lästig hält, sondern Weichlichkeit und Schlaffheit. Daher soll man sich den Spruch zu Herzen nehmen, den ich beim Pomponius las: »Es gibt Leute, die sich dermaßen im Schlupfwinkel vergraben haben, dass sie glauben, alles sei im Trüben, was im Lichte ist.« Man muss beides miteinander verbinden: Der Ruhende muss handeln, und der Handelnde muss ruhen. Gehe mit der Natur zurate; sie wird dir sagen, sie habe nicht nur den Tag, sondern auch die Nacht geschaffen.

Vierter Brief
Strebe nach Weisheit als nach dem besten Schutz vor Todesfurcht

Fahre wacker fort, wie du angefangen, und beeile dich nach Kräften, auf dass du in die Lage kommst, umso länger dich des Genusses einer geläuterten und wohlgeordneten Seelenverfassung zu erfreuen. Du hast zwar auch schon am Verlaufe dieses Läuterungs- und Besserungsvorganges deine Freude; allein noch ganz anderer Art ist der Genuss, den die Betrachtung einer aller Flecken ledigen, spiegelblanken Seele bietet. Du erinnerst dich gewiss der Freude, die du bei Ablegung der Knabenkleidung und Anlegung des Männnergewandes und bei Einführung in die Geschäfte des Forums empfandest: Größere Freude wartet deiner, wenn du alles Knabenhafte in deiner Sinnesweise abgelegt hast und die Philosophie dich in die Reihe der Männer aufnimmt. Denn immer noch bleibt ein Rest nicht des Knabenalters, wohl aber, was schwerer wiegt, der Knabenart zurück. Und damit ist es umso schlimmer bestellt, weil wir das Ansehen von Greisen und dabei die Fehler der Knaben haben, und nicht bloß der Knaben, sondern auch der Kinder: Jene haben Angst vor Kleinigkeiten, diese vor Scheinbildern, wir vor beiden. Schaue nur wacker vorwärts, und du wirst einsehen, dass manches eben deshalb weniger zu fürchten ist, weil es reichliche Furcht erweckt. Ein Übel, welches das letzte ist, ist nicht groß. Der Tod kommt zu dir; zu fürchten wäre er, wenn er bei dir verweilen könnte; aber entweder ist er noch nicht zur Stelle, oder er ist schon vorüber. Anders kann es nicht sein. Du erwiderst: »Es ist schwer, die Seele dazu zu bringen, dass sie die belebende Kraft verachte.« Siehst du nicht, dass es oft recht erbärmliche Gründe sind, die zu dieser Todesverachtung führen? Da hat sich einer vor der Tür seiner Geliebten am Strick aufgehängt, ein anderer hat sich vom Dache herabgestürzt, um das Schelten seines erbosten Herren nicht länger hören zu müssen, ein Dritter hat sich mit dem Schwerte entleibt, um nicht vergeblich die Flucht ergriffen zu haben. Wozu also übermäßige Angst die Kraft findet, dafür sollte der Mannesmut zu schwach sein? Niemand darf sich Hoffnung machen auf ein sorgenfreies Leben, der allzu sehr auf Verlängerung desselben bedacht ist, der unter die hohen Güter das nicht bloß einmalige Konsulat rechnet. Sei vielmehr täglich darauf bedacht, die Kraft zu erlangen dies Leben zu verlassen, an das sich viele so fest und innig gebunden fühlen, dass sie Leuten gleichen, die, von den Wellen eines Gießbaches fortgerissen, sich an dorniges Gestrüpp anklammern. Die Zahl derer ist nicht gering, die zwischen Todesfurcht und Lebensqual jämmerlich hin- und herschwankend weder leben wollen noch zu sterben wissen. Schaffe dir also ein erfreuliches Leben, indem du dich aller Besorgnis um dasselbe ledig machst. Nur das Gut hat Sorgen für den Besitzer, auf dessen Verlust seine Seele gefasst ist. Es gibt aber nichts, dessen Verlust leichter wäre als der einer Sache, für die das Gefühl des Verlustes nicht mehr vorhanden ist. Gegen alles also, was auch über die Mächtigsten hereinbrechen kann, wappne dich und verhärte dich. Über des Pompejus Haupt haben ein Unmündiger und ein Verschnittener entschieden, über Crassus ein grausamer und übermütiger Parther; auf des Gaius Caesar (Caligula) Geheiß musste Lepidus seinen Nacken dem Tribun Dexter darbieten; Gaius selbst starb durch des Chaerea Schwert. Niemanden hat das Schicksal so emporgehoben, dass es sich ihm nicht ebenso oft in seiner bedrohlichen Gestalt gezeigt hätte wie in seiner Gunst. Traue nicht dieser Windstille: Ein Augenblick genügt, um das Meer aufzuwühlen. An demselben Tage, wo die Schiffe noch um die Wette fuhren, wurden sie von den Wellen verschlungen. Sei gefasst darauf, dass ein Räuber, dass ein Feind dir das Schwert an die Gurgel setzt. Mag auch kein Mächtigerer zur Stelle sein, jeder Sklave hat es dir gegenüber in der Hand, über Leben und Tod zu entscheiden. Lass dir gesagt sein: Wer sein eigenes Leben verachtet, der ist Herr über das Deinige. Durchmustere die Beispiele derjenigen, die durch Aufruhr in eigenem Hause, sei es gewaltsam, sei es durch List, umgekommen sind, und du wirst sehen, dass nicht wenigere der Wut der Sklaven als der Könige zum Opfer fielen. Was macht es dir also aus, wie mächtig der Mann ist, den du etwa fürchtest? Hat es doch jedermann in der Hand, das zu tun, weshalb du gerade in Furcht bist. Gerätst du aber etwa in Feindeshand, so wird der Sieger dich zum Tode abführen lassen – also dahin, wohin du doch unter allen Umständen geführt wirst. Warum täuschest du dich selbst und bemerkst erst jetzt, womit du längst schon behaftet warst? Ich behaupte: Gleich von Geburt ab wirst du zum Tode geführt. Mit solchen und ähnlichen Gedanken möchten wir uns tragen, wenn wir in voller Seelenruhe jene letzte Stunde erwarten wollen, deren gefürchteter Eintritt alle übrigen Stunden unruhig macht.

Doch, um meinen Brief zu schließen, empfange die Gabe, auf die heute meine Wahl fiel. Ich entnehme auch sie aus eines anderen Garten. »Eine nach dem Gebote der Natur geordnete Armut stellt einen großen Reichtum dar.« Welches sind aber die Grenzen, die uns jenes Naturgebot bestimmt? Du kennst sie: Schutz vor Hunger, Durst und Frost. Um dem Hunger und Durst zu wehren, hat man nicht nötig, sich auf den Schwellen stolzer Paläste zu lagern und den hochmütigen Blick und die demütigende Gnade der Großen über sich ergehen zu lassen, hat man nicht nötig, das Schiff zu besteigen oder einen Feldzug mitzumachen. Was die Natur erfordert, ist leicht zu beschaffen und ist zur Stelle. Das Überflüssige nur ist es, was uns in Schweiß setzt: Ihm zuliebe nutzen wir unser Gewand ab, ihm zuliebe ergrauen wir im Feldlager, ihm zuliebe lassen wir den Schiffbruch an fernen Gestaden über uns ergehen. Zur Hand ist, was genug ist. Wer sich mit der Armut gut zu stellen weiß, ist reich. Leb wohl!

Fünfter Brief

Warnung: vor bedenklichen Äußerlichkeiten beim Betriebe der Philosophie

Deinem beharrlichen Streben und dem Eifer, der dich treibt, unter Beiseitesetzung aller anderen Dinge an deiner Besserung zu arbeiten, schenke ich meinen freudigen Beifall und ermahne dich nicht nur, sondern bitte dich auch nicht locker zu lassen. Doch füge ich die Warnung bei, dich nicht durch das Beispiel derer, die nicht sich innerlich fördern, sondern nur die Augen auf sich ziehen wollen, verleiten zu lassen, dich durch Kleidung und Lebensweise auffällig zu machen. Meide die lumpige Kleidung, das struppige Haar, den verwilderten Bart, den ausgesprochenen Hass gegen alles Geld, das Nachtlager auf bloßer Erde und alle jene Irrwege, die ein verdrehter Ehrgeiz einschlägt. Der bloße Name »Philosophie«, mag er auch noch so bescheiden verwendet werden, hat schon etwas Anstößiges. Wohin soll es also führen, wenn wir uns zur Aufgabe machen, uns ganz der üblichen Lebensweise des Volkes zu entziehen? Bei aller innerlichen Verschiedenheit mag doch nach außen hin unser Auftreten der Sitte des Volkes entsprechen! Unser Gewand soll nicht glänzend, aber auch nicht unsauber sein; wir verzichten auf Silbergeschirr mit eingelegten Bildwerken aus gediegenem Gold; aber wir möchten es auch nicht für einen Beweis genügsamer Sinnesart halten, auf Gold und Silber ganz zu verzichten. Unser Ziel sei es, ein sittlich besseres Leben zu führen als das Volk, nicht ein entgegengesetztes; sonst schrecken wir die, auf deren Besserung wir es abgesehen, von uns ab und verscheuchen sie. Eine weitere Folge wäre die, dass sie an uns überhaupt nichts Nachahmenswertes finden, da sie sonst fürchten, alles nachahmen zu müssen. Was die Philosophie an erster Stelle verspricht, ist Gemeinsinn, Leutseligkeit und Zusammenschluss. Zu dieser Ankündigung würden wir uns in starken Gegensatz bringen. Seien wir vorsichtig! Was unserem Wunsche nach uns Bewunderung verschaffen soll, das könnte leicht lächerlich und widerwärtig erscheinen. Ist es doch unser Grundsatz, naturgemäß zu leben. Aber es ist wider die Natur, seinen Körper zu quälen, die einfachste Sauberkeit mit Widerwillen von sich zu weisen, den Schmutz zu bevorzugen und einer Kost zu huldigen, die nicht nur wohlfeil, sondern ekelhaft und widerwärtig ist. Wie es Üppigkeit ist, auf Leckerbissen gierig zu sein, so ist es Torheit, das Übliche und leicht Beschaffbare zu meiden. Genügsamkeit fordert die Philosophie, nicht Kasteiung; die Genügsamkeit braucht aber nicht auf jeglichen Schmuck zu verzichten. Das Maß, das mir gefällt, ist Folgendes: Unser Leben soll die Mitte halten zwischen strenger Sittlichkeit und volkstümlicher Sitte; Respekt haben sollen alle vor unserem Leben, aber sie sollen es nicht befremdlich finden. »Wie also? Sollen wir es ebenso machen wie die anderen? Soll kein Unterschied sein zwischen uns und ihnen?« Ein sehr erheblicher! Jeder, der uns näher betrachtet, soll zu der Überzeugung gelangen, dass wir mit der Menge nicht auf gleichem Fuße stehen. Wer unser Haus betritt, soll viel mehr uns bewundern als unser Gerät. Groß ist der Mann, der irdenes Geschirr so braucht als wäre es Silber, aber nicht kleiner ist der, der sein Silbergeschirr so braucht als wäre es irdenes. Es zeugt nicht von Seelenkraft, wenn man Reichtum nicht tragen kann.

Doch um den kleinen Gewinn auch des heutigen Tages mit dir zu teilen, so fand ich bei unserem Hekaton die Bemerkung, dass die Beseitigung der Leidenschaften auch von Nutzen sei als Heilmittel gegen die Furcht. Sein Spruch lautet: »Du wirst aufhören zu fürchten, wenn du aufhörst zu hoffen.« Du wirst sagen: »Wie können diese so verschiedenen Seelenregungen gleichen Schritt halten?« Und doch, es ist so, mein Lucilius: Sie scheinen einander zu widersprechen, gehören aber doch zusammen. Wie die nämliche Kette den Sträfling und den Wächter verbindet, so halten auch diese einander so unähnlichen Seelenregungen gleichen Schritt; die Hoffnung hat die Furcht zum Begleiter. Und ich wundere mich nicht über diesen Hergang. Beide sind Regungen eines schwankenden Gemütes, das beunruhigt ist durch den Blick in die Zukunft. Die wichtigste Ursache von beiden aber liegt darin, dass wir uns nicht in die Gegenwart schicken, sondern unsere Gedanken voreilig in die Ferne schweifen lassen. Daher kommt es, dass das Vermögen der Vorausschau, dies größte Gut des beschränkten Menschentums, zum Übel verkehrt ist. Wie steht's in der Welt der Tiere? Sie fliehen, sobald sie die Gefahr erblicken; sind sie ihr entronnen, so fühlen sie sich sicher. Wir dagegen quälen uns ab mit dem Zukünftigen so gut wie mit dem Vergangenen. Unsere Vorzüge gereichen uns vielfach zum Schaden: Unser Gedächtnis erneuert uns die Qual der Furcht, unsere Vorausschau lässt sie uns schon vor ihrem Eintritt empfinden. Niemandes Unglück beschränkt sich bloß auf die Gegenwart. Lebe wohl!

Sechster Brief

Frohes Bewusstsein der eigenen Besserung verbunden mit dem Wunsch gemeinsamen Fortschreitens

Ich fühle mich, mein Lucilius, in einem Zustande nicht der Besserung, sondern geradezu der Umwandlung, ohne jedoch mich zu der Versicherung oder Hoffnung zu versteigen, dass ich in mir nichts mehr finde, was einer Besserung bedürftig wäre. Wie, sollte ich nicht noch manches an mir haben, was der Sammlung, was der Minderung, was der Steigerung bedarf? Und eben dies ist ein deutliches Zeichen innerer Besserung, dass man die eigenen Fehler, soweit sie einem noch unbekannt waren, erkennt. Manchen Kranken wünscht man Glück, wenn sie anfangen sich krank zu fühlen. Ich hätte also wohl den Wunsch, meine plötzliche Wandlung mit dir zu teilen: Dann könnte ich mit noch festerem Vertrauen der Weiterentwickelung unserer Freundschaft entgegensehen, jener wahren Freundschaft, die nicht Hoffnung, nicht Furcht und Sorge um den eigenen Vorteil lockert, jener Freundschaft, mit welcher der Mensch stirbt und für welche er stirbt. Ich kann dir gar manchen nennen, der nicht des Freundes, wohl aber der (eigentlichen) Freundschaft entbehrt. Das kann nicht vorkommen, wenn der gleiche Wille es ist, der die Seele zu gemeinsamem Streben nach dem Edlen hinzieht. Und warum? Sie wissen, dass sie alles gemein haben, und vor allem das Missgeschick.

Du kannst dir kaum eine Vorstellung davon machen, welchen täglichen Zuwachs ich an mir gewahre. Ich höre dich sagen: »Nun, so sende auch mir das, was du als so wirksam erprobt hast.« Glaube mir, am liebsten möchte ich diese ganze Weisheit in dich übergehen lassen, und es ist mir eine wahre Freude, zu lernen, um andere zu belehren. Niemals wird mir etwas Freude machen, mag es auch noch so trefflich und heilsam sein, was ich für mich allein wissen soll. Würde mir die Weisheit unter der Bedingung dargeboten, sie verschlossen zu halten und nicht zu verkünden, so würde ich sie zurückweisen. Ohne einen Genossen gibt es keinen erfreulichen Besitz irgendwelchen Gutes. Ich werde dir also die Bücher selbst im Ganzen schicken und, um dir mancherlei Mühe zu ersparen, die dir das Suchen nach verstreut sich findenden nützlichen Stellen verursachen würde, will ich Merkzeichen einlegen, die dir die von mir besonders geschätzten und bewunderten Stellen sofort zugänglich machen sollen. Doch mehr noch als das, was ich dir hier vortrage, wird das lebendige Wort und unser Zusammenleben dir nützen. An Ort und Stelle musst du dich einfinden. Denn erstens trauen die Menschen ihren Augen mehr als ihren Ohren, und zweitens ist es ein langer Weg, der durch Belehrung, ein kurzer und erfolgreicher, der durch das Beispiel wirkt. Kleanthes wäre nie ein zweiter Zeno geworden, wenn er den Zeno nur gehört hätte: Aber er hatte mit ihm gelebt, war in die Geheimnisse seines Geistes eingedrungen, hatte ihn daraufhin beobachtet, ob er seiner Lehre gemäß lebte. Platon, Aristoteles und die gesamte Schar der nach verschiedenen Richtungen hinstrebenden Philosophen verdankt dem Sokrates mehr Anregung vonseiten seines Charakters als durch sein Wort. Die Metrodorus, Hermarchus und Polyaenus hat nicht Epikurs Schule, sondern das Zusammenleben mit ihm zu großen Männern gemacht. Doch wenn ich dich auffordere zu mir zu kommen, so geschieht dies nicht bloß darum, um dich zu fördern, sondern auch darum, um mich durch dich fördern zu lassen. Denn wir werden uns gegenseitig sehr erheblichen Nutzen schaffen.

Vor der Hand indessen will ich, um mich meiner kleinen täglichen Schuld an dich zu entledigen, dir mitteilen, was ich heute zu meiner Freude bei Lektüre des Hekaton fand. »Du fragst«, sagt er, »was ich gewonnen habe? Ich habe begonnen, mein Freund zu sein.« Er hat viel gewonnen: Er wird niemals allein sein. Wisse, alle haben an ihm einen Freund.

Siebenter Brief

Meide die Ansammlungen der Menge, vor allem die Schaustellungen der Zirkusspiele

Du fragst, was du nach meiner Meinung besonders zu meiden habest. Das Menschengedränge, sage ich. Noch darfst du dir dafür die volle Kraft nicht zutrauen. Ich wenigstens will dir meine Schwäche gestehen. Niemals kehre ich ohne eine gewisse sittliche Beeinträchtigung von solchen Ausgängen zurück. Manches von mir Wohlgeordnete sehe ich in Verwirrung, manches von mir Verabschiedete sehe ich wiederkehren. Es geht uns wie den Kranken, die durch anhaltende Schwäche dermaßen empfindlich geworden sind, dass sie nirgends ohne einen Anfall an die Luft gebracht werden können. Wir befinden uns in einem lang anhaltenden Heilungsprozess unserer Seele. Da übt der Verkehr auf die Menge eine feindliche Wirkung aus: Keiner, der uns nicht irgendeine Untugend sei es empföhle oder aufdrängte oder unbemerkt beibrächte. Kein Zweifel: Je zahlreicher die Menge ist, unter die wir geraten, umso größer ist die Gefahr. Nichts aber ist so gefährlich für die guten Sitten als das lange Verweilen in einer Schauvorführung; denn da schleichen sich, durch das Ergötzliche der Schaustellung befördert, die Laster leichter ein. Was will ich damit sagen? Ich kehre habgieriger zurück, ehrgeiziger, genusssüchtiger, ja auch grausamer und unmenschlicher, weil ich unter Menschen war. Der Zufall führte mich um die Mittagszeit in eine Schauspielvorstellung. Ich erwartete allerhand Kurzweil, Späße und Erheiterung, kurz lauter Dinge, die mit dem Anblick von Menschenblut so wenig als möglich zu tun hätten, vielmehr davon abzulenken geeignet wären: Das Gegenteil war der Fall. Alles, was an Kämpfen vorausgegangen war, war hiermit verglichen Barmherzigkeit. Von Scherzspiel keine Spur mehr, alles ist jetzt reiner Menschenmord. Ohne jeden Schutz für den Körper, mit ganzem Leibe dem Streiche bloßgestellt, regen sie die Hand niemals vergeblich zum Stoß. Daran findet die Menge größeres Wohlgefallen als an den paarweise und kunstmäßig geordneten Gladiatorenspielen. Warum auch nicht? Weder Helm noch Schild bietet Wehr gegen das Schwert. Wozu Schutzmittel? Wozu künstliche Vorrichtungen? Alles das ist nur eine Verschleppung dessen, worauf es der Menge ankommt – des Todes. Des Morgens wirft man den Löwen und Bären Menschen vor, des Mittags den Zuschauern. Auf ihren – der Zuschauer – Befehl wird, wer eben glücklich einen Mord vollzogen, einem kampfbereiten Mörder als Opfer vorgeworfen, und der Sieger wird wieder zu weiterem Mordspiel aufgespart, bis der Tod aller Kämpfer dem Spiele den Abschluss gibt. Mit Feuer und Schwert wird gewütet. So geht's dort her in der Zeit der Mittagspause.

»Aber vielleicht hat einer einen Raub begangen, hat einen Menschen umgebracht.« Gut. Er hat einen Mord begangen, hat also sein Schicksal verdient. Aber du, Unseliger, was berechtigt dich, den Zuschauer abzugeben? »Töte, schlag zu, nimm Feuer zu Hilfe! Warum diese zögernde Angst vor dem Schwert? Warum gibt er den Todesstoß nicht herzhaft genug? Warum stirbt er so ungern? Mit Gewalt muss er ins Blutbad getriehen werden. Mit nackter und willig sich bietender Brust müssen die Kämpfer den wechselseitigen Stößen sich aussetzen.« In dem Schauspiel ist ja doch eine Pause eingetreten. »Einstweilen indes müssen Menschen erwürgt werden, damit doch etwas vor sich gehe.« Also selbst dafür habt ihr kein Einsehen, dass böse Beispiele auf die zurückwirken, welche sie veranlassen? Danket den unsterblichen Göttern, dass ihr euch dem zu Lehrern der Grausamkeit macht, der davon nichts zu erlernen vermag. Ein zartes und im Guten noch nicht hinreichend befestigtes Gemüt muss man dem Einfluss der großen Menge entziehen: Die Mehrzahl hat eine ansteckende Kraft. Sogar einen Sokrates, einen Cato und Lälius hätte eine ihnen wenn auch noch so unähnliche Menge in ihrem sittlichen Standpunkt irremachen können, geschweige denn, dass einer von uns, die wir gerade jetzt an unserer Geistesbildung arbeiten, dem Angriff von Lastern gewachsen sein werde, die mit so großem Gefolge gegen uns anstürmen. Ein einziges Beispiel von Schlemmerei oder Habsucht richtet viel Unheil an; ein verwöhnter Hausfreund überträgt seine Schlaffheit und Weichlichkeit allmählich auch auf uns; ein reicher Nachbar regt unsere Begehrlichkeit auf; ein bösartiger Genosse lässt auch die lautersten und ehrlichsten Gefährten nicht ohne Spuren seines verunreinigenden Einflusses davonkommen. Worauf muss man sich also wohl gefasst machen, wenn das ganze Volk gegen die Sittlichkeit anstürmt? Hier hat man nur die Wahl zwischen Nachahmen oder Hassen. Beides aber ist zu meiden. Man soll sich weder den Bösen gleich machen aus keinem anderen Grunde, als weil sie in der Überzahl sind, noch soll man zum Feinde der Menge werden, weil sie nicht gleich mit uns ist. Ziehe dich also in dich selbst zurück so weit wie möglich. Verkehre nur mit Leuten, die dich besser machen können, und lass solche sich an dich anschließen, die *du* besser machen kannst. So kommt es zu einer Wechselwirkung; man lernt, indem man lehrt.

Lass dich also nicht durch das ehrgeizige Streben nach öffentlicher Anerkennung deines Talentes dazu verleiten, deine Sachen den Leuten vorzulesen oder mit ihnen darüber zu disputieren, obschon dies an sich nicht unangebracht und meiner Meinung nach ganz erwünscht wäre, wenn du dem Volke eine seinem Geschmack entsprechende Ware bieten könntest; allein es gibt niemanden, der dich verstehen könnte. Wohl möglich, dass sich einer oder der andere findet; aber auch dieser müsste von dir erst herangebildet und unterwiesen werden, um dich zu verstehen. »Für wen habe ich also meine Weisheit erlernt?« Du brauchst nicht zu fürchten, es wäre verlorene Mühe gewesen, wenn du sie für dich erlernt hast.

Doch um heute nicht für mich allein gelernt zu haben, will ich dir drei treffliche Sprüche ungefähr desselben Sinnes mitteilen, auf die ich gestoßen bin. Mit dem einen von ihnen will ich meine gewöhnliche Schuld bezahlen, die anderen beiden nimm als Vorauszahlung in Empfang. Demokrit sagt: »Einer gibt mir so viel wie das ganze Volk, und das Volk so viel wie einer.« Treffend antwortete auch jener – wer es gewesen, lässt sich nicht sicher bestimmen – auf die Frage, wozu er sich so sehr abmühe mit einer Kunst, für die nur ganz wenige Leute Verständnis haben würden: »Mir genügen wenige, mir genügt einer, ja mir genügt auch gar keiner.« Vortrefflich ist auch der dritte Spruch; er stammt von Epikur, der einem seiner wissenschaftlichen Mitarbeiter Folgendes schrieb: »Dies schreibe ich nicht für die Vielen, sondern für dich; denn wir sind einer dem anderen ein hinreichend zahlreiches Publikum.« Diese Mahnung, mein Lucilius, lass dir tief zu Herzen gehen: Verachte die Lust, die aus dem Beifall der Menge entspringt. Viele loben dich; darfst du dir aber wirklich etwas darauf einbilden, wenn du ein Mensch bist, den viele verstehen? Nach dem Inneren hin sollen deine Vorzüge lieben.

Achter Brief
Das tätige Leben des Philosophen

»Deiner Weisung nach«, sagst du, »soll ich das Menschengetümmel meiden, mich von der Welt zurückziehen und mir an meinem guten Gewissen genügen lassen. Wo bleiben da euere guten Lehren, denen zufolge wir tätig sein sollen bis zum letzten Augenblick?« Nein, so ist es nicht gemeint. Habe ich mich selbst doch in die Verborgenheit zurückgezogen und meine Türen verschlossen nicht etwa, um müßig zu gehen, sondern um mich einem umso größeren Menschenkreis nützlich machen zu können. Kein Tag vergeht mir in Untätigkeit; sogar einen Teil der Nächte verwerte ich für meine Studien. Dem Schlaf räume ich freiwillig keine Zeit ein, ich weiche vielmehr nur seiner überwältigenden

Macht und halte meine durch Wachen ermüdeten und zum Zufallen neigenden Augen an der Arbeit fest. Ich habe mich zurückgezogen nicht nur von den Menschen, sondern auch von den Sachen und in erster Linie von den meinigen. Die Nachwelt ist es, deren Sache ich betreibe. Ich bringe einiges zu Papier, was ihr nützen kann. Heilsame Mahnungen, gleichsam Rezepte zu heilsamen Arzneien, halte ich in Niederschrift fest aufgrund der Erfahrungen, die ich über ihre Wirksamkeit bei meinen eigenen Wundkuren gemacht habe; sind diese meine Wunden auch noch nicht vollständig geheilt, so haben sie doch aufgehört, weiter um sich zu greifen. Den rechten Weg, den ich erst spät und müde vom Irren erkannt habe, weise ich anderen. Höret meinen Ruf: »Meidet, was dem großen Haufen gefällt, meidet, was der Zufall euch bringt. Bei jedem Glücksfall haltet argwöhnisch und scheu zurück. Das Getier von Land und Wasser lässt sich durch irgendwelche lockende Hoffnung täuschen. Glaubet nicht an Geschenke, die euch das Schicksal bietet; es sind Fallen, die euch gelegt werden! Wer von euch ein gesichertes Dasein führen will, der meide mit aller Kraft diese Wohltaten, diese Leimruten, die uns armen Menschenkindern nur Enttäuschungen bringen: Wir glauben im Besitze zu sein und sitzen fest im Leime. Abgründe sind es, in die wir bei solcher Wegerichtung geraten. Dieses Höheleben führt nur zum Fall. Jeder Widerstand hört auf, wenn das Glück uns einmal den Kopf verrückt hat; mutig oder mit einem Ruck unterzugehen ist da unmöglich. Das Schicksal lässt dann das Schiff nicht kieloben mit einem Mal untergehen, sondern wirft es seitwärts und lässt es an Felsen zerschellen. Haltet also unverbrüchlich fest an der vernünftigen und heilsameren Lebensregel, dem Körper nur so viel einzuräumen als zur Gesundheit ausreicht. Er muss eine etwas harte Behandlung erfahren, um dem Geist nicht den Gehorsam zu versagen: Die Speise stille den Hunger, der Trank lösche den Durst, das Kleid wehre der Kälte, das Haus sei unsere Schutzwache gegen alle Anfechtungen des

Körpers. Ob es aus Rasenstücken errichtet ist oder aus buntem Gestein entlegener Länder, darauf kommt es nicht an. Wohlgemerkt: Ein Strohdach deckt die Menschen ebenso gut wie eines aus Gold. Verachtet alles, was unangebrachter Fleiß angeblich zum Schmuck und zur Zierde uns vor Augen stellt. Sagt euch, dass nichts als der Geist Bewunderung verdient; ist er selbst groß. so ist für ihn nichts groß.« Wenn ich so mit mir, wenn ich so mit der Nachwelt rede, mache ich mich in deinen Augen dann nicht nützlicher als es der Fall wäre, wenn ich zum Termin vor Gericht erschiene oder unter Testamentsurkunden mein Siegel drückte oder im Senate einem Stellenbewerber Wort und Hand widmete? Glaube mir, wer scheinbar nichts tut, hat es mit wichtigeren Dingen zu tun: Göttliches und Menschliches im Zusammenhang miteinander ist Gegenstand seiner Beschäftigung.

Doch es ist Zeit, zu schließen und meinem Programm gemäß dir zur Empfehlung dieses Briefes eine kleine Zahlung zu leisten. Sie stammt nicht aus meinem Kopf. Noch immer plündere ich den Epikur, von dem ich heute folgenden Ausspruch las: »Du musst dich in den Dienst der Philosophie begeben, wenn du der wahren Freiheit teilhaftig werden willst.« Wer sich ihr unterwirft und zu eigen gibt, der wird nicht auf die Zukunft vertröstet. Er wird sofort in Freiheit gesetzt. Denn eben darin, dass man der Philosophie dient, besteht die Freiheit. Du fragst mich vielleicht, warum ich gerade von Epikur so viele Sprüche entlehne und nicht lieber von den Unsrigen. Indes du kannst dergleichen Worte des Epikur ruhig für Allgemeingut ansehen. Wie vielen Dichtern verdanken wir Aussprüche, die auch aus dem Munde von Philosophen gekommen sind oder hätten kommen sollen! Ich sehe hier ab von den Tragödien und von unseren heimischen Schauspielen. Auch sie, die Letzteren, haben ja einen größeren Ernst und halten die Mitte zwischen Lust- und Trauerspiel. Doch wie viel der treffendsten Aussprüche finden sich nicht hie und da in den Mimen! Wie viele schlagende Worte des Publilius wären eher für den Kothurn als für die Socken geeignet! Lass mich *einen* Vers desselben hier anführen, der sich auf die Philosophie bezieht, und zwar auf den Teil derselben, mit dem wir es eben zu tun hatten. Es ist dieser Vers eine Warnung vor dem Zufälligen, das wir nicht als unseren Besitz ansehen sollen.

Fremd bleibt uns immer alles, was dem Wunsch entstammt.

Ich erinnere mich, diesen Vers von dir in besserer und bündigerer Form vorgetragen vernommen zu haben:

Nicht dein ist, was das Glück zum Deinen hat gemacht.

Auch eine noch bessere Fassung des Gedankens deinerseits will ich nicht übergehen:

Was man dir gab, wer weiß, wie bald's ein andrer raubt!

Dies rechne ich dir aber nicht als Zahlung an. Ich gebe es dir von dem Deinigen.

Neunter Brief
Wie verträgt sich die Selbstgenügsamkeit des Weisen mit dem Bedürfnis nach Freunden?

Du bittest mich um Auskunft darüber, ob Epikur recht habe, wenn er in einem seiner Briefe diejenigen tadelt, die behaupten, der Weise sei sich selbst genug und bedürfe deshalb keines Freundes. Dieser Vorwurf ward von Epikur dem Stilpo und allen denen gemacht, die in der Leidenschaftslosigkeit (ἀπάθεια) das höchste Gut sahen. Wollen wir diesen Begriff durch ein Wort ausdrücken und etwa Ungeduld *(impatientia)* dafür sagen, so ist Zweideutigkeit die unausbleibliche Folge. Denn darunter kann man geradezu das Gegenteil verstehen von dem, was wir ausdrücken wollten. Während wir hier damit die Eigenart dessen bezeichnen wollen, der jedem Übel unerschütterlich trotzt, wird man gemeinhin darunter denjenigen verstehen, der kein Übel zu ertragen vermag. Es dürfte sich also vielleicht mehr empfehlen, von einer unverwundbaren Seele zu reden, oder auch von einer Seele, die überhaupt kein Leiden kennt. Der Unterschied zwischen uns Stoikern und jenen (dem Stilpo und den Zynikern) ist der: Unser Weiser wird zwar Herr über jedes Ungemach, empfindet es aber doch; jener andere dagegen empfindet es nicht einmal. Was uns beiden gemeinsam ist, ist dies: Der Weise ist sich selbst genug. Gleichwohl will er doch einen Freund haben, einen Nachbar, einen Hausgenossen, so sehr er auch sich selbst genügt. Seine Selbstgenügsamkeit magst du daraus erkennen, dass er in manchen Lagen schon mit einem Teile von sich sein Genüge findet. Hat ihn Krankheit oder der Feind um eine Hand gebracht, hat er durch einen Unfall ein Auge verloren, so nimmt er doch vorlieb mit dem, was ihm übrig geblieben, und wird trotz der Verstümmlung und Beeinträchtigung seines Körpers doch ebenso heiter sein, wie er es bei unverletztem Leibe war; doch würde er allerdings es lieber sehen, wenn er noch im Besitze dessen wäre, was, wenn es ihm fehlt, er nicht vermisst. Der Weise wünscht zwar nicht ohne Freund zu sein, aber vermag es doch. Darin besteht seine Selbstgenügsamkeit. Und wenn ich sage, »er vermag es«, so bestätigt sich das dadurch, dass er den etwaigen Verlust des Freundes mit Gleichmut trägt. Ohne Freund wird er doch niemals sein; er hat es in seiner Gewalt, wie schnell er den Verlust ausgleichen will. Nimm an, dem Phidias wäre eine Bildsäule abhandengekommen: Er wird alsbald Ersatz dafür schaffen. So auch der Weise: Er, der Meister in der Kunst Freundschaften zu stiften, wird einen anderen an die Stelle des Verlorenen setzen. Du fragst, wie ihm das so rasch gelingen wird. Ich will es dir sagen, sofern du mir gestattest, zugleich damit meine Schuld abzutragen und, was *diesen* Brief anlangt, meine Rechnung zu begleichen. Hekaton sagt: »Ich will dir ein Liebesmittel angeben unter Verzicht auf alle Arznei, auf Kräutersaft, auf weiblichen Zauberspruch: *Willst du geliebt sein, so liebe!*« Übrigens gewährt nicht nur eine alte und bewährte Freundschaft in ihrem Verlauf großen Genuss, sondern auch der Beginn einer neuen und das Bemühen um sie. Wie der erntende Landmann zu dem Säenden sich verhält, so der, der einen Freund schon gewonnen hat, zu dem, der ihn gewinnen will. Der Philosoph Attalus pflegte zu sagen, es sei reizvoller, einen Freund zu gewinnen, als einen zu haben, wie es für den Künstler reizvoller sei zu malen als gemalt zu haben. Jene innige und sorgenvolle Hingabe an sein in der Entstehung begriffenes Werk birgt einen unvergleichlichen Genuss in sich, der aus der Beschäftigung selbst entspringt. Hat er sein Werk vollendet und lässt er die Hand ruhen, dann hat er nicht mehr den gleichen Genuss: Er genießt dann nur die Frucht seiner Kunst; während des Malens genießt er die Kunst selbst. Fruchtreicher ist die Jünglingszeit unserer Söhne, aber lieblicher ihre Kindheit.

Jetzt ist es Zeit, zu unserem Satze zurückzukehren. Hat der Weise auch an sich selbst genug, so wünscht er sich doch einen Freund, und wäre es auch nur deshalb, um Freundespflicht zu üben – denn eine so hohe Tugend darf doch nicht brach liegen –, nicht aber deshalb, um – wie Epikur in dem genannten Briefe sagt – jemand zu haben, der ihm im Krankheitsfalle zur Seite stehe oder ihm zu Hilfe komme, wenn er in Gefangenschaft oder Not geraten; nein, er will einen haben, dem er selbst als Krankenpfleger zur Seite stehe, dem er selbst zur Freiheit verhelfe, wenn er in Feindeshand gefallen ist. Wer nur an sich denkt und nur seinetwegen Freunde sucht, der ist übel beraten. Dem Anfang wird das Ende entsprechen. Er hat einen Freund gewonnen, der ihn gegen Fesseln schützen soll: Sobald die Kette klirrt, wird er sich verabschieden. Das sind Freundschaften, die das Volk die wetterwendischen nennt. Wer des Nutzens wegen zum Freund erkoren worden ist, wird nur so lange gefallen als er sich nützlich erweist. Daher die große Schar von Freunden, von denen die Günstlinge des Schicksals sich umlagert sehen; sind sie zu Fall gekommen, so wird es einsam um sie, und die Freunde fliehen die Stätte, die ihnen eine Prüfung auferlegt. Daher auch die zahlreichen schändlichen Beispiele von Leuten, die die Freunde teils aus Furcht im Stiche lassen, teils aus Furcht verraten. Anfang und Ende stehen notwendig in Einklang miteinander. Wer die Freundschaft begonnen hat des Nutzens wegen, der wird sie auch aufgeben des Nutzens wegen. Wenn er an der Freundschaft irgendetwas wertvoll findet außer ihr selbst, so wird er auch etwas wertvoll finden, was mit ihr in Widerstreit steht. Wozu erkiese ich mir einen zum Freund? Um jemand zu haben, für den ich sterben kann, um jemand zu haben, den ich in die Verbannung begleite, von dem ich den Tod abwehren, für den ich aber auch in den Tod gehen werde. Was du als Freundschaft hinstellst, ist nicht Freundschaft, sondern kaufmännische Berechnung, die nur ihren Vorteil sucht, die nur auf den Gewinn abzielt. Es findet sich eine unleugbare Ähnlichkeit zwischen Freundschaft und leidenschaftlicher Liebe. Man könnte sagen, die Liebe sei eine zur Raserei gesteigerte Freundschaft. Liebt man wohl irgendjemand um des Gewinnes willen oder nur aus Ehrgeiz oder Ruhmsucht? Die Liebe an und für sich entzündet, alles andere vergessend, in den Herzen das Verlangen nach der verkörperten Schönheit nicht ohne Hoffnung auf Erwiderung der Gefühlsinnigkeit. Wie nun? Sollte wirklich die edlere Ursache das schimpfliche Begehren zur Folge haben? Du erwiderst: »Es handelt sich jetzt nicht darum, ob die Freundschaft um ihrer selbst willen zu erstreben sei.« Weit gefehlt! Gerade dies ist der eigentliche Gegenstand des Beweises. Denn ist sie um ihrer selbst willen begehrenswert, dann kann auch der sich auf sie einlassen, der sich selbst genug ist. »Wie stellt er sich also zu ihr?« Wie zu einem Gegenstand von unvergleichlicher Schönheit, frei von jedem Gedanken an äußeren Vorteil und durch keinen Wechsel des Schicksals in Schrecken gesetzt. Wer bei Stiftung von Freundschaft auf günstige Schicksalsmöglichkeiten hinschielt, der entkleidet die Freundschaft ihrer hohen Würde.

Der Weise ist sich selbst genug. Dies, mein Lucilius, legen die meisten verkehrt aus: Sie stoßen den Weisen allerseits von sich ab und verweisen ihn ganz auf sich selbst. Man hat aber wohl zu unterscheiden, was dieser Satz eigentlich besagen will und in welcher Ausdehnung. Der Weise ist sich selbst genug, um glücklich zu leben, nicht um zu leben. Zu dem Letzteren braucht er mancherlei Dinge, zu dem Ersteren nur gesunde und durch kein Schicksal beugsame Seelenkraft. Auch auf eine Unterscheidung des Chrysippus will ich dich hinweisen. »Der Weise«, sagt er, »ist keiner Sache bedürftig, braucht aber doch gar mancherlei; dagegen braucht der Tor überhaupt nichts, denn er versteht nichts zu benutzen, hat aber das Bedürfnis nach allem.« Der Weise braucht Hände, Augen und vielerlei anderes für das tägliche Leben Unentbehrliche, hat aber kein Bedürfnis nach irgendetwas. Denn Bedürfnis ist Sache der Notwendigkeit, mit der der Weise nichts zu tun hat. Mag er also auch sich selbst genug sein, so braucht er doch Freunde. Er wünscht ihrer so viele als möglich zu haben, nicht um glücklich zu leben, denn er lebt ja auch ohne Freunde glücklich. Das höchste Gut bedarf keiner Nachhilfe von außen. Es wird im Innern gepflegt, es besteht ganz aus sich selbst. Es wäre der erste Schritt desselben zur Unterwerfung unter das Schicksal, wenn es irgendeinen Teil von sich außerhalb seiner suchte. »Wie wird es aber mit dem Weisen stehen, wenn er ohne Freundesschutz ins Gefängnis geworfen wird, oder in der Fremde vereinsamt dasteht, oder auf langer Seefahrt zurückgehalten oder auf einen öden Strand ausgeworfen wird?« Sein Dasein wird dem des Jupiter gleichen, der beim Zusammenbruch der Welt und bei der Verschmelzung der Götter zur Einheit bei zeitweisem Stillstand der Natur seinen eigenen Gedanken hingegeben es nur mit sich selbst zu tun hat. Ähnlich steht es mit dem Weisen: Er zieht sich auf sich selbst zurück, ist mit sich allein. Allerdings, so lange er seine Verhältnisse ganz nach freiem Ermessen ordnen kann, verheiratet er sich bei aller Selbstgenügsamkeit und bekommt auch Kinder, und trotz aller Selbstgenügsamkeit wird er doch nicht leben wollen, wenn er ohne Menschen leben sollte. Nicht sein Nutzen zieht ihn zur Freundschaft hin, sondern ein natürlicher Reiz; denn wie uns eine bestrickende Neigung zu anderen Dingen angeboren ist, so auch zur Freundschaft. Wie wir die Einsamkeit hassen und nach Geselligkeit Verlangen tragen, wie die Natur den Menschen mit den Menschen in Gemeinschaft bringt, so gibt es auch nach dieser Richtung hin einen anstachelnden Trieb, der uns das Verlangen nach Freundschaft erweckt. Aber mag er seine Freunde auch noch so innig lieben, mag er sie an Wert sich gleich, ja noch über sich stellen, er wird gleichwohl sein eigentliches Gut nur in sich selbst finden und einstimmen in das Wort des Stilpon, jenes Stilpon, gegen den sich der (obige) Brief des Epikur richtet. Nach dem Fall seiner Vaterstadt, dem Verlust seiner Kinder und seiner Gattin verließ er, nur auf sich angewiesen und gleichwohl glücklich, seine in Trümmern und Asche liegende Heimat. Auf die Frage des Demetrius, des Städteeroberers (Poliorketes), wie er genannt wurde, ob er Verlust erlitten hätte, antwortete er: »All mein Hab und Gut habe ich bei mir.« Wahrlich ein tapferer und wackerer Mann! Ein Sieger über den Sieg seines Feindes! »Ich habe nichts verloren«, lautete seine Antwort. So nötigte er ihn zu zweifeln, ob er gesiegt habe. »Alles Meinige habe ich bei mir.« Darin liegt das Bekenntnis, dass, was einem entrissen werden kann, unter keinen Umständen ein Gut sei. Wir beobachten nicht ohne Staunen, wie gereizte Tiere ohne Beschädigung ihres Körpers sich mitten durchs Feuer wagen: Wie viel bewundernswerter ist der Mann, der unverletzt und unbeschädigt mitten durch drohende Waffen, durch Trümmer und Flammen hindurchschreitet. Siehst du wohl, wie viel leichter es ist, ein ganzes Volk zu überwinden, als einen einzigen Mann? Für dieses Wort hat er den Stoiker zu seinem Genossen. Auch dieser trägt in gleicher Weise seine Güter durch eingeäscherte Städte, denn er ist sich selbst genug. Damit ist die Grenze bezeichnet, die all sein Glück umschließt. Wähne nicht, dass wir Stoiker uns zu so hohen Worten versteigen: Hat doch Stilpons Tadler, Epikur, eine ähnliche Äußerung getan, die bei dir gute Aufnahme finden mag, wenngleich ich meine Schuld für diesen Tag bereits bereinigt habe. »Wer das Seine«, sagt er, »nicht für das Herrlichste hält, der ist unglücklich, mag er auch Herr der ganzen Welt sein.« Oder vielleicht gefällt es dir besser in folgender Form – denn wir wollen uns nicht an den Wortlaut halten, sondern an den Sinn –: »Unglücklich ist, wer sich nicht für den Glücklichsten hält, und wäre er gleich der Herrscher der Welt.« Zum Beweise aber, dass diese Gedanken Allgemeingut sind und sozusagen in der Luft liegen, verweise ich dich auf folgende Worte eines Komikers:

Nicht glücklich ist, wer selbst ans eigne Glück nicht glaubt.

Denn was liegt daran, wie es mit dir bestellt ist, wenn du selbst diesen Zustand für schlimm hältst? »Wirklich?«, erwiderst du. »Soll jener Schuft von einem Reichen, jener Herr über viele, aber noch mehrerer Sklaven, der sich glücklich nennt, auch glücklich sein, weil er sich dafür hält?« Nicht auf seine Worte, sondern auf seine Gesinnung kommt es an, und nicht auf das, was er heute fühlt, sondern was er immer fühlt. Du brauchst aber nicht zu fürchten, dass ein so großes Gut an einen Unwürdigen komme. Nur der Weise findet wirklich. Wohlgefallen an dem Seinigen. Alle Torheit wird sich selber zum Verdruss.

Zehnter Brief

Gefahren der Einsamkeit, die aber für einen Mann wie Lucilius nicht zu befürchten sind

Es bleibt dabei, ich ändere meine Meinung nicht: Meide die Menge, meide die Wenigen, meide selbst einen Einzelnen. Ich wüsste keinen, mit dem ich dich in Verkehr sehen möchte. Und ich denke, du wirst mein Urteil über dich zu schätzen wissen: Wage ich doch, dich dir selber anzuvertrauen. Krates, der Schüler eben jenes Stilpo, dessen ich in meinem vorigen Briefe gedachte, sah einst einen Jüngling auf einsamen Spazierwegen und fragte ihn, was er da ganz allein mache. »Ich unterhalte mich mit mir selbst«, lautete die Antwort. Da erwiderte Krates: »Bitte, nimm dich in Acht und sei auf deiner Hut, du redest mit einem schlechten Menschen.« Auf trübsinnige und scheue Naturen pflegen wir Acht zu geben, dass sie nicht in der Einsamkeit auf schlimme Wege geraten. Es gibt keinen Toren, den man sich selber überlassen dürfte. Da findet sich Gelegenheit, böse Pläne auszuhecken, anderen oder sich selbst für die Zukunft gefährlich zu werden und ihre bösen Gelüste gleichsam in Reih' und Glied zu bringen; da findet sich die Seele bereit, alles, was sie aus Furcht oder Scham geheim hielt, ans Tageslicht zu bringen, die Verwegenheit aufzustacheln, die Wollust zu reizen, die Zornsucht aufzustacheln. Zu alle dem geht da der einzige Vorteil, den die Einsamkeit bietet, nämlich keinem etwas anzuvertrauen, keine Angeber zu fürchten, für den Toren verloren: Er verrät sich selbst.

Daraus magst du ermessen, welche Hoffnung ich auf dich setze, oder vielmehr, was ich mir von dir mit unbedingter Sicherheit verspreche; denn Hoffnung ist Bezeichnung für etwas Unbestimmtes; ich finde keinen, mit dem ich dich lieber in Verkehr sehen möchte als mit dir selber. Ich denke gern zurück an so manches Wort, das aus deinem Munde kam, an die hochherzige Gesinnung, an die Seelenstärke, von der es zeugte. Sofort wünschte ich mir Glück mit den Worten: »Das ist nicht flüchtiges Lippenwerk, das sind Worte, die auf festem Grund und Boden stehen. Das ist nicht einer aus der großen Menge: Ihm ist's um's Seelenheil zu tun.« So lebe, so rede, lass nichts dich darniederdrücken. Deine einstmaligen Wünsche magst du den Göttern ersparen, beginne mit deinen Wünschen von Neuem: Bitte um tugendhafte Gesinnung, um Gesundheit der Seele und dann erst des Leibes. Warum solltest du diese Wünsche nicht oft wiederholen? Richte getrost deine Bitte an Gott; es ist ihm nicht fremd, worum du ihn bittest.

Doch, um meiner Gewohnheit gemäß den Brief nicht ohne ein kleines Geschenk abzusenden, so vernimm einen Ausspruch, den ich bei Athenodorus fand. Da heißt es treffend: »Dann erst darfst du dich aller Leidenschalten ledig erachten, wenn du es dahin gebracht hast, dass du Gott um nichts bittest, als was du vor aller Welt erbitten kannst.« Wie groß aber ist tatsächlich die Torheit der Menschen! Die schamlosesten Wünsche flüstern sie den Göttern zu: Sobald jemand sein Ohr hinneigen wollte, würden sie verstummen; und was sie vor den Menschen geheim halten, das tragen sie den Göttern vor. Folgendes also dürfte wohl eine heilsame Lehre sein: Lebe so mit den Menschen, als ob Gott es sähe; sprich so mit Gott, als ob die Menschen es hörten.

Zwölfter Brief

Richtige Ausnutzung der flüchtigen Zeit

Wohin ich mich auch wende, überall finde ich Beweise meines hohen Alters. Bei einem Besuche meines Landgutes in der Nähe der Stadt beklagte ich mich über die Kosten des baufälligen Gutshauses. Der Verwalter erklärte mir, daran sei nicht etwa seine Nachlässigkeit schuld, er lasse es an nichts fehlen, aber das Landhaus sei alt. Dies Landhaus ist unter meinen Händen ausgebaut worden! Worauf muss ich mich gefasst machen, wenn Steine, die nicht älter sind als ich, schon mürbe werden? In gereizter Stimmung ergreife ich den nächsten Anlass, meinen Ärger kundzugeben. »Es liegt am Tage«, sage ich, »diese Platanen ermangeln der sorglichen Pflege: Sie haben kein Laub. Wie knotig und dürr sind die Äste, wie verkümmert und ungepflegt die Stämme! Dem wäre nicht so, wenn der Boden ringsum gehörig gelockert und bewässert würde.« Er schwört bei meinem Schutzgeist, er tue alles, lasse es in keinem Stücke an der nötigen Sorgfalt fehlen, aber die Platanen seien alt. Unter uns gesagt, ich selbst hatte sie gepflanzt, hatte ihr erstes Laub gesehen. Ich wende mich nun der Tür zu und frage: »Wer ist dieser stumpfe Gesell, der mit Recht seinen Platz am Eingang erhalten hat? Er blickt schon hinaus (nach dem Grabe). Wo hast du ihn denn aufgelesen? Was fandest du für ein Vergnügen daran, eine fremde Leiche aufzunehmen?« Da rief jener: »Kennst du mich nicht? Ich bin Felicio, den du mit den Bilderchen zu beglücken pflegtest. Ich bin der Sohn deines Verwalters Philositus, dein Liebling.« »Er ist rein verrückt«, sage ich. »Ist er schon als Bübchen mein Liebling geworden? Wohl möglich: Die Zähne fallen ihm eben jetzt aus.«

Ich muss meinem Landgut dankbar sein: Es hat mir, wohin ich auch die Blicke richtete, mein hohes Alter zum Bewusstsein gebracht. Nehmen wir es also freudig hin und schenken ihm unsere Liebe. Es bietet eine Fülle von Genuss, wenn man es nur von der richtigen Seite anfasst. Das Obst schmeckt am besten, wenn seine Zeit zu Ende geht; das Knabenalter zeigt seinen größten Reiz im letzten Abschnitt; dem Zecher schmeckt der letzte Zug am besten, der zum Untertauchen führt und der Trunkenheit die Krone aufsetzt. Den größten Reiz, den jede Art von Lust in sich schließt, verspart sie auf das Ende. Am reizvollsten ist das Alter, das sich bereits abwärts kehrt, aber noch nicht zu jähem Sturz. Aber auch das am äußersten Rande stehende Alter hat meines Erachtens noch seine Reize; oder es tritt an die Stelle des Reizvollen eben das Glück, nichts zu bedürfen. Weiche Wonne, seiner Begierden Herr geworden zu sein und ihnen den Laufpass gegeben zu haben! »Aber es hat doch sein Missliches, den Tod vor Augen zu haben«, erwiderst du. Erstens muss er dem Jüngling nicht weniger vor Augen stehen als dem Greis. Denn wir werden nicht nach Alterslisten abgerufen. Sodann ist doch niemand so alt, dass man ihm einen Vorwurf machen könnte, wenn er noch einen weiteren Tag erhofft. Ein Tag aber ist eine Stufe des Lebens. Das ganze Leben besteht aus Teilen und setzt sich aus Kreisen zusammen, von denen immer ein größerer die kleineren umschließt. Einer von ihnen umfasst und begrenzt alle; er reicht vom Tag der Geburt bis zu dem des Todes; ein Zweiter umschließt die Jahre der Jünglingszeit; ein Dritter umspannt die ganze Kindheit. Es gibt ferner einen selbstständigen Jahreskreis, der alle Zeiten umfasst, aus deren Vervielfältigung sich das Leben zusammensetzt. Den Monat umspannt ein engerer Kreis. Der engste Kreis gehört dem Tag, doch auch dieser erstreckt sich vom Anfang bis zum Ende, vom Aufgang bis zum Untergang. Daher sagt Heraklit – der Dunkle, wie er wegen der Dunkelheit seiner Sprache hieß –: »Ein Tag gleicht allen«. Das hat der eine so, der andere anders aufgefasst. Der eine deutete es auf die gleiche Stundenzahl, und das ist nicht unrichtig, denn wenn der Tag ein Zeitraum von vierundzwanzig Stunden ist, dann müssen alle Tage einander gleich sein, weil, was der Tag verloren hat, durch die Nacht ersetzt wird. Ein anderer sagt: Ein Tag gleicht allen Tagen in Hinsicht auf seine Beschaffenheit; denn auch die längste Zeitspanne hat nichts an sich, was sich nicht auch an jedem einzelnen Tage fände, Licht und Dunkelheit. Und auch die wechselnden Weltperioden zeigen in dieser Beziehung keinen Unterschied (vom Einzeltag), nur die Länge (bei vermehrter Zahl der Einzeltage) und Kürze (des Einzeltages) macht den Unterschied. Daher muss man mit jedem Tage auf das Gewissenhafteste verfahren, als wäre er der letzte der Reihe und bringe die Summe der Lebenstage zum Abschluss.

Pacuvius, der Syrien vollständig für sich ausbeutete, ließ sich, wenn er durch wüstes Zechen und Schmausen sich gleichsam selbst das Totenopfer gebracht hatte, in der Weise in sein Schlafgemach tragen, dass bei Musikbegleitung unter dem Jubel der Buhlknaben gesungen ward: Βεβίωται, βεβίωται (Ich habe gelebt, ich habe gelebt)! Und kein Tag verging, wo er nicht so sein Leichenbegängnis hielt. Was er im Bewusstsein seiner Schlechtigkeit tat, das wollen wir bei gutem Gewissen tun, und jedes Mal, wenn wir uns zur Ruhe legen, froh und heiter zu uns sagen:

Ja, ich habe gelebt und den Lauf des Schicksals vollendet!

Fügt die Gottheit noch den morgenden Tag hinzu, so sei er mit Freude in Empfang genommen. Der ist der Glücklichste und der unbedingt sichere Herr seiner selbst, der dem morgenden Tag ohne Bangen entgegensieht. Wer sagen kann: »Ich habe gelebt«, der erhebt sich täglich zu neuem Gewinn.

Doch es ist Zeit, meinen Brief zu beschließen. »So soll er also«, sagst du, »ohne irgendwelche Spende an mich gelangen?« Erspare dir die Furcht: Er bringt etwas mit. Etwas? Nein, ich musste sagen: *viel.* Denn gibt es einen trefflicheren, herrlicheren Spruch als den, den ich diesem Briefe für dich mitgebe? »Schlimm ist es in Not zu leben, aber in Not zu leben nötigt nichts.« Und so ist's in der Tat. Viele Wege zur Freiheit, kurz und gangbar, eröffnen sich allerseits. Danken wir Gott, dass niemand unbedingt an das Leben gefesselt ist. Es liegt in unserer Macht, die Not selbst zu Boden zu treten. »Epikur sagte das«, erwiderst du; »was befasst du dich mit fremdem Gut?« Was wahr ist, gehört mir. Nichts soll mich abhalten, dir auch weiterhin mit dem Epikur aufzuwarten, auf dass die, die auf des Meisters Worte schwören und nichts darauf geben, was gesagt wird, sondern von wem es gesagt wird, zu der Einsicht kommen, dass das Beste Gemeingut ist.

Dreizehnter Brief

Lass nie die Furcht vor künftigem Unheil über dich Herr werden

Ich weiß, es fehlt dir keineswegs an Mut. Denn auch ehe du dich in die heilsame Schule der Weisheit, dieser Siegerin über alle Widerwärtigkeiten, begabst, fühltest du dich gegen das Schicksal hinreichend gerüstet und in noch weit höherem Maße, nachdem du den Kampf mit ihm aufgenommen und an ihm deine Kräfte versucht hast, auf die niemals ein sicherer Verlass ist, solange nicht mancherlei Schwierigkeiten von dieser oder jener Seite aufgetaucht oder auch uns wirklich nahegetreten sind. So bewährt sich der wahre, sich jeder fremden Willkür erwehrende Mut. Dies ist sein Prüfstein. Der Athlet, der nie auch nur einen blauen Fleck bekam, wird nie als stürmischer Kämpfer in die Schranken treten, wogegen der als hoffnungsvoller Gegner auf dem Kampfplatz erscheint, der sein Blut hat fließen sehen, dem die Zähne unter der Faust des Gegners geknackt haben, der, zu Boden gerungen, mit seinem ganzen Leibe die Wucht des sich über ihn hinstürzenden Gegners verspüren musste, der den Boden unter den Füßen, aber nicht den Mut verlor, der, so oft er niedersank, trotziger sich wieder erhob. Dies Gleichnis lass mich also auf dich anwenden: Schon oft hat das Schicksal über dir geschwebt, aber niemals hast du dich ihm gefangen gegeben, immer hast du dich wieder aufgerichtet und hast mit erhöhtem Mute deinen Platz behauptet. Denn Tapferkeit gewinnt zusehends an Kraft, wenn man sie aufreizt. Gleichwohl lass dir auch von mir einige deiner Sicherung dienende Hilfsmittel gefallen. Es handelt sich, mein Lucilius, häufiger um den bloßen Schrecken, der von den Dingen ausgeht, als um den wirklichen Druck, den sie ausüben; es ist mehr die Einbildung als die Wirklichkeit, unter der wir leiden. Es ist nicht die Sprache der Stoiker, in der ich mit dir rede, ich rede mit dir in einem bescheidenern Ton. Denn wir Stoiker sagen, alles, was uns Seufzer und Jammergeheul auspresst, sei nichtig und verachtenswert. Sehen wir ab von diesen hochfahrenden, aber, bei den Göttern! doch wahren Worten. Was ich dir mahnend ans Herz lege, ist dieses: Sei nicht unglücklich vor der Zeit; denn was du als drohendes Unheil fürchtest, wird vielleicht niemals eintreten, ist jedenfalls noch nicht eingetreten. Manches quält uns also mehr, als es sollte; manches quält uns früher, als es sollte; manches wiederum quält uns, ohne dass es überhaupt uns quälen sollte. Entweder steigern wir den Schmerz oder bilden ihn uns ein oder geben uns vorzeitig ihm hin. Was den ersten dieser drei Punkte anlangt, so mag er vor der Hand auf sich beruhen, da die Sache streitig ist und die Parteien noch gleichsam im Prozess miteinander liegen. Was ich unbedeutend nenne, das wirst du vielleicht für furchtbarste Härte erklären: Die einen lachen, wie bekannt, unter Geißelhieben, andere sind untröstlich über einen Backenstreich. Später wird sich herausstellen, ob dies in der Sache selbst begründet oder eine Folge unserer Schwäche ist.

Was ich zunächst von dir fordere, ist dieses: Wenn dich Leute umdrängen, die dir einreden wollen, du seiest unglücklich, so halte dich in deinem Urteil nicht an das, was du hörst, sondern an das, was das eigene Herz dir sagt, und wende dich um Rat an deine eigene Beharrungskraft und frage dich selbst, der du doch mit dir am besten Bescheid weißt. Was haben diese Leute für Grund, mich zu bedauern, dass sie sich vor Angst nicht zu fassen wissen, dass sie sogar die Berührung mit mir scheuen, als ob das Unglück auf sie überspringen könne? Ist wirklich etwas an diesem vermeintlichen Unglück, oder ist die Sache mehr verrufen als schlimm? Frage dich selbst: Quäle ich mich etwa und betrübe mich ohne Grund und *mache* zu einem Unglück, was kein Unglück ist? Dagegen fragst du: »Wie soll ich denn darüber klar werden, ob meine Angst grundlos oder berechtigt ist?« Lass dir darüber folgende Regel geben: Wir quälen uns entweder über Gegenwärtiges oder über Zukünftiges oder über beides. Was das Gegenwärtige anlangt, so ist die Entscheidung leicht: Ist dein Körper frei und gesund, leidest du nicht unter irgendwelcher Kränkung, so können wir der Zukunft ruhig ins Antlitz sehen; für heute ist nichts zu befürchten. »Aber für die Zukunft doch.« Zunächst mache dir klar, ob sichere Anzeichen kommenden Unheiles vorliegen. Meist sind es argwöhnische Mutmaßungen, mit denen wir uns herumschlagen, und das geschäftige Gerücht, das oft genug den Samen zum Kriege ausstreut, aber weit mehr noch dem Einzelnen übel mitspielt, treibt mit uns sein Spiel. Gewiss, mein Lucilius, es ist so: Vorschnell geben wir uns der Einbildung hin. Wir gehen *dem* nicht gehörig auf den Grund, was uns in Furcht versetzt, wir prüfen nicht peinlich genug, sondern zittern und wenden den Rücken, ähnlich wie die, welche die durch eine fliehende Viehherde erregte Staubwolke aus dem Feldlager verjagt, oder die irgendein unverbürgtes Gerede in Schrecken gesetzt hat; denn, auffallend genug, gerade das Grundlose setzt uns am meisten in Verwirrung. Was wahr ist, ist nicht maßlos. Was aber dem Ungewissen entstammt, das fällt der Mutmaßung und der Willkür des zagenden Gemütes anheim. Daher ist denn keine Furcht so verderblich, so unheilbar als die eines Wahnsinnigen. Jede andere Furcht ist unvernünftig, aber diese ist hirnlos. Untersuchen wir also die Sache genau. Man nehme die Wahrscheinlichkeit eines kommenden Übels an; aber darum ist es noch nicht *wahr*. Wie vieles nicht Erwartete ist eingetreten, wie vieles Erwartete ist nirgends zum Vorschein gekommen! Auch wenn es wirklich bevorsteht, was nützt es, seinem Schmerze halbwegs entgegen zu kommen? Es ist noch Zeit genug für dich zum Kummer, wenn er gekommen ist: Einstweilen aber tröste dich mit der Erwartung des Besseren. Und der Gewinn dabei? Zeit! Noch vieles kann inzwischen eintreten, wodurch die heranziehende oder auch schon ganz in die Nähe gerückte Gefahr entweder zum Stillstand kommt oder verschwindet oder sich auf das Haupt eines anderen entlädt: Eine Feuersbrunst lässt die Möglichkeit zur Flucht zu; manchen haben die Trümmer glimpflich zu Boden geworfen. Es gibt Fälle, dass das Richtschwert, das einem schon im Nacken saß, wieder zurückgezogen ward;

mancher überlebte seinen Henker. Auch das Missgeschick hat seine Unbeständigkeit. Vielleicht tritt es ein, vielleicht tritt es nicht ein: einstweilen ruht es. Hoffe das Bessere. Zuweilen gibt sich die Seele, ohne dass irgendwelche Anzeichen eines kommenden Unglücks sichtbar wären, falschen Einbildungen hin, sei es, dass sie irgendwelches zweideutige Wort nach der schlimmen Seite hin auslegt oder sich den Verdruss eines anderen über eine etwaige Kränkung größer vorstellt als er wirklich ist und nicht das Maß seines Zornes in Anschlag bringt, sondern die Größe der dem Erzürnten zu Gebote stehenden Macht. Man hätte keinen Grund mehr zu leben, es wäre des Elends kein Ende, wenn man alles fürchtete, was gefürchtet werden kann. In manchem Falle lass die Klugheit dir helfen, im anderen Falle lass deine Seelenkraft die auch noch so erklärliche Furcht zurückweisen. Wo nicht, da bekämpfe Irrtum mit Irrtum: Bändige die Furcht durch Hoffnung. Von allem, was man fürchtet, ist nichts so gewiss, dass es nicht noch gewisser wäre, dass das Gefürchtete sich verziehen und die Hoffnung uns täuschen kann. Prüfe also Hoffnung und Furcht, und wenn alles ungewiss ist, so ergreife die eigene Partei: Glaube, was dir lieber ist. Mag auch die Stimmenmehrheit aufseiten der Furcht sein, so neige dich doch lieber auf deine Seite und mache Schluss mit deiner Beunruhigung und sage dir immer wieder, dass der größere Teil der Menschen, ohne dass irgendein Übel ihn beschwert oder ihm sicher bevorsteht, in beständiger Aufregung und Abhetzung ist. Denn, hat die Aufregung sich einmal eingestellt, dann gibt es auch keinen Widerstand mehr; niemand beleuchtet seine Furcht mit dem Lichte der Wahrheit; niemand sagt: »Der Gewährsmann ist ein Flunkerer; er hat es erdichtet oder sich es aufbinden lassen.« Wir lassen uns von der Strömung fortreißen. Wir entsetzen uns vor dem Zweifelhaften, als wäre es Gewissheit. Wir halten kein Maß, jedes kleine Bedenken wandelt sich gleich in Furcht um.

Wenn ich so mit dir rede und dir mit so gelinden Mitteln aufzuhelfen suche, so geht das nicht ohne eine gewisse Scham ab. Andere mögen sagen: »Vielleicht verzieht sich das Unheil.« Dir aber ziemt es zu sagen: »Was hat es denn auf sich, *wenn* es kommt? Wir wollen doch sehen, wer von beiden Sieger bleibt. Vielleicht ist sein Kommen eine Gunst für mich, und ein Tod dieser Art wird meinem Leben zu ewiger Ehre verhelfen.« Der Giftbecher hat der Größe des Sokrates das Siegel aufgedrückt. Entwinde dem Cato das Schwert, das ihm zur Freiheit verhalf, und du wirst ihm einen großen Teil seines Ruhmes nehmen. Doch ich treibe es zu weit mit meiner Mahnung an dich, denn du bedarfst mehr der Erinnerung als der Aufmunterung. Die Richtung, in der ich dich leite, steht nicht in Widerspruch mit deiner Natur: Du bist geboren zu dem, was ich dir vorhalte. Umso mehr lass dir die Steigerung und den Schmuck deines Guten angelegen sein.

Doch es ist Zeit, den Brief zu schließen; nur, dass ich ihm noch das Siegel aufdrücken muss, das heißt, ihm irgendein eindrucksvolles Wort anvertraue, um es dir zu überbringen. »Zu den mancherlei anderen Übeln der Torheit gehört auch dieses: Sie fängt immer an zu leben.« Denke nach über den Sinn dieses Wortes, mein trefflicher Lucilius, und du wirst dich überzeugen, wie verwerflich der Leichtsinn der Menschen ist, die täglich ein neues Leben sich aufbauen wollen und auch im Ausgang noch sich mit neuen Entwürfen tragen. Sieh dir die Menschen im Einzelnen an: Dein Blick wird auf Greise treffen, die sich nun erst recht der Befriedigung ihres Ehrgeizes widmen oder auf Reisen und Handelsgeschäfte bedacht sind. Nichts widerwärtiger, als ein Greis, der erst zu leben anfängt! Es ist dies ein Wort, dessen Urheber – Epikur – ich nicht nennen würde, wenn der Spruch nicht zu denjenigen gehörte, die weniger bekannt und nicht zu so allgemeiner Verbreitung gelangt sind wie diejenigen, die ich mir bisher anzuführen und mir anzueignen erlaubt habe.

Fünfzehnter Brief

Die wahre Gesundheit und ihre Pflege

Nach alter Sitte, die sich bis auf meine Zeit erhalten hat, war die übliche Eingangsformel für den Brief diese: »Wenn du wohlauf bist, so steht's gut, ich bin wohlauf.« Was aber uns anlangt, so heißt es für uns: »Wenn du philosophierst, so steht's gut.« Denn dieses erst heißt Wohlaufsein. Ohne dieses ist die Seele krank. Auch der kräftigste Körper kann ebenso wohl einem Rasenden oder Wahnsinnigen angehören wie einem Vernünftigen. Daher sorge vor allem für die Gesundheit der Seele, dann an zweiter Stelle erst für die des Leibes, die dir nicht teuer zu stehen kommen wird, sofern es dir auf nichts weiter als auf gute Gesundheit ankommt. Denn, mein Lucilius, seine Arme zu üben, seinen Nacken geschmeidig zu machen, seine Brust zu kräftigen, ist eine törichte und am wenigsten für einen wissenschaftlich tätigen Mann angemessene Beschäftigung. Denn magst du auch noch so kunstgerecht dich mästen und deine Muskeln kräftigen, du wirst doch weder die Kräfte noch das Gewicht eines feisten Stieres erreichen, nicht zu vergessen, dass durch die stärkere Körpermasse der Geist beeinträchtigt wird und an Beweglichkeit verliert. Daher halte den Körper nach Kräften kurz und schaffe dem Geiste Raum. Wer seine Sorge einseitig der körperlichen Ausbildung widmet, für den sind große Beschwerden unvermeidlich: Erstens die Übungen, deren anstrengender Betrieb den Geist erschöpft und unfähig macht zu anhaltenden und ernsten Studien. Sodann wird die Schärfe des Denkens durch die Massenhaftigkeit der Nahrung beeinträchtigt. Ferner sind es Sklaven der schlimmsten Sorte, die man dabei als seine Lehrmeister anstellt, Menschen, die keine andere Beschäftigung kennen als die mit Öl und Wein, Menschen, denen der Tag nach Wunsch vergangen ist, wenn sie gehörig geschwitzt haben und wenn sie die ausgeschwitzte Feuchtigkeit durch reichlichen Genuss von Wein wieder eingebracht haben, der bei enthaltsamer Lebensweise tiefer ins Blut gehen würde. Trinken und schwitzen ist das Leben eines Magenkranken. Es gibt leichte und kurze Übungen, die den Körper alsbald ermüden und keinen Aufwand von Zeit erfordern, auf die vor allem Rücksicht zu nehmen ist: Laufen, Armbewegung mit Hanteln, Sprünge verschiedener Art, sei es in die Höhe, sei es nach vorn hin, oder nach Art der Salier, um diese zu nennen, oder, gröber gesprochen, nach Art der Walker: Triff deine Wahl nach Belieben zu ungekünstelter, leichter Übung. Wie du es damit auch halten willst, kehre schnell vom Körper zum Geist zurück: Ihn übe des Nachts und des Tages. Mäßige Anstrengung hält ihn bei Kräften; für diese Übung ist weder Kälte noch Hitze ein Hemmnis, ja selbst kein Greisenalter: Dem Gut wende deine Sorge zu, welches durch die Jahre an Wert gewinnt. Damit will ich nicht sagen, dass du immer über Büchern oder Schreibtafeln brüten müsstest: Der Geist will auch seine Erholungspause haben, doch immer nur so, dass er nicht erschlaffe, sondern aufgefrischt werde. Lässt man sich in der Sänfte tragen, so wird der Körper einigermaßen durchgerüttelt, ohne dass das Studieren unterbrochen zu werden braucht. Man kann lesen, man kann diktieren, man kann sprechen, man kann zuhören, alles Dinge, die selbst beim Spazieren*gehen* nicht ausgeschlossen sind. Und was die Bemühung um Ausbildung der Stimme anlangt, so ist auch diese nicht zu verachten; nur darfst du dich auf die Übungen im gradweisen und streng geregelten Anschwellen und Sinkenlassen der Stimme nicht einlassen. Denn das führt schließlich dahin, dass man auch Unterricht im Spazierengehen nimmt und Leute zu Lehrern bekommt, die als Hungerleider sich auf Erfindung neuer Künste geworfen haben. Da wird sich einer finden, der deine Schritte regelt, der beim Essen dir Mund und Backen beobachtet und in seinem Auftreten umso unverschämter wird, je mehr Vorschub du seiner Dreistigkeit durch deine Geduld und Leichtgläubigkeit geleistet hast. Wie also? Soll deine Stimme etwa gleich in schreiendem und mit Anstrengung zu größter Höhe gesteigertem Ton beginnen? Nein! Eine *allmähliche* Steigerung ist so natürlich, dass selbst Streitende mit bloßem Sprechen anfangen können, um dann erst ins Schreien überzugehen. Niemand lässt gleich von vornherein den gellenden Notruf an die Quiriten erschallen. Also mache ganz deiner Gemütsbewegung entsprechend, bald heftiger, bald ruhiger, deinem Ingrimm wider die Niedertracht Luft, dabei auch dem Rate deiner Stimme selbst folgend, wenn du dazu veranlasst bist. Willst du ihr Einhalt tun und sie nach rückwärts leiten, so soll sie in maßvollem Abstieg sich senken und nicht im Sturze herabfallen. Sie soll einen Mittelweg einhalten und nicht in rohes und bäurisches Poltern verfallen. Denn uns kommt es nicht darauf an, der Stimme durch Übung aufzuhelfen, sondern durch ihre Hilfe uns selbst zu fördern.

Mit diesem meinem Rat erspare ich dir viele Mühe: Dieser Wohltat soll sich nun noch eine kleine Gabe, und zwar ein griechischer Spruch, anschließen, wahrlich ein treffliches Wort: »Das Leben der Toren ist unerfreulich und angsterfüllt; es wird durchgängig nur von der Rücksicht auf die Zukunft bestimmt.« Du fragst: »Wer ist es, der das sagt?« Derselbe, von dem der vorige Spruch stammte. Und welches Leben glaubst du wohl sei mit diesem Torenleben gemeint? Das eines Baba und Ision? Nein, bewahre! Unser eigenes Leben ist damit gemeint, um *uns* handelt es sich, die wir uns in blinder Leidenschaft auf Schädliches oder doch wenigstens niemals uns völlig Genüge Tuendes stürzen, die wir genug *hätten*, wenn uns überhaupt etwas Genüge tun *könnte*, die wir nicht bedenken, wie heiter es stimmt, wenn man nichts begehrt, wie erhebend es ist, sich jedes Mangels ledig zu fühlen und nicht vom Schicksal abhängig zu sein. Schärfe dir daher, mein Lucilius, immer wieder das Gedächtnis für das Viele, was du erreicht hast. Wenn du hinblickst auf die Vielen, die noch vor dir sind, so denke an die Vielen, die hinter dir sind. Willst du dankbar sein gegen die Götter und dankbar für deinen bisherigen Lebensgang, so denke daran, wie viele du überholt hast. Doch, was hast du mit anderen zu schaffen? Du hast dich selbst übertroffen. Setze nun deiner amtlichen Laufbahn eine Grenze, die zu überschreiten du den Willen nicht hast, auch wenn du es könntest: Trenne dich endlich von diesen trügerischen Gütern, die für den Hoffenden wertvoller sind als für den, der sie erreicht hat. Wäre an ihnen etwas Kernhaftes, so würden sie uns doch irgendeinmal sattmachen; so aber reizen sie nur den Durst derer, die an dieser Quelle schöpfen. Fort mit all diesem blendenden Prunk! Und was geheimnisvoll im Schoße der Zukunft liegt, warum soll ich es mir vom Schicksal erbetteln, statt mich selbst stark genug zu machen, keiner Bitte zu bedürfen? Wozu bedarf es aber auch überhaupt einer Bitte? Was soll ich, uneingedenk der menschlichen Gebrechlichkeit, die Geschicke des Schicksals aufhäufen? Wozu soll ich mich abmühen? Siehe, dieser Tag ist der letzte; gesetzt aber, er sei es nicht, so steht er dem letzten ganz nahe.

Sechzehnter Brief

Nutzen der praktischen Philosophie

Ich weiß, mein Lucilius, du bist dir vollkommen klar darüber, dass niemand glücklich, ja auch nur erträglich leben kann ohne den lernbegierigen Eifer für Erwerbung der Weisheit, und dass ein glückliches Leben nur dem vollendeten Weisen, ein erträgliches jedoch auch schon dem Anfänger beschieden sei. Aber das, was klar ist, muss erst noch festen Halt gewinnen und tiefer Wurzel fassen in unserm Innern durch tägliches Nachdenken: Es kostet mehr Mühe, an guten Vorsätzen festzuhalten, als edle Vorsätze zu fassen. Da gilt es, beharrlich zu sein und dem unablässigen Streben den genügenden Nachdruck zu geben, bis der gute Wille zum guten Charakter gereift ist. Daher hast du mir gegenüber keine weiteren Worte oder Versicherungen nötig: Ich weiß, du hast schon große Fortschritte gemacht. Ich kenne die Gesinnung, der das, was du schreibst, entstammt: Es sind keine Flunkereien und Flausen. Doch halte ich nicht zurück mit dem, was ich denke: Hoffnung habe ich bereits für dich, aber noch kein sicheres Vertrauen. Möchtest du es selbst mit dir doch ebenso halten: Du darfst dir nicht voreilig und leichthin glauben. Prüfe dich bis ins Innerste, erforsche und beobachte dich auf jede Weise; achte vor allem darauf, ob du im philosophischen Studium oder im Leben selbst Fortschritte gemacht hast. Die Philosophie ist keine handwerksmäßige Kunstfertigkeit und bietet nichts zur Schaustellung Geeignetes. Ihr Wesen liegt nicht im Wort, sondern in der Handlung. Sie dient nicht dazu, einen Tag in angenehmer Unterhaltung hinzubringen und die Qual der Langenweile loszuwerden: Sie formt und bildet den Geist, ordnet das Leben, regelt unsere Handlungen, zeigt uns, was zu tun und zu lassen ist, sitzt am Steuerruder und lenkt das Schiff durch die Fährnisse des Wogenschwalles. Ohne sie kann niemand ohne Zagen, ohne Sorge leben. Jede Stunde bringt Unzähliges, was Rat erfordert, der nur von ihr geholt werden kann. Ich höre den Einwurf: »Was nützt mir die Philosophie, wenn es ein Verhängnis gibt? Was nützt sie, wenn es eine Gottheit gibt, die die Welt regiert? Was nützt sie, wenn der Zufall waltet? Denn abgeändert kann das Gewisse nicht werden, und gegen das Unsichere lässt sich keine Vorkehrung treffen, sondern entweder ist Gott meiner Entschließung zuvorgekommen und hat bestimmt, was ich tun soll, oder das Schicksal stellt nichts meiner Entschließung anheim.« Wähle daraus, was du willst, Lucilius, oder lass auch alles zusammen gelten – die Philosophie bleibt uns unentbehrlich, mag uns das unerbittliche Gesetz des Verhängnisses an sich ketten, mag ein Gott das All nach seinem Willen lenken, mag der Zufall blindlings den menschlichen Dingen den Anstoß geben und sie hin- und herwerfen – die Philosophie ist es, die uns stützen muss. Sie wird uns mahnen, der

Gottheit gern zu gehorchen, dem Schicksal die Stirn zu bieten; sie wird uns lehren, Gott zu folgen und das Schicksal zu tragen. Doch jetzt ist es nicht an der Zeit, uns in eine Untersuchung darüber einzulassen, was uns zustehe, wenn eine Vorsehung das Zepter führt, oder wenn das Verhängnis uns unerbittlich an seine unabänderliche Folge der Dinge kettet, oder wenn des Zufalls überraschende Laune waltet; ich kehre vielmehr zurück zu meiner Warnung und Mahnung: Lass den Aufflug deines Geistes nicht erlahmen, lass deine Begeisterung nicht erkalten. Halte sie fest und gib ihr Bestand, auf dass, was jetzt Aufschwung ist, fester Seelenbestand werde.

Kenne ich dich recht, so wirst du gleich von Beginn ab Umschau halten nach der kleinen Mitgabe, die dieser Brief mit sich führt. Lass ihn nur sorglich durch deine Hände gehen, und du wirst sie finden. Über meine Denkart brauchst du dich nicht zu verwundern: Es ist noch immer fremdes Gut, mit dem meine Freigebigkeit schaltet. Doch warum sage ich *fremdes* Gut? Jedes treffende Wort, mag es kommen von wem es will, gehört auch mir. So steht es auch mit dem folgenden Wort, das wieder von Epikur stammt: »Lebst du naturgemäß, so bist du nicht arm; lebst du nach Wahnvorstellungen, so wirst du niemals reich sein.« Die Natur fordert nur wenig, der Wahn Unermessliches. Lass die Schätze vieler Reichen in deine Hand geraten, lass das Schicksal dich überhäufen mit einem Vermögen, das weit über das des reichsten Privatmannes hinausgeht, lass es dich mit Gold bedecken, mit Purpur umkleiden, dich zu einer Üppigkeit und Überfülle führen, dass du den Erdboden unter deinen Marmorbauten verbirgst, magst du den Reichtum nicht nur besitzen, sondern ihn dir auch als Fußboden dienen lassen, wozu noch Statuen, Gemälde und die mühsamen Prunkerzeugnisse aller Künste hinzukommen mögen: Von alledem wirst du nichts anderes lernen, als deine Begierde noch weiter zu steigern. Die natürlichen Bedürfnisse sind begrenzt, was dem Irrwahn entstammt, geht ins Endlose. Darum sage dich los von jedem eiteln Wunsch, und wenn du wissen willst, ob dein Begehren einem natürlichen oder einem blinden Triebe entstammt, so sieh zu, ob du irgendeinen Ruhepunkt findest. Wenn, so weit du auch gehst, immer noch ein weiteres Stück vor dir liegt, dann sei überzeugt, dass es nicht der Natur gemäß ist.

Zwanzigster Brief

Die Aufgabe der praktischen Philosophie

Wenn du wohlauf bist und dich in deiner sittlichen Bildung so weit gefördert glaubst, dass du in absehbarer Zeit ganz Herr deiner selbst wirst, so freue ich mich. Denn ich darf mir den Ruhm zuschreiben, dich deinem hoffnungslos nach einem Ausweg suchenden Schwanken enthoben zu haben. Aber worum ich dich auf das Dringendste bitte, ist dies, dass du die Probe für deine Fortschritte nicht durch Rede und Schrift ablegst, sondern durch die Festigkeit deines Charakters und die Minderung deiner Begierden. Bestätige deine Werke durch die Tat. Das ist scharf zu unterscheiden von der Aufgabe derer, die Vorträge halten und nach dem Beifall der Hörer haschen, ebenso auch von der Aufgabe derer, die einen Kreis von Jünglingen und müßigen Leuten durch die Mannigfaltigkeit oder auch Gewandtheit ihrer Erörterungen zu fesseln suchen: Die Philosophie lehrt handeln, nicht reden, sie fordert, dass jeder getreu seinem inneren Gesetze lebe, dass das Leben mit der Rede nicht in Widerspruch stehe, dass das Leben, innerlich genommen, in allen seinen Handlungen durchgehends die nämliche Färbung zeige. Das ist die höchste Forderung an die Weisheit und zugleich ihr Kennzeichen, dass die Taten mit den Worten in Einklang stehen, dass der Mann also durchweg sich selbst gleich und der nämliche sei. »Wer wird das leisten?« Wenige, aber doch einige. Denn schwer ist es allerdings; doch sage ich nicht, dass der Weise immer denselben Schritt einhalten werde, wohl aber denselben Weg. Gib also Acht auf dich, ob deine Kleidung und dein Hauswesen etwa nicht miteinander in Einklang stehen, ob du gegen dich selbst freigebig, gegen die Deinigen knauserig bist, ob deine Mahlzeiten bescheiden, deine Baulust verschwenderisch ist. Regele dein Leben ein für alle Mal nach einem festen Grundsatz, und mache ihn zur gleichmäßigen Richtschnur für alle Lebenslagen. Manche schränken sich zu Haus ein, draußen machen sie sich breit und treten anspruchsvoll auf. Diese Zwiespältigkeit ist ein Fehler und Zeichen eines schwankenden und noch nicht zu fester Haltung gelangten Gemütes. Ich will auch den Grund dieser Unstetigkeit, dieser Ungleichmäßigkeit in Handlungen und Entschließungen angeben. Niemand stellt sich klar vor Augen, was er eigentlich will, und tut er es etwa, so beharrt er doch nicht dabei, sondern springt ab, und nicht genug mit einer Änderung, nein, er tritt geradezu den Rückmarsch an und kommt wieder zurück auf das, was er aufgegeben und verurteilt hat. Wenn ich absehe von den alten Begriffsbestimmungen der Weisheit und das Eigentümliche des Menschenlebens im Ganzen ins Auge fasse, so kann ich mich auf Folgendes beschränken: Was ist Weisheit? Immer dasselbe wollen und dasselbe nicht wollen. Bei dieser Formel bedarf es auch gar nicht des einschränkenden Zusatzes, dass, was du willst, auch das Rechte sei. Denn unmöglich kann einem die nämliche Sache immer gefallen, wenn sie nicht die rechte ist. Die Menschen sind sich also über ihr eigenes Wollen nicht klar, abgesehen von dem Augenblick, in dem sie wollen. Zu einem für immer bindenden Entschluss über sein Wollen und Nichtwollen ist keiner gekommen. Täglich schwankt das Urteil, ja wandelt sich in das Gegenteil, und so wird den meisten das Leben zu einem Spiel. Mache also Ernst mit dem, was du begonnen, und vielleicht wirst du dadurch entweder zum Höchsten selbst gelangen oder doch bis zu einem Punkt, von dem du allein erkennst, dass er noch nicht der höchste ist.

»Aber«, so fragst du, »was soll aus diesem Haufen von Hausfreunden werden ohne einen großen Hausstand?« Wenn diese Schar nicht mehr von dir gefüttert wird, so wird sie sich selbst füttern; oder du wirst die Erkenntnis, zu der dir deine Wohltätigkeit nicht verhelfen konnte, nunmehr dank deiner Armut erlangen. Diese – deine Armut – wird die wahren und sicheren Freunde dir bewahren; dagegen wird sich von dir lossagen, wem es nicht um dich zu tun war, sondern um etwas anderes. Muss man aber die Armut nicht schon allein um deswillen lieb haben, weil sie einem zeigt, von wem man geliebt wird? Oh, wann wird der Tag kommen, wo niemand mehr dir zu Ehren eine Unwahrheit sagt! Möchten deine Gedanken, möchte all deine Sorge, möchten deine Wünsche sich darauf richten, dass du zufrieden seiest mit dir selbst und mit dem Guten, dessen Urheber du bist. Alle übrigen Bitten an die Götter kannst du dir sparen. Welches Glück läge uns näher? Schicke dich in das bescheidene Dasein, das keinen Absturz befürchten lässt. Und dir diesen Entschluss leichter zu machen, dazu soll der Tribut beitragen, den ich diesem Briefe nun zum Schlusse beilege.

Du magst mir's übel nehmen, aber noch immer wird Epikur gern für mich ahlung leisten. »Eindrucksvoller, glaube mir, werden deine Worte sich ausnehmen vom Strohlager oder im schäbigen Mantel. Denn sie werden nicht nur gesprochen, sondern legen Zeugnis von sich ab.« Ich wenigstens lausche ganz anders auf die Worte unseres Demetrius, wenn ich ihn im zerschlissenen Kleide und auf einem Lager sehe, das noch lange kein Strohlager ist: Dann ist er mir nicht ein Lehrer der Wahrheit, sondern ein Zeuge. »Also wie? Soll es nicht erlaubt sein, den Reichtum zu verachten, über den man gebietet?« Warum sollte es nicht erlaubt sein? Auch der ist ein charaktervoller Mann, der, umgeben von der Fülle des Reichtums und immer wieder erstaunt darüber, dass dieser Reichtum gerade an ihn geraten ist, über diesen seinen Reichtum lacht und mehr von anderen hört als selbst es fühlt, dass er ihm gehöre. Es will etwas heißen, mit dem Reichtum gleichsam vermählt zu sein, ohne doch seinem Einfluss zu unterliegen. Der ist groß, der inmitten des Reichtums arm ist. »Wer weiß«, erwiderst du, »wie dieser Reiche die Armut ertragen würde, wenn er wirklich in sie geriete.« Und auch ich weiß nicht, ob jener Arme den Reichtum irgendeines Epikureers verachten würde, wenn er ihm zufiele. Daher gilt es, bei beiden die Gesinnung zu prüfen und zu ergründen, ob jener der Armut von Herzen zugetan sei und ob dieser dem Reichtum nicht zugetan sei; sonst wäre ein Strohlager oder zerschlissenes Gewand ein unzulänglicher Beweis; vielmehr muss festgestellt sein, dass einer zu solchen Entbehrungen nicht genötigt ist, sondern ihnen seiner Überzeugung nach den Vorzug gibt. Doch es gehört eine starke Natur dazu, sich nicht jählings auf das als das bessere Erkannte zu stürzen, sondern sich darauf vorzubereiten als auf etwas, das einem dann leicht wird. Und es *ist*, mein Lucilius, leicht; da du dich aber schon lange in Gedanken damit vertraut gemacht hast, so ist es für dich sogar angenehm. Denn durch diese Wahl schafft man sich Sorgenfreiheit, ohne die nichts angenehm ist. Deshalb halte ich es für nötig, dem Beispiel großer Männer, von denen ich dir schrieb, zu folgen und von Zeit zu Zeit einige Tage anzusetzen, an denen wir uns durch eingebildete Armut auf die wirkliche einüben. Und dazu haben wir umso mehr Veranlassung, da wir ganz im Genussleben erschlafft sind und alles für hart und schwer erachten. Umso mehr muss der Geist aus seinem Schlafe geweckt und aufgestachelt und daran erinnert werden, dass die Natur uns auf sehr weniges angewiesen habe. Niemand wird reich geboren; wer das Licht erblickt, muss mit Milch und Lappen zufrieden sein. Dies ist der Anfang – und Königreiche reichen nicht hin, unsere Ansprüche zu befriedigen.

Dreiundzwanzigster Brief

Über die wahre Freude und die Art, sie zu gewinnen

Meinst du etwa, ich werde dir schreiben, wie gut diesmal der Winter es mit uns gemeint hat, der nicht nur milde, sondern auch kurz war, wie übel dagegen der Frühling uns mitgespielt mit seiner unangebrachten Kälte, und was dergleichen Plattheiten mehr sind, die nur als Lückenbüßer dienen, weil man sonst nichts zu sagen weiß? Nein, ich will etwas schreiben, was sich mir und dir als nützlich erweisen kann. Was könnte dies aber anderes sein als die Mahnung an dich, an deiner sittlichen Veredelung zu arbeiten? Du fragst, was die Grundlage dazu sei? Wirf die Lust an eitelen Dingen von dir. Doch wie? Habe ich recht damit? Nein, nicht die Grundlage ist es, sondern der Gipfel. Auf die oberste Höhe ist gelangt, wer da weiß, worüber er sich freut, wer sein Glück nicht unter fremde Botmäßigkeit gestellt hat. Mit Sorgen belastet und seiner selbst nicht gewiss ist der, mit dem irgendeine Hoffnung ihr neckendes Spiel treibt, mag das Gewünschte auch unmittelbar zur Hand oder unschwer zu erlangen sein, mag seine Hoffnung auch sonst ihn noch nie getäuscht haben. Vor allem, mein Lucilius, empfehle ich dir: Lerne dich freuen. Meinst du etwa, ich beraube dich vieler Freuden, wenn ich dich unzugänglich mache für des Zufalls Launen, wenn ich die Hoffnungen, diese verführerischen Schmeichlerinnen, gemieden wissen will? Nein, ganz im Gegenteil: Geht es nach meinem Willen, so soll dir die Freude niemals fehlen. Ich will, dass sie dir daheim erwachse, und sie wird es, wenn sie nur in dir selbst ist. Heitere Erregungen sonstiger Art greifen nicht tief in das Innere; sie verscheuchen die Wolken von der Stirn und sind flüchtiger Art, du müsstest denn glauben, dass, wer lacht, sich auch freut: Der Geist muss frisch sein, voll Selbstvertrauen und allen Anfechtungen überlegen. Glaube mir: Es ist eine ernste Sache um die Freude. Oder meinst du, es werde irgendjemand mit unbefangener Miene, oder wie jene Lebemänner sich ausdrücken, heitern Auges den Tod verachten, der Armut die Tür öffnen, der Genusssucht Zügel anlegen und auf Ausharren im Schmerze sich gefasst machen? Wer sich mit derlei Gedanken trägt, lebt in einem Zustande hoher Freude, aber einer Freude, die nichts weniger als schmeichlerischer Art ist. Im Besitze derartiger Freude möchte ich dich sehen. Sie wird dir niemals versagen, wenn du einmal die Quelle gefunden hast, der sie entstammt. Die geringwertigen Metalle finden sich an der Oberfläche, die gehaltvollsten sind diejenigen, deren Adern tief im Erdreich verborgen liegen und die dem unablässig Grabenden immer reichere Ausbeute gewähren. Die gewöhnlichen Volksbelustigungen gewähren nur einen schalen und oberflächlichen Genuss, wie denn jede nicht von Herzen kommende Freude der sicheren Grundlage ermangelt: Die, von der ich hier rede und zu der ich dir verhelfen möchte, ist unerschütterlich und senkt sich tiefer ins Innere. Tue, liebster Lucilius, was allein dich glücklich machen kann. Gehe erbarmungslos ins Gericht mit jenen Dingen, die von außen glänzen, die dir von einem anderen oder aus den Mitteln eines anderen versprochen werden, halte deinen Blick auf das wahre Gut gerichtet und lass deine Freude dem entquellen, was dein ist. Was ist aber dieser Quell? Du selbst bist es, du mit deinem besten Teil. Auch dies Gemächte von Leib, mag es auch notwendig sein für all unser Tun, halte eher für etwas Unentbehrliches als für etwas Großes. Er gewährt nur nichtige, kurze und zur Reue führende Genüsse, die, wenn man ihnen nicht große Mäßigung auferlegt, sich in ihr Gegenteil umwandeln. Lass dir's gesagt sein: Die Lust neigt sich in jäher Beschleunigung dem Schmerze zu, wenn sie nicht Maß hält. Maß zu halten ist aber schwer bei dem, was man für gut hält. Trachtet man nach dem wahren Gut, so ist man in Sicherheit. Du fragst, woher wir es erhalten. Ich will es dir sagen: Es ist die Frucht eines guten Gewissens, die Frucht edeler Vorsätze, die Frucht tadelloser Handlungen, die Frucht der Verachtung aller Überraschungen, die uns der Zufall bringt, die Frucht eines ruhig und stetig dahinfließenden Lebens, das sich immer streng an den einzig richtigen Weg hält. Denn wer von einem Vorsatz zum anderen überspringt oder nicht einmal überspringt, sondern durch den Zufall sich hinüberstoßen lässt, wie kann der irgendetwas Sicheres oder Bleibendes sein Eigen nennen, er, der immer in der Schwebe und bald hier, bald dort ist? Wenige nur wissen mit sich selbst sowie mit dem Ihrigen streng planmäßig zu verfahren; die übrigen gleichen dem, was auf den Flüssen dahinschwimmt; sie werden nicht von ihren Füßen, sondern von der Strömung getragen. Den einen führt eine lindere Welle ruhig und sanft mit sich dahin, den anderen reißt eine heftigere mit sich fort, den einen setzt sie bei ermattender Flut am nahen Ufer ab, den anderen wirft ihr wildes Ungestüm hinaus ins offene Meer. Daher gilt es festzustellen, was wir im Grunde wollen, und dabei zu beharren.

Hier ist der Ort, dir den schuldigen Tribut zu zahlen. Ich kann dir ein Wort deines Epikur zurückgeben und damit diesen Brief seiner Schuld ledig machen: »Es taugt nichts, das Leben immer wieder anzufangen.« Oder vielleicht lässt sich der Sinn des Wortes klarer auf folgende Weise wiedergeben: »Unglücklich lebt, wer immer erst zu leben beginnt.« »Inwiefern?«, fragst du, denn dieses Wort will erläutert sein. Weil für diese Art von Menschen das Leben immer unfertig bleibt. Wer eben erst zu leben beginnt, wie kann der zum Tode gerüstet sein? Unser Streben muss darauf gerichtet sein, genug gelebt zu haben. Dieses Glaubens ist niemand, der eben gerade erst jetzt zu leben beginnt. Glaube nicht, dass deren nur wenige seien: Es sind nahezu alle. Manche fangen erst dann damit an, wenn sie aufhören mussten. Wenn dir das wunderlich vorkommt, so will ich noch etwas Wunderlicheres hinzufügen: Manche haben zu leben schon aufgehört, ehe sie anfingen.

Vierundzwanzigster Brief

Bekämpfung der Furcht vor nahendem Unglück, vor allem vor dem Tode

Du schreibst, dass du dir schwere Gedanken machst über den etwaigen Verlauf eines Rechtshandels, mit dem dich die Wut eines Feindes bedroht. Du denkst dir, ich werde dir raten, die Sache auch schon deinerseits mit günstigerem Auge zu betrachten und dich freundlicher Hoffnung zu getrösten. Denn was haben wir nötig, das Unglück herbeizurufen und Leiden schon im Voraus durchzukosten, die noch zeitig genug ertragen werden müssen, wenn sie sich eingestellt haben, und die Gegenwart zu verderben durch die Furcht vor der Zukunft? Es ist unzweifelhaft eine Torheit, schon jetzt unglücklich zu sein, weil man dereinst einmal unglücklich sein wird.

Doch ich will dich auf einem anderen Wege zur Gemütsruhe führen. Wenn du aller Bekümmernis ledig werden willst, so stelle dir vor, dass alles, dessen Eintreten du befürchtest, auch unbedingt eintreten wird, und miss bei dir die Größe des Übels, welcher Art es auch sei, ab und veranschlage deine Furcht: Da wirst du gewiss zu der Einsicht kommen, dass, was du fürchtest, entweder nicht erheblich oder nicht von Dauer ist. Und du brauchst nicht lange nach Beispielen zu suchen, an denen du dich aufrichten kannst. Kein Zeitalter, das deren nicht böte! Welchen Teil auch immer sei es der heimischen sei es der ausländischen Geschichte du dir ins Gedächtnis zurückrufst, überall wirst du auf Geister stoßen, die einen hohen Grad innerer Vervollkommnung erreichten oder über eine gewaltige Willenskraft geboten. Stelle dir vor, du würdest verurteilt: Was kann dir Härteres zustoßen, als dass du in die Verbannung geschickt oder in den Kerker geworfen wirst? Was hätte einer noch Schlimmeres zu befürchten, als dass man ihn den Qualen des Feuers aussetzt oder ihn umbringt? Gib deine Bestimmungen ganz ins Einzelne und lass die Verächter derselben vor uns erscheinen:

Man braucht sie nicht zu suchen, man braucht sie nur auszuwählen. Rutilius ertrug seine Verurteilung, als ob er daran nichts weiter auszusetzen hätte als dies, dass er ungerecht verurteilt wurde. Metellus ließ die Verbannung mutig über sich ergehen, Rutilius sogar gern; jener kehrte zurück auf Ersuchen des Staates, dieser verweigerte seine Rückkehr sogar dem Sulla, dem damals nichts abgeschlagen wurde. Sokrates setzte noch im Kerker seine Lehrtätigkeit fort und wollte nichts wissen von einer Flucht aus demselben, zu der man ihm verhelfen wollte: Er harrte darin aus, um den Menschen die Furcht vor den zwei schwersten Bedrängnissen zu benehmen, vor dem Tode und vor dem Kerker. Mucius legte seine Hand in den Feuerbrand. Es ist schmerzhaft, gebrannt zu werden; wie viel schmerzhafter noch, sich selbst diese Qual aufzuerlegen. Da siehst du einen Menschen, der ohne jede höhere Bildung und ohne jede wissenschaftliche Unterweisung über das Verhalten gegen Tod und Schmerz, nur ausgerüstet mit kriegerischer Kraft, sich selbst die Buße auferlegt für sein misslungenes Beginnen. Da steht er als sein eigener Zuschauer bei dem Dahinschwinden seiner bis auf die Knochen abgesengten Hand, bis endlich der Feind das Feuer entfernt. Wohl hätte er glücklicher sein können bei seinem Unternehmen im feindlichen Lager, mehr Mut hätte er nimmermehr zeigen können. Siehe, wie viel mehr Willenskraft die Tapferkeit zeigt zur Herausforderung von Gefahren als die Grausamkeit sie zeigt in Verhängung derselben: Leichter verzieh Porsenna dem Mucius, dass er ihn hatte ermorden wollen, als Mucius es sich selbst verzieh, dass es ihm. nicht gelungen war.

»Das sind Märchen«, sagst du, »die man in allen Schulen ableiert; du wirst mir nun auch, wenn du auf die Todesverachtung zu sprechen kommst, vom Cato erzählen.« Warum sollte ich auch nicht von ihm erzählen, wie er in jener letzten Nacht, das Schwert neben sich, des Platon Phädon las? Für zwei Hilfsmittel hatte er in dieser verzweifelten Lage gesorgt: Das Eine sollte ihm den Entschluss zum Tode, das Andere die Möglichkeit zur Ausführung geben. Nachdem er also seine Angelegenheiten geordnet hatte, so gut es eben gehen wollte bei diesem allgemeinen Zusammenbruch, hielt er es für seine Pflicht, dafür zu sorgen, dass niemand sich unterstehen dürfe, den Cato zu töten, aber auch niemand in der Lage wäre, ihm das Leben zu retten. So zog er das Schwert, das er bis zu jenem Tage noch mit keinem Morde befleckt hatte, mit den Worten: »Nichts hast du ausgerichtet, o Schicksal, mit deinem Widerstand gegen alle meine Bestrebungen. Nicht für meine, sondern für meines Vaterlandes Freiheit habe ich die ganze Zeit daher gekämpft, und die Hartnäckigkeit, mit der ich es tat, galt nicht dem Ziele, selbst frei, sondern *unter* Freien zu leben. Jetzt nun, da es vorbei ist mit der Sache der Menschheit, mag sich Cato in Sicherheit bringen.« So stieß er sich das tödliche Schwert in den Leib. Die Ärzte verbanden die Wunde; aber trotz des Blutverlustes und der Entkräftung noch gleichen Mutes, riss er, voll Zornes nicht nur gegen Caesar, sondern auch gegen sich selbst, mit der bloßen Hand die Wunde auf und öffnete seinem Lebenshauch, seinem edlen Geist, diesem Verächter aller Tyrannei, nicht nur den Weg zur Freiheit, sondern wies ihn kurzweg hinaus zu ihr.

Wenn ich jetzt Beispiele häufe, so geschieht dies nicht zum Zwecke geistiger Übung, sondern um dir Mut zu machen zum Widerstand gegen das scheinbar Furchtbarste. Ich werde mir diese Aufgabe erleichtern, wenn ich zeige, dass nicht nur tapfere Männer diesem Augenblick des Aushauchens der Seele mit Verachtung entgegensahen, sondern dass es auch einen oder den anderen gegeben hat, der, im Übrigen schlaffer Natur, in diesem Punkte es den Tapfersten gleich tat. Zu ihnen gehört der bekannte Schwiegervater des Cn. Pompejus, Scipio: Als er, durch widrige Winde nach Afrika zurückgetrieben, sein Schiff in der Gewalt der Feinde sah, durchbohrte er sich mit dem Schwerte und antwortete auf die Frage, wo der Feldherr wäre: »Mit dem Feldherrn steht es gut.« Dieses Wort stellt ihn seinen Ahnen an die Seite und hat dafür gesorgt, den durch das Schicksal an Afrika geketteten Ruhm der Scipionen keine Unterbrechung erfahren zu lassen. Es wollte etwas heißen, Karthago zu überwinden, aber mehr noch den Tod. »Mit dem Feldherrn«, sagte er, »steht es gut.« Durfte ein Feldherr, und zwar eines Cato Feldherr, anders sterben?

Indes, ich will dich nicht weiter an die Geschichte verweisen, will nicht aus allen Jahrhunderten die Verächter des Todes, deren Zahl nicht gering ist, zusammensuchen; blick hin auf unsere Zeiten, über deren Schlaffheit und Genusssucht wir klagen; da finden sich Leute jeden Standes, hoch und niedrig, jung und alt, die ihren Leiden durch den Tod ein Ende machten. Glaube mir, Lucilius, der Tod, weit entfernt ihn fürchten zu müssen, ist vielmehr eine Wohltat: Ihm verdanken wir es überhaupt, nichts fürchten zu müssen. Sei also außer Sorge, wenn die Drohungen deines Feindes dein Ohr treffen. Aber mag auch dein gutes Gewissen dich mit Zuversicht erfüllen, so kann doch manches, was an sich nicht zu dem Rechtshandel gehört, dazwischentreten. Darum rate ich dir: Hoffe auf das gerechteste Urteil, aber mache dich auch auf das ungerechteste gefasst. Vor allem aber lass nie die wirbelnden Staubmassen, die die Ereignisse begleiten, dich irre machen, sondern prüfe ruhig, was an jeder Sache ist: Du wirst dich überzeugen, dass an ihnen nichts furchtbar ist als eben die Furcht. Was, wie bekannt, den Kindern begegnet, das begegnet auch uns, den großen Kindern. Sehen sie die, die sie lieb haben, an die sie gewöhnt sind, mit denen sie spielen, mit einer Larve vor dem Gesicht, so entsetzen sie sich. Nicht den Menschen nur, sondern auch den Dingen muss die Maske abgerissen und ihnen ihr eigentliches Antlitz wiedergegeben werden. Was zeigst du mir Schwerter, Feuerbündel und die ganze Henkerschar, die dich umgrinst? Weg mit diesem Blendwerk, unter dem du dich versteckst und den Toren Angst einjagst: Du bist der Tod, den eben ein Sklave, eben erst eine Sklavin von mir verachtete.

Und was breitest du Schreckgespenst deine Geißeln, deine Marterwerkzeuge in reicher Auswahl vor mir aus? Für jedes einzelne

Glied eine besondere künstliche Vorrichtung, um es auszurenken, und tausenderlei Gerätschaften, um den Menschen Stück für Stück zu zerfleischen? Weg mit diesen schauererregenden Dingen. Lass verstummen das Stöhnen, die Klagelaute und das bittere Gejammer, das dieses Hinschlachten begleitet: Du bist ja doch nichts weiter als der Schmerz, den so mancher schwer Gichtkranke verachtet, so mancher Magenkranke inmitten der Tafelgenüsse verwindet, den das junge Weib aushält bei der Niederkunft. Er ist leicht, wenn ich ihn tragen kann, kurz, wenn ich ihn nicht tragen kann.

Diese Ansichten, die du oft schon gehört, oft auch selbst schon ausgesprochen hast, erwäge in deinem Geist; aber ob du als Hörer oder Sprecher auch wirklich von der Wahrheit der Sache durchdrungen warst, das musst du durch die Tat erproben. Denn das ist der schlimmste Vorwurf, den wir so oft zu hören bekommen, dass wir uns der Philosophie mit Worten befleißigen, aber nicht mit Werken. Denn wie? Bist du denn jetzt erst zu der Erkenntnis gekommen, dass du dich auf Tod, auf Verbannung, auf Schmerzen gefasst machen musst? Das droht dir gleich von Geburt ab. Was möglicherweise geschehen kann, das müssen wir uns als wirklich eintretend vorstellen; das, wozu ich dich mahne, hast du – ich weiß es sicher – bereits zur Richtschnur deines Handelns gemacht. Für jetzt rate ich dir nur, dich nicht ganz an die bewusste Besorgnis verloren zu geben. Denn dadurch wird dein Geist abgestumpft und wird nicht über die nötige Frische gebieten, wenn es gilt sich zu erheben. Lass ihn statt dieser persönlichen Angelegenheit sich dem öffentlichen Interesse zuwenden. Sage ihm, du habest einen sterblichen und gebrechlichen Leib, den nicht etwa bloß die Ungerechtigkeit oder die Gewalttätigkeit der Mächtigen mit Schmerz bedroht. Nein, auch selbst die Lustbarkeiten wandeln sich in martervolle Qual. Die Tafelfreuden machen den Magen krank, übermäßiger Weingenuss führt zu Nervenzerrüttung und Zittern, die Wollust zur Schwächung der Füße, der Hände und aller Glieder. Ich soll arm werden? Dann werde ich die Mehrzahl zu meinen Genossen haben. Ich soll verbannt werden? Ich werde den Ort meiner Verbannung als meine Heimat betrachten. Ich soll mich in Ketten legen lassen? Was hat es damit auf sich? Bin ich denn jetzt frei? Hat doch die Natur mich an das schwere Gewicht meines Leibes gefesselt. Ich soll sterben? Was heißt das anders als, ich werde nicht mehr krank sein können, werde nicht mehr gefesselt werden können, nicht mehr sterben können. Ich bin nicht so albern, hier des Epikurus altes Lied anzustimmen und dir zu versichern, dass die Schrecken der Unterwelt nichts seien als blauer Dunst, dass weder ein Ixion auf dem Rade sich drehe noch ein Felsblock durch des Sisyphus Schulterkraft nach oben gewälzt werde, noch dass irgendeines Menschen Eingeweide Tag für Tag abgefressen werden und sich wieder ersetzen können. Niemand ist so kindisch, vor dem Cerberus Angst zu haben und vor der Finsternis und vor dem Larvenspuk der Gerippe. Der Tod vernichtet uns entweder oder macht uns frei. Gibt er uns frei, so sind wir der Bürde ledig, und es bleibt uns nur unser besser Teil; vernichtet er uns aber, so bleibt uns nichts: Gutes und Schlimmes – alles ist hinweggenommen. Gestatte mir hier, einen Vers von dir anzuführen, doch nicht ohne vorher dich daran zu erinnern, dass du ihn nicht als bloß für andere geschrieben erachten musst, sondern auch für dich selbst. Schimpflich ist es, anders zu reden, anders zu denken. Wie viel schimpflicher noch ist es, anders zu schreiben, anders zu denken! Ich erinnere mich: Du hast einmal das Thema behandelt, dass wir nicht plötzlich dem Tode verfallen, sondern dass wir stückweise uns ihm nähern: Wir sterben täglich. Denn täglich wird uns ein Teil des Lebens entzogen, und selbst, wenn wir noch wachsen, nimmt das Leben auch schon wieder ab. Mit unserer Kindheit ist es vorbei, mit unserem Knabenalter gleichermaßen und nicht minder mit unserer Jünglingszeit. Was bis an den gestrigen Tag an Zeit dahingeschwunden ist, das ist alles versunken; sogar den heutigen Tag, den wir vor uns haben, teilen wir mit dem Tod. Wie die Wasseruhr sich nicht bloß mit dem letzten Tropfen erschöpft, sondern mit jedem Tropfen, der schon vorher aus ihr herabfiel, so macht die letzte Stunde, in der wir zu sein aufhören, nicht für sich allein den Tod aus, aber sie drückt das Siegel darauf: Wir sind nun wirklich zu ihm gelangt, befinden uns aber lange schon auf dem Wege zu ihm. Nachdem du dies in deiner gewohnten gehobenen Sprache, die aber niemals schwungvoller ist als da, wo du der Wahrheit das Wort leihst, dargelegt hast, heißt es:

Tod gibt's mehr als einen, der letzte führet zum Orkus.

Es wäre mir lieber, du läsest dich selbst, als meinen Brief, denn du würdest daraus klar ersehen, dass der Tod, den wir fürchten, der Letzte ist, aber nicht der Einzige.

Ich weiß, wonach du dich umsiehst: Du suchst nach der Beigabe zum Brief, nach einem herzhaften Spruch, nach einem nützlichen Mahnwort. Du sollst etwas erhalten, das unmittelbar zu dem von uns behandelten Thema gehört. Epikur spart mit Vorwürfen ebenso wenig gegen die, welche den Tod herbeisehnen, wie gegen die, welche ihn fürchten. Er sagt: »Es ist lächerlich, aus Lebensüberdruss in den Tod zu eilen, denn du hast ja durch die Wahl deines Lebensberufes es selbst dahin gebracht, dass du zum Tode eilen musstest.« An einer anderen Stelle heißt es: »Was ist so lächerlich als den Tod zu erstreben, nachdem man sich in ein unruhiges Leben gestürzt hat?« Dem kann man noch folgenden Spruch beifügen, der auf dasselbe hinausläuft: Die Torheit, ja der Wahnwitz mancher Menschen sei so groß, dass manche durch die Furcht vor dem Tode zum Tode gezwungen werden. Welchen dieser Sätze du dir auch zu näherer Betrachtung wählst, du wirst dein Inneres stärken zum Ausharren, sei es gegenüber dem Tod, sei es gegenüber dem Leben. Denn nach beiden Seiten hin bedürfen wir der Mahnung und der Kräftigung: Wir sollen das Leben weder zu sehr lieben noch zu sehr hassen. Selbst wenn die Vernunft uns rät, mit uns ein Ende zu machen, so dürfen wir doch nicht aufs Geratewohl zum Angriff vorstürmen. Der tapfere und weise Mann soll nicht in hastiger Flucht, sondern ruhigen Schrittes aus dem Leben scheiden. Und vor allem sei jene Stimmung gemieden, die sich so vieler bemächtigt: Das leidenschaftliche Verlangen, zu sterben. Denn, mein Lucilius, wie zu vielem anderen, so gibt es auch zum Sterben einen unbedachten Hang, der ebenso oft die edelsten und charaktervollsten Männer ergreift wie schlaffe und gebeugte Naturen: Jene verachten das Leben, diese fühlen sich durch dasselbe bedrückt. Manche haben es satt, immer wieder dasselbe zu tun und zu sehen, und es beschleicht sie nicht Hass gegen das Leben, sondern Überdruss. Ja, die Philosophie selbst unterstützt diesen Hang, denn da kann man Äußerungen hören wie diese: »Wie lange noch immer wieder dasselbe? Erwachen und schlafen, Hunger haben und essen, frieren und schwitzen – so geht es endlos fort, denn eines knüpft sich an das Andere, und alles bewegt sich im Kreislauf, flieht und verfolgt. Auf den Tag wartet schon die Nacht, auf die Nacht der Tag, der Sommer geht über in den Herbst, dem Herbst folgt der Winter auf dem Fuße, über den dann der Frühling siegt. So vergeht alles, um wiederzukehren. Ich tue nichts Neues, ich sehe nichts Neues: Am Ende wird mir auch dieser Wechsel zum Ekel.« Es gibt so manche, die es nicht für schmerzlich halten zu leben, wohl aber für überflüssig.

Sechsundzwanzigster Brief

Wie Seneca von sich als Greis und von dem nahenden Tode denkt

Es ist nicht lange her, dass ich dir sagte, ich stehe mitten im Greisenalter; jetzt, fürchte ich, bin ich schon darüber hinaus. Jetzt wäre schon ein anderes Wort passend für diese meine Jahre, wenigstens für diesen meinen körperlichen Zustand; denn unter Greisenalter versteht man eine Zeit der Erschlaffung, nicht des Gebrochenseins. Zähle mich zu den körperlich Verfallenen, die am äußersten Ende stehen. Gleichwohl darf ich es wagen, mir vor dir Glück zu wünschen: Mein Geist fühlt sich frei von der Unbill des Alters, mit der mein Körper zu ringen hat. Nur meine Fehler und die Werkzeuge meiner Fehler sind alt geworden. Mein Geist ist frisch und froh, dass er nicht mehr viel mit dem Körper zu schaffen hat. Er hat sich eines großen Teils seiner Bürde entledigt. Er frohlockt und macht sich zu meinem Gegner in der Frage über das Greisenalter. Das, sagt er, sei seine Blütezeit. Glauben wir ihm; gönnen wir ihm den Genuss seines Glückes.

Er gibt die Anweisung, darüber nachzudenken und ins Klare zu kommen, was ich von dieser Seelenruhe und Maßhaltung der Weisheit verdanke und was dem Alter, und genau zu prüfen, ob, wenn ich etwas nicht tue, daran die mangelnde Kraft oder der mangelnde Wille schuld sei, und wenn ich es nicht tun will, so freue ich mich, wenn ich zugleich es nicht tun kann. Denn was gäbe es zu klagen, was wäre es für ein Unglück, wenn dasjenige zu Ende geht, was nichts anderes verdiente als aufzuhören? »Es ist aber doch«, sagst du, »ein höchst empfindliches Übel, zusammenzuschrumpfen, dahinzuschwinden und, um das bezeichnendste Wort zu wählen, zu verwesen. Denn wir sind nicht mit einem Schlag zu Fall gebracht und hingestreckt worden: Stück um Stück schwinden wir dahin. Jeder Tag entzieht uns etwas von unserer Kraft.« Was gäbe es denn für einen besseren Ausgang als allmählich durch die lösende Macht der Natur dem Ende anheimzufallen? Nicht, als wäre ein einmaliger Schlag und ein plötzlicher Austritt aus dem Leben ein Unglück; aber das allmähliche Verschwinden ist doch vergleichsweise ein linder Abgang. Ich wenigstens prüfe mich, als wäre nun die Probe zu bestehen und als wäre jener Tag erschienen, der über mein ganzes Leben das entscheidende Urteil fällen soll, und rede so zu mir: »Nichts ist es, was ich bis jetzt in Wort und Tat geleistet habe. Es sind nichtige und trügerische Unterpfänder meiner Gesinnung, mit reichlichem Blendwerk umhüllt: Der Tod soll mir erst zeigen, wie weit ich es in der Besserung gebracht habe. Ohne Zagen mache ich mich also bereit für jenen Tag, wo ich ohne alle Ausflüchte und Schönfärberei über mich entscheiden soll, ob ich nur in Worten oder auch in meinem Innern tapfer bin, ob es etwa Heuchelei und Schauspielerei gewesen sei, was ich an trotzigen Worten gegen das Schicksal im Munde geführt. Berufe dich nicht auf das Urteil der Menge: Es ist stets unzuverlässig und schwankt von einer Seite zur anderen. Berufe dich nicht auf deine wissenschaftlichen Bestrebungen, die du dein Lebtag betrieben: Der Tod wird über dich das Urteil fällen. Meiner Meinung nach zeigen deine Abhandlungen und gelehrten Gespräche und was du aus den Lehren der Weisen an Kernsprüchen gesammelt, und deine gewählte Sprache nicht die wahre Kraft deiner Gesinnung. Denn auch die Zaghaftesten führen mitunter eine kecke Sprache. Was du geleistet, wird sich dann zeigen, wenn die Seele dir entweicht. Ich füge mich in dein Verlangen; ich scheue das Gericht nicht.« So rede ich mit mir; aber auch mit dir will ich damit zugleich geredet haben. Du bist jünger. Doch was macht das aus? Die Jahre werden nicht einzeln abgezählt. Es ist ungewiss, wo der Tod dich erwartet; erwarte ihn also, wo du auch willst.

Schon wollte ich schließen, und meine Hand eilte zur Unterschrift: Aber die Opferhandlung will ihren Abschluss haben und dieser Brief verlangt sein Reisegeld. Du brauchst dir nicht erst gesagt sein zu lassen, bei wem ich meine Anleihe machen werde; du kennst den Geldschrank, den ich benutze. Warte noch ein Weilchen, und die Bezahlung wird aus eigenen Mitteln bestritten. Vor der Hand wird Epikur noch herhalten, der sagt: »Gedenke des Todes«, oder, wenn du das lieber hörst, gedenke zu den Göttern überzugehen. Der Sinn ist klar: Es ist eine herrliche Sache, sterben zu lernen. Du hältst es vielleicht für überflüssig, das zu erlernen, dessen Anwendung sich auf einen einzigen Fall beschränkt. Eben das ist es, was es uns zur Pflicht macht, darauf zu denken. Immer muss man das erlernen, von dem wir durch keine Erfahrung erproben können, ob wir es auch wissen. »Gedenke des Todes!« Wer so spricht, heißt uns der Freiheit eingedenk zu sein. Wer zu sterben gelernt hat, hat verlernt Sklave zu sein. Er ist über jede äußere Gewalt erhaben oder wenigstens außerhalb derselben. Was wollen gegen ihn Kerker und Gewahrsam und Riegel? Er hat freien Ausgang. Nur eine Kette gibt es, die uns gefesselt hält, das ist die Liebe zum Leben. Wir wollen sie nicht von uns weisen, aber wir müssen ihren Druck mindern, damit, wenn die Entscheidung eintritt, uns nichts zurückhalte und hindere bereit zu sein, das ohne Zögern zu tun, was einmal doch geschehen muss.

Siebenundzwanzigster Brief

Die wahre Glückseligkeit als Frucht der Tugend

»Du warnst mich«, sagst du, »vor meinen Fehlern? Hast du dich denn selbst schon gewarnt und gebessert, um dich zur Besserung anderer berufen zu fühlen?« Ich bin nicht so dünkelhaft mich als praktischen Arzt aufzuspielen. Nein, ich unterhalte mich mit dir nur, als lägen wir in einer gemeinsamen Heilstätte, über unser gemeinschaftliches Übel und gebrauche die nämlichen Kurmittel. Höre mich also so an, als spräche ich mit mir selbst. Du erhältst also Zutritt in mein Inneres, und ich rechne streng mit mir ab. Ich rufe mir selbst zu: »Zähle deine Jahre, und du wirst mit tiefer Scham bekennen, dass du noch immer dasselbe willst, was du als Knabe gewollt hattest, dass du noch immer dasselbe treibst. Das wenigstens bist du doch, da der Tod im Anzug ist, dir zu leisten schuldig, dass deine Fehler nicht erst mit deinem Tode sterben. Sage dich los von jenen aufregenden Lustbarkeiten, die einem teuer zu stehen kommen und die nicht nur schaden, wenn sie erst im Anzug sind, sondern auch, wenn sie schon vorüber sind. Wie Verbrechen, auch wenn sie bei der Ausführung unentdeckt blieben, doch ein Angstgefühl hinterlassen, das nicht mit ihnen selbst verschwindet, so hinterlassen schamlose Lüste ein auch später nicht weichendes Reuegefühl. Sie sind nicht haltbar, sind nicht treu; auch wenn sie nicht schaden, entfliehen sie doch. Siehe dich vielmehr nach einem bleibenden Gut um. Von dieser Art aber gibt es keines außer dem, welches das Gemüt in sich selbst findet. Nur die Tugend gewährt dauernde, kummerlose Freude; selbst wenn sich ein Hemmnis einstellt, so ist das nur wie eine unten sich hinziehende Wolkenschicht, die nicht Herr wird über den Tag.« Wann wird mir's gelingen, zu dieser Freude zu gelangen? Zwar bin ich nicht müßig, aber Eile tut not. Noch viel bleibt zu tun übrig, und es bedarf, wenn du damit fertig werden willst, noch großer Wachsamkeit, noch großer Kraftanstrengung. Da lässt sich nichts auf andere Schultern abladen. Andere geistige Bestrebungen machen eine Beihilfe möglich. Calvisius Sabinus lebte noch zu unserer Zeit als reicher Mann. Er war ein Freigelassener nach äußerer Lage wie nach Geistesart. Niemals ist mir sonst ein Mensch vor Augen gekommen, der von des Schicksals Gunst einen so unschicklichen Gebrauch gemacht hätte. Er hatte ein so jämmerliches Gedächtnis, dass ihm bald der Name des Ulixes entfiel, bald der des Achilles oder Priamus, die wir so gut kennen wie unsere Erzieher. Kein im Dienste alt gewordener Nomenklator, der nicht die wirklichen Namen angibt, sondern im Augenblick erfundene, verfährt im Begrüßen der gewöhnlichen Leute so ungeschickt wie jener gegenüber den Trojanern und Achivern. Gleichwohl hatte er den Ehrgeiz gelehrt zu erscheinen. Er sann also nach und kam auf folgenden Ausweg: Für Geld wer weiß wie viel kaufte er sich Sklaven, einen, der den Homer, einen anderen, der den Hesiod innehaben musste; die neun Lyriker bedachte er dann auch mit je einem Sklaven. Dass ihm die Sache teuer zu stehen kam, ist nicht zu verwundern. Er hatte die gewünschten Leute nicht gefunden, sondern musste sie erst dazu ausbilden lassen. Als er seine Schar endlich beisammen hatte, bekamen die Gäste die üblen Folgen zu. spüren. Die betreffenden Sklaven standen ihm zu Füßen; ab und zu ließ er sich die Verse angeben, die er vortragen wollte; häufig aber blieb er trotzdem mitten in einem Worte stecken. Satellius Quadratus, ein Schmarotzer reicher Narren, folglich auch ihr Schmeichler und, was diesen beiden sich in der Regel beigesellt, ihr Spottvogel, gab ihm den Rat, er solle sich Grammatiker als Brockensammler halten. Und als Sabinus erwiderte, seine Sklaven kosteten ihm jeder schon hunderttausend Sesterzien, gab er zur Antwort: »Um einen geringeren Preis hättest du ebenso viele Bücherschränke kaufen können.« Er aber beharrte bei seiner Einbildung, selbst zu wissen, was irgendeiner in seinem Hause wusste. Derselbe Satellius forderte ihn auf, als Ringkämpfer aufzutreten, ihn, den kränklichen, bleichen und hageren Mann. Der Antwort des Sabinus: »Wie wäre mir das möglich, lebe ich doch kaum«, begegnete er mit den Worten: »Führe doch nicht solche Reden, siehst du nicht, wie viele riesenstarke Sklaven du hast?« Gesunder Verstand lässt sich weder erborgen noch erkaufen. Und wäre er käuflich, er würde, glaube ich, keine Käufer finden. Aber Torheit wird täglich gekauft.

Doch empfange nun was ich dir schulde, und lebe wohl. »Armut, geordnet nach dem Gesetz der Natur, ist Reichtum.« Das sagt Epikur häufig in immer wieder neuer Form. Doch niemals wird zu oft gesagt, was niemals gründlich genug gelernt wird. Manchen braucht, was ihnen frommt, bloß gezeigt zu werden, anderen muss es eingetrichtert werden.

Achtundzwanzigster Brief

Reisen an sich sind kein geeignetes Mittel, das Gemüt zu entlasten

Du hältst dich für den Einzigen, dem es so ergangen, und wunderst dich wie über etwas Unerhörtes, dass es dir durch deine lang sich hinziehende Reise und durch den mannigfachen Wechsel der Landschaftsbilder nicht gelungen ist, dich deines Trübsinnes und deiner Schwermut zu entschlagen? Deine Sinnesweise musst du ändern, nicht den Himmelsstrich. Magst du das weite Meer durchkreuzen, mögen dir, wie unser Vergil sagt,

– – Länder und Städte entschwinden,

deine Fehler werden dir überallhin folgen. Einem, der dieselbe Klage führte, erwiderte einst Sokrates: »Was wunderst du dich, dass deine Reisen dir nichts nützen? Bist du es nicht selber, den du herumschleppst? Was dich forttrieb, sitzt dir unmittelbar auf dem Nacken.« Was kann die Neuheit der Gegenden dir frommen? Was die Kenntnis von Städten oder Örtlichkeiten? Zwecklos ist dieses Hin und Her. Du fragst, warum dir diese Flucht nichts helfe? Du selbst begleitest dich auf deiner Flucht. Erst musst du den Druck loswerden, der auf deiner Seele lastet; vorher wirst du dich an keinem einzigen Platze wohlfühlen. Dein jetziger Zustand hat – das musst du dir sagen – einige Ähnlichkeit mit demjenigen der hocherregten und von Verzückung ergriffenen und zum guten Teil schon von einem anderen als dem ihrigen erfüllten Geist der Seherin, die Vergil uns vorführt.

Tobend versucht die Prophetin, ob etwa der Brust
sie entschütteln
Könne den mächtigen Gott.

Du wanderst von einem Orte zum anderen, um den in dir liegenden Druck loszuwerden, aber eben durch diese Bewegung wird er nur noch lästiger. Es steht damit ähnlich wie mit einem Schiffe: Während die fest verstaute Last weniger Druck ausübt, lässt die ungleichmäßig verstaute Last das Schiff sich schneller nach der Seite senken, nach der das Übergewicht hinzieht. Du magst machen was du willst, es fällt immer zu deinem Nachteil aus, durch die Bewegung selbst schadest du dir, denn du schüttelst nur einen Kranken. Hast du aber jenen Herd des Unheils entfernt, dann wird jeder Ortswechsel dir Freude machen. Magst du auch in die äußersten Erdstrecken verbannt werden, magst du in wer weiß welchem Winkel des Barbarenlandes dich aufhalten müssen, allenthalben wird sich dir ein freundliches Unterkommen bieten, wenn auch noch so bescheidener Art. Es kommt für dich mehr darauf an, wer es ist, der da kommt, als wohin er kommt, und daher dürfen wir unser Herz an keinen Ort hängen, sondern müssen der Überzeugung leben: »Ich bin nicht für *einen* Winkel geboren, mein Vaterland ist diese ganze Welt.« Wäre dir das klar, so würdest du dich nicht wundern, dass dir der Wechsel der Landschaften keinen Nutzen bringt, zu dem dich der Überdruss an dem alten Wohnsitz immer wieder treibt. Die erste Beste würde dir gefallen haben, wenn du jede für die Deinige hieltest. Dein jetziges Verhalten ist kein Reisen, nein, es ist ein Umherirren, ein Sichumhertreiben und Wechseln des Ortes, während das, wonach du suchst, ein lobenswertes Leben, an jedem Orte zu finden ist. Gibt es ein stürmischeres Treiben als das auf dem Forum? Selbst da kann man ruhig leben, wenn es nötig ist. Doch wenn man frei über sich verfügen kann, so werde ich wenigstens schon den Anblick und die bloße Nähe des Forums meiden. Denn wie ungesunde Landstriche auch der festesten Gesundheit schädlich sind, so gibt es manche, die einer an sich löblichen, aber noch nicht zu voller Reife und Kraft gelangten Sinnesart wenig zuträglich sind. Ich denke anders als die, welche sich mitten hineinstürzen in die Fluten und unter Bevorzugung eines sturmbewegten Lebens täglich hohen Mutes den Kampf mit den Schwierigkeiten des öffentlichen Lebens auf sich nehmen. Der Weise wird sich unter Umständen in solche Lage finden, wird sie aber nicht zum Gegenstand eigener Wahl machen: Er wird lieber in Frieden als im Kampf leben wollen. Hat man sich seiner eigenen Fehler entledigt, so hat man nicht viel davon, wenn man mit fremden kämpfen muss. »Dreißig Tyrannen«, heißt es, »umstanden den Sokrates, ohne seinen Mut brechen zu können.« Was liegt daran, wie viel der Herren es sind? Der Knechtschaft ist nur eine. Wer diese verachtet, der ist frei, mag auch die Zahl der Tyrannen noch so groß sein.

Es ist Zeit, zu schließen; doch erst muss ich noch meinen Botenlohn zahlen. »Die Erkenntnis der Sünde ist der Anfang des Heiles.« Ein treffliches Wort Epikurs, wie mir scheint; denn wer sich nicht als Sünder fühlt, trägt auch kein Verlangen nach Besserung: Man muss sich selbst auf der Sünde ertappen, ehe man an seine Besserung Hand anlegt. Manche rühmen sich ihrer Fehler. Glaubst du wirklich, dass diejenigen, die ihre Schwächen sich als Tugenden anrechnen, irgendwie an deren Heilung denken? Also nimm dich so viel als möglich selbst ins Gebet, gehe mit aller Strenge in dich. Übernimm zunächst die Rolle des Anklägers, sodann die des Richters, zuletzt die des Fürsprechers. Zuweilen sei auch erbarmungslos gegen dich.

Zweiunddreißigster Brief

Vorzüge eines zurückgezogenen Lebens

Ich tue mich nach dir um und forsche alle, die von dorther kommen, angelegentlich aus, wie es dir geht und wie es um deine Geselligkeit bestellt ist. Du kannst mir nichts vorflunkern: Ich bin bei dir. Lebe so, als ob ich hörte, was du tust, ja als ob ich es sähe. Fragst du, was mir von allem, was ich von dir höre, am meisten Freude macht? Dass ich nichts höre, dass die meisten von denen, die ich befrage, nicht wissen, was du tuest. Es bringt Segen, nicht mit Leuten zu verkehren, die einem unähnlich und von ganz abweichenden Wünschen erfüllt sind. Ich habe zwar zu dir das Vertrauen, dass du dich nicht ablenken lässt und deinen Grundsätzen treu bleibst, auch wenn eine ganze Schar von Versuchern dich umgibt. Wie steht es also? Was ich fürchte, ist nicht etwa dies, dass sie dich hemmen. Kann doch auch, der uns aufhält, viel Schaden anrichten, zumal bei dieser Kürze des Lebens, das wir durch unsere Unbeständigkeit noch kürzer machen, indem wir immer wieder von vorn anzufangen versuchen. Wir zerreißen es in Teilchen und zerstückeln es. Befleißige dich also der Eile, mein teuerster Lucilius, und denke daran, wie sehr du deine Schritte beschleunigen würdest, wenn der Feind dir auf dem Nacken säße, wenn du das Nahen des Reiters spürtest, der sich an die Fersen der Fliehenden heftet. Und so steht's bei dir wirklich; du wirst umdrängt: Suche beschleunigten Laufes zu entkommen, bringe dich in Sicherheit und führe dir immer wieder zu Gemüt, was für eine herrliche Sache es doch sei, sein Leben vor dem Tode zum vollendenden Abschluss zu bringen, sodann in aller Ruhe die weiter uns noch beschiedene Zeit zu erwarten, ohne für sich dabei an einen weiteren Gewinn zu denken, in sicherem Besitz eines glücklichen Lebens, das an Glück nicht gewinnt, wenn es noch länger andauert. Oh, wann wirst du jene Zeit sehen, wo du erkennen wirst, dass die Zeit dir nichts anhat, wo dir Ruhe und Friede beschieden sein wird und wo du, völlig zufrieden mit dir selbst, dem nächsten Tage unbekümmert entgegensehen kannst. Soll ich dir sagen, was die Menschen so begierig nach dem Künftigen macht? Niemand ist voller Herr über sich.

Was deine Eltern dir vor Zeiten wünschten, war also ganz anderer Art: Was *mich* betrifft, so wünsche ich dir die Verachtung aller jener Dinge, deren sie dir die Fülle wünschten. Ihre Wünsche sind nur danach angetan, viele andere auszuplündern, um dich zu bereichern. Was sie dir zuwenden, muss einem anderen genommen werden. Ich wünsche dir die freie Verfügung über dich selbst, damit der von schwanken Entwürfen beunruhigte Geist endlich einen festen Widerhalt biete und seiner selbst gewiss sei: Damit er ferner an sich selbst Gefallen finde und nach erreichter Erkenntnis der wahren Güter, die mit erlangter Erkenntnis zugleich unser fester Besitz werden, eines Zusatzes an Jahren nicht bedürfe. Erst der ist aller Notwendigkeit Herr geworden, hat ausgedient und ist frei, welcher lebt nach vollendetem Leben.

Fünfunddreißigster Brief

Sittliche Vollkommenheit als Bedingung wahrer Freundschaft

Wenn ich dir so heftig anliege es ernst zu nehmen mit deinen wissenschaftlichen Bestrebungen, so betreibe ich damit meine eigene Sache. Ich möchte dich zum Freunde haben, was mir nur dann gelingen kann, wenn du in deiner Ausbildung auf dem eingeschlagenen Wege verharrst. Denn jetzt hast du mich zwar lieb, bist aber nicht mein Freund. »Wie? Wäre dazwischen noch ein Unterschied?« Ja, sogar eine Art Gegensatz: Wer Freund ist, liebt; wer liebt, ist nicht notwendig auch Freund. So kommt es denn, dass die Freundschaft immer heilsam ist, die Liebe zuweilen auch schädlich. Arbeite weiter an deiner Vervollkommung, und wäre es auch nur, um lieben zu lernen. Beeile dich also in diesem deinem Vorwärtsstreben für mich, damit die Früchte dieses Strebens nicht erst einem anderen zugutekommen. Es ist schon jetzt ein Genuss für mich, mir vorzustellen, dass wir gleichen Sinnes sein werden, und dass die Frische, die meinen Jahren abgeht, ihren Ausgleich erhalten werde durch dich, trotz des nicht sehr erheblichen Altersunterschiedes. Doch möchte ich meine Freude auch unmittelbar an der Sache selbst, an ihrer Gegenwart haben. Denjenigen, die wir lieben, verdanken wir auch aus der Ferne manche Freude, aber sie ist doch nur flüchtig und vorübereilend: Der Anblick, die Gegenwart und der persönliche Verkehr bieten eine Art lebendiges Vergnügen, zumal wenn man nicht nur die gewünschte Person, sondern diese auch in der gewünschten Verfassung sieht. Beschere dich also mir als ein herrliches Geschenk, und damit du es umso eiliger damit habest, denke daran, dass du sterblich bist, und ich ein Greis. Beeile dich, komme zu mir, aber zuvor erst zu dir selbst. Schreite fort in deiner Vervollkommnung und sei vor allem darauf bedacht, dir selbst treu zu bleiben. Willst du die Probe machen, ob etwas zuwege gebracht ist, so gib Acht darauf, ob du heute noch dasselbe wollest, was gestern: Ein Wechsel des Willens verrät ein Gemüt, das flatternd bald hier, bald dort sich zeigt, je nach dem Zuge des Windes. Was sicher und fest gegründet ist, das schweift nicht hin und her. Von dieser letzteren Art ist der vollendete Weise, annähernd sodann auch der im Guten Fortschreitende und Fortgeschrittene. Der Unterschied ist nur der, dass der Fortschreitende zwar noch in Bewegung gerät und an seinem Platze schwankt, ohne ihn indes zu verlassen, während der Weise nicht einmal in Bewegung gerät.

Achtunddreißigster Brief

Die zweckmäßigste Art philosophischer Belehrung

Mit Recht verlangst du nach einer größeren Lebhaftigkeit unseres brieflichen Verkehrs. Am nützlichsten ist die Form des Gespräches, weil es in kleinen Abschnitten seinen Weg in das Innere findet. Ausgearbeitete und vor einer zahlreichen Zuhörerschaft gehaltene

Vorträge sind geräuschvoller, haben aber weniger Vertrauliches. Die Philosophie ist ein guter Rat: Einen Rat gibt niemand mit gellender Stimme. Mitunter muss man sich auch jener sozusagen volksrednerischen Art bedienen, wo es gilt, auf einen Zweifelnden einen Druck auszuüben: Wo es indessen nicht darauf ankommt, erst den Willen zum Lernen anzuregen, sondern darauf, dass einer lerne, da muss man sich an jene geräuschlosere Art der Mitteilung halten. Sie findet leichter Eingang und haftet: Denn es bedarf da nicht vieler Worte, sondern wirksamer. Man streue sie aus wie das Samenkorn; so unscheinbar dies auch ist, entfaltet es doch, wenn es den geeigneten Boden gefunden, seine Kräfte und entwickelt sich aus kleinstem Umfang zu größtem Wachstum. Ebenso steht es mit der Vernunft: Sie nimmt sich nicht umfänglich aus beim Anblick; im Wirken wächst sie. Es braucht nur weniges gesagt zu werden, aber wenn es in einen empfänglichen Geist eingeht, so gewinnt es an Kraft und ringt sich empor. Es steht, behaupte ich, mit den philosophischen Lehren wie mit Samenkörnern: Sie haben reiche Wirkung trotz aller Kleinheit; nur muss, wie gesagt, der empfangende Geist den geeigneten Boden bieten, um sie in sich aufzunehmen. Vieles wird er – der Geist – dann auch seinerseits erzeugen und mehr zurückgeben als er empfangen hat.

Vierzigster Brief

Sprich langsam

Herzlichen Dank dafür, dass du mit deinen Briefen nicht sparsam bist. Denn das ist die einzige Möglichkeit, dich mir gleichsam gegenwärtig zu machen. Niemals empfange ich einen Brief von dir, ohne dass wir nicht alsbald beieinander wären. Wenn uns Bilder abwesender Freunde Freude machen und uns gegen die Sehnsucht nach den Abwesenden einen scheinbaren und haltlosen Trost zu gewähren scheinen, wie viel erfreulicher müssen dann doch Briefe sein, die uns untrügliche Spuren, untrügliche Kennzeichen des abwesenden Freundes übermitteln! Denn was beim Anblick das Erwünschteste ist, das wird hier ersetzt durch die aufgedrückte Hand des Freundes – das Wiedererkennen.

Du hörtest, wie du schreibst, den Philosophen Serapio nach seiner Landung in Sizilien. »Er pflegt in gewaltigem Drang die Worte in sich aufzustapeln, die er dann nicht in *einem* Flusse sich entströmen lässt, sondern mit Hängen und Würgen; denn es suchen ihrer zu viele den Ausgang, als dass *eine* Stimme sie bewältigen könnte.« Das scheint mir nicht die rechte Art bei einem Philosophen, dessen Vortrag ebenso wie sein Leben von einer gewissen Ordnung zeugen muss. Nichts aber ist wohlgeordnet, was in Überstürzung und Eile geschieht; daher weist Homer jene stark erregte und ohne Unterbrechung nach Art der Schneeflocken sich drängende Redeweise dem jüngeren Redner zu, während die sanfte süßer als Honig dem Greise entfließt. Lass dich also nicht irre machen: Diese hastige und überströmende Redeweise passt mehr für einen Marktschreier als für den Vertreter einer großen und wichtigen Sache, für die er als Lehrer auftritt. Ebenso wenig aber als die Überhastung ist die tropfenweise Verzapfung der Worte am Platze: Der Vortrag soll unsere Ohren ebenso wenig überschütten als sie unbefriedigt lassen. Denn auch jene Unbeholfenheit und Dürftigkeit schadet der Aufmerksamkeit des Hörers, der sich mit der schleichenden Langsamkeit des Vortrags nicht befreunden kann; doch findet immerhin das, worauf man wartet, eine leichtere Aufnahme in unserem Inneren als das, was vorüberfliegt. Im Allgemeinen heißt es doch, man bringe den Schülern die Lehren bei: Allein was flieht, wird nicht beigebracht.

Dazu ist noch Folgendes zu beachten: Ein Vortrag, der es auf Wahrheit abgelegt hat, muss ungekünstelt und einfach sein; aber die übliche Volksrednerei hat mit Wahrheit nichts zu schaffen. Sie will die Masse erregen und die unbesonnenen Hörer im Sturme fortreißen, sie entzieht sich jeder prüfenden Beurteilung, verliert sich in alle Winde. Wie kann man ihr die Kraft der Lenkung zutrauen, ihr, die sich selbst nicht lenken lässt? Wie steht es mit einer Rede, die heilend auf unser Gemüt einwirken soll? Muss sie nicht tief eindringen in unser Inneres? Heilmittel nützen nichts, wenn sie nicht in uns haften. Zudem führt eine derartige Rede Eitelkeit und Dunst mit sich, hat mehr Ton als Kraft. Es soll gelindert werden, was uns beängstigt, es soll gezügelt werden, was unsere Gier reizt, es soll verscheucht werden, was uns täuscht, es soll der Schlemmerei Einhalt geboten, es soll mit der Habgier scharf ins Gericht gegangen werden. Was von alledem kann so im Handumdrehen geschehen? Welcher Arzt heilt seine Kranken so im Vorbeigehen? Und kann denn auch nur von irgendwelchem Vergnügen die Rede sein bei solchem wahllos dahinrauschenden Wortgetön? Allein, wie es genügt, von so vielen Dingen irgendeinmal Notiz genommen zu haben, so ist es mehr als genug, solche bloßen Wortkünstler einmal gehört zu haben. Denn was möchte man von ihnen lernen, was ihnen nachmachen? Was soll man von der Seelenverfassung solcher Menschen denken, deren Rede so verworren, so ungezügelt dahinfließt, jeder Hemmung spottend? Wie Leute, die einen steilen Abhang herabrennen, nicht mehr nach Gefallen innehalten können, sondern durch das Gewicht des im Schwunge befindlichen Körpers fortgerissen und über ihr Ziel hinausgetrieben werden, so hat sich diese hastende Redeweise selbst nicht mehr in der Gewalt, und besonders schlecht steht sie der Philosophie, die ihre Worte nicht herausschleudern, sondern bedachtsam wählen und sich Schritt für Schritt fortbewegen soll. »Wie also?« Soll sie nicht hie und da auch einen Ausflug nehmen dürfen? Warum nicht? Aber immer nur unter Wahrung ihrer sittlichen Würde, deren sich jener gewaltsame und stürmische Drang entschlägt. Sie gebiete über eine große, aber gemäßigte Kraft: Sie sei ein ausdauerndes Rinnsal, aber kein Gießbach. Kaum einem Redner möchte ich eine so unaufhaltsam und regellos fortstürmende Vortragsweise gestatten. Denn wie könnte ein Richter, zumal ein noch unerfahrener und ungebildeter, ihm folgen? Selbst dann, wenn ihn die Eitelkeit oder eine übermächtige Erregung fortreißt, eile er nicht mehr und mute den Ohren nicht mehr zu, als sie vertragen können.

Du wirst also wohltun, wenn du dich nicht nach dem Muster derer richtest, die nicht auf die Fülle des Gesagten, sondern auf das Wie? Wert legen, und vielleicht wird es gut sein, wenn du unter Umständen so redest wie Publius Vinicius. »Wie also?« Asellius nämlich, der gefragt wurde, wie Publius Vinicius spreche, erwiderte: »schleppend«. Sagt ja doch Geminus Varius: »Wie ihr den Mann beredt nennen könnt, ist mir unfasslich; kann er doch nicht drei Worte hintereinander in einem Zuge aussprechen.« Immerhin, warum solltest du nicht lieber so wie Vinicius reden wollen? Mag dir auch irgendein taktloser Gesell übel mitspielen, wie es bei jenem (Vinicius) der Fall war. Zu diesem sagte, als er jedes einzelne Wort sich mühsam abrang, als ob er diktierte, nicht aber spräche, ein solcher: »Sage, ob du überhaupt etwas sagst.« Vor eines Q. Haterius Redestrom, übrigens eines seiner Zeit hochgefeierten Redners, möchte ich jeden vernünftigen Menschen ernstlich warnen. Er war nie um das Wort verlegen, hielt nie inne; einmal angefangen ging es ununterbrochen fort bis zu Ende. Doch gewisse Dinge schicken sich meines Erachtens auch für ganze Nationen mehr oder weniger. Bei den Griechen kann man sich eine solche Maßlosigkeit gefallen lassen; wir sind sogar beim Schreiben an Gliederungszeichen gewöhnt. Auch unser Cicero, mit dem die römische Beredsamkeit ihre Höhe erreichte, hielt einen gemessenen Schritt ein. Die römische Redeweise überwacht sich schärfer, sie erwägt und gibt zu erwägen. Fabianus, ein als Mensch und Gelehrter und auch, was weniger besagen will, in der Beredsamkeit hervorragender Mann, war in der philosophischen Unterhaltung mehr schlagfertig als hastig. Man konnte seine Art und Weise als Leichtigkeit bezeichnen, nicht als Eilfertigkeit. Diese Leichtigkeit lasse ich mir bei einem Philosophen gefallen, fordere sie aber nicht; doch ist es mir für den ungehemmten Fortgang des Vortrags lieber, wenn die Worte in sicherer Abgrenzung gegeneinander und nicht in *einem* Flusse hervorkommen. Ich warne dich aber umso nachdrücklicher vor obiger Krankheit, weil es nicht ohne Scham für dich abgehen könnte, wenn du dir diese Afterkunst aneignen wolltest. Du müsstest alle Scham von dir werfen und nicht mehr auf dich selbst hören. Denn vieles müsste jener frei sich bewegende Wortstrom mit sich führen, was du anders wünschen möchtest. Nein, eine solche Verunzierung verträgt sich nicht mit deinem Ehrgefühl.

Übrigens ist tägliche Übung vonnöten und das Studium nicht bloß den Sachen, sondern auch den Worten zuzuwenden. Wenn dir diese aber auch noch so reichlich zu Gebote stehen und dir ohne alle Mühe aus dem Munde quellen, so musst du doch auf Maßhaltung bedacht sein. Denn wie einem Philosophen ein ruhiger Gang ziemt, so ein knapper, nicht kecker Vortrag. Und das Ergebnis von alle dem? Sprich langsam.

Einundvierzigster Brief

Der Gott in uns

Ich wüsste nichts Besseres und Heilsameres für dich, als dass du, wie du schreibst, beharrest in deinem Streben nach sittlicher Vervollkomnung, die zum Gegenstand des Wunsches zu machen Torheit ist, da es ganz von uns selbst abhängt sie zu erreichen. Man tut nicht gut, die Hände zum Himmel zu erheben und den Tempelhüter anzuflehen, uns unmittelbar an das Ohr des Götterbildes herantreten zu lassen, als könnten wir uns dadurch höheren Anspruch auf Erhörung unseres Gebetes verschaffen: Gott ist dir nahe, er ist bei dir, ist in dir. Glaube mir, mein Lucilius, es wohnt in uns ein heiliger Geist, ein Beobachter und Wächter alles dessen, was sich in uns von Schlechtem und Gutem findet. Dieser verfährt mit uns ebenso wie wir mit ihm. Niemand ist ein guter Mensch ohne Gott. Oder könnte sich einer über das Schicksal erheben anders als durch seine Hilfe? Ihm verdanken wir alle unsere hochherzigen und erhabenen Entschlüsse. In jedem guten Menschen

»wohnt ein Gott, ob der oder der«.

Führt dich dein Weg einmal zu einem Walde mit einem dichten Bestand alter und über das gewöhnliche Maß hinausragender Bäume, die durch das vielfältige Ineinandergreifen der sich übereinander drängenden Äste den Himmel verschleiern, so wird die Erhabenheit dieses Waldes, das Geheimnisvolle der Örtlichkeit, das Wunderbare dieses dichten ununterbrochenen Schattenbereiches nicht verfehlen, den Glauben an göttliches Walten in dir zu wecken. Triffst du auf eine Grotte, die sich tief in das über ihr schwebende Felsgebirge hineinzieht, nicht von Menschenhand gemacht, sondern durch Naturkräfte in so auffallender Ausdehnung geschaffen, so wirst du in deinem Innern eine gewisse Ahnung des Göttlichen spüren. Die Quellstätten großer Flüsse sind uns heilig. Wo überraschend – wir wissen nicht woher – ein gewaltiger Strom hervorbricht, da sind Altäre errichtet. Heiße Quellen sind ein Gegenstand der Verehrung, und manche stehende Gewässer haben eine gewisse Weihe empfangen durch ihre schattige Umgebung oder durch ihre unergründliche Tiefe. Siehst du einen Mann, den keine Gefahr schreckt, der keiner Begierde zugänglich, glücklich inmitten von Widerwärtigkeiten, ruhig im Toben des Sturmes ist, der sich der Göttlichkeit näher fühlt als dem Menschentum, wirst du den nicht mit Ehrfurcht betrachten? Wirst du nicht sagen: »Eine solche Seelenverfassung ist zu hoch und zu erhaben, als dass man sie sich vereinbar denken könnte mit einem so armseligen Körper?« Es ist eine göttliche Kraft, die sich auf sie niedergelassen hat.

Es ist eine himmliche Macht, die diesem erhabenen und maßvollen Geist als Triebkraft innewohnt, der sich allem Irdischen weit überlegen fühlt und über alles lächelt, was wir fürchten und wünschen. Ein so hoher Geistesflug kann nicht ohne göttliche Beihilfe bestehen. Ein Geist dieser Art ist also seinem besseren Teile nach da, von wannen er herniedergekommen ist. Wie die Strahlen der Sonne zwar die Erde berühren, aber dort wurzeln, von wo sie zu uns kommen, so steht eine große, heilige und zur Förderung unserer Erkenntnis des Göttlichen herabgesandte Seele zwar in Verkehr mit uns, verliert aber doch nie den festen Zusammenhang mit ihrer Ursprungsstätte: Von dort erhält sie ihre bestimmende Richtung, dorthin ist ihr Streben gerichtet, mit uns verkehrt sie nur als eine Art höheres Wesen.

Und diese Seele, welche wäre sie denn? Keine andere als die, die ihren Glanz nur durch das ihr selbst entstammende Gute erhält. Denn was wäre törichter, als an einem Menschen zu loben, was er nicht sich selbst verdankt? Ist es nicht geradezu verrückt, das zu bewundern, was im Handumdrehen auf einen anderen übergehen kann? Goldene Zügel machen ein Pferd nicht besser. Anders tritt im Zirkus ein Löwe auf mit vergoldeter Mähne, der durch das fortwährende Streicheln und durch die Bemühungen derer, die ihm den Goldschmuck aufzuzwingen haben, matt gemacht worden ist, anders ein ungeschmückter, der noch im vollen Besitz seiner feurigen Kraft ist; denn dieser, kühn und draufgängerisch, wie ihn die Natur gewollt hat, herrlich zu schauen gerade in seiner Wildheit, dessen Schmuck es ist, dass man ihn nicht ohne ein Gefühl des Schauderns ansehen kann, wird jenem abgematteten mit Goldflitter behangenen entschieden vorgezogen. Niemand soll sich etwas zugutetun auf etwas, was nicht ihm gehört. Wir loben den Weinstock, wenn er die Schösslinge mit Frucht belastet, wenn er durch die Last seines Ertrages die Rebpfähle niederbeugt. Wer würde dem einen Weinstock vorziehen, an dem goldene Trauben, goldene Blätter hängen? Des Weinstocks eigener Vorzug ist seine Fruchtbarkeit; so ist auch am Menschen nur das zu loben, was wirklich sein Eigentum ist. Er hat eine Dienerschaft, die sich sehen lassen kann, er hat ein schönes Haus, viel Fruchtland, viel Geld zum Ausleihen; aber nichts von alledem ist in ihm selbst, er hat es nur um sich. Lobwürdig in ihm ist nur, was ihm nicht genommen, nicht gegeben werden kann. Und dies, was ist es? Der Geist und die in dem Geist zur Reife gelangte Vernunft. Denn der Mensch ist ein vernünftiges Geschöpf. Sein Vorzug erreicht also seine Vollendung, wenn er seine Bestimmung erfüllt. Was ist es aber, was eben diese Vernunft von ihm fordert? Eine Sache, an sich leichter als jede andere: seiner Natur gemäß zu leben. Aber eben sie wird überaus erschwert durch die allgemeine Torheit: Wir drängen einander uns gegenseitig auf den Weg zum Laster. Welche Möglichkeit aber gibt es, die Leute wieder auf den Heilsweg zurückzubringen, die niemand zurückhält, während die große Menge sie mit sich fortreißt?

Dreiundvierzigster Brief

Lebe so, dass du dich vor der Welt nicht zu verstecken brauchst

Du fragst, wie mir dies zu Ohren gekommen sei, wer mir deine Gedanken mitgeteilt habe, die du doch selbst keinem anderen mitgeteilt hattest? Nun, niemand anders als der Alleswisser – das Gerücht. »Wie«, erwiderst du, »ich wäre der Mann, ein Gerücht zu erregen?« Du brauchst nicht den Maßstab von Rom an dich anzulegen, halte dich an den Maßstab des Ortes, in dem du weilst. Was unter seiner Umgebung hervorragt, ist da groß, wo es hervorragt. Denn für die Größe gibt es kein bestimmtes Maß: Sie nimmt zu und nimmt ab je nach den Gegenständen, mit denen sie in Vergleich gestellt wird. Ein Schiff, das für einen Fluss groß ist, ist winzig für das Meer: Ein Steuerruder, das groß ist für das eine Schiff, ist klein für das andere. Du bist jetzt groß in deiner Provinz, so klein du auch von dir selbst denken magst. Man fragt, man weiß, was du treibst, wie du speisest, wie du schläfst. Umso behutsamer musst du leben. Schätze dich aber glücklich, wenn du vor aller Augen leben kannst, wenn deine Wände dich nur schützen, nicht aber verbergen, während gemeinhin die Meinung gilt, diese Wände seien nicht da, um sicherer zu leben, sondern um geheimer zu sündigen. Ich wage eine Äußerung, die bezeichnend ist für den jetzigen Sittenzustand: Du wirst nicht leicht einen finden, der bei geöffneter Tür leben könnte. Unser böses Gewissen, nicht unser Stolz hat Türhüter vor ihnen aufgepflanzt. Wir leben so, dass plötzlich erblickt zu werden so viel heißt als ertappt zu werden. Was nützt es aber, sich zu verbergen und Augen und Ohren der Menschen zu meiden? Ein gutes Gewissen wirkt gewinnend auch auf die Menge, ein böses wird auch in der Einsamkeit der Angst und Sorge nicht ledig. Sind deine Handlungen ehrbarer Art, so mag jedermann darum wissen; sind sie schimpflich, was liegt daran, dass niemand darum weiß, da du selbst es doch weißt? O du Unseliger, wenn du diesen Zeugen verachtest.

Vierundvierzigster Brief

Der wahre Adel

Schon wieder kommst du mir mit dem Versuche, dich selbst herabzusetzen, und stellst dich hin als ungnädig behandelt zunächst von der Natur, sodann vom Schicksal, während du es doch in deiner Hand hast, dich über den großen Haufen zu erheben und zum höchsten Menschenglück emporzusteigen. Ist an der Philosophie überhaupt etwas Gutes, so ist es dies, dass sie keinen

Stammbaum kennt. Geht man auf den ersten Ursprung zurück, so stammen wir alle von den Göttern. Du bist römischer Ritter, und die Erreichung dieses Ranges verdankst du deiner eigenen Rührigkeit. Aber blicke doch hin, wie vielen bleiben die vierzehn Reihen von Ehrensitzen verschlossen; nicht allen gewährt die Kurie den Zutritt; selbst im Feldlager nimmt man es sehr genau mit der Auswahl derer, die man zu dem mühsamen und gefahrvollen Dienste zulässt. Aber einer edlen Gesinnung steht bei keinem ein Hindernis im Wege, dazu sind wir alle vom Adel. Was die Philosophie anlangt, so weist sie niemanden zurück und bevorzugt niemanden: Sie leuchtet allen. Sokrates war kein Patrizier. Kleanthes war ein Wasserträger und verdingte seine Muskelkraft zur Bewässerung von Gartenland. Für die Philosophie war Platon kein Adliger, als sie ihn aufnahm, wohl aber machte sie ihn dazu. Warum solltest du die Hoffnung aufgeben, dich diesen an die Seite zu stellen? Sie alle sind deine Vorfahren, wenn du dich ihrer würdig zeigst; das wirst du aber, wenn du dir unverweilt auf das Bestimmteste sagst, dass du an Adel hinter keinem zurückstehst. Wir alle haben die gleiche Zahl von Vorfahren. Es gibt keinen, dessen Ursprung nicht über jede Erinnerung hinausläge. Platon sagt, es gebe keinen König, der nicht von Sklaven, und keinen Sklaven, der nicht von Königen abstamme. Ein langer Wechsel hat all dies bunt durcheinander geworfen, das Schicksal hat das Unterste zuoberst gekehrt. Wer ist edel geboren? Wer von der Natur für die Tugend wohlausgerüstet worden ist. Beruft man sich aber auf die Vergangenheit, so gibt es niemanden, der nicht aus einer Zeit stammte, vor der es überhaupt nichts gibt. Vom ersten Ursprung der Welt bis in unsere Zeit erstreckt sich unsere Ahnenreihe in ihrem Wechsel zwischen glänzenden und kümmerlichen Vertretern des Geschlechtes. Ein glänzender Eintrittssaal mit rauchgeschwärzten Ahnenbildern verleiht niemandem Adel. Niemand hat für unseren Ruhm gelebt, und was vor uns war, gehört nicht uns. Der Geist gibt den Adel, und dieser kann sich aus jeder

Lebenslage über das Schicksal erheben. Sieh also in dir nicht einen römischen Ritter, sondern nur einen Freigelassenen; du kannst gleichwohl allein frei sein inmitten von Freigeborenen. Wie das?, fragst du. Wenn du Schlimmes und Gutes nicht nach Maßgabe der Volksmeinung unterscheidest. Man muss darauf achten, nicht woher diese Dinge kommen, sondern wohin sie gehen. Gibt es etwas, was das Leben glücklich machen kann, so hat dies ein volles Anrecht, als ein Gut zu gelten. Denn es duldet keine Entstellung zum Schlechten. Worin liegt also der Irrtum, da sich doch jeder ein glückliches Leben wünscht? Darin, dass man nicht unterscheidet zwischen der Sache selbst und den Mitteln, die dazu verhelfen sollen. Während man eifrig nach den Letzteren hascht, lässt man die Ersteren sich entgehen. Denn während die Grundbedingung des glücklichen Lebens die feste Seelenruhe und das unerschütterliche Vertrauen darauf ist, legt man sich förmlich darauf, Gründe zur Bekümmernis zu sammeln, und trägt nicht nur, nein schleppt sich geradezu mit lastendem Gepäck auf dem von Gefahren umlauerten Lebensweg: So entfernt man sich immer mehr von der Verwirklichung des Erstrebten, und je mehr Mühe man darauf verwendet, umso mehr versperrt man sich selbst den Weg und gerät in rückwärtige Bewegung. Ein Vorgang, ähnlich dem in einem Labyrinth, wenn es die Leute mit der Eile zu tun bekommen: Ihre Hast selbst bringt sie in eine immer verzweifeltere Lage.

Fünfundvierzigster Brief

Urteil über die eigene Schriftstellerei, in der er sich eine gewisse Unabhängigkeit seines Standpunktes gewahrt hat, namentlich gegenüber der Vorliebe mancher Philosophen für sophistische Vexierkunst

Du klagst über Mangel an Büchern an deinem Aufenthaltsort. Nicht auf die Zahl derselben kommt es an, sondern auf ihren Wert. Eine stetige Lektüre ist nützlich, eine wechselnde dient nur dem Genuss. Wer an sein vorgesetztes Ziel kommen will, darf nur *einen* Weg verfolgen und nicht zwischen vielen nach Belieben wechseln: Das heißt in die Irre gehen, nicht dem Ziele zustreben. »Ich wollte«, sagst du, »du gäbest mir lieber deine Bücher als deinen Rat.« Ich würde dir gern alle geben, die ich habe, und meinen ganzen Vorrat über dich ausschütten. Ja, ich würde mich, wenn ich könnte, sogar selbst an Ort und Stelle bringen, und hegte ich nicht die Hoffnung, dass du bald das Ende deiner amtlichen Laufbahn erreichen werdest, so hätte ich trotz meiner Jahre die Reise unternommen, und weder Scylla noch Charybdis noch jene fabelhafte Meerenge würden vermocht haben mich abzuschrecken. Ich würde, wenn nicht zu Schiff, sogar als Schwimmer hinübergekommen sein, nur um dich umarmen und Auge in Auge mich überzeugen zu können, wie sehr du geistig gereift bist.

Wenn du übrigens *meine* Schriften dir übersendet zu sehen wünschst, so halte ich mich deshalb ebenso wenig für einen hervorragenden Schriftsteller als ich an meine Schönheit glauben würde, wenn du dir mein Bild ausbätest. Ich weiß: Es ist das ein Zeichen deiner liebevollen Ergebenheit, nicht deines Urteils. Ist aber das Letztere dabei doch entscheidend, so hat dir deine liebevolle Nachsicht dabei einen Streich gespielt. Aber mag es auch mit diesen meinen Büchern bestellt sein wie es will, du musst dir beim Lesen den Verfasser immer als einen Mann denken, der noch ein

Suchender und kein Wissender ist, und zwar einer, der mit Zähigkeit sucht. Denn ich habe mich keinem zu eigen gegeben, ich trage niemandes Namen. Ich gebe viel auf das Urteil großer Männer, lasse mir aber auch für das meinige einen gewissen Spielraum nicht nehmen. Denn auch jene haben uns so manches übrig gelassen, was noch nicht gefunden ist, sondern erst gesucht werden muss, und vielleicht wäre es ihnen besser gelungen das Notwendige zu finden, wenn sie nicht auch das Überflüssige gesucht hätten. Viel Zeit hat ihnen das neckende Spiel mit den Worten geraubt und die spitzfindige Silbenstecherei beim Disputieren, die dem Scharfsinn ein nichtiges Übungsfeld eröffnet. Wir schürzen allerhand Knoten und nutzen absichtlich die Zweideutigkeit der Worte zur Irreführung aus, um dann die Verwicklung wieder aufzulösen. Haben wir so viel Zeit übrig? Wissen wir denn bereits zu leben, zu sterben? Es gilt unsere ganze geistige Kraft einzusetzen für Erreichung eines Standpunktes, bei dem es uns nicht darauf ankommt, uns vor Täuschungen durch Worte zu hüten, sondern vor Täuschungen durch die Dinge selbst. Was kommst du mir mit der Unterscheidung ähnlicher Wörter, durch die noch niemand in Verlegenheit gekommen ist, außer eben wenn er sich auf eine solche Disputation einlässt? Die Dinge sind es, die uns täuschen. *Sie* zu unterscheiden lass dir angelegen sein. Statt des Guten wählen wir mit voller Entschiedenheit das Schlechte. Was wir jetzt ersehnen, steht in Widerspruch mit dem, was wir vorher ersehnten. Unsere Wünsche streiten mit unseren Wünschen, unsere Entschlüsse mit unseren Entschlüssen. Die Schmeichelei – wie ähnlich der Freundschaft nimmt sie sich aus! Nicht nur, dass sie sie nachahmt, nein, sie tut es ihr zuvor und läuft ihr den Rang ab; sie findet ein offenes und geneigtes Ohr und weiß sich tief ins Herz einzugraben, ihres Erfolges sicher durch den Reiz eben ihrer schändlichen und schädlichen Lockmittel. *Hier* ist Belehrung angebracht über Unterscheidung des Ähnlichen! Es führt sich bei mir ein schmeichlerischer Feind als Freund ein. Laster schleichen sich bei uns unter dem Namen von Tugenden ein.

Tollkühnheit gibt sich für Tapferkeit aus, Feigheit nennt sich Besonnenheit, der Furchtsame gilt für vorsichtig. Mit allen solchen Verwirrungen sind große Gefahren verbunden. Hier gilt es, bestimmte Unterscheidungsmerkmale festzustellen.

Dagegen ist wohl niemand so albern, seine Stirn zu befühlen, wenn er gefragt wird, ob er Hörner habe, noch auch töricht oder stumpfsinnig genug, um sich durch die schärfste, aber nur auf Täuschung berechnete Schlussfolgerung hinters Licht führen zu lassen. So nehmen dergleichen Täuschungen einen unschädlichen Verlauf wie die Vorführungen der Taschenspieler mit ihren Becherchen und Steinchen, wo der Reiz eben in dem Truge selbst liegt. Gib mir Aufschluss über den Hergang der Sache, und mit meinem Interesse am Zuschauen ist es vorbei. Ganz ebenso steht es mit jenen Fangschlüssen. Denn welchen bezeichnenderen Namen könnte ich diesen Sophismen geben? Wer sie nicht kennt, dem schaden sie nichts, und wer sie kennt, dem nützen sie nichts. Hast du es durchaus darauf angelegt, die Zweideutigkeit der Worte zu klären, so sei Folgendes Gegenstand deiner Lehre: Glücklich ist nicht derjenige, den das Volk so nennt, nämlich dem massenhaftes Geld zuströmt, sondern der, der sein ganzes Gut in seinem Innern hat, der aufrechte, hochherzige, was andere bewundern mit Verachtung von sich weisende Mann, der niemanden sieht, mit dem er sich vertauschen möchte, der den Menschen nur nach *der* Seite schätzt, nach welcher er Mensch ist, der die Natur zur Lehrerin hat, der nach ihren Gesetzen sein Wesen gestaltet, der nach ihren Vorschriften lebt, dem keine Gewalt seine Güter rauben kann, der das Schlimme zum Guten wendet, unbeirrt in seinem Urteil, unerschütterlich, unerschrocken, zwar nicht unzugänglich der Bewegung durch eindringende Gewalt, aber niemals durch sie außer Fassung gebracht, ein Mann, den das Schicksal, wenn es sein schädlichstes Geschoss auf ihn abschleudert, zwar ritzt, aber nicht verwundet, und selbst dies nur selten; denn seine übrigen Geschosse, mit denen das Menschengeschlecht von ihm heimgesucht wird, prallen von ihm ab wie der Hagel, der auf die Dächer aufschlagend ein Gerassel hervorruft ohne irgendwelchen Schaden für den Bewohner, um dann zu zerschmelzen.

Was langweilst du mich mit dem sogenannten »Lügner«, über den ein ganzer Haufen von Büchern geschrieben worden ist? Siehe, das ganze Leben ist in meinen Augen eine Lüge: Hier bewähre deine Überführungskunst, hier bringe die Wahrheit zur Geltung, wenn du scharfsinnig bist. Hier – im gewöhnlichen Leben – wird für notwendig erklärt, was zum großen Teil überflüssig ist; und selbst, was nicht überflüssig ist, hat doch nicht die Kraft in sich, zufrieden und glücklich zu machen. Ist ja doch auch was notwendig ist, darum nicht auch schon ein Gut. Denn wollten wir etwa dem Brot oder dem Graupenbrei (Polenta) und dem sonst für das Leben Unentbehrlichen diesen Namen (Gut) geben, so würden wir ihn in den Staub ziehen. Was gut ist, ist unbedingt notwendig; was notwendig ist, ist nicht unbedingt gut, denn notwendig ist manches, was nichts weniger als wertvoll ist. Niemand verkennt die Würde des Guten in dem Maße, dass er dies Wort auch auf die Gegenstände des täglichen Gebrauches übertragen möchte. Wie also? Solltest du nicht lieber deine Sorge darauf richten, allen die Augen darüber zu öffnen, dass man mit großem Aufwand von Zeit nach Überflüssigem trachtet, und dass vielen ihr Leben hingegangen ist unter dem bloßen Suchen nach den Mitteln zum Leben? Sieh dir die Einzelnen an, überschaue die Gesamtheit: Keiner, dessen Leben nicht auf morgen berechnet wäre. »Was ist denn dabei Schlimmes?«, fragst du. Unendlich viel. Denn man lebt nicht, man ist nur immer auf dem Sprunge zu leben. Man verschiebt alles. Selbst wenn wir recht hätten, würde das Leben doch immer uns voraus sein; so aber, mit unserem Säumen, lassen wir es wie ein fremdes an uns vorübergehen, und am letzten Tage wird es nur beschlossen, verloren geht es an jedem.

Doch um das Maß eines Briefes nicht zu überschreiten, den sich zum Lesen vor Augen zu halten neben der rechten es nicht auch noch der linken Hand bedürfen soll, will ich einen späteren Tag bestimmen für meinen Streit mit den Dialektikern, diesen Meistern der Spitzfindigkeit, um die es ihnen allein zu tun ist, während sie die Hauptsache bei Seite liegen lassen.

Siebenundvierzigster Brief

Schonende Behandlung der Sklaven

Es macht mir Freude, von Leuten, die von dir kommen, zu hören, dass du mit deinen Sklaven in einem vertraulichen Verhältnis lebst. Das steht deiner Klugheit sowie deiner Bildung wohl an. »Es sind Sklaven.« Aber doch Menschen. »Es sind Sklaven.« Aber doch Hausgenossen. »Es sind Sklaven.« Aber doch Freunde bescheidenen Standes. »Es sind Sklaven.« Aber doch Mitsklaven; denn du musst dir doch sagen, dass der Herr nicht weniger der Macht des Schicksals preisgegeben ist als der Sklave. Daher machen sich diejenigen in meinen Augen lächerlich, die es für eine Schande halten, mit ihren Sklaven zu speisen, und zwar aus keinem anderen Grunde, als weil ein zur Gewohnheit gewordener Übermut schlimmster Art den speisenden Herrn mit einer Schar von Sklaven umgeben hat. Er ißt mehr, als er fassen kann, und überlastet mit unglaublicher Gier den schon übervollen Magen, der sich jeder Zucht entwöhnt hat, sodass er mehr Mühe hat, alles wieder von sich zu geben als einzuführen. Aber die unglücklichen Sklaven dürfen ihre Lippen nicht bewegen, und wäre es auch nur, um ein Wort zu sagen. Mit dem Rohrstock wird auch das leiseste Gemurmel unterdrückt. Und selbst ganz unwillkürliche Anfälle wie Husten, Niesen, Schlucksen machen dabei keine Ausnahme. Schwer büßen muss jeder, der das Stillschweigen auch nur durch ein Wort unterbricht. Ganze Nächte stehen sie nüchtern und stumm. Kein Wunder also, wenn sie *über* ihren Herrn reden, da sie vor ihm nicht reden dürfen. Dagegen waren jene früheren Sklaven, die nicht nur in Gegenwart ihrer Herren, sondern auch mit ihnen selbst reden durften und denen kein Schloss vor den Mund gelegt war, gegebenen Falles bereit, für ihren Herren den Nacken darzubieten und die ihm drohende Gefahr auf sich abzulenken. Bei den Mahlzeiten redeten sie, auf der Folter aber schwiegen sie. Ferner beruft man sich zugunsten des nämlichen Hochmutes vielfach auf das Sprichwort: »So viele Sklaven, so viele Feinde.« Sie sind nicht unsere Feinde, wir machen sie dazu. Anderes Grausame und Unmenschliche übergehe ich lieber, wie z. B. den Missbrauch, den wir treiben, indem wir sie nicht als Menschen, sondern als Lasttiere verwenden; oder dass, wenn wir uns zur Tafel gelagert haben, der eine den Auswurf wegwischen, ein anderer sich, unter das Sofa gebückt, mit der Hinterlassenschaft der trunkenen Zechbrüder beschäftigen muss. Wieder ein anderer zerlegt kunstgerecht das kostbare Geflügel: In sicherer Führung lässt er das Messer mit kunstgeübter Hand sich an Brust und Keulen bewähren und sie zu mundgerechten Bissen zurechtschneiden. Unglückseliger du, dessen Leben diesem einzigen Zwecke gewidmet ist, gemästetes Geflügel mit Anstand zu zerlegen! Und doch! Ist nicht der noch unglücklicher, der dies der Sinnenlust zuliebe andere erlernen lässt, als der, der aus Not es lernt? Ein anderer, der Mundschenk, in zierlichem Weibergewand, ringt mit seinen Jahren. Er soll immer aussehen als wäre er noch ein Knabe, und kann sich dem nicht entziehen, und wenngleich körperlich schon entwickelt wie zur Reife für den Kriegsdienst, muss er sein Gesicht doch glatt erhalten und sich jedes Barthärchen abreiben oder ausreißen: So durchwacht er die ganze Nacht, teils der Trunkenheit seines Herren dienend, teils der Wollust desselben, im Schlafgemach Mann, beim Gelage Diener. Wieder ein anderer ist betraut mit der prüfenden Beobachtung der Gäste; da steht denn der Unglückliche wie angenagelt und passt auf, ob etwa einen oder den anderen Schmeichelei und Unmäßigkeit sei es der Kehle, sei es der Zunge zur Wiedereinladung auf den folgenden Tag empfiehlt. Und dann die Einkäufer des Küchenbedarfs, die ihres Herrn Gaumen durch und durch kennen und genau wissen, was seinen Appetit besonders reizt, welches Gericht er besonders gern auf der Tafel sieht, welche Neuigkeit seinem verdorbenen Magen wieder aufhelfen kann, was ihm aus Übersättigung widersteht, was gerade heute sein besonderer Eßwunsch ist. Mit diesen Leuten kann der Herr sich nicht entschließen zusammen zu speisen, er meint, es würde ihm eine Perle aus seiner Krone gebrochen, wenn er mit seinen Sklaven den Tisch teilen wollte. Nur gemach! Wie viele von diesen Leuten mag er wohl zu Herren haben! Ich habe vor des Callistus Schwelle seinen ehemaligen Herrn stehen sehen; vor meinen Augen spielte sich die Szene ab, wie dem, der ihm (dem Callistus) das Täfelchen angeheftet und ihn in der Abteilung der unbrauchbarsten Sklaven vorgeführt hatte, der Eintritt ins Haus versagt ward, während er anderen gewährt ward. Das war der Dank, den jener der ersten Abteilung der zu Markte Gebrachten zugewiesene Sklave, an welcher der Ausrufer seine Stimme erprobt, seinem früheren Herrn zahlte: Er hat ihn nun auch seinerseits in bezeichnender Weise zurückgewiesen, hat ihn auch seinerseits seines Hauses für unwürdig erklärt. Der Herr hatte den Callistus verkauft, aber Callistus, wie vieles hat er für seinen Herrn verschachert!

Führe dir doch zu Gemüt, dass er, den du deinen Sklaven nennst, aus dem gleichen Samen entsprossen ist, dass er unter demselben Himmel lebt, die gleiche Luft atmet, und lebt und stirbt wie du. Du kannst ihn ebenso gut als Freien sehen, wie er dich als Sklaven. Die Niederlage des Marius hatte zur Folge, dass das Schicksal manchen Mann von glänzendster Geburt, der sich aufgrund seiner militärischen Laufbahn Hoffnung auf den Senatorenrang machte, in die Tiefe hinabdrückte, den einen zum Hirten, den anderen zum Hüter einer Hütte machte. Hast du das Herz dazu, einen Mann des Standes zu verachten, der auch dein, des Verächters, Schicksal werden kann?

Ich will mich nicht im Einzelnen auf ein unerschöpfliches Thema einlassen und von der Behandlung der Sklaven handeln, gegen die wir so herrisch, so grausam, so schmähsüchtig sind. Doch kurz zusammengefasst lautet meine Lehre folgendermaßen: Lebe mit dem Untergebenen so, wie du wünschest, dass dein Vorgesetzter mit dir lebe. Jedes Mal, wenn du darauf zu denken kommst, was du dir gegen deine Sklaven erlauben darfst, denke auch daran, dass sich dein Herr ebenso viel gegen dich erlauben darf. »Aber ich«, erwiderst du, »habe keinen Herrn.« Du stehst noch in kräftigem Alter: Wer weiß, ob du nicht einen bekommen wirst. Weißt du nicht, in welchem Alter Hecuba stand, als sie sich in Untertänigkeit begeben musste? Und wie es mit Crösus, mit des Darius Mutter, mit Platon, mit Diogenes stand? Sei mild gestimmt gegen deinen Sklaven, ja stelle dich mit ihm auf einen freundlichen Fuß, mache ihn zum Teilnehmer an deinen Unterhaltungen, ziehe ihn zurate, lass ihn dein Tischgenosse sein.

Ich höre schon, wie die ganze Schar der übermütigen Lebemänner mir zuruft: »Welch unerhörte Zumutung! Eine Erniedrigung und Beschimpfung, die ihresgleichen nicht hat!« Diese nämlichen Herren – ich werde sie noch dabei betreffen, wie sie den Sklaven anderer Herren die Hand küssen. Ja, ihr verschließet eure Augen gegenüber der Tatsache, dass unsere Vorfahren Herren und Sklaven im besten Einvernehmen erhielten durch Wegfall jeder gehässigen Gesinnung seitens der Sklaven und jeder kränkenden Äußerung vonseiten der Herren. Sie nannten den Herrn *Hausvater (pater familiae)* und die Sklaven *Hausgenossen (familiares)*, wie dies noch in den Mimen fortdauert. Sie führten ein Fest ein, wo die Sklaven nicht etwa ausnahmsweise mit den Herren speisten, sondern wo dies in ganz besonderer Form geschah: Man räumte ihnen im Hause die Vorzugsstellung ein, ließ sie Recht sprechen und erklärte so das Haus für einen Staat im kleinen. »Wie? Soll ich demnach alle Sklaven mit an den Tisch nehmen?« Ebenso wenig wie alle Freien. Du irrst, wenn du meinst, ich werde einige ausschließen in Rücksicht auf die gar zu rohe Art ihrer Beschäftigung, wie z. B. den Maultiertreiber oder den Kuhhirten. Nicht ihre Verrichtungen, sondern ihre Charaktereigenschaften sind für mich entscheidend. Seinen Charakter gibt sich jeder selbst, über seine Dienstleistungen entscheidet der Zufall. Einige mögen deine Tischgenossen sein, weil sie dessen würdig sind, andere, damit sie es werden. Denn was ihnen etwa von ihrem unfeinen Verkehr noch Unmanierliches anhängt, wird durch das Zusammensein mit den Gebildeteren sich mit der Zeit verlieren. Du brauchst, mein Lucilius, nach einem Freund nicht bloß auf dem Forum oder in der Kurie zu suchen; wenn du Acht gibst, kannst du ihn auch in deinem Hause finden. Oft bleibt der beste Stoff ungenutzt, weil der Künstler fehlt. Versuche es nur, und du wirst keine üble Erfahrung machen. Töricht ist, wer, wenn er ein Pferd kaufen will, es nicht selbst besichtigt, sondern nur die Pferdedecken und das Riemenzeug: So ist erst recht ein Tor, wer den Menschen entweder bloß nach dem Kleide schätzt oder nach der zufälligen Stellung, die er bekleidet. »Er ist ein Sklave.« Aber vielleicht freien Geistes. »Er ist ein Sklave.« Soll ihm das schaden? Zeige mir doch den, der es nicht wäre. Der eine ist ein Sklave der Wollust, der andere der Habsucht, ein Dritter des Ehrgeizes, alle der Hoffnung, alle der Furcht. Ich mache mich anheischig, dir einen gewesenen Konsul zu zeigen, der Sklave eines alten Weibes ist, auch einen Reichen, der Sklave einer jungen Sklavin ist, ja auch junge Leute vornehmster Geburt, die Sklaven mimischer Tänzer sind: Keine Sklaverei ist schimpflicher als eine freiwillige. Lass dich also durch jene vom Hochmutsteufel besessenen Herren nicht abschrecken mit deinen Sklaven freundlich und nicht von oben herab zu verkehren. Mögen sie dich ehren, nicht fürchten.

Da höre ich den Einwand, ich wolle den Sklaven zur Freiheit verhelfen und die Herren entthronen, wenn ich sage: Mögen sie ihre Herren verehren, nicht fürchten. »Wirklich unbedingt so? Sollen sie ihn ehren nach der Art der Klienten und der Streber, die ihren Morgenbesuch abstatten?« Wer so spricht, der vergisst, dass es für einen Herren nicht zu wenig sei, was der Gottheit genügt. Sie wird verehrt und geliebt; die Liebe verträgt keine Beimischung von Furcht. Ich glaube also, du tust sehr wohl daran, dass du von deinen Sklaven nicht gefürchtet sein willst, wenn du sie nur mit Worten strafst. Schläge taugen nur für unvernünftige Tiere. Nicht alles, was unseren Unmut erweckt, ist auch eine Beleidigung. Aber unser üppiger Hochmut reißt uns unwillkürlich zu rasender Wut fort: Sobald etwas nicht nach unserem Willen geht, geraten wir in Zorn. Wir gebärden uns wie Tyrannen. Denn auch sie brausen, ohne an ihre Macht und an die Schwäche anderer zu denken, dermaßen auf, geraten so in Wut, als hätten sie ein Unrecht erlitten, eine Gefahr, vor der sie doch die Höhe ihrer Stellung unter allen Umständen sichert. Das wissen sie übrigens recht wohl; allein sie suchen die Gelegenheit zu schaden, indem sie sich wie Beleidigte beklagen; sie stellen sich beleidigt, um als Beleidiger aufzutreten.

Länger will ich dich nicht aufhalten; denn du bedarfst keiner Ermahnung. Das ist eines der Kennzeichen edler Sittlichkeit: Sie hat selbst Wohlgefallen an sich und beharrt in ihrem Bestand; die Schlechtigkeit ist leichtfüßig und häufigem Wechsel unterworfen, nicht ins Bessere, sondern in anderes.

Achtundvierzigster Brief

Über das Wesen der Freundschaft. Gegen die beliebten sophistischen Spielereien

Deinen Brief, den du mir auf der Reise schriebst, und der so lang ist wie die Reise selbst, werde ich später beantworten. Denn ich muss, ganz in mich gekehrt und jeder Störung ausweichend, darüber nachsinnen, was ich dir raten soll. Hast doch auch du, der du meinen Rat erbittest, lange darüber nachgedacht, ob du dich zu dieser Bitte entschließen solltest. Wie viel mehr muss ich das tun, da ein längeres Besinnen nötig ist, eine Frage zu lösen als sie vorzulegen, zumal hier dein Vorteil nicht auch der meinige ist. Doch ich gerate wohl schon wieder in das Fahrwasser Epikurs. Nein, mein Vorteil ist der nämliche wie der Deinige. Oder es wäre vorbei mit unserer Freundschaft, wenn irgendetwas, was dich betrifft, nicht auch mich beträfe. Die Freundschaft stiftet eine allseitige Gemeinschaft zwischen uns. Weder Glück noch Unglück gibt es da nur für den einen von beiden. Unser Leben ist ein gemeinsames. Wie könnte auch irgendjemand glücklich leben, der immer nur an sich denkt und alles seinem persönlichen Vorteil dienstbar zu machen sucht? Für einen anderen musst du leben, wenn du für dich selbst leben willst. Dieses Anschlussbedürfnis, das, gewissenhaft und lauter gepflegt, uns Menschen in mannigfache Verbindung bringt und darauf hinweist, dass es ein gemeinsames Recht des Menschengeschlechtes gibt, trägt ganz besonders auch dazu bei, jene engere Gremeinschaft, von der ich sprach, das Freundschaftsverhältnis nämlich, zu fördern. Denn wer vieles mit dem Menschen gemein hat, der wird mit seinem Freunde alles gemein haben.

Möchten doch, mein trefflicher Lucilius, jene scharfsinnigen Männer mich lieber darüber belehren, was ich dem Freunde, was ich dem Menschen zu leisten schuldig bin, als was man alles unter dem Worte *Freund* versteht und wie viele verschiedene Bedeutungen das Wort *Mensch* hat. Weisheit und Torheit bewegen sich doch gewiss in entgegengesetzter Richtung. Welcher soll ich mich anschließen? Welcher Seite rätst du mir mich zuzuwenden? Dem einen gilt der Mensch überhaupt als Freund, dem anderen gilt ein Freund nicht bloß so schlechtweg als Mensch. Der eine sieht in der Freundschaft einen Vorteil für sich, der andere will sich dem *Freunde* nützlich erweisen. (Das sind die Fragen, über die man verhandeln sollte.) Du aber kommst mir mit Wortverdrehungen und Silbenstecherei; das nimmt sich aus, als wäre ich, wenn ich nicht die schlauesten Fragen ausklügelte und durch einen Trugschluss aus der Wahrheit eine Lüge herauspresste, nicht imstande zu unterscheiden zwischen dem, was man zu meiden und was zu erstreben hat. Es ist beschämend: Bei so ernsten Dingen scheuen wir Greise uns nicht, zu spielen!

»Maus ist eine Silbe. Die Maus aber benagt den Käse; also benagt eine Silbe den Käse.« Nimm an, ich könnte dies Rätsel nicht lösen. Was habe ich aus dieser Unwissenheit Bedrohliches zu gewärtigen? Ohne Zweifel steht zu befürchten, ich werde einmal Silben in der Mausefalle fangen oder ein Buch werde, wenn ich nicht gehörig Acht gebe, den Käse verzehren. Noch scharfsinniger ist vielleicht folgender Schluss: »Maus ist eine Silbe. Eine Silbe aber benagt den Käse nicht: Eine Maus also benagt den Käse nicht.« Was für kindische Albernheiten! Deshalb runzeln wir die Stirn? Darum lassen wir den Bart wachsen? Das ist es, was wir mit grämlicher Miene und bleichen Antlitzes lesen?

Willst du wissen, was die Philosophie dem Menschengeschlechte verheißt? Guten Rat! Diesen ruft der Tod, einen anderen peinigt die Armut, einen Dritten quält fremder oder eigener Reichtum. Der eine hat Angst vor Unglück, der andere möchte sich seinem Glück entziehen. Mit dem einen meinen es die Menschen böse, mit dem anderen die Götter. Und dem gegenüber kommst du mir mit solchen Spielereien? Der Scherz gehört hier am wenigsten her. Zu Unglücklichen bist du berufen. Du hast versprochen, Schiffbrüchigen, Gefangenen, Kranken, Bedürftigen und Leuten, über deren Nacken schon das drohende Beil schwebt, Hilfe zu bringen, und womit machst du dir zu schaffen? Was treibst du? Eben der, mit dem du dein Spiel treibst, ist von Furcht und Sorge bedrückt. Vergiss über all den trügerischen Schlingen, die ihr legt, nicht, der wahren Not der an jenen spielerischen Unterhaltungen Beteiligten abzuhelfen. Alle strecken sie die Hände nach dir aus und flehen um Rettung für das verlorene oder dem Untergang sich nähernde Leben. Du bist ihnen ihre Hoffnung zu ihrer Stütze. Sie bitten, du möchtest sie aus diesem furchtbaren Zustande der Unruhe herausreißen, du möchtest den Verschlagenen und Irrenden das helle Licht der Wahrheit zeigen. Gib ihnen Bescheid darüber, was die Natur als notwendig und was sie als überflüssig schuf, wie leicht ihre Anforderungen sind, wie angenehm, wie hemmungsfrei das Leben für diejenigen ist, die diesen Anforderungen folgen, wie bitter und verworren dagegen das Leben derer, die ihren Vorurteilen mehr vertrauen als der Natur. Nur musst du sie vorher darüber belehrt haben, was einen Teil der Übelstände zu beseitigen imstande ist. Was macht den Leidenschaften jener Leute (Dialektiker) ein Ende? Was mäßigt sie? Wenn es wenigstens darauf hinausliefe, dass sie nichts nützten! Aber nein, sie schaden. Das will ich dir, wie du es wünschest, auf das schlagendste dartun, dass eine edle Anlage, wenn sie sich auf diese Spitzfindigkeiten wirft, sich einer Minderung und Schwächung preisgibt. Ich schäme mich zu sagen, was für Waffen sie denjenigen in die Hand geben, die den Kampf mit dem Schicksal aufnehmen sollen, und mit welcher Ausrüstung sie sie versehen. Das ist der Weg, auf dem man zum höchsten Gut gelangen will? Durch das »Wenn – oder wenn nicht« *(sive nive)* der Philosophie soll das gelingen und durch die elenden und berüchtigten Silbenstechereien der Rechtsanwälte? Denn wenn ihr bei eueren Disputationen als Fragesteller den Befragten wissentlich in die Irre führt, was wollt ihr damit anderes erzielen, als ihn scheinbar in aller Form zu Fall bringen? Doch wie dort der Prätor, so sorgt hier die Philosophie für Wiederherstellung des rechtmäßigen Zustandes. Was soll man von euren großartigen Versprechungen denken, von denen ihr euch so leichthin lossagt? In hochtönenden Worten habt ihr verkündet, ihr würdet es dahin bringen, dass des Schwertes Blinken so wenig wie das des Goldes meine Augen blenden werde, dass ich mit unvergleichlicher Beharrungskraft sowohl was alle wünschen als was alle fürchten mit Verachtung mir vom Leibe halten würde, und nun lasst ihr euch herab zu den Elementen der Grammatik! Was sagt ihr?

»Wandelt man so zu den Sternen?«

Denn das ist es doch, was die Philosophie mir verspricht: Sie will mich der Gottheit gleich machen. Dazu bin ich berufen, darum bin ich gekommen, dem Rufe gefolgt. So halte denn, was du versprochen.

Also, mein Lucilius, nimm dich ernstlich zusammen und meide jene Wortklaubereien und Spitzfindigkeiten der Philosophie. Offenheit und schlichte Ehrlichkeit sind die Zierden der sittlichen Tüchtigkeit. Auch wenn uns noch eine lange Lebenszeit beschieden sein sollte, müssten wir mit aller Sparsamkeit darüber verfügen, um mit ihr für das Nötige auszureichen. Welche Verblendung also, Unnötiges zu lernen bei solchem Mangel an Zeit!

Fünfzigster Brief

Segen der Selbsterkenntnis

Deinen Brief habe ich erst viele Monate nach seiner Absendung erhalten. Ich hielt es daher für unangebracht, den Überbringer nach deinem Tun und Treiben zu fragen. Müsste er doch ein sehr gutes Gedächtnis haben, wenn er sich dessen noch erinnert. Gleichwohl hoffe ich, du lebst bereits so, dass, wo du auch sein magst, ich weiß, was du treibst – denn worauf sollte dein Sinn anders gerichtet sein als darauf, dich täglich zu bessern, täglich irgendeinen Irrtum loszuwerden und zu der Einsicht zu gelangen, dass, wofür du die Umstände verantwortlich machst, nur die Folge deiner eigenen Fehler ist? Denn so manches setzen wir auf Rechnung der Orts- und Zeitverhältnisse, und doch wird es uns überallhin begleiten, wohin wir selbst unseren Wohnsitz verlegen. Du weißt, Harpaste, diese an Verstand zu kurz gekommene Sklavin meiner Frau, ist mir als lästiges Erbstück in meinem Hause verblieben. Denn ich habe verzweifelt wenig Geschmack an solcher Unnatur. Wenn ich mich über einen Einfaltspinsel belustigen will, so brauche ich nicht lange zu suchen: Ich lache über mich selbst. Diese Närrin erblindete plötzlich. Es klingt unglaublich, was ich dir erzähle, aber es ist die reine Wahrheit: Sie wusste nicht, dass sie blind sei. Immer wieder verlangt sie von ihrem Aufseher, er solle mit ihr anderswohin ziehen, das Haus sei finster. Wir lachen darüber; aber täusche dich nicht, uns allen ergeht es ebenso. Niemand sieht ein, dass er habsüchtig, niemand, dass er von Begierden beherrscht ist. Die Blinden suchen doch wenigstens noch einen Führer, wir irren ohne Führer umher und sagen: »Ehrgeizig bin ich nicht, aber wer könnte in Rom anders leben? Ein Verschwender bin ich nicht, aber die Stadt erfordert von vornherein großen Aufwand. Es ist nicht mein Fehler, dass ich jähzornig bin, dass ich mich noch nicht für einen bestimmten Lebenslauf entschieden habe; meine Jugend ist daran schuld.«

Was soll dieser Selbstbetrug? Der Sitz unseres Übels liegt nicht außerhalb von uns; er liegt in uns, unsere Eingeweide sind seine Herberge, und nur deshalb gelangen wir so schwer zur Genesung, weil wir nicht wissen, dass wir krank sind. Auch wenn wir uns auf ein Heilungsverfahren einlassen, wie viel Zeit wird vergehen, bis wir die zähe Kraft solcher Krankheiten brechen? Tatsächlich aber suchen wir überhaupt keinen Arzt, und wie viel geringere Mühe würde dieser doch haben, wenn er gleich beim Auftauchen des Übels zugezogen würde: Die noch zarten und der Bearbeitung erst noch harrenden Seelen würden willig dem rechten Führer folgen. Bei niemandem hält es schwer, ihn der Natur zuzuführen, außer bei dem, der schon von ihr abfiel. Wir schämen uns, uns darüber belehren zu lassen, wie man zu vernünftiger Einsicht gelange. Aber wahrlich, wenn es eine Schande ist, einen Lehrer dafür zu suchen, so lasse man nur auch alle Hoffnung fahren, als könne durch Zufall ein so herrliches Gut sich uns mitteilen. Wir müssen unsere eigene

Kraft dafür einsetzen, und, um die Wahrheit zu sagen, dieser Einsatz ist nicht einmal groß, vorausgesetzt, wie gesagt, dass wir mit der Bildung und Regelung unseres Seelenlebens beginnen, ehe noch die Verkehrtheit sich fest eingewurzelt hat. Aber selbst wenn dies der Fall ist, verzweifle ich noch nicht. Es gibt nichts, was nicht beharrliches Bemühen und unermüdliche und eifrige Sorge bewältigen könnte. Noch so verbogene Baumstämme lassen sich wieder gerade biegen; verkrümmte Balken lassen sich durch Wärme wieder gerade strecken und, ursprünglich anderen Zwecken dienend, in diejenige Form bringen, die unserem Bedürfnis entspricht. Wie viel leichter fügt sich die Seele, biegsam wie sie ist und folgsamer als jede Flüssigkeit, der gewünschten Form. Denn was ist die Seele anderes als ein Lufthauch von bestimmter Beschaffenheit? Sichtlich aber ist solcher Lufthauch, je feiner er ist, umso leichter als jeder andere Stoff. Der Umstand, mein Lucilius, dass das Böse uns schon in seiner Gewalt hat und von uns Besitz ergriffen hat, darf dich nicht irre machen an deiner guten Hoffnung für uns. Bei jedermann stellt sich die schlechte Gesinnung eher ein als die gute. Wir alle sind schon vom Bösen in Beschlag genommen. Tugenden lernen heißt so viel wie Fehler verlernen. Wir müssen uns umso entschlossener unserer Besserung zuwenden, weil der Besitz des Guten, wenn einmal uns zuteilgeworden, ein dauernder ist. Die Tugend verlernt man nicht. Denn was mit uns nicht in Einklang steht, haftet schlecht im fremden Boden und kann eben deshalb hinausgedrängt und verjagt werden; was aber an die ihm zugehörige Stelle kommt, das sitzt fest. Die Tugend ist unserer Natur gemäß. Die Laster sind ihr feindselig und verderblich. Allein, wenn auch die Tugenden, einmal aufgenommen, sich nicht wieder ablösen können und sich leicht in unserem Besitz erhalten lassen, so ist doch der erste Zugang zu ihnen steil, weil das schwache und kränkelnde Menschengemüt dazu neigt, sich vor dem zu fürchten, womit es sich noch nicht vertraut gemacht hat. Daher muss es mit Zwang dazu gebracht werden den Anfang zu machen. Ist dies geschehen, so verliert die Arzenei ihren bitteren Geschmack. Ja, indem sie ihre Heilkraft bewährt, gewährt sie sogar bald einen gewissen Genuss. Über andere Heilmittel freut man sich erst nach erlangter Gesundheit: Die Philosophie ist gleichermaßen heilsam und erfreulich.

Einundfünfzigster Brief
Bajä – eine Warnung

Wie ein jeder kann, mein Lucilius! Du hast dort den Ätna, diesen hochberühmten Berg Siziliens. Warum ihn Messala oder Valgius – denn ich las es bei beiden – den *einzigen* nennen, ist mir nicht erfindlich; denn es gibt zahlreiche Stellen mit Feuerausbrüchen, nicht nur hochgelegene (wie meistens, weil das Feuer so hoch wie möglich steigt), sondern auch in flachem Gelände: Wir sind, so weit es eben gehen will, mit Bajä zufrieden, das ich übrigens am Tage nach meiner Ankunft wieder verließ. Denn es ist dies ein Ort, den die Natur zwar mit reichen Vorzügen ausgestattet hat, den aber die Üppigkeit sich auserkoren hat, um dort ihre Feste zu feiern.

Wie also? Soll man irgendeinem Orte Hass ankündigen? Nein, durchaus nicht. Aber wie einem weisen und ehrsamen Mann das eine Kleid besser ansteht als ein anderes, und wie er nicht irgendwelche Farbe hasst, aber doch die eine oder andere für weniger passend erachtet für einen Mann von ausgesprochen nüchterner Denkungsart, so gibt es auch Gegenden, die der Weise oder der nach Weisheit Strebende meidet als unverträglich mit strenger Sittlichkeit. Darum wird, wer an seinen Rückzug aus dem öffentlichen Leben denkt, niemals Canopus wählen, obschon Canopus niemandem verbietet ein ehrsames Leben zu führen, ja selbst Bajä nicht, diese Herberge der Laster, zu der sich dieser Ort zu entwickeln begonnen hat. Dort erlaubt sich die Üppigkeit das Undenklichste, dort lässt sie sich mehr als irgendwo sonst gehen, als wäre man der Örtlichkeit besondere Ausgelassenheit schuldig. Bei der Wahl eines Ortes sollen wir nicht nur das Wohl unseres Körpers, sondern auch das Heil unserer Seele im Auge haben. So wenig ich mir die Gesellschaft von Folterknechten wünschen möchte, so wenig auch den Dunstkreis der Garküchen. Was frommt es, Betrunkene zu sehen, wie sie am Gestade umhertaumeln, oder üppige Gesellschaften auf Lustfahrten durch die Seen begriffen unter Gesang mit Musikbegleitung, und wer weiß was alles sonst noch, als wäre hier die Üppigkeit nicht nur aller Gesetze ledig, sondern hätte den Beruf, sich öffentlich zur Schau zu stellen? All unser Sinnen und Trachten soll darauf gerichtet sein, den Lockungen der Laster so weit wie möglich aus dem Wege zu gehen. Wir müssen uns innerlich stählen und den Verführungen der Genusssucht schon aus der Ferne ausweichen. Ein Winter reichte aus, Hannibals Kraft zu brechen; die üppige Weichlichkeit Kampaniens entnervte den Mann, dem die Schneemassen und die Kälte der Alpen nichts hatten anhaben können. Die Waffen gaben ihm den Sieg, das Lasterleben machte ihn zum Überwundenen. Auch wir müssen Kriegsdienste leisten, und zwar Kriegsdienste eigener Art, die keiner Ruhe, keiner Rast Raum geben. Vor allem gilt es, die Lustbegierden zu bekämpfen, die, wie du siehst, auch harte Gemüter in ihren Bannkreis gerissen haben. Hat sich einer die Größe der Aufgabe, die er sich gestellt hat, klar vor Augen gehalten, dann wird er wissen, dass man nichts mit zarter und weichlicher Hand anfassen darf.

Was sollen mir jene Wasserbecken mit gewärmtem Wasser? Was sollen mir jene Schwitzräume, in denen trockene Hitze den überfüllten Körper wieder entlasten soll? Arbeit soll es sein und nichts anderes, wodurch wir den abführenden Schweiß erzeugen. Wollten wir tun, was Hannibal tat, wollten wir den Tatenlauf unterbrechen und die Waffen ruhen lassen, um allen Ernstes nur unserem leiblichen Wohlbehagen zu dienen, so würde jedermann diesen unzeitigen Müßiggang tadeln als eine Gefahr selbst für den, der schon den Sieg errungen hat, geschweige denn für den, der erst noch um den Sieg ringt. Wir aber dürfen uns noch weniger herausnehmen als jene, die der punischen Fahne folgten: Größere Gefahr harret unser, wenn wir weichen, härtere Arbeit, auch wenn wir ausharren. Das Schicksal führt Krieg mit mir: Ich bin nicht gewillt, mich seinen Befehlen zu fügen. Ich lasse mir das Joch nicht gefallen, nein, ich schüttele es ab, und dazu gehört noch größere Tapferkeit. Meine Seelenkraft darf nicht erschlaffen. Lasse ich den Lustreiz über mich Herr werden, so mache ich auch den Schmerz, die Mühsal, die Armut zu Herren über mich, und den nämlichen Herrschaftsanspruch machen dann auch Ehrgeiz und Zorn an mich. So viele Leidenschaften werden mich zerreißen, oder richtiger gesagt, werden mich zerstückeln. Die Freiheit ist es, der der Kampf gilt; um diesen Preis wird gerungen. Und die Freiheit, worin besteht sie? So fragst du. Darin, dass man keinem Zwang, keinem Zufall die Herrschaft über sich einräumt und das Schicksal sich nicht über den Kopf wachsen lässt. Von dem Tage ab, wo ich merke, dass ich ihm überlegen bin, wird es mit seiner Macht vorbei sein. Ich sollte mir seine Macht gefallen lassen, der ich den Tod in meiner Gewalt habe?

Trägt man sich ernstlich mit solchen Gedanken, so kann man nicht anders als sich für einen ernsten und ehrwürdigen Ort entscheiden. Eine allzu reizvolle Gegend hat etwas Verweichlichendes an sich und übt zweifellos einen nachteiligen Einfluss auf unsere Tatkraft aus. Die Zugtiere nehmen es mit jedem Wege auf, denn der raue Boden hat ihre Hufe hart gemacht, während das auf weichem und durchfeuchtetem Weidegelände gemästete Vieh sich schnell die Hufe abläuft. So ist auch der Soldat, der vom Lande herstammt, von strammerer Art als der Städter und der verwöhnte Haussklave. Keine Anstrengung scheut der Arm, der den Pflug mit der Waffe vertauscht; schon beim ersten Waffengang dagegen fällt jener salbenduftende Weichling ab. Der strengere Ordnungssinn mancher Landschaft stärkt den Geist und macht ihn großen Aufgaben gewachsen. Es stand dem Scipio besser an, sich Liternum zum Verbannungsort zu wählen als Bajä. Sein Sturz verträgt sich nicht mit einem so weichlichen Unterkommen. Und selbst jene Männer, in deren Hand das Schicksal des römischen Volkes die gesamte öffentliche Macht legte, ein C. Marins, ein Cn. Pompeius, ein Caesar ließen sich zwar Villen bauen in der Umgebung von Bajä, doch wählten sie als Baustätte für sie die höchsten Bergesgipfel aus. Ihrem kriegerischen Geist entsprach es mehr, von hoher Warte aus auf die ringsum zu ihren Füßen weit sich ausbreitende Umgebung herabzuschauen. Wirf einen Blick auf die Lage, welche sie für Errichtung ihrer Gebäude wählten, und auf die Bauart derselben, und du wirst dir sagen, dass es nicht Landhäuser sind, sondern Burgen. Meinst du etwa, Cato würde jemals ein zierliches Landhaus bezogen haben, um die vorüberfahrenden Dirnen zu zählen und das bunte Gewirr der in den verschiedensten Farben prangenden Gondeln zu durchmustern und die rings im See schwimmenden Rosen zu betrachten und die Schmählieder nächtlicher Sänger zu hören? Würde er nicht lieber am Hange des Walles geweilt haben, den er für eine einzige Nacht eigenhändig mit aufgeführt hätte? Wer sich als Mann fühlt, wird sich der nicht lieber durch das Trompetensignal als durch Chorgesang wecken lassen?

Doch genug nun des Haders mit Bajä, wenn auch niemals genug des Haders gegen die Laster, die ich dich, Lucilius, mit endlosem und maßlosem Hass zu verfolgen bitte; denn auch sie kennen weder Ende noch Maß. Wirf von dir, was dein Herz zerfleischt, und könnte es nicht auf andere Weise entfernt werden, so müsste das Herz selbst mit ihm herausgerissen werden. Vor allem treibe die Lustbegierden hinaus und sieh in ihnen deine ärgsten Feinde. Denn wie jene Räuber, welche die Ägypter Phileten (Betrüger) nennen, umarmen sie uns, um uns zu erwürgen.

Vierundfünfzigster Brief
Todesgedanken

Meine Kränklichkeit hatte mir eine lange Pause vergönnt; plötzlich überfiel sie mich wieder. »In welcher Art?«, fragst du. Eine durchaus berechtigte Frage an einen, der auf diesem Gebiet bis ins kleinste Bescheid weiß. *Eine* Krankheit aber ist mein ganz besonderes Los; ich brauche sie nicht mit ihrem griechischen Namen zu nennen, denn man kann sie eben so passend als Atemnot *(suspirium)* bezeichnen. Ihr Anfall ist sehr kurz und einem Wirbelwind ähnlich: Eine Stunde, und sie ist vorüber. Denn wer gibt lange den Geist auf? Alle Arten körperlichen Ungemachs und alle Gefahren dieser Art habe ich am eigenen Leibe durchgemacht: Keine scheint mir qualvoller als diese: Habe ich nicht recht damit? Alles andere, was es auch sein mag, hat als Krankheit zu gelten; dieses aber ist ein Ringen mit dem Tode. Daher nennen es die Ärzte auch »eine Vorübung auf das Sterben«. Denn endlich tut der Atem doch wirklich, was er häufig versucht hat.

Glaubst du, ich schreibe dir dieses in heiterer Stimmung, weil ich glücklich davongekommen bin? Wollte ich diesen Verlauf der Sache als eine Gewähr für dauernde Gesundheit ansehen, so würde ich mich ebenso lächerlich machen wie einer, der sich einbildet einen Prozess gewonnen zu haben, wenn ihm ein längerer Termin gewährt wird. Habe ich doch selbst unter den Qualen des Erstickungsanfalles nicht aufgehört, mich mit Gedanken zu beschäftigen, die erquickend und ermutigend auf meinen Zustand wirkten. »Was will das besagen?« – so spreche ich zu mir selbst. »So oft schon macht sich der Tod mit mir zu schaffen; aber ich habe schon längst mit ihm abgerechnet.« »Wann denn?«, fragst du! Schon ehe ich geboren ward. Tot sein heißt so viel wie nicht sein. Wie es damit steht, weiß ich schon. Was nach mir sein wird, ist nichts anderes, als was vor mir war. Ist damit ein Zustand der Qual verbunden, so muss es einen solchen auch gegeben haben, ehe wir zur Welt kamen; allein wir haben damals nichts von solcher Qual verspürt. Ich frage: Würdest du es nicht höchst albern finden, wenn jemand der Meinung wäre, es stehe schlimmer mit der Lampe, wenn sie erloschen ist, als ehe sie angezündet wird? Auch wir werden angezündet und erlöschen wieder. Die Zwischenzeit vergeht uns als empfindenden Wesen: Vorher und nachher aber ist tiefe Ruhe. Denn ich müsste mich doch sehr täuschen, mein Lucilius, wenn es nicht ein Irrtum wäre zu glauben, der Tod werde nur erst folgen, während er doch ebenso wohl vorangegangen ist wie er folgen wird. Alles, was vor uns war, ist Tod. Denn was macht es denn aus, ob man überhaupt nicht anfängt oder aufhört, da beide auf dasselbe hinauslaufen, nämlich auf das Nichtsein.

Mit diesen und ähnlichen Ermunterungen – natürlich stillschweigenden, denn zur Aussprache konnte es nicht kommen – habe ich nicht aufgehört mich zu ermutigen. Dann machte allmählich diese Beklemmung, die sich schon zur schweren Atemnot gesteigert hatte, längere Pausen, ließ nach und verzog sich. Die Atemnot hat nun zwar aufgehört; gleichwohl hat es mit dem Atmen auch weiter einige Schwierigkeiten. Noch immer fühle ich eine gewisse Hemmung und Beschwerlichkeit. Mag dem so sein, wenn nur mein Herz an dem Seufzen unbeteiligt ist. Darauf kannst du heilig dich verlassen: Ich werde vor dem letzten Augenblick nicht zittern, ich bin auf alles gefasst, ich rechne nie auf einen ganzen Tag, den ich etwa noch zu leben hätte. Den lobe und ahme ihm nach, der sich nichts daraus macht zu sterben, wenn er noch in voller Lust lebt. Denn was wäre es Rühmliches, von dannen zu gehen, wenn man hinausgeworfen wird? Gleichwohl gibt es auch hier ein rühmliches Verhalten: Ich werde zwar hinausgeworfen, aber mache den Eindruck, als ginge ich aus eigenem Entschlusse fort. Und eben deshalb wird der Weise niemals hinausgeworfen; denn hinausgeworfen werden ist so viel als vertrieben werden von einer Stelle, die man nur mit Widerstreben verlässt. Der Weise tut nichts wider Willen. Er entzieht sich der Notwendigkeit, indem er seinen Willen mit deren Zwang in Übereinstimmung bringt.

Fünfundfünfzigster Brief

Die Villa des Vatia

Eben kehre ich von einem kleinen Ausflug zurück, der mich ebenso ermüdet hat, als hätte ich die ganze Strecke nicht sitzend, sondern zu Fuß zurückgelegt. Denn auch sich lange tragen zu lassen ist eine Anstrengung, die vielleicht umso größer ist, weil sie wider die Natur ist, die uns Füße gegeben hat, um selbst zu gehen, so gut wie Augen, um selbst zu sehen. Wenn wir uns schwach zeigen, so ist das eine Folge unserer Verwöhnung: Was wir lange nicht *gewollt* haben, das hören wir auf zu *können*. Für mich aber war es unerlässlich, den Körper gehörig durchzurütteln, sei es nun, dass in meinem Schlunde sich ein galliger Schleim festgesetzt hatte, sei es, dass sonst irgendwelche Störung mir das Atmen erschwerte: Der Körper bedurfte einer durchgreifenden Bewegung, die mir denn auch wohlgetan hat. Ich dehnte meinen Ausflug länger aus, wozu die landschaftlichen Reize der zwischen Cumä und der Villa des Servilius Vatia sich in Krümmungen hinziehenden Küstenstrecke ohnedies einluden. Diese Strecke ist gleichsam ein schmaler Weg, auf der einen Seite begrenzt vom Meere, auf der anderen von dem (acherusischen) See. Denn infolge des kurz voraufgegangenen Sturmes war die Sandfläche noch dicht und tragfähig. Unter dem Druck der überflutenden Wogen nämlich wird sie, wie du weißt, zu einer gleichmäßigen Fläche, während eine längere Meeresstille wieder auflösend wirkt, indem die Feuchtigkeit dem Sande entweicht, die wie ein Bindemittel wirkt.

Nach meiner Gewohnheit sah ich mich nach irgendetwas um, dessen Auffindung mir Gewinn bringen könnte; da fielen meine Augen auf das Landgut, das einst dem Vatia gehört hatte. Das war also der Platz, wo jener mit Reichtum gesegnete ehemalige Prätor seine Altersjahre verlebte, der durch nichts als durch seine Muße bekannt war und wegen dieser allein für glücklich galt. Denn jedes Mal, wenn die Freundschaft des Asinius Gallus oder der Hass und später auch die Liebe des Sejanus – war es doch gleich gefährlich, ihn zu beleidigen oder zu lieben – einen zu Fall gebracht, riefen die Leute: »O Vatia, du bist der Einzige, der zu leben versteht.« Allein, was er verstand, war nicht die Kunst zu leben, sondern sich verborgen zu halten.

Es ist indes ein großer Unterschied zwischen einem Leben, das in Muße, und einem, das in Untätigkeit dahingeht. Nie ging ich, als Vatia noch lebte, an diesem Landhaus vorüber, ohne zu sagen: »Hier liegt Vatia begraben.« Aber, mein Lucilius, die Philosophie hat etwas so Hoheitsvolles und Ehrfurchtgebietendes, dass schon die bloße, nur scheinbare Ähnlichkeit mit ihr genügt, um Wohlgefallen zu erwecken. Denn wer in Muße lebt, den hält die Welt für einen wohl geborgenen, aller Sorge überhobenen und mit sich zufriedenen Menschen, alles Vorzüge, deren nur der Weise teilhaftig werden kann. Nur dieser weiß alle Sorgen von sich fernzuhalten und mit seinem Leben wirklich sich selbst zu dienen. Denn nur er versteht, was die Hauptsache ist, überhaupt zu leben. Denn wer Geschäfte und Menschen meidet, wen das Fehlschlagen seiner begehrlichen Hoffnungen der Einsamkeit zugeführt hat, wer es nicht über sich gewinnen konnte, andere glücklicher zu sehen als sich, wer wie ein scheues und träges Tier aus Furcht sich verkriecht, der lebt nicht sich, sondern, Schande über Schande, dem Bauche, dem Schlafe, der Wollust. Wer für niemand lebt, lebt darum noch nicht auch gleich für sich. Doch ist die Beharrlichkeit und die Ausdauer bei dem, was man sich einmal vorgenommen, eine so gewichtige Sache, dass auch eine hartnäckig durchgeführte Untätigkeit nicht verfehlt, einen gewissen Eindruck zu machen.

Von der Villa selbst kann ich dir nichts Näheres schreiben, denn ich kenne nur ihre Front und was auch jedem Vorübergehenden bemerkbar ist. Sie hat zwei künstlich hergestellte, großartige Grotten, an Umfang einem geräumigen Empfangssaal gleich, von denen die eine der Sonne ganz unzugänglich ist, während die andere den Strahlen derselben bis zu ihrem Untergange offen liegt. Einen Platanenhain durchschneidet kanalartig ein Bach, dessen Lauf von dem Acherusichen See her nach dem Meere geht und einen großen Reichtum an Fischen birgt, der selbst bei beständiger Ausnutzung nicht versagen würde. Allein, wenn das Meer den Fischern zugänglich ist, schont man ihn, wogegen bei stürmischem Wetter, das die Fischer nicht an ihr Handwerk gehen lässt, der Vorrat des Baches herhalten muss.

Der willkommenste Vorzug der Villa besteht aber darin, dass sie trotz unmittelbarer Nachbarschaft doch durch eine Mauer von Bajä getrennt ist: Es hat die Annehmlichkeiten Bajäs, ohne dessen Schattenseiten zu teilen. Wenn ich dies rühmend hervorhebe, so rede ich aus eigener Erfahrung. Ich glaube, die Villa bewährt sich das ganze Jahr hindurch. Sie ist die unmittelbare Empfängerin des linden Westwindes und fängt diesen dem Nachbarort Bajä ab. Es war keine sinnlose Wahl, die Vatia mit diesem Platze traf, um dort als Greis seine untätige Muße zu verleben.

Gleichwohl trägt der Ort nicht viel zur Lebensruhe bei: Auf die Seelenverfassung kommt es an; sie ist es, die allem ihren Stempel aufdrückt. Ich habe es erlebt, dass die Bewohner eines heiteren und anmutigen Landhauses Kopfhänger waren, während ich mitten in einer Einöde Leute traf, die den Vielbeschäftigten nichts nachgaben. Daher glaube ja nicht, dass es mit deinem Befinden darum nicht auf das Beste bestellt sei, weil du nicht in Kampanien weilst. Was hindert dich aber hier zu weilen? Du brauchst ja nur deine Gedanken hierher zu senden. Man kann mit seinen abwesenden Freunden verkehren, und zwar sooft man will, solange man will. Ja, wir genießen dies größte Vergnügen in höherem Maße, wenn wir abwesend sind. Denn die Gegenwart verwöhnt uns nur, und weil wir da ab und zu miteinander reden, miteinander spazieren gehen, uns miteinander niederlassen, um uns auszuruhen, so schlagen wir uns die, mit denen wir eben zusammen waren, ganz aus dem Sinne. Eben der Umstand, dass auch, wenn die Freunde gegenwärtig sind, es an mancherlei Unterbrechungen nicht fehlt, müsste darauf hinwirken, ihre Abwesenheit weniger schmerzlich zu empfinden. Denke doch erstens an die Nächte, die uns trennen, sodann an die Verschiedenartigkeit der Geschäfte beider, an die Mannigfaltigkeit der geistigen Liebhabereien, an die geschäftlichen Abwesenheiten in der Umgebung Roms; dann musst du dir doch sagen, dass es nicht eben viel ist, was ein Aufenthalt in der Ferne uns entzieht. Die Seele ist es, mit der man den Freund besitzen muss; diese aber ist niemals abwesend. Sie sieht, wen sie will, täglich. Also studiere mit mir, speise mit mir, sei mein Begleiter auf meinen Spaziergängen. Es wäre doch ein sehr beschränktes Dasein, wenn es für unsere Gedanken irgendwelche Scheidewand gäbe. Ich sehe dich, mein Lucilius, ich höre dich, eben in diesem Augenblick; ich bin dir so nahe, dass ich nicht recht weiß, ob ich dir nicht lieber kleine Billette als Briefe schreiben soll.

Siebenundfünfzigster Brief

Die Grotte von Posilippo

Als ich von Bajä nach Neapel zurückkehren sollte, ließ ich mir gern einreden, es sei stürmisches Wetter, um nicht abermals das Wagnis einer Seefahrt auf mich zu nehmen. Aber gleichwohl war es so etwas wie eine Seefahrt, denn der ganze Weg war ein wahres Meer von Schmutz. Das Tagewerk der Athleten musste ich an diesem Tage durchkosten: Erst die weiche Wachssalbe des Schmutzes und dann den feinen Sandstaub der Neapolitanischen Grotte, die sich wie ein endloser Kerker hinzieht und durch Fackeln mehr verdunkelt als erleuchtet wird, da dieselben weniger dazu dienen, die Finsternis durchsichtig, als diese selbst sichtbar zu machen. Indes auch wenn der Raum Licht hätte, würde der Staub es unwirksam machen, diese schon in feiner Luft beschwerliche und lästige Erscheinung, die vollends unerträglich wird, wenn er – der Staub – sich zusammenballt und ohne irgendwelchen Luftzug im geschlossenen Raum auf die zurückfällt, die ihn erregten. So haben wir denn zwei einander entgegengesetzte Unannehmlichkeiten über uns ergehen lassen müssen: Auf dem nämlichen Wege, an dem nämlichen Tage hatten wir an Schmutz und an Staub zu leiden.

Übrigens gab mir diese dunkele Stätte doch auch Veranlassung zum Nachdenken. Ich spürte dabei einen starken Eindruck auf mein Gemüt und einen von keiner Furcht begleiteten Stimmungswandel, den das völlig Außergewöhnliche und dabei zugleich Abstoßende des Vorganges erzeugt hatte. Es soll dabei nicht von mir die Rede sein, der ich noch lange kein vollkommener Mensch, ja noch nicht einmal ein erträglicher bin; nein, meine Rede zielt auf den, der sich von den Launen des Schicksals völlig unabhängig gemacht. Auch er ist noch einer gewissen Gemütserschütterung, auch eines Wandels der Gesichtsfarbe noch fähig. Denn gewissen Eindrücken, mein Lucilius, kann sich auch der Tugendhafteste nicht entziehen, die Natur mahnt ihn an seine Sterblichkeit. Daher wird er bei traurigen Anlässen auch eine tiefernste Miene annehmen, bei überraschenden Ereignissen zusammenschauern und schwindlig werden, wenn er, am Rande eines jähen Abgrundes stehend, in die schauerliche Tiefe hinabblickt. Das ist nicht Furcht, sondern eine natürliche Ergriffenheit, gegen welche die Vernunft vergebens ankämpft. So gibt es manchen heldenhaften. Mann, der auf der Stelle bereit ist sein eigenes Blut zu vergießen, der aber fremdes Blut nicht fließen sehen kann. Manche versagen und fallen in Ohnmacht beim Anblick einer frischen Wunde, manche auch bei Berührung und Besichtigung einer älteren und eiternden. Manche lassen sich lieber selbst von einem Schwerthieb treffen als dass sie zusehen, wie andere getroffen werden. Ich spürte also, wie gesagt, zwar keine heftige Gemütserregung, aber doch einen gewissen Stimmungswandel. Sobald ich aber dem Lichte zurückgegeben war, stellte sich die alte Munterkeit ganz von selbst und ungebeten wieder ein. Das führte mich auf eine Betrachtung über die Torheit, manche Dinge mehr, manche weniger zu fürchten, da doch das Ende bei allen dasselbe ist. Denn was macht es für einen Unterschied, ob über uns ein Wachthaus oder ein Berg zusammenstürzt? Ich wüsste keinen. Und doch wird es manche geben, die den Bergsturz mehr fürchten, obschon beide gleich tödlich sind; so sehr lässt sich die Furcht statt durch die Wirkung selbst durch die wirkenden Gegenstände bestimmen.

Du denkst vielleicht, ich ziele damit auf die Stoiker, welche glauben, dass die Seele eines durch ein schweres Gewicht erdrückten Mannes sich nicht mehr erhalten könne, vielmehr sofort sich auflöse, weil sich ihr kein Ausweg biete. Nein, an sie denke ich nicht; wenn sie dies behaupten, so sind sie meines Erachtens im Irrtum. Sowenig eine Flamme niedergedrückt werden kann – denn sie schlängelt sich um das herum, womit man sie drückt –, sowenig die Luft durch Schlag oder Stoß leidet, ja nicht einmal getrennt wird, sondern dasjenige, dem sie gewichen, allseitig umgibt, sowenig kann der Geist, der aus dem feinsten Stoffe besteht, gewaltsam erfasst und innerhalb des Körpers erstickt werden, sondern dank seiner Feinheit bahnt er sich den Ausweg durch alles, was auf ihn drückt. Wie der Blitzstrahl, wenn er auch noch so weithin alles erschüttert und erleuchtet hat, doch durch einen schmalen Spalt seinen Rückweg (in den Äther) findet, so steht dem Geist, der noch feiner ist als Feuer, die Flucht durch jeden Körper offen. Also ist die Frage nur, ob sie, die Seele, unsterblich sein könne. So viel, glaube mir, steht fest: Wenn sie den Körper überlebt, so kann sie durch nichts, wodurch sie nicht untergeht, vernichtet werden. Denn die Unsterblichkeit duldet keine Ausnahme, und nichts ist imstande dem, was ewig ist, zu schaden.

Neunundfünfzigster Brief

Anerkennendes Urteil über des Lucilius schriftstellerische Leistungen und daran sich knüpfende ethische Betrachtungen

Es war mir eine wahre *Lust (voluptas)*, deinen Brief zu lesen. Wenn ich mich so ausdrücke, so setzt das allerdings deine Erlaubnis voraus, dass ich mich dem gemeinhin geltenden Wortgebrauch anschließe und von der streng stoischen Bedeutung der Worte absehe. Nach dieser Letzteren ist Lust etwas sittlich Verwerfliches. Mag dem so sein: Gemeinhin aber brauchen wir diesen Ansdruck zur Bezeichnung einer heiteren Seelenstimmung. Nach der strengen Regel des stoischen Wortgebrauches ist die Lust allerdings eine verrufene Sache wie anderseits die Freude *(gaudium)* eine Sache, deren nur der Weise teilhaftig wird. Denn sie ist die gehobene Stimmung einer Seele, die sich ihrer Vorzüge und wahren Güter bewusst ist. Gleichwohl hält es der gemeinhin gültige Sprachgebrauch damit so, dass man zu einem sagt, es habe einem große Freude gemacht, dass er Konsul geworden sei oder dass er sich verheiratet habe oder dass seine Gattin eine glückliche Niederkunft gehabt habe, lauter Ereignisse, die weit entfernt, immer Anlass zur Freude zu sein, oft genug nur die Einleitung zu künftiger Trauer bilden. Die Freude aber im wahren Sinne duldet kein Aufhören, keine Wandlung ins Gegenteil. Wenn also unser Vergil sagt

»des Herzens leidige Freuden«,

so ist dies zwar gewandt, aber keineswegs im eigentlichen Sinne gesprochen. Diesen Namen hat er hier für die Lust gewählt und hat damit zum Ausdruck gebracht, was er sagen wollte. Denn er bezeichnete damit Leute, die sich über ihr Ungemach freuen. Was meine Äußerung aber anlangt, ich hätte deinen Brief mit großer Lust gelesen, so habe ich mich doch nicht mit Unrecht dieses

Ausdrucks bedient; denn so ehrenwert auch der Grund sein mag, aus dem ein noch nicht zur Weisheit Gelangter sich freut, so nenne ich doch seine leidenschaftliche und bald in das Gegenteil umspringende Stimmung nur Lust, insofern sie nur beruht auf der Vorstellung von einem eingebildeten Gut und kein Maß und Ziel kennt.

Doch um auf mein eigentliches Thema zurückzukommen, so vernimm, was mir an deinem Briefe besonders gefallen hat. Du hast das Wort in deiner Gewalt. Du lässt dich durch den Redefluss nicht fortreißen und hältst dich genau an dein vorgesetztes Ziel. Die Zahl derer ist nicht gering, die sich durch den schmeichlerischen Reiz irgendeines Wortes verleiten lassen etwas zu schreiben, was gar nicht ihrem ursprünglichen Plane entspricht. Das trifft auf dich nicht zu. Alles ist knapp und sachgemäß. Du sagst gerade so viel als du willst und deutest noch mehr an als du sagst. Das deutet auf etwas noch Wertvolleres hin; man ersieht daraus: Deine Seele hält sich frei von allem unnötigen Ballast, frei von jedem Dunst. Doch finde ich hie und da Metaphern, die zwar nicht bedachtlos, aber doch etwas gewagt sind. Daneben finde ich bildliche Ausdrücke, die uns nur derjenige verbieten und als nur den Dichtern erlaubt hinstellen kann, der nie einen der alten Schriftsteller gelesen hat, deren Vortragsweise doch noch nicht auf den rauschenden Beifall berechnet war. Sie, die sich einer so einfachen, einer so rein sachlichen Darstellung befleißigten, sind voll von Gleichnissen, die sie für unentbehrlich hielten, nicht aus den nämlichen Gründen wie die Dichter, sondern um unserer sprachlichen Notlage einigermaßen abzuhelfen und die Vortragenden und die Hörer in die Lage zu bringen, sich mit der Sache gehörig abzufinden.

Ich lese jetzt eben den Sextius, einen Schriftsteller von schneidiger Art, der in griechischer Sprache, aber in römischem Geiste philosophiert. Er führt unter anderem das für mich besonders eindrucksvolle Bild des in Karree marschierenden Heeres ein, das, weil man den Feind von allen Seiten zu fürchten hat, in voller Kampfbereitschaft ist. »Ebenso«, sagt er, »muss sich der Weise halten: Er muss alle seine Tugenden immer in Bereitschaft haben, um sich ihrer bei jeder feindlichen Regung zur Abwehr zu bedienen, indem sie ihm auf seinen Wink in vollster Ordnung zur Verfügung stehen.«

Was bei den Heeren, die unter dem Befehl großer Feldherren stehen, als Regel gilt, dass alle Truppen gleichzeitig den Befehl des Feldherrn zu hören bekommen, indem sie so aufgestellt sind, dass das von einem einzigen gegebene Zeichen sich gleichzeitig den Reihen des Fußvolkes wie der Reiterei mitteilt, das, sagt er, ist noch weit mehr vonnöten für uns selbst. Denn bei jenen ist die Furcht vor dem Feinde oft unbegründet, und zuweilen ist der scheinbar unsicherste Mensch der allersicherste. Der Tor kennt keinen Frieden, Angst von oben, Angst von unten, Angst von rechts und Angst von links. Gefahren folgen ihm, Gefahren kommen ihm entgegen, beim geringsten Anlass zittert er, gegen nichts ist er gewappnet, ja, er erschrickt selbst vor der Hilfe, die man ihm bringt. Dagegen ist der Weise in seiner gefassten Haltung gedeckt gegen jeden Angriff; mag Armut, mag Trauer, mag Schmach, mag Schmerz ihn bedrängen, er wird keinen Schritt zurückweichen. Unerschrocken tritt er ihnen entgegen oder bewegt sich unter ihnen. Uns hemmen mancherlei Fesseln, mancherlei Schwächen. Zu lange haben wir in jenem Sündenpfuhl gelegen, es hält schwer, uns des Schmutzes zu entledigen; denn der Schmutz haftet nicht nur an unserem Äußeren, sondern sitzt auch tief in unserem Inneren.

Um nicht von einem Bilde ins andere zu geraten, will ich eine Frage aufwerfen, die ich häufig mir durch den Kopf gehen lasse, nämlich wie es kommt, dass uns die Torheit so hartnäckig festhält. Erstens, weil wir nicht mit männlichem Mute sie uns vom Halse halten und nicht mit voller Hingebung unserem Heile nachtrachten, sodann, weil wir den von den großen Vertretern der Philosophie gefundenen Heilmitteln nicht unser volles Vertrauen schenken und sie nicht offenen Herzens in uns aufnehmen, sondern es damit nicht ernst genug nehmen. Wie kann aber einer durch Belehrung sich genügend zum Kampfe wider das Laster ausrüsten, wenn er dieser Belehrung nur so viel Zeit zuwendet als er von den Fesseln des Lasters frei bleibt? Niemand von uns will tief schürfen, wir halten uns nur an das, was die Oberfläche bietet, und ein Bruchteilchen unserer Zeit auf die Philosophie verwendet scheint uns Vielbeschäftigten schon genug und übergenug. Ein besonderes Hemmnis liegt darin, dass wir zu rasch mit uns zufrieden sind. Treffen wir jemand, der uns brav, einsichtsvoll, unsträflich nennt, gleich sind wir damit einverstanden. Wir sind nicht mit maßvollem Lobe zufrieden. Womit auch schamlose Schmeichelei uns aufwartet, wir nehmen es hin wie einen schuldigen Tribut. Wer uns für unübertrefflich an Herzensgüte und Weisheit erklärt, dem stimmen wir bei, so gut wir auch wissen, dass er mit solchen lügnerischen Äußerungen häufig genug um sich wirft. Ja, so schwach sind wir gegen uns selbst, dass wir mit Vergnügen das Lob für Dinge einstreichen, von denen wir eben jetzt das gerade Gegenteil tun. Da hört es denn einer mitten in der Ausübung furchtbarer Bluturteile gern, wenn man ihn als ein Muster von Gutherzigkeit bezeichnet, ein anderer, wenn man ihn angesichts seiner Räubereien als hochherzigen Spender, ein Trunkenbold und Wollüstling, wenn man ihn als ein Vorbild von Mäßigkeit bezeichnet. Die Folge ist: Wir wollen keine Änderung mit uns vornehmen, weil wir glauben, niemand sei besser als wir.

Als Alexander Indien durchzog und seine vernichtende Kraft gegen Völkerschaften richtete, die selbst ihren Nachbarn nur ungenügend bekannt waren, ward er bei Belagerung einer Stadt beim Umritt um die Mauer zwecks Erkundung ihrer schwächsten Stellen von einem Pfeile getroffen. Gleichwohl hielt er sich auf dem Pferde und setzte sein Beginnen fort. Als aber dann durch Zurücktreten des Blutes und Vertrocknen der Wunde der Schmerz zunahm und das vom Pferde herabhängende Bein allmählich starr wurde, sah er sich genötigt abzusteigen, wobei er folgende Äußerung tat: »Alle Welt schwört, ich sei Jupiters Sohn, aber diese Wunde bezeugt deutlich genug, dass ich ein Mensch bin.«

Diesem Muster lass uns folgen. Ein jeder hat sein Teil von Eitelkeit, die ihn betört. Sagen wir also: »Ihr zwar nennt mich einsichtsvoll, ich dagegen sehe, von wie viel unnützen Begierden, von wie viel schädlichen Wünschen ich erfüllt bin. Nicht einmal für das, was den Tieren ihre bloße Sättigung zeigt, habe ich den richtigen Blick, nämlich welches Maß der Speise und dem Tranke gesetzt werden müsse. Noch weiß ich nicht, wie viel ich zu fassen vermag.«

Nun will ich dir dartun, wie du zur Einsicht gelangen kannst, dass du noch kein Weiser bist. Der Weise, wie er uns vorschwebt, ist voller Freude, heiter, zufrieden, unerschüttert. Er führt ein göttergleiches Leben. Nun frage dich selbst: Wenn du niemals traurig bist, wenn du niemals besorgnisvoll in die Zukunft blickst, wenn du Tag und Nacht in gleichmäßig gehobener und zufriedener Stimmung beharrst, dann hast du die Höhe menschlichen Glückes erreicht. Aber wenn du noch allen Lustreizen folgst wie sie von allen Seiten auf dich einwirken, dann sei überzeugt, dass dir noch ebenso viel zur Weisheit wie zur Freude fehlt. Du wünschst dies Ziel zu erreichen, doch du irrst, wenn du hoffst, mitten im Genusse des Reichtums und von Ehrenstellen dahin zu kommen, mit anderen Worten, wenn du die Freude suchst inmitten der Herzensbedrängnisse. Diese Herrlichkeiten, die du erstrebst als vermeintliche Spenderinnen von Frohsinn und Genuss, sind nur die Bringerinnen von Leid und Schmerz. Gewiss, alle diese Leute haben es auf Freude abgesehen, aber wo die Quelle dauernder und durchschlagender Freude liegt, das ist ihnen ein Geheimnis; der eine sucht sie in Schmausereien und Schlemmerei, der andere in Ehrgeiz und einem Gewimmel von Klienten, der eine in einem Liebesrausch, der andere in dem eitelen Prunken mit literarischen Bestrebungen, die ihm alles andere, nur keine Besserung gewähren. Sie alle unterliegen der

Täuschung trügerischer und kurzer Ergötzlichkeiten, wie z. B. der Trunkenheit, welche die heitere Ausgelassenheit einer einzigen Stunde mit lange anhaltendem Ekel büßt, oder des Beifallklatschens und der lärmenden Gunstbezeugung, die nur mit Sorge und Kummer erkauft ist und einem schwere Reue auferlegt. Lass dich also nicht irre machen: Die Wirkung der Weisheit besteht in dem dauernden Gleichmaß der Freude. Des Weisen Gemüt gleicht der über dem Monde sich lagernden Weltenschicht: Dort herrscht beständige Heiterkeit. Du hast also auch Grund genug zu wollen, dass du ein Weiser seiest; denn dieser ist nie ohne Freude, einer Freude, die nur aus dem Bewusstsein der Tugend stammt. Nur der Tapfere, nur der Gerechte, nur der Maßvolle ist dieser Freude fähig.

»Wie?«, fragst du, »Toren und Schurken freuen sich also niemals?« Nur so wie der Löwe, wenn er seiner Beute habhaft geworden. Haben sie durch Zechen und Wollust ihre Kräfte erschöpft, ist ihnen die Nacht unter Lastern dahingeschwunden, haben die Lustgenüsse, für deren Aufnahme der Körper nicht geräumig genug war, allerhand Eitergeschwüre zur Folge, dann drängen diesen erbärmlichen Gesellen sich die Worte Vergils auf die Lippen

Denn wie die äußerste Nacht wir unter verrät'rischen Freunden
Hingeschwärmt, das weißt du.

Jede Nacht verbringt der Schlemmer unter verräterischen Freunden und immer als wäre es die letzte. Jene Freude aber, die die Götter und die ihnen Nacheifernden begleitet, kennt keine Unterbrechung, kein Ende, was der Fall sein würde, wenn sie von außen her stammte; aber da sie nicht Geschenk aus der Hand eines anderen ist, so hat auch fremde Willkür keine Macht über sie. Was das Schicksal nicht gab, das entreißt es auch nicht.

Einundsechzigster Brief
Todesgedanken

Wir dürfen nicht immer wollen, was wir gewollt haben. Dem müssen wir ein Ende machen. Ich wenigstens bin beflissen, als alter Mann nicht dasselbe zu wollen, was ich als Knabe wollte. Das ist Tag und Nacht mein unausgesetztes Sinnen und Trachten, mit meinen alten Fehlern gründlich aufzuräumen. Ich will es dahin bringen, dass jeder einzelne Tag mir wie das ganze Leben erscheine. Dabei liegt es mir wahrlich ganz fern, ihn als den Letzten auszuplündern, ich sehe ihn vielmehr nur so an, als könnte er der Letzte sein. Wenn ich diesen Brief jetzt an dich schreibe, so tue ich es in einer Stimmung, als ob gerade jetzt der Tod mich abrufen würde. Ich bin bereit zum Aufbruch, und eben der Umstand verhilft mir zum Genusse des Lebens, weil ich kein Gewicht darauf lege, wie lange das noch dauern wird. Vor dem Eintritt des Greisenalters war es mein Bestreben in Ehren zu leben, nun, da es da ist, in Ehren zu sterben. Das aber heißt so viel als gern sterben. Sei darauf bedacht, nie etwas wider deinen Willen zu tun. Für den Wollenden gibt es keine zwingende Notwendigkeit, die der Widerstrebende gegebenen Falles doch über sich ergehen lassen muss. Das will heißen: Wer sich gern einem Befehle unterzieht, dem bleibt die schlimmste Zumutung, die die Knechtschaft an uns stellt, erspart, nämlich zu tun, was man nicht will. Nicht der ist unglücklich, der auf Befehl etwas tut, sondern der, der es widerwillig tut: Suchen wir also eine derartige Stimmung uns zu eigen zu machen, dass wir selbst wollen, was die Umstände erfordern, und vor allem, dass wir ohne Betrübnis an unser Ende denken. Wir müssen uns eher auf den Tod als auf das Leben vorbereiten. Das Leben erfordert keine sonderliche Fürsorge, aber wir haschen mit Begier nach Mitteln für dasselbe. Es ist uns, als fehle uns etwas, und so wird es immer sein. Das Gefühl, genug gelebt zu haben, ist nicht eine Frucht der Jahre und Tage, sondern der Seelenverfassung. Ich, lieber Lucilius, habe genug gelebt. Mein Hunger ist gestillt, ich sehe dem Tode ruhig entgegen.

Zweiundsechzigster Brief

Geschäftstätigkeit ist kein unbedingtes Hindernis für philosophische Studien

Diejenigen lügen, die sich den Schein geben wollen, als hindere sie die Geschäftslast an philosophischen Studien. Sie stellen sich, als wären sie wer weiß wie beschäftigt, übertreiben die Sache und bringen sich selbst um ihre Zeit. Ich, mein Lucilius, habe Muße, ja ich habe Muße, und wo ich auch bin, da gehöre ich mir selbst. Was die gewöhnlichen Tagesanforderungen anlangt, so gehe ich nicht an sie verloren, sondern leihe mich ihnen nur und suche die Anlässe zur Zeitvergeudung nicht auf. Und gleichviel, wo ich stehe, ich hänge meinen Gedanken nach und lasse mir irgendwelche nützliche Betrachtung durch den Kopf gehen. Auch wenn ich mich meinen Freunden widme, werde ich doch mir selbst nie untreu, und was den Verkehr mit Leuten betrifft, mit denen mich irgendwelche besonderen Umstände oder ein pflichtmäßig bürgerliches Geschäft zusammenführt, so mache ich die Sache kurz ab. Dagegen verweile ich in Gesellschaft der Besten: Mit ihnen trete ich, gleichviel wo sie wohnen oder in welchem Jahrhundert sie gelebt haben, in enge geistige Verbindung. Den trefflichen Demetrius habe ich gern an meiner Seite, die Unterhaltung mit ihm, dem Halbnackten, ziehe ich jeder Gesellschaft von Herren, die von Purpur strotzen, vor, ihn bewundere ich. Und warum nicht? Ich weiß, es mangelt ihm nichts. Alles zu verachten ist dem Menschen möglich, alles zu haben unmöglich. Der kürzeste Weg zum Reichtum ist der, dass man den Reichtum verachtet. Unser Demetrius aber lebt nicht als verachtete er alles, sondern als habe er es anderen zum Besitze überlassen.

Dreiundsechzigster Brief

Über die Trauer beim Tod unserer Freunde

Ich beklage den Tod deines Freundes Flaccus, doch möchte ich nicht, dass du dich deinem Schmerze zu sehr hingibst. Dass du dich überhaupt jeden Schmerzes entschlagest, das wage ich kaum zu fordern, obschon ich weiß, dass es besser wäre. Aber wem wäre eine solche Seelenstärke zuzutrauen? Doch höchstens demjenigen, der schon weit über das Schicksal erhaben ist. Und selbst diesem wird in solchem Fall eine leichte Erschütterung nicht erspart bleiben, wenn es dabei auch sein Bewenden haben wird. Was aber uns anlangt, so ist es verzeihlich, wenn wir Tränen vergießen, sofern wir sie nur nicht maßlos strömen lassen, sondern ihnen wehren. Weder trocken sollen die Augen bleiben beim Verlust eines Freundes noch überströmen. Weinen sollen wir, nicht jammern.

Scheine ich dir damit eine harte Forderung zu stellen? Hat nicht Griechenlands größter Dichter das Recht zu weinen auf einen einzigen Tag beschränkt durch den Hinweis auf Niobe, die bei all ihrem Leid doch an Speise gedacht habe? Fragst du, woher all das Jammern, woher dieser endlose Tränenstrom? Die Tränen sollen als Beweis unserer Sehnsucht dienen; wir geben uns nicht dem Schmerze hin, sondern zeigen ihn. Niemand zielt mit seiner Trauer auf sich selbst. O der unseligen Torheit! Es gibt auch eine Eitelkeit der Trauer. »Wie?«, höre ich dich erwidern. »Ich soll also meines Freundes vergessen?« Du versprichst ihm nur ein kurzes Andenken, wenn dies Andenken zugleich mit der Trauer erlöschen soll. Nicht lange, und irgendein Zufall wird deine Miene aufheitern und dir ein Lachen abgewinnen. Ich stelle die Heilung nicht der Länge der Zeit anheim, die ja alle Sehnsucht lindert und auch den heftigsten Seelenschmerz sich beruhigen lässt. Du darfst nur nicht immer dich selbst im Auge haben, dann wird sich dieses Trauergespenst verabschieden. Jetzt hütest du deinen Schmerz. Allein auch dieser Obhut entzieht er sich und verliert sich umso schneller, je heftiger er ist. Seien wir im Umgang mit den Unsrigen darauf bedacht, dass das Andenken an sie, wenn der Tod sie uns geraubt hat, uns ein angenehmes ist. Niemand kehrt gern zu dem zurück, woran er nicht ohne quälende Selbstvorwürfe zu denken vermag. Dann ist es auch unausbleiblich, dass der Name der uns durch den Tod entrissenen Freunde eine gewisse Verstimmung in uns hervorrufe. Aber selbst diese Verstimmung hat doch wieder einen eigenartigen Reiz. Denn, wie unser Attalus zu sagen pflegte, »die Erinnerung an verstorbene Freunde hat einige Ähnlichkeit mit gewissen Früchten, die herb und süß zugleich sind, und mit besonders altem Wein, dessen etwas bitterer Geschmack es gerade ist, was einen gewissen Reiz für uns hat. Nach Verlauf aber einer etwas längeren Zeit schwindet alles Peinliche, und was zurückbleibt, ist dann reines Vergnügen.« Schenken wir ihm Glauben, so »ist der Gedanke an lebende und in Wohlsein befindlichliche Freunde ein Genuss gleich dem von Honig und Kuchen. Frischen wir das Andenken von Dahingeschiedenen wieder auf, so entbehrt die Freude nicht einer gewissen Bitterkeit. Doch wer möchte leugnen, dass auch diese Schärfe und Bitterkeit etwas mit sich führt, was den Geschmack reizt?« Ich bin nicht dieser Ansicht; mir ist der Gedanke an abgeschiedene Freunde erfreulich und reizvoll. Denn so lange ich sie hatte, schwebte mir immer ihr möglicher Verlust vor Augen; nachdem ich sie verloren, ist es mir, als hätte ich sie noch.

So lass denn, mein Lucilius, dein Verhalten deiner Billigkeit entsprechen. Lege des Schicksals Gunst nicht zu dessen Ungunsten aus. Es hat dir genommen, aber auch gegeben. Genießen wir also unsere Freunde mit einer Art Unersättlichkeit, denn es ist ungewiss, wie lange uns das noch vergönnt wird! Bedenken wir, wie oft wir uns von ihnen getrennt haben, um eine längere Reise zu machen, wie oft wir es verabsäumt haben sie zu sehen trotz gleichen Wohnortes, dass wir den Lebenden gegenüber eine große Zeitverschwendung getrieben haben. Soll man es sich aber gefallen lassen, wenn Menschen, die sich um ihre Freunde so gut wie gar nicht gekümmert haben, aufs Kläglichste um sie trauern und niemanden lieben, außer wen sie verloren haben? Und sie trauern dann umso ausgiebiger, weil sie fürchten, dass man an der Ehrlichkeit ihrer Liebe zweifele: Sie haschen nach verspäteten Beweisen ihrer Ergebenheit. Haben wir noch andere Freunde, so erweisen wir diesen einen schlechten Dienst und stellen ihnen ein schlechtes Zeugnis aus, wenn sie sich als unvermögend erweisen uns über den Tod eines Einzigen zu trösten. Haben wir aber keine, dann haben wir uns selbst schwereren Schaden zugefügt als der ist, den uns das Schicksal bereitete. Dieses hat uns nur einen entrissen, wir haben uns um alle gebracht, die wir uns nicht zu Freunden gemacht haben.

Ferner hat der, der nicht mehr als einen zu lieben vermochte, auch diesen einen nicht allzu innig geliebt. Wenn ein Ausgeplünderter nach Verlust seines einzigen Gewandes sich beklagen wollte, statt sich umzusehen, wie er sich die Kälte vom Leibe halten und etwas finden könne zum Schutz seiner Schultern, würdest du den nicht für den größten Toren halten? Den du liebtest, den hast du begraben: Suche dir einen neuen Freund. Es ist vernünftiger, einen Freund zu ersetzen als ihn zu beklagen. Ich weiß, es ist eine abgedroschene Wahrheit, die ich jetzt vorbringen will; gleichwohl werde ich sie nicht deshalb übergehen, weil jedermann sie im Munde führt: Auch wer nicht vorsätzlich seinem Schmerze ein Ende macht, findet es doch im Verlaufe der Zeit. Für einen vernünftigen Menschen gibt es kein schimpflicheres Mittel gegen die Traurigkeit als das allmähliche Erlahmen des Trauerns. Besser, du gibst deinen Schmerz auf als er dich, besser, du lässt so bald als möglich von dem ab, was, auch wenn du wolltest, du nicht lange tun kannst. Ein Jahr haben unsere Altvorderen festgesetzt für die Trauer der Frauen, nicht als ob ihre Trauer so lange andauern müsste, sondern in dem Sinne, dass sie nicht länger dauern dürfte. Für Männer gibt es keine gesetzliche Zeit, denn das verträgt sich nicht mit ihrer Ehre. Doch von jenen Vertreterinnen des schwächeren Geschlechtes, die man kaum mit aller Gewalt vom Scheiterhaufen entfernen, kaum von dem Leichnam losreißen kann – von ihnen zeige mir auch nur eine Einzige, bei der der Tränenstrom einen ganzen Monat angehalten hätte. Nichts macht einen rascher unbeliebt als die Traurigkeit; ist sie noch neu, so findet sich mancher Tröster für sie und mancher lässt sich zu einem Besuche herbei; ist sie aber eingewurzelt, so wird sie verlacht, und nicht mit Unrecht, denn entweder ist sie erheuchelt oder töricht.

Ich selbst, der Schreiber dieses Briefes, habe den Annaeus Serenus, meinen teueren Freund, so über alles Maß beweint, dass ich zu meiner nicht geringen Beschämung ein Muster bin für solche, die keine Gewalt über ihren Schmerz haben. Jetzt aber bedauere ich mein Verhalten und erkenne auch klar den hauptsächlichen Grund zu dieser meiner tiefen Betrübnis: Ich hatte nämlich niemals daran gedacht, dass er vor mir sterben könne. Mir schwebte immer nur vor, dass er jünger sei als ich, und zwar viel jünger, als ob sich das Verhängnis genau nach den Jahren richtete. Wir sollen daher beständig an unsere sowie aller unserer Lieben Sterblichkeit denken. Ich hätte damals zu mir sagen müssen: »Mein Serenus ist jünger als ich; was macht das aus? Er musste wohl nach mir sterben, aber er kann auch vor mir sterben.« Ich habe es nicht getan, und so hat das Schicksal mich unvorbereitet plötzlich überrumpelt. Denke du gleich jetzt daran, dass alles sterblich ist, und zwar sterblich nach einem unbestimmbaren Gesetz. Was irgendeinmal geschehen kann, das kann auch heute geschehen. Sagen wir uns also, mein teuerster

Lucilius, dass auch wir bald dahin gelangen werden, wohin er zu unserer Betrübnis gelangt ist. Und wer weiß – wenn anders, was die Weisen reden, wahr ist, und uns irgendeine Stätte aufnimmt, dann ist er uns nur vorausgesandt, den wir uns als vernichtet vorstellen.

Fünfundsechzigster Brief

Über Ursache und Materie. Wert solcher Betrachtungen

Den gestrigen Tag teilte ich mit meinem Unwohlsein: Den Vormittag nahm dieses für sich in Anspruch, den Nachmittag gönnte es mir. Das Erste, was ich meinem Geiste zumutete, war etwas Lektüre. Da er sich dafür empfänglich erwies, so wagte ich Höheres von ihm zu fordern oder vielmehr ihm zu erlauben. Ich brachte etwas zu Papier, und zwar mit größerer Anstrengung als gewöhnlich; denn es galt einen widerspenstigen Stoff zu bändigen, dem ich den Sieg nicht einräumen wollte. Inzwischen stellten sich Freunde ein, die entschiedenen Einspruch erhoben und mich wie einen ungeduldigen Kranken mit Gewalt zurückhielten. An die Stelle des Griffels trat nunmehr die Unterhaltung, von der ich dir denjenigen Teil mitteilen will, der noch strittig ist. Wir haben dich zum Schiedsrichter erkoren. Es gibt dabei mehr zu tun als du glaubst. Es kommen dabei drei Punkte infrage.

Du weißt, unsere Stoiker nehmen zwei Urgründe für alles Werden in der Natur an, die Ursache und die Materie. Die Materie für sich ist träge, empfänglich für alles, aber ruhend, so lange nicht jemand sie in Bewegung setzt. Die Ursache aber, also die Vernunft, gibt der Materie die Form, lässt sie die von ihr (der Vernunft) gewünschten Wandlungen durchlaufen und lässt mancherlei Erscheinungen aus ihr hervorgehen. Es muss also etwas geben, aus dem etwas entsteht, sodann etwas, wodurch es wird. Dies Letztere ist die Ursache, das Erstere die Materie. Alle Kunst ist Nachahmung der Natur. Was ich also von dem Weltganzen sagte, das gilt auch von den durch Menschenhand herzustellenden Werken. Zur Herstellung einer Bildsäule gehörte einerseits die Materie, die dem Künstler die Möglichkeit seiner Betätigung gab, anderseits der Künstler, der der Natur ihre Form gab. Bei einer Bildsäule also ist die Materie das Erz, die Ursache ist der Meister. Ebenso steht es mit allen Dingen: Sie bestehen aus dem was bewirkt wird und aus dem Bewirkenden.

Nach der Meinung der Stoiker gibt es nur *eine* Ursache, nämlich die bewirkende. Aristoteles dagegen nimmt die Ursache in dreifachem Sinn: »Die erste Ursache«, sagt er, »ist die Materie selbst, ohne die nichts hervorgebracht werden kann; die zweite der Werkmeister; die dritte die Form, die jedem Werke wie einer Bildsäule ihr eigentümliches Gepräge gibt.« Aristoteles bezeichnet sie mit dem Ausdruck εἶδος (Gestalt, Eigenart). »Dazu«, sagt er, »kommt noch eine vierte Ursache, der *Zweck* des ganzen Werkes.« Über ihre Bedeutung sei Folgendes gesagt: Das Erz ist die erste Ursache einer Bildsäule. Denn sie wäre überhaupt nicht entstanden, wenn nicht das vorhanden gewesen wäre, aus dem sie gegossen oder hervorgebracht ward. Die zweite Ursache ist der Künstler. Denn jenes Erz hätte nicht zur Gestalt einer Bildsäule geformt werden können, wenn nicht geschickte Hände dabei im Spiele gewesen wären. Die dritte Ursache ist die Form. Denn diese Statue würde nicht Doryphoros (Speerträger) oder Diadumenos (Stirnreifträger) genannt werden, wenn sie nicht dieses besondere Gepräge erhalten hätte. Die vierte Ursache ist der Zweck der Herstellung überhaupt. Denn ohne einen solchen wäre sie überhaupt nicht in Angriff genommen worden. Und der Zweck, was ist er? Das, was den Künstler veranlasst hat, was für sein ganzes Schaffen bestimmend war. Und zwar ist das entweder Geld, wenn er es bei der Herstellung auf den Verkauf abgesehen hatte, oder Ruhm, wenn er sich einen Namen machen wollte, oder ein religiöser Antrieb, wenn er dem Tempel damit ein Geschenk machen wollte. Also auch das ist eine Ursache für die Entstehung des Werkes. Oder glaubst du nicht, zu den Ursachen des fertigen Werkes sei auch das zu rechnen, ohne dessen Vorhandensein das Werk überhaupt nicht in Angriff genommen worden wäre?

Platon fügt dem noch eine fünfte Ursache hinzu, das Urbild, das er selbst Idee genannt. Das ist nämlich dasjenige, was dem Auge des Künstlers bei Herstellung des beabsichtigten Werkes vorschwebt. Es macht aber für eine Sache nichts aus, ob dies Musterbild außer ihm ist, sodass er die Augen nach ihm hinrichtet, oder in ihm, sodass er es selbst mit seinem Geiste erfasst und sich zum Ziel gesetzt hat. Diese Urbilder aller Dinge trägt die Gottheit in sich, sie umfasst in ihrem Geist alles, was ins Werk zu setzen ist, nach Zahl und Maß: Sie birgt in sich die ganze Fülle der Formen, die Platon Ideen nennt, diese unvergänglichen, unveränderlichen, ewig frischen Urbilder. So vergehen denn zwar die Menschen, aber die Idee der Menschheit, nach welcher der Mensch geschaffen wird, sie bleibt, und während die Menschen leiden und zu Grunde gehen, bleibt sie jeden Leides ledig. Es gibt also nach Platon der Ursachen fünf: das *aus* was, das *durch* was, das *in* was, das *nach* was, das *um wes willen*. Das letzte Ergebnis aus alle dem ist das daraus zustande gekommene Werk. So ist bei einer Bildsäule, um bei diesem einmal eingeführten Beispiel zu bleiben, das *aus was* das Erz, das *durch was* der Künstler, das *in was* die Form, die ihr angepasst wird, das *nach was* das Urbild, das der Schaffende nachahmt, das *um wes willen* der Zweck, den er mit seinem Werke verfolgt; das Ergebnis von alle dem ist eben die Bildsäule. Das alles findet sich dem Platon zufolge auch bei dem Weltganzen: Der Schaffende, das ist Gott; das, woraus es wird, das ist die Materie; die Form, das ist die Beschaffenheit und Ordnung der Welt, die vor unseren Blicken liegt; das Musterbild, das ist die Idee, nach der Gott dies herrlichste aller Werke in seiner ganzen Großartigkeit schuf. Und endlich der Zweck dieser Schöpfung. Was ist, fragst du, das Absehen Gottes? Das Gute. So sagt wenigstens Platon: »Welche Ursache hatte Gott, die Welt zu schaffen? Er ist voll Güte; wer aber gut ist, für den gibt es niemals und nirgends einen Grund zum Neide. Daher gab er der Welt die denkbar beste Gestalt.«

Fälle also jetzt als Richter dein Urteil und verkünde, wer deinem Dafürhalten nach das Wahrste sagt, nicht wer es wirklich sagt. Denn dies liegt so hoch über uns wie die Wahrheit selbst.

Diese Häufung von Ursachen, die sich bei Aristoteles und Platon findet, umfasst entweder zu viel oder zu wenig. Denn wenn sie als Ursache der schaffenden Tätigkeit alles das hinstellen, was vorhanden sein muss, um eine Sache zustande zu bringen, so haben sie zu wenig genannt. Auch die Zeit gehört dann zu den Ursachen: Nichts kann ohne die Zeit entstehen. Ebenso der Raum: Gibt es keinen Ort, wo es geschieht, so wird es überhaupt nicht geschehen. Nicht minder die Bewegung: Nichts entsteht ohne sie, nichts vergeht ohne sie. Keine Kunst, keine Veränderung ist ohne Bewegung. Allein wir suchen jetzt eine erste und allgemeine Ursache. Diese muss eine einfache sein; denn auch die Materie ist einfach. Fragen wir also nach der Ursache, so lautet die Antwort: Die wirkende Vernunft, und dies ist die Gottheit. Denn alles das, was ihr aufgezählt habt, ist nicht eine Vielheit einzelner Ursachen, sondern hängt von der einen ab, nämlich der wirkenden. Du erklärst die Form für eine Ursache? Sie prägt der Künstler dem Werke auf, sie ist ein Teil der Ursache, nicht die Ursache selbst. Auch das Urbild ist nicht Ursache, sondern unentbehrliches Werkzeug der Ursache. Das Urbild ist dem Künstler so unentbehrlich wie Meißel und Feile; ohne diese kann die Kunst nichts ausrichten. Doch sind dies keine Teile oder Ursachen der Kunst. »Der Zweck«, heißt es weiter, »ist für den Künstler die Ursache, sich an eine Arbeit zu machen.« Mag er immerhin Ursache sein, er ist nicht wirkende, sondern nur nebenhergehende Ursache. Deren aber gibt es eine Unzahl. Wir aber fragen nach der allgemeinen Ursache. Wenn jene Philosophen aber das

Weltganze als vollendetes Werk eine Ursache nennen, so entspricht das nicht ihrem gewohnten Scharfsinn; denn es ist ein großer Unterschied zwischen einem Werk und der Ursache des Werkes.

Hierüber gib dein Urteil ab, oder – was in dergleichen Dingen leichter ist – erkläre dich für nicht zuständig und lass uns unverrichteter Sache abziehen. »Was findest du für Vergnügen daran«, – so lässt du dich vernehmen – »deine Zeit mit Dingen zu verbringen, welche dich keiner Leidenschaft ledig machen, dich von keiner Begierde befreien?« Für mein Tun und Treiben hat sicherlich auch den höheren Wert dasjenige, was dem Frieden der Seele dient, und an erster Stelle durchforsche ich mich selbst, dann erst diese Welt. Aber auch jetzt treibe ich keinen Missbrauch mit meiner Zeit, wie du wohl annimmst. Denn alle derartigen philosophischen Fragen, wenn sie nur nicht in zerstückelnder und nutzlos spitzfindiger Art behandelt werden, wirken erhebend und erleichternd auf die Seele, die von schwerer Last bedrückt sich frei zu machen und in jene Umgebung zurückzukehren sich sehnt, der sie vordem angehörte. Denn dieser unser Leib ist für die Seele nur eine Last und Strafe; unter seinem Druck hat sie zu leiden und liegt in Fesseln, wenn nicht die Philosophie sich ihrer annimmt, ihr die Weisung gibt sich an dem Schauspiel der Naturerscheinungen zu erfrischen, und sie vom Irdischen zum Himmlischen ablenkt. Das ist ihre Freiheit, das ihr Hinausschweifen an die frische Luft. Sie entzieht sich zuweilen ihrer Gefangenschaft, um sich im Anblick des Himmels zu erfrischen. Es steht mit der Seele ähnlich wie mit Künstlern, die es mit besonders feiner Arbeit zu tun haben: Wenn sie bei ungünstigem und unzureichendem Licht ihre Augen überanstrengt haben, so gehen sie hinaus ins Freie und lassen auf Plätzen, die zur allgemeinen Erholung bestimmt sind, ihre Augen im Genusse des vollen Tageslichtes sich wieder kräftigen: So sucht auch unsere in diese trübselige und dunkele Behausung eingeschlossene Seele, so oft sie kann, das Freie und erholt sich in Betrachtung der Naturerscheinungen. Der Weise sowie der nach Weisheit Strebende ist zwar an seinen Körper gefesselt, aber mit seinem besseren Ich weilt er anderswo und hält seine Gedanken auf Höheres gerichtet. Wie durch einen Fahneneid gebunden, sieht er in diesem irdischen Leben eine Art Kriegsdienst. Und er ist so geartet, dass er das Leben weder liebt noch hasst und sich mit dem irdischen Lose zufriedengibt, obschon er weiß, dass er noch etwas Besseres zu erwarten hat. Willst du mir die Betrachtung der Naturerscheinungen verwehren, mich vom Ganzen abziehen und mich auf den Teil beschränken? Soll ich nicht nach dem Ursprung aller Dinge fragen? Nicht nach dem Bildner des Ganzen? Nicht, wer diese ganze Wirrnis der noch wie im Dunkel liegenden und blindlings zusammengewürfelten Materie zu bestimmten Gestalten geschieden habe? Nicht fragen, wer der Bildner dieser Welt sei? Wie einer so gewaltigen Masse Gesetz und Regel aufgenötigt worden sei? Wer das Zerstreute gesammelt, das Vermischte geschieden und dem völlig formlos Daliegenden ein unterscheidendes Gepräge aufgedrückt habe? Woher sich der gewaltige Lichtstrom ergieße? Ob es Feuer sei oder etwas noch Helleres als Feuer? Nach alle dem soll ich nicht fragen? Soll nicht wissen, von wannen ich in diese Niederung gekommen? Ob ich nur einmal dies irdische Dasein zu durchleben habe, oder ob mir noch viele Geburten bevorstehen? Wohin ich von hier gelangen werde? Welche Stätte meiner Seele harrt, wenn sie des Joches der menschlichen Knechtschaft ledig geworden? Willst du mir die himmlische Wohnstätte versagen, soll ich also gesenkten Hauptes leben? Ich müsste weniger sein als ich bin und zu Geringerem geboren, wenn ich mich dazu hergeben wollte, Sklave meines Körpers zu sein, in dem ich nichts anderes sehe als eine meiner Freiheit angelegte Fessel. Dieser Leib also mag mein Abwehrmittel sein, an ihm soll das Schicksal hängen bleiben, und keine Wunde soll durch ihn bis zu mir selbst durchdringen. Er, der Leib, ist das Einzige an mir, dem Unbill geschehen kann. In dieser vom Schicksal abhängigen Behausung wohnt mein Geist in voller Freiheit. Nie soll mir diese Fleischhülle ein Anlass werden zur Furcht, niemals zu einer eines ehrenhaften Mannes unwürdigen Heuchelei; niemals werde ich diesem armseligen Körper zuliebe die Unwahrheit sagen. Sobald es mir angezeigt scheint, werde ich die Gemeinschaft mit ihm lösen. Und auch jetzt schon, wo wir noch zusammenhängen, sind die beiderseitigen Rechte sehr ungleich verteilt: Der Geist wird durchweg den Vorzug haben. Die Verachtung des eigenen Leibes ist die sichere Gewähr für die Freiheit.

Doch nun zurück zur Hauptsache! Dieser Freiheit wird auch die vorhin besprochene Betrachtungsweise sehr zugutekommen. Denn das All der Dinge besteht aus der Materie und aus Gott. Gott regiert die Welt, die, um ihn sich ausbreitend, ihrem Herrscher und Führer folgt. Mächtiger aber und schätzbarer ist das Wirkende, also Gott, als die Materie, die sich ihm fügt. Was Gott für die Welt bedeutet, das bedeutet für den Menschen der Geist. Was dort die Materie ist, ist bei uns der Leib. Also ordne sich das Minderwertige dem Besseren unter. Halten wir uns tapfer gegenüber den Angriffen des Schicksals. Zittern wir nicht vor Beleidigungen, vor Wunden, vor Fesseln, vor Armut. Der Tod, was ist er? Entweder das Ende oder ein Übergang. Ich fürchte weder das Eine noch das Andere. Denn enden heißt so viel wie überhaupt nicht angefangen haben, und was das Übergehen anlangt, so werde ich nirgends so enge wohnen.

Achtundsechzigster Brief
Die Muße des Weisen

Ich billige deinen Entschluss: Zieh dich zurück in die Stille der Muße, aber lass auch um diese Muße selbst die Stille walten. Hältst du es so, dann darfst du überzeugt sein, dass du dem Beispiel der Stoiker folgst, wenn auch nicht ihrer ausdrücklichen Lehre. Und doch auch ihrer Lehre wirst du folgen. Das kannst du dir wie jedem anderen glaublich machen. Wir sollen nicht jedem Staate dienen und nicht immer und ohne Ende. Zudem ist der Weise nicht außerhalb des Staates, auch wenn er in der Zurückgezogenheit lebt; haben wir ihm doch einen seiner würdigen Staat gegeben, nämlich die Welt. Nein, vielleicht hat er den einen Winkel nur verlassen, um in einen größeren und weiteren Raum überzugehen und, dem Himmel nahe gerückt, zu erkennen, was für einen niedrigen Platz er eingenommen hat, als er den kurulischen Sessel oder den Richterstuhl bestieg. Lass dir im Vertrauen gesagt sein: Niemals hat der Weise mehr zu tun, als wenn sein Blick Himmel und Erde umspannt.

Nun zurück zu dem Rate, mit dem ich begann, zu der Mahnung nämlich, von deiner Muße kein Aufhebens zu machen. Es empfiehlt sich nicht, sie mit dem Titel der Philosophie oder der Ruhe zu belegen. Gib der Sache einen anderen Namen: Nenne sie Kränklichkeit, Schwäche, Scheu vor Geschäften. Sich der Muße zu rühmen ist ein unersprießlicher Ehrgeiz. Es gibt Tiere, die die Fußspuren rings um ihre Lagerstätte herum verwischen, um nicht aufgefunden zu werden: Du musst ein Gleiches tun. Sonst wird es nicht an Leuten fehlen, die dir nachstellen. Viele gehen an dem, was offen liegt vorbei, während sie das Versteckte und Verborgene ausspüren; den Dieb reizt, was unter Verschluss und Siegel liegt. Wertlos scheint, was offen liegt; an dem Unverschlossenen geht der Einbrecher vorüber. So wird es gemeinhin gehalten, und so hält es auch der Mann der niedrigsten Bildungsschicht: Das Geheimgehaltene ist es, in das er einzubrechen sucht. Das Beste ist also, kein Aufhebens zu machen von seiner Muße; es sieht aber wie ein Versuch dazu aus, wenn man allzu verborgen lebt und sich den Blicken der Menschen entzieht. Der eine sucht sein Versteck in Tarent, der andere vergräbt sich in Neapel, wieder ein anderer ist viele Jahre nicht über die Schwelle seines Hauses hinausgekommen. Wer seine Muße zum Tagesgespräch werden lässt, der hat die Menge auf dem Halse.

Hast du dich zurückgezogen, so musst du nicht darauf bedacht sein, dass die Menschen von dir reden, sondern dass du mit dir selber redest. Diese Selbstunterredung aber, was soll sie zum Gegenstand haben? Was die Menschen so sehr gern in Bezug auf andere tun, das tue mit dir selbst: Denke schlecht von dir. So wirst du dich gewöhnen, die Wahrheit zu sagen und zu hören. Dabei richte aber dein Augenmerk vor allem auf das, worin du dich besonders schwach fühlst. Seine körperlichen Gebrechen kennt jeder. So erleichtert der eine seinen Magen durch Brechmittel, der andere führt ihm zur Stärkung doppelte Mahlzeiten zu, wieder ein anderer entleert und reinigt den Körper durch zeitweiliges Fasten. Wer an Fußgicht leidet, enthält sich des Weines oder des Bades. Das Übrige macht ihnen keine Sorge, nur eben das Übel, von dem sie öfters heimgesucht werden, wird von ihnen bekämpft. So hat unsere Seele ihre krankhaften Seiten, die geheilt sein wollen. Und die Muße, was gibt sie mir zu tun? Ich heile, was an mir wund ist. Wenn ich dir einen geschwollenen Fuß zeigte oder eine blau angelaufene Hand oder die steifen Sehnen eines kontrakten Beines, so würdest du mir erlauben, auf *einer* Stelle ruhig liegen zu bleiben und mich ganz der Heilung meiner Krankheit zu widmen. Größer aber ist das Übel, das ich dir nicht zeigen kann: Im Herzen selbst habe ich ein Geschwür, eine Eiterbeule. Um Gottes willen, lobe mich nicht, sage nicht: »Welch großer Mann! Er ist ein Verächter alles Irdischen, bricht den Stab über allen menschlichen Wahnwitz und hat sich in die Stille zurückgezogen.« Nein, was ich verurteilt habe, ist nichts anderes als ich selbst. Du hast keinen Grund, um deiner Besserung willen zu mir zu kommen. Du irrst, wenn du Hilfe von hier erhoffest; es ist nicht ein Arzt, der hier wohnt, es ist ein Kranker. Lieber wäre es mir, wenn du dich mit folgenden Worten verabschiedetest: »Ich hielt diesen Menschen für glücklich und glaubte ihn am Ziel aller Bildung, ich war gespannt vor Erwartung. Ich habe mich getäuscht; ich sah, ich hörte nichts, wonach ich Verlangen trug, nichts, was mich veranlassen könnte meinen Besuch zu wiederholen.«

Wenn du so fühlst, wenn du so sprichst, dann ist etwas gewonnen. Es ist mir lieber, wenn du meine Muße entschuldigst, als wenn du sie beneidest.

Du wirfst mir ein: »Die Muße empfiehlst du mir, mein Seneca? Das klingt ja, als käme es aus dem Munde des Epikur.« Ich empfehle dir eine Muße, in der du wichtigere und schönere Dinge treiben sollst als die, von denen du dich getrennt hast. An die stolzen Pforten der Mächtigen zu klopfen, über kinderlose Greise ein Register zu führen, auf dem Forum eine wichtige Rolle zu spielen, das ist eine gehässige, kurzdauernde und bei Lichte besehen verächtliche Herrlichkeit. Der eine ist mir weit überlegen an Einfluss auf dem Forum, der andere an Dienstjahren als Soldat und an dabei errungenen Ehren, noch ein anderer an Zahl der Klienten. Was will es besagen, alle Welt mich besiegen zu lassen, wenn es mir nur gelingt, das Schicksal zu besiegen. Mehr besagen will diejenige Macht, der ich als Glied des großen Haufens nicht gewachsen sein kann. Oh, hättest du längst schon dich entschlossen, diesem Ziele zuzustreben! Dächten wir doch an ein glückliches Leben nicht erst im Angesicht des Todes! Aber auch jetzt noch gilt es, nicht zu zögern. Denn vieles, was wir längst im Vertrauen auf unsere Vernunft für überflüssig und verderblich hätten halten sollen, das erscheint uns jetzt so im Vertrauen auf unsere Erfahrung. Wir wollen es jetzt machen wie diejenigen, die sich zu spät auf den Weg gemacht haben und ihre Zeit durch Schnelligkeit wieder einholen möchten: Wir wollen uns der Sporen bedienen. Dies unser Alter eignet sich vortrefflich zu dergleichen Bestrebungen: Es hat die Zeit des Aufschäumens schon hinter sich, es hat die in der brausenden Jugend noch ungebändigten Leidenschaften schon gemildert, ja beinahe schon getilgt. Aber du fragst: »Wann soll es dir denn nützen, was du am Ausgang des Lebens lernst, und wozu?« Dazu, dass ich als ein Besserer hinausgehe. Du darfst nicht glauben, dass irgendein Alter geeigneter sei zur sittlichen Förderung als dasjenige, das durch viele Erfahrungen und lange und häufige Zeiten der Reue über begangene Fehler gelernt hat sich zu beherrschen, und bei beruhigter Seelenstimmung den Weg zum wahren Heile gefunden hat. Dies ist die Zeit für dieses Gut. Wer als Greis zur Weisheit gelangt, gelangt durch seine Jahre zu ihr.

Siebzigster Brief
Über den freiwilligen Tod

Nach langer Zeit habe ich dein Pompeji wiedergesehen: Ich fühlte mich zurückversetzt in die Zeit meiner Jugend. Sie stand mir wieder vor Augen. Alles, was ich als Jüngling getan, es kam mir vor, als könnte ich es jetzt noch tun und als hätte ich's eben erst getan. Wir sind am Leben vorübergeschifft, mein Lucilius, und wie bei einer Meeresfahrt unserem Vergil zufolge

> zurück gehn Fluren und Städte,

so haben wir im Verlaufe der rastlos eilenden Zeit zuerst unsere Kindheit dahinschwinden sehen, sodann unsere Jünglingszeit, sodann die zwischen Jugend- und Greisenalter liegende Zeit, die an beide grenzte, sodann die besten Jahre des Greisenalters selbst, und nun nähern wir uns der Grenze, die allen Menschen gesetzt ist. Wir halten sie für eine Klippe. Wir Toren! Ein Hafen ist sie, zuweilen erstrebenswert, niemals zu verschmähen. Wer in den ersten Lebensjahren dahin verschlagen wird, darf sich ebenso wenig beklagen wie der, welcher in schneller Fahrt dahin gelangte. Denn den einen hält, wie du weißt, das launenhafte Spiel der Winde zurück, ihn durch ihre ausgesuchte Trägheit bis zu völligem Überdruss ermüdend, während einen anderen eine immer frische Brise schnellstens ans Ziel bringt. Ebenso ergeht es uns: Die einen führt das Leben in raschem Verlaufe dahin, wohin sie auch bei zögerndem Schritte gelangen müssten, andere macht es mürbe und gar. Du weißt: Das Leben ist nicht wert, immer festgehalten zu werden; denn nicht das Leben an sich ist ein Gut, sondern nur das sittlich reine Leben. Daher lebt der Weise nicht, so lange er kann, sondern so lange die Pflicht es fordert. Er wird Umschau halten, mit wem und wie er leben wird und was er vornehmen wird, sein Sinnen und Denken geht nicht auf die Länge des Lebens, sondern auf dessen Beschaffenheit. Tritt ihm viel Belästigendes und seine Gemütsruhe Störendes entgegen, dann wirft er die Fessel von sich, und er tut das nicht bloß in der äußersten Not, sondern sobald das Schicksal anfängt ihm verdächtig zu werden, geht er gewissenhaft mit sich zurate, ob er sofort ein Ende machen soll. Ihm kommt es nicht darauf an, ob er oder ein anderer sein Ende herbeiführe, ob es früher oder später eintrete. Er ist nicht in Furcht, als handle es sich um einen großen Verlust: An der Dachtraufe ist für niemanden viel verloren. Früher oder später zu sterben ist nicht von Belang; von Belang ist allein, ob du tadellos oder schimpflich stirbst. Tadellos aber sterben heißt der Gefahr entgehen, schlecht zu leben.

Ich halte es für eine unmännliche Äußerung, wenn jener Rhodier, den ein Tyrann in einen Käfig einsperren und wie ein wildes Tier futtern ließ, einem, der ihm riet, sich der Nahrung zu enthalten, die Antwort gab: »Solange der Mensch noch lebt, darf er alles hoffen.« Auch angenommen, dies sei wahr, so ist doch das Leben nicht um jeden Preis zu erkaufen. Mag manches, was uns winkt, auch noch so groß, noch so sicher sein, so möchte ich doch nicht durch ein schimpfliches Geständnis meiner Schwäche dazu gelangen. Was von beiden soll ich lieber denken? Dass das Schicksal gegen den, welcher lebt, alles vermag, oder dass das Schicksal gegen den, welcher zu sterben weiß, nichts vermag? Doch es gibt Fälle, wo der Weise, auch wenn ihm der sichere Tod bevorsteht und er weiß, dass seine Todesstrafe beschlossen ist, seine Hand nicht hergeben wird für Vollziehung derselben: Für sich selbst würde er sie hergeben. Torheit ist es, aus Furcht vor dem Tode zu sterben. Er kommt, der dich tötet; erwarte ihn. Warum hast du es so eilig? Warum machst du dich zum Vollstrecker der grausamen Anordnung eines anderen? Gönnst du es deinem Henker nicht oder willst du ihn schonen?

Sokrates konnte durch Enthaltsamkeit seinem Leben ein Ende machen und durch Hunger statt durch Gift sterben. Gleichwohl verbrachte er dreißig Tage im Kerker und in Erwartung des Todes, nicht etwa in der Annahme, es könne noch alles Mögliche geschehen, eine so lange Zeit gebe mancherlei Hoffnungen Raum, sondern um seine Gesetzestreue zu bewähren und um seine Freunde in die Lage zu bringen, sich des Umganges mit dem an der Schwelle des Todes stehenden Sokrates zu erfreuen. Was wäre törichter gewesen als den Tod zu verachten und das Gift zu fürchten?

Scribonia, eine würdevolle Frau, war die Vaterschwester des Drusus Libo, eines jungen Mannes, der ebenso töricht wie adelsstolz mit seinen ehrgeizigen Plänen höher hinauswollte als zu jener Zeit sonst einer oder er selbst zu irgendeiner Zeit sich zutrauen durfte. Als er in leidendem Zustand vom Senat in einer Sänfte nach Hause gebracht worden war – mit geringem (Leichen-) Gefolge, denn alle ihm Nahestehenden hatten ihn lieblos verlassen, als wäre er bereits tot und nicht bloß angeklagt –, trat er mit den Seinigen in eine Beratung darüber ein, ob er sich den Tod geben oder ihn erwarten solle. Da sagte Scribonia: »Was hast du denn davon, wenn du anderer Geschäfte besorgst?« Ihre Worte hatten keinen Erfolg: Er legte Hand an sich und nicht ohne Grund. Denn wer drei oder vier Tage später nach seines Gegners Entscheidung sterben soll und sein Leben noch schont, der besorgt die Geschäfte anderer.

Man kann also schwerlich ein schlechthin allgemeines Urteil darüber abgeben, ob man, durch äußere Gewalt mit dem Tode bedroht, sich selbst im Voraus den Tod geben oder ihn erwarten soll. Denn es gibt mancherlei, was uns nach beiden Seiten ziehen kann. Wenn die eine Todesart mit Folterqualen verbunden ist, die andere einfach und leicht, warum soll ich mich nicht an die Letztere halten? Wie ich zu einer Seefahrt mir das Schiff und zu meiner Wohnung mir das Haus wähle, so wähle ich eine Todesart, um aus dem Leben zu scheiden. Zudem ist ja das längere Leben nicht unbedingt auch das bessere, während der längere Tod unbedingt der schlimmere ist. Es gibt nichts, worin wir so sehr der Stimmung der Seele Rechnung tragen müssen, als den Tod. Wähle sie sich ihren Ausweg gemäß dem Drange, der sie treibt; mag sie nach dem Schwerte greifen oder nach einem Strick oder nach einem die Adern durchdringenden Gifttrank, gleichviel, sie zerreiße ohne Zögern die Ketten der Knechtschaft! Für das Leben muss jeder auch Rücksicht nehmen auf die Billigung anderer, den Tod bestimme er ganz nach eigener Wahl; je mehr nach unserer Neigung, umso besser. Ein Tor, wer sich Gedanken macht wie diese: »Der eine wird mir mangelnden Mut, der andere Übereiltheit vorwerfen, ein Dritter wird sagen, es hätte doch irgendeine beherztere Todesart gewählt werden können.« Lass dich nicht irre machen! Nur der Entschluss ist wirklich der Deinige, mit dem das Gerede der Leute nichts zu tun hat. Dein Augenmerk sei allein darauf gerichtet, dich so schnell als möglich der Gewalt des Schicksals zu entziehen. Ohnehin wird es an Leuten nicht fehlen, die über deine Tat ungünstig urteilen.

Es finden sich sogar Vertreter der Philosophie, die ein gewaltsames Lebensende für unerlaubt erklären und es für eine Sünde halten, sein eigener Mörder zu werden: Man müsse des Ausganges harren, den die Natur bestimmt hat. Wer so spricht, sieht nicht, dass er der Freiheit den Weg versperrt. Wie hätte das ewige Gesetz besser verfahren können als so, dass es uns *einen* Eingang ins Leben gab, der Ausgänge aber viele. Soll ich wirklich auf die Grausamkeit einer Krankheit oder eines Menschen warten, während es in meiner Macht steht, allen Folterqualen aus dem Wege zu gehen und mich aller Widerwärtigkeiten zu entschlagen? Dies ist das Einzige, das uns keinen Grund gibt, über das Leben zu klagen: Es hält niemanden fest. Es ist ein Trost für uns Menschen, dass niemand unglücklich ist außer durch eigene Schuld. Gefällt dir's, so lebe; gefällt dir's nioht, so kannst du wieder hingehen, woher du gekommen. Um die Kopfschmerzen loszuwerden, hast du schon öfters Blut gelassen. Um die Körperfülle zu mindern, wird dir zu Ader gelassen. Es ist nicht nötig, die Brust durch eine weit klaffende Wunde zu spalten: Ein Messerchen genügt, den Weg zu bahnen zu jener hochherrlichen Freiheit, ein einziger Stich sichert uns die sorgenlose Ruhe.

Was ist es also, was uns träge und schlaff macht? Keiner von uns denkt daran, dass er doch einmal diese Wohnung verlassen müsse: So sehen sich alte Mietsleute durch die Gewohnheit an die liebgewordene Örtlichkeit gefesselt trotz aller Unzuträglichkeiten. Willst du dich unabhängig machen von diesem Leib? Dann bewohne ihn als ein zur Auswanderung Bereiter. Stelle dir vor, dass du einst auf diese Gemeinschaft verzichten musst; dann wirst du mutiger sein, wenn es gilt ihn zu verlassen. Doch wie sollen diejenigen an ihr Ende denken, deren Begehrlichkeit allseitig ins Endlose geht? Nichts fordert so dringend unser Nachdenken. Für andere Dinge übt man sich vielleicht ganz überflüssigerweise. Man hat sich innerlich auf die Armut vorbereitet; aber der Reichtum ist nicht von uns gewichen. Wir haben uns gerüstet zum Kampfe gegen den Schmerz als einen verächtlichen Gegner; allein die glückliche Veranlagung unseres unverletzten und gesunden Körpers verlangte nie von uns eine Probe dieser Tugend. Wir haben es uns zur Vorschrift gemacht, bei schmerzlichen Todesfällen den Sehnsuchtsschmerz tapfer zu bekämpfen; aber all unsere Lieben hat das Schicksal am Leben erhalten. Jene Vorbereitung dagegen ist die einzige, für deren Erprobung der entscheidende Tag mit Bestimmtheit erscheinen wird.

Man glaube nicht, nur große Männer hätten die Kraft gehabt, die Bande der menschlichen Knechtschaft zu sprengen. Man meine nicht, dergleichen könne nur von einem Cato geschehen, der mit der bloßen Hand dem Leben den Ausgang verschaffte, den er mit dem Schwerte nicht hatte erzielen können. Menschen niedrigsten Standes haben sich mit feurigem Ungestüm in dieser Hinsicht zu sichern gewusst, und da sie nicht nach ihrem Wunsche sterben und sich die Werkzeuge dazu nicht nach Belieben auswählen durften, so griffen sie nach allem, was ihnen gerade in die Hand kam, und machten mit ihrer Kraft zu Waffen, was von Natur nicht schädlich war.

Kürzlich trat im Tierkampf ein Germane, der für das Vormittagsspiel bestimmt war, angeblich zur Befriedigung eines Bedürfnisses aus: Es gab für ihn sonst keinen Ort, wohin er ohne Begleiter sich hätte entfernen können. Dort stieß er sich die zur Beseitigung des Unrates mit einem Schwamm versehene Holzstange tief in die Kehle hinein und gab infolge dieser Versperrung des Schlundes den Geist auf. Das hieß dem Tode Hohn antun. Recht so. Allerdings, Sauberkeit und Anstand kommen dabei zu kurz. Aber was wäre törichter als beim Tode nach Anstand zu fragen? Heil diesem Helden, der würdig gewesen wäre, seinen Tod sich wählen zu dürfen! Wie tapfer hätte er das Schwert gehandhabt, wie mutig hätte er sich in die Tiefe des Meeres oder in den Abgrund einer Felsenschlucht gestürzt! Aller Hilfe beraubt fand er doch den Weg, sich zum alleinigen Herrn über seinen Tod und die dazu dienliche Waffe zu machen, zum Beweise, dass es zum Tode kein Hemmnis gibt als den Willen. Urteile jeder nach Gutdünken über die Tat dieses trotzig entschlossenen Mannes; aber so viel steht fest: Auch der schmutzigste Tod ist der saubersten Knechtschaft vorzuziehen.

Einmal hineingeraten in das Fahrwasser der den niederen Schichten entnommenen Beispiele, will ich dabei auch bleiben. Denn jeder wird an sich selbst höhere Anforderungen stellen, wenn er sieht, dass der Tod auch von den Verachtetsten verachtet werden kann. Einen Cato, einen Scipio und wie sie sonst heißen, deren Namen wir mit Bewunderung zu hören gewohnt sind, halten wir für erhaben über alle Nachahmung. So will ich denn zeigen, dass nicht weniger Beispiele dieser Tugend bei dem Schauspiel der Tierkämpfe vorkommen als bei den führenden Männern im Bürgerkrieg. Als kürzlich ein für die Tierkämpfe Bestimmter unter starker Bewachung auf einem Karren zu diesem Morgenspiel gefahren wurde, stellte er sich, als ob er von Müdigkeit überwältigt eingenickt wäre und senkte seinen Kopf so tief, bis er in die Speichen des Rades geriet, wobei er so lange auf seinem Sitze ausharrte, bis er durch den Umschwung des Rades das Genick brach. Derselbe Karren, der ihn zu dem tödlichen Spiel führen sollte, verhalf ihm zur Flucht vor demselben.

Nichts steht dem im Wege, der sich seiner Umgebung entziehen will. Die Natur hält uns in ihrer Obhut, lässt uns aber reichliche Freiheit. Wem seine bedrängte Lage es noch erlaubt, der suche einen leicht erträglichen Ausgang; wem mehrere Mittel zur Hand sind, sich in Freiheit zu setzen, der treffe eine Auswahl und erwäge, welches das Beste ist, um znr Freiheit zu gelangen; für wen sich aber nur schwer eine Gelegenheit finden will, der greife zu dem ersten Besten, mag es auch ungewöhnlich, mag es auch unerhört sein. Wem zum Tode der Mut nicht fehlt, der wird dazu auch Erfindungsgabe genug haben: Siehst du doch, wie auch die Sklaven niederster Sorte, wenn ihre traurige Lage sie zu dem Äußersten anstachelt, sich ermannen und die strengsten Wächter täuschen. Der ist ein großer Mann, der den Tod nicht nur über sich verhängt, sondern auch die Art desselben zu finden weiß. Ich habe dir aus dem gleichen Berufskreis mehrere Beispiele versprochen. Bei der zweiten Aufführung der Seeschlacht stieß sich einer der Barbaren die Lanze, die er zum Kampfe wider die Gegner empfangen hatte, tief in die Kehle. Er sagte sich: »Warum, warum entziehe ich mich nicht schon längst jeder Macht, jedem Hohn? Jetzt habe ich eine Waffe, warum warte ich auf den Tod?« Dieses Schauspiel war umso großartiger, je ehrenvoller es für den Menschen ist, sterben als töten zu lernen. Wie steht es also? Einen Mut, den die Vertreter der niedrigsten und gefährlichsten Menschenschicht besitzen, sollen diejenigen nicht haben, die sich für solche Fälle durch anhaltendes Nachdenken unter Führung der

Vernunft, dieser Lehrerin aller Dinge, gerüstet haben? Sie, die Vernunft, lehrt uns, dass das Schicksal mancherlei Eintrittsweisen in das Leben gestattet, dass das Ziel aber das Gleiche ist und dass es nichts ausmache, welches der Ausgangspunkt dessen sei, was da kommt. Eben diese Vernunft rät uns, wenn es angeht, nach unserer Wahl zu sterben, im anderen Falle aber nach Maßgabe dessen, was in unserer Macht steht, und jedes sich bietende Mittel zu benutzen, um uns Gewalt anzutun. Es ist unrecht, vom Raube zu leben, aber nichts schöner als zu sterben durch das, was man durch Raub in seine Gewalt gebracht hat.

Einundsiebzigster Brief

Die Tugend als höchstes Gut

Immer wieder fragst du mich über Einzelheiten um Rat, ohne zu bedenken, dass ein weites Meer uns trennt. Da nun bei einem Rat viel auf die Zeit ankommt, so ist es unvermeidlich, dass du meine Meinung über manche Dinge erst dann erfährst, wenn es bereits am Platze wäre, das Gegenteil zu raten. Unsere Ratschläge richten sich ja doch nach den Umständen. Diese aber sind in beständigem Fluss, oder, besser gesagt, in beständigem Wandel. Also muss der Rat ein Erzeugnis des Tages sein, und auch dann kommt er manchmal schon zu spät: Er muss, wie man zu sagen pflegt, uns unter den Händen entstehen. Wie er aber zu finden ist, will ich dir zeigen. Jedes Mal, wenn du dich fragst, was man zu meiden oder was zu erstreben habe, richte deinen Blick auf das höchste Gut, als auf das eigentliche Ziel deines ganzen Lebens. Denn was wir auch vornehmen mögen, es muss mit diesem in Einklang stehen. Will man das Einzelne richtig anfassen, so muss einem schon der Endzweck des Lebens klar vor Augen stehen. Ein Maler mag alle Farben bereit haben; von einem Gelingen des Bildes kann doch nur dann die Rede sein, wenn er bestimmt weiß, *was* er malen will. Das ist die Hauptquelle unserer Fehler, dass wir alle bei unseren Entschließungen das Leben immer nur stückweise in Betracht ziehen, niemals das Ganze. Wer einen Pfeil entsenden will, muss sein Ziel kennen und demgemäß den Bogen so handhaben, dass der Pfeil die angemessene Richtung bekommt. Unsere Ratschläge verfehlen ihr Ziel, weil sie kein bestimmtes Ziel haben. Wer nicht weiß, welchem Hafen er zusteuern soll, für den gibt es keinen günstigen Fahrwind. Allerdings spielt in unserem Leben der Zufall eine erhebliche Rolle, denn wir leben nach dem Zufall. Manchen aber begegnet es, nicht zu wissen, dass sie etwas wissen. Häufig suchen wir Leute, die in unserer unmittelbaren Nähe stehen: So wissen wir häufig nicht Bescheid über das höchste Gut, das uns als Endzweck vorschweben soll. Es bedarf nicht vieler Worte und großen Umschweifes, um dir das Wesen des höchsten Gutes klarzumachen; ich brauche nur sozusagen mit dem Finger darauf hinzuweisen und kann mir eine eingehende Zergliederung sparen. Denn wozu bedarf es einer Zerlegung ins Einzelne hinein? Kannst du doch einfach sagen: Das höchste Gut ist das Sittlichgute. Und, was du noch auffallender finden wirst: Das Sittlichgute ist das einzige Gut, die übrigen sind falsche und unechte Güter. Ist dir dies zur festen Überzeugung geworden, und hast du die Tugend innig lieb gewonnen (denn bloße Liebe genügt hier nicht), so wird alles, was dir durch sie zuteilwird, zum Segen und Glück gereichen, was auch immer andere darüber denken mögen. Dies trifft selbst auf Folterqualen zu, wenn deine Seele in sich nur mehr Frieden hat als die des Folterers, und auf Krankheiten, wenn du dem Schicksal nicht fluchst und dem Übel nicht nachgibst. Kurz alles, was den anderen als Unglück erscheint, wird sich mildern und zum Guten umwandeln, wenn du dich darüber zu erheben weißt. Nur darüber darf kein Zweifel bestehen, dass es kein Gut gibt abgesehen von dem Sittlichguten; und alles Ungemach, wenn nur die Tugend es adelt, darf mit vollem Recht ein Gut genannt werden. Es fehlt nicht an solchen, denen, was wir versprechen, über das dem Menschen Mögliche hinauszugehen scheint. In ihrer Art haben sie recht: Ihr Blick ist nur auf das Körperliche gerichtet. Aber wenden sie sich wieder dem Geiste zu, dann werden sie den Menschen an der Gottheit messen.

Erhebe dich, mein trefflicher Lucilius, gib dich nicht länger ab mit dieser Spielerei der Philosophen, welche die erhabenste Sache zu einer Art Silbenstecherei machen und durch ihre kleinliche Schulmeisterei den Geist niederdrücken und seine Kraft zuschanden machen. Werde den erfinderischen Geistern ähnlich, welche die Philosophie ins Leben gerufen haben, nicht denen, die als Lehrmeister derselben auftreten und es mehr darauf anlegen, dass sie schwer als dass sie groß erscheine. Sokrates, der die ganze Philosophie auf die sittliche Ertüchtigung zurückführte und es für die Krone der Weisheit erklärte, dass man Gutes und Böses richtig zu scheiden wisse, sagt: »Wenn du auf meinen Rat etwas gibst, so folge, um dich des Lebensglückes teilhaftig zu machen, jenen alten Meistern und mache dir nichts daraus, dass du manchem als Tor erscheinst. Mag dir, wer da will, Schimpf und Schaden antun, es wird dir doch kein Leid widerfahren, wenn nur die Tugend mit dir ist. Wenn du«, fährt er fort, »glücklich sein, wenn du nach bestem Wissen und Gewissen ein Mann von tadelloser Sittlichkeit sein willst, so lass ruhig die Verachtung dieses oder jenes Menschen über dich ergehen.« Doch das wird nur dem gelingen, der selbst zuvor alles verachtet, der alle Güter für gleich erachtet, weil kein Gut ohne Tugend und die Tugend in allen gleich ist.

»Wie also? Es soll kein Unterschied sein, ob Cato Prätor wird oder durchfällt? Es soll kein Unterschied sein, ob Cato in der Schlacht bei Pharsalus besiegt werde oder siege? Wenn er trotz der Niederlage seiner Partei unbesiegt bleibt, ist ihm dies Gut gleich hoch anzurechnen, als wenn er als Sieger und Friedensstifter in die Vaterstadt zurückgekehrt wäre?« Warum nicht? Denn es ist die gleiche Tugend, welche über das Unglück Herr und des Glückes ordnender Meister wird. Die Tugend kann aber nicht größer oder kleiner werden; sie hat nur *eine* Größe.

»Aber Cn. Pompejus wird sein Heer verlieren, und jene herrliche Zierde des Staates, der Adel, und der Vorkämpfer der Pompejanischen Partei, der waffenstarrende Senat, wird in einer einzigen Schlacht zu Boden sinken, und die Zertrümmerung des gewaltigen Reiches wird ihre Spuren über den ganzen Erdkreis verbreiten: In Ägypten, in Afrika, in Spanien werden die verheerenden Folgen sichtbar werden. Nicht einmal *das* soll dem bejammernswerten Staate vergönnt sein, dass er auf einmal stürze.« Mag auch dies alles geschehen, mag auch Juba seine Ortskenntnis im eigenen Reiche so wenig nützen wie die beharrliche Tapferkeit seiner Numidier für ihren König, mag selbst die Treue der Bürgerschaft von Utica, durch das Unglück erschüttert, versagen und Scipio in Afrika sich von dem Glück seines Namens im Stiche gelassen sehen – es ist längst schon dafür gesorgt, dass dem Cato kein Schade widerfahre. »Aber er ward doch besiegt.« Das steht auf demselben Blatt wie seine Wahlniederlagen. Wenn ihm die Siegeshoffnung fehlschlug, so wird er das mit demselben edelen Gleichmut ertragen wie das Fehlschlagen seiner Bewerbung um die Prätur. Am Tage seiner Wahlniederlage spielte er Ball (auf dem Marsfelde); in der Nacht, die er für seinen Tod bestimmt hatte, stärkte er seinen Geist durch Lektüre. Verzicht auf die Prätur und der Austritt aus dem Leben galten ihm gleich. Mit allen Schicksalsfügungen muss man sich abfinden: Das war seine unumstößliche Überzeugung. Warum sollte er die Umwandlung der Staatsverfassung nicht tapfer und gleichmütig ertragen? Denn was wäre denn ausgenommen von der Gefahr einer Veränderung? Die Erde nicht, der Himmel nicht, nicht dieser ganze Weltenbau, obwohl er unter göttlicher Leitung steht. Nicht immer wird er diese wohlgeregelte Gestaltung behalten, sondern der Tag wird kommen, der diesem seinem Umschwung ein Ende macht. Alles hat seine bestimmte Zeit: Es muss werden, wachsen, vergehen. Alle Gestirne, die du über uns wandeln siehst, und diese gleichsam unerschütterliche Erdenmasse, auf die wir gestellt sind und mit der unser Dasein verflochten ist, sie gehen dem Tage ihrer Reife und ihres Endes entgegen. Alles hat sein bestimmtes Alter; in ungleichmäßigen Abmessungen führt die Natur alles dem nämlichen Ende zu. Alles, was ist, wird nicht bleiben, doch wird es nicht untergehen, sondern aufgelöst werden. Für uns bedeutet diese Auflösung so viel wie Untergang, denn unser Blick ist nur auf das Nächste gerichtet; auf das, was weiter hinaus liegt, blickt unser stumpfes und dem Körper untertäniges Auffassungsvermögen nicht hin. Sonst würde man mutiger sein und der Seinigen Ende ertragen, wenn man nämlich zuversichtlich glaubte, dass, wie all das Genannte, so auch Leben und Tod nur wechselnde Erscheinungsformen seien und dass, was durch Zusammensetzung entstanden, auch wieder aufgelöst, und was aufgelöst sei, auch wieder zusammengesetzt werde, und dass eben dies der Wirkungskreis der mit ihrer ewigen Kunst alles leitenden Gottheit sei.

So wird denn ein M. Cato, wenn er den Weltenlauf mit seinem Geiste überschaut, sagen: »Das gesamte Menschengeschlecht, das gegenwärtige so gut wie das künftige, ist zum Tode verurteilt. Alle Städte, die irgendwo zu herrschender Stellung gelangen oder hervorragende Zierden fremder Reiche sind, – sie werden auf verschiedene Weise ihren Untergang finden und kaum eine auffindbare Spur ihres einstigen Daseins hinterlassen. Die einen werden durch Kriege dahinsinken, die anderen wird Trägheit und ein zur Schlaffheit führendes Friedensleben, sowie Üppigkeit, die so gefährliche Begleiterin großer Macht, zu Fall bringen. Alle diese fruchtbaren Gefilde wird der plötzliche Einbruch der Meereswogen verschwinden lassen oder der Einsturz des sinkenden Bodens in einem unvermutet sich öffnenden Hohlraum begraben. Wie sollte es mir also Verdruss oder Schmerz machen, wenn ich mir vor dem allgemeinen Unheil einen kleinen Vorsprung verschaffe?« Eine große Seele gehorche der Gottheit und lasse, was das Weltgesetz gebeut, über sich ergehen, ohne zu zögern: Sie wird entweder entlassen zu einem besseren Leben, um in göttlicher Umgebung ein lichteres und ruhevolleres Dasein zu führen, oder wenigstens, jedes Ungemachs enthoben, mit der Natur wieder vermischt werden und ins Ganze zurückkehren. So ist also des M. Cato tugendhaftes Leben kein größeres Gut als sein tugendhafter Tod, denn die Tugend ist keiner Steigerung fähig. Sokrates erklärte Wahrheit und Tugend für ein und dasselbe: Die eine duldet so wenig eine Zunahme wie die andere. Der Tugend fehlt also zur Vollkommenheit nichts: Sie ist vollständig.

Du hast also keinen Grund dich zu wundern, dass die Güter gleich sind, sowohl die, die vorsätzlich zu erstreben sind, wie die, welche uns aus der Hand des Schicksals geboten werden. Denn wolltest du in dieser Beziehung Ungleichheit gelten lassen und etwa das tapfere Ertragen von Folterqualen zu den kleineren Gütern rechnen, dann musst du sie auch zu den Übeln rechnen und müsstest einen Sokrates unglücklich nennen, weil er im Kerker weilte, einen Cato unglücklich, weil er die Wunde, die er sich mutig beigebracht, mit noch größerem Mute wieder aufriss, bejammernswerter aber als alle anderen den Regulus, der für seine auch dem Feinde bewährte Treue büßen musste. Aber dies zu behaupten hat noch niemand den Mut gehabt, auch der verwöhnteste Weichling nicht. Denn sie wollen ihn zwar nicht für glücklich gelten lassen, ihn aber doch auch nicht unglücklich nennen.

Die alten Akademiker räumen zwar ein, dass man auch unter solchen Martern glücklich sein könne, aber doch nicht vollständig und ohne Abzug: Ein durchaus unzulässiger Standpunkt. Denn wer nicht glücklich ist, ist nicht im Besitz des höchsten Gutes. Das höchste Gut duldet keine Stufe über sich; was es fordert, ist dies, dass die Tugend ihm innewohne, dass diese durch keine Widerwärtigkeit gemindert werde und voll erhalten bleibe auch bei verstümmeltem Körper: Und sie leistet dies. Denn ich rede hier von jener beherzten und erhabenen Tugend, für die jede Widerwärtigkeit nur ein neuer Ansporn ist. Das ist die Sinnesart, die oft an edelgearteten Jünglingen hervortritt, die, hingerissen von Begeisterung für irgendein herrliches Ziel, alle zufälligen Hemmnisse verachten. Glaube mir, die Weisheit ist es, die uns diese Sinnesart einflößen und zu eigen machen wird. Sie wird uns zu der Überzeugung verhelfen, das einzige Gut sei die sittliche Tüchtigkeit, und diese lasse keine Änderung zu, weder nach seiten der Schlaffheit, noch nach seiten der Straffheit, so wenig wie der Richtstab gebeugt werden kann, mit dem man das Gerade prüft. Jede Veränderung an ihm bedeutet einen Verstoß gegen das Gerade. Dasselbe behaupten wir von der Tugend. Auch ihre Richtung ist die gerade, die keine Biegung duldet. Starr, wie sie ist und bleiben wird, wie wäre sie einer weiteren Steigerung fähig? Sie ist das Richtmaß für alles, für sie gibt es keines. Kann sie selbst nicht gerader werden, so kann auch das, was durch sie geschieht, an Geradheit nicht voneinander verschieden sein; dann alles Gerade muss ihr entsprechen: Es herrscht also Gleichheit.

»Wie?«, fragst du. »Als Gast an der Tafel zu liegen und sich foltern zu lassen wäre gleich?« Darüber wunderst du dich? Wundere dich noch mehr über folgende Behauptung; an der Tafel zu liegen ist ein Übel, auf der Folter zu liegen ein Gut, sofern jenes in Schanden, dieses in Ehren geschieht. Nicht die Umstände machen diese Dinge zum Gut oder zum Übel, sondern die Tugend. Wo diese in die Erscheinung tritt, da hat alles dasselbe Maß, denselben Preis. Da droht mir einer mit der Faust vor den Augen, der aller Sinnesweise nach der seinigen beurteilt und mir nicht glauben will, das Gut dessen, der ehrenhaft richtet, und dessen, der ehrenhaft die Gefahr besteht, sei das gleiche, der nicht glauben will, das Gut dessen, der triumphiert, sei das gleiche wie dessen, der ungebeugten Sinnes vor dem Triumphwagen zur Schau gestellt wird. Diese Leute glauben eben, was sie nicht tun können, das geschehe überhaupt nicht: Ihrer eigenen Schwäche entlehnen sie den Maßstab, nach dem sie die Tugend beurteilen. Was wunderst du dich, wie man sich die Bedrängnis durch Feuer, durch Wunden, durch Scharfrichter, durch

Fesseln gefallen lässt, ja mitunter sogar seine Freude daran hat? Für den Schlemmer ist Genügsamkeit eine Strafe, für den Faulpelz harte Arbeit Vollstreckung eines Todesurteils, der Lüstling bemitleidet den tätigen Geschäftsmann, dem Trägen ist geistige Anstrengung eine Qual. Ebenso halten wir das, wozu wir alle schwach sind, für hart und unerträglich, ohne daran zu denken, für wie viele es schon eine Folter sei, auf den Weingenuss zu verzichten oder beim ersten Sonnenstrahl geweckt zu werden. Lauter Dinge, die nicht schwer sind von Natur, sondern weil wir schlaff und entnervt sind. Großes will nicht mit kleinlichem Sinne beurteilt sein: Sonst fällt die Schuld scheinbar auf die beurteilten Dinge, nicht auf uns, denen sie zukommt. So erweckt der geradeste Stab, den man ins Wasser hält, bei den Zuschauern den Schein des Geknickten und Gebrochenen. Beim Sehen kommt es nicht nur auf das Was an, sondern auch auf das Wie. Unser Geist tappt in der Finsternis bei seinem Suchen nach der Wahrheit.

Rufe einen unverdorbenen, geistesfrischen Jüngling herbei: Er wird erklären, dass der Mann, der eine volle Last von Widerwärtigkeiten auf seinem unbeugsamen Nacken trägt, der über das Schicksal erhaben ist, ihm als der glücklichere erscheine. Es ist nichts Wunderbares, im Zustande voller Ruhe seinen Gleichmut zu behaupten; aber den magst du bewundern, der sich hoch aufrichtet, wo alle anderen niedergedrückt werden, der steht, wo alle anderen zu Boden liegen. Was ist das Schlimme bei den Folterqualen und bei allem anderen, was wir als Widerwärtigkeiten bezeichnen? Nichts anderes, dächt' ich, als dies, dass der Geist in sich zusammenbreche und geknickt werde und unterliege. Alles Dinge, die einem Weisen nie begegnen können; er steht aufrecht unter jedem noch so schweren Druck. Nichts macht ihn kleiner; nichts von allem, was er tragen soll, erweckt sein Missfallen. Denn alles, was den Menschen treffen kann, lässt er ohne Klage über sich ergehen. Er kennt seine Kraft, er weiß, dass er der Last gewachsen ist.

Ich mute dem Weisen nicht Übermenschliches zu, ich behaupte nicht, dass er wie ein Fels jeden Schmerzgefühles bar sei. Ich weiß sehr wohl: Er besteht aus zwei Teilen: Der eine ist vernunftlos – er ist es, der gekränkt, gebrannt, gequält werden kann –, der andere ist vernünftig; ihm gehören die unerschütterlichen Grundsätze an, er kennt keine Angst, keine Überwältigung. In ihm hat jenes höchste Gut des Menschen seine Stätte. Solange es noch nicht zu voller Reife gelangt ist, haftet dem Gemüt noch etwas Schwankendes an; ist diese aber erreicht, so ist damit auch die unerschütterliehe Festigkeit des höchsten Gutes begründet. Daher wird der Anfänger auf dem Wege zum Höchsten, wird der Verehrer der Tugend, auch wenn er sich schon dem höchsten Gute nähert, ohne indes noch die letzte Hand daran gelegt zu haben, bisweilen auch noch einen Rückschritt machen und etwas nachlassen in der Anstrengung seines Geistes. Denn noch ist er nicht über das Ungewisse hinaus, auch jetzt noch bewegt er sich auf schlüpfrigem Boden. Der Glückliche aber, der Mann von vollendeter Tugend, hat dann an sich das größte Wohlgefallen, wenn er die stärkste Probe seines Mutes abgelegt hat; was andere fürchten, erträgt er nicht nur, sofern es der Preis für irgendwelche edle Pflichterfüllung ist, sondern drückt es förmlich an seine Brust und will lieber sich »umso viel besser« nennen lassen, als »umso viel glücklicher«.

Ich komme nun auf den Punkt zu reden, auf dessen Erörterung du schon längst gespannt bist. Unsere Tugend soll nicht in den Verdacht kommen, dass sie die Grenzen der Natur überschreite. So höre denn: Der Weise ist den Anfällen von Zittern, von Schmerz, von Erbleichen nicht unzugänglich. Denn das sind alles körperliche Empfindungen. Wo hat also das Unglück, wo das wahre Übel seinen Sitz? Nirgends anders als in der Seele, sofern diese durch sie niedergedrückt, zum Bekenntnis ihrer Hingabe an die Dienstbarkeit gebracht und zur Unzufriedenheit mit sich selbst geführt wird. Der Weise überwindet das Schicksal durch seine Tugend, aber es hat genug Bekenner der Weisheit gegeben, die bei den leisesten

Bedrohungen in Schrecken gesetzt wurden. Hier liegt der Fehler auf unserer Seite; denn wir fordern vom Anfänger so viel wie vom Weisen.

Ich *will* mir das Löbliche erst noch aneignen, noch bin ich nicht im Besitze desselben. Und wäre das Letztere mir auch eben schon gelungen, so wäre das Errungene doch noch nicht in solcher Bereitschaft und mir so geläufig, dass es für alle Fälle Schutz böte. Wie die Wolle gewisse Farben gleich auf das erste Mal annimmt, während sie andere erst nach öfterer Einweichung und Durchkochung in sich einsaugt, so ist der Geist auf gewissen Wissensgebieten, wenn er sie einmal in sich aufgenommen, auch sofort völlig leistungsfähig; dasjenige Wissen aber, um das es sich hier handelt, muss schon tief eingedrungen sein und sich lange festgesetzt und dem Geist nicht nur seine Farbe mitgeteilt, sondern ihn ganz durchdrungen haben, wenn es irgendetwas von dem leisten soll, was es versprochen hatte. Diese Lehre lässt sich ohne Weiteres mit ganz wenigen Worten so geben: Das einzige Gut ist die Tugend; ohne die Tugend ist wenigstens kein Gut denkbar, und die Tugend selbst hat ihren Sitz in unserem besseren, das heißt in unserem vernünftigen Teile. Diese Tugend, was ist sie? Ein wahres und unverrückbares Urteil. Denn dieses ist bestimmend für die Triebe der Seele, von ihm erhält jegliche Erscheinung, die einen Trieb rege macht, die erforderliche Klarheit. Diesem Urteil gemäß wird man alle Handlungen, die mit der Tugend in Berührung stehen, nicht nur für gut, sondern auch für einander gleich erklären. Was aber die Güter des Körpers anlangt, so sind sie zwar gut für den Körper, aber sie sind keine unbedingten Güter (keine Güter an sich). Sie haben zwar einen gewissen Wert, aber Würde kommt ihnen nicht zu. Sie werden große Unterschiede unter sich zeigen, werden teils kleiner, teils größer sein. Selbst bei den strebsamen Jüngern der Weisheit können wir nicht umhin, große Unterschiede anzuerkennen. Der eine hat es erst so weit gebracht, dass er es wagt, dem Schicksal frei ins Auge zu schauen, aber nicht anhaltend; denn geblendet von dem

Übermaß des Glanzes muss er den Blick wieder abwenden; der andere so weit, dass er mit ihr schon Auge in Auge verkehrt, falls er nämlich schon auf der Höhe angelangt und voller Vertrauen ist. Das Unvollkommene muss notwendig schwanken und bald den Schritt vorwärts richten, bald wieder niedersinken oder zusammenknicken. Es wird aber zu Boden sinken, wenn es nicht unablässig in Gang bleibt und seine ganze Kraft dazu aufbietet. Schon das geringste Nachlassen im Eifer und in dem vollen Einsatz der Kraft bedeutet einen unausbleiblichen Rückschritt. Hat einer den Fortgang unterbrochen, so findet er die Stelle, von der er ausgehen soll, nicht wieder.

Bleiben wir also bei der Stange und lassen uns durch nichts von unserem Vorhaben abbringen! Was uns noch zu tun bleibt, ist mehr als was wir bereits hinter uns haben; aber es ist schon ein großer Fortschritt, den Willen zum Fortschritt zu haben. Dieses Bewusstseins darf ich mich rühmen: Ich will und will mit ganzer Seele. Auch dich sehe ich von diesem Drange erfüllt, mächtig fühlst du dich hingetrieben nach diesem schönsten aller Ziele. Eilen wir denn: So erst gewinnt das Leben für uns seinen vollen Wert. Sonst ist es nur ein Verzug, und zwar ein schimpflicher, wenn wir in verabscheuungswürdiger Umgebung weilen. Seien wir darauf bedacht, keinen Augenblick unbenutzt für uns vergehen zu lassen. Das wird aber nicht der Fall sein, wenn wir nicht zuvor selbst von uns Besitz zu ergreifen schlüssig geworden sind. Wann werden wir so weit sein, Glück und Unglück zu verachten, wann so weit sein, nach Überwältigung aller Leidenschaften und erlangter voller Herrschaft über uns selbst auszurufen: »Ich habe gesiegt«? »Über wen?«, fragst du. Nicht über die Perser, nicht über die fernen Meder oder über irgendeinen Kriegerstamm, der noch jenseits der Daher wohnt, nein, über die Habsucht, über den Ehrgeiz, über die Todesfurcht, die selbst über die Besieger der Völker siegt.

Dreiundsiebzigster Brief

Das Verhältnis des Weisen zu den Staatslenkern

Meines Erachtens sind diejenigen im Irrtum, die da glauben, die treuen Anhänger der Philosophie seien Trotzköpfe und erfüllt von Widerspruchsgeist, Verächter der Behörden, der Fürsten sowie aller derer, die es mit der Verwaltung des Staates zu tun haben. Im Gegenteil: Niemand ist ihnen dankbarer als diese Philosophen; und nicht mit Unrecht. Denn niemand verdankt ihnen mehr als diejenigen, denen es vergönnt ist in Frieden und Ruhe zu leben.

Daher müssen diejenigen, für welche die öffentliche Sicherheit eine wesentliche Bedingung ist für Erreichung ihres vorgesteckten Zieles, eines tadelfreien Lebens nämlich, den Urheber dieses Gutes als einen Vater ehren, weit mehr als jene unruhigen und mitten im Weltgetriebe stehenden Geister, die den Fürsten vieles verdanken, aber auch viel von ihnen fordern, sie, deren Begehrlichkeit keine auch noch so unermüdliche Freigebigkeit befriedigen kann; denn ihre Begierden wachsen nur mit ihrer Befriedigung. Wer aber nur an das Empfangen denkt, vergisst, was er empfangen, wie denn der Begehrlichkeit kein größeres Übel anhaftet als das der Undankbarkeit. Dazu kommt noch, dass keiner von denen, die im Staatsdienst tätig sind, darauf achtet, wie viele er überholt hat, sondern nur darauf, wie viele ihm voraus sind, und sie freuen sich weniger, viele hinter sich zu haben, als sie sich ärgern noch irgendeinen vor sich zu sehen. Das ist das Bedenkliche, was allem Ehrgeiz anhaftet: Er blickt nicht rückwärts. Und nicht nur der Ehrgeiz ist unersättlich, sondern jedwede Begierde, denn sie fängt immer am Ende an. Aber jener lautere und sittenreine Mann, der auf Kurie, Forum und jede Staatsverwaltung verzichtet hat, um in der Abgeschiedenheit höheren Aufgaben zu leben, hat ein warmes Herz für diejenigen, die es ihm möglich machen, dies in Sicherheit zu tun, und er ist der Einzige, der für sie ohne Rücksicht auf Entgelt eintritt und sich ihnen zu großem Dank verpflichtet fühlt, ohne dass diese eine Ahnung davon haben. Wie er seine Lehrer verehrt und schätzt, denen er die Befreiung von so manchem Irrsal verdankt, so auch die, unter deren Schutz er seinen wissenschaftlichen Studien obliegt.

»Aber der Fürst«, wirft man ein, »schützt mit seiner Macht auch andere.« Wer stellt das in Abrede? Aber nimm an, es hätte eine Anzahl von Leuten bei gleich ruhigem Wetter in ihren Schiffen die Fahrt über See gemacht: Von ihnen wird derjenige sich dem Neptun zu größerem Danke verpflichtet fühlen, der mehr Gut und kostbareres über das Meer geführt hat; der Kaufmann wird freudigeren Herzens als der bloße Fahrgast sein Gelübde lösen, und von den Kaufleuten selbst wird derjenige mit reichlicheren Gaben seine Dankbarkeit bezeugen, der Spezereien und Purpur und Waren, die mit Gold aufzuwägen sind, an Bord hatte, als derjenige, der nur elenden Plunder als eine Art Ballast geladen hatte. Ganz ähnlich steht es mit der Wohltat dieses Friedens: Sie erstreckt sich auf alle, wird aber tiefer von denen empfunden, die einen lobwürdigen Gebrauch davon machen. Denn unter den Männern des Friedens gibt es viele, für die der Friede mühevoller ist als der Krieg. Oder glaubst du etwa, diejenigen erfreuten sich des Friedens mit gleicher Dankbarkeit, die ihn der Trunkenheit oder der Wollust oder anderen Lastern widmen, denen man selbst durch Krieg den Garaus machen müsste? Oder hältst du etwa den Weisen für unbillig genug, um zu meinen, er sei nicht auch persönlich Dank schuldig für das, was der Gesamtheit zugutekommt? Der Sonne und dem Monde verdanke ich sehr viel, und doch gehen sie nicht mir allein auf. Dem Jahr und der das Jahr leitenden Gottheit bin ich persönlich zu Dank verpflichtet, obschon diese Anordnungen nicht mir zu Ehren getroffen sind. Die törichte Habgier der Menschen unterscheidet zwischen Besitz und Eigentum und hält nichts für »Seiniges«, was allen gehört. Aber der Weise hält gerade das am meisten für das Seinige, in dessen Besitz er sich mit dem ganzen Menschengeschlecht teilt. Denn es wäre kein Gemeingut, wenn es nicht zum Teil jedem Einzelnen gehörte. Auch was nur zum kleinsten Teil Gemeingut ist, hat doch allgemein verbindende Wirkung.

Ferner hat man sich die Verteilung großer und wahrer Güter nicht so zu denken, dass auf den Einzelnen nur ein kleiner Teil käme: Ein jeder erhält sie ganz. Bei öffentlichen Verteilungen bekommt der Einzelne so viel, als für den Kopf versprochen ist. Ein öffentlicher Schmaus, ein Opfermahl sowie alles Handgreifliche scheidet sich in Teile; aber Güter wie Friede und Freiheit sind unteilbar und gehören in vollem Umfang sowohl allen wie jedem Einzelnen. Der Weise also denkt daran, durch wen ihm Gebrauch und Genuss solcher Güter zuteilwerde und wer ihm dazu verhelfe, dass er nicht nötig habe zu den Waffen zu greifen, Wachdienst zu leisten, die Mauern zu verteidigen und den zahlreichen Forderungen des Krieges zu genügen, und er dankt seinem Staatsleiter dafür. Gerade das versteht die Philosophie vorzüglich zu lehren, für Wohltaten sich verpflichtet zu fühlen und sie in angemessener Weise zu erwidern; zuweilen aber ist die bloße Anerkennug schon hinreichende Erwiderung. Er wird also nicht zurückhalten mit dem Bekenntnis, dass er großen Dank schuldig sei dem, dessen Staatsleitung und Fürsorge ihm zu ergiebiger Ruhe, zu freier Verfügung über seine Zeit und zu einer durch keine öffentlichen Geschäfte gestörten Ruhe verholfen habe.

> O Meliböus, ein Gott hat uns diese Ruhe gewähret:
> Denn fortab ist jener ein Gott mir.

Schon jene Ruhe verdankt ihrem Urheber viel, deren größte Wohltat der Dichter mit folgenden Worten schildert

> Siehe, die Rinder, sie irren auf sicherer Weide, mir selber
> Hat er ein harmlos Spiel auf ländlichem Rohre verstattet.

Wie hoch aber müssen wir dann erst die Ruhe schätzen, die unter Göttern hingebracht wird und zu Göttern macht.

Das kannst du mir glauben, mein Lucilius, und ich führe dich gerades Weges in den Himmel. Sextius pflegte zu sagen, Jupiter vermöge nicht mehr als der tugendhafte Mann. Jupiter hat mehr, was er den Menschen verleihen kann; aber zwischen zwei vollendet Guten ist der nicht besser, der reicher ist, so wenig wie man von zwei gleich tüchtigen Steuermännern den den Besseren nennen wird, dem ein größeres und ansehnlicheres Schiff zu Gebote steht. Welchen Vorzug hat Jupiter vor dem tugendhaften Mann? Sein längeres Dasein. Der Weise aber schätzt sich um nichts geringer, weil seine Tugend in engere Zeitgrenzen geschlossen ist. Wie von zwei Weisen derjenige, der in höherem Alter stirbt, darum nicht glücklicher ist als der, dessen Tugend eine geringere Zahl von Jahren umspannt, so übertrifft Gott den Weisen nicht an Glück, so sehr er ihn auch an Dauer übertrifft. Die Tugend wird durch ihre Dauer nicht größer. Jupiter hat alles; aber er überlässt es anderen zum Besitz; er selbst macht nur insofern Gebrauch davon, als er es ist, der allen den Gebrauch überlässt. Der Weise sieht mit demselben Gleichmut wie Jupiter alles in dem Besitze anderer und verachtet es, und er schätzt sich umso höher, als Jupiter diese Dinge nicht brauchen *kann*, der Weise sie nicht brauchen *will*.

Glauben wir also dem Sextius, der uns den schönsten Weg zeigt und ruft: »Dies ist der Weg zu den Sternen«; seine Wahrzeichen sind Genügsamkeit, Mäßigung, Tapferkeit. Die Götter sind nicht hochmütig und missgünstig: Sie gestatten den Eintritt und reichen dem Emporsteigenden die Hand. Wunderst du dich, dass der Mensch zu den Göttern gelangt? Der Gott kommt zu den Menschen, ja, was noch näher ist, er kommt in die Menschen; kein edler Geist ist ohne Gott. Der Menschenleib birgt Samen aus Gottes Hand; nimmt ein sorgsamer Pfleger ihn auf, dann ist das Entstehende dem Ursprung ähnlich, und die Frucht gleicht dem, woraus sie hervorgegangen; unter der Hand eines schlechten Pflegers erstirbt der Same wie auf unfruchtbarem und sumpfigem Boden, und statt der Früchte wächst Unkraut.

Fünfundsiebzigster Brief

Die Redeweise des Philosophierenden soll nichts weiter sein als ein schmuckloses Abbild seiner Gedanken. Leben und Rede sollen in Einklang stehen. Niemand ist alsbald ein fertiger Weiser. Die sittliche Bildung erfordert Zeit und hat ihre Stufen

Du klagst, dass meine Briefe die gehörige Sorgfalt vermissen lassen. Doch wer auf den Ausdruck ganz besonderes Gewicht legt, wie kann der anders als gekünstelt reden? Wie meine Rede wäre, wenn wir beisammen säßen oder Seite an Seite umherspazierten, unvorbereitet und zwanglos, so sollen auch meine Briefe sein; sie sollen nichts Gesuchtes, nichts Gekünsteltes haben. Wäre es möglich, so würde ich, was ich denke, lieber sehen lassen, als aussprechen. Und auch wenn ich mich mit dir unterhielte, würde ich nicht mit dem Fuße stampfen, würde nicht mit der Hand fuchteln und meine Stimme anschwellen lassen; alles dies würde ich den Rednern überlassen, zufrieden meine Gedanken dir mitzuteilen ohne sie auszuschmücken, aber auch ohne sie wegzuschleudern. Nur das Eine möchte ich dir zu voller Überzeugung bringen, dass alle meine Äußerungen genau dem entsprechen, was ich denke, und dass mir, was ich denke, auch ans Herz gewachsen ist. Anders küsst man seine Geliebte, anders seine Kinder; gleichwohl ist auch bei dieser letzteren so lauteren und maßvollen Äußerung der Zärtlichkeit der

Zug des Herzens unverkennbar. Ich wünsche wahrhaftig nicht, dass so wichtige Dinge in einem nüchternen und trockenen Ton vorgetragen werden; denn die Philosophie will nicht geistlos behandelt sein. Aber viele Mühe auf die Worte zu verwenden ist nicht vonnöten. Unser leitender Grundsatz sei, zu reden, was wir denken, und zu denken, was wir reden. Die Rede stimme mit dem Leben zusammen. Der hat, was wir uns von ihm versprechen, erfüllt, der derselbe ist, du magst ihn nun sehen oder hören. Von welcher Beschaffenheit und Größe er sei, das wird sich ja zeigen: Aber *einer* muss er sein und *nur* einer.

Unsere Worte sollen nicht der ergötzlichen Unterhaltung dienen, sie sollen Nutzen schaffen. Stellt sich aber der Redeschwung mühelos ein, ist er uns geläufig oder kostet er uns nur wenig, so trete er in Wirksamkeit und gebe dem herrlichen Inhalt das Geleite. Dabei sei er von der Art, dass er die Sache und nicht *sich* ins Licht stelle. Andere Wissensfächer haben es nur mit dem Geiste zu tun; hier aber handelt es sich (zugleich) um eine Angelegenheit des Herzens. Ein Kranker sucht nicht einen durch Beredsamkeit glänzenden Arzt; trifft es sich aber, dass eben der, der sich auf Heilkunst versteht, auch zierlich über seine zu treffenden Maßregeln zu reden weiß, so wird er sich gern darein finden. Doch hat er keinen Grund, sich Glück zu wünschen, dass er an einen Arzt geraten ist, der zugleich einen guten Redefluss hat. Denn das ist ein Zusammentreffen ähnlich dem, wenn ein kundiger Steuermann zugleich auch schön ist. Was kitzelst du mir die Ohren? Was soll mir ein solcher Genuss? Hier handelt es sich um andere Dinge. Durch Brennen, Schneiden, Enthaltsamkeit muss mir geholfen werden; dazu habe ich dich entboten. Du sollst eine alte, schwere, allgemein verbreitete Krankheit heilen. Dein Beruf macht Ansprüche an dich so groß wie an einen Arzt während der Pest. Und dir ist es um leere Worte zu tun? Sei doch um Gottes willen froh, wenn du der *Sache* Herr wirst. Wozu willst du so vielerlei lernen? Wann willst du denn, was du gelernt, dir so zum festen Eigentum machen, dass du es nicht wieder verlieren kannst? Wann wirst du es durch Erfahrung erproben? Denn hier genügt es nicht wie in anderen Fällen, die Sache dem Gedächtnis anvertraut zu haben: Sie will durch die Tat erprobt sein. Nicht das bloße Wissen macht glücklich, sondern die Tat.

»Wie? Es soll keine Stufen *unter* diesem Glücklichen (dem Weisen) geben? Eine tiefe Kluft soll unmittelbar von da sich auftun?« Nein, das glaube ich nicht. Denn wer Fortschritte macht, wird zwar noch zu den Toren gerechnet, ist jedoch durch einen weiten Abstand von ihnen getrennt. Auch finden sich unter den Fortschreitenden selbst noch erhebliche Unterschiede. Es sind drei Klassen, in die sie nach der Annahme einiger zerfallen.

Die erste Klasse besteht aus denen, die noch nicht im Besitze der Weisheit sind, aber sich bereits in ihrer Nähe befinden. Aber die Nähe bedeutet eben noch nicht die eigentliche Zugehörigkeit. Wer sie seien, fragst du? Es sind diejenigen, die bereits alle Leidenschaften und Laster abgelegt und sich Belehrung verschafft haben über das zu Erstrebende, doch ohne noch das volle Selbstvertrauen erreicht zu haben. Sie haben ihren sittlichen Trieb noch nicht vollständig in ihrer Gewalt, sind aber doch schon weit genug, um vor einem Rückfall in ihre Fehler bewahrt zu sein; allein sie sind sich darüber noch nicht völlig klar. Es steht mit ihnen so, wie ich meiner Erinnerung nach in einem Briefe mich darüber ausdrückte: »Sie wissen nicht, dass sie etwas wissen.« Sie können sich zwar ihres sittlichen Standpunktes erfreuen, ermangeln aber noch des unbedingten Vertrauens. Einige kennzeichnen die hier besprochene Klasse der Fortschreitenden in der Weise, dass sie sagen, sie hätten die Krankheiten der Seele bereits hinter sich, aber noch nicht die leidenschaftlichen Erregungen, und ihr Standpunkt sei noch kein sicherer, denn niemand sei der Gefahr des Bösen völlig entrückt als der, der es mit Stumpf und Stiel ausgerottet hat. Das aber hat niemand getan als der, der die Weisheit in sich aufgenommen hat anstelle des Bösen.

Wie sich aber die Krankheiten der Seele von ihren leidenschaftlichen Erregungen unterscheiden, darüber habe ich mich schon öfters geäußert. Auch jetzt will ich dich darauf hinweisen. Krankheiten sind Fehler, die sich fest und dauernd eingenistet haben, wie Habsucht und Ehrgeiz; sie haben sich tief in die Seele eingesenkt und sind nachgerade seine dauernden Übel geworden. Auf den kürzesten Ausdruck gebracht: Krankheit (der Seele) ist die starr festgehaltene irrige Meinung, man müsse mit aller Kraft erstreben, was nur in einem sehr geringen Grade erstrebenswert ist. Oder, wenn du dies vorziehst, wollen wir so definieren: Sein Herz allzu sehr hängen an Dinge, die nur in ganz geringem Maße oder überhaupt nicht erstrebenswert sind, oder auf Dinge großen Wert legen, die nur einen bedingten oder gar keinen Wert haben. Affekte aber sind verwerfliche Gemütserregungen, die plötzlich und stürmisch hervorbrechend bei öfterer Wiederholung und Vernachlässigung zur Krankheit werden, wie ein Einzelner und noch nicht zur Gewohnheit gewordener Katarrh Husten verursacht, ist er aber anhaltend und eingenistet, dann Schwindsucht. So sind denn die am weitesten Fortgeschrittenen über die Krankheiten hinaus, den Affekten aber sind sie noch zugänglich, auch wenn sie dem Weisen schon ganz nahe stehen.

Die zweite Klasse besteht aus solchen, die sich zwar der schwersten seelischen Übel und Erregungen entledigt haben, aber doch nur so, dass sie noch nicht in sicherem Besitz ihrer Gemütsruhe sind; denn sie können noch in den alten Zustand zurückfallen.

Die dritte Klasse ist frei von vielen und großen Gebrechen, aber noch nicht von allen. Sie hat der Habsucht den Abschied gegeben, aber ist dem Zorne noch zugänglich. Sie wird nicht mehr von der Wollust beunruhigt, wohl aber noch von dem Ehrgeiz. Sie steht nicht mehr unter dem Einfluss der Begehrlichkeit, wohl aber der Furcht. Und was die Furcht selbst anlangt, so fühlt sie sich gewissen Eindrücken gegenüber sicher, anderen gegenüber aber zaghaft. Den Tod verachtet sie, den Schmerz scheut sie.

Hier wollen wir innehalten zu einer kurzen Selbstbetrachtung. Wir können uns immerhin Glück wünschen, wenn wir auch nur dieser letzten Gruppe zugerechnet werden. Nur bei reicher natürlicher Ausstattung und großer und unausgesetzter Anstrengung in unseren wissenschaftlichen Bemühungen kann die zweite Stufe erreicht werden; doch schon diese dritte Klasse ist nicht zu verachten. Bedenke, wie viel des Bösen du rings um dich siehst, achte darauf, wie es keinerlei Frevel gibt, für den sich nicht ein Beispiel fände, wie die Schurkerei täglich Fortschritte macht, wie öffentlich und von Einzelnen gesündigt wird, und du wirst dir sagen, dass wir es weit genug gebracht haben, wenn wir nicht zu den Schlimmsten gehören. »Ich aber hoffe«, sagst du, »mich auch zu einer höheren Klasse emporarbeiten zu können.« Das möchte ich uns mehr wünschen, als ich es versprechen kann. Wir sind von vornherein in Beschlag genommen; von Sünden umstrickt, bemühen wir uns um die Tugend. Ja, ich schäme mich es zu sagen: Wir huldigen dem Tugendstreben nur, solange wir Zeit dafür übrig haben. Aber welch herrlicher Lohn harret unser, wenn wir unsere Geschäftslast und die uns so zäh anhaftenden Übel von uns werfen. Nicht Begierde, nicht Furcht wird uns noch bedrängen. Nicht hin und her gejagt von Schrecknissen, nicht durch Lustbegier verdorben, werden wir weder vor dem Tod noch vor den Göttern zusammenschauern. Es wird uns zur Gewissheit geworden sein, dass der Tod kein Übel, die Götter keine Unheilstifter seien. Was Schaden verübt, ist ebenso schwach wie das, dem der Schaden zugefügt wird; das Beste hat keine schadende Kraft. Arbeiten wir uns aus diesem Schlamme heraus zu jener erhabenen Höhe, so harret unser da der Seelenfriede und nach Verbannung alles Irrwahns eine schrankenlose Freiheit. Und worin besteht diese? So fragst du. Weder vor Menschen noch vor den Göttern Furcht zu haben; seine Wünsche weder auf Schimpfliches noch auf Übermäßiges zu richten, über sich selbst unbedingte Gewalt zu haben. Es ist ein unschätzbares Gut, sein eigen zu werden.

Sechsundsiebzigster Brief

Die Tugend als einzig wahres Gut

Du drohst mir mit Kündigung der Freundschaft, wenn ich dich nicht alles und jedes wissen lasse von dem, was ich täglich treibe. Hier sollst du nun eine Probe haben von der Aufrichtigkeit meines Zusammenlebens mit dir; denn ich will dir auch Folgendes anvertrauen. Ich bin Hörer eines Philosophen, und es sind schon fünf Tage, dass ich zu ihm in die Schule gehe und ihn von der achten Stunde ab vortragen höre. »Da bist du gerade alt genug dazu«, hör' ich dich sagen. Warum denn auch nicht? Was wäre also törichter, als auf das Lernen verzichten, weil man sich des Lernens lange nicht befleißigt hat? »Wie also? Soll ich es so halten wie die Stutzer und vornehmen Bürschchen?« Ich will Gott danken, wenn dies das Einzige wäre, was sich für mein Alter nicht schickt. Diese Schule macht keinen Unterschied in dem Alter der Schüler. »Sollen wir dazu alt werden, um dem Beispiel der vornehmen Jugend zu folgen?« Ins Theater soll ich mir erlauben zu gehen und mich in den Zirkus tragen lassen und kein Fechterpaar ohne mich auftreten lassen, während ich erröten soll, Hörer eines Philosophen zu sein? Man muss so lange lernen als man ein Nichtwisser ist, oder, wenn wir dem Sprichwort glauben, so lange man lebt. Und nichts heischt so sehr die Erfüllung dieser Forderung als unser vorliegender Gegenstand: *Wie* man *leben* soll, muss man sein Lebelang lernen. Indes, was mich anlangt, so erweise ich mich dabei bis zu einem gewissen Grade als Lehrer. Inwiefern?, fragst du. Ich zeige durch mein Beispiel, dass auch der Greis noch zu lernen hat. Ich schäme mich aber meiner Mitmenschen bei jedem Gang nach der Schule. Du weißt: Der Weg nach dem Hause des Metronax führt unmittelbar am Theater Neapels vorbei. Das ist zum Erdrücken voll, und mit erstaunlichem Eifer gibt man seine Meinung kund über die Kunst eines Flötenspielers: Auch griechische Trompeter und Ausrufer haben großen Zulauf. Aber in dem Raum, in dem man über das Wesen des tugendhaften Mannes Aufschluss sucht, von dem man lernt ein tugendhafter Mann zu sein, sitzt nur ein winziges Häuflein, und diese wenigen haben, wenn man den meisten glaubt, nichts Rechtes zu tun. Querköpfe nennt man sie und Müßiggänger. Ich will mir diesen Spott ruhig gefallen lassen; die Schmähungen der Toren muss man mit Gleichmut über sich ergehen lassen, und wer der Tugend nachgeht, muss selbst die Verachtung verachten.

Also, mein Lucilius, nur wacker fortgefahren und nicht geruht, sonst blüht dir mein Schicksal, als Greis in die Schule zu gehen. Ja, eile umso mehr, weil du dich erst jetzt an Dinge gemacht hast, die du kaum als Greis auszulernen imstande bist. »Aber wie weit werde ich es bringen?«, fragst du. So weit, wie du es als Strebender bringen willst. Worauf wartest du? Keinem ist die Weisheit durch den Zufall in den Schoß geworfen worden. Geld kann von selbst an dich kommen, eine Ehrenstelle dir angeboten, Einfluss und Rang dir entgegengebracht werden; aber die Tugend fällt dir nicht von ungefähr zu. Ja, es gehört mehr als bloß leichte Mühe und geringe Anstrengung dazu, um sie mit unserem Geiste zu erfassen; aber es lohnt sich auch, sich anzustrengen, wo man sich durch diesen *einen* Erfolg den Besitz *aller* Güter sichert; denn es gibt nur *ein* Gut, die Tugend. In allen jenen Dingen, die im Munde der Menge gepriesen werden, findest du nichts Wahres, nichts Sicheres.

Warum aber dies *eine* Gut nur die Tugend sei, will ich dir sagen, weil ich dies deiner Meinung nach in einem früheren Brief nicht genügend ausgeführt und dir die Sache mehr gelobt als überzeugend dargestellt habe, und das darüber bereits Gesagte werde ich nur in kurzem Überblick wiedergeben.

Alles hat seinen eigentlichen Bestand in dem, was ihm seinen Wert und Vorzug gibt. Bei der Rebe kommt es auf die Fruchtbarkeit an und auf den Wohlgeschmack des Weines, beim Hirsch auf die Schnelligkeit. Bei den Lasttieren fragt man nach der Tragfähigkeit des Rückens, denn ihr ganzer Nutzen liegt im Schleppen von Packladungen. Beim Hund kommt es vor allem auf Spürkraft an, wenn er das Wild aufsuchen, auf Schnelligkeit, wenn er es verfolgen, auf unbedingten Mut, wenn er es beißen und anfallen soll. An jedem Ding ist das Beste das, wozu es von vornherein bestimmt ist und wonach es geschätzt wird. Was ist nun das Beste am Menschen? Die Vernunft. Durch sie ist er den Tieren überlegen, steht er den Göttern nahe. Die Vernunft also, in ihrer vollendeten Gestalt, ist das eigentümliche Gut des Menschen, alles Übrige hat er mit den Tieren und Pflanzen gemein. Er ist stark: der Löwe desgleichen; er ist schön: der Pfau desgleichen; er ist schnell: das Pferd desgleichen. Ich könnte auch sagen: In alledem steht er hinter den Tieren zurück. Doch nein! Ich frage nicht, was er vergleichsweise in höchstem Maße habe, sondern was ihm als sein besonderes Eigentum zusteht. Er hat einen Körper: die Bäume auch. Er hat inneren Trieb und willkürliche Bewegung: die Tiere auch, selbst das Gewürm. Er hat Stimme: Aber wie viel lauter ist die des Hundes, wie viel kreischender die des Adlers, wie viel wuchtiger die des Stieres, wie viel süßer und modulationsfähiger die der Nachtigallen. Was ist des Menschen besondere Eigentümlichkeit? Die Vernunft. Ist diese in Ordnung und voll ausgebildet, so liegt in ihr das volle Glück des Menschen beschlossen. Jedes Ding also ist lobwürdig, wenn es die ihm eigentümliche Vollkommenheit erreicht und den ihm von der Natur bestimmten Zweck erfüllt; wenn nun des Menschen besonderes Gut die Vernunft ist, so ist er, wenn er diese zur Vollkommenheit gebracht hat, lobwürdig und ist am Ziel seiner natürlichen Bestimmung angelangt. Diese ist zu ihrer Vollkommenheit erhoben. Vernunft heißt Tugend, und sie ist eins mit dem sittlich Guten. Das ist also das einzige Gut des Menschen, das dem Menschen allein zukommt. Denn jetzt fragen wir nicht, was ein Gut überhaupt, sondern was des Menschen Gut ist. Wenn es kein anderes für ihn gibt als die Vernunft, so wird diese sein einziges sein, aber alles Übrige aufwiegen. Ist einer ein Bösewicht, so wird man ihn tadeln, ist einer ein braver Mann, so wird man, denk' ich, ihn loben. Lob und Tadel bestimmt sich also ganz nach der sittlichen

Beschaffenheit, und diese ist dann in dem Menschen das erste und alleinige Gut.

Du zweifelst allerdings nicht, ob dies ein Gut sei; wohl aber zweifelst du, ob es des Menschen einziges Gut sei. Gesetzt, es habe einer alles andere, Gesundheit, Reichtum, zahlreiche Ahnenbilder, eine große Schar von Klienten, aber er sei anerkanntermaßen ein Schurke, so wirst du ihm dein Lob versagen. Wenn anderseits einer nichts hat von alledem, was ich aufzählte, wenn er also weder über Geld zu verfügen hat noch über eine Klientenschar noch über Adel und eine stattliche Reihe von Ahnen, aber ein anerkannt braver Mann ist, so wirst du ihn loben. Also ist dies das einzige Gut des Menschen: Wer es hat, ist des Lobes würdig, auch wenn ihm alles andere abgeht, wogegen der, der es nicht hat, dem verdammenden Urteil verfällt und auf keine Nachsicht Anspruch hat, mag er auch von allem anderen die Fülle haben. Es steht mit den Menschen ebenso wie mit den sonstigen Gegenständen. Ein gutes Schiff heißt nicht ein solches, das mit kostbaren Farben bemalt ist, das einen goldenen oder silbernen Schiffsschnabel hat und dessen Schutzgott aus Elfenbein gefertigt ist, auch nicht das, welches schwer beladen ist mit königlichen Geldern und Schätzen, sondern ein solches, das widerstandsfähig und fest und wasserdicht, weil wohlgefügt, ist, dem Anprall der Wogen durch seinen starken Bau gewachsen, dem Steuerruder folgsam, schnell und unabhängig von den Launen des Windes. Ein gutes Schwert wirst du nicht ein solches nennen, das ein vergoldetes Wehrgehenk und eine Scheide, die mit Edelsteinen besetzt ist, sondern ein solches, das eine scharfe und tief eindringende Klinge hat und eine Spitze, der kein Panzer gewachsen ist. Bei einem Lineal kommt es nicht auf die Schönheit an, sondern auf die gerade Richtung. Jedes Ding wird nach dem eigenartigen Zweck gelobt, für den es bestimmt ist. So kommt es auch beim Menschen nicht darauf an, wie viel Ackerland er besitzt, wie viel Geld er ausleiht, wie viele ihm den Hof machen, was für ein kostbares Ruhebett er hat, aus was für einem funkelnden Becher er den

Wein schlürft, sondern wie gut er ist. Gut aber ist er, wenn seine Vernunft ihre volle Entfaltung erreicht und ihre rechte Gestaltung erlangt hat und mit ihrem naturgemäßen Wollen in Einklang gebracht ist. Das nennen wir Tugend, das ist das Sittlichgute und das einzige Gut des Menschen. Denn da die Vernunft allein es ist, die den Menschen zum Menschen macht, so ist die zur vollen Reife gelangte Vernunft es auch allein, die ihn glücklich macht. Das aber ist des Menschen einziges Gut, was ihn allein glücklich macht.

Wir nennen aber auch Güter alle diejenigen Dinge, die ihren Ursprung in der Tugend haben und von ihr bewirkt sind, mit anderen Worten, alle ihre Hervorbringungen. Aber eben deshalb ist sie selber das einzige Gut, weil es keines gibt, das nicht auf ihr beruhe. Wenn alles Gute seine Stätte in der Seele hat, so ist alles gut, was der Seele zur Kräftigung, zur Erhebung, zur Erweiterung dient; was aber die Seele stärker, erhabener und weiter macht, das ist das Werk der Tugend. Denn im Übrigen steht es so: Was unsere begehrlichen Triebe anreizt, wirkt zugleich auch niederdrückend und lähmend auf die Seele, und scheinbar sie erhebend, bläht es sie nur auf und treibt mit ihr ein trügerisches Eitelkeitsspiel. Das allein also ist gut, was der Seele zur Besserung dient. Unser Lebelang ist für alle unsere Handlungen der oberste Gesichtspunkt der Beurteilung der der Sittlichkeit und Unsittlichkeit. Er ist maßgebend für unser Tun und Lassen. Was das besagen will, sollst du hören: Der Tugendhafte wird tun, was seiner Überzeugung vom Rechten entspricht, wird es tun, auch wenn es mühsam ist, wird es tun, selbst wenn es schädlich ist, wird es tun, auch wenn es gefahrvoll ist; anderseits wird er das Unsittliche nicht tun, auch wenn es ihm zu Geld, Genuss oder Macht verhilft. Vom Sittlichen wird ihn nichts abschrecken, zum Unsittlichen nichts verleiten. Wenn er also durchweg dem Sittlichen folgen, durchweg das Unsittliche meiden und bei jedem für das Leben wichtigen Entschluss sich an diese beiden Grundsätze halten wird, dass nur das Sittliche gut, nur das Unsittliche verwerflich ist, wenn die Tugend das Einzige ist, das keiner Verderbnis zugänglich ist, wenn sie allein sich in ihrer Haltung immer gleich bleibt, so ist die Tugend das einzige Gut, und sie kann nie in die Lage kommen, kein Gut zu sein. Jeder Gefahr einer Veränderung ist sie überhoben. Der Unweise arbeitet sich zur Weisheit empor, die Weisheit fällt nicht in Unwahrheit zurück.

Du wirst dich vielleicht meiner Äußerung erinnern, die dahin ging, es habe gar manchen gegeben, der, was die große Menge leidenschaftlich begehrt oder fürchtet, in unwillkürlicher Gemütsaufwallung als völlig nichtig verachtet hat. Es fand sich mancher, der seinen Reichtum von sich warf, es fand sich einer, der seine Hand in die Herdflamme hielt, ein anderer, der seinem Folterer mit unausgesetztem Hohnlachen begegnete, mancher, der bei Beerdigung seiner Kinder keine Träne vergoß, und so mancher, der dem Tode ohne eine Spur von Zagen entgegenging. Liebe, Zorn, Begierde beschworen die Gefahren herauf. Was eine kurze, durch irgendeinen Stachel hervorgerufene Widerstandskraft der Seele vermag, wie viel mehr wird das die Tugend vermögen, deren Kraft nicht aus ungestümem Drang, nicht plötzlich, sondern gleichmäßig wirkt, die immer gleich stark bleibt. Hieraus folgt, dass, was viele, ohne sich grundsätzlich darüber klar zu sein, der Weise aber immer verachtet, weder gut noch übel ist. Das einzige Gut also ist die Tugend selbst, die zwischen Glück und Unglück gehobenen Hauptes einherschreitet, beides tief verachtend.

Lässt du die Ansicht gelten, es gebe ein Gut außer dem Sittlichguten, so wird es mit jeder Tugend misslich stehen. Denn keine lässt sich unbedingt festhalten, wenn sie irgendetwas außer sich berücksichtigt. Ist dies der Fall, so steht das im Widerspruch mit der Vernunft, aus der die Tugenden stammen, sowie im Widerspruch mit der Wahrheit, die ohne Vernunft undenkbar ist. Jede Meinung aber, die der Wahrheit widerstreitet, ist falsch. Du musst zugeben, dass ein tugendhafter Mann von höchster Ehrfurcht gegen die Götter erfüllt ist. Was ihm also auch zustoßen mag, er wird es mit Gleichmut auf sich nehmen. Weiß er doch, dass dies zufolge desselben göttlichen Gesetzes geschieht, das den Gang des Ganzen regelt. Ist dem so, dann wird es für ihn nur *ein* Gut geben, das Sittlichgute. Denn auf dieses gründet sich die Fähigkeit und der Wille, den Göttern folgsam zu sein, bei plötzlichen Störungen nicht aufzubrausen und über sein Los nicht zu jammern, sondern geduldig sein Schicksal auf sich zu nehmen und dem Gebote sich zu fügen. Gibt es irgendein anderes Gut als das Sittlichgute, so werden wir die Begier nach dem Leben, die Begier nach allem, was der Ausstattung des Lebens dient, nicht loswerden – ein unerträglicher, endloser, unsteter Zustand. Das einzige Gut also ist das Sittlichgute, das sein Maß hat.

Ich behauptete, das Leben der Menschen würde glücklicher sein als das der Götter, wenn Dinge Güter wären, für welche die Götter keine Verwendung haben, wie Geld und Ehrenstellen. Dem füge nun Folgendes zur Ergänzung hinzu: Wenn anders die Seele, des Körpers ledig, fortdauert, so harrt ihrer ein glücklicherer Zustand als der in ihrer körperlichen Hülle. Allein, wenn die Dinge, deren wir in unserer Körperlichkeit bedürfen, Güter sind, so wird es, wenn wir ihrer ledig geworden, unserer Seele schlechter ergehen, eine Annahme, die keinen Glauben verdient; denn wie kann sie, in den Körper eingeschlossen und von ihm beengt, glücklicher sein als in voller Freiheit und dem Weltganzen zurückgegeben? Auch *die* Bemerkung hatte ich gemacht, wenn das, was der Mensch mit dem unvernünftigen Tier gemein hat, Güter wären, dann müssten auch die unvernünftigen Tiere ein glückliches Leben führen, was doch eine Unmöglichkeit ist. Für die Tugend muss man alles Leid auf sich nehmen, was nicht nötig wäre, wenn es irgendein anderes Gut gäbe als die Tugend.

Das alles habe ich zwar in größerer Ausführlichkeit schon in einem früheren Briefe dargelegt, habe es aber nun in kürzerer Fassung wieder in Erinnerung gebracht. Indes, eine solche Ansicht wird dir in ihrer Wahrheit nur dann zu vollem Bewusstsein kommen, wenn du deinem Geist einen Schwung gibst und an dich selbst die Frage richtest: Werde ich auch, wenn die Lage es fordert, dass ich für das Vaterland in den Tod gehe und das Heil aller Bürger mit meinem Leben erkaufe, meinen Nacken nicht nur geduldig, sondern auch gern darbieten? Bist du gewillt danach zu handeln, so gibt es kein anderes Gut. Denn du verzichtest auf alles, nur um dieses zu haben. Du wirst für das Vaterland sterben, auch wenn dies unmittelbar geschehen soll, nachdem du zu der Einsicht gekommen, dass es die Pflicht von dir fordert. Zuweilen erwächst aus so herrlicher Tat, wenn auch nur für einen kurzen Augenblick, eine beglückende Freude, und obschon der Dahingeschiedene und seiner irdischen Umgebung Entrückte die Frucht seiner Tat nicht genießt, so hat doch schon der Hinblick auf die zu vollziehende Tat etwas Erhebendes: Der tapfere und gerechte Mann schwelgt, wenn er sich den Preis seines Todes, die Freiheit des Vaterlandes, das Heil der Gesamtheit vor Augen stellt, für die er sein Leben dahingegeben, in höchstem Wonnegefühl und genießt sozusagen seinen Wagemut. Aber auch der, dem dieses Frohgefühl versagt ist, das aus der Hingabe an diese größte und letzte Leistung entspringen kann, wird ohne Zögern in den Tod stürzen, zufrieden mit dem Bewusstsein, recht und pflichtgemäß zu handeln. Halte ihm auch im letzten Augenblick noch allerlei abmahnende Gründe vor, sprich zu ihm: »Deine Tat wird bald vergessen sein und bei deinen Mitbürgern eine wenig günstige Beurteilung finden.« Er wird dir antworten: »Mit alle dem hat meine Handlung nichts zu tun; ich sehe allein auf diese selbst, und ich weiß, sie ist eine Forderung sittlicher Gesinnung. Wohin sie mich also führt und ruft, dahin gehe ich.«

Das also ist das einzige Gut, das nicht nur der völlig ausgereifte, sondern schon jeder edele und wohlbeanlagte Geist als solches unwillkürlich (ohne Weiteres) anerkennt: Alles andere ist flüchtiger, veränderlicher Art. Daher ist der Besitz solcher Äußerlichkeiten immer mit Sorgen verbunden. Auch wenn des Schicksals Gunst alles auf *einen* gehäuft hat, lastet es schwer auf seinem Herren als ein beständiger Druck, ja treibt zuweilen sogar mit ihm seinen Spott.

Niemand von den in Purpurgewändern Prangenden ist glücklich, ebenso wenig wie die, die in den Bühnenstücken mit Zepter und im Purpurmantel auftreten. Vor der Zuschauermasse schreiten sie stolz auf ihrem Kothurn umher: Sobald sie abgetreten sind, entledigen sie sich ihres Schuhwerkes und kehren zu ihrer natürlichen Gestalt zurück. Keiner von denen, die durch Reichtum und Ehrenämter auf eine glänzende Höhe gestellt sind, ist groß. Warum erscheint er aber groß? Weil du ihn mit seinem Fußgestelle misst. Der Zwerg ist nicht groß, auch wenn er auf einem Berge steht; der Koloss verliert nichts von seiner Größe, auch wenn er in die Tiefe eines Brunnens versenkt ist. Das ist der Irrtum, an dem wir leiden, dadurch werden wir hinters Licht geführt: Wir schätzen niemanden nach dem, was er ist, sondern rechnen alles dasjenige mit, womit er geschmückt ist. Willst du aber den Wert des Menschen ermitteln und ihn in seiner wirklichen Beschaffenheit kennen lernen, so musst du ihn nackt betrachten. Lass ihn sein Erbgut, lass ihn seine Ehrenstellen samt allen trugvollen Gaben des Glückes von sich werfen, ja sich seines Leibes entäußern: Beschaue *nur* seine Seele und betrachte sie nach ihrer Beschaffenheit und Größe, frage, ob sie durch fremden Schmuck oder durch sich selbst groß sei. Wenn er, ohne auch nur eine Miene zu verziehen, das Schwert gegen sich gezückt sieht, wenn er der festen Überzeugung ist, dass es ihm gleichviel gelten kann, ob seine Seele durch den Mund oder durch die Kehle entweiche, dann nenne ihn glücklich. Nenne ihn glücklich, wenn er angesichts bevorstehender Körperqualen, wie sie entweder das Schicksal oder die Gewalttätigkeit eines Mächtigeren herbeiführt, seine Ruhe bewahrt und gelassen die Ankündigungen von Kerker, Verbannung und sonstigen nichtigen Schrecknissen des Menschengemütes vernimmt und sie mit den Worten begleitet:

Von keinerlei Drangsal,
Jungfrau, steigt die Gestalt mir unerwartet und neu auf.
Alles erwog ich zuvor und bin mit mir selber im Reinen.

»Du kündigst mir heute diese Schrecknisse an: Ich habe sie mir immer angekündigt und habe den Menschen auf Menschliches vorbereitet.« Ist man auf einen Unglücksschlag im Voraus gefasst, so trifft der Schlag nicht schwer. Aber den Toren und den mit all ihren Hoffnungen am Schicksal Hangenden erscheint jede Gestaltung der Dinge neu und unerwartet. Ein großer Teil des Unglücks indes liegt bei Unkundigen eben in der Neuheit. Das wirst du begreiflich finden, wenn du bedenkst, dass sie das für hart Gehaltene tapferer ertragen, wenn sie sich daran gewöhnt haben. Daher gewöhnt sich der Weise an das künftige Übel, und was andere nur dadurch sich leichter machen, dass sie es lange ertragen, das macht er sich leicht durch lange Denkarbeit. Wir hören zuweilen die Stimme von Laien, die sagen: »Ich wusste, dass mir dies bevorstehe.« Der Weise weiß, dass ihm alles bevorsteht. Mag eintreten was will, er sagt: »Ich wusste es.«

Siebenundsiebzigster Brief

Hänge nicht zu sehr am Leben

Ganz unerwartet trafen heute die leichten Schiffe aus Alexandria ein, die vorausgeschickt zu werden pflegen, um die Ankunft der großen Flotte anzukündigen. Man nennt sie Paketboote. Für Campanien ist das ein freudiger Anblick. Die ganze Bevölkerung von Puteoli drängt sich zusammen auf dem Hafendamm und erkennt an der besonderen Art der Segel die Alexandrinischen Schiffe aus der großen Menge der Fahrzeuge heraus. Denn sie allein dürfen das Bramsegel aufziehen, welches alle übrigen Schiffe nur auf hoher See führen. Denn nichts befördert in gleichem Maße die Fahrt wie dieses hoch oben befestigte Segel. An ihm hat das Schiff die stärkste Triebkraft. Wenn also der Wind sich verstärkt und das zuträgliche Maß überschreitet, wird die Segelstange herabgelassen, weil der Wind weiter unten weniger Kraft hat. Haben die Schiffe Capri erreicht und das Vorgebirge, von dem

> Pallas aus stürmischer Höh' auf des Meeres Gewoge
> herabschaut,

so müssen sich alle anderen Schiffe mit dem unteren Segelwerk begnügen: Das Bramsegel ist das auszeichnende Merkmal der Alexandrinischen Schiffe.

Während sich nun alles in voller Hast nach dem Gestade hindrängte, machte es mir ein besonderes Vergnügen, mich aus meiner Trägheit nicht aufrütteln zu lassen. Ich erwartete nämlich Briefe von den Meinigen aus Alexandria, hatte es aber gleichwohl nicht eilig zu erfahren, wie es dort mit den Meinigen stünde und was sie sonst für Neuigkeiten brächten. Für mich gibt es schon lange keinen Abgang und keinen Zuwachs mehr. Das wäre die rechte Sinnesart, auch wenn ich nicht schon Greis wäre. Nun aber umso mehr; denn gesetzt, ich hätte auch noch so wenig, so würde ich doch noch mehr als ausreichendes Reisegeld haben für meinen Weg, zumal da es sich hier um einen Weg handelt, den ganz zu durchlaufen nicht notwendig ist. Eine Reise ist unvollendet, wenn man in der Mitte des Weges oder überhaupt diesseits des Zieles stehen bleibt; das Leben aber ist nicht unvollendet, wenn es ein tugendhaftes ist. Wie es auch endet: Ist das Ende ein löbliches, so ist das Leben auch ein ganzes. Oft muss man ihm durch einen tapferen Entschluss ein Ende machen, und zwar nicht immer aus den dringendsten Gründen; sind doch auch *die* Gründe nicht dringend, die uns am Leben festhalten.

Der dir wohlbekannte Tullius Marcellinus, der nach einer ruhigen Jugend schnell alterte, verfiel in eine zwar nicht unheilbare, aber lange und lästige Krankheit, die viel Umstände nötig machte. Er kam auf den Gedanken, seinem Leben ein Ende zu machen, und ließ mehrere Freunde zu sich kommen. Jeder gab seinen Rat auf seine Art. Der eine, furchtsamer Natur, riet ihm, was er sich selbst geraten hätte, ein anderer, geschmeidig und schmeichlerisch, gab den dem Fragenden mutmaßlich erwünschteren Rat. Am besten, wie mir scheint, meinte es mit ihm unser Freund, der Stoiker, dieser treffliche und, um ihn seinem Verdienste gemäß zu loben, tapfere und charaktervolle Mann. Mahnend ließ er sich so vernehmen: »Quäle dich nicht, mein Marcellinus, als ob es sich um eine wichtige Sache handelte. Mit dem Leben hat es nicht viel auf sich: Alle deine Sklaven leben, alle Tiere leben: Etwas Großes aber ist es, ehrenhaft, besonnen und tapfer zu sterben. Bedenke, wie lange du dich schon in dieser Einförmigkeit hinschleppst: Essen, Schlafen, Lustbefriedigung: Das ist der Kreis, in dem das Leben sich bewegt. Sterben wollen kann nicht bloß der Besonnene, der Tapfere oder Unglückliche, sondern auch, wer des Lebens überdrüssig ist.« Er – der Kranke – bedurfte keines Rates, sondern des Beistandes. Die Sklaven wollten nicht gehorchen. Diesen benahm nun der Philosoph ihre Furcht durch den Nachweis, dass für die Dienerschaft nur dann Gefahr bestehe, wenn es ungewiss sei, ob der Tod des Herren ein freiwilliger gewesen. Im übrigen sei es ebenso verwerflich, den Herrn am Tode zu hindern, als ihn zu töten. Dann wandte er sich wieder an Marcellinus selbst mit der Mahnung, der Menschenliebe eingedenk zu sein: Wie nach aufgehobener Tafel die Reste an die Umstehenden verteilt würden, so empfehle es sich, bei Abschluss des Lebens denen etwas zugutekommen zu lassen, die sein Lebelang ihm gedient hätten. Marcellinus war stets gutmütig und freigebig, auch als es noch auf seine Kosten ging. Er verteilte also kleine Summen an die weinenden Sklaven und sprach ihnen noch obendrein Trost zu. Es bedurfte für ihn weder des Schwertes noch des Blutes. Drei Tage lang enthielt er sich der Nahrung und ließ in seinem Schlafzimmer ein Zelt aufschlagen, unter das dann eine Wanne gestellt ward. In dieser lag er lange, und indem von Zeit zu Zeit warmes Wasser nachgegossen ward, fühlte er, wie er selbst sagte, seine Kräfte allmählich schwinden, nicht ohne ein gewisses Wohlbehagen, wie es eine so sanfte Auflösung mit sich zu bringen pflegt. Ich habe an mir selbst ähnliche Erfahrungen gemacht, da ich ab und zu von Ohnmachten heimgesucht ward.

Ich bin ins Erzählen gekommen, was dir vielleicht nicht unwillkommen ist. Denn du ersiehst daraus, dass dein Freund kein schweres, kein unglückliches Ende gehabt hat. Denn obschon er den Tod sich selber gegeben, hat er doch einen ganz sanften Ausgang gehabt und ist dem Leben gleichsam entschlüpft. Aber auch nicht ohne Nutzen dürfte diese kleine Erzählung sein. Denn oft fordert eine drangvolle Lage solche Beispiele. Oft sollen wir sterben und wollen doch nicht, wir sterben wirklich und wollen doch nicht. Niemand ist töricht genug, um nicht zu wissen, dass er einmal sterben muss; ist es aber wirklich so weit, dann macht man Ausflüchte, zittert und jammert. Wirst du den nicht für den allergrößten Tor halten, der da weinte, dass er nicht vor tausend Jahren gelebt hatte? Gleich töricht ist der, welcher weint, dass er nach tausend Jahren nicht mehr leben wird. Das kommt auf dasselbe hinaus: Du wirst nicht sein und bist nicht gewesen. Mit beiden Zeiten haben wir nichts zu tun. Du bist auf diesen Punkt angewiesen; gesetzt, du könntest ihn ausdehnen, wie weit wirst du damit kommen? Was weinst du? Was ergehst du dich in Wünschen? Verlorene Mühe!

Hoffe durch Bitten nicht den Willen der Götter zu beugen.

Ihre Ratschlüsse sind ein für alle Mal gültig, nach dem Gesetz einer erhabenen und ewigen Notwendigkeit. Du wirst dahin gehen, wohin alles geht. Was widerfährt dir denn Unerhörtes? An diese Bestimmung bist du gebunden von Geburt an. So ist's deinem Vater ergangen, so deiner Mutter, so deinen Vorfahren, so allen Menschen vor dir, allen Menschen nach dir. Eine unverrückbare und durch keine Macht zu verändernde Abfolge hält alles an sich gefesselt und zieht es mit sich fort. Welche gewaltige Zahl künftighin

Sterbender wird dir folgen; wie viele werden dich begleiten! Du würdest vielleicht größeren Mut haben, wenn viele Tausende zugleich mit dir stürben; und doch geben viele Tausende von Menschen und Tieren in mannigfach verschiedener Weise ihren Geist in demselben Augenblick auf, in dem zu sterben du dich sträubst. Glaubtest du denn, du würdest nicht auch einmal dahin kommen, wohin du immer unterwegs warst? Kein Weg ist ohne Ende.

Du erwartest vielleicht, ich werde dir jetzt Beispiele großer Männer vorführen. Nein, Knaben sind es, von denen du zu hören bekommst. Man erzählt von einem noch ganz jungen Lakonier, der, in Gefangenschaft geraten, in seiner dorischen Mundart ausrief: »Nein, ich will kein Sklave sein!« Und er hielt Wort. Denn gleich bei der ersten Zumutung einer sklavenmäßigen und schimpflichen Dienstleistung – er sollte ein Nachtgeschirr herbeiholen – rannte er mit dem Kopfe gegen die Wand, dass die Schädeldecke brach. So nahe ist die Freiheit, und doch gibt es noch Sklaven? Würdest du deinem Sohn nicht lieber einen solchen Tod als ein träges Greisenalter wünschen? Was hast du also für einen Grund, außer Fassung zu geraten, wenn selbst Knaben freiwillig zu sterben den Mut haben? Nimm an, du weigertest dich zu folgen: Man wird dich mit Gewalt zur Stelle schaffen. Mache deinem eigenen Willen untertänig, was jetzt einem fremden folgen muss. Fühlst du dich nicht getrieben, des Knaben Sinnesart dir anzueignen und zu sagen: »Ich bin kein Sklave?« Unseliger du! Du bist ein Sklave der Menschen, der Dinge, des Lebens. Denn wenn der Mannesmut zum Sterben fehlt, so ist das Leben nichts als Knechtschaft. Hast du irgendetwas, was dich veranlassen könnte zu zögern? Selbst was die Genusssucht anlangt, so gibt es nichts für dich, was dich noch zurückhalten und fesseln könnte; du hast alles mehr als zur Genüge genossen: Kein Genuss, der dir neu wäre, keiner, der dir nicht zuwider wäre durch das Übermaß der Sättigung. Des Weines, des Metes Wohlgeschmack – er ist dir wohlbekannt. Es macht keinen Unterschied, ob hundert oder tausend Amphoren durch deine Blase gehen: Du bist ein Filtriersack. Den Geschmack von Austern, von Meerbarben, du kennst ihn vortrefflich; nichts hat deine Schwelgerei dir für künftige Jahre als noch nicht durchprobiert übrig gelassen. Und doch ist es eben dies, wovon du dich so ungern trennst. Was wäre es etwa sonst noch, wovon du dich nur mit Schmerzen trennen könntest? Etwa Freunde? Ja, du wärest mir der Mann, dich auf Freundschaft zu verstehen! Oder das Vaterland? Steht es dir hoch genug, um seinetwegen zu spät bei der Tafel zu erscheinen? Oder die Sonne? Wenn du es könntest, du würdest sie auslöschen. Denn was hast du je getan, das wert wäre, von ihr beschienen zu werden? Gestehe es nur: Nicht die Kurie ist es, nicht das Forum, auch nicht das traute Verhältnis zur reinen Natur, was dich so träge zum Sterben macht: Nein, du kannst dich nicht vom Fleischmarkt trennen, auf dem du doch nichts zurückgelassen hast: Du fürchtest den Tod. Aber wie willst du ihn auch mitten im Pilzgenuss verachten? Du willst leben. Verstehst du dich auch darauf? Du fürchtest den Tod. Wie? Und dies dein Leben, was ist es anderes als der Tod?

Als C. Caesar (Caligula) einmal die latinische Straße entlang ging, bat ihn einer aus einer Schar von Gefangenen, dem sein grauer Bart bis auf die Brust herabhing, um den Tod. Seine Antwort lautete: »Lebst du denn jetzt noch?« Das wäre die rechte Antwort für die, denen der Tod ein Heilmittel wäre: Du fürchtest den Tod; lebst du denn jetzt? »Aber ich«, sagt ein anderer, »will leben, da ich mir einer reichen, ehrenhaften Tätigkeit bewusst bin. Ungern trenne ich mich von den Pflichten des Lebens, die ich treu und rührig erfülle.« Wie? Du weißt nicht, dass eine von den Pflichten des Lebens auch die ist, zu sterben? Du lässt keine Pflicht unerfüllt zurück. Denn es gibt keine fest umgrenzte Zahl von Pflichten, die du erfüllen müsstest. Welches Leben wäre nicht kurz? Ein Blick auf die Natur genügt, um auch das Leben des Nestor und der Sattia kurz zu finden, die auf ihr Grabmal die Inschrift setzen ließ, sie habe neunundneunzig Jahre gelebt. Du siehst, man kann sich auch eines hohen Alters rühmen. Wer hätte es mit ihr aushalten können, wenn sie das hundertste Jahr erreicht hätte? Es steht mit dem Leben ähnlich wie mit einem Theaterstück: Nicht auf die Länge kommt es an, sondern auf die Güte des Spiels. Es liegt nichts daran, wo du aufhörst. Höre auf, wo du willst. Nur an einem guten Schluss lass es nicht fehlen.

Achtundsiebzigster Brief

Das Verhalten des Weisen gegenüber den Krankheiten

Dass du von häufigem Schnupfen und Fieberanfällen, wie sie als Folge eines langen und zur Gewohnheit gewordenen Katarrhs auftreten, heimgesucht wirst, ist mir umso schmerzlicher, weil ich selbst aus eigener Erfahrung diese Art von Unwohlsein kenne. Ich war anfangs gleichgültig dagegen. Ich war noch jung genug, diese Unbill zu ertragen und den Krankheiten zu trotzen. Weiterhin aber unterlag ich, und es kam so weit mit mir, dass ich, völlig abgezehrt, beinahe selbst in Tropfen zerrann. Wiederholt nahm ich den Anlauf dazu, mir das Leben zu nehmen; was mich zurückhielt, war nur die Rücksicht auf meinen hochbetagten, mich zärtlich liebenden Vater. Um meinen Mut zum Sterben war mir nicht bange, wohl aber darum, ob *er* den Mut finden würde, der Sehnsucht nach mir Herr zu werden. Daher machte ich es mir zum Gebot, am Leben zu bleiben. Denn mitunter ist es auch eine tapfere Tat, am Leben zu bleiben.

Ich will dir sagen, was mir damals Trost gewährte, doch möchte ich erst die Bemerkung vorausschicken, dass eben das, was mir zur inneren Ruhe verhalf, auch wie eine Arzenei auf meine (äußere) Krankheit wirkte. Sittlich fördernder Trost wird auch zur Arzenei, und was das Gemüt aufrichtet, das kommt auch dem Körper zugute. Unsere wissenschaftlichen Beschäftigungen waren es, die mir zum Heile gereichten. Der Philosophie danke ich es, dass ich mich aufrichtete, dass ich genas; ihr danke ich mein Leben, und das ist noch das Allergeringste, was ich ihr danke. Viel haben zur Besserung meiner Gesundheit auch meine Freunde beigetragen, deren Zuspruch, hingebende Wachsamkeit und Unterhaltung mir Erleichterung schafften. Nichts, mein trefflicher Lucilius, ist so belebend und heilsam für den Kranken als die herzliche Zuneigung seiner Freunde; nichts lässt in gleichem Maße die angstvolle Erwartung des Todes verschwinden. Ich glaubte nicht zu sterben, wenn *ihr* Leben das meine überdauerte. Ja, gewiss, ich glaubte, ich würde weiter leben, nicht *mit* ihnen, aber *durch* sie. Es war mir, als gäbe ich meinen Geist nicht auf, sondern übertrüge ihn auf sie. Dies weckte immer den Willen, mir zu helfen und jede Qual zu ertragen. Wäre es ja doch auch das Jammervollste, wenn man den Entschluss zum Tode aufgegeben hat, nicht den zum Leben zu haben.

Mit diesen Mitteln behilf auch du dir. Dein Arzt wird dir sagen, wie lange du dich an der Luft bewegen, in welchem Maße du Körperübungen vornehmen sollst. Er wird dich vor Müßiggang warnen, dem der schwächliche Körperzustand zuneigt, wird dir raten, volltöniger zu lesen und dem Atem, der nicht weiß, wo er ein und wo er aus soll, durch Übung aufzuhelfen, eine Seefahrt zu machen und dem Unterleib eine sanfte Durchschüttelung zuteilwerden zu lassen; er wird dir deinen Speisezettel ordnen und dir die Zeiten angeben, wann du zu deiner Kräftigung dem Weingenuss huldigen, wann ihn unterlassen sollst, um deinen Husten nicht zu reizen und zu verschärfen. Ich aber lege dir ein Heilmittel ans Herz, das nicht nur für diese Krankheit gilt, sondern für das ganze Leben: Verachte den Tod. Haben wir uns der Furcht vor ihm entschlagen, so gibt es nichts Trauriges mehr.

Drei Dinge sind es, die jede Krankheit zu einer schweren Prüfung machen: Die Furcht vor dem Tode, der körperliche Schmerz und der Verzicht auf Befriedigung der Sinnenlust. Vom Tode ist schon genugsam geredet worden; nur das Eine sei noch bemerkt: Nicht die Krankheit ist hier der eigentliche Gegenstand der Furcht, sondern die Natur. Für so manche hat eine Krankheit die Bedeutung einer Hinausschiebung des Todes gewonnen, und das scheinbar nahe Ende verhalf ihnen zur Rettung. Du wirst sterben, nicht weil du krank bist, sondern weil du lebst. Der Tod harrt deiner, auch wenn du geheilt bist: Mit deiner Gesundung entgehst du nicht dem Tode, sondern der Krankheit.

Lass uns also zurückkommen auf jenen eigentlichen Übelstand der Krankheit: Sie bringt große Schmerzen mit sich. Allein es treten auch Pausen ein, die sie erträglich machen. Denn die höchste Spannung des Schmerzes bezeichnet zugleich sein Ende. Heftigen Schmerz kann niemand lange aushalten. In ihrer Liebe zu uns hat die Natur es so veranstaltet, dass sie den Schmerz entweder erträglich oder kurz machte. Die stärksten Schmerzen heften sich an die feinsten Teile des Körpers. Nerven, Gelenke und andere unscheinbare Körperteile sind der Sitz der stärksten Krankheitswut. Da drängt sich die ganze Wucht der Krankheit auf den kleinsten Raum zusammen. Aber es dauert nicht lange, so stumpfen sich diese Teile ab und verlieren durch den Schmerz selbst die Empfindung des Schmerzes, sei es, dass der Lebenshauch, in seiner natürlichen Bewegung gehemmt und entartet, seine belebende und uns an sein Dasein erinnernde Kraft verliert, sei es, dass die verdorbenen Säfte, wenn sie für ihren Zufluss keinen Platz mehr haben, sich selbst entkräften und die überfüllten Teile gefühllos machen. So kommt das Podagra und Chiragra sowie jeder Gelenkschmerz zur Ruhe, wenn er die von der Qual heimgesuchten Glieder abgestumpft hat. In allen diesen Fällen bereitet der erste zuckende Schmerz große Pein, aber sein Ungestüm nimmt mit der Zeit ab, und das Ende des Schmerzes ist ein Zustand der Besinnungslosigkeit. Zahn-, Augen- und Ohrenschmerz ist deshalb so heftig, weil er sich auf einen kleinen Raum zusammendrängt, aber nicht minder heftig, glaube mir, ist auch der allgemeine Kopfschmerz; aber er verwandelt sich bei weiterer Zunahme in Bewusstlosigkeit und Betäubung. Ein maßloser Schmerz hat also auch das Tröstliche, dass man notwendig aufhört ihn zu empfinden, wenn die Empfindung allzu heftig wird. Was aber den Ungebildeten körperliche Heimsuchung so unerträglich macht, ist dies: Sie haben sich nicht gewöhnt, an ihrem Geist ihre Befriedigung zu finden; umso mehr haben sie sich mit ihrem Körper zu schaffen gemacht. Daher zieht ein hochgesinnter und einsichtsvoller Mann seinen Geist vom Körper ab und verkehrt lieber so viel als möglich mit dem besseren und göttlichen Teil, mit diesen klagebedürftigen und gebrechlichen dagegen nur so viel wie unbedingt nötig ist.

»Allein, es ist doch«, sagt man, »keine geringe Zumutung, dass man auf die gewohnten Genüsse verzichten, dass man sich der Speise enthalten, dass man dursten, dass man hungern soll.« Diese Entbehrungen sind nur im Anfang schwer. Allmählich ermattet die Begierde, indem die Werkzeuge des Genusses schlaff und stumpf werden. So wird denn der Magen störrisch, und die Folge ist, dass uns die Speise zuwider wird, nach der uns gelüstete. Das Verlangen selbst erlischt. Es kann einem nicht schwerfallen zu entbehren, was man nicht mehr wünscht. Dazu kommt, dass es keinen Schmerz gibt, der nicht Pausen machte oder wenigstens nachließe. Dazu kommt ferner, dass man durch Arzeneien ihm vorbeugen und gegen seinen Eintritt sich wehren kann, denn jede schmerzhafte Krankheit hat ihre Vorboten, zumal wenn es eine regelmäßig wiederkehrende ist. Das Überstehen einer Krankheit wird dadurch erleichtert, dass man das Äußerste, womit sie droht, verachtet.

Mache dir deine Leiden nicht selbst noch schwerer, und vermehre deine Last nicht durch Klagen. Der Schmerz ist leicht, wenn die Einbildung nicht geschäftig ist ihn zu vergrößern, wenn du im Gegenteil dich aufraffst zu der Ermahnung an dich selbst: »Es hat nichts damit auf sich, oder wenigstens nicht viel. Harren wir aus! Nur noch ein Weilchen, und er hört auf!« So lange du ihn für leicht hältst, wirst du ihn auch dazu machen. Alles hängt von der

Einbildung ab; nicht bloß Ehrgeiz, Üppigkeit, Habgier sind es, die durch sie bestimmt werden, auch unser Schmerz heftet sich an die Einbildung. Jeder ist so weit unglücklich, als er es zu sein glaubt. Man muss sich losmachen von Klagen über Vergangenes und von Äußerungen wie die folgenden: »Noch niemandem ist es so schlecht ergangen wie mir. Was für Marter, was für Unheil habe ich auszustehen gehabt! Niemand glaubte an mein Aufkommen; wie oft ward ich von den Meinen beweint, wie oft von den Ärzten aufgegeben! Wer auf der Folterbank liegt, wird nicht so zerzerrt wie ich.« Lass das auch wahr sein, jetzt ist es doch vorüber. Was nützt es, vergangenes Leid wieder aufzurühren und unglücklich zu sein, weil man es war? Und man suche den, der seine Leiden nicht noch viel größer macht und sich selbst etwas vorlügt. Ferner kann man doch froh sein, ertragen zu haben, was zu ertragen schwer war. Es entspricht doch der natürlichen Sinnesweise, sich über das Ende des Leides zu freuen. Es gilt also, sich von zwei Schwächen zu befreien: Von der Furcht vor der Zukunft und von der Erinnerung an vergangenes Leid; das Letztere berührt mich nicht mehr, das Erstere noch nicht. Ist man noch inmitten der Bedrängnisse selbst, da mag man mit dem Dichter sagen:

Einstens werd' ich mit Lust auch dieses Leides gedenken.

Man kämpfe mit ganzer Seele dagegen; gibt man nach, so wird man überwunden; aber wer alle seine Kraft gegen den Schmerz einsetzt, der wird Überwinder sein. Tatsächlich aber halten es die meisten so, dass sie das Verderben auf sich lenken, dem sie sich entgegenstemmen sollten. Versuchst du dich dem zu entziehen, was dich bedroht, was dich drückt und drängt, dann wird es sich an dich heften und dich umso schwerer belasten: Setzt du dich aber dagegen zur Wehr und entschließest dich zum äußersten Widerstand, dann wird es dir das Feld räumen. Denke an die Athleten. Wie viele Faustschläge erhalten sie in ihr Gesicht, wie viele auf den ganzen Körper! Aber sie lassen sich alle Plackerei gefallen aus Ruhmbegier, und sie nehmen den Schmerz auf sich, nicht *weil* sie kämpfen, sondern *um* zu kämpfen. Schon die Vorübung ist eine Quälerei. So lass denn auch uns aller Schwierigkeiten Herr werden. Ist doch unser Preis nicht ein Kranz oder ein Palmenzweig oder ein Trompeter, der durch sein Signal Ruhe schafft zur Verkündigung unseres Namens, sondern die Tugend, die Seelenstärke und jener Friede, der für immer gewonnen ist, wenn auch nur einmal im Kampfe mit dem Schicksal der Sieg von uns errungen worden ist.

»Aber der Schmerz lastet schwer auf mir.« Wie? Wird er etwa weniger fühlbar, wenn du dich wie ein Weib dabei anstellst? Wie die Feindesmacht gegen Fliehende verderblicher wirkt, so ist jedes zufällige Ungemach bedrängnisvoller für den, der weicht und den Rücken kehrt.

»Aber es ist eine schwere Last!« Wie? Sind wir dazu tapfer, um Leichtes zu tragen? Soll die Krankheit lang sein oder heftig und kurz? Ist sie lang, so hat sie ihre Pause, gibt der Erholung Raum, gewährt reichliche Zeit; wie sie ihren Aufstieg hat so muss sie auch wieder aufhören. Eine kurze, jähe Krankheit wird eine von beiden Wirkungen haben: Sie wird entweder zunichtegemacht werden oder wird zunichtemachen. Was aber macht es aus, ob sie nicht ist, oder ob ich nicht bin? Beides bedeutet das Ende des Schmerzes.

Es wird auch von Nutzen sein, seinen Geist auf andere Gedanken zu richten und sich dadurch vom Schmerze loszureißen. Denke an alles Gute, an alles Tapfere, was du im Leben getan; beschäftige dich mit deinem besseren Ich. Frische die Erinnerung auf an das, was du ganz besonders bewundert hast. Da mögen dir denn die tapfersten Helden und Überwinder des Schmerzes vor die Seele treten: Jener, der, während er sich die Krampfadern ausschneiden ließ, in seinem Buche weiter las, und jener, der nicht aufhörte zu lachen, als seine eben dadurch zum Zorn gereizten Peiniger alle Werkzeuge der Grausamkeit an ihm versuchten. Ein Schmerz aber, der durch Lachen überwunden ward, sollte er nicht durch die Vernunft überwunden werden? Zähle alle möglichen Leiden auf, fließenden Schnupfen, andauernden Husten mit bösartigem Auswurf, Fieber, das dich bis ins Innerste aussengt, Durst und Gliederschmerzen durch Verrenkungen in den Gelenken – das alles will doch wenig besagen, verglichen mit dem Feuerbrand, der Folterbank, dem glühenden Blech und dem Eisen, das, hineingestoßen in die aufgedunsene Wunde, diese aufreißt und weiter vertieft! Und doch fand sich einer, der bei all dem keinen Seufzer ausstieß; mehr noch: Der sich zu keiner Bitte verstand; mehr noch: auch zu keiner Antwort; mehr noch: Der lachte, und zwar ganz aufrichtig. Danach müsstest du deines Schmerzes lachen.

»Aber die Krankheit«, wird erwidert, »lässt mich nichts tun, sie hält mich ab von allem, was mir zu tun obliegt.« Dein Körper ist es, nicht dein Geist, den deine Krankheit in Beschlag nimmt. Sie hemmt also den Fuß des Läufers, die Hand des Schusters oder Zimmermannes. Ist aber deine gewöhnliche Beschäftigung eine geistige, so kannst du auch jetzt Rat geben, lehren, hören, lernen, forschen, dich erinnern. Und weiter! Glaubst du nichts zu tun, wenn du als Kranker dich selbst beherrschst? Du zeigst dadurch, dass die Krankheit zu überwinden, wenigstens auszuhalten sei. Glaube mir: Die Tugend hat auch auf dem Krankenbett ihren Platz. Nicht nur das Waffengeklirr und das Schlachtgetümmel gibt Beweise frischen und durch keine Schrecknisse gebeugten Mutes: Auch im Krankengewand zeigt sich der Held. Du hast genug zu tun: Kämpfe rühmlich mit deiner Krankheit. Wenn nichts dich bezwingt, nichts dich zum Nachgeben bringt, dann gibst du ein herrliches Beispiel. Was für ein reiches Feld des Ruhmes wäre es doch, wenn wir in unserer Krankheit Zuschauer hätten! So sei denn dein eigener Zuschauer, lobe dich selbst!

Zudem gibt es zwei Arten von Genüssen: Die körperlichen werden durch Krankheit gehemmt, aber nicht unmöglich gemacht. Ja, geht man der Sache auf den Grund, so kann sogar eine Steigerung eintreten. Den Dürstenden erquickt der Trank mehr; dem Hungrigen ist die Speise willkommener; mit größerer Begier wird genossen, was uns nach längerer Enthaltsamkeit gereicht wird. Jene geistigen Genüsse aber, die größer und sicherer sind, verweigert dem Kranken kein Arzt. Wer sich an diese hält und für sie das rechte Verständnis hat, der verachtet allen schmeichlerischen Zauber der Sinnlichkeit,

»Ach, der unglückliche Kranke!« Wieso? Etwa, weil er den Schnee nicht mit Wein schmilzt? Weil er, die Frische seines Getränkes, das er im geräumigen Gefäße gemischt hat, nicht durch Einbröckeln von Eisstücken wieder auf die Höhe bringt? Weil er nicht als Schmauser an der Tafel Lucriner Austern öffnet? Weil seine Mahlzeit nicht belebt ist durch das Getümmel der Köche, die die Speisen unmittelbar auf kleinen Kochherden herumreichen? Denn dahin hat es die Erfindungskraft der Schwelgerei schon gebracht: Um kein Gericht lau werden zu lassen und es dem schon abgestumpften Gaumen nicht in schon zu sehr abgekühltem Zustand zu reichen, wird die Küche mit auf die Tafel gebracht. Armer Kranker! Du darfst nur so viel essen, als du verdauen kannst. Dein Blick fällt nicht auf einen Eber, der als wohlfeiles Fleisch vom Tische wieder entfernt wird, und man wird dir keine Vogelbrüste – denn ganze Vögel zu sehen verstößt schon gegen den verwöhnten Geschmack – auf dem Präsentierteller aufgeschichtet darreichen: Was widerfährt dir denn damit für ein Leid? Du wirst wie ein Kranker essen, ja vielleicht einmal wieder als Gesunder.

Doch all dies werden wir leicht ertragen, die Brühen, das lauwarme Wasser und alles was sonst noch unerträglich ist in den Augen der verwöhnten, in Üppigkeit schwelgenden und mehr am Geist als am Körper kranken Herren; nur müssen wir aufhören vor dem Tode zu schaudern. Das werden wir aber, wenn wir uns klar geworden sind über das höchste Gut und das höchste Übel. Nur dann werden wir weder dem Überdruss am Leben noch der Furcht vor dem Tode preisgegeben sein. Denn wer sich sein Lebelang in die Betrachtung der Welt versenkt mit der ganzen Mannigfaltigkeit ihrer Gegenstände in ihrer Größe und Göttlichkeit, der ist gesichert vor Lebensüberdruss; wohl aber kann fader Müßiggang einem das Leben verhasst machen. Wer voll Wissensdrang die Natur durchwandert, der wird der Wahrheit nie überdrüssig werden: Das Falsche bekommen wir bald satt. Wenn der Tod kommt und seinen Ruf ertönen lässt, so mag er noch so früh kommen, mag den Lebensfaden schon in der Mitte durchschneiden, des Lebens Frucht ist gewonnen, als wäre es das längste gewesen. Die Natur hat er zum großen Teil durchforscht, und was die Tugend anlangt, so weiß er, dass sie keines weiteren Wachstums fähig ist; dagegen ist es unausbleiblich, dass denen das ganze Leben kurz erscheint, denen als Maßstab dafür der leere und darum endlose Genuss dient.

Durch solche Betrachtungen erhalte dich frisch und halte dir auch einige Zeit frei zu gelegentlicher Beschäftigung mit meinen Briefen. Es wird vielleicht einmal die Zeit kommen, die uns wieder zusammenführt und in unmittelbaren Verkehr bringt; mag diese Zeitspanne auch noch so kurz sein, wer sie richtig zu benutzen weiß, für den wird sie lang genug. Denn, wie Posidonius sagt, »ein einziger Tag bietet für hochgebildete Menschen mehr Raum als für Ungebildete das längste Leben.« Inzwischen halte fest an dem Grundsatz und lass um keinen Preis ab davon: Dem Unglück nicht zu unterliegen, dem Glück nicht zu trauen und des Schicksals launenhafte Willkür immer im Auge zu behalten in *dem* Sinn, als werde es, was es ausführen *kann*, auch zur Ausführung bringen. Worauf man lange gefasst ist, das verliert an Schärfe, wenn es eintritt.

Einundachtzigster Brief

Über die Dankbarkeit

Du beklagst dich, du seiest an einen Undankbaren geraten: Ist dies das erste Mal, dann sei deinem Glück oder deiner Behutsamkeit dankbar. Doch ist die Behutsamkeit hier wenig angebracht, denn sie kann dich nur knauserig machen. Denn willst du dieser Gefahr aus dem Wege gehen, so wird es mit den Wohltaten deinerseits überhaupt vorbei sein: Sie werden deinerseits völlig verschwinden, um sie nicht bei anderen verschwinden zu sehen. Besser, dass sie ihren Zweck verfehlen, als dass sie überhaupt nicht erwiesen werden. Auch nach einer schlechten Ernte muss man wieder säen. Oft hat die Fruchtbarkeit eines einzigen Jahres uns entschädigt für die anhaltende Unergiebigkeit eines ungünstigen Bodens. Um nur einen einzigen Dankbaren zu finden, lohnt es sich, sich versuchsweise auch mit Undankbaren einzulassen. Niemand hat in Sachen der Wohltätigkeit eine so sichere Hand, dass er mit seinen Gaben nicht häufig auch an einen Falschen gerate. Mögen diese Gaben ihr Ziel auch noch so oft verfehlen, ab und zu muss doch eine an den Rechten kommen. Auch nach erlittenem Schiffbruch wagt man sich aufs Meer; den Geldverleiher verscheucht ein gewissenloser Verschwender nicht von seinem Standplatze auf dem Markt. Gar bald würde das Leben in ödem Müßiggang erstarren, wenn man die Hand alsbald zurückzieht von allem, was einem missfällt. Dich aber soll eben dies Erlebnis nur umso freigebiger machen. Denn wo der Erfolg unsicher ist, da darf man häufige Versuche nicht scheuen, um die Sache vorwärts zu bringen.

Doch hierüber habe ich mich in meinen Büchern über die Wohltaten zur Genüge ausgesprochen. Eingehendere Erörterung aber fordert, wie mir scheint, ein Punkt, den ich, wie ich glaube, dort nicht genügend erörtert habe, nämlich ob der, der uns genützt, späterhin aber geschadet hat, die Rechnung ausgeglichen und uns unserer Schuld ledig gemacht hat. Füge lieber noch hinzu: Er hat uns in weit stärkerem Maße geschädigt, als er uns vorher genützt hatte. Fragst du nach dem gestrengen Urteil eines starren Richters, so wird er das Eine vom Anderen abtrennen und sagen: »Die Unbill überwiegt zwar; gleichwohl muss der Wohltat zugutegerechnet werden, was aufseiten der Unbill sich als Überschuss darstellt.« Er hat mehr geschadet; aber er hat *früher* genützt. Es muss also auch auf die Zeit Rücksicht genommen werden. Dass man auch zu fragen habe, wie gern uns einer genützt, wie ungern er uns geschadet habe, liegt zu sehr auf der Hand, als dass man daran erinnert werden müsste; denn Wohltat wie Unbill bestimmt sich gleichermaßen nach der Gesinnung. »Ich wollte eine Wohltat nicht gewähren, aber das Schamgefühl oder die Hartnäckigkeit des Bittstellers oder die Rechnung auf die Zukunft hat mich zum Nachgeben gebracht.« Die Gesinnung also, in welcher eine Gabe gereicht wird, ist bestimmend für das gegenseitige Schuldverhältnis, und sie – die Gabe – wird nicht abgeschätzt nach der Größe, sondern nach dem Willen, aus dem sie hervorgegangen. Jetzt wollen wir alles Unsichere beiseitelassen: Das Eine war eine wirkliche Wohltat, das Andere, das das Maß der früheren Wohltat überstieg, ist eine wirkliche Unbill. Der redlich Denkende wird nun die Posten so gegeneinander rechnen, dass er seinen Vorteil dabei zurückstellt: Er rechnet der Wohltat hinzu, was er von der Unbill abzieht. Aber es gibt noch einen nachsichtigeren Richter – und der möchte ich selber lieber sein –, der sich dahin entscheidet, man müsse die Unbill ganz vergessen und nur seiner Verpflichtung eingedenk sein. Dagegen erhebt sich folgender Einwand: »Der Gerechtigkeit kommt es zu, jedem das Seine zuteilwerden zu lassen, der Wohltat Dank, der Unbill gleiche Unbill oder wenigstens übelen Dank.« Dies ist wahr für den Fall, dass es zwei Verschiedene sind, auf die sich Wohltat und Unbill verteilen. Denn ist es derselbe, so wird durch die Wohltat die Kraft der Unbill aufgehoben. Denn wem man schon verzeihen müsste, auch wenn keine Verdienste vorausgingen, dem ist man, wenn er uns vor der Beleidigung Gutes erwies, mehr als einfache

Verzeihung schuldig. Nicht, als ob ich etwa beides einander gleichsetzte. Wohltat gilt mir mehr als Beleidigung. Nicht alle verstehen dankbar zu sein; es kann auch der Unweise, der Ungebildete, der Mann von der Straße sich für eine Wohltat verpflichtet fühlen, zumal kurz nach dem Empfang: Er weiß aber nicht, wie viel er schuldet. Der Weise allein besitzt die volle Kunde davon, wie hoch der Wert jeglichen Dinges anzuschlagen ist. Denn der Unweise, von dem ich eben sprach, mag er auch guten Willen haben, erstattet doch entweder weniger als er sollte, oder zur unrechten Zeit oder am unrechten Ort. Was er einem manierlich wiedererstatten sollte, das wirft er ihm sozusagen vor die Füße.

Für gewisse Dinge zeigt der Wortschatz eine wunderbare Treffsicherheit. Für so manches hat der alte Sprachgebrauch den sprechendsten und bezeichnendsten Ausdruck. So pflegen wir zu sagen: *ille illi gratiam retulit* (es hat einer dem anderen Dank *erstattet*). Wir sagen nicht: *reddidit gratiam* (er hat den Dank *zurückgegeben*); denn das Zurückgeben gilt auch von denen, an welche die Forderung dazu gestellt wird, wie auch von solchen, die es nur widerwillig tun oder an beliebigem Ort oder durch einen anderen. Auch sagen wir nicht *»reposuit beneficium«* (er hat die Wohltat wieder hingelegt) oder *»solvit«* (er hat bezahlt): Keines dieser Worte, wie sie bei Geldschulden üblich sind, ward hier für zulässig erachtet. Erstatten *(referre)* heißt so viel als eine Sache an den, von dem man sie erhalten hat, bringen. Das Wort bedeutet ein freiwilliges Zurückbringen. Wer abgestattet hat, hat sich selbst dazu aufgefordert. Der Weise wird sich über alles genau Rechenschaft geben: Wie viel er empfangen hat, von wem, wann, wo, wie. Daher behaupten wir, niemand sonst weiß Dank zu erstatten als der Weise, er, der mehr Freude hat über eine von ihm erwiesene als von ihm empfangene Wohltat.

Dies Wort rechnet wohl mancher zu unseren Sondermeinungen – bei den Griechen Paradoxa genannt –, als welche sie allen erscheinen, und fragt: »Niemand also als der Weise versteht sich auf das Dankerstatten? Also weiß auch keiner seinem Gläubiger seine Schuld abzutragen, noch auch, wenn er irgendetwas kauft, dem Verkäufer den Kaufpreis zu zahlen?« Das könnte uns leicht übel ausgelegt werden. Daher merke man sich: Epikur stellt die nämliche Behauptung auf. Metrodor wenigstens sagt: Nur der Weise versteht Dank zu erstatten. Gleichwohl wundert sich eben dieser Metrodor, wenn wir sagen: »Nur der Weise weiß zu lieben, nur der Weise ist ein Freund.« Nun ist aber die Dankerstattung ein Teil der Liebe und Freundschaft, ja sie ist noch weiter verbreitet und erstreckt sich über mehr, als die wahre Freundschaft. Ferner wundert sich derselbe auch darüber, dass wir sagen, Treue finde sich nur bei dem Weisen. Als ob er nicht selbst das Nämliche sage. Oder willst du dem Treue zusprechen, der es nicht versteht, Dank zu erstatten? Mögen sie also aufhören, uns in übelen Ruf zu bringen, als würfen wir mit Ungereimtheiten um uns, mögen sie sich merken, dass der Weise im Besitze der Tugend selbst ist, während die große Masse nur an den Schein- und Trugbildern der Tugend hängt. Niemand weiß Dank zu erstatten außer dem Weisen. Auch der Unweise mag, je nach seinem Wissen und Können, Dank erstatten; es mag ihm mehr am Wissen als am Willen fehlen: Das Wollen lernt man nicht. Der Weise aber wird alles unter sich vergleichen, denn obschon es an sich dasselbe ist, stellt es sich doch größer oder kleiner dar je nach Zeit, Ort und Veranlassung. Hat doch oft ein Strom des Reichtums, der einem Hause zufloß, nicht so viel ausgerichtet wie tausend Denare, zu rechter Zeit gegeben. Denn es ist ein großer Unterschied, ob du ein Geschenk oder ob du Hilfe bringst, ob deine Freigebigkeit den Empfänger gerettet oder nur bereichert hat. Oft ist die Gabe nur klein, aber was daraus hervorgeht, groß. Welchen Unterschied aber soll es machen, ob einer zu einer Gabe seine ihm zur Verfügung stehenden Mittel benutzt oder ob er eine Wohltat annimmt, um geben zu können?

Doch um nicht auf eine genügend behandelte Frage zurückzukommen, so wird der Weise bei dieser Vergleichung der Wohltat und der Unbill zwar durchaus nach Billigkeit urteilen, wird aber der Wohltat mehr zugeneigt sein; es zieht ihn mehr nach dieser Seite. Sehr viel aber kommt auf die Person an bei Fragen wie den folgenden: »Du hast mir eine Wohltat erwiesen in Sachen meines Sklaven, hast mich aber beleidigt in der Person meines Vaters. Du hast mir meinen Sohn gerettet, aber mir meinen Vater geraubt.« Und so wird er – der Weise – auch auf die weiteren Punkte, auf die eine jede Vergleichung führt, sich einlassen, und wenn sich der Unterschied nur als geringfügig herausstellt, so wird er überhaupt nichts weiter aus der Sache machen. Ja selbst wenn dieser Unterschied erheblich war, wird er doch, so weit das gewissenhafte Pflichtgefühl es erlaubt, das heißt, sofern die ganze Unbill sich nur auf seine Person bezieht, Verzeihung gewähren. Alles in allem liegt die Sache so: Er wird bei dem Ausgleichsverfahren (zwischen Wohltat und Unbill) entgegenkommend sein und es gern geschehen lassen, dass er rechnungsmäßig dabei zu kurz wegkommt. Nur ungern wird er die Größe der Wohltat zurücktreten lassen hinter die Schwere der Beleidigung. Seines Herzens Zug wird immer dahin gehen, der Dankespflicht zu huldigen und den Dank zu erstatten. Denn der ist im Irrtum, der die Wohltat lieber empfängt als erwidert. Ist doch, wer Schulden bezahlt, in heiterer Stimmung als der, der sie aufnimmt: So muss denn auch der, der sich der großen Schuld einer empfangenen Wohltat entledigt, in freudigerer Stimmung sein als der, der sich soeben damit belastet. Denn auch darin täuscht sich der Undankbare sehr, dass er meint, den Genuss und Nutzen der Wohltaten umsonst zu haben, während der Schuldner dem Gläubiger außer dem Kapital auch die Zinsen erstatten muss. Auch die Wohltaten wachsen mit dem Verzug, und je länger man säumt, umso mehr muss man zahlen. Nur der Undankbare zahlt eine Wohltat ohne Zinsen zurück. Man wird also auch darauf Rücksicht nehmen müssen, wenn man Einnahme und Ausgabe vergleicht.

Man darf nichts verabsäumen, um sich möglichst dankbar zu erweisen. Denn dies kommt uns selbst zugute, ähnlich wie die Gerechtigkeit, die nicht, wie man gewöhnlich annimmt, ihre Beziehung bloß auf andere hat; sie wirkt auf uns selbst in erheblichem Maße wohltätig zurück. Wer einem anderen nützt, hat damit auch immer sich selbst genützt, nicht in dem Sinne, als wollte der, dem er geholfen, auch ihm helfen, als werde der von ihm Geschützte auch seinerseits ihn wieder schützen, überhaupt nicht in dem Sinne, dass ein gutes Beispiel in einer Art von Kreislauf zu dem Urheber zurückkehrt, ebenso wie schlimme Beispiele sich gegen die Urheber kehren und man nicht das geringste Mitleid hat mit denen, denen Unrecht widerfährt, für dessen Ausübung sie selbst die Lehrmeister gewesen sind –, nein, sondern nur, weil jede Tugend ihren Lohn in sich selbst hat. Denn man übt sich nicht im Hinblick auf etwaigen Vorteil: Recht gehandelt zu haben, ist der Lohn der rechten Tat. Ich bin dankbar, nicht damit der andere, günstig beeinflusst durch mein bisheriges Verhalten, sich mir umso gefälliger erweise, sondern in dem Bewusstsein, damit etwas unvergleichlich Erfreuliches und Schönes zu tun: Ich bin dankbar, nicht weil es nützt, sondern weil es Freude macht. Traue meiner Versicherung: Wenn ich nicht anders dankbar sein kann als so, dass ich undankbar scheine, wenn ich eine Wohltat nicht anders erwidern kann als durch ein scheinbares Unrecht, so werde ich mit größter Seelenruhe, ohne mich im Geringsten durch das böse Gerede stören zu lassen, dem für recht Erkannten zustreben. Niemand scheint mir die Tugend höher zu schätzen, niemand ihr mehr ergeben zu sein als der, der auf den Ruf eines ehrenwerten Mannes verzichtet, um sein gutes Gewissen zu wahren. In diesem Falle bist du, wie gesagt, dankbar mehr zu deiner eigenen als zu des anderen Befriedigung. Denn für jene handelt es sich um etwas ganz Gewöhnliches und Alltägliches, nämlich wieder zu erhalten, was er gegeben, für sich aber um etwas Großes und die glücklichste Seelenstimmung Verratendes: um das Bewusstsein, dankbar zu sein. Denn wenn die Schlechtigkeit unglücklich macht, die Tugend glücklich, Dankbarkeit aber eine Tugend ist, so hast du etwas Alltägliches zurückgegeben, dafür aber etwas Unschätzbares gewonnen, das Bewusstsein der Dankbarkeit, das nur einem gottverwandten und hochgesegneten Geiste zuteilwird.

Auf der entgegengesetzten Seelenstimmung aber lastet der Druck größter Unglückseligkeit. Niemand ist gegen sich selbst dankbar, der es nicht gegen einen anderen war. Meinst du aber, ich wolle sagen, wer undankbar ist, wird unglücklich sein? Nein, er ist es sofort. Lass uns daher die Undankbarkeit meiden, nicht um anderer, sondern um unser selbst willen. Was von der Schlechtigkeit auf andere übergeht, macht nur einen ganz geringen und unbedeutenden Teil derselben aus. Das Schlimmste an ihr, und sozusagen ihre feste Grundmasse, wandert nicht aus und drückt den Besitzer, wie unser Attalus zu sagen pflegte: »Die Bosheit trinkt den größten Teil ihres Giftes selbst.« Das Gift, das die Schlangen ohne jeden Schaden für sich zum Verderben anderer in sich tragen, hat keine Ähnlichkeit mit diesem: Denn dieses ist am verderblichsten für die, die es in sich haben. Der Undankbare quält und zermartert sich. Was er empfangen hat, ist ihm verhasst, denn er soll es erwidern; darum setzt er es herab, während er Beleidigungen aufbauscht und aus der Mücke einen Elefanten macht. Was aber kann man sich Unglücklicheres denken als einen Menschen, der die Wohltaten vergisst, während die Beleidigungen sich ihm tief in die Seele eingraben? In den Augen des Weisen dagegen steigt der Wert der Wohltat immer höher, er legt sie sich selbst ans Herz und hat seine Freude an dem beständigen Gedenken an sie. Des Schlechtgesinnten Freude beschränkt sich einzig auf die kurze Zeit, in der er die Wohltaten empfängt, die für den Weisen die Quelle langer und ununterbrochener Freude werden. Denn diesen erfreut es nicht, zu empfangen, sondern empfangen zu haben, was kein Ende und keine Unterbrechung hat. Etwaige Beleidigungen verachtet er, und er vergisst sie nicht aus Unachtsamkeit, sondern mit Willen. Er legt nicht alles zum Bösen aus und sucht nicht Schuldige für irgendwelchen schlimmen Zufall, legt vielmehr die Verfehlungen der Menschen lieber dem Schicksal zur Last. Worte und Mienen legt er nicht zum Schlimmen aus; was auch vorkommen mag, er mildert es durch nachsichtige Deutung. An einen ihm erwiesenen Dienst denkt er lieber als an eine Beleidigung. So weit wie nur möglich hält er sich mit seiner Erinnerung an die frühere und bessere Zeit und ändert seine Gesinnung gegen ehemalige Wohltäter nur dann, wenn die weiterhin folgenden bösartigen Feindseligkeiten weit überwiegen und der Unterschied auch dem Nachsichtigsten sichtbar ist. Und selbst dann geht er nur so weit, dass er sich nach einer schweren Beleidigung auf demselben Standpunkt hält, den er vor der großen Wohltat zu dem Beleidiger innehatte. Denn wenn die Beleidigung die Wohltat eben aufwiegt, erhält sich immer noch ein Rest von Wohlwollen in der Seele. Wie bei Stimmengleichheit der Angeklagte freigesprochen wird und in allen zweifelhaften Fällen die Menscblichkeit der milderen Auffassung zuneigt, so hört auch das Gemüt des Weisen, wenn Übeltat und Gunsterweisung einander die Wage halten, zwar auf, sich verpflichtet zu fühlen, lässt aber nicht ab von dem Wunsche, sich verpflichtet zu fühlen, und verhält sich so wie die Schuldner, die auch nach vollzogener Geschäftsabwicklung noch zahlen.

Dankbarkeit ist übrigens nur dann möglich, wenn man alles das verachtet, worüber der Pöbel außer sich gerät. Wenn du dich dankbar erweisen willst, dann musst du unter Umständen auch in die Verbannung gehen, musst Blut lassen, musst Armut auf dich nehmen, musst es dir gefallen lassen, dass du unschuldig mit Kot beworfen wirst und dich dem übelsten Gerede ausgesetzt siehst. Der Dankbare muss seine Dankbarkeit teuer bezahlen. Wir schätzen nichts höher als eine Wohltat, so lange wir darum bitten, nichts geringer, wenn wir sie empfangen haben. Was ist es nun, was uns das Empfangene so bald vergessen lässt? Die Begierde nach weiteren Wohltaten. Unsere Gedanken weilen nicht bei dem, was wir erhalten haben, sondern bei dem, was wir weiter wünschen. Was uns vom Rechten abzieht, ist Reichtum, Ehre, Macht und was sonst noch unserer Einbildung nach teuer, seinem wahren Werte nach spottbillig ist. Wir wissen die Dinge nicht zu schätzen. Nicht das darüber gangbare Gerede, sondern die Natur ist dabei zurate zu ziehen. Sie haben nichts von wahrer Größe an sich, wodurch sie unseren Sinn an sich fesseln könnten, wir bewundern sie nur aus bloßer Gewohnheit. Denn sie werden nicht gepriesen, weil sie begehrenswert sind, sondern sie werden begehrt, weil sie gepriesen werden, und nachdem einmal der Irrtum Einzelner zum allgemeinen Irrtum geführt hat, lässt nun der allgemeine Irrtum auch wieder die Einzelnen irren. Aber wie wir hierin uns gläubig dem Volke anschließen, so wollen wir ihm auch darin gläubig folgen, dass nichts lobwürdiger sei als Dankbarkeit. Alle Städte, alle Völker auch im entferntesten Barbarenland verkünden das Lob derselben. Darin stimmen Gute und Schlechte überein. Manche preisen die Lust, andere geben der Arbeitsamkeit den Vorzug, manche nennen den Schmerz das größte Übel, andere wollen von Schmerz überhaupt nicht als von einem Übel reden. Der eine wird den Reichtum mit unter die höchsten Güter zählen, der andere behauptet, er sei ein Fluch, der dem menschlichen Dasein anhafte, niemand sei reicher als der, für den das Schicksal sich kein Geschenk ausdenken kann. Und doch werden ungeachtet so großer Meinungsverschiedenheit dir alle wie aus einem Munde versichern, dass man Wohltätern dankbar sein müsse. Das ist das einmütige Urteil der sonst so uneinigen Volksmasse. Und was erleben wir? Wohltaten vergelten wir mit Beleidigung, und die erste Ursache zur Undankbarkeit ist die, dass man nicht in der Lage war, hinreichend dankbar zu sein. So weit hat sich der Mensch verstiegen, dass es höchst gefährlich ist, einem große Wohltaten zu erweisen; denn da er es für schimpflich hält, sie nicht zu erwidern, so verwünscht er dessen Dasein überhaupt, dem er sie erwidern sollte. Behalte für dich, was du empfangen hast; ich fordere es nicht zurück, ich trage kein Verlangen danach. Aber es soll doch nicht zur Bedrohung meines Lebens führen, dass ich dir genützt habe. Kein Hass ist verderblicher als der, den das Schamgefühl darüber erzeugt, dass man seiner Verbindlichkeit gegen einen Wohltäter nicht nachgekommen ist.

Zweiundachtzigster Brief
Bekämpfung der Todesfurcht

Nun bin ich außer aller Sorge um dich. »Welcher Gott aber«, fragst du, »ist dir Bürge dafür?« Nur getrost, ich habe einen, der niemanden täuscht, dein Herz nämlich, das erfüllt ist von Liebe zum Rechten und Guten. Dein bester Teil ist wohl geborgen. Gewiss: Vor Schicksalsschlägen bist du nicht sicher; aber dass du dir selbst Schaden tust, brauche ich nicht zu fürchten, und das ist doch weit wichtiger. Schreite nur weiter auf dem von dir eingeschlagenen Weg und befleißige dich eines friedvollen, nicht eines behaglichen Lebens. Lieber soll es mir schlecht gehen als dass ich behaglich lebe. »Schlecht« nehme ich hier in dem Sinne, in dem es der gemeine Mann in der Regel versteht, nämlich als hart, rau, mühselig. Wir hören oft, dass man das Leben gewisser Leute, die man beneidet, mit den Worten preist: »Er führt ein behagliches Leben«, was nichts anderes besagt als: »Er ist ein Weichling«; denn mit der Zeit schwächt sich die Seelenkraft und verflüchtigt sich zu der Nichtigkeit der Ruhe und Trägheit, in deren Banden sie liegt; denn es stände doch einem Manne ein Zustand erstarrender Härte weit besser an. Dazu kommt noch, dass diese Lüstlinge den Tod fürchten, dem sie ihr Leben doch ähnlich gestaltet haben. Es ist ein großer Unterschied zwischen Muße und Grab. »Wie?«, fragst du. »Wäre nicht selbst ein Ruhestand solcher Art immer noch besser, als sich vom Strudel der Geschäftstätigkeit umtreiben zu lassen?« Beides ist gleich verabscheuungswürdig, das Gefühl der Überlastung und die erstarrende Stumpfheit. Ich glaube, es kommt auf eins heraus, ob einer von Wohlgerüchen umduftet daliegt, oder ob er vom Henker am Halseisen fortgeschleppt wird: Beide sind dem Tode verfallen. Muße ohne Wissenschaften ist Tod, ist das Grab eines Lebenden. Was nützt es denn dann überhaupt, in der Zurückgezogenheit zu leben? Als ob nicht auch über das Meer hin uns die Ursachen unseres Kummers folgten. Wo gibt es einen Schlupfwinkel, zu dem der Todesfurcht der Eintritt verwehrt wäre? Welche Lebensruhe wäre so wohlverwahrt und auf so tiefem Grund errichtet, dass kein Schmerz ihr Schrecken zu bereiten vermöchte? Birg dich, wo du auch willst, dein Ohr wird den Misslaut menschlichen Missgeschicks vernehmen. Vieles dringt von außen auf uns ein, das uns mit Täuschungen oder Bedrängnissen heimsucht, vieles steigt aus unserem Inneren auf, das inmitten der Einsamkeit zum Ausbruch kommt.

Die Philosophie muss unsere Schutzwehr bilden, diese uneinnehmbare Mauer, die durch das Schicksal nicht überwältigt wird trotz aller kunstvollen Angriffsmittel. Jedem Ansturm gewachsen ist die Seele, die auf alles Äußere verzichtet hat und in ihrer Burg sich zur Wehr setzt. Kein Geschoss kann bis zu ihrer Höhe dringen. Das Schicksal hat keine langen Arme, wie wir glauben; es überwältigt keinen, der sich nicht an es anklammert. Darum wollen wir so viel als möglich seiner Nähe ausweichen, eine Leistung, die nur möglich ist aufgrund der Kenntnis einerseits unseres eigenen Innern anderseits der Natur. Der Mensch soll wissen, wohin er seinen Weg zu richten hat, von wannen er gekommen, was für ihn gut sei, was übel, was zu erstreben, was zu meiden, was es mit jener Vernunft auf sich habe, die den Unterschied bestimmt zwischen dem Begehrenswerten und dem Verwerflichen, die die Raserei der Begierden beschwichtigt und dem Grauen vor den Schrecknissen wehrt. Manche glauben sich dieser Fehler durch die ihnen eingeborene Kraft auch ohne Philosophie erwehrt zu haben. Aber wenn einer in seiner (eingebildeten) Sicherheit sich von unvorhergesehenen Widerwärtigkeiten überrascht sieht, dann bekennt er sich notgedrungen endlich zur Wahrheit. Die großen Worte verfangen nicht mehr, wenn der Folterknecht ihn an der Hand führt, wenn es mit dem Tode Ernst wird. Dann wären einem solchen gegenüber wohl folgende Worte am Platze: Abwesende Übel herauszufordern hatte wenig auf sich: Hier hast du sie nun, den Schmerz, den du als erträglich hinstelltest, den Tod, über den du dich so kaltblütig äußertest; jetzt fauchen die Geißeln, jetzt blitzt das Schwert.

Jetzt bedarf es des Muts, jetzt standhaften Sinnes, Äneas!

Was uns aber zu dieser Festigkeit verhilft, ist anhaltendes Nachdenken, vorausgesetzt, dass du es dabei nicht auf Fertigkeit in Wortplänkeleien abgesehen hast, sondern auf Seelenbildung, wenn du dich also wirklich bereit machst auf den Kampf mit dem Tode, zu dem dich derjenige nicht anspornen und fähig machen wird, der durch allerhand Sophistereien uns einzureden sucht, dass der Tod kein Übel sei. Denn ich fühle mich aufgelegt, mein trefflicher Lucilius, zu lächeln über die Kindereien der Griechen, deren ich mich, mir selbst zur Verwunderung, noch nicht ganz entledigt habe. Unser Zenon bedient sich folgender Schlussfolgerung: »Kein Übel ist rühmlich. Es gibt aber einen rühmlichen Tod: Also ist der Tod kein Übel.« Du hast's erreicht: Ich bin der Furcht nun ledig: Künftig werde ich meinen Nacken ohne Bedenken darbieten. Heißt das wirklich ernsthaft reden und nicht vielmehr einen Sterbenden zum Lachen bringen? Ich kann dir wahrhaftig nicht leicht sagen, was von beiden abgeschmackter ist, ob zu glauben, man könne durch solch eine Folgerung die Todesfurcht bannen, oder sich auf einen Lösungsversuch einzulassen, als ob damit der Sache gedient wäre. Hat doch Zenon selbst diesem Schlusse einen anderen, mit ihm im Widerspruch stehenden entgegengestellt, der sich darauf stützt, dass wir den Tod zu den gleichgültigen Dingen rechnen, die von den Griechen ἀδιάφορα genannt werden. »Nichts Gleichgültiges«, heißt es da, »ist rühmlich. Der Tod aber ist etwas Rühmliches, also ist der Tod nicht gleichgültig.« Du siehst, wo hier die Erschleichung liegt; nicht der Tod an sich ist rühmlich, sondern nur der tapfere Tod. Und wenn du sagst: »Nichts Gleichgültiges ist rühmlich«, so lasse ich dies nur insoweit gelten, als es sich mit der Behauptung verträgt, die *ich* vertrete, nämlich, dass es nichts Rühmliches gibt, was sich nicht auf gleichgültige Dinge *bezieht*. Als gleichgültige, das heißt als solche, die weder gut noch übel sind, bezeichne ich z. B. Krankheit, Schmerz, Armut, Verbannung. Tod. Nichts von alledem ist an sich rühmlich, aber auch nichts rühmlich ohne diese. Denn man lobt nicht die Armut, sondern nur den, der sich von der Armut nicht erniedrigen und beugen lässt. Man lobt nicht die Verbannung, wohl aber einen Rutilius, dessen Miene beim Abgang in die Verbannung gefasster war, als wenn er die Verbannung verhängt hätte. Nicht den Schmerz lobt man, sondern den, dem der Schmerz nichts anhat. Niemand lobt denn auch den Tod, sondern den, dessen Tod die Seele eher entweichen als fassungslos werden lässt. All die aufgezählten Dinge sind an sich weder ehrenwert noch rühmlich; aber sobald die Tugend sich mit ihnen einlässt und sich mit ihnen befasst, macht sie sie ehrenwert und rühmlich. Es kommt darauf an, ob die Schlechtigkeit sich mit ihnen zu schaffen macht oder die Tugend. Denn der Tod, der beim Cato ruhmvoll ist, ist beim Brutus schimpflich und schamlos. Ich meine nämlich den Decimus Brutus, der, als es zu sterben galt, Aufschub suchte und, um ein Bedürfnis zu befriedigen, sich entfernte, und zum Tode aufgerufen und gezwungen seinen Nacken darzubieten, sagte: »Ich werde ihn darbieten, so wahr ich zu leben wünsche.« Welcher Widersinn zu fliehen, wenn man nicht zurück kann! »Ich werde ihn darbieten, so wahr ich zu leben wünsche.« Es fehlte wenig, so hätte er hinzugesetzt: »sogar unter Antonius«. Wahrlich, der Mensch hätte es verdient, am Leben gelassen zu werden.

Du siehst also: Der Tod an und für sich ist weder ein Übel noch ein Gut! Dem Cato hat er zur höchsten Ehre gereicht; dem Brutus zur größten Schande. Das Hinzutreten der Tugend gibt jedem Ding eine Würde, die es an sich nicht hatte. Wir nennen ein Zimmer hell; das nämliche Zimmer ist in der Nacht vollständig dunkel: Der Tag führt ihm das Licht zu, die Nacht raubt es ihm. So steht es mit allen Dingen, die wir als gleichgültige und eine mittlere Stellung einnehmende bezeichnen, als da sind Reichtum, Körperkraft, Schönheit, Ehrenstellen, Herrschermacht, anderseits Tod, Verbannung, Krankheit, Schmerzen und was uns sonst mehr oder weniger mit Furcht erfüllt: Entweder ist es die Schlechtigkeit oder die Tugend, die ihnen den Namen eines Gutes oder eines Übels verleiht. Eine Stoffmasse ist an sich weder warm noch kalt: Wirft man sie in den Ofen, so erwärmt sie sich, senkt man sie ins Wasser, so wird sie wieder kalt. Der Tod wird ehrenvoll durch das, was ehrenvoll ist, also durch die Tugend und eine auch das Schlimmste verachtende Gesinnung.

Indes es ist auch, mein Lucilius, unter dem, was wir als Mitteldinge bezeichnen, ein ganz erheblicher Unterschied. Denn mit der Gleichgültigkeit des Todes steht es nicht so wie mit den Haaren, wo nichts darauf ankommt, ob ihre Zahl eine gerade oder ungerade ist. Der Tod gehört zu jenen Dingen, die zwar kein Übel sind, aber doch wie ein Übel aussehen. Die Eigenliebe ist uns eingepflanzt sowie der Trieb nach Dauer und Selbsterhaltung, verbunden mit dem Widerwillen gegen die Auflösung; denn diese, glauben wir, beraubt uns vieler Güter und nötigt uns zum Verzicht auf diese Fülle von Annehmlichkeiten, an die wir uns gewöhnt haben. Dazu gesellt sich noch als weiterer Abschreckungsgrund der Umstand, dass wir unsere hiesige Umgebung kennen, während wir nicht wissen, was wir im Jenseits zu erwarten haben: Vor dem Unbekannten schauert es uns. Zudem haben wir eine natürliche Furcht vor der Finsternis, der uns der Tod, wie man glaubt, zuführt. Gehört also der Tod auch zu den gleichgültigen Dingen, so doch nicht zu denen, mit denen man sich leicht abfinden kann. Es bedarf reichlicher Übung, um der Seele die Festigkeit zu geben, die imstande ist den Anblick und die unmittelbare Nähe desselben zu ertragen. Wir müssen der Todesverachtung mehr Gewicht beilegen als es gewöhnlich geschieht. Unser Glaube macht sich von dem Tode so mancherlei Vorstellungen. Viele erfinderische Köpfe haben gewetteifert, ihn immer mehr in Verruf zu bringen. Man hat ihn geschildert als ein unterirdisches Verlies, als eine von ewiger Nacht umhüllte Stätte, in der

> Der gewaltige Wachter des Orkus
> Über benagtem Gebein in blutiger Höhle sich lagert,
> Durch endloses Gebell die Geister, die bleichen, erschreckend.

Aber magst du auch überzeugt sein, dass dies eine Fabelei ist, und dass es für die Toten nichts mehr gibt, was sie zu fürchten hätten, so stellt sich doch eine andere Furcht ein. Denn die Furcht, in der Unterwelt zu sein, bedeutet ihnen ebenso viel als überhaupt nirgends zu sein. Angesichts solcher widerstrebenden Vorurteile, die in einem tiefgewurzelten Aberglauben ihren Grund haben – wie sollte es da nicht rühmlich sein und zu den höchsten Leistungen der menschlichen Seele gerechnet werden, tapferen Mutes den Tod über sich ergehen zu lassen? Wird sich diese doch nie zur Tugend erheben, so lange sie den Tod für ein Unglück hält; dies wird ihr nur dann gelingen, wenn sie ihn für gleichgültig hält. Es liegt nicht im Zuge der Natur, dass einer frohen Mutes an das herantrete, was er für ein Übel hält. Langsam und zögernd wird er sich daran machen. Von Ruhm aber ist nicht die Rede bei dem, was man mit Widerstreben und Zaudern tut. Die Tugend tut nichts unter dem Drucke der Notwendigkeit. Man darf weiter sagen: Von sittlich ehrenwerter Handlung kann nur da die Rede sein, wo man mit ganzer Seele dabei ist und nicht das leiseste Widerstreben in sich verspürt. Wo man aber an die Überwindung des Schlimmen herantritt, entweder aus Furcht vor noch Schlimmerem oder in der

Hoffnung auf Güter, um deren Erwerbung willen es sich lohnt ein einziges Übel geduldig über sich ergehen zu lassen, da liegt ein Zwiespalt vor in der Art, wie der Handelnde urteilt: Einerseits fühlt er sich aufgefordert, sein Vorhaben zu erreichen, anderseits hält ihn etwas zurück und scheucht ihn ab von der Sache als von etwas Verdächtigem und Gefährlichem. So wird er also nach entgegengesetzten Richtungen gezogen. In diesem Falle aber ist es um seinen Ruhm geschehen. Denn die Tugend vollzieht einträchtigen Sinnes ihre Beschlüsse. Sie hat keine Angst vor dem, was sie tut.

> Weiche dem Unheil nimmer; nein, tapferer geh' ihm entgegen
> Wo das Geschick nur immer dir Bahn lässt.

Dein Mut zum Vorgehen wird nicht wachsen, wenn du glaubst es mit Unheil zu tun zu haben. Dergleichen Anwandlungen müssten aus der Brust entfernt werden. Sonst wird immer ein Misstrauen hängen bleiben, das lähmend auf die Angriffslust wirkt. Man wird gleichsam geschoben, statt mutig selbst vorzudringen.

Unsere Schulgenossen wollen zwar jene erste Schlussfolgerung des Zenon als wahr gelten lassen, wogegen sie jene andere, die ihr entgegengestellt wird, für trügerisch und falsch erachten. Ich richte mich in meinem Urteil nicht nach den Regeln der Dialektik und jenen Schlingen einer nichtigen Afterkunst; meines Erachtens ist diesem ganzen Unwesen der Garaus zu machen, wonach der Gefragte sich in die Enge getrieben fühlt und, zu einem bestimmten Bekenntnis genötigt, etwas anderes antwortet, als er wirklich glaubt. Die Wahrheit will auf schlichtere Weise erwiesen, die Furcht mit stärkerem Mute bekämpft sein. Eben diese Sätze, mit denen sie sich so viel zu schaffen machen, möchte ich lieber durch Zergliederung auf ihren wahren Wert zurückführen, um zu überzeugen, nicht um einen überwältigenden Eindruck zu machen. Wer ein Heer in der Schlacht zu führen sich anschickt, das für Gattinnen und Kinder in den Tod gehen soll, wie wird er sie anfeuern? Ich verweise dich auf die Fabier, die den Krieg für den gesamten Staat auf *sich*, auf ihr *eines* Haus nahmen. Ich lenke deinen Blick auf jene Spartaner, die sich inmitten der Thermopylen kampfbereit aufgestellt haben, ohne Hoffnung auf Sieg oder Rückkehr: Dieser Ort soll ihr Grab werden. Wie feuerst du sie dazu an, mit ihren Leibern dem Sturz ihres gesamten Volkes vorzubeugen und lieber ihr Leben aufzugeben als ihren Posten? Willst du ihnen zurufen: »Ein Übel ist nicht rühmlich, der Tod ist rühmlich, der Tod ist also kein Übel?« Wahrhaftig, eine wirkungsvolle Ansprache! Wer wird nach einer solchen noch zögern, sich in die feindlichen Schwerter zu stürzen und ohne Wanken zu sterben! Wie mannhaft klingt dagegen des Leonidas Anrede an seine Kampfgenossen. »Genießet jetzt«, sagte er, »euer Frühmahl, bereit, die Abendmahlzeit in der Unterwelt zu halten.« Das Essen ward ihnen nicht verleidet, der Bissen blieb ihnen nicht im Munde stecken, entfiel nicht ihren Händen: Frohen Mutes gaben sie ihre Zusage, sowohl zum Frühmahl wie zu der Hauptmahlzeit. Und wie hielt es jener römische Offizier? Vor die Aufgabe gestellt, mit seinen Leuten einen Platz zu besetzen, zu dem er sich den Zugang durch eine dichte Feindesmasse erkämpfen musste, warf er den Seinigen folgende Worte zu: »Jetzt, Kameraden, ist es unbedingte Pflicht, einen Platz zu erobern, von dem zurückzukehren ihr durch keine Pflicht gebunden seid.« Du siehst, wie schlicht und gebieterisch die Mannestugend ist. Wo fände sich der Mensch, den eure Spitzfindigkeiten beherzter machen oder aus der Verzagtheit aufrichten könnten? Sie untergraben die Frische des Geistes, der niemals weniger bewegt und in kleinliche Spitzfindigkeiten eingezwängt werden darf, als wenn es gilt etwas Großes zu vollziehen. Nicht drei Hundert, nein sämtliche Menschen sollten der Todesfurcht ledig gemacht werden. Wie willst du ihnen die Überzeugung beibringen, dass der Tod kein Übel sei? Wie willst du die Wahnvorstellungen der Jahrtausende, die uns gleich von Kindheit auf begleiten, überwinden? Wie kannst du der menschlichen Schwäche Abhilfe schaffen? Mit welcher Art Zuspruch willst du sie anfeuern, sich mitten in die Gefahren zu stürzen? Mit welcherlei Rede willst du diese einmütige Angst, mit welchem Aufgebot von Geist diese dir hartnäckig widerstrebende Überzeugung der Menschheit verschwinden machen? Kommst du mir mit verfänglichen Fragen und wirfst dich auf elende Fangschlüsse? Gewaltige Waffen sind erforderlich, um gewaltige Ungeheuer niederzuschlagen. Jenes entsetzliche Schlangenungetüm, das den Römern in Afrika furchtbarer war als der eigentliche Krieg, wurde von ihnen vergebens mit Pfeilen und Schleudern bekämpft. Selbst der pythische Gott hätte ihm keine Wunde beibringen können; denn die gewaltige und verhältnismäßig feste Körpermasse ließ jede Waffe und jedes von Menschenhand geschleuderte Geschoss abprallen; erst mit Felsblöcken konnte man ihre Kraft brechen. Und gegen den Tod schleuderst du so winziges Gestein? Mit dem Pfriemen willst du den Kampf gegen den Löwen aufnehmen? Ja, spitzig ist allerdings, was du sagst; aber nichts ist spitziger als der Stachel der Kornähre; es gibt manches, was gerade durch seine Feinheit nutzlos und wirkungslos wird.

Vierundachtzigster Brief

Wie soll man es mit der Lektüre halten, um sie fruchtbar für sich zu machen?

Meine gelegentlichen Ausflüge, die mich aus meiner Trägkeit aufrütteln, sind, wie ich finde, nicht nur meiner Gesundheit zuträglich, sondern auch meinen Studien. Inwiefern sie meiner Gesundheit dienlich sind, siehst du ohne Weiteres. Denn da eben die Liebe zu den Wissenschaften mich, was den Körper anlangt, säumig und nachlässig macht, so verschaffe ich mir die nötige Bewegung durch die Anstrengung anderer. Was aber den Nutzen dieser Ausflüge für meine Studien anlangt, so kann ich dich versichern: Meine Lektüre erleidet durch sie keine Unterbrechung. Diese Lektüre aber ist für mich, wie ich glaube, unentbehrlich, erstens um nicht mit mir allein zufrieden zu sein, sodann, um, wenn ich mich mit den Forschungen anderer bekannt gemacht habe, mir ein Urteil zu bilden über den Wert ihrer Entdeckungen und auf weitere Entdeckungen auszugehen. Die Lektüre nährt den Geist und erfrischt den durch das Studium Ermüdeten, doch nicht ohne eigenes Studium. Wir sollen weder bloß schreiben noch bloß lesen. Das Erstere, die Schriftstellerei, verzehrt unsere Kraft und erschöpft sie, das Andere zerstreut und zersetzt sie. Man muss abwechselnd den einen und den anderen Weg einschlagen und das rechte Mischungsverhältnis für beide finden, um, was man durch Lesen gesammelt hat, durch die Feder zu einem einheitlichen Ganzen zu gestalten. Wir müssen uns, wie man zu sagen pflegt, die Bienen zum Vorbild nehmen, die umherschwärmen und die zur Bereitung des Honigs dienlichen Blüten aussaugen, dann aber, was sie eingebracht, zurechtlegen und auf die Waben verteilen, wie unser Vergil sagt:

> häufen des Honigs
> Klarsten Seim und füllen mit köstlichem Nektar die Zellen.

Was die Bienen betrifft, so weiß man nicht sicher, ob der Saft, den sie aus den Blüten saugen, schon wirklicher Honig ist, oder ob sie dem, was sie gesammelt, erst durch eine besondere Mischung und die Eigenart ihres Lebenstriebes diesen besonderen Geschmack verleihen. Denn es gibt Vertreter der Ansicht, dass ihnen nicht das Vermögen Honig zu bereiten, sondern nur das, ihn zu sammeln, zukomme. Sie machen geltend, dass sich in Indien auf den Blättern gewisser Schilfarten Honig finde, der entweder das Erzeugnis des in jenem Klima heimischen Taues sei oder aus dem süßen und dicken Saft des Rohres selbst sich bilde. Auch in unserer Pflanzenwelt finde sich der nämliche Saft, nur weniger ausgeprägt und erkennbar, den das hierzu geschaffene Bienenvolk suche und sammle. Andere hinwiederum meinen, der Saft, den die Bienen aus den zartesten Teilen der Pflanzen und Blüten ziehen, erlange erst durch eine gewisse Zubereitung und Verarbeitung die Eigenschaft des Honigs, nicht ohne eine Art von Gärungsprozess, durch den das Verschiedenartige zur Einheit verschmolzen wird.

Doch ich will nicht weiter von meinem Thema abschweifen. Also auch wir müssen diese Bienen nachahmen, müssen alles, was wir durch mannigfaltige Lektüre zusammengetragen, nach bestimmten Gesichtspunkten trennen – denn gehörig gesondert bewahrt es sich besser – und müssen sodann jene mancherlei Lesefrüchte unter Aufbietung unserer vollen geistigen Kraft und Fähigkeit zu einem gleichartigen Ganzen verschmelzen, dergestalt, dass, wenn man auch erkennt, woher es entnommen ist, es sich doch, verglichen mit der Ursprungsstelle, als etwas anderes darstellt. Denselben Vorgang können wir an unserem Körper beobachten, wo ihn die Natur ohne jedes Zutun unserseits sich vollziehen lässt. Solange die Nahrungsmittel, die wir in uns aufgenommen haben, sich in ihrer Besonderheit erhalten und unverdaut den Magen füllen, belästigen sie uns; erst wenn sich die Wandlung ihres bisherigen Zustandes vollzogen hat, geben sie ihren Beitrag zu unserer Kräftigung und Blutbildung. Dieselbe Leistung wollen wir der geistigen Nahrung auferlegen: Was wir in uns aufgenommen haben, dürfen wir nicht völlig unverändert lassen; sonst ist es fremdes Gut. Wir müssen es verdauen; sonst bereichert es nur unser Gedächtnis, nicht unseren Geist. Wir müssen uns ehrlich damit einverstanden fühlen und es uns zu eigen machen, damit aus der Vielheit sich eine Einheit bilde, wie aus den vielen Einzelposten eine einzige Zahl wird, wenn man einzelne kleinere und getrennte Summen in einer Gesamtrechnung zusammenfasst. So soll auch unser Geist verfahren: Alle seine Hilfsmittel entziehe er der öffentlichen Kenntnis, nur das lasse er sehen, was er selbst hervorgebracht. Auch wenn bei dir eine gewisse Ähnlichkeit mit irgendeinem hervortritt, dessen du mit unauslöschlicher Bewunderung gedenkst, soll, wenn es meinem Wunsche nach geht, die Ähnlichkeit die eines Sohnes (mit dem Vater), nicht die eines Bildes (mit dem Original) sein; das Bild ist ein toter Gegenstand. »Wie also? Soll man es nicht merken, wessen Rede du nachahmst, wessen eigenartiges Beweisverfahren, wessen Gedanken?« Ich glaube, zuweilen *kann* man es gar nicht bemerken, wenn ein hervorragend geistvoller Mann allem, was er wer weiß welchem Vorbild entnommen, den Stempel seines eigenen Geistes aufdrückt, sodass alle Einzelheiten zur Einheit zusammenstimmen. Siehst du nicht, aus wie vielen Stimmen ein Chor besteht? Aber alle schließen sich zur Einheit zusammen. Da gibt es eine hohe Stimme, eine tiefe, eine mittlere; den männlichen Stimmen gesellen sich weibliche bei, dazwischen Flötenklang. Die Stimmen der Einzelnen entziehen sich der Wahrnehmung, der Zusammenklang aller schlägt ans Ohr. Ich rede hier von dem Chor, so wie ihn die alten Philosophen kannten. Bei unseren Veranstaltungen gibt es ja mehr Sänger als in den alten Theatern Zuschauer. Alle Gänge sind mit Reihen von Sängern gefüllt, und der Zuschauerraum ist von Hornbläsern umringt, und von der Bühne ertönen miteinander Flöten und Instrumente aller Art, und doch vereint sich alles Verschiedenartige zum Einklang. So soll es auch mit unserem Geiste bestellt sein: Er soll viele Wissensgebiete umfassen, viele Anweisungen fürs Leben, viele Beispiele aus den verschiedenen Zeiten, aber sie sollen alle zur Einheit zusammenstimmen.

»Aber wie lässt sich das erreichen?«, fragst du. Durch unablässige Anspannung des Geistes, wobei wir für unsere Handlungen ebenso wie für unsere Unterlassungen nur der Stimme der Vernunft folgen. Willst du ihr Gehör schenken, so wird sie dir sagen: Trenne dich nun endlich von jenen Dingen, denen alle Welt zuläuft. Sage dich los von dem Reichtum, der seinen Besitzern gefährlich oder zur Last wird. Sage dich los von den Lüsten des Körpers und des Geistes; sie wirken verweichlichend und entnervend. Sage dich los vom Ehrgeiz; er ist etwas Aufgebauschtes, Leeres, Windiges, geht ins

Grenzenlose; es macht ihm ebenso viel Sorge, jemanden vor sich als sich zur Seite zu sehen. Er leidet an Neid, und zwar an einem doppelten: Man beneidet ihn, und ihn beneiden die anderen; du siehst also, es muss schlimm um ihn stehen. Schau hin auf die Paläste der Großen, mit ihren Vorräumen, die widerhallen von dem lärmenden Gezänk der sich zudrängenden Gunsthascher. Was musst du dir alles gefallen lassen, um überhaupt Eintritt zu erlangen, welche noch größeren Demütigungen stehen dir drinnen bevor! Meide die Treppen der Reichen und ihre hochragenden Vorhallen: Der Boden, auf dem du dort stehst, ist nicht nur abschüssig, sondern auch schlüpfrig. Hierher vielmehr wende dich, zur Wahrheitslehre, und suche damit ein Arbeitsfeld zu gewinnen, das nicht nur die größte Ruhe gewährt, sondern auch den weitesten Umfang hat. Alles, was im gewöhnlichen Menschentreiben hervorzuragen scheint, so nichtig es auch ist und nur hervorstechend im Vergleich zu dem Allerniedrigsten, wird doch nur auf schwierigen und steilen Pfaden erreicht. Der Weg zum Gipfel äußerer Ehre ist voller Steingeröll. Aber wenn du dich entschließt der Weisheit Höhe zu erreichen, vor der selbst das Schicksal sich beugen muss, so wirst du zwar alles, was als Erhabenstes gilt, unter dir schauen, aber gleichwohl auf hemmungsloser Bahn zum Höchsten gelangen.

Sechsundachtzigster Brief

Die Villa des Scipio, ein Gegenbild zu der Üppigkeit der Gegenwart. Gärtnerische Belehrungen

Unmittelbar aus der Villa des Scipio Africanus, wo ich Rast halte, sende ich dir diese Zeilen, nachdem ich seinen Manen und einem Altar, den ich für das Grabmal des großen Mannes halte, meine

Ehrerbietung bezeigt habe; dass sein Geist in den Himmel, seine eigentliche Heimat, zurückgekehrt ist, halte ich für gewiss, nicht etwa, weil er an der Spitze großer Heere stand, denn diese Ehre teilte mit ihm der wutschnaubende und bei aller Raserei vom Glück begleitete Cambyses, sondern wegen seiner ausnehmenden Mäßigung und treuen vaterländischen Gesinnung, die meines Erachtens in noch bewundernswerterer Weise zu der Zeit hervortrat, als er seine Vaterstadt verließ, als da er sie verteidigte. Die Freiheit Roms vertrug sich nicht länger mit der Anwesenheit Scipios in der Stadt. »Ich will«, sagte er, »den Gesetzen keinen Abbruch tun, will der bestehenden Ordnung nicht zu nahe treten. Gleiches Recht gilt unter allen Bürgern. Lass dir ohne mich zugutekommen, was du mir verdankst, mein Vaterland; ich werde dafür auch beweisender Zeuge sein. Ich scheide von dir, wenn meine Größe über das dir nützliche Maß hinausgewachsen ist.« Und ich sollte nicht mit Bewunderung hinblicken auf diese Seelengröße, mit der er freiwillig in die Verbannung ging und den Staat von dem Drucke befreite? Die Sache war auf dem Punkte angelangt, wo entweder die Freiheit dem Scipio oder Scipio der Freiheit Gewalt antat. Beides war gleich vom Übel: Daher machte er den Gesetzen Platz und zog sich nach Liternum zurück, um seine eigene Verbannung dem Staate ebenso zugutekommen zu lassen wie die des Hannibal.

Ich habe mir seine aus Quadersteinen erbaute Villa angesehen, die Mauer, die zugleich auch einen kleinen Baumbestand in sich fasst, auch die Türme, die zu beiden Seiten als ein Bollwerk für die Villa errichtet sind, ferner eine Zisterne, die neben den Gebäuden zur Seite einer Wiese liegt und für den Bedarf eines ganzen Heeres ausreichen würde, sodann eine enge Badezelle, dunkel, nach altväterlicher Art. Zu einem Bade gehörte nach Ansicht unserer Altvorderen Wärme und Dunkelheit im Verein miteinander. Es machte mir also großes Vergnügen, die Lebensweise des Scipio im Vergleich mit der unseren zu betrachten. In diesem Winkel reinigte er, vor dem Karthago bebte, dem Rom es verdankt, dass es nur einmal erobert ward, seinen von der ländlichen Arbeit ermüdeten Körper. Denn er nahm es ernst mit dieser seiner Arbeit und gewann, der Sitte der Altvorderen gemäß, dem Boden eigenhändig seine Früchte ab. Unter diesem armseligen Dache stand er, auf diesem schlichten Erdreich bewegte sich sein Fuß. Aber jetzt, wo fände sich einer, der sich ein solches Bad gefallen ließe? Arm und verächtlich kommt man sich jetzt vor, wenn nicht die Wände von großen und kostbaren Metallspiegeln erglänzen und der alexandrinische Marmor nicht durch künstlichen Belag mit numidischem Gestein verziert ist, wenn um dieses Marmorgestein sich nicht noch ein Farbenkranz in mannigfachen, kunstvollen Abtönungen gemäldeartig herumschlingt, wenn die gewölbte Decke nicht ihren Glasüberzug hat, wenn nicht die Bassins, denen wir unsere durch reichliche Schwitzkur innerlich gereinigten Leiber anvertrauen, mit thasischem Gestein, ehedem ein seltener Anblick in einem oder dem anderen Tempel, ringsum eingefasst sind, wenn das Badewasser nicht aus silbernen Hähnen strömt. Und diese meine Schilderung bezieht sich bisher nur auf Badevorrichtungen für Plebejer. Wie steht's nun aber erst um die Bäder der Freigelassenen? Welche Menge von Statuen und von Säulen, die nichts zu tragen haben, sondern lediglich zum Schmucke da sind, des Aufwandes wegen! Welche Fülle von Wasser, das tosend über Stufen herabsprudelt. Unsere Üppigkeit hat uns so wählerisch gemacht, dass wir als Fußboden nur Edelgestein haben wollen.

In diesem Bade des Scipio ist die steinerne Wand durch winzige Fenster unterbrochen, mehr Ritzen als wirkliche Fenster, um dem Lichte Zutritt zu gewähren ohne Beeinträchtigung der Festigkeit des Mauerwerkes. Aber jetzt spricht man von elenden Löchern, wenn man Bäder sieht, die nicht so eingerichtet sind, dass sie das volle Tageslicht durch ihre großartigen Fenster einlassen; man will sich nicht baden, ohne zugleich von der Sonne gebräunt zu werden und aus der Wanne den Blick hinausschweifen zu lassen über das Gelände hinüber bis zum Meere. So kommt's denn, dass Bauten, die ehedem die Bewunderung der vor ihnen sich drängenden Menge bei ihrer Einweihung erregten, jetzt als veraltet völlig in den Hintergrund treten, sobald die üppige Prachtliebe etwas Neues ersonnen hat, womit sie sich selbst überbietet. Wie anders ehedem! Da gab es nur wenige Badehäuser mit allerbescheidenster Ausstattung. Was bedürfte es auch des Schmuckes für eine Sache, die wenige Pfennige kostete und dem Bedürfnis, nicht der Ergötzung zu dienen bestimmt war? Da wurde nicht immer neues Wasser zugegossen; es rieselte nicht immer neuer Zufluss wie aus einer warmen Quelle hervor; man kümmerte sich nicht darum, ob man seinen Schmutz in spiegelhelles Wasser ablegte. Aber wahrhaftig! Wie fühlt man sich erhaben, wenn man jene dunkeln und dürftig übertünchten Badezellen betritt und sich sagt: Hier hat ein Cato als Aedil oder ein Fabius Maximus oder einer der Cornelier eigenhändig die Wärme des Wassers geregelt. Denn auch dieses Dienstes schämten sich die vornehmsten Aedilen nicht: Sie besuchten pflichtmäßig die für das Volk bestimmten Badehäuser und sorgten für Reinlichkeit und zuträgliche Temperatur, nicht eine solche, wie sie neuerdings aufgekommen ist, einer Glutpfanne ähnlich, so heiß, dass ein Sklave lebendigen Leibes sich darin baden müsste, der irgendeines Verbrechens überführt ist. Mir will es vorkommen, als machte man jetzt keinen Unterschied mehr zwischen einem glühheißen und einem warmen Bade. Wie verächtlich sprechen jetzt manche von der bäuerlichen Genügsamkeit des Scipio, dass er seinen Baderaum nicht mit riesigen Fenstern ausgestattet hatte, um ihn taghell zu machen, dass er nichts wissen wollte von einem Schwitzbad in heller Beleuchtung, dass er sich nicht im Bade garkochen lassen wollte. Eine jämmerliche Existenz! Er wusste nicht zu leben. Er badete sich nicht in geläutertem Wasser, sondern häufig in trübem und, wenn es stark regnete, beinahe schmutzigem Wasser. Und es machte ihm nichts aus so zu baden, denn er kam, um dort den Schweiß, nicht um das Salböl abzuspülen. Was werden wohl manche jetzt dazu sagen? »Ich beneide den Scipio nicht: So zu baden heißt wahrhaftig in der Verbannung leben.« Und wüsstest du vollends, dass er nicht alle Tage badete. Denn unsere Altertumsforscher berichten, dass man zwar Arme und Beine täglich abwusch, da sie durch die Arbeit verunreinigt worden waren, aber ein förmliches Bad nur einmal in der Woche nahm. Darauf wird wohl mancher sich so vernehmen lassen: »Kein Zweifel, damals sind die Leute unglaublich unreinlich gewesen. Wonach mögen sie wohl gerochen haben?« Nach Heeresdienst, Arbeit. Mannhaftigkeit. Die Erfindung der hochfeinen Bäder hat die Menschen nur schmutziger gemacht. Wie drückt sich Horatius Flaccus aus über einen berüchtigten und durch sein Gehabe besonders hervorstechenden Lüstling?

An dem Pastillengeruch erkennt man Rufillus.

Ließest du jetzt den Rufillus auftreten, man würde ihn des Bocksgestankes bezichtigen und ihn mit Gargonius den Platz tauschen lassen, den Horaz dem Rufillus in jener Stelle entgegensetzt. Jetzt genügt es nicht, sich mit Salböl einzureihen: Zwei- bis dreimal des Tages muss man die Salbung erneuern, um den Geruch nicht verschwinden zu lassen. Und dieses Wohlgeruches rühmen sie sich als des ihrigen!

Wenn ich dir damit einen zu ernsten Ton anzuschlagen scheine, so rechne das der Villa zugute. In ihr hahe ich von Aegialus, dem jetzigen Besitzer des Grundstückes, einem sehr gewissenhaften Hausherrn, gelernt, dass sich eine auch schon ältere Baumpflanzung noch verpflanzen lässt. Dies zu erlernen haben wir Greise alle Veranlassung. Ich habe zugesehen, wie er eine drei- bis vierjährige Ölbaumpflanzung, die früher auch schmackhafte Früchte trug, versetzte. Auch dir wird der Baum schutzbringend sein, von dem unser Vergil sagt:

Langsam wächst er heran zum schattigen Obdach dem Enkel.

Ihm, dem Vergil, kam es weniger auf die peinliche Wahrheit als auf den anmutenden Ausdruck an; er wollte nicht den Landmann belehren, sondern dem Leser einen Genuss bereiten. Dafür sei mit Übergehung alles anderen nur die eine Stelle hier angeführt, auf die ich heute stoßen musste:

Säe die Bohne im Lenz; dich, medischer Klee,
nimmt die Furche
Dann in sich auf, und der Hirse erscheint die
rechte Bestellzeit.

Ob die Saatzeit die nämliche und ob für beide es der Frühling ist, kannst du aus Folgendem ermessen: Der Monat, in dem ich dir dies schreibe, ist der Juni, der sich schon dem Juli zuneigt, und ich habe an demselben Tage gesehen, wie man Bohnen einerntete und Hirse säete.

Doch zurück zu der Ölpflanzung, die ich auf zwiefache Weise verpflanzen sah: Bei großen Bäumen beschnitt er die Zweige bis auf eine Fußlänge und verpflanzte dann die Stämme mit dem Wurzelknoten nach Entfernung der Wurzelfasern mit bloßer Schonung des Kopfes selbst, an dem sie hingen. Diese tauchte er in Mistjauche, stellte sie dann in die Grube und schüttete Erde darauf; doch damit nicht genug, stampfte er die Erde mit den Füßen nieder und drückte sie in sich zusammen. Seiner Versicherung nach ist nichts wirksamer als diese Stampfarbeit; denn sie macht Kälte und Wind unschädlich. Zudem ist die Bewegung geringer; deshalb können die sprossenden Wurzeln sich freier entwickeln und Boden gewinnen, während sie sonst bei ihrer wachsartigen Weichheit und ihrem unsicheren Halt auch nur bei leichter Erschütterung unbedingt losgerissen würden. Den Wurzelknollen des Baumes aber schabt er ab, ehe er ihn in die Erde steckt. Denn aus jedem entblößten Holze keimen, wie er sagt, neue Wurzeln hervor. Es darf aber der Stamm nicht über drei bis vier Fuß über die Erde hervorragen.

Denn so treibt er gleich von unten auf junge Zweige und bleibt nicht dürr und kümmerlich, wie in alten Ölbaumpflanzungen. Die zweite Art der Pflanzungen war folgende: Er steckte kräftige Zweige, deren Rinde, wie dies bei jungen Bäumen in der Regel der Fall ist, noch unverhärtet war, in der nämlichen Weise in die Erde. Diese entwickeln sich etwas langsamer, aber da sie als Pflanzreis emporsprossen, so haben sie nichts Unerquickliches oder das Auge Beleidigendes an sich. Ferner sah ich, wie er einen alten Weinstock aus seinem Garten verpflanzte. Man muss sein Wurzelgefieder fest zusammennehmen, sodann den Stamm reichlicher mit Erde bedecken, damit sich auch aus diesem Wurzeln entwickeln. Ich habe auch welche gesehen, die im Februar, ja erst Ende März gepflanzt waren, und sie halten ihre nicht für sie bestimmten Ulmen fest umschlossen. Alle diese Bäume aber, die, um mich so auszudrücken, großstämmig sind, muss man, sagt er, reichlich mit Zisternenwasser versorgen; wenn sich das bewährt, so haben wir den Regen in unserer Gewalt.

Weitere Lehren will ich dir nicht geben, damit nicht, wie Aegialus mich sich zum Gegner machte, ich mir dich zum Gegner mache.

Siebenundachtzigster Brief

Verteidigung stoischer Sätze über Gut und Übel gegen landläufige Einwendungen

Ich habe Schiffbruch gelitten, noch ehe ich das Schiff bestieg. Wie dies zugegangen, lasse ich unerörtert, damit du nicht glaubst, auch dieses unter die stoischen Paradoxen rechnen zu müssen, von denen übrigens keines falsch und so absonderlich ist, wie es auf den ersten Blick scheint. Das werde ich dir beweisen, gleichviel ob du es wünschest oder nicht.

Voraus schicke ich folgende Bemerkung: Meine Reise hat mich belehrt, wie vieles uns im Leben entbehrlich ist und wie leicht es uns bei gesundem Urteil wird, auf Dinge zu verzichten, deren Verlust, wenn die Notwendigkeit sie uns raubt, wir gar nicht empfinden. Mit ganz wenigen Sklaven, so viele eben auf unserem einzigen Wagen Platz finden, ausgestattet lediglich mit dem, was wir auf dem Leibe tragen, führen ich und mein Maximus schon zwei Tage lang das glücklichste Leben. Eine Matratze liegt auf der Erde und ich auf der Matratze. Von zwei Reisemänteln dient der eine als Unterlage, der andere als Decke. Die Mahlzeit beschränkt sich auf das Notwendigste; sie zuzubereiten bedarf es nicht mehr als *einer* Stunde. Dabei geht es nie ohne getrocknete Feigen und ohne meine Schreibtäfelchen ab; jene dienen, wenn ich Brot habe, als Ersatz für das Fleisch, habe ich keins, dann als Ersatz für das Brot. Sie machen mir jeden Tag zu einem Neujahrstag, der mir zu einem gesegneten und glücklichen wird durch die heilsame Richtung meiner Gedanken und durch den Aufschwung der Seele, die auf der Höhe ihrer Leistungsfähigkeit steht, wenn sie alles Fremdartige von sich ausgeschieden und nicht nur Frieden mit sich geschlossen hat durch Beseitigung jeder Furcht, sondern sich auch reich gemacht hat durch Beseitigung jeder Begehrlichkeit. Das Fuhrwerk, das ich benutze, ist ein Bauernwagen. Die Maultiere halten einen Schritt ein, der gerade hinreicht zu zeigen, dass sie noch am Leben sind; ihr Führer ist barfuß, nicht etwa der Hitze wegen. Es kostet mich nicht geringe Überwindung, dies Fuhrwerk als das meinige gelten zu lassen. Immer noch haftet in uns die verkehrte Scheu vor dem Rechten, und wenn wir irgendwelcher stattlicheren Reisegesellschaft begegnen, erröte ich unwillkürlich, zum Beweise, dass alles, was ich gutheiße und lobe, sich noch nicht die volle und unerschütterliche Geltung in mir verschafft hat. Wer sich eines armseligen Fahrzeugs schämt, wird auf ein kostbares stolz sein. Noch bin ich in meinem Streben weit hinter dem Ziel zurückgeblieben. Ich wage es noch nicht, meine Genügsamkeit den Blicken der Menge preiszugeben; noch bekümmere ich mich zu viel um die Meinung derer, die mir begegnen.

Gegen die Meinungen der ganzen Welt hätte ich meine Stimme erheben sollen: »Ihr seid von Sinnen, ihr geht in die Irre, ihr staunt das Überflüssige an, niemanden schätzt ihr nach seinem wahren Gehalt. Wenn es sich um euer Vermögen handelt, da seid ihr die peinlichsten Rechner; aufs Genaueste achtet ihr bei jedem Einzelnen, dem ihr Geld oder Wohltaten leihen wollt (denn auch die Wohltaten gelten euch schon als wirkliche Ausgaben), auf alles, was dabei in Betracht kommt, nämlich folgendermaßen: Er hat großen Besitz, aber auch viele Schulden; er hat ein schönes Haus, aber es ist mit fremdem Gelde gewonnen; niemand wird eine stattlichere Bedientenschar vorführen können, aber er ist ein unzuverlässiger Schuldner; zahlt er die Gläubiger aus, so hat er nichts mehr übrig. Ebenso müsst ihr es auch sonst im Leben halten, müsst genau prüfen, was ein jeder Eigenes an sich hat.« Du hältst einen für reich, weil er auch auf der Reise Goldgeschirr mit sich führt, oder weil er in allen Provinzen Grundbesitz hat, oder weil er in einem gewichtigen Zinsbuch blättert, oder weil er in der Nähe der Stadt Grundbesitz in einer Ausdehnung hat, die auch in den ödesten Teilen Apuliens Neid erwecken würde – bei alledem ist er doch arm. Warum? Weil er schuldet. »Wie viel?«, fragst du. Alles. Du müsstest denn einen Unterschied machen, ob man etwas von einem Menschen oder vom Schicksal geliehen hat. Was hat es auf sich mit den feinsten Maultieren von ganz gleicher Färbung, mit jenem kunstvoll verzierten Wagen?

Flüchtige Rosse, mit Purpur gedeckt
und prangendem Stickwerk;
Glanzvoll hängen von Golde herab an den Brüsten
die Kettlein;
Goldgeschirrt käu'n alle das rötliche Gold mit den Zähnen.

Alles dies kann den Besitzer nicht besser machen und ebenso wenig sein Maultier. M. Cato Censorius, der nicht minder zum Heile des Staates geboren ward als Scipio – denn der eine führte Krieg mit unseren Feinden, der andere mit unserem Sittenzustand –, pflegte auf einem Klepper zu reiten, den er noch außerdem mit Mantelsäcken belud, um alles Nötige bei sich zu haben. Was gäbe ich doch darum, zu sehen, dass ihm jetzt einer von diesen unseren Stutzern begegnete, die ihre Läufer und numidischen Reiter in reichlichem Staubgewirbel vor sich herjagen. So einer würde allerdings weit feiner und geselliger erscheinen als M. Cato, so einer, der inmitten des Prunkes und der Pracht eben mit sich zurate geht, ob er sich auf das Schwert oder auf das Messer verdingen soll. Wie herrlich nimmt sich dagegen aus ein Jahrhundert, in dem ein Feldherr, der einen Triumph gefeiert, der Zensor gewesen, und was mehr besagen will als alles dies, ein Jahrhundert, in dem ein Cato mit einem einzigen Gaule sich begnügte, auf dem überdies noch anderes neben ihm Platz fand! Denn einen Teil desselben nahm das Gepäck ein, das zu beiden Seiten herunterhing. Sollte man nicht allen wohlgenährten Ponys, allen Zeltern und Trabgängern dieses einzige Pferd vorziehen, welches Cato eigenhändig striegelte?

Ich sehe, ich werde über diesen Gegenstand kein Ende finden, wenn ich es mir nicht selbst setze. Ich will also hier nichts weiter sagen hinsichtlich dieser Dinge, von denen derjenige, der zuerst das Wort impedimenta (Hemmnisse, Gepäck) für sie aufbrachte, sicherlich den Zustand geahnt hat, in dem sie sich uns jetzt darstellen. Jetzt will ich dir noch einige wenige Schlussfolgerungen unserer Schule vorführen; sie beziehen sich auf die Tugend, die unserer Behauptung nach genügend ist für das glückliche Leben.

»Was gut ist, macht auch die Menschen zu guten. Macht doch auch, was in der Tonkunst gut ist, den Tonkünstler. Zufallsgaben machen nicht gut, also sind sie auch nicht gut.«

Dagegen erheben die Peripatetiker den Einwand, dass unser Obersatz falsch sei. »Das, was gut ist«, sagen sie, »macht nicht unbedingt auch die Menschen zu guten.« »In der Musik ist mancherlei gut, wie z. B. eine Flöte oder eine Saite oder sonst ein zur Unterstützung und Hebung des Gesanges förderliches Instrument. Nichts von alledem macht den Tonkünstler.« Unsere Antwort wird so lauten: »Ihr versteht nicht, wie wir es mit dem Guten in der Musik meinen. Wir verstehen nämlich darunter nicht das, was dem Tonkünstler als Hilfsmittel dient, sondern das, was ihn zum Tonkünstler macht. Ihr bezieht euch auf das handwerksmäßige Zubehör der Kunst, nicht auf die Kunst selbst. Was aber in der Tonkunst selbst gut ist, das ist unbedingt wirksam für die Bildung des Tonkünstlers.« Ich will diese Behauptung noch einleuchtender machen. Unter dem Guten in der Musik versteht man zweierlei: Erstens das, wodurch die Wirkung des Tonkünstlers, sodann das, wodurch die Kunst selbst gehoben wird. Zur Wirkung gehören Geräte, Flöten, Werkzeuge und Saiten, zur Kunst selbst gehören sie nicht. Denn Künstler ist man auch ohne jenen Zubehör, nur dass man die Kunst vielleicht nicht ausüben kann. Diese doppelte Beziehung aber findet sich bei dem Menschen nicht in gleicher Weise, denn es ist ein und dasselbe Gut, das für den Menschen gilt wie für seine Lebensführung.

»Was dem verworfensten und schändlichsten Menschen zuteilwerden kann, ist kein Gut; Reichtum aber wird auch dem Kuppler und Fechtmeister zuteil; also ist es kein Gut.«

»Euer Lehrsatz«, sagt man, »ist falsch, denn auch in der Sprachkunde sowie in der Heilkunde oder auch der Steuermannskunst sehen wir, dass gerade die Verächtlichsten zu Gütern gelangen.« Allein da handelt es sich um Berufsarten, die nicht die Seelengröße sich zum Ziele erkoren haben, sie erheben sich nicht zur Höhe und verachten nicht die Gaben des Zufalls. Die Tugend hebt den Menschen empor und führt ihn hinaus über alles, was sonst den Menschen wert und lieb ist; sie ist weder erfüllt von heftigem Verlangen nach dem, was man gemeinhin als Gut, noch von Furcht vor dem, was man als Übel bezeichnet. Chelidon, einer von den Buhlen der Kleopatra, besaß ein gewaltiges Vermögen. Neuerdings ward Natalis, ein Mensch von lästerlicher Zunge, die er durch unzüchtigen Umgang mit Weibern besudelt hatte, vieler Leute Erbe und hatte viele Erben. Wie steht's also mit ihm? Hat das Geld ihn unrein gemacht oder hat er selbst das Geld besudelt? Fällt es doch manchmal Menschen zu, wie ein Denar in eine Kloake fällt. Die Tugend hat ihren Platz über diesen Äußerlichkeiten und wird nach ihrem eigenen Gehalte geschätzt. Nichts von allen diesen reinen Zufallsdingen erachtet sie für ein Gut. Die Heilkunst und die Steuermannskunst untersagt es sich und den Ihrigen nicht, diese Dinge zu bewundern. Wer kein tugendhafter Mann ist, kann nichtsdestoweniger ein Arzt, ein Steuermann, ein Sprachkundiger sein, so gut wahrhaftig, wie ein Koch. Wessen Besitz nicht in beliebig wechselnden Dingen besteht, den kann man auch nicht mit verschiedenen Benennungen kennzeichnen. Eines jeden Eigenart wird bestimmt durch das, was er hat. Ein Geldsack gilt so viel wie sein Inhalt, oder genauer gesagt, er stellt nur eine Zugabe dar zu dem, was sein Inhalt ist. Wer misst einem gefüllten Geldbeutel einen anderen Wert bei als den, welchen die in ihm geborgene Geldsumme ausmacht? Ebenso steht es mit den Herren riesigen Erbgutes: Sie sind nur Zugabe und Anhängsel desselben. Warum ist also der Weise groß? Weil er im Besitz der Seelengröße ist. Es hat also seine Richtigkeit mit dem Satz, dass das, was auch dem Verworfensten zufallen kann, kein Gut ist. Folglich werde ich auch die Schmerzlosigkeit kein Gut nennen: Auch die Grille, auch der Floh besitzt sie. Selbst die Ruhe und das Freisein von Belästigung werde ich kein Gut nennen. Was ist ungestörter als ein Wurm?

Du fragst, was den Weisen macht? Dasselbe, was den Gott. Du musst ihm etwas Göttliches, Himmlisches, Großes geben. Das Gute fällt nicht jedem zu und lässt sich nicht jeden als seinen Besitzer gefallen. Siehe zu,

Was dir jeglicher Boden gewährt, was jeglicher weigert.
Hier steigt üppig die Saat; dort finden die Trauben
Gedeihen,
Anderswo Früchte des Baumes; dort bietet die Wiese
von selbst sich.
Siehst du nicht? Dir sendet des Safrans Düfte der Tmolus,
India Elfenbein und den Weihrauch milde Sabäer!
Nackende Chalyber zollen dir Stahl.

So verteilen sich die Naturgaben auf die verschiedenen Gegenden, sodass der gegenseitige Verkehr zur unerlässlichen Forderung ward, wenn der eine vom anderen etwas haben wollte. So hat auch jenes höchste Gut seinen bestimmten Wohnsitz. Es hat seine Heimat nicht da, wo das Elfenbein, wo das Eisen sie hat. Was ist also, fragst du, die Heimstätte des höchsten Gutes? Die Seele. Ist diese nicht rein und heilig, so nimmt sie auch die Gottheit nicht auf.

»Gutes wird nicht aus Schlechtem. Reichtum entsteht aber aus Habgier. Reichtum ist also kein Gut.«

Es ist nicht wahr, erwidert man, dass Gutes nicht aus Schlechtem hervorgehe; denn aus Tempelraub und Diebstahl ergibt sich Geldgewinn. Daher ist Tempelraub und Diebstahl zwar ein Übel, aber nur deshalb, weil es mehr Schlimmes mit sich bringt als Gutes. Denn es bringt zwar Gewinn, aber zugleich auch Furcht, Unruhe, Qualen für Seele und Leib. Wer dies behauptet, der muss auch dafür eintreten, dass der Tempelraub, wie er ein Übel ist, weil er viele Übel verursacht, teilweise doch auch ein Gut sei, weil er etwas Gutes schafft – eine geradezu haarsträubende Behauptung. Gleichwohl gilt es als ganz ausgemacht, dass Tempelraub, Diebstahl, Ehebruch unter die Güter zu rechnen sei. Wie viele gibt es, die über einen Diebstahl nicht erröten, wie viele, die sich des Ehebruchs rühmen! Denn kleine Diebe straft man, große werden durch Triumphzüge gefeiert. Bedenke ferner, dass der Raub, wenn er überhaupt in irgendwelcher Beziehung etwas Gutes ist, auch sittlich gut und rechtmäßig genannt werden wird, denn er ist eine von uns (als einheitlicher Person) ausgehende Handlung. Aber damit kann sich keines Menschen Geist zufriedengeben. Es bleibt also dabei: Aus Schlechtem kann das Gute nicht hervorgehen. Denn wenn, wie unser Gegner sagt, der Raub nur deshalb ein Übel ist, weil er viel Übeles im Gefolge hat, so braucht man dem Räuber nur die Strafe zu erlassen, braucht ihm nur seine Sicherheit zu verbürgen, und der Raub wird zum vollen Gute. Allein die schwerste Strafe der Verbrecher liegt in ihnen selbst. Ja, du irrst, wenn du mit der Strafe erst auf den Henker oder den Kerker wartest. Die Strafe folgt der Tat auf dem Fuß, ja sie erfolgt schon während der Tat. Niemals also erwächst das Gute aus dem Bösen, so wenig wie die Feige aus dem Ölbaum. Die Frucht entspricht dem Samen, das Gute kann nicht aus der Art schlagen. Wie aus dem Schimpflichen nicht das Ehrbare hervorgeht, so aus dem Schlechten nicht das Gute. Denn ehrbar und gut decken sich.

Einige der Unseren finden sich mit dem besprochenen Einwand so ab: »Nehmen wir auch an, das Geld sei ein Gut, gleichviel, woher es stamme, so stammt das Geld doch nicht aus dem Raube, auch wenn es dem Raube entnommen wird. Das will so verstanden sein: In derselben Urne ist Gold und eine Viper. Wenn du Gold aus der Urne nimmst und nicht noch ein zweites Mal hineingreifst, weil auch eine Viper darin ist, so gibt dir, wohlverstanden, die Urne das Gold nicht, weil sie eine Viper in sich birgt, sondern sie gibt das Gold, obschon sie auch eine Viper in sich birgt. Ebenso steht es mit dem Gewinn aus einem Raub: Er ergibt sich nicht daraus, dass ein Raub schimpflich und verbrecherisch ist, sondern daraus, dass er auch Gewinn mit sich führt. Wie in jener Urne die Viper das Übel ist, nicht das Gold, das neben der Viper liegt, so ist bei dem Raube das Verbrechen, nicht der Gewinn das Übel.« Damit bin ich nicht einverstanden. Denn die Sachlage ist in beiden Fällen eine durchaus verschiedene: Dort kann ich das Gold wegnehmen ohne die Viper, hier dagegen kann ich den Gewinn nicht machen ohne den Raub. Der Gewinn liegt hier nicht neben dem Verbrechen, sondern ist mit ihm unlöslich verbunden.

»Eine Sache, deren Erreichung für uns mit vielen Übeln verknüpft ist, ist kein Gut. Zu Reichtum aber zu gelangen, ist mit vielen Übeln verbunden; also ist Reichtum kein Gut.«

Man erwidert: Von den beiden Vordersätzen dieses Schlusses lautet der eine: Wollen wir Reichtum gewinnen, so geraten wir in viele Übel. In viele Übel aber geraten wir auch, wenn wir die Tugend gewinnen wollen. Es macht einer, seine Bildung zu fördern, eine Seereise und erleidet Schiffbruch, ein anderer gerät in Gefangenschaft. Der andere Satz lautet: Was uns in viele Übel geraten lässt, das ist kein Gut. Aus diesem Vordersatz folgt nicht, dass wir durch Reichtum oder Hingabe an die Lust in Übel geraten. Oder aber, wenn wir durch Reichtum in viele Übel geraten, so ist der Reichtum nicht nur kein Gut, sondern auch ein Übel; ihr aber behauptet nur, er sei kein Gut. Zudem gebt ihr ja zu, der Reichtum bringe auch einige Vorteile; ihr zählet ihn zu den das Leben begünstigenden Dingen, aber aus dem nämlichen Grunde wird er auch zu diesen nicht gehören; denn er wird für uns Veranlassung zu vielerlei Störendem. Diesem Einwurf begegnen einige der Unsern so: »Ihr irrt. wenn ihr diese Störungen auf Rechnung des Reichtums setzt. Dieser verletzt niemanden; es ist entweder die eigene Torheit oder die Nichtswürdigkeit anderer, die den Schaden verursacht, wie denn das Schwert für sich niemanden tötet, sondern nur als Waffe in der Hand des Tötenden. Wenn um des Reichtums willen dir Schaden erwächst, so ist es nicht der Reichtum selbst, der dir schadet.« *Posidonius* gibt meines Erachtens hierüber bessere Auskunft. Er sagt: Reichtum ist Ursache von Übeln, nicht weil er selbst dergleichen bewirkt, sondern weil er andere dazu anreizt es zu tun. Denn es ist wohl zu unterscheiden zwischen der unmittelbar und notwendig den Schaden bewirkenden Ursache und der dieser vorausliegenden. Eine solche vorausgehende Ursache bildet der Reichtum. Er macht aufgeblasen, erzeugt Hochmut, erweckt Neid und führt den Geist auf Abwege in einem Maße, dass der bloße Ruf des Reichtums uns entzückt, selbst wenn er uns auch schaden sollte. Alles Gute aber muss jeden Makels ledig sein; es lässt die Seele unverdorben, bereitet ihr keine Unruhe, es erhöht und erweitert ihre Kraft, doch ohne sie hochmütig zu machen. Das Gute führt zum Selbstvertrauen, der Reichtum zur Dreistigkeit. Das Gute führt zur Seelengröße, der Reichtum zum Übermut. Übermut aber ist nichts anderes als ein trügerischer Schein von Seelengröße. »So kommt es denn«, sagt er, »dass der Reichtum nicht nur kein Gut, sondern sogar ein Übel ist.« Er wäre ein Übel, wenn er an sich schon schadete, wenn er, wie gesagt, die unmittelbar wirkende Ursache wäre; tatsächlich aber ist er nur die mittelbare Ursache, und zwar insofern, als er die Gemüter nicht bloß reizt, sondern auch anzieht. Denn er täuscht durch den Schein eines Gutes, der der Wahrheit nahekommt und bei den meisten Glauben findet. Auch bei der Tugend findet sich ein solches mittelbares Ursachverhältnis; sie erregt Unwillen, denn vielen ist sie wegen ihrer Weisheit, vielen auch wegen ihrer Gerechtigkeit verhasst. Allein dieser Grund liegt nicht in ihrem eigentlichen Wesen und hat mit der Wahrheit nichts zu tun. Denn im Gegenteil stellt sich die Tugend wahrheitsgetreuer den Herzen der Menschen in derjenigen Gestalt dar, die Liebe und Bewunderung bei ihnen erweckt.

Posidonius empfiehlt folgenden Schluss: »Was der Seele weder Größe noch Vertrauen noch Sorgenfreiheit gibt, ist kein Gut. Reichtum aber, gute Gesundheit und dergleichen bewirken dies nicht; also sind sie keine Güter.« Diesem gibt er noch eine weitere Steigerung folgendermaßen: »Was der Seele weder Größe gibt noch Selbstvertrauen noch Sorgenfreiheit, dagegen aber Übermut, Aufgeblasenheit, Anmaßung hervorruft, das ist vom Übel. Von den Zufallsgaben aber werden wir dazu getrieben: Also sind sie keine Güter.

»Von dieser Seite gesehen«, erwidert man, »werden sie nicht einmal als Begünstigungen gelten können.« Mit den Begünstigungen hat es eine andere Bewandtnis als mit den Gütern. Begünstigend ist das, was mehr Nutzen als Beschwerde bringt. Das Gute aber muss durchweg probehaltig und in jeder Beziehung unschädlich sein. Nicht das ist gut, was mehr nützt, sondern was *nur* nützt. Zudem kann man von begünstigenden Umständen auch bei Tieren reden sowie auch bei unvollkommenen Menschen und Toren. Daher kann dem Begünstigenden auch Nachteiliges beigemischt sein, doch nennt man es Begünstigung im Hinblick auf das, was darin überwiegt. Das Gute hat seine volle Beziehung nur auf den Weisen; es muss ohne jeden Makel sein.

Nun atme froh auf! Nur noch ein Knoten ist zu lösen, allerdings ein herkulischer: »Aus Übelem entsteht kein Gut. Aus zahlreichen Armutsverhältnissen entsteht Reichtum; also ist der Reichtum kein Gut.«

Diesen Schluss erkennen die Stoiker nicht an. Die Peripatetiker sind die Erfinder desselben, und sie geben auch die Widerlegung dazu. Posidonius aber sagt, dieser in allen philosophischen Schulen förmlich abgehetzte Trugschluss werde von Antipater folgendermaßen widerlegt: »Das Wort Armut bedeutet nicht den Besitz, sondern die Entziehung, oder, wie die Alten sagten, das Versagtsein, die Negation, also das, was die Griechen κατὰ στέρησιν (Verneinung) nennen. Man bezeichnet damit nicht was einer hat, sondern was er nicht hat. Aus zahlreichen Leerheiten kann nichts voll werden. Reichtum entsteht aus Vervielfältigung von *Sachen*, nicht aus Vervielfältigung des Mangelnden. Ihr nehmt das Wort Armut in ungehöriger Bedeutung: Armut ist nicht ein Zustand, in dem man weniges besitzt, sondern ein solcher, in dem man vieles nicht besitzt: Er erhält also seine Bedeutung nicht von dem, was man hat, sondern von dem, was man *nicht* hat.«

Ich würde mich leichter verständlich machen, wenn es ein lateinisches Wort gäbe für das griechische ἀνυπαρξία (Nichtvorhandensein). Diesen Begriff wendet Antipater auf die Armut an. Was mich anlangt, so sehe ich nicht, was die Armut anderes sei als der Besitz von Wenigem. Wie es mit dem eigentlichen Wesen von Reichtum und Armut bestellt sei, darüber wollen wir uns späterhin einmal klar zu werden suchen, wenn wir einmal recht ausgiebige Zeit haben. Allein auch dann wollen wir uns fragen, ob es nicht besser sei, die Armut so glimpflich wie möglich zu behandeln und den Reichtum seines Übermutes zu entkleiden, als stände das Urteil über die Sache selbst bereits ganz fest. Nimm an, wir seien in eine Volksversammlung berufen: Es liegt ein Gesetzesantrag vor über Abschaffung des Reichtums. Werden wir da den Leuten mit solchen dialektischen Kunststücken kommen, um ihnen zu raten oder abzuraten? Werden wir dadurch etwa bewirken, dass das römische Volk seine Armut, diese Grundlage und Ursache seiner Weltherrschaft, sich wieder herbeiwünsche und preise, vor seinem Reichtum aber sich fürchte? Dass es sich sage, dieser Reichtum stamme von den Besiegten her, bei denen man ihn gefunden, er sei die Quelle der Gunstbuhlerei, des Unfugs der Spender, der Aufstandsbewegungen, die über die ehrwürdige und in bester Zucht befindliche Stadt hereingebrochen seien; dass es sich ferner sage, die Beute aus aller Welt werde mit übermäßiger Prachtentfaltung zur Schau gestellt, was aber *ein* Volk *allen* geraubt, das könne dem *einen* leichter von allen wieder entrissen werden? In dieser Richtung sollte die Verhandlung verlaufen: Es ist besser, der Leidenschaften vollständig Herr zu werden, als ihnen nur künstliche Grenzen zu bestimmen. Können wir, so lass uns kräftiger reden, wo nicht, doch verständlicher.

Neunundachtzigster Brief

Von der Einteilung der Philosophie

Dein Wunsch betrifft eine nützliche und für jeden der Weisheit ernstlich Beflissenen unentbehrliche Sache. Was du wünschst, ist eine Einteilung der Philosophie und eine Zerlegung des umfangreichen Ganzen in seine Glieder. Denn man gelangt leichter zur Kenntnis des Ganzen auf dem Wege durch die einzelnen Teile. Stände es doch hiermit ebenso wie mit dem sichtbaren Gesamtbilde der Welt! Könnte doch die Philosophie in ihrem ganzen Umfang ganz ebenso uns unmittelbar vor Augen treten, ein Seitenstück zu diesem Weltschauspiel! Wahrlich, es würde keinen Menschen geben, der nicht von Bewunderung hingerissen würde und alles hinter sich ließe, was wir jetzt für groß erachten aus Unkunde des Großen. Da aber dies ein Ding der Unmöglichkeit ist, so müssen wir es mit unserer philosophischen Erkenntnis so halten wie mit der Betrachtung der versteckten Tiefen des Weltalls. Des Weisen Geist umfasst allerdings die Philosophie ihrem ganzen Gehalte nach und überschaut sie nicht minder schnell als unser Auge das Himmelsgewölbe. Für uns Nichtweise aber, die wir uns noch durch die Finsternis durcharbeiten müssen und deren Sehkraft auch für das Nächste noch versagt, können leichter zunächst die Einzelheiten aufgewiesen werden, da wir der Auffassung des Ganzen noch nicht gewachsen sind. Ich werde also deinem Wunsche willfahren und die Philosophie in Teile zerlegen, doch ohne sie zu zerstückeln. So nützlich nämlich eine Einteilung derselben ist, so verwerflich eine Zerstückelung. Denn es ist ebenso schwer, Kleinstes wie Größtes aufzufassen. Das Volk teilt man in Tribus, das Heer in Zenturien. Alles, was zu erheblicher Größe herangewachsen ist, ist unserer Auffassug leichter zugänglich, wenn es in Teile zerlegt wird, die aber, wie gesagt, nicht allzu klein sein und nicht ins Zahllose gehen dürfen. Denn geht eine Einteilung zu weit, so ist sie ebenso verwerflich wie gar keine Einteilung. Was bis in Staubteilchen zerlegt ist, unterscheidet sich kaum von einem Gemisch.

Zuerst also will ich, dein Einverständnis vorausgesetzt, dir klarmachen, worin der Unterschied zwischen Weisheit und Philosophie besteht. Weisheit ist das vollendete Gut des menschlichen Geistes. Philosophie ist *Liebe zur Weisheit* und das Streben nach ihr. Sie sucht an das Ziel zu gelangen, das jene erreicht hat. Was zu ihrer Bezeichnung als »Philosophie« geführt hat, liegt zutage: Der Name selbst weist unmittelbar auf den Gegenstand ihrer Liebe hin. Was aber die Weisheit anlangt, so haben einige die Definition aufgestellt, sie sei die wissenschaftliche Erkenntnis der göttlichen und menschlichen Dinge. Andere definieren so: Weisheit ist die Kenntnis der göttlichen und menschlichen Dinge *und der Ursachen derselben*. Dieser Zusatz scheint mir entbehrlich, weil die Ursachen des Göttlichen und Menschlichen ein Teil des Göttlichen sind. Auch die Philosophie hat mancherlei Definitionen erfahren. Die einen erklärten sie als das Streben nach der Tugend, andere als das Streben nach Besserung der Gesinnung, noch andere als das Trachten nach richtiger Vernunfteinsicht. Dass zwischen Philosophie und Weisheit ein Unterschied bestehe, das galt von vornherein als ausgemacht. Denn unmöglich kann das Erstrebte und das Erstrebende ein und dasselbe sein. Wie ein großer Unterschied besteht zwischen Habsucht und Geld, da jene begehrt, dieses begehrt wird, so zwischen Philosophie und Weisheit. Diese nämlich ist die Wirkung und der Lohn jener; jene ist der Weg, der zum Ziel führt, diese ist das Ziel. Weisheit ist, was die Griechen σοφία nennen. Dieses Wort war auch den Römern geläufig, wie wir das Wort Philosophie jetzt noch brauchen. Dies beweisen dir nicht nur die alten römischen Komödien, sondern auch die Inschrift auf dem Grabmal des Dossennus:

Hospes resiste et sophiam Dossenni lege.
Halt ein, o Wand'rer, des Dossennus *Weisheit* lies!

572

Einige von den Unseren haben, obschon die Philosophie das Streben nach Tugend ist und diese das Erstrebte, jene das Erstrebende, dennoch beide für untrennbar gehalten. Denn es gibt keine Philosophie ohne Tugend und keine Tugend ohne Philosophie. Die Philosophie ist das Streben nach Tugend, aber unter Mitwirkung der Tugend selbst: Es kann eben weder die Tugend bestehen ohne das Streben nach sich selbst noch das Streben nach Tugend ohne sie selbst. Denn es steht hier nicht so wie bei denen, die von einem entfernten Punkte aus etwas mit dem Geschosse zu treffen suchen, wobei der Zielende sich auf einer anderen Stelle befindet als das Ziel, oder wie bei den Wegen, die nach der Stadt führen, aber doch außerhalb derselben sind. Zur Tugend gelangt man durch die Tugend selbst. Philosophie und Tugend sind durch ein festes Band verknüpft.

Die bedeutendsten und meisten Lehrer der Philosophie nehmen drei Teile derselben an: Sittenlehre, Naturlehre, Dialektik. Der Erste gibt der Seele ihre rechte Verfassung. Der Zweite durchforscht die Natur, der Dritte untersucht das eigentümliche Wesen der Wörter, ihre Verbindung zu Satzgefügen und zu Beweisen, um zu verhüten, dass sich nicht Falsches einschleiche anstelle des Wahren. Doch gibt es auch einige, die sich mit wenigeren Teilen der Philosophie begnügen, andere, die eine größere Zahl von Teilen annehmen. So fügten einige Peripatetiker als vierten Teil die Staatslehre (Politik) hinzu, weil diese eine besondere Schulung erfordere und sich mit einem andersartigen Thema beschäftige. Andere fügten dem noch einen weiteren Teil hinzu, den sie Ökonomik (οἰκονομική) nennen, die Wissenschaft von der Hauswirtschaft. Einige haben auch die Lehre von den Lebensarten zu einem besonderen Teile gemacht. Alles das gehört aber in den Teil von der Sittenlehre. Die Epikureer nahmen nur zwei Teile der Philosophie an, einen auf die Natur, den anderen auf die Sitten bezüglichen: Die Dialektik schlossen sie aus. Weiterhin sahen sie sich aber durch die Macht der Tatsachen genötigt Zweideutiges auszuscheiden, anderes, was sich unter dem Scheine der Wahrheit verbarg, dieses Scheines zu entkleiden; so führten auch sie eine besondere Rubrik ein mit der Bezeichnung »von dem Urteil und der Regel«, die sie aber als einen Zusatz zur Naturlehre betrachten. Die Cyrenaiker ließen die Naturlehre und Dialektik ganz fallen und begnügten sich mit der Sittenlehre; aber auch sie führen in anderer Weise wieder ein, was sie beiseitegeschoben. Sie teilen nämlich die Sittenlehre in fünf Teile. Der Erste handelt von dem, was man zu meiden und was man zu erstreben hat, der Zweite von den Affekten, der Dritte von den Handlungen, der Vierte von den Ursachen, der Fünfte von den Beweisgründen. Allein die Ursachen gehören zur Naturlehre, die Beweisgründe zur Dialektik, wogegen zur Sittenlehre die Handlungen gehören. Ariston von Chios behauptet, Naturlehre und Dialektik seien nicht nur überflüssig, sondern widersprächen auch einander. Selbst der Sittenlehre, die er allein übrig lässt, weist er engere Grenzen an. Denn er beseitigt die ganze Lehre von den erzieherischen Mahnungen und Warnungen aufgrund der Behauptung, das sei Sache des Erziehers, nicht des Philosophen; als wäre der Weise irgendetwas anderes als der Erzieher der Menschheit!

Es verbleibt also bei der Dreiteiligkeit der Philosophie, und zuerst wollen wir die Sittenlehre ihrer Gliederung nach überschauen. Sie zerfällt auch ihrerseits in drei Teile. Der Erste beschäftigt sich mit der Aufgabe, einem jeden das Seine zukommen zu lassen und den Wert eines jeden Dinges abzuschätzen, ein sehr nützliches Kapitel; denn was wäre mehr vonnöten als diese Wertbestimmungen? Der zweite Teil handelt von den Trieben, der dritte von den Handlungen. Zuerst nämlich muss man sich ein Urteil bilden über den Wert der Dinge; sodann muss man einen an Ordnung und Maß gebundenen Trieb in sich wach werden lassen; drittens müssen Handlung und Trieb miteinander in Einklang stehen, um hierin zur vollen Übereinstimmung mit dir selbst zu gelangen. Fehlt eines von diesen dreien, dann bleiben auch die beiden anderen von Störungen nicht verschont. Denn was nützt es, dir über alle Dinge ein richtiges Urteil gebildet zu haben, wenn deine Triebe zu viel Gewalt über dich haben? Und was nützt es, den Trieben Einhalt zu tun und Herr zu sein über deine Begierden, wenn du beim Handeln die rechte Zeit verfehlst und nicht weißt, wann, wo und wie ein jedes geschehen soll? Denn ein anderes ist es, Wert und Preis der Dinge zu kennen, ein anderes den rechten Zeitpunkt, ein anderes die Triebe zu zügeln und beim Handeln den ruhigen Schritt zu wahren und sich nicht zu überstürzen. Dann erst ist das Leben mit sich im Einklang, wenn die Handlung dem Triebe nicht untreu wird und der Trieb in angemessenem Verhältnis zu dem Werte eines jeden Dinges steht, also je nach dem Grade, in dem es begehrenswert ist, bald gelassener, bald heftiger sein wird.

Die philosophische Naturlehre zerfällt in zwei Teile: in die Lehre von den körperlichen und von den unkörperlichen Dingen. Jeder von beiden teilt sich wieder nach seinen Abstufungen, um mich dieses Ausdrucks zu bedienen. Die Körperlehre teilt sich zunächst in die Untersuchung der wirkenden Kräfte und dessen, was durch sie erzeugt wird; erzeugt aber werden die Elemente. Was die Lehre von den Elementen selbst betrifft, so ist sie, nach der Ansicht einiger, einheitlich, nach anderen teilt sie sich dreifach nach den Gesichtspunkten: Materie, allbewegende Ursache und Elemente.

Noch ist der rationale Teil der Philosophie (die Dialektik) einzuteilen. Jede Rede ist entweder fortlaufend oder verteilt sich auf den Antwortenden und den Fragenden. Unter dem Letzteren versteht man die Dialektik, unter dem Ersteren die Rhetorik. Bei Letzterer handelt es sich um die Worte, um ihren Sinn und ihre Anordnung. Die Dialektik zerfällt in zwei Teile, Worte und ihre Bedeutungen, also in die Sachen, von denen man spricht, und in die Ausdrücke, deren man sich dabei bedient. Für beides gibt es dann eine ins Endlose gehende weitere Einteilung. Daher will ich meinerseits hier abbrechen, denn nur

die wichtigsten Dinge verfolg' ich.

Wollte ich es anders machen und mich auf alle die Unterabteilungen einlassen, so würde aus meinem Brief ein gelehrtes Buch werden.

Dergleichen zu lesen, mein bester Lucilius, sei dir unverwehrt; nur musst du, magst du auch lesen was du willst, dabei von vornherein immer den sittlichen Gesichtspunkt als den für dich maßgebenden im Auge behalten. Halte dich gehörig in Zucht; was schlaff an dir ist, erwecke zu kräftigem Leben, was seinen Halt verloren, lass sich wieder befestigen, zähme den trotzigen Hochmut, gehe so unbarmherzig wie möglich deinen eigenen Begierden zu Leibe wie denen der großen Masse, und wenn man dir mit der Frage kommt: »Wie lange noch immer dasselbe?«, so antworte: Ich hätte euch fragen müssen: »Wie lange soll es bei euch noch fortgehen immer mit den nämlichen Fehlern?« Wollt ihr euch eher der Heilmittel entschlagen als euerer Fehler? Ich aber werde meine Stimme umso kräftiger ertönen lassen, und euere Widerspenstigkeit soll mich in meinem Ausharren nur bestärken. Dann fängt die Arzenei an zu wirken, wenn bei einem halb abgestorbenen Körper die Berührung Schmerz hervorruft. Ich will euch Dinge sagen, die euch heilsam sein werden trotz all euren Widerstrebens. Es muss endlich einmal eine schonungslose Stimme zu eueren Ohren dringen, und da ihr einzeln nicht hören wollt, so sollt ihr öffentlich sie vernehmen. Wie weit wollt ihr noch die Grenzen euerer Besitzungen ausdehnen? Eine Feldflur, die einem ganzen Volke Raum bot, genügt jetzt nicht einem einzelnen Herrn. Wieweit hinaus soll euer Pflug sich seine Grenzen stecken? Der Umfang ganzer Provinzen ist euch nicht groß genug für die Ausdehnung eurer Landgüter. Bekannte Flüsse nehmen ihren Lauf durch Privatländereien, und große Ströme, die die Grenze großer Völker bilden, nehmen ihren Lauf von der Quelle bis zur Mündung durch euer Gelände. Und selbst das genügt euch noch nicht. Eure Landgüter müssen sich an den Meeresküsten hinziehen; jenseits des adriatischen, ionischen und ägäischen Meeres muss euer Verwalter als Herr auftreten; geräumige Mietshäuser, einst die Wohnstätten großer Feldherren, gelten jetzt als ein ganz verächtlicher Besitz. So besitzet denn, so viel ihr nur wollt, lasst euer Landgut so groß sein wie ehedem ein ganzes Herrschergebiet, eignet euch an, was ihr nur immer könnt, so lange es noch mehr gibt, was euch nicht gehört.

Und nun wendet sich meine Rede an euch, deren Üppigkeit ebenso ins Grenzenlose geht wie die Habsucht jener. Euch sage ich: Wie lange wird es noch dauern, so wird es keinen See mehr geben, der nicht von den Giebeln eurer Landhäuser umkränzt ist, keinen Fluss, dessen Ufer nicht euere Gebäude einnehmen! Wo auch immer die Adern warmer Quellen sich öffnen mögen, da werden sicher neue Herbergen der Wollust erstehen. Wo auch immer die Meeresküste eine Bucht bildet, da werdet ihr alsbald die Fundamente zu einem Bau legen, und nicht zufrieden mit dem Boden, wenn ihr ihn euch nicht selbst geschaffen, werdet ihr das Meer zum Lande machen. Möget ihr auch allenthalben euere strahlenden Paläste aufführen, hier auf Bergen errichtet, zur weiten Aussicht über Land und Meer, dort aus der Ebene zu Bergeshöhe ansteigend, möget ihr auch noch so viel bauen, noch so Überwältigendes, ihr seid doch ein jeder nur ein einzelnes, winziges Körperchen. Was habt ihr von eueren zahlreichen Gemächern? In einem einzigen legt ihr euch zur Ruhe nieder. Der Raum, in dem ihr nicht seid, ist auch nicht der eure.

Und weiter wende ich mich nun denen zu, deren gieriger und unersättlicher Schlund den Anlass gibt zur peinlich genauen Durchsuchung von Meer und Land. Mit Angeln, mit Schlingen, mit Netzen verschiedenster Art stellt man den Tieren mit Aufbietung aller Kraft und Kunst nach: Keines ist sicher vor euch, ihr müsstet denn keinen Geschmack mehr an ihnen finden. Und doch – wie wenig von all diesen Gerichten, deren Beschaffung so vieler Hände in Bewegung setzte, kommt über eure durch Genüsse erschlafften Lippen! Wie wenig von diesem nicht ohne Gefahr bewältigten Wild kommt in den bereits verdorbenen und zum Erbrechen neigenden Magen des Hausherrn! Wie wenige von den aus so großer Ferne herbeigeschafften Muscheln finden den Weg in den überreizten Magen. Ihr Unglücklichen! sagt ihr euch nicht, dass euer Hunger größer ist als euer Magen?

So sprich zu anderen, damit du, als Sprechender, es selbst hörest, so schreibe, damit du beim Schreiben es selbst auch lesest, beständig auf deine Besserung bedacht und auf Beschwichtigung der stürmischen Affekte. Richte deinen Wissenstrieb nicht auf das »Mehr«, sondern auf das »Besser«.

Neunzigster Brief

Die Leistungen der Philosophie. Eine Berichtigung der Ansicht des Posidonius

Dass wir leben, mein Lucilius, ist unzweifelhaft ein Geschenk der Götter, dass wir ehrbar leben, ein Geschenk der Philosophie. Dass wir also der Letzteren zu höherem Danke verpflichtet sind als den Göttern, und zwar in eben dem Maße, als ein ehrbares Leben höher steht als das Leben schlechtweg, würde für sicher gelten, wenn nicht die Philosophie selbst uns von den Göttern verliehen wäre. Die wissenschaftliche Erkenntnis derselben gaben sie keinem, das Vermögen dazu allen. Denn hätten sie auch dieses Gut zu einem Gemeingut gemacht, kämen wir also mit voller Einsicht zur Welt, so würde die Weisheit ihren größten Vorzug verloren haben, nämlich den, nicht zu den Glücksgütern zu gehören. Denn tatsächlich ist eben dies das Kostbare und Erhabene an ihr, dass sie nicht eine Gabe des Zufalls ist, dass vielmehr jeder sie sich selbst verdankt, dass sie nicht von einem anderen erbeten wird. Was gäbe es an der Philosophie Bewundernswertes, wenn sie von der Gnade anderer abhinge? Ihre einzige Aufgabe ist, die Wahrheit zu finden in Bezug auf göttliche und menschliche Dinge. Von ihrer Seite weicht nicht die Gewissenhaftigkeit, die Frömmigkeit, die Gerechtigkeit und die ganze weitere Gefolgsschar der im engsten Zusammenhang miteinander stehenden Tugenden. Sie lehrt Ehrfurcht vor dem Göttlichen, Liebe zu dem Menschlichen. Den Göttern soll die Herrschaft gehören, unter den Menschen Brüderlichkeit herrschen. Diese Brüderlichkeit hat sich eine Zeitlang unverletzt erhalten, bis die Habsucht das Band zerriss und selbst für die, die ihr den größten Reichtum verdankten, die Ursache zur Armut ward. Denn vorher besaßen sie alles: Das hörte auf mit dem Streben nach Eigentum. Die ersten Menschen dagegen und ihre nächsten Nachkommen folgten unverdorben der Natur als ihrer Führerin und ihrem Gesetz im vollsten Vertrauen auf die Entscheidung des Besseren. Denn es liegt im Wesen der Natur, das Geringere dem Vorzüglicheren unterzuordnen. Unvernünftige Tierherden ordnen sich der Leitung der körperlich ansehnlichsten oder stürmischsten Tiere unter. Der Rinderherde schreitet nicht ein verkümmertes Stierexemplar voran, sondern der größte und muskelkräftigste von allen. An der Spitze einer Elefantenherde steht der an Größe hervorragendste. Unter Menschen ist die Trefflichkeit entscheidend statt der Größe. Die geistige Bedeutung also war ausschlaggebend für die Wahl, und so waren denn die Völker die glücklichsten, in denen für die Macht lediglich die Trefflichkeit maßgebend war. Denn nur der, welcher seine Macht ganz in den Dienst der Pflicht stellt, kann seinen Willen mit voller Sicherheit durchsetzen.

So vertritt denn *Posidonius* die Meinung, dass in dem sogenannten goldenen Zeitalter die Herrschaft in der Hand der Weisen gelegen habe. Diese ließen die Gewalttätigkeit nicht aufkommen und schützten die Schwächeren gegen die Stärkeren; sie gaben ihren Rat, sei es zustimmend sei es abwehrend, und wiesen hin auf das Nützliche und Schädliche. Ihre Einsicht sorgte dafür, dass den Ihrigen nichts fehlte, ihre Tapferkeit wehrte Gefahren ab, ihre Freigebigkeit hob und verschönerte das Leben ihrer Untergebenen. Ihr befehlendes Wort war Ausdruck der Pflicht, nicht der Herrschergewalt. Niemand erlaubte sich eine Kraftprobe gegen diejenigen, denen er seine Kraft verdankte. Keiner verspürte Lust oder hatte Anlass zu Gewalttätigkeit, denn dem tadellosen Regiment entsprach der tadellose Gehorsam, und der Herrscher konnte die Ungehorsamen mit nichts Schlimmerem bedrohen als mit Niederlegung seiner Regierung. Aber als mit allmählicher Zunahme der Laster sich die Herrschaft in Tyrannei verwandelte, machte sich allmählich die Einführung von Gesetzen nötig, die indes anfänglich gleichfalls von den Weisen gegeben wurden. Solon, der Athen Gesetze gab nach Maßgabe der Rechtsgleichheit, gehört zu dem Kreis der sieben bekannten Weisen; hätte Lykurg zu derselben Zeit gelebt, so würde er als Achter jenem ehrwürdigen Männerkreis zugezählt worden sein. Man lobt des Zaleukus und Charondas Gesetze. Diese haben nicht auf dem Forum oder in der Halle von Rechtsgelehrten, sondern in dem stillen, weihevollen Kreise des Pythagoras sich die Rechtskenntnisse angeeignet, durch die sie Gesetzgeber wurden für das blühende Sizilien sowie für die Griechen in Italien.

So weit gebe ich dem Posidonius recht. Aber dass die Künste, die für den Bedarf des täglichen Lebens sorgen, von der Philosophie erfunden worden seien, das kann ich nicht zugeben; den Ruhm der Erfindung der Baukunst kann ich ihr nicht zusprechen. »Sie lehrte«, sagt Posidonius, »die weithin zerstreuten Menschen, die entweder in Höhlen oder in Felsspalten oder in einem ausgehöhlten Baumstamm Schutz suchten, Häuser zu bauen.« Ich dagegen bin der Meinung, dass die Philosophie diese Veranstaltungen zur Errichtung von Gebäuden, die eines das andere immer überragen, sowie von Städten, die einander den Rang abjagen, ebenso wenig ersonnen habe, wie jene wohlverwahrten Fischteiche, die zu dem Zwecke angelegt wurden, um den lüsternen Gaumen vor der Gefahr der Stürme zu bewahren: Auch bei dem wütendsten Meerestoben sollte die Schwelgerei ihre gesicherten Hafenplätze haben, in denen sie alle Arten von Fischen zu Hauf mästen könnte. Wie? Die Philosophie lehrte die Menschen, Schlüssel und Riegel zu haben? Wäre das nicht geradezu die Anweisung zur Habsucht gewesen? Die Philosophie soll diese mit so großer Gefahr für die Einwohner verbundenen himmelhohen Gebäude angelegt haben? Genügte es denn nicht, sich zu schützen durch das, was gerade zur Hand war, und ohne Kunst und ohne Schwierigkeit irgendein von der Natur gebotenes Obdach ausfindig zu machen? Glaube mir, jenes glückliche Zeitalter blühte, als es noch keine Architekten, noch keine Stuckateure gab. All dies ist erst aufgekommen mit dem Beginn der Üppigkeit. Von da ab erst fing man an, regelrecht vierkantiges Bauholz herzustellen und mit der ihren vorgezeichneten Lauf streng einhaltenden Säge die Balken fehlerlos zu durchschneiden.

Denn sonst pflegte der Keil den klüftigen Stamm
zu zerspalten.

Denn noch errichtete man keine Bauten für Speisesäle, die für großartige Festmahle dienen sollten, und noch wurden nicht zu diesem Zwecke Fichten und Tannen in endlosem Wagenzug durch die von der Last erdröhnenden Straßen herbeigeschafft, um dem Speisezimmer eine getäfelte Decke zu geben, die von goldigem Schmucke strotzt. Auf beiden Seiten je eine gabelförmige Stütze – das war die ganze Vorrichtung, die dem Bau die nötige Festigkeit gab. Mit dicht gehäuftem Reisholz, darüber eine schräg abwärts sich neigende Schicht von Laub, ließ man den Regen, so stark er auch sein mochte, ablaufen. Unter solchen Dächern wohnten sie, und zwar aller Sorgen ledig. Ein Strohdach deckte die Freien, unter Marmor und Gold wohnte die Knechtschaft. Auch darin stimme ich dem Posidonius nicht bei, dass, wie er meint, die für das Handwerk nötigen Eisenwerkzeuge von weisen Männern erdacht worden seien. Wäre dem so, dann könnte man auch denjenigen einen Weisen nennen,

Der es erfand, zu berücken das Wild mit Schlingen
und Ruten,
Und zuerst das weite Gehölz mit Hunden umstellte.

Alles dies hat der Spürsinn der Menschen, nicht die Weisheit erfunden. Auch das kann ich ihm nicht zugeben, die Weisen seien es gewesen, die die Fundgruben des Eisens und Erzes erschlossen hätten, indem die von Waldbränden durchglühte Erde die obersten Adern erweicht und in Fluss gebracht hätte. Solche Dinge werden von Leuten gefunden, die dafür ein wachsames Auge haben. Auch *die* Frage scheint mir nicht so schwierig wie dem Posidonius, was zuerst in Gebrauch gekommen sei, der Hammer oder die Zange. Beide Erfindungen zeugen von einem geweckten und scharfen, aber nicht von einem großen und erhabenen Geist. Und so steht es mit allem, was mit gebeugter Körperhaltung und auf den Boden gerichteter Aufmerksamkeit gesucht werden muss. Der Weise fand leicht seinen Lebensunterhalt. Warum auch nicht? Will er doch auch heutzutage noch so wenig wie möglich mit sich führen.

Wie kannst du, ich bitte dich, in *einem* Atem den Diogenes und den Dädalus bewundernd loben? Welcher von beiden scheint dir der Weise zu sein? Der die Säge erfunden hat, oder der, der, als er einen Knaben aus hohler Hand Wasser trinken sah, sofort seinen Becher aus seinem Ranzen zog und ihn zerbrach mit folgenden Scheltworten an sich selbst: »Wie lange habe ich Tor überflüssiges Gepäck mit mir geführt!« Mit einem Fass begnügte er sich als seiner Wohn- und Schlafstätte. Und heutzutage? Wen hältst du für weiser? Den, der die Erfindung gemacht hat, wie man Safranwasser aus verborgenen Röhren in ungemessene Höhe sich ergießen lässt, der (im Zirkus) Kanäle mit plötzlich andringendem Wasser füllt oder sie wieder trocken legt und bewegliches Getäfel über den Speisesälen so geschickt zusammenfügt, dass immer ein neuer Anblick den anderen ablöst, und jedes neue Gericht mit einem Deckenwechsel eingeführt wird – oder den, der anderen und sich selbst klarmacht, dass die Natur uns nichts Hartes und Schweres auferlegt, dass wir für unsere Wohnung keines Marmorarbeiters und Zimmermannes bedürfen, dass wir auch ohne den Seidenhandel uns kleiden, dass wir das für unseren Bedarf Notwendige haben können, wenn wir zufrieden sind mit dem, was uns die Erde auf ihrer Oberfläche darbietet? Wollte die Welt seinem Worte Gehör geben, so würde sie sich überzeugen, dass ein Koch ebenso überflüssig ist wie ein Soldat. Sie, die mit der Sorge für den Körper leicht fertig waren – sie waren weise oder wenigstens den Weisen ähnlich. Die Beschaffung des Notwendigen macht wenig Mühe. Die Genusssucht erfordert vieler Hände Beistand. Du bedarfst nicht der Künstler: Folge nur der Natur. Sie hat es auf keine Überlastung für uns abgesehen: Wozu sie uns zwang, dazu hat sie uns auch mit hinreichenden Mitteln ausgerüstet. »Die Kälte«, sagt man, »ist dem nackten Leibe unerträglich.« Mag sein. Aber können nicht Felle von wilden und anderen Tieren uns mehr als ausreichend gegen die Kälte schützen? Dient nicht vielen Völkern die Baumrinde zur Bekleidung des Körpers? Wird nicht aus Vogelfedern eine Art von Kleidung hergestellt? Bekleidet sich nicht heutzutage noch ein gut Teil der Scythen mit Fuchs- und Mäusefellen, die sich weich anfühlen und dabei für den Wind undurchdringlich sind? »Doch vor der Glut der Sommerhitze muss man sich doch durch dichteren Schatten schützen.« Nun gut. Aber hat nicht die Vorzeit dafür gesorgt, dass sich an vielen Stellen, sei es durch den Zahn der Zeit, sei es durch sonst irgendwelchen Zufall, tiefe Höhlungen bildeten? Und haben nicht ferner die ersten besten Leute Flechtwerk aus Ruten mit bloßer Hand hergestellt und es mit schlichtem Lehm bestrichen, sodann das Dach mit Stroh und Laub bedeckt und den Winter sorglos überstanden, während der Regen über das schräge Dach ablief? Und dienen nicht Gruben den Völkern an den Syrten zum Schutz gegen die übermäßige Sonnenglut, gegen die es keine schützende Hülle gibt außer dem glühenden Boden selbst?

Die Natur war nicht so feindselig gesinnt, dass sie, während sie es allen anderen Geschöpfen leicht machte den Weg durchs Leben zu finden, es dem Menschen allein nicht vergönnte, ohne die Unzahl von Künsten zu leben. Zu nichts von alledem hat uns ihr Gebot genötigt, nichts erfordert mühseliges Suchen, um das Leben zu fristen. Was wir brauchen, das findet sich von Geburt ab für uns vor. Aber wir sind zu vornehm für das Leichte, und darum haben wir uns alles schwer gemacht. Obdach, Bekleidung, Wärmemittel für den Körper, Nahrung und alles, was jetzt unzählige Hände beschäftigt, war zur Hand, kostenlos und ohne weitere Mühe zu beschaffen; denn das Maß richtete sich nach dem unmittelbaren Bedarf. Wir erst sind es gewesen, die diese Dinge so kostspielig, so staunenswert und zum Gegenstand des Wettbewerbes so vieler bedeutender Künste gemacht haben. Die Natur reicht aus für das, was sie fordert. Die Üppigkeit hat sich losgemacht von der Natur. Sie gibt sich täglich selbst neuen Anreiz, nimmt im Verlaufe der Zeiten immer mehr zu und fördert das Laster durch ihre Erfindungskraft. Sie begann damit, Überflüssiges zu begehren, sodann Naturwidriges, um schließlich den Geist unter das Gebot des Körpers zu stellen und ihn zum Diener der Lustbegier zu machen. Alle jene Künste, die in das bürgerliche Leben so viel Aufregung bringen oder es so geräuschvoll machen, stehen nur im Dienste des Körpers, der ehedem alles, was man ihm gab, als Knecht empfing, während er jetzt der Herr ist, für den alles zugerüstet wird. Daher diese Werkstätten von Webern und Handwerkern, von Verfertigern von allerhand wohlriechenden Stoffen, von Lehrern weichlicher Körperübungen und weichlichen, mattherzigen Gesanges. Denn verschwunden ist jenes natürliche Maß, das in Befriedigung unserer Begierden nicht über das unmittelbar Nötige hinausging. Wie anders jetzt, wo es für ungebildet und armselig gilt, nur das gerade Genügende zu wünschen.

Es ist unglaublich, mein Lucilius, wie leicht der Reiz der Beredtsamkeit selbst große Männer von der Wahrheit abführt. So hat

Posidonius, meiner Meinung nach einer der fruchtbarsten Bearbeiter der Philosophie, seine Freude daran, zunächst zu beschreiben, wie die Fäden teils zusammengedreht teils zufolge ihrer Weichheit und Nachgiebigkeit lang gezogen werden, sodann wie das Gewebe (der Aufzug) durch angehängte Gewichte straff gerade gezogen wird, wie sodann der angefügte Einschlag, um den Druck des von beiden Seiten wirkenden Aufzugs in seiner Härte zu mildern, durch den Weberkamm gezwungen wird sich eng zusammenzuschließen. Und so kommt er denn zu der Behauptung, dass auch die Kunst der Weberei von den Weisen erfunden sei, wobei er ganz vergisst, dass diese feinere Weberei erst eine Erfindung späterer Zeit ist.

Fest am Baum ist die Web', und der Rohrkamm
scheidet den Aufzug.
Mitten hindurch wird geschossen mit spitzigem Schifflein
der Einschlag.
Diesen befest'gen mit kräftigem Stoß die Zähne
des Kammes.

Wie, wenn er in die Lage gekommen wäre, die Gewebe unserer Zeit zu sehen, die zu Kleidern verarbeitet werden, die nichts verbergen, die aller Schamhaftigkeit Hohn sprechen, von ihrer Bestimmung als Schutz des Körpers gar nicht zu reden. Dann geht er zum Landbau über und beschreibt nicht weniger beredt, wie der Boden vom Pfluge aufgerissen und abermals gepflügt wird, um das Erdreich zu lockern zur leichteren Einsenkung der Wurzeln, wie dann der Samen ausgestreut und mit der Hand das Unkraut ausgerodet wird, um nichts Ungehöriges aufkommen zu lassen, was die Saat erstickt. Auch dies erklärt er für ein Werk der Weisen, als ob nicht auch jetzt noch die Landwirte zahlreiche neue Erfindungen machten, um den Ertrag zu fördern. Und noch nicht zufrieden mit diesen Künsten, lässt er den Weisen auch sich mit der Mühle befassen. Er erzählt, wie er in Nachahmung natürlicher Vorgänge auf die Kunst der Brotbereitung kam. »Die in den Mund gebrachten Getreidekörner«, sagt er, »werden durch die Härte der aufeinandertreffenden Zähne zermalmt, und was zur Seite gerät, wird durch die Zunge wieder zwischen eben diese Zähne gebracht. Dann wird es mit Speichel gemischt, um leichter durch den schlüpfrigen Schlund ins Innere hinabzugelangen. Ist es im Magen angelangt, so wird es durch dessen gleichmäßige Wärme verdaut und teilt sich dann so dem übrigen Körper mit. Dies nahm sich einer zum Muster: Er legte einen zackigen Stein über den anderen, ähnlich der Stellung der Zähne zueinander, deren unbeweglicher Teil die Bewegung des anderen erwartet. Durch die Reibung beider werden die Körner zermalmt, was sich öfters wiederholt, bis sie durch diese andauernde Wiederholung auf das feinste zermalmt sind. Hiernach durchfeuchtete er das Mehl mit Wasser, knetete es gründlich durch und formte es zu Brot, das er anfangs auf glühender Asche und einem glühenden Steine buk; dann erfand man mit der Zeit die Backöfen und andere Zubereitungsarten, die eine beliebige Benutzung der Hitze ermöglichten.« Es fehlte nicht viel, so behauptete er auch, das Schusterhandwerk sei von Weisen erfunden worden.

Alles das hat zwar die Einsicht, aber nicht die eigentliche Vernunfteinsicht erdacht. Es sind die Erfindungen von Menschen, aber nicht von Weisen, so wenig wie die Schiffe, mit denen wir Flüsse und Meere befahren unter Anbringung von Segeln, um die Triebkraft des Windes nutzbar zu machen, sowie unter Einfügung des Steuerruders, um dem Schiff jede beliebige Richtung zu geben. »Alles dies«, sagt Posidonius, »hat der Weise zwar erfunden, aber als zu gering, um sich selbst damit näher zu befassen, wurden diese Dinge von ihm untergeordneten Leuten überlassen.« Nein! Sie sind von den nämlichen Leuten erdacht worden, die sich noch heute damit beschäftigen. Manches ist, wie bekannt, erst zu unserer Zeit aufgekommen, wie z. B. die Verwendung von Fensterscheiben, die durch die durchsichtige Glasmasse das helle Tageslicht durchlassen, oder wie die hohen Wölbungen der Bäder und die in ihre Wände eingelassenen Röhren, die überallhin der Wärme Zutritt verschaffen und eine gleichmäßige Verteilung derselben in allen Richtungen bewirken. Nur eben hinzuweisen brauche ich auf den Aufwand an Marmor, der Tempeln und Häusern ihren Glanz gibt, auf die rundgeformten und geglätteten Steinmassen, auf denen die Säulenhallen ruhen, und die Decken der Säle, die geräumig genug sind, um ein ganzes Volk in sich aufzunehmen, auf die Kurzschrift, durch welche auch die schnellste Rede schriftlich festgehalten wird, indem die schreibende Hand mit der Schnelligkeit der Zunge wetteifert. Alles dies sind Erfindungen untergeordneter Gesellen; die Weisheit sitzt auf hohem Thron: Sie lehrt nicht Handfertigkeiten, sie ist die Lehrerin des Geistes. Du willst wissen, was sie ausfindig gemacht, was sie hervorgebracht hat? Nicht unzüchtige Bewegungen des Körpers, nicht die mannigfachen Durchlässe bei Trompete und Flöte, durch welche der aufgefangene Lufthauch beim Aus- oder Durchgang sich zur Melodie formt. Sie hat nichts zu tun mit Waffen, mit Schutzmauern, mit Kriegsbedarf, sie hält es mit dem Frieden und ruft die Menschheit zur Eintracht. Sie ist, um es nochmals zu sagen, keine Verfertigerin von Werkzeugen für den notwendigen Lebensbedarf.

Was mutest du ihr solche Nichtigkeiten zu? Sieh nur hin: Die Gestaltung des Lebens selbst ist ihre Aufgabe und Kunst; alle übrigen Künste stehen unter ihrer Herrschaft. Denn wem das Leben dient, dem dient auch alles, was das Leben schmückt. Indes ist es nur das glückliche Leben, auf das sie zielt: Dahin führt sie, dahin öffnet sie die Wege. Sie zeigt, was wirkliche, was scheinbare Übel seien, sie befreit den Geist von Eitelkeit, sie gibt ihm wahrhafte Größe, die aufgeblähte aber und bloß auf leerem Schein beruhende weist sie in ihre Schranken zurück und duldet keine Unkenntnis des Unterschiedes zwischen Größe und Aufgeblasenheit. Die ganze Natur ebenso wie ihre eigene ist Gegenstand ihrer Lehre. Sie gibt Auskunft über Wesen und Art der Götter, über die Unterweltsbewohner, über Larven und Genien, über die Seelen, die in die zweite Klasse göttlicher Wesen gehören, wo sie verweilen, was sie treiben, was sie können und was sie wollen. Das sind die Weihen, über die sie gebietet, und durch welche nicht etwa der Tempel einer Einzelgemeinde, sondern die unermessliche Wohnstätte aller Götter, der Welt selbst, erschlossen wird, deren wahre Götterbilder und wahres Antlitz sie dem Geiste zur Schau stellt. Denn für so erhabene Schauspiele ist unser sinnliches Gesicht nicht ausreichend. Sodann geht sie zurück auf die Anfänge der Dinge, auf die ewige, dem Ganzen innewohnende Vernunft sowie auf die Kraft jedes Samens, alles Einzelne nach seiner Eigenart zu gestalten. Weiter wendet sie sich dann der Untersuchung des Geistes zu, mit der Frage nach seiner Abkunft, nach seiner Stätte, nach seiner Dauer, nach der Zahl seiner Teile. Sodann geht sie von dem Körperlichen zu dem Unkörperlichen über, beurteilt die Wahrheit der Behauptungen und ihre Beweise und untersucht endlich das Zweideutige in Leben und Rede; denn in beiden mischt sich Wahres und Falsches.

Nicht abgewandt hat sich, wie Posidonius meint, der Weise von jenen Künsten, nein, er hat sich überhaupt mit ihnen nie abgegeben. Denn nie hätte er überhaupt etwas der Erfindung für wert erachtet, was er nicht auch einer dauernden Benutzung für wert erachtet hätte. Seine Wahl würde nicht auf Dinge fallen, von denen er sich wieder lossagen muss. »Anacharsis«, sagt er, »erfand die Töpferscheibe, durch deren Umschwung Gefäße geformt werden.« Weil nun aber schon bei Homer sich die Töpferscheibe findet, soll nicht diese Sage, sondern sollen die Verse des Homer unecht sein. Was mich anlangt, so behaupte ich einerseits, dass Anacharsis mit der Erfindung dieser Sache nichts zu schaffen hat, anderseits, dass, wenn dies doch der Fall war, er diese Erfindung nicht als Weiser gemacht hat, wie denn der Weise so manches tut als Mensch, nicht als Weiser. Nimm an, der Weise sei ein besonders hurtiger Läufer, so wird er im Laufe alle hinter sich lassen, weil er schnellfüßig, nicht weil er weise ist. Ich möchte dem Posidonius wohl einen Glasarbeiter vorführen, wie er durch sein Blasen dem Glase allerhand Formen gibt, die eine geübte Hand kaum zustande bringen könnte. Diese Erfindung ist gemacht worden, als die Zeit der Weisheitserfindung längst vorüber war. »Demokrit«, sagt er, »soll die Kunst des Wölbens erfunden haben, durch die ein Bogen von Steinen, die seitwärts gegeneinander geneigt sind, durch den Mittelstein (Schlussstein) zu fester Verbindung zusammengefügt werden.« Das ist falsch, wie ich behaupte. Denn schon vor Demokrit hat es Brücken und Tore gegeben, die oben gewölbt sind. Ihr habt ferner übersehen, dass derselbe Demokrit die Kunst erfunden hat, Elfenbein zu erweichen, einen ausgekochten Stein in einen Smaragd zu verwandeln, eine Schmelzung, durch die noch heutzutage dazu geeignete Steine, die man gefunden, eine besondere Färbung erhalten. Mag dergleichen Dinge auch ein Weiser erfunden haben, er hat es nicht erfunden, weil er ein Weiser war; tut doch der Weise vieles, was wir auch den Unkundigsten entweder ebenso oder mit noch geübterer oder geschickterer Hand tun sehen.

Du fragst, was der Weise erforscht, was er ans Licht gezogen habe? Zunächst die Wahrheit und die Natur, die er nicht wie die Tiere mit Augen betrachtet hat, denen die Spuren des Göttlichen verborgen bleiben. Sodann das Gesetz für die Lebensführung, das er nach dem Muster des Weltalls entwarf; gemäß seiner Lehre soll man die Götter nicht nur kennen, sondern ihnen auch folgen und den etwaigen Schickungen sich fügen, nicht anders als wären es Befehle von oben. Er verbot, irrigen Meinungen zu folgen, und bestimmte genau den wahren Wert jeglichen Dinges. Über Sinnesgenüsse, die mit Reue verbunden sind, sprach er sein Verwerfungsurteil aus und erteilte sein Lob nur solchen Gütern, an denen man immer Wohlgefallen hat. Laut verkündete er, der sei der Glücklichste, der des Glückes nicht bedarf, der sei der Mächtigste, der sich selbst in der Gewalt habe. Ich spreche nicht von jener Philosophie, die den Bürger dem Vaterlande entfremdet, die Götter sich nicht mit der Welt befassen lässt und die Tugend an die Lust verschenkt, sondern von der, die nur das Sittlichgute für ein wirkliches Gut hält, die nicht durch Spenden aus der Hand der Menschen oder des Schicksals gewonnen werden kann, die in sich so wertvoll ist, dass kein (äußerer) Wert imstande ist uns ihrer habhaft zu machen.

Dass es diese Philosophie schon in jenem der Geistesbildung noch fremden Zeitalter gegeben habe, wo alle künstlichen Hilfsmittel noch fehlten und das Nützliche nur gewohnheitsmäßig erlernt wurde, kann ich nicht glauben. Sie kam erst in der Folgezeit auf, erst nach diesen glücklichen Zeiten, wo alle gütigen Gaben der Natur für jedermanns Gebrauch sich von selbst darboten, wo Habsucht und Üppigkeit noch nicht die Eintracht der Menschen untergraben und sie aus einträchtigen Nachbarn zu Räubern gemacht hatte. Nein, die Männer jener Zeit waren keine Weisen, wenn sie in ihren Handlungen auch den Weisen ähnlich waren. Was den Zustand der Menschheit anlangt, so wird es allerdings schwerlich einen anderen geben, dem man höheren Beifall schenken möchte, und gesetzt, die Gottheit gestattete einem eigenmächtig das Irdische zu gestalten und die Völker zur Sittlichkeit zu erziehen, so wird dieser kein besseres Muster finden als das nach der Überlieferung von jenen Menschen gegebene, bei denen noch

> die Flur von keinen Pächtern bebaut ward,
> Wo es noch keine Umgrenzungen gab mit Verteilung
> des Bodens,
> Sondern ein jeder Erwerb der Gesamtheit diente: die Erde
> Lieferte alles in reichlichem Maß auch unaufgefordert.

Was konnte es Glücklicheres geben als jenes Menschengeschlecht? Man genoß gemeinsam die Gaben der Natur. Sie – die Natur – genügte als Mutter zum Schutze für alle, auf sie gründete sich der sorgenfreie Besitz aller gemeinsamen Güter. Warum sollte ich nicht dasjenige Geschlecht als das reichste in der Welt bezeichnen, in dem es keine Armut zu sehen gab? Dieser überaus glückliche Zustand fand sein Ende durch den Einbruch der Habsucht, die, begehrlich darauf bedacht etwas abzulösen und zum persönlichen Eigentum zu machen, alles einander entfremdete und an die Stelle des Unermesslichen das eng Begrenzte setzte. Die Habsucht ließ die Armut aufkommen, und, indem sie vieles begehrte, verlor sie alles. Mag sie auch jetzt versuchen ihren Verlust wieder auszugleichen, mag sie Feldflur an Feldflur reihen, den Nachbar entweder durch die Höhe des Kaufpreises oder durch Gewalttätigkeit vertreibend, mag sie mit ihrem Bodenbesitz auch die Ausdehnung ganzer Provinzen erreichen und den Besitzenden zu einer Art Reisendem machen, der sein Gebiet besichtigt. Aber mögen wir die Grenzen unseres Besitzes noch so weit ausdehnen, wir werden nie auf den Ausgangspunkt zurückkommen. Rühren wir uns auch noch so sehr, wir werden immer nur vieles besitzen; vor Zeiten besaßen wir alles. Die Erde selbst war noch fruchtbarer, solange sie unbearbeitet war und reichlich spendete, was die noch nicht von Raubsucht befallenen Völker zu ihrem Dasein bedurften. Alles, was die Natur hervorgebracht hatte, wollte ein jeder gern nicht nur gefunden haben, sondern, wenn er es gefunden, es auch dem Nachbar zeigen. Und keiner konnte zu viel oder zu wenig haben, denn alles wurde einträchtig geteilt. Noch hatte nicht der Stärkere seine Hand auf den Schwächeren gelegt, noch hatte nicht der Habgierige durch geheime Absonderung des für den eigenen Besitz Bestimmten andere auch des Unentbehrlichen beraubt: Man war ebenso besorgt für den Nachbar wie für sich selbst. Die Waffen ruhten, und die Hände, noch nicht mit Menschenblut besudelt, dienten nur zur Befriedigung des Ingrimms gegen die wilden Tiere. Jene Glücklichen, die ein dichter Hain vor den Strahlen der Sonne geschützt hatte, die vor des Winters Grimm oder des Regens Überfülle unter dem Laubdach ihrer bescheidenen Hütte sicher lebten, erfreuten sich friedlicher Nächte ohne Seufzer. Mit uns in unserem Purpurkleid treibt die Unruhe ihr Spiel und peinigt uns mit ihrem scharfen Stachel: Aber welch süßen Schlaf gab die harte Erde jenen Menschen! Sie wussten nichts von kunstvoll getäfelten Zimmerdecken, aber, hatten sie sich im Freien zur Ruhe hingestreckt, so durchliefen über ihnen die Sterne ihre Bahn, und das Himmelsgebäude, dies herrliche Schauspiel der Nächte, vollzog seinen unaufhaltsamen Umschwung, schweigsam seinem gewaltigen Werke obliegend. Des Tages sowohl wie des Nachts ruhte ihr Auge auf diesem herrlichsten Gebäude. Nach Belieben konnte man, seinen Blick nach den Sternbildern wendend, zuschauen, wie sie von der Höhe des Himmels sich niederwenden, während andere aus der verborgenen Tiefe emporsteigen. Hätte man nicht seine Lust daran haben sollen, in dieser Wunderwelt mit ihren weit zerstreuten Bildern umherzuschweifen? Aber ihr – ihr zittert beim geringsten Geräusch eurer Häuser und ergreift wie besessen die Flucht inmitten all eurer Gemälde, sobald sich ein verdächtiger Ton vernehmen lässt. Damals hatte man keine Häuser von der Größe ganzer Städte. Luftzug und freier Windeshauch über offenes Gelände, leichter Schatten eines Felsens oder Baumes, durchsichtige Quellen und Bäche, die durch keinen künstlichen Eingriff, durch keine Röhren, durch keine erzwungene Wegrichtung entstellt sind, sondern ihrem natürlichen Laufe treu bleiben, dazu Wiesen von anmutender Schönheit auch ohne jede künstliche Nachhilfe und inmitten dessen die schlichte ländliche Hütte, von derber Hand sauber hergestellt: Das war ein Haus, wie die Natur es wünscht; in ihm konnte man behaglich leben, ohne Angst vor demselben oder für dasselbe. Jetzt ist es anders: Die Häuser sind eine Hauptquelle unserer Beängstigungen.

Indes, so vorbildlich auch das Leben war, das sie führten, und so fern ihnen jeder Gedanke an Trug lag, so waren sie doch keine Weisen; denn das ist eine Bezeichnnng, die nur der höchsten Leistung gebührt. Doch will ich nicht leugnen, dass sie hochsinnige Männer waren und sozusagen unmittelbare Sprösslinge der Götter. Denn kein Zweifel: Ein besseres Geschlecht hat die noch unverbrauchte Erde nicht hervorgebracht. Erfreuten sich aber auch alle einer kräftigeren Anlage und willigeren Hingabe an Anstrengungen, so hatten sie doch nicht alle die höchste Stufe der Geistesbildung erreicht. Denn nicht die Natur ist es, die die Tugend verleiht: Es ist eine Kunst, ein sittlich tüchtiger Mensch zu werden. Dieses Geschlecht suchte noch nicht nach Gold, Silber und durchsichtigen Edelsteinen in der feuchten Tiefe der Erde, es schonte auch noch die unvernünftigen Tiere. Noch war man weit davon entfernt, dass der Mensch einen Menschen, nicht etwa im Zorn, nicht etwa aus Furcht tötete, sondern nur um an dem Schauspiel seine Freude zu haben. Noch gab es keine gestickten Kleider, keine Goldgewebe, noch grub man überhaupt kein Gold. Wie steht's also damit? Ihre Unschuld war zurückzuführen auf ihre Unerfahrenheit. Es ist aber ein großer Unterschied, ob man die Sünde unterlässt, weil man sie nicht will, oder weil man von der Sache überhaupt nichts weiß. Jenes glückliche Geschlecht war nicht in Besitz der Gerechtigkeit, der Einsicht, der Mäßigkeit und der Tapferkeit. Ihr noch bildungsloses Leben zeigte gewisse allen diesen Tugenden verwandte Züge; allein die Tugend wird nur einem wohl unterrichteten, durchgebildeten und durch anhaltende Übung zur Höhe gelangten Geiste zuteil. Dazu werden wir geboren, aber noch ohne dies Wissen und auch bei den Besten findet sich, ehe man mit ihrer Bildung beginnt, zwar die Anlage zur Tugend, aber noch nicht die Tugend.

Einundneunzigster Brief

Mahnung zu innerer Gefasstheit gegenüber auch dem größten Unglück, aus Anlass der Nachricht von dem Riesenbrand, der das schöne Lugdunum (Lyon), die Heimat des Liberalis, bis auf das letzte Haus vernichtet hat

Unser Freund Liberalis ist jetzt von tiefer Trauer erfüllt durch die Nachricht von der Feuersbrunst, die unsere Pflanzstadt Lugdunum in Asche gelegt hat. Dieses Unglück, für jeden erschütternd, musste den stärksten Eindruck machen auf einen seiner Vaterstadt auf das Innigste ergebenen Mann. So ist es denn dahin gekommen, dass ihn seine innere Fassung im Stiche lässt, zu der er eben nur solchen Ereignissen gegenüber sich kräftig genug gemacht hat, die befürchten zu müssen er überhaupt für möglich hielt. Aber dieses Unglück war so unerwartet, ja so unerhört, dass ich mich nicht wundere, wenn niemand es befürchtete; war es doch ohne Beispiel. Denn Feuersbrunst hat viele Gemeinden heimgesucht, aber keine hat sie vernichtet. Denn auch, wo von Feindeshand Feuer in die Häuser geschleudert wird, bleiben viele Stellen verschont, und obwohl der Brand sich ab und zu wieder regt, hält er doch selten eine so gründliche Ernte, dass er für das Schwert nicht noch etwas übrig ließe. Selbst was Erdbeben anlangt, hat es doch kaum jemals eine so schwere und vernichtende Erschütterung gegeben, dass ganze Städte zugrunde gingen. Kurz, niemals hat es eine so verheerende Feuersbrunst gegeben, dass sie für eine zweite Feuersbrunst nicht noch etwas übrig ließ. So viel herrliche Werke, deren jedes Einzelne eine Stadt berühmt machen könnte, hat eine einzige Nacht vernichtet, und mitten im Frieden spielte sich ein Ereignis ab, das alles hinter sich lässt, was selbst im Kriege zu befürchten steht. Wer sollte es glauben? Allenthalben ruhen die Waffen, der ganze Erdkreis erfreut sich voller Sicherheit, und

Lugdunum, dieser Glanzpunkt ganz Galliens, ist nicht mehr zu finden. Allen, denen in ihrer staatlichen Tätigkeit das Schicksal schwere Prüfungen auferlegte, war es von diesem vergönnt, ihr kommendes Unglück im Voraus zu fürchten. Jedes erschütternde Ereignis erforderte sonst eine gewisse Zeit zur Entwicklung seiner zerstörenden Kraft; hier aber genügte eine einzige Nacht, eine großartige Stadt in ein völliges Nichts zu verwandeln. Ja, dieser mein Bericht an dich über ihren Untergang nimmt mehr Zeit in Anspruch als der Untergang selbst.

Dies alles wirkt lähmend ein auf das Gemüt unseres Liberalis, das sonst fest und mutig ist bei persönlichen Verlusten. Und seine Erschütterung ist auch sehr begreiflich. Das Unerwartete drückt stärker auf uns, das Überraschende erhöht das Gewicht der Schicksalsschläge, und welcher Mensch empfände nicht schmerzlicher den Verlust dessen, woran er mit voller Bewunderung hing? Daher müssen wir auf alles gefasst sein und unsere Gedanken nicht etwa bloß auf das richten, was zu geschehen pflegt, sondern was geschehen *kann*. Denn was gäbe es, was das Schicksal nicht, wenn dies in seinem Willen liegt, auch dem blühendsten Zustand entfremden könnte, was es nicht umso schärfer angriffe und erschütterte, je glanzvoller es leuchtet? Was wäre ihm unerreichbar, was schwer? Nicht immer nur auf *einem* Wege erfolgt sein Angriff, nicht einmal immer auf dem ganzen Wege: Bald ruft es unsere Kraft *gegen* uns zu Hilfe, bald findet es, zufrieden mit der eigenen Kraft, Verderbliches ohne Anstifter. Jede Zeit ist ihm gelegen. Mitten in den Lustgenüssen finden sich Veranlassungen zum Schmerz. Im tiefsten Frieden kommt es zum Ausbruch des Krieges, und die vermeintlichen Sicherungen werden zu Bedrohungen. Der Freund wird zum Feind, der Bundesgenosse zum Gegner. Das ruhige Sommerwetter schlägt plötzlich um in Sturm, der brausender rast als im Winter. Ohne Feind müssen wir Feindseliges über uns ergehen lassen, und finden sich sonst keine Gründe dazu, so ist es das eigene übermäßige Glück, das den Anlass zum eigenen Sturze gibt. Auch der Maßvollste bleibt nicht von Krankheit verschont, der Stärkste nicht von Schwindsucht, der Unschuldigste nicht von Strafe, der Zurückgezogenste nicht von verwirrendem Gelärme. Der böse Zufall weiß irgendetwas Unerhörtes zu finden, wodurch er die Vergesslichen an seine Kraft erinnert. Was eine lange Reihe von Geschlechtern unter mancherlei Anstrengungen, doch von der Huld der Götter begünstigt, aufgerichtet hat, das lässt ein einziger Tag in alle Winde verfliegen. Lange Frist gewährt dem heraneilenden Unglück der, der von *einem* Tage spricht; eine Stunde aber schon, ja ein Augenblick genügt, um große Reiche zu zerstören. Unsere Schwäche und unser Unvermögen fände einigen Trost, wenn alles für seinen Untergang ebenso viel Zeit brauchte wie für seine Entstehung; tatsächlich aber wächst der Aufbau nur langsam empor, während es mit dem Untergang überraschend schnell geht. Weder der Einzelne noch der Staat hat einen festen Halt. Menschen wie ganze Gemeinden verfallen der Macht des Schicksals. Mitten in der tiefsten Ruhe erklingt der Schreckensruf, und ohne dass von außen störende Ursachen wirken, bricht Unheil herein von einer Seite, von der man es am wenigsten erwartet hätte. Ohne sichtbaren Anlass stürzen Reiche zusammen, die heimische, die auswärtige Kriege glücklich überstanden hatten. Welcher Staat hat sich auf die Dauer mit dem Glück abzufinden vermocht? Man muss also alle Möglichkeiten überdenken und sich innerlich feien gegen alles, was da kommen kann. Verbannung, Folter, Krankheit, Krieg, Schiffbruch – nichts halte für unmöglich. Ein Zufall kann dich dem Vaterlande, kann das Vaterland dir entreißen, kann dich in die Einsamkeit verscheuchen. Eben die Stätte, wo man im Gedränge fast erstickt, kann zur Einöde werden. Jede denkbare menschliche Lebenslage muss man sich vor Augen stellen und dabei nicht auf die Häufigkeit des Vorkommens, sondern auf den höchsten Grad desselben sich im Voraus gefasst machen, wenn wir nicht unterliegen und uns nicht durch das Außergewöhnliche, als wäre es etwas Unerhörtes, betäuben lassen wollen. Man muss das Schicksal in seiner vollen Gewalt dem Geiste gegenwärtig halten. Wie oft sind Städte Asiens, wie oft Städte Achajas durch ein einziges Erdbeben zertrümmert worden. Wie viele Städte Syriens und Mazedoniens sind versunken, wie oft ist Cypern von diesem Unglück heimgesucht worden, wie oft ist Paphos in sich zusammengestürzt. Oft genug ward uns der Untergang ganzer Städte gemeldet, und wir, die wir so häufig davon Nachricht erhalten, müssen wir denn etwa immer eine Ausnahme machen? Machen wir uns also kampfbereit gegen die Heimsuchungen des Schicksals, und sagen wir uns, dass, was auch sich ereignet haben mag, nicht so gewaltig ist als es gerüchtweise erscheint. Eine blühende Stadt, die Zierde der Provinzen, zu denen sie gehörte und von denen sie sich zugleich abhob durch ihre Herrlichkeit – sie ist in Asche gelegt, aber sie lag auf einer einzigen, nicht besonders ausgedehnten Anhöhe. Blicke hin auf alle die Städte, die jetzt als großartig und herrlich gepriesen werden: Selbst die letzten Spuren derselben wird die Zeit verwischen. Siehst du nicht, wie in Achaja die Fundamente auch der namhaftesten Städte bereits geschwunden sind und dass es keine Überreste noch irgendwelche Kunde davon gibt, dass sie wenigstens einmal da gewesen sind. Und nicht bloß, was durch Menschenhand errichtet, sinkt dahin, nicht bloß, was durch Menschenkunst und Menschenfleiß entstanden, rafft die Zeit hinweg: Ganze Bergrücken bröckeln ab, ganze Geländestrecken senken sich, und Gegenden, die meilenweit vom Meere entfernt lagen, sind jetzt von seinen Fluten bedeckt. Die unbändige Kraft des Feuers hat ganze Hügel, die von seinem Widerschein erglänzten, in sich zusammensinken lassen, ja selbst himmelhohe Berggipfel, den Seefahrern ein Trost und Wegweiser, zu Bruche gebracht. Also auch was die Natur selbst geschaffen hat, bleibt nicht verschont, und darum müssen wir mit Gleichmut uns darein finden, dass auch Städte zugrunde gehen. Sie stehen nur, um dereinst zu fallen. Allen steht dies Ende bevor, sei es, dass eine verhaltene Gewalt und die aus ihrem Verschluss hervorbrechende Windsbraut die Fessel sprengen, von der sie gehalten werden, sei es, dass die im Verborgenen nur umso verheerendere Kraft der Gießbäche sich hervordränge, oder dass die Gewalt der Flammen das Gefüge des Bodens zerrüttet hat, oder dass das Alter, vor dem nichts bewahrt bleibt, sich Stück für Stück dieses Bodens bemächtigt hat, oder dass bösartiges Klima die Völker fortgetrieben und das Land in verwahrlostem Zustand zurückgelassen hat. Alle Anschläge des Schicksals aufzuzählen würde zu weit führen; dies eine aber, weiß ich, ist sicher: Alles Menschenwerk ist zur Vergänglichkeit verurteilt, wir leben inmitten einer Umgebung, der keine Dauer beschieden ist.

Mit diesen und ähnlichen Trostgründen suche ich unserem Liberalis beizukommen, der von einer unglaublichen Liebe zu seiner Heimat durchdrungen ist. Und doch, wer weiß? Vielleicht ist diese seine Heimat nur untergegangen, um umso schöner wieder zu erstehen. Oft hat gewaltsames Unrecht nur Platz gemacht für eine bessere Lebenslage. Vieles ist zu Fall gekommen, um sich umso höher zu erheben. Timagenes, der für das Glück unserer Stadt nichts übrig hatte, pflegte zu sagen, die Brände in Rom bereiteten ihm nur deshalb Schmerz, weil er wüsste, dass aus den Trümmern des Brandes Besseres erstehen werde. So darf man denn auch in unserem Falle – bei diesem Brandunglück von Lugdunum – annehmen, dass alle wetteifern werden, das Verlorene durch Besseres und Sichereres zu ersetzen. Möge der Neugründung eine längere Dauer beschieden sein, möge sie unter glücklichen Wahrzeichen einer längeren Zukunft entgegensehen! Denn diese Pflanzstadt hat seit ihrem Ursprung erst hundert Jahre hinter sich, ein Alter, das selbst für den Menschen noch nicht das alleräußerste ist. Von Munatius Plancus gegründet, entwickelte sie sich infolge der günstigen Ortslage zu einer so zahlreichen Gemeinde. Und doch! Wie viele schwere Schläge musste sie über sich ergehen lassen im Verlaufe eines reichlichen Menschenalters. Daher soll man darauf bedacht sein, seine Seele heranzubilden zum Verständnis und zur Ertragung des ihr beschiedenen Loses und soll sich sagen, dass das Schicksal vor keinem Wagnis zurückschreckt, dass es gegen jedes Herrscherreich ebenso viel Macht habe wie gegen jeden Herrscher, dass es gegen Stadtgemeinden ebenso viel vermag wie gegen einzelne Menschen; das alles darf uns keinen Anlass zum Unwillen geben. Die Welt, in die wir eingetreten sind, fordert den Gehorsam gegen diese Gesetze. Bist du einverstanden, so gehorche. Bist du nicht einverstanden, so schaffe dir einen Ausweg ganz nach deinem Belieben. Widerfährt dir eine nur dir allein persönlich geltende Unbill, so mache deinem Unwillen Luft; aber handelt es sich um die wohlbekannte, Hoch wie Niedrig unter ihr Joch beugende Notwendigkeit, so schließe deinen Frieden mit dem Schicksal, von dem alles ins Gleiche gebracht wird. Du darfst uns Menschen nicht schätzen nach den Grabhügeln und Monumenten, die, von den anderen sich abhebend, der Landstraße zum Schmucke gereichen: Der Tod macht alle gleich. Als Ungleiche treten wir ins Leben ein, als Gleiche verlassen wir es.

Was ich von den Bewohnern der Städte sage, das gilt auch von den Städten selbst. Ardea ward erobert, ebenso gut wie Rom. Jener Begründer des Menschenrechtes hat uns nach Herkunft, Stand und klangvollem Namen nur solange unterschieden als wir leben. Ist es mit unserem sterblichen Teil zu Ende gegangen, so heißt es: »Nun, Ehrgeiz, lebe wohl: Über allem, was auf Erden wandelt, waltet das eine und gleiche Gesetz.« Wir gleichen uns darin, dass wir alles über uns ergehen lassen müssen: Keiner ist hinfälliger, keiner seiner Sache sicherer für den folgenden Tag als der andere.

Alexander, der Mazedonierkönig, nahm Unterricht in der Geometrie, zu seinem Unglück, denn er sollte dadurch zu der Erkenntnis gelangen, wie klein die Erde sei, von der er nur einen winzigen Teil seiner Herrschaft unterworfen hatte. Damit will ich sagen: Unglücklich war er deshalb, weil er einsehen musste, dass er mit Unrecht seinen Beinamen (der Große) führe. Denn wer kann groß sein im Kleinen? Was ihm in diesem Unterrichte gelehrt wurde, war von scharfsinniger Art und erforderte die volle Aufmerksamkeit, war also wenig geeignet für einen in wahnwitzigen Vorstellungen schwelgenden Geist, der mit seinen Gedanken über den Ozean hinüberschweifte. »Lehre mich Dinge, die leicht sind«, sagte er zu seinem Lehrer. Dieser antwortete: »Sie sind für alle dieselben« [gleich schwer]. So spricht, wie du dir denken musst, auch die Natur zu dir: »Das, worüber du klagst, ist für alle das Gleiche. Ich kann niemandem zu Leichterem verhelfen; wohl aber kann jeder, wenn er nur will, es sich selbst leichter machen.« Und wie dies? Durch die gleichmütige Stimmung der Seele. Du musst Schmerz, Durst, Hunger und Altersbeschwerden, wenn dir ein längeres Verweilen unter den Menschen vergönnt ist, über dich ergehen lassen, auch Krankheit, Verlust und Untergang. Doch von all diesen Erscheinungen, die dich umschwirren, brauchst du nichts weiter zu halten: Nichts von alledem ist ein Unglück, nichts unerträglich oder hart. Die Furcht davor ist nur die Frucht der allgemeinen Übereinstimmung. So steht es auch mit dem Tod: Du fürchtest ihn in gleichem Maße wie das Gerede darüber. Was ist aber törichter als ein Mensch, der sich vor Worten fürchtet? Treffend pflegt unser Demetrius zu sagen, für ihn hätten die Äußerungen ungebildeter Leute keine andere Bedeutung als die dem Bauche entfahrenden Geräusche. »Denn was«, sagt er, »macht es mir denn aus, ob sie in hohem oder in tiefem Tone erklingen?« Was für eine Torheit ist es zu fürchten, dass man von einem Verleumder verleumdet werde? Wie ihr das böse Gerede fürchtetet ohne Grund, so auch das, was ihr überhaupt nicht fürchten würdet, wenn das Gerede nicht maßgebend für euch wäre. Würde etwa ein tugendhafter Mann irgendwelchen Schaden leiden, wenn er von bösem Leumund verfolgt wird? Auch dem Tode soll solches Gerede bei uns nicht zum Nachteil gereichen: Auch er steht in einem schlechten Geruch. Niemand von allen, die Klage gegen ihn erheben, hat ihn an sich selbst erfahren. Es ist aber doch eine Unbedachtsamkeit, zu verurteilen was man nicht kennt. Dagegen weißt du doch, wie vielen er nützlich ist, wie viele er von Qualen, von Armut, von Klagen, von Martern, von Überdruss befreit. Wir sind in niemandes Gewalt, während der Tod in unserer Gewalt ist.

Zweiundneunzigster Brief

Der allein unbedingte Wert der Tugend

Wir sind wohl einverstanden darüber, dass aller äußere Erwerb dem Körper, und die Sorge für den Körper dem würdigen Gedeihen des Geistes gilt, dass die Seele aber zum Zwecke unserer Bewegungsfähigkeit und Ernährung gewisse Teile in sich birgt, die im Dienste des herrschenden Teiles stehen. Dieser herrschende Teil zerfällt in einen vernünftigen und einen unvernünftigen Teil. Der Letztere ist dem Ersteren – der Vernunft – untergeordnet. Die Vernunft allein hat nichts Höheres über sich, sondern macht alles von sich abhängig. Ist doch auch die göttliche Vernunft über alles gesetzt, während sie selbst von nichts abhängig ist: Diese unsere Vernunft aber ist der nämlichen Art, da sie aus ihr herstammt. Sind wir darüber einverstanden, so stimmen wir folgerichtig auch darin überein, dass die zur vollen Reife gelangte Vernunft die einzige Bedingung für ein glückliches Leben sei. Denn sie allein lässt den Mut nicht sinken, bleibt standhaft im Kampfe wider das Schicksal. Sie allein sichert dem Menschen in jeder Lebenslage die Gemütsruhe. Nur was keines Abbruchs fähig ist, ist ein wirkliches Gut. Derjenige, behaupte ich, ist glücklich, den nichts zu erniedrigen vermag. Er hält sich unerschütterlich auf der Höhe, und zwar ohne sich auf irgendetwas anderes zu stützen als auf sich selbst. Denn wer irgendwelcher Beihilfe zur Stütze bedarf, der kann auch zu Fall kommen. Steht es anders mit uns, so wird sich bald so manches in uns mächtig regen, was nicht (im strengen Sinne) uns gehört. Welcher Einsichtige wollte dem äußeren Glück trauen, wollte bewundernd auf sich selbst blicken wegen Dingen, die nicht ihm gehören? Was ist ein glückliches Leben? Sorgenfreiheit und dauernde Gemütsruhe. Diese aber ist ein Geschenk der Seelengröße, ein Geschenk der Beharrlichkeit, mit der man festhält an dem für recht Erkannten. Wie gelangt man dazu? Wenn man die volle Wahrheit durchschaut hat, wenn für alle unsere Handlungen unverbrüchliche Bedingungen sind Ordnung, Maß, Anstand, reiner und guter Wille, der immer auf die Stimme der Vernunft achtet und nie von ihrem Gebote lässt, der Liebe ebenso würdig wie der Bewunderung. Kurz, um es auf eine einfache Formel zu bringen, die Seele des Weisen muss von der Art sein, wie sie der Gottheit geziemt. Was kann derjenige noch vermissen, der alles sittlich Gute in sich hat? Denn wenn Dinge, die nicht sittlich gut sind, zur Glückseligkeit etwas beitragen können, so wird das glückliche Leben zu den Dingen gehören, die seine ständigen Begleiter sind. Und was wäre schimpflicher oder törichter, als das Gut des vernünftigen Geistes aus unvernünftigen Elementen zusammenzusetzen?

Doch es gibt einige, die behaupten, das höchste Gut sei noch einer Steigerung fähig, da es nicht hinreichend gedeckt sei gegen die störenden Eingriffe des Zufalls. Auch Antipater, eines der Häupter unserer Schule, erklärt, er lege den äußeren Dingen doch einen gewissen, wenn auch sehr geringen Wert bei. Doch das heißt, wie du siehst, nichts anderes, als mit dem Tageslicht nicht zufrieden zu sein, wenn nicht noch irgendwelcher schwache Feuerschein hinzukommt. Was kann bei dieser Klarheit des Sonnenlichtes ein winziges Fünkchen noch ausmachen? Bist du nicht mit der bloßen Tugend zufrieden, so musst du noch entweder jene Seelenruhe hinzufügen, welche die Griechen mit dem Worte ἀοχλησία bezeichnen, oder die Lust. Davon kann man das Erstere zur Not sich gefallen lassen. Denn wenn der Geist unbelästigt ist, so fühlt er sich frei zur Betrachtung des Weltalls, und nichts ruft ihn ab von der Beobachtung der Natur. Aber jenes andere, die Lust, ist des lieben Viehes Gut. Mit ihr fügen wir der Vernunft die Unvernunft, der Ehrbarkeit das Unehrbare bei. Für den Weichling besteht der Reiz des Lebens in dem Kitzel des Körpers; demgemäß könnt ihr denn unbedenklich sagen: Es geht dem Menschen gut, wenn es seinem Gaumen gut geht. Und den rechnest du noch unter die Menschen – von *Männern* gar nicht zu reden – dessen höchstes Gut in Gaumenreizen, Farben und Tönen besteht? Hinweg mit ihm aus der herrlichsten und an Rang gleich hinter den Göttern folgenden Schar lebender Wesen: Mag er sich dem unvernünftigen Vieh zugesellen als ein Geschöpf, das seine ganze Freude am Futter findet. Der unvernünftige Seelentrieb besteht aus zwei Teilen: Der eine ist der Sitz des Mutes, des Ehrgeizes, der Unbändigkeit, der heftigen Seelenregungen, der andere ist dem Niedrigen, dem Erschlaffenden, der Lustbegier zugewandt. Jenen unbändigen, aber edleren, wenigstens tapferern und eines Mannes würdigeren, lassen sie auf sich beruhen, wogegen sie den anderen für unentbehrlich hielten zu einem glücklichen Leben, trotz seiner Kraftlosigkeit und Verwerflichkeit. Diesem soll ihrer Weisung zufolge die Vernunft dienstbar sein, und so erniedrigten sie das höchste Gut des edelsten Geschöpfes und machten es verächtlich, überdies zu einer unnatürlichen Mischung aus schlechterdings nicht zueinander passenden Bestandteilen. Denn wie unser Vergil von der Scylla sagt:

Vorn ist menschlich gestaltet und schön von Busen
die Jungfrau,
Bis an den Schoß; doch weiter ein grausiges Seeungeheuer,
Hinten verbindend des Seewolfs Leib mit dem Schwanz
des Delphines.

Allein bei dieser Scylla sind es doch wenigstens wilde Tiere, die ihr angefügt sind, Wesen von furchtbarer und schnellfüßiger Art: Aber die Weisheit, aus was für unnatürlichen Bestandteilen soll sie jenen

Leuten zufolge zusammengesetzt sein? Die vornehmste Errungenschaft des Menschen ist die Tugend an sich selbst: Ihr wird hier angefügt das verderbliche und weichliche Fleisch, das zu nichts anderem taugt als zur Aufnahme der Speisen, wie Posidonius sagt. Jene göttliche Tugend verliert sich also ins verführerisch Schlüpfrige, und mit ihren oberen, Ehrfurcht gebietenden und himmlischen Teilen verbindet sich ein Wesen von träger und schlaffer Art. Jene Ruhe aber, die zur Not als zweites Element zugelassen wurde, gibt an sich dem Geiste keinen (positiven) Zuwachs, sondern räumt nur etwaige Hindernisse weg. Die Lust aber wirkt geradezu zerstörend und lässt jede Kraft erschlaffen. Wo findet sich sonst eine so zwiespaltige Verbindung von Körpern? Dem tatenfrohesten Wesen gesellt sich das trägste, dem ernsthaftesten das jeden Ernstes bare, dem heiligsten das bis zur Blutschande unzüchtige bei.

»Wie aber«, erwidert man, »wenn gute Gesundheit, wenn Ruhe und Freisein von Schmerz der Tugend nicht hinderlich sein werden, wirst du dann dein Streben nicht auch auf diese Dinge richten?« Warum sollte ich es nicht? Aber nicht, weil sie wirkliche Güter, sondern weil sie der Natur gemäß sind und weil ich sie mit gutem Urteil wähle. Was wird also daran gut sein? Nur dies, dass die Wahl eine gute ist. Denn wenn ich ein mir wohl anstehendes Kleid anlege, wenn ich mit Anstand spazieren gehe, wenn ich mich bei meiner Mahlzeit in den richtigen Grenzen halte, so wird nicht die Mahlzeit oder der Spaziergang oder das Kleid gut sein, sondern mein wohlüberlegtes Benehmen dabei, indem ich da überall das vernunftgemäße Maß einhalte. Dem füge ich noch Folgendes bei: Der Mensch muss bedacht sein auf die Wahl eines anständigen Kleides, denn von Natur ist der Mensch ein auf Sauberkeit und Anstand bedachtes Wesen. Daher ist ein sauberes Kleid nicht etwas an und für sich Gutes, sondern die Wahl eines sauberen Kleides. Denn das Gute liegt hier nicht im Gegenstand, sondern in der Art und Weise der Wahl. Unsere Handlungen sind tugendhaft, nicht die Dinge selbst, auf die sich die Handlungen beziehen. Was ich vom

Kleide gesagt habe, das musst du auch für den Körper gelten lassen. Denn auch mit diesem hat die Natur den Geist wie mit einem Gewand umgeben, er ist die Hülle desselben. Wer aber hat je die Kleidung nach dem Schrank geschätzt? Die Scheide macht ein Schwert weder tauglich noch untauglich. Dementsprechend lautet denn meine Antwort auch hinsichtlich des Körpers so: Wird mir die Wahl gelassen, so werde ich mich für Gesundheit und Kraft entscheiden; aber als das eigentlich Gute dabei wird mir mein Urteil gelten, nicht die Dinge selbst.

»Der Weise«, heißt es weiter, »ist zwar glücklich, allein jenes höchste Gut errreicht er nicht, wenn ihm nicht auch natürliche Hilfsmittel zu Gebote stehen. So kann zwar, wer im Besitze der Tugend ist, nicht unglücklich sein; aber im vollsten Sinne glücklich ist er doch nicht, wenn er Verzicht leisten muss auf die natürlichen Güter wie z. B. Gesundheit und volle Gliederkraft.« Was hierbei als das Unglaublichere erscheint, das gibst du zu, nämlich dass einer bei heftigstem und anhaltendem Schmerz nicht unglücklich, ja sogar glücklich sei; das minder Unglaubliche dagegen lässt du nicht gelten, nämlich dass er vollkommen glücklich sei. Und doch: Wenn die Tugend bewirken kann, dass einer nicht unglücklich ist, so wird es für sie leichter sein zu bewirken, dass er vollkommen glücklich ist. Denn es ist ein geringerer Abstand vom Glücklichen zum Glücklichsten als vom Unglücklichen zum Glücklichen. Ist eine Kraft groß genug, einen dem Unglück zu entreißen und unter die Glücklichen zu versetzen, kann diese dann nicht auch das noch Fehlende hinzusetzen und einen zum Glücklichsten machen? Soll diese Kraft oben auf der Höhe versagen? Es gibt im Leben Annehmlichkeiten und Unannehmlichkeiten, beide außerhalb unseres Machtbereichs. Ist der Tugendhafte nicht unglücklich, mag auch alles Ungemach ihn treffen, muss er dann nicht der Glücklichste sein, auch wenn ihm einige Annehmlichkeiten fehlen? Denn wie er durch die Last des Ungemachs nicht herabgedrückt wird bis zum Zustand des Unglücklichen, so wird er durch den Mangel einiger

Annehmlichkeiten nicht zum Verzicht auf den Zustand des Glücklichsten genötigt; vielmehr ist er auch ohne diese Annehmlichkeiten der Glücklichste, ebenso gut wie er unter der Last des Ungemachs nicht unglücklich ist. Ist dem nicht so, dann kann ihm sein Gut auch entrissen werden, falls es vermindert werden kann.

Kurz vorher bemerkte ich, dass ein kleines Flämmchen das Sonnenlicht nicht zu verstärken vermag. Denn durch die Helligkeit des Sonnenlichtes wird alles verdunkelt, was ohne jenes leuchten würde. »Aber es gibt Dinge«, erwidert man, »die sich auch der Sonne entgegenstellen.« Aber die Sonne bleibt völlig im Besitz ihrer Kraft trotz allem, was sich ihr entgegenstellt; sie verharrt in ihrer Tätigkeit, auch wenn sich etwas vor sie schiebt, das uns ihren Anblick entzieht: Sie lässt sich in ihrem Laufe nicht irre machen. Wenn sie zwischen Gewölk hervorleuchtet, ist sie nicht kleiner als bei heiterem Himmel, ja auch nicht einmal langsamer. Denn es ist ein großer Unterschied, ob etwas sich bloß entgegenstelle oder ob es ein Hemmnis bilde. Ebenso steht es mit dem, was sich der Tugend entgegenstellt: Es tut ihr keinen Eintrag, sie wird nicht kleiner, sie glänzt nur weniger. Uns erscheint und erglänzt sie vielleicht nicht in der gleichen Weise, in sich aber ist sie dieselbe und lässt nach Art der verdunkelten Sonne im Verborgenen ihre Kraft walten. Schicksalsschläge, Verluste, Gewalttätigkeiten haben also gegenüber der Tugend keine andere Bedeutung als der Nebel in seinem Verhältnis zur Sonne.

Es gibt wohl Leute, die behaupten, ein körperlich unzureichend ausgestatteter Weiser sei weder unglücklich noch glücklich. Auch diese Behauptung ist irrig; sie setzt Zufallsgüter den Tugenden gleich und legt den sittlich wertlosen Dingen den nämlichen Wert bei wie den ehrenwerten. Was aber ist schnöder, was unwürdiger als Ehrfurcht erweckende Dinge mit verächtlichen zu vergleichen? Denn Gerechtigkeit, Frömmigkeit, Treue, Tapferkeit, Einsicht sind Ehrfurcht erweckende Dinge, wogegen wertlos sind solche Dinge, die häufig in höherem Maße den Nichtswürdigsten zufallen, wie feste Beine, Arme und Zähne nebst gesundem Muskelbestand. Wenn ferner ein Weiser, der mit seinem Körper zu kämpfen hat, weder für unglücklich gilt noch für glücklich, sondern die Mitte zwischen beiden innehält, so wird man auch seine Lebensweise weder begehrenswert noch verwerflich finden. Gibt es aber eine ungereimtere Behauptung als die, dass des Weisen Leben nicht begehrenswert sei? Oder was entbehrt so sehr aller Glaublichkeit als die Behauptung, dass irgendein Leben weder begehrenswert sei noch zu meiden? Wenn ferner körperliche Gebrechen den Weisen nicht unglücklich machen, so hindern sie auch nicht an seinem Glück. Denn was seinen Zustand nicht verschlimmern kann, das kann auch seinem Glück keinen Eintrag tun.

»Es gibt«, wendet man ein, »etwas Kaltes und etwas Warmes, zwischen beiden steht das Lauwarme. So gibt es denn auch einen, der glücklich ist, einen, der unglücklich ist, und einen, der weder glücklich noch unglücklich ist.« Ich will dieses uns Stoikern entgegengehaltene Bild genau aufs Korn nehmen. Gieße ich dem Lauwarmen mehr Kaltes zu, so wird es kalt werden. Gieße ich ihm mehr Warmes zu, so wird es schließlich warm werden. Aber was den weder Unglücklichen noch Glücklichen betrifft, so wird er, mag ich sein Leid auch noch so sehr vermehren, nicht unglücklich sein, wie ihr behauptet; also ist euer Bild nicht zutreffend. Ferner führe ich euch einen Menschen vor, der weder unglücklich ist noch glücklich. Ich lege ihm auch noch Blindheit bei: Er wird nicht unglücklich. Ich lege ihm ferner Gebrechlichkeit bei: Er wird nicht unglücklich. Ich lege ihm andauernde und heftige Schmerzen bei: Er wird nicht unglücklich. Wem so viel Ungemach das Leben nicht unglücklich macht, den kann es auch aus dem glücklichen Leben nicht verdrängen. Wenn der Weise, wie ihr zugebt, nicht aus einem Glücklichen zu einem Unglücklichen werden kann, so kann er auch nicht zu einem werden, der nicht glücklich ist, denn wer einmal ins Fallen geraten ist, wie könnte der irgendwo innehalten? Was ihn nicht in den Grund hinabfallen lässt, hält ihn oben auf der Höhe fest. Warum wäre es unmöglich, dass ein glückliches Leben unzerstörbar sei? Duldet es doch nicht einmal ein Nachlassen, und eben deshalb ist die Tugend an und für sich für dasselbe ausreichend.

»Wie?«, sagt man. »Ist der Weise, der länger gelebt hat, der durch keinerlei Schmerz gestört ward, nicht glücklicher als der, der sein Lebtag den Kampf mit einem widrigen Schicksal zu bestehen hatte?« Antworte mir: Ist er etwa auch besser und sittlich tüchtiger? Ist dies nicht der Fall, dann ist er auch nicht glücklicher. Vernunftgemäßer muss er leben, um glücklicher zu leben; kann er nicht vernunftgemäßer leben, dann auch nicht glücklicher. Die Tugend ist keiner Steigerung fähig, also auch nicht das glückliche Leben, das ja aus der Tugend stammt. Denn die Tugend ist ein so hohes Gut, dass sie jene unbedeutenden Begleiterscheinungen, als da sind Kürze des Lebens, Schmerz und allerlei körperliche Anfechtungen, gar nicht weiter empfindet. Denn die Lust ist nicht wert, dass die Tugend ihr überhaupt Beachtung schenke. Worin besteht der Vorzug der Tugend? Darin, dass sie des Zukünftigen nicht bedarf und ihre Tage nicht zu zählen braucht. Die kleinste Zeitspanne reicht hin, die ewigen Güter zu voller Geltung zu bringen. Das scheint uns unglaublich, scheint uns die Grenzen der menschlichen Natur zu überschreiten. Denn wir machen die eigene Schwäche zum Maßstab ihrer Erhabenheit und legen unseren Schwächen den Namen der Tugend bei. Und wie? Scheint es nicht ebenso unglaublich, dass einer inmitten der qualvollsten Marter sagt »ich bin glücklich«? Und eben dieses Wort ward in der eigentlichen Werkstätte der Lust vernommen. »Dieser Tag, und eben gerade dieser Tag ist der glücklichste meines Lebens«, sagte Epikur, als ihn einerseits der Harnzwang quälte, anderseits der unheilbare Schmerz eines Bauchgeschwüres. Warum also sollte das unglaublich sein bei denen, die der Tugend huldigen, da es selbst bei denen sich findet, bei denen die Lust die maßgebende Rolle spielt? Auch diese aus der Art geschlagenen Leute niedrigster Denkungsart behaupten, der Weise werde auch im höchsten Schmerz, im schwersten Unglück weder unglücklich sein noch glücklich. Allein auch das ist unglaublich, ja noch unglaublicher. Denn mir scheint es unmöglich, dass die Tugend, wenn sie einmal von ihrer eigentlichen Höhe abgestürzt ist, nicht auf den tiefsten Grund hinabsinke. Sie muss den Menschen entweder glücklich machen, oder sie wird, wenn sie davon abgebracht worden ist, nicht verhindern, dass er unglücklich werde. So lange sie aufrecht steht, kann man ihr nicht den Abschied geben: Sie muss entweder die Überwundene oder die Siegerin sein.

»Nur den unsterblichen Göttern«, heißt es dagegen, »sind Tugend und glückliches Leben beschieden, uns nur eine Art Schatten jener Güter und eine gewisse Ähnlichkeit. Wir nähern uns ihr, gelangen aber nicht wirklich zu ihr.« Indes die Vernunft ist Göttern und Menschen gemeinsam; jene besitzen sie in aller Vollkommenheit, bei uns ist sie der Vollendung fähig. Aber was uns daran verzweifeln lässt, das sind unsere Laster. Denn jener andere steht in zweiter Reihe als ein Mensch, der nicht selbstständig genug ist, um sein Bestes wohl zu behüten, dessen Urteil noch schwankend und unsicher ist. Er mag der Schärfe von Auge und Ohr ermangeln, auch der vollen Gesundheit und eines leidlichen und sich gleichbleibenden körperlichen Aussehens, zudem auch noch einer längeren Lebensdauer. In dieser Lebenszeit kann ein Leben geführt werden, das man nicht zu bereuen hat; aber diesem noch nicht zur Ruhe gelangten Mann wohnt eine gewisse Macht des Bösen inne, weil er eine zum Bösen erregbare Seele hat, während jene offensichtliche und lebhaft tätige Böswilligkeit sich nicht bei ihm findet. Er ist noch nicht tugendhaft, aber er ist in der Heranbildung zur Tugend begriffen: Wem aber noch etwas zur Tugend fehlt, der ist böse. Doch

Jetzt, wem Kraft beiwohnt und ein fertiger Mut
in dem Herzen,

der kommt den Göttern gleich und strebt, eingedenk seines Ursprunges, unermüdlich zu ihnen nach oben. Niemand tut unrecht daran, wenn er versucht, die Höhe zu ersteigen, von der er herabgekommen war. Warum sollte man aber nicht einen Zug des Göttlichen in demjenigen anerkennen, der ein Teil der Gottheit ist? Dies Weltganze, das uns umfängt, ist eines und ist die Gottheit: Wir sind seine Genossen und zugleich seine Glieder. Unser Geist ist der Aufgabe gewachsen, er gelangt zu jenem Ziele, wenn seine Gebrechen ihn nicht in der Tiefe halten. Wie unser Körper nach oben gerichtet ist und zum Himmel hinaufblickt, so ist unser Geist, der sein Machtbereich beliebig ausdehnen kann, von Natur dazu bestimmt, mit seiner Willenskraft Göttergleiches zu erstreben. Und nützt er seine Kräfte zweckmäßig aus und öffnet er sich den gehörigen Spielraum, so hat er den richtigen Weg getroffen, der zum Höchsten hinaufführt. Es war eine gewaltige Leistung, den Himmel zu erklimmen: Es ist eine Rückkehr, die er damit vollzogen hat. Hat er diesen Weg gefunden, so verfolgt er ihn mutigen Herzens, alles andere verachtend. Das Gold ist ihm gleichgültig. Gold und Silber, das der Finsternis, in der es verborgen lagerte, durchaus würdig ist, schätzt er nicht nach dem Glanze, mit dem es die Augen der unkundigen Weltkinder blendet, sondern nach dem alten Erdenschmutz, aus dem unsere Habgier es ausgeschieden und zutage gefördert hat. Ja, ich behaupte, er weiß, dass unser (wahrer) Reichtum anderswo liegt, als da, wo man ihn aufhäuft. Er weiß, dass der Geist angefüllt werden muss, nicht die Geldkiste. Ihn, den Geist, kann man zum Herren von allem erheben, ihn kann man zum Besitzer des ganzen Naturreiches machen, sodass er nach Osten und Westen die Grenzen bestimmt und nach Art der Götter alles besitzt. Dabei blickt er mit Verachtung herab auf die mit ihren Schätzen prunkenden Reichen, von denen keiner so viel Freude hat an dem, was ihm gehört, als Ärger an dem, was noch ein anderer hat. Hat er sich zu dieser Höhe erhoben, dann ist er auch nicht in seinen Körper verliebt, der ja nur eine uns aufgenötigte Last ist, vielmehr ist er der

Beaufsichtiger desselben und unterwirft sich nicht dem, dem er vorgesetzt ist. Niemand ist frei, der dem Körper dient. Denn um von anderen Gebietern zu schweigen, auf welche die übertriebene Sorge für den Körper verfallen ist, so ist dieser als Herrscher seinerseits selbst launenhaft und der Wollust ergeben. Von ihm trennt sich der Weise mit Gleichmut, ja hat unter Umständen Mut genug, sich mit einem einzigen Sprung von ihm loszumachen, ohne sich darüber Gedanken zu machen, was aus dem von ihm verlassenen Körper werden wird. Wie wir das durch das Scheermesser uns abgeschnittene Bart- und Kopfhaar für nichts achten, so ist es jenem von göttlichem Hauche durchdrungenen Geist, der dem Körper entweichen will, völlig gleichgültig, wohin man seinen Körper, seine Behausung, schafft, ob man ihn dem Feuer übergibt oder mit Erde bedeckt oder ob ihn die wilden Tiere zerreißen – alles das kümmert ihn ebenso wenig wie die Nachgeburt nach der Geburt eines Kindes. Ob die Vögel diese Überreste nach allen Winden verschleppen oder ob sie

Seehunden zur Nahrung gereichen,

was macht das für den aus, der ein Nichts ist? Aber auch dann, wenn er noch unter den Lebenden weilt, fürchtet er nichts Bedrohliches nach dem Tode, wie es bei denen der Fall ist, denen es nicht genügt den Tod zur Grenze ihrer Befürchtungen zu machen. Ich habe kein Bangen, sagt er, vor dem Halseisen, so wenig wie vor der Zerfleischung meines jeder Beschimpfung preisgegebenen Leichnams, diesem für den Beschauer so grässlichen Schauspiel. Niemanden bitte ich um die Erfüllung des letzten Dienstes, niemandem empfehle ich die Sorge für meine Überreste. Die Natur hat dafür gesorgt, dass niemand unbegraben bleibt. Treffend sagt Maecenas:

Weg mit der Sorge ums Grab, die Natur sorgt
für das Begräbnis.

Das Wort lässt auf einen Mann von straffer Haltung schließen. Denn es stak in ihm ein hoher und mannhafter Geist, nur dass die Fülle des Glückes diesen Geist erschlaffen ließ.

Fünfundneunzigster Brief

Die besondere Sittenlehre ist zwar unentbehrlich, ist aber nur eine Ergänzung der allgemeinen Sittenlehre

Du bittest mich, das, wofür, wie ich sagte, ein besonderer Tag angesetzt werden müsste, dir alsbald mitzuteilen und dir darüber nähere Auskunft zu geben, ob der Teil der Philosophie, den die Griechen den paränetischen (ermahnenden), wir den präzeptiven (Vorschriften erteilenden) nennen, hinreichend sei, um zur vollen Weisheit zu gelangen. Ich weiß, du wirst es mir zugutehalten, wenn ich es dir abschlage. Umso sicherer aber halte ich mein Versprechen und trage Sorge, dass das allbekannte Wort in Ehren bleibe: »Künftighin nimm dich in Acht, um etwas zu bitten, was du nicht zu erhalten wünschest.« Denn manchmal bitten wir dringend um Dinge, die wir zurückweisen würden, wenn sie uns jemand anböte. Mag dies nun Leichtsinn sein oder kriechende Höflichkeit, als Strafe dafür muss die ohne Weiteres gewährte Zusage erfolgen. Oft wollen wir den Schein erwecken als wollten wir etwas, was wir tatsächlich nicht wollen. Ein Vorleser tritt mit einem endlosen, so eng wie möglich auf dicht zusammengepressten Blättern geschriebenem Vortrag auf, und, nachdem er einen ansehnlichen Teil gelesen, sagt er: »Ich will aufhören wenn ihr's wünscht.« Da ertönt der Ruf: »Lies nur, lies« aus dem Munde derer, welche wünschen, dass er auf der Stelle verstumme. Oft wollen wir etwas anderes als wir wünschen, und nicht einmal den Göttern gestehen wir die Wahrheit, doch die Götter erhören uns entweder nicht oder erbarmen sich unser. Was mich anlangt, so will ich alles Mitleid beiseitesetzen und dir ein wahres Ungeheuer von Brief aufdrängen. Wenn du ihn mit Widerstreben liest, so sage: »Das habe ich mir selbst eingebrockt«, und rechne dich zu jenen, die unter der Fuchtel einer Frau stehen, deren Hand sie nach langer Bewerbung erlangt haben, zu jenen, denen der sauer erworbene Reichtum zur Plage geworden ist, zu jenen, die die Qual der Ehrenstellen über sich ergehen lassen, die zu erlangen sie keine Kunst und keine Mühe gespart haben, sowie zu den Übrigen, die selbst die Schuld an ihrem Unglück tragen.

Doch nun genug der Einleitung! Kommen wir auf die Sache selbst! »Das glückliche Leben«, sagt man, »beruht auf tadellosen Handlungen. Zu tadellosen Handlungen leiten die Vorschriften: Also reichen die Vorschriften zum glücklichen Leben aus.« Nicht immer leiten die Vorschriften zu guten Handlungen, sondern nur, wenn der Geist folgsam ist. Nicht selten verfehlen sie ihr Ziel, wenn die Seele von verkehrten Vorstellungen beherrscht ist. Ferner kann man auch recht tun ohne zu wissen, dass man recht tut. Denn nur wer die gründlichste Bildung erhalten und es in jeder Beziehung zu sittlicher Reife gebracht hat, vermag allen Anforderungen zu genügen, also zu wissen, wann und wie weit und mit wem und wie und warum er etwas zu tun habe. Ein anderer kann nicht mit ganzer Seele nur immer dem Tugendhaften nachgehen, nicht einmal anhaltend und willig; er wird vielmehr rückwärts blicken, wird zaudern.

»Wenn die tugendhafte Handlung«, sagt man, »ein Ergebnis der Vorschriften ist, so reichen Vorschriften aus zum glücklichen Leben. Nun ist aber jenes der Fall, folglich auch dieses.« Darauf wird unsere Antwort so lauten: Tugendhafte Handlungen können allerdings *auch* aufgrund von Vorschriften erfolgen, aber nicht *bloß* durch Vorschriften.

»Wenn andere Künste«, sagt man, »sich mit Vorschriften begnügen, so wird sich auch die Weisheit damit begnügen, denn auch diese ist eine Kunst, eine Kunst des Lebens nämlich. Nun wird doch der Steuermann durch den gebildet, der ihm Anweisung gibt: So bewege das Steuerruder, so spanne die Segel aus, so nütze den günstigen Wind, so wehre dich gegen den ungünstigen, so mache dir den zweifelhaften und hälftigen dienstbar. Auch andere Werkmeister verdanken ihre Bildung den Vorschriften, daher werden Vorschriften dasselbe auch leisten können bei diesem Künstler des Lebens.« Alle jene Künste haben es nur mit den Werkzeugen des Lebens zu tun, nicht mit dem ganzen Leben. Daher treten ihnen viele äußerliche Hemmnisse und Hindernisse entgegen, Hoffnung, Begierde, Furcht. Aber die Lebenskunst, um die es sich hier handelt, kann durch nichts von ihrer Ausübung abgehalten werden; denn sie beseitigt die Hindernisse und weiß sich mit dem Widerstrebenden abzufinden. Willst du wissen, wie sehr sich diese Kunst von den anderen abhebt? Bei der Letzteren ist es entschuldbarer, wenn einer absichtlich fehlt als aus Zufall, bei dieser gibt es keine größere Schuld als freiwillig zu fehlen. Ich meine das so: Ein Lehrer der Grammatik wird nicht über einen Fehler erröten, wenn er ihn wissentlich gemacht hat, wohl aber wird er erröten, wenn er ihn unwissentlich gemacht hat. Der Arzt, der nicht erkennt, dass es mit dem Patienten abwärts geht, lässt es, was seine Kunst anlangt, weit mehr an sich fehlen, als wenn er sich den Anschein gibt, als erkenne er den wahren Zustand nicht. Aber bei der hier infrage stehenden Kunst zu leben erhöht die Absichtlichkeit die Schuld und macht sie verwerflicher. Dazu ist weiter zu bemerken, dass auch die meisten Künste, und zwar vor allem die an Wert hervorragendsten, ihre Lehrsätze haben, wie z. B. die Heilkunde, und nicht bloße Vorschriften. Daher die verschiedenen Sekten, wie die des Hippokrates, des Asklepiades, des Themison. Auch sonst ist keine dem Gebiete der Erkenntnis angehörende Kunst ohne ihre Lehrsätze, die die Griechen *Dogmata* nennen, während wir sie entweder *decreta* oder *scita* oder *placita* nennen können, wie man sie in der Geometrie sowie in der Astronomie finden kann. Die Philosophie aber hat es sowohl mit der Erkenntnis wie mit dem handelnden Leben zu tun: In ihr vereinigen sich forschende Beobachtung und Handlung. Denn du irrst, wenn du glaubst, dass du von ihr bloß irdische Dienste zu erwarten hast: Ihr Ziel liegt höher. Mein Forschungsgebiet, sagt sie, ist die ganze Welt; ich beschränke mich nicht auf die Menschengemeinschaft, zufrieden, euch zu raten und abzuraten. Hohe Aufgaben, Dinge, die weit über euch liegen, harren meiner:

> Denn von der himmlischen Dinge Natur und dem Wesen
> der Götter
> Will ich dir reden und dir die Kenntnis der Stoffe eröffnen,
> Draus die Natur schafft jegliches Ding, es mehrt
> und ernähret,
> Und worein es dieselbe Natur auflöset im Tode,

wie Lucretius sagt. Es folgt also, da sie es mit Erkenntnis zu tun hat, dass sie ihre Lehrsätze habe. Aber auch in seinen Handlungen wird kein anderer den richtigen Weg treffen als der, welcher eine gründliche Anweisung darüber erhalten hat, wie er in jeglicher Lage allen Anforderungen der Pflicht genügen könne; das wird bei demjenigen nicht der Fall sein, der nur für die gerade vorliegende Sache Vorschriften empfangen hat, aber keine allgemeine Belehrung. Die Vorschriften, welche nur für die einzelnen Fälle gegeben werden, sind für sich schwach und sozusagen ohne Wurzel. Was uns schützt, was uns unsere Sicherheit und Ruhe verbürgt, was unser ganzes Leben und die ganze Natur zugleich umfasst, das sind die Lehrsätze. Es ist ein ähnlicher Unterschied zwischen philosophischen Lehrsätzen und bloßen Vorschriften wie zwischen den Elementen und den Körpern: Diese hängen von jenen ab, jene sind die Ursachen wie von diesen so von allem.

»Die Weisheit der Altvordern«, sagt man, »beschränke sich auf Vorschriften über das, was man zu tun und zu lassen habe, und damals waren die Menschen weit besser: Seitdem Gelehrte aufgetreten sind, ist die Bravheit verschwunden. Denn jene einfache und offenherzige Tugend hat sich in eine dunkle und künstliche Wissenschaft verkehrt, und wir lernen disputieren, nicht aber leben.« Gewiss, jene alte Weisheit war, zumal da sie erst im Werden begriffen war, wie ihr sagt, noch unbeholfen, nicht weniger als die übrigen Künste, die im weiteren Verlauf immer mehr an Freiheit gewannen. Aber es bedurfte auch noch keiner sorglich ausgewählten Mittel. Noch hatte die Verworfenheit nicht einen solchen Grad erreicht und sich so weit ausgebreitet. Einfache Mittel genügen zur Bekämpfung einfacher Fehler. Jetzt bedarf es umso künstlicherer Schutzmittel, je heftiger der Angriff ist, dem wir ausgesetzt sind. Die Heilkunde war anfänglich die Kenntnis einiger weniger Kräuter, durch die das fließende Blut gestillt und Wundenschluss erzielt wurde. Erst allmählich entwickelte sie sich dann zu ihrer heutigen Vielseitigkeit. Und es ist durchaus begreiflich, dass sie damals weniger zu tun hatte, da die Körper noch fest und widerstandsfähig waren und die Nahrung leicht verdaulich und noch nicht durch Kunst und Genusssucht verdorben war. Seitdem man aber anfing, sie zu einem Reizmittel des Hungers zu machen, und tausenderlei Zubereitungsarten für sie erfunden wurden, die Gier zu reizen, ist das, was den Hungrigen Nahrung war, den Übersättigten eine Beschwerde. Daher die Blässe und das Zittern der infolge des Weingenusses anschwellenden Nerven und die Magerkeit, die man sich noch eher gefallen ließe als Folge von Hunger denn als Folge von Überladung. Daher der unsichere Gang und das fortwährende Schwanken wie in der eigentlichen Trunkenheit. Daher die unter der ganzen Haut sich ansammelnde Feuchtigkeit und die Spannung des Leibes, der sich schwer daran gewöhnt mehr zu fassen, als er vermochte. Daher die Ergießung fahler Galle, das entstellte Antlitz, das Dahinschwinden der innerlich Vermodernden, die dürren Finger mit den starren Gelenken, die Erschlaffung der betäubten Nerven oder das Zucken der ohne Unterlass zitternden Glieder. Soll ich auch noch reden von dem Schwindel im Kopf, von den

Qualen der Augen und Ohren und dem Kribbeln des erhitzten Gehirns und von den inneren Geschwüren, mit denen alle Ausgangskanäle behaftet sind? Und überdies noch von den zahllosen Fieberarten, die teils ungestüm wüten, teils pestartig schleichen, teils mit Schauer und heftigem Gliederschütteln uns heimsuchen? Was soll ich auch noch die unzähligen anderen Krankheiten anführen, diese Strafgerichte unserer Üppigkeit? Mit solchen Übeln hatten *die* nichts gemein, die sich noch nicht durch ihr Wohlleben um ihre Kraft gebracht hatten, die sich zu beherrschen wussten, die sich selbst dienten. Sie härteten ihre Körper durch Anstrengung und redliche Arbeit ab, indem sie sich entweder müde liefen oder jagten oder den Boden bearbeiteten. Dann harrte ihrer eine Speise, mit der sich nur der Hungrige zufriedengeben konnte. Daher bedurfte es keines so großen ärztlichen Apparates, nicht so vieler Instrumente und Büchsen. Aus einer einfachen Ursache entstand eine einfache Krankheit: Die vielen Gerichte erzeugten eine Vielheit von Krankheiten. Schau nur hin! Wie viele Dinge, die durch eine einzige Kehle gehen sollen, mischt die Üppigkeit, Land und Meer ausplündernd, durcheinander. Die unausbleibliche Folge ist, dass so verschiedenerlei sich nicht miteinander verträgt und das Verschlungene schlecht verdaut wird infolge des gegenseitigen Widerstreites der verschiedenen Bestandteile. Kein Wunder, wenn aus der zwieträchtigen Nahrung ein bunter Wechsel von Krankheiten entsteht, und wenn die aus einander widerstrebenden Stoffen bestehende Speisemasse, auf ein und dieselbe Stelle zusammengedrängt, sich wieder ihren Ausweg sucht. Daher entsprechen unsere Krankheiten an Zahl den Abwechslungen in unserem Leben.

Der größte aller Ärzte und Begründer dieser Wissenschaft behauptete, den Frauen gehe weder ihr Haar aus noch litten sie an Fußgicht; uud doch verlieren sie nicht nur ihr Haar, sondern leiden auch an den Füßen. Die Natur der Weiber hat sich nicht verändert, aber sie ist im Kampfe (mit den Männern) unterlegen. Denn da sie in der Zügellosigkeit mit den Männern wetteifern, so sind sie auch hinsichtlich der Krankheiten hinter diesen nicht zurückgeblieben. Sie durchschwärmen nicht weniger die Nächte, trinken nicht weniger und nehmen es im Ölverbrauch und Genuss von Kraftwein mit den Männern auf. Sie geben ebenso, was sie den widerstrebenden Eingeweiden aufgedrängt haben, durch den Mund wieder von sich und messen allen Wein an dem Erbrochenen; sie lecken ebenso begehrlich am Schnee zur Beruhigung des erhitzten Magens. An Lüsternheit geben sie auch den Männern nichts nach; von Natur der empfangende Teil, haben sie (mögen Götter und Göttinnen sie verderben!) eine so widernatürliche Art von Unzucht ausgeklügelt, dass sie die Rolle der Männer übernehmen. Ist es also zu verwundern, dass der größte Arzt und der vertrauteste Kenner der Natur auf einer Lüge ertappt wird, da es so viele an Gicht und Kahlköpfigkeit leidende Weiber gibt? Sie haben den Vorzug ihres Geschlechtes durch ihre Laster verwirkt, und weil sie sich der Weiblichkeit entäußert, so sind sie zu männlichen Krankheiten verdammt. Die alten Ärzte verstanden sich nicht darauf, öfters Speisen zu geben und durch Wein den stockenden Puls zu heben, sie verstanden sich nicht darauf, Blut abzulassen und anhaltende Kränklichkeit durch Bäder und Schwitzen zu lindern, verstanden sich nicht darauf, durch Verschnürung der Beine und Arme den verborgenen und im Innern des Körpers sitzenden Krankheitsquell auf die äußeren Teile zu leiten. Es war nicht nötig, nach vielen Arten von Mitteln sich umzusehen, da man nur sehr wenig Bedrohliches zu befürchten hatte: Jetzt aber, welche Fülle von Gesundheitsschäden hat sich entwickelt! Das sind die Zinsen, die wir zahlen für die alles Maß überschreitende Begierde nach Sinnenlust. Dass es der Krankheiten unzählige gibt, wird dich nicht wundern; du brauchst nur die Köche zu zählen. Alle ernste wissenschaftliche Arbeit ruht dagegen, und die öffentlichen Lehrer sitzen ohne irgendwelche Zuhörerschaft vor leeren Bänken. In der Schule der Rhetoren und Philosophen herrscht völlige Einsamkeit. Aber wie besucht sind die Garküchen, wie drängt sich die Jugend um die

Herde der Schlemmer! Ich übergehe die Schar der unglücklichen Knaben, deren nach Schluss des Gelages andere Misshandlungen im Schlafgemach harren. Ich übergehe die Reihen der Schandbuben, die nach Nationen und Farben abgeteilt sind: Jede Abteilung soll die nämliche Glätte, die gleiche Länge des ersten Flaumes, das gleiche Haupthaar haben; keiner mit strafferem Haar soll unter die Krausköpfe geraten. Ich übergehe den Schwarm der Bäcker und Aufwärter, die auf das gegebene Zeichen hierhin und dorthin rennen, um das Mahl aufzutragen. Gute Götter! Wie viel Menschen setzt ein einziger Bauch in Bewegung! Wie? Glaubst du, dass jene Pilze, dies Gift der Wollust, keine geheime Wirkung ausüben, wenn sich dieselbe auch nicht augenblicklich zeigt? Wie? Meinst du etwa, dass jener Sommerschnee keine Verhärtung der Leber zur Folge habe? Wie? Dass jene Austern, das unverdaulichste Fleisch, mit Kot gemästet, dir keine Schleimbeschwerden bereiten werden? Wie? Jene Lake aus der Provinz, der hochgeschätzte Saft von schädlichen Fischen, glaubst du nicht, dass sie dir durch ihre faulende Flüssigkeit die Eingeweide entzünde? Und glaubst du, dass jene Eitermasse, die fast unmittelbar aus dem Feuer in den Mund gelangt, ohne Schaden in den Eingeweiden selbst ihr Grab findet? Was für ein widerwärtiges, pesthauchartiges Rülpsen ist die Folge davon! Und wie stark muss der Ekel an sich selbst sein beim Aushauchen eines alten Rausches! Du musst wissen, dass das Genossene verfault, nicht verdaut wird. Ich erinnere mich, dass man einst viel von einer gepriesenen Schüssel sprach, in welcher eine Garküche in schädlichem Übereifer eilfertig alles vereinigt hatte, womit vornehme Herren einen ganzen Tag zu vertrödeln pflegen: Venusmuscheln, Spondylen und Austern, wohlverstanden nur mit ihren unmittelbar essbaren Teilen, waren durch dazwischengelegte Meerigel getrennt, und darüber waren, ihrer Gräten völlig entledigt, Seebarben ausgebreitet. Man will bereits nichts mehr davon wissen, die Speisen einzeln zu essen. Alle Geschmacksreize werden in *einem* Gerichte vereinigt. Auf der Tafel geschieht, was im Magen vor sich gehen soll. Wie lange wird's noch dauern, dann wird einem Gekautes vorgesetzt! Wenn man Schuppen und Knochen entfernt und dem Koch das Geschäft der Zähne überlässt, so ist man doch schon auf dem besten Wege dazu. »Es ist eine schwere Zumutung, die Schwelgerei in einzelne Gänge zu zerlegen, es muss alles auf einmal und zu einem einheitlichen Geschmack umgewandelt vorgesetzt werden. Warum soll ich die Hand nach *einer* Sache ausstrecken? Mehreres komme zugleich, die Vorzüge vieler Gerichte müssen zu einem geschlossenen Ganzen vereinigt werden, und denjenigen, die behaupten, es sei dabei nur auf Großtun und Prahlerei abgesehen, sei gesagt, dass dies keine Schaustellung sei, sondern dass damit der sichereren Sachkenntnis ein Dienst erwiesen werde. Was einzeln vorgelegt zu werden pflegt, muss zusammen auf einmal dargereicht werden, mit *einer* Brühe übergossen. Jeder Unterschied verschwinde! Austern, Seeigel, Spondylen, Seebarben sollen durcheinandergemischt und zusammengekocht vorgesetzt werden.« Ausgespiene Speise könnte kaum ein schlimmeres Gemisch sein. Dies wirre Durcheinander, als welches es sich darstellt, erzeugt nicht einfache Krankheiten, sondern verwickelte, verschiedenartige, vielförmige, gegen welche auch die Heilkunst durch vielerlei Behandlungsweisen, durch vielerlei Beobachtungen sich zu wappnen begonnen hat.

Dasselbe, behaupte ich, gilt auch von der Philosophie. Ehedem war sie einfacher unter Leuten, die sich nur geringerer Fehltritte schuldig machten und demgemäß zu ihrer Heilung auch nur geringerer Sorgfalt bedurften. Aber gegen einen so gewaltigen Sittenverfall darf nichts unversucht bleiben. Und dass doch so diese Seuche endlich ihr Strafgericht fände! Wir wüten gegeneinander, nicht nur Mann gegen Mann, sondern auch Volk gegen Volk. Gegen Totschlag und Mord Einzelner schreiten wir ein; aber wie steht's mit den Kriegen und dem verbrecherischen Ruhm, ganze Völker hingeschlachtet zu haben? Ob Habsucht, ob Grausamkeit – sie kennen kein Maß. Und solange diese Gräuel von Einzelnen und im Geheimen verübt werden, sind sie immerhin noch weniger schädlich und weniger auffallend; aber nach Senatsbeschlüssen und Volksgeboten werden Grausamkeiten verübt, und was für den Einzelnen verboten ist, wird von staatswegen befohlen. Was heimlich begangen dem Täter den Kopf kosten würde, das loben wir, wenn es im Feldherrnmantel geschieht. Die Menschen, diese sanfteste Art von Geschöpfen, schämen sich nicht, an gegenseitigem Mord ihre Freude zu haben und Kriege zu führen und diese noch ihren Kindern zu hinterlassen, während doch selbst vernunftlose und wilde Tiere untereinander Frieden halten. Gegen eine so mächtige und weit verbreitete Geistesverirrung hat auch die Philosophie ihre Anstrengungen verdoppelt und einen Aufschwung an Kraft genommen, der dem Anwachsen dessen entspricht, wogegen sie ankämpfte. Es war nicht schwierig, denen ins Gewissen zu reden, die dem Weine zu stark zusprachen und Verlangen nach leckerer Speise trugen; es kostete nicht viel Mühe, den Entschluss zur Genügsamkeit wieder zu wecken, von der man sich nur in geringem Maße entfernt hatte.

Jetzo bedarf es der hurtigen Hand und der Kunst
und Erfahrung.

Genuss ist jetzt das Schlagwort für jedes Streben; kein Laster hält sich in seinen Grenzen. Die Üppigkeit führt Hals über Kopf zur Habsucht. Was ehrbar ist, verfällt der Vergessenheit. Nichts ist schimpflich, was durch seinen Preis Gefallen erweckt. Der Mensch, ein Heiligtum für den Menschen, wird jetzt in Spiel und Scherz gemordet, und er, dessen bloße Unterweisung im Beibringen und Empfangen von Wunden verpönt war, wird jetzt nackt und wehrlos vorgeführt, und der Mensch ist gut genug, durch seinen Tod ein Schauspiel zu bieten. Diese sittliche Verwilderung erfordert also ein außergewöhnliches Kraftmittel, um die eingewurzelten Übel zu beseitigen; durch Lehrsätze muss man darauf hinwirken, dass die verkehrte Lebensansicht mit der Wurzel ausgerodet werde. Fügen wir dann Vorschriften, Tröstungen, Ermahnungen hinzu, so können sie etwas ausrichten; für sich allein sind sie unwirksam. Wollen wir den Leuten Pflichtgefühl beibringen und sie losreißen von den Übeln, in deren Banden sie liegen, so müssen sie lernen, was übel, was gut sei. Sie sollen sich mit der Überzeugung durchdringen, dass alles außer der Tugend den Namen wechsele, bald ein Übel, bald ein Gut werde. Wie das erste Band des Kriegsdienstes die Gottesfurcht ist und die Liebe zur Fahne und der Abscheu vor Fahnenflucht, worauf dann den durch den Fahneneid Verpflichteten alles andere leicht abgefordert und auferlegt wird, so muss bei denen, die man einem glücklichen Leben zuführen will, der erste Grund gelegt und die Tugend ihrem Herzen vertraut gemacht werden. Eine Art Heilighaltung muss sie daran binden; sie müssen sie lieb gewinnen, müssen mit ihr leben, ohne sie überhaupt nicht leben wollen.

»Wie? Hat es nicht manche gegeben, die ohne eingehendere Unterweisung rechtschaffene Männer geworden sind und große Fortschritte gemacht haben durch bloße Folgsamkeit gegenüber den Vorschriften?« Ich gebe es zu; allein sie erfreuten sich einer glücklichen Anlage, die das Heilsame wie im Fluge erfasste. Aber wie die unsterblichen Götter, von Haus aus mit jeglicher Tugend ausgerüstet, keine einzige erst zu erlernen brauchten, und wie es ein Teil ihrer Natur ist, gut zu sein, so gelangen manche Menschen, die mit hervorragender Anlage begabt sind, ohne lange Belehrung in den Besitz dessen, was sonst nur durch den üblichen Lehrgang zugänglich ist; sie haben das Wesen der Tugend erfasst, sobald sie davon gehört. Daher jene die Tugend wie im Raube erfassenden oder auch sie sich selbst erschaffenden Geister! Dagegen bedarf es langer Zeit, um jenen matten und stumpfen oder von übler Gewohnheit beherrschten Geistern den ihnen anhaftenden Rost abzureiben. Wie übrigens jene dem Guten leicht zugänglichen Geister schneller zur Höhe emporgeführt werden, so wird der Lehrer, der ihnen die Grundsätze der Philosophie beibringt, auch diesen Schwächeren aufhelfen und sie von ihren schädlichen Vorurteilen befreien. Wie notwendig diese Grundsätze sind, kannst du aus Folgendem ersehen. Gewisse uns inwohnende Anlagen machen uns für manche Aufgaben zu träge, für andere hinwiederum zu stürmisch. Und es kann weder dieser ungestüme Drang gedämpft noch jene Trägheit zur Tätigkeit geweckt werden, wenn nicht die Ursachen beseitigt werden: Die falsche Bewunderung und die falsche Furcht. Solange diese noch über uns Macht haben, magst du zehnmal sagen: »Dies musst du deinem Vater zuliebe tun, dies deinen Kindern, dies deinen Freunden, dies deinen Gästen zuliebe.« Er wird den Ansatz dazu machen, aber der Geiz wird ihn zurückhalten. Er weiß, dass man für das Vaterland kämpfen muss, aber die Furcht wird es ihm widerraten. Er weiß, dass man für Freunde keine noch so große Mühe scheuen darf, aber die Genusssucht wird es ihm verbieten. Er weiß, dass es das schwerste Unrecht gegen die Gattin ist, sich ein Kebsweib zu halten, aber die Wollust wird ihn zum Gegenteil treiben. Es wird also nichts nützen Vorschriften zu geben, wenn man nicht vorher die Hindernisse entfernt hat, die sich den Vorschriften entgegenstellen, ebenso wenig wie es nützen wird, einem Waisen vor seinen Augen hingelegt und in seine unmittelbare Nähe gebracht zu haben, wenn nicht die Hände, für deren Gebrauch sie bestimmt sind, freigemacht werden. Um die Seele fähig zu machen, den Vorschriften, die wir ihr geben, zu folgen, muss sie zu voller Freiheit gebracht werden. Lass uns auch glauben, es tue einer, was er soll, er wird es nicht anhaltend, nicht gleichmäßig tun. Denn er wird nicht wissen, warum er es tut. Manches wird durch Zufall oder durch Übung einen befriedigenden Verlauf nehmen, aber er wird die Regel nicht zur Hand haben, nach welcher es geprüft wird und welche die volle Überzeugung von der Richtigkeit seiner Handlungsweise gewährt. Wer nur durch Zufall gut ist, der verspricht keine unbedingte Dauer eines solchen Verhaltens.

Ferner werden die Vorschriften dir vielleicht dazu verhelfen, zu tun, was du sollst, aber nicht auch dazu, dass du es tust, wie du es sollst; wenn sie dies nicht tun, führen sie nicht zur Tugend. Wer ermahnt wird, wird tun, was er soll, ich gebe es zu. Allein das ist zu wenig; denn das Lob bezieht sich nicht auf das, was getan ward, sondern auf die Art, wie es getan wird. Was ist schändlicher als eine kostspielige, das Vermögen eines Ritters verzehrende Mahlzeit? Was verdient so sehr die Rüge des Zensors, als wenn einer, wie jene Schlemmer sich ausdrücken, sich und seinem Genius solche Huldigung bietet? Und doch haben Antrittsschmäuse auch den bescheidensten Männern eine Million Sesterzien gekostet. Der nämliche Aufwand, wenn für den Gaumen gemacht, ist schimpflich, wenn für Ehre, dem Tadel entzogen. Denn dann ist er nicht Ausfluss der Üppigkeit, sondern eine festliche Spende. Eine Seebarbe von außergewöhnlicher Größe – warum gebe ich nicht auch das Gewicht an zum Gaumenkitzel für gewisse Leute? Sie soll vier und ein halbes Pfund gewogen haben – ließ Tiberius Caesar, dem sie als Geschenk übermittelt worden war, zum Verkauf auf den Fischmarkt bringen. »Freunde«, sagte er, »trügt mich nicht alles, so wird entweder Apicius oder P. Octavius diese Seebarbe kaufen.« Seine Vermutung bestätigte sich über alle Erwartung: Die Genannten boten auf den Fisch, Octavius blieb Sieger und fand unter seinesgleichen den rühmlichsten Beifall dafür, dass er für fünftausend Sesterzien einen Fisch gekauft hatte, den der Kaiser verkauft und nicht einmal Apicius gekauft hatte. Eine solche Summe zu bezahlen war eine Schande für Octavius, nicht aber für den, der den Fisch gekauft hatte, um ihn dem Tiberius zu übersenden, obschon ich auch ihm einen Tadel nicht ersparen kann; denn er war von Bewunderung erfüllt für einen Gegenstand, dessen er nur den Kaiser für würdig hielt. Es verweilt einer am Krankenlager seines Freundes. Sehr löblich! Aber er tut es um der Erbschaft willen, ist also ein Geier, der auf den Leichnam wartet. Dieselben Handlungen sind entweder schimpflich oder lobwürdig: Es kommt darauf an, warum oder wie sie vollzogen werden. Alles aber wird zu unserem Lobe ausfallen, wenn wir uns ganz unter das Gebot des Sittlichguten gestellt haben und dies nebst allem, was daraus hervorgeht, in allem menschlichen Tun für das einzige Gut erachten, während alles Übrige nur rasch vorübergehenden Wert hat. Es muss uns also eine Überzeugung eingepflanzt werden, die für das ganze Leben ausreicht: Das ist, was ich einen Lehrsatz *(decretum)* nenne. Dieser Überzeugung werden alle unsere Handlungen, alle unsere Gedanken entsprechen, und wie diese, so wird auch unser Leben sein. Nur stückweise Rat zu geben genügt demjenigen nicht, der sich die Ordnung des Ganzen zum Ziele setzt. M. Brutus gibt in seinem Buche, dem er den Titel gab περὶ καθήκοντος (Pflichtenlehre), vielerlei Vorschriften, für Eltern sowohl wie für Kinder und Brüder. Diese wird niemand nach Gebühr erfüllen, wenn er nicht einen das Ganze beherrschenden Beziehungspunkt hat. Als Zielpunkt müssen wir das höchste Gut vor Augen haben; ihm müssen wir zustreben, ihm muss unserseits jede Handlung, jedes Wort entsprechen, gleichwie die Seefahrer ihren Kurs nach einem bestimmten Gestirn zu richten haben. Ein Leben ohne bestimmtes Ziel gleicht einem schwanken Rohr. Wenn man sich also unbedingt ein solches Ziel stecken muss, machen sich Lehrsätze unentbehrlich. Du wirst mir, glaube ich, zugeben, dass nichts schimpflicher ist als jene immer scheu zurückweichende Unsicherheit und Ungewissheit. Diese aber wird sich bei uns überall einstellen, wenn nicht alles entfernt wird, was die Seele nach rückwärts zieht und festhält und nicht dazu kommen lässt, den Versuch kühn zu wagen.

Man pflegt Vorschriften darüber zu geben, wie man die Götter zu ehren habe. Lasst uns lieber Einspruch dagegen erheben, dass man am Sabbat Lichter anzünde; denn die Götter bedürfen nicht des Lichtes, und auch die Menschen haben keine Freude am Qualm. Lasst uns lieber verbieten uns in der Frühe bei ihnen zur Begrüßung einzufinden und an den Türen der Tempel zu sitzen.

Menschlicher Ehrgeiz lässt sich durch solch aufdringlichen Diensteifer bestechen; die Gottheit verehrt, wer sie kennt. Lasst uns lieber verbieten, dem Jupiter Leinwand und Striegel zu bringen und der Juno den Spiegel zu halten: Die Gottheit bedarf keiner Diener. Warum nicht? Dient sie doch selbst dem Menschengeschlechte, ist sie doch allenthalben und allen zur Hilfe bereit. Es mag einer hören, welches Maß er beim Opfer einzuhalten habe, wie weit er sich von den lästigen Zumutungen des Aberglaubens fernhalten soll; doch wirklicher Nutzen wird nur dann zu erwarten sein, wenn er sich von der Gottheit die richtige Vorstellung gemacht hat als dem Wesen, das alles hat und alles gibt und Wohltaten ausstreut ohne Entgelt. Was haben die Götter für eine Veranlassung zum Wohltun? Es liegt in ihrer Natur. Es irrt, wer da glaubt, die Götter *wollen* nicht schaden: Sie *können* nicht. Sie können Unrecht weder erleiden noch zufügen. Denn Verletzen und Verletztwerden ist unzertrennlich voneinander, die Natur, der an Größe und Schönheit nichts gleichkommt, hat diejenigen, die sie der Gefahr überhoben hat, auch selbst nicht gefährlich gemacht. Der Anfang aller Götterverehrung ist der, dass man an die Götter glaubt; dem folgt dann, dass man ihre Majestät anerkennt und ihre Güte, ohne die es keine Majestät gibt; ferner, dass man sich dessen bewusst sei, dass sie die Lenker der Welt sind, die alles durch ihre Macht ordnen, die für den Schutz des Menschengeschlechtes sorgen, zuweilen unbekümmert um die Einzelnen. Schlimmes kommt nicht aus ihrer Hand und *ist* nicht in ihrer Hand; wohl aber züchtigen sie manche und halten sie in Zucht und verhängen Strafen über sie, und ihre Strafe besteht bisweilen in einem scheinbaren Gut. Du suchst die Götter dir geneigt zu machen? Sei gut! Wer ihnen als seinen Vorbildern folgt, ehrt sie genug.

Nun die zweite Frage, wie man es mit den Menschen zu halten habe. Was ist da zu tun? Was für Vorschriften geben wir? Dass wir Menschenblut schonen sollen? Wie wenig will es besagen, dem nicht zu schaden, dem man nützen soll! Wahrlich, ein großes Lob, wenn der Mensch gegen den Menschen zahm ist. Wollen wir ihm vorschreiben, er solle dem Schiffbrüchigen die Hand reichen, solle dem Irrenden den Weg weisen, solle mit dem Hungernden sein Brot teilen? Wie viel Zeit müsste ich verschwenden, um einem alles zu sagen, was er zu tun und was er zu lassen hat, während ich ihm in aller Kürze für seine Pflicht gegen Menschen folgende Formel mitteilen kann: Alles dies, was du siehst, was Göttliches und Menschliches in sich schließt, ist Eines: Wir sind Glieder eines großen Körpers. Die Natur hat uns als Verwandte geschaffen, indem sie uns aus den nämlichen Stoffen und zu der nämlichen Bestimmung erzeugte. Sie hat uns die gegenseitige Liebe eingepflanzt und uns zu geselligen Wesen gemacht. Sie hat Recht und Billigkeit eingeführt. Ihrer Anordnung zufolge ist es unheilvoller zu schaden als durch Gewalttätigkeit geschädigt zu werden. Nach ihrem Gebot sollen unsere Hände bereit sein zur Hilfe für die, welche derselben bedürftig sind. Es soll das bekannte Dichterwort uns im Herz und auf der Zunge sein:

Ich bin ein Mensch, was menschlich ist, ist mir nicht fremd.

Sollen wir nach Sonderbesitz trachten? Wir sind zur Gemeinschaft geboren. Unsere gesellige Zusammengehörigkeit hat große Ähnlichkeit mit einem Steingewölbe, das einstürzen würde, wenn die Steine nicht durch ihre gegenseitige Lage dies verhinderten und eben dadurch den Bau haltbar machten.

Nach diesem Blick auf Götter und Menschen sei es nun unsere Aufgabe, zu sehen, wie wir uns den Dingen gegenüber zu verhalten haben. Alle unsere Vorschriften sind verschwendet, wenn nicht darüber eine Belehrung vorausgegangen ist, wie wir ein jedes Ding zu beurteilen haben, Armut, Reichtum, Ruhm, Schmach, Vaterland, Verbannung. Hier gilt es, alles Einzelne richtig einzuschätzen ohne jede Rücksicht auf das Volksgerede, und zu fragen, was es ist, nicht was im Munde des Volkes daraus gemacht wird.

Gehen wir zu den Tugenden über. Da wird uns einer mit Vorschriften kommen über die Einsicht, dass wir sie hochschätzen sollen, über die Tapferkeit, dass wir uns ihr weihen sollen, über die Gerechtigkeit, dass wir womöglich einen noch innigeren Bund als mit den Übrigen mit ihr schließen sollen; doch wird er nichts ausrichten, wenn wir nicht wissen, was die Tugend sei, ob es nur eine oder mehrere gebe, ob getrennt oder verbunden; oder ob, wer eine hat, auch die Übrigen hat, und wodurch sie sich voneinander unterscheiden. Der Handwerker hat nicht nötig über Ursprung und Verwendung seiner Kunst Untersuchungen anzustellen so wenig wie der Balletttänzer über die Kunst des Tanzens. Alle diese Künste bedürfen keiner weiteren Umschau, es fehlt ihnen nichts; denn sie beziehen sich nicht auf das ganze Leben: Die Tugend dagegen ist eine Kenntnis sowohl anderer Dinge wie ihrer selbst. Man muss sich über sie selbst belehren lassen, um sie selbst zu erlernen. Eine Handlung wird nicht fehlerfrei sein, wenn der Wille nicht fehlerfrei ist; denn von ihm geht die Handlung aus. Anderseits wird der Wille nicht fehlerfrei sein, wenn die Seelen Verfassung nicht die rechte ist; denn von ihr hängt der Wille ab. Mit der Verfassung der Seele sodann wird es nicht aufs Beste bestellt sein, wenn sie – die Seele – nicht die Gesetze des ganzen Lebens klar aufgefasst und untersucht hat, wie ein jedes Ding zu beurteilen sei, kurz, wenn sie nicht die Dinge auf ihren wahren Wert zurückgeführt hat. Nur wer ein unabänderliches und sicheres Urteil erlangt hat, wird der Seelenruhe teilhaftig: Die anderen kommen immer wieder zu Fall und richten sich wieder auf und schwanken abwechselnd hin und her zwischen dem, was sie aufgegeben, und dem, was sie erstreben. Und der Grund dieses Schwankens, worin liegt er? Darin, dass diejenigen, die sich nach dem Gerede der Leute, dieser unsicheren Wetterfahne, richten, jeder klaren Einsicht in die Dinge entbehren. Willst du immer dasselbe wollen, so musst du das Wahre wollen. Zur Wahrheit gelangt man nicht ohne Lehrsätze: Auf ihnen beruht das Leben. Güter und Übel, Ehrbares und Schimpfliches, Gerechtes und

Ungerechtes, Gottesfurcht und Gottlosigkeit, Tugenden und Betätigung der Tugenden, Besitz willkommener Mitgaben fürs Leben, Ansehen und Würde, Gesundheit, Stärke, Schönheit, Schärfe der Sinne, das alles verlangt seinen Beurteiler. Man muss sich zutrauen, zu wissen, wie hoch man den Wert eines jeden Dinges anzusetzen habe. Denn du täuschest dich und glaubst von manchem, es sei mehr wert als es ist, und diese Täuschung geht so weit, dass, was man bei uns für das Höchste hält, Reichtum, Einfluss, Macht, kaum einen Dreier wert ist. Darüber wirst du in Unwissenheit sein, wenn du keinen Einblick erlangt hast in die gesetzesmäßige Ordnung selbst, nach der ihr gegenseitiges Wertverhältnis bestimmt ist. Gleich wie Blätter für sich nicht grünen können, sondern einen Zweig verlangen, an dem sie hängen, aus dem sie ihren Saft ziehen, so sind jene Vorschriften kraft- und saftlos, wenn sie allein sind: Sie müssen einen Bestandteil unserer ganzen Denkweise bilden.

Dazu kommt noch, dass diejenigen, welche die Lehrsätze aufheben, nicht einsehen, dass diese durch eben das Verfahren, durch welches sie aufgehoben werden, ihre Bestätigung erhalten. Denn was sagen sie? Dass durch die Vorschriften die Lebensführung hinreichend bestimmt werde, dass die Lehrsätze der Weisheit, also ihre Dogmen, überflüssig seien. Nun ist aber eben diese Behauptung wahrhaftig ebenso gut ein Lehrsatz, als wenn ich jetzt sagte, man müsste die Vorschriften aufgeben als überflüssig, man müsste sich an die Lehrsätze halten, müsste auf diese allein seinen ganzen Wissenseifer verwenden: Durch eben diese Verurteilung der Sorge um Vorschriften würde ich selbst eine Vorschrift geben.

Die Philosophie ist je nachdem auf Ermahnungen oder auf Beweise angewiesen, und zwar Letzteres in großem Umfang, da ihre Probleme verwickelt sind und kaum durch die größte Genauigkeit und die größte Gründlichkeit zu voller Klarheit gebracht werden können. Sind aber Beweise nötig, so sind auch Lehrsätze nötig, welche die Wahrheit durch Gründe erschließen. Manches ist klar, manches dunkel. Klar ist, was mit den Sinnen und was mit dem

Gedächtnis aufgefasst wird, dunkel ist, was außerhalb dieses Gebietes liegt. Die Vernunft beschränkt sich aber nicht auf das, was zutage liegt: Ihr überwiegender und schönerer Teil hat es mit dem Verborgenen zu tun. Das Verborgene erfordert Beweis, Beweis gibt es nicht ohne Lehrsätze: Lehrsätze sind also unentbehrlich. Was unwillkürlich allgemeine Zustimmung findet, ist auch in sich vollkommen, ist eine unerschütterliche Überzeugung von dem Bestand der Sache: Wenn ohne eine solche in der Seele alles hin- und herwogt, so bedarf es der Lehrsätze, die der Seele ein unwandelbares Urteil geben. Und schließlich, wenn wir einen ermahnen, seinen Freund ganz auf die gleiche Linie mit sich selbst zu stellen, dass er darauf denke, aus einem Feinde sich einen Freund zu machen, dass er in jenem die Liebe anfache und in diesem den Hass dämpfe, so bekräftigen wir diese Mahnung mit den Worten: »Das ist gerecht und ehrbar.« Das Gerechte aber und Ehrbare bildet den leitenden Gesichtspunkt für unsere Lehrsätze; also ist dieser unentbehrlich, ohne welchen auch jenes nicht ist. Doch wir wollen beides verbinden, denn ohne Wurzel taugen die Zweige nichts, und die Wurzeln selbst werden gefördert durch das, was sie erzeugt haben. Wie großen Nutzen wir den Händen verdanken, kann keinem verborgen bleiben, ihre Hilfe ist offensichtlich; das Herz dagegen, das den Händen ihr Leben gibt, von dem sie die treibende Kraft empfangen, von dem sie in Bewegung gesetzt werden, ist verborgen. Dasselbe kann ich von den Vorschriften sagen: Sie liegen zutage, während die Lehrsätze der Weisheit im Verborgenen liegen. Wie beim Gottesdienst nur die Eingeweihten die höheren Heilswahrheiten kennen, so werden in der Philosophie jene Geheimnisse dem in die Stätte des Heiles Zugelassenen und Aufgenommenen zur Schau gestellt, während die Vorschriften und anderes dergleichen auch den Laien bekannt sind.

Posidonius erklärt nicht nur das Vorschriftgeben (*praeceptio*, ein Wort, dessen Gebrauch wir uns gestatten dürfen), sondern auch Raterteilung, Tröstung und Ermahnung für notwendig. Dem fügt er noch bei die Untersuchung der Gründe (*aetiologiam*, wie wir sie ohne Bedenken nennen dürfen, da auch die Grammatiker, die Wächter der lateinischen Sprache, mit Recht sie so nennen). Er sagt, dass auch die Schilderung jeder einzelnen Tugend sich nützlich erweisen werde. Diese nennt Posidonius *ethologia* (Sittenlehre), einige nennen sie *characterismus* (Charakteristik), die die Merkmale jeder einzelnen Tugend sowie jedes Lasters angibt sowie die Kennzeichen für Artunterschiede, die zwischen dem einander Verwandten zu machen sind. Diese Sachbehandlung steht mit dem Vorschriftgeben auf *einer* Stufe. Denn wer Vorschriften gibt, sagt: »Das musst du tun, wenn du mäßig sein willst«; wer Schilderungen gibt, sagt: »Mäßig ist, wer dieses tut und von jenem sich enthält.« Was ist da für ein Unterschied?, fragst du. Der eine gibt Vorschrift für die Tugend, der andere ein Beispiel. Dass diese Schilderungen und, um mich eines Ausdrucks der Staatspächter zu bedienen, diese Ikonismen von Nutzen sind, gestehe ich. Schildere nur recht anschaulich das Lobwürdige, dann wird sich der Nachahmer schon finden. Hältst du es für nützlich, dass die Kennzeichen gegeben werden, an welchen du ein edles Pferd erkennst, um als etwaiger Käufer nicht getäuscht zu werden und deine Mühe nicht an ein untaugliches zu verschwenden? Wie viel nützlicher noch ist es, die Merkmale einer vorbildlichen Seele zu kennen, die man von einem anderen auf sich selbst überzutragen befugt ist.

Frühe durchschreitet die Flur von dem edelen Rosse
das Füllen,
Höheren Ganges und reget behänd die geschmeidigen
Schenkel,
Vorzurennen den Weg und den drohenden Strom
zu versuchen
Wagt's, und sich zu vertrauen dem unbekannten Gewässer.
Und es scheut nicht das leere Geräusch; hoch raget
der Hals ihm:

Fein ist der Kopf, schmal formt sich der Bauch, und fett
ist der Rücken.
Strotzend von Muskeln die mutige Brust –
– – Wenn ferne der Klang von Waffen ertönt,
Nimmer zu stehen vermag's; auf reckt es die Ohren,
die Glieder
Zittern, es rollt in den Nüstern das kaum verhaltene Feuer.

Mit diesen Worten hat unser Vergil, obschon von etwas anderem handelnd, die Schilderung eines heldenhaften Mannes gegeben. Ich wenigstens könnte kein zutreffenderes Bild von einem großen Manne entwerfen. Hätte ich den Cato zu schildern, wie er unerschrocken und allen voran inmitten des Getöses der Bürgerkriege gegen die schon an den Alpen stehenden Heere vordringt und sich gegen den Bürgerkrieg zur Wehr setzt – ich würde ihm keine andere Miene, keine andere Haltung geben. Höheren Hauptes konnte gewiss niemand einherschreiten als er, der sich zugleich gegen Caesar und Pompejus erhob, und während die einen der Macht des Caesar huldigten, die anderen der des Pompejus, beide Parteien herausforderte und zu erkennen gab, dass es auch noch so etwas gebe wie eine Partei der Republik. Ist es doch nicht genug, bei Cato zu sagen

Und er scheut nicht das leere Geräusch.

Denn wie? Scheut er doch nicht das wirkliche und nahe. Denn wider zehn Legionen und die gallische Hilfsmacht und die den Legionen beigesellten barbarischen Hilfstruppen lässt er seine freie Stimme erklingen und ermahnet den Freistaat, den Mut für die Freiheit nicht sinken zu lassen, sondern alles zu versuchen, da es ehrenvoller sei, die Knechtschaft über sich ergehen zu lassen als selbst den ersten Schritt dazu zu tun. Welche Frische, welches Feuer, welche Zuversicht inmitten der allgemeinen Bangigkeit! Er weiß, dass er der Einzige ist, der um sich nicht bekümmert ist; denn es frage sich nicht, ob Cato frei, sondern ob er unter Freien sei. Daher seine Verachtung gegen Gefahr und Schwert. Erfüllt von Bewunderung für die unüberwindliche Standhaftigkeit des inmitten des Zusammenbruchs des Staates nicht wankenden Mannes möchte man in die Worte ausbrechen:

»Und ihm strotzet von Muskeln die mutige Brust.«

Es wird sich lohnen, nicht nur die Eigenart tugendhafter Männer zu schildern und ihre Gestalt und kennzeichnenden Züge aufzuführen, sondern auch zu erzählen, wie sie gewesen, und eine Anschauung zu geben von jener letzten und tapfersten Wunde Catos, die seiner Seele zur Freiheit verhalf, von der Weisheit des Lälius und seiner Eintracht mit Scipio, von den herrlichen Taten des älteren Cato daheim und auswärts, von den hölzernen Speisebänken des Tubero bei dem öffentlichen Gastmahl, von den Bocksfellen statt der Decken und den irdenen Gefäßen, die vor der Zelle des Jupiter selbst für die Schmausenden aufgestellt wurden. Heißt das nicht der Armut auf dem Kapitol die Weihe geben? Gesetzt, ich wüsste nichts anderes von ihm, um ihn den Catonen beizugesellen, würde das Gesagte nicht für genügend befunden werden? Das war die Veranstaltung eines Zensors, kein Gastmahl. O wie wenig wissen die ruhmbegierigen Menschen, was der Ruhm sei und wie zu erstreben! An jenem Tage sah das römische Volk das Tischgerät so mancher Bürger, aber nur eines nötigte ihnen Bewunderung ab. Das Gold und Silber von jenen allen ist zerbrochen und tausendmal umgeschmolzen, aber die irdenen Gefäße des Tubero werden alle Jahrhunderte überdauern.

Achtundneunzigster Brief

Das Glück hat seinen Rückhalt in anderen als den äußeren Gütern

Bilde dir nicht ein, dass je einer glücklich sei, der vom Glücke abhängt. Auf brüchigem Grunde steht, wer den Quell seiner Freude in dem hat, was von außen kommt; die Freude wird dahinschwinden, die von außen stammt. Aber was dem Inneren entquollen, das ist treu und fest und nimmt zu und verlässt uns nicht bis ans Ende. Alles Übrige, woran der bewundernde Blick der Menge hängt, verliert seinen Wert mit dem Tage. »Doch wie? Kann es nicht Nutzen und Genuss bringen?« Wer leugnet das? Aber nur dann, wenn es von uns abhängt und wir nicht von ihm. Alles, was durch das Glück uns beschieden wird, ist nur dann fruchtbringend und erfreulich, wenn derjenige, der es hat, auch sich selbst hat und nicht in der Gewalt seines Zubehörs ist. Denn diejenigen, mein Lucilius, irren, die da meinen, das Schicksal sei für uns die Geberin von irgendetwas Gutem oder Schlechtem: Es gibt nur den Stoff zum Guten und Schlechten und damit den Ausgangspunkt für die Dinge, die sich bei uns nach der schlimmen oder guten Seite hin entwickeln sollen. Denn stärker als alles Schicksal ist die Seele; sie ist selbst ihr Führer nach beiden Seiten hin, ist sich selbst die Ursache eines glücklichen oder unglücklichen Lebens. Der Böse wendet alles zum Bösen, auch was sich anscheinend als Bestes eingeführt hatte; der Rechtschaffene und Untadlige gleicht die Unbilden des Schicksals aus, lindert seine Härten und Schärfen durch einsichtsvolle Geduld, und wie er das Erwünschte dankbar und bescheiden aufnimmt, so auch das Widerwärtige standhaften und tapferen Sinnes. Mag er übrigens auch noch so einsichtsvoll sein, mag er an alles mit klarstem Urteil herantreten, mag er auch nichts in Angriff nehmen, was über seine Kräfte geht: Jenes vollendeten und über alle Schicksalsdrohungen erhabenen Gutes wird er nicht habhaft werden, wenn er nicht dem Ungewissen Selbstgewissheit entgegensetzt. Magst du nun nach eigener Wahl andere beobachten – denn über andere urteilt man freier – oder dich selbst mit Beiseitesetzung jeder Selbstliebe: Du wirst erkennen und eingestehen, dass von all diesen wünschenswerten und schätzbaren Dingen nichts nützlich ist, wenn du dich nicht wappnest gegen die Unbeständigkeit des Zufalls und der vom Zufall abhängigen Dinge und bei jedem Schicksalsschlage sagst:

Anders wollten's die Götter.

Doch weit besser noch wäre dir ein anderer, kraftvollerer und gerechterer Spruch zu empfehlen, um dich innerlich zu festigen, wenn dir etwas ganz Unerwartetes zustößt:

Besser meinten's die Götter.

Bei solcher Gefasstheit wird man von nichts überrascht. Diese Fassung aber gewinnt man, wenn man in Gedanken sich den möglichen Wechsel der menschlichen Dinge klargemacht hat, ehe man ihn zu fühlen bekommt, wenn man Kinder, Gattin, Hab und Gut als einen Besitz ansieht, den man nicht unter allen Umständen immer haben wird, und dessen möglicher Verlust uns nicht unglücklicher machen wird. Traurig steht es um die Seele, die sich um die Zukunft ängstigt und unglücklich vor dem Unglück ist und voll Besorgnis, ob das, woran sie ihre Freude hat, auch bis zuletzt Bestand haben wird: Denn niemals wird sie zu voller Ruhe kommen und wird in Erwartung des Kommenden das Gegenwärtige, das sie genießen konnte, verlieren. Der Schmerz aber über den Verlust einer Sache und die Furcht, sie zu verlieren, stehen auf gleicher Linie.

Das will nicht besagen, dass ich die Sorglosigkeit empfehle. Beuge du vielmehr allem möglichen Unheil vor. Was durch Umsicht vorgesehen werden kann, das siehe vor. Was irgend dir Schaden bringen kann, das fasse, schon lange bevor es eintritt, scharf ins Auge und wende es ab. Eben dazu wird deine Zuversicht und deine gefestigte innere Widerstandskraft sich außerordentlich behilflich erweisen. Es kann sich vor dem Schicksal hüten, wer es tragen kann. Wenigstens kommt es in einer ruhigen und gefassten Seele nicht zu einem Sturm. Nichts ist unseliger und törichter, als sich im Voraus zu fürchten. Welche Torheit, seinem Unglück vorauszuschreiten! Endlich, um dir meine Meinung in aller Kürze vorzuführen und dir jene sich ewig Abängstigenden und sich zur Last Werdenden zu schildern: Sie wissen sich im Unglück selbst ebenso wenig zu beherrschen wie vor dem Unglück. Mehr als nötig ist leidet, wer früher als es nötig ist leidet. Denn die gleiche Schwäche, die ihn blind macht gegen das kommende Leid, hindert ihn an der rechten Schätzung des gegenwärtigen. Derselbe Mangel an maßvoller Besonnenheit verführt ihn zu der Einbildung einer festen Dauer seines Glückes und zu dem Wahn, was ihm zuteilgeworden, müsse nicht nur dauern, sondern auch wachsen. Er vergisst, dass es nur schwanke Bretter sind, auf denen alles Menschliche sich abspielt, und hält für sich allein die Beständigkeit der Zufallsgüter für verbürgt. Vortrefflich erscheint mir daher der Ausspruch des Metrodorus in dem Brief, in dem er seine Schwester tröstet nach dem Verluste eines hochbegabten Sohnes: »Sterblich ist jegliches Gut der Sterblichen.« Damit meint er die Güter, denen die Menge nachläuft. Denn jenes wahre Gut, die Weisheit und die Tugend, stirbt nicht, es ist jedem Schwanken, jeder Unbeständigkeit entrückt, es ist das einzige Unsterbliche, das den Sterblichen zuteilwird. Aber sie sind so unverbesserlich und vergessen so sehr, wohin sie ihr Weg führt und wohin sie der Wechsel der Tage treibt, dass sie, die an *einem* Tage alles verlieren werden, sich wundern, wenn sie selbst ein Verlust trifft. Was es auch sei, als dessen Herr du giltst, es ist nur bei dir, nicht dein. Nichts Festes gibt es für den Wankenden, nichts Unvergängliches und Unerschütterliches für den Hinfälligen. Es ist ebenso unvermeidlich, aus dieser Welt abzuscheiden, als etwas zu verlieren, und eben in dem rechten Verständnis hierfür liegt der Trost. Wer selbst dem Untergange geweiht ist, der muss mit Gleichmut verlieren können.

Was verhilft uns nun dazu, solche Verluste zu ertragen? Dies, dass wir das Verlorene im Gedächtnis behalten und die Frucht, die uns daraus erwachsen ist, uns nicht entgehen lassen. Das Haben wird uns entrissen, das Gehabthaben niemals. Sehr undankbar ist, wer nach Verlust sich nicht verpflichtet fühlt für das Empfangene. Die Sache entreißt uns der Zufall, den Nutzen und die Frucht davon lässt er uns, deren wir selbst uns durch ungerechtfertigte Sehnsucht verlustig machen. Sage dir: Von all diesen Dingen, die so furchtbar erscheinen, ist nichts unüberwindlich. Gehe sie nur durch: Jedes hat schon mehr als einmal seinen Überwinder gefunden: Das Feuer an einem Mucius, die Kreuzespein an einem Regulus, das Gift an einem Sokrates, die Verbannungen an einem Rutilius, der Tod durchs eigene Schwert an einem Cato: Auch wir sollen etwas zu bezwingen wissen. Anderseits sind jene Dinge, die als verlockend und beglückend so hohe Anziehungskraft für die Masse haben, von vielen und oft verachtet worden. Fabricius wollte als Feldherr nichts von Reichtum wissen und belegte ihn als Zensor mit dem amtlichen Tadel. Tubero erachtete die Armut für würdig seiner selbst und des Kapitols, indem er durch Verwendung irdener Gefäße bei einem öffentlichen Gastmahl keinen Zweifel darüber ließ, dass die Menschen zufrieden sein müssen mit dem, womit die Götter auch jetzt noch sich zufriedengeben. Sextius, der Vater, wies Ehrenstellen zurück; durch seine Geburt zur Bewerbung um Staatsstellen berufen, nahm er doch den breiten Purpurstreifen, den ihm der selige Julius (Caesar) anbot, nicht an. Sagte er sich doch, dass, was gegeben werden könne, auch wieder genommen werden könne. Lassen wir auch unserseits es an einer mutigen Tat nicht fehlen! Machen wir uns zum Muster für andere! Warum versagen wir, warum verzweifeln wir? Nichts, was ehedem geschah, ist auch jetzt unmöglich, sorgen wir nur für Seelenreinheit und folgen wir der Natur, von der man nicht abirrt, ohne sich zum Sklaven von Begierden, Beängstigungen und allerlei Zufälligkeiten zu machen. Es steht uns frei, auf den Weg zurückzukehren, es steht uns frei, in den vorigen Stand wieder eingesetzt zu werden: Möchten wir uns dazu bereit erzeigen, um uns fähig zu machen, jeden Schmerz, mag er den Körper auch noch sehr heimsuchen, zu ertragen und dem Schicksal mit den Worten zu begegnen: »Du hast es mit einem Mann zu tun; suche dir einen, den du besiegen kannst.«

Durch solche und ähnliche Reden wird die Qual des Geschwüres gelindert, von der ich wahrlich wünsche, dass sie gemildert werde und dass entweder Heilung oder wenigstens Stillstand eintrete sowie Beruhigung, den zunehmenden Jahren entsprechend. Doch er macht mir weiter keine Sorge. Um *unseren* Verlust handelt es sich, denen der treffliche Greis entrissen wird. Denn nach eigener Schätzung hat er lange genug gelebt; ein weiteres Leben wünscht er nicht seinetwegen, sondern nur derentwegen, denen es nützlich ist. Wenn er weiter lebt, so ist das ein Akt der Hochherzigkeit gegen uns. Ein anderer hätte solchen Qualen bereits ein Ende gemacht; doch er hält es für ebenso schimpflich, den Tod zu meiden, als zu ihm seine Zuflucht zu nehmen. »Wie? Wird er nicht, wenn die Umstände es raten, dem Leben entsagen?« Warum sollte er es nicht, wenn er niemandem mehr etwas nützen kann? Wenn er seine ganze Mühe nur auf seinen Schmerz verwendet? Das heißt, mein Lucilius, sich werktätig der Philosophie befleißigen und ihrem wahren Vorbild nachstreben: Zu sehen, welchen Mut ein einsichtsvoller Mann hat wider den Tod und wider den Schmerz, wenn jener an ihn herantritt und dieser ihn peinigt. Wie zu handeln sei, muss von dem Handelnden gelernt werden. Bisher haben wir durch Gründe erwiesen, ob einer dem Schmerz widerstehen, ob der nahende Tod auch große Geister beugen könne. Was bedarf es der Worte? Halten wir uns an das unmittelbar vor Augen liegende Vorbild. Weder der Tod macht diesen Mann tapferer gegen den Schmerz noch der Schmerz gegen den Tod. Gegen beide vertraut er auf sich selbst. Wenn er den Schmerz geduldig über sich ergehen lässt, so hofft er nicht auf den Tod, und wenn er gern stirbt, so geschieht dies nicht aus Widerstreben gegen den Schmerz: Diesen erträgt er, jenen erwartet er.

Hundertundvierter Brief

Ortsveränderungen können zwar auf den Körper bisweilen wohltuend wirken, uns aber nicht zur Seelenruhe verhelfen, die nur durch ernste innere Arbeit an uns selbst erlangt und durch das Vorbild erhabener Muster uns zu eigen gemacht werden kann

Ich bin auf mein Nomentanum entflohen. Meinst du etwa der Stadt? Nein, vielmehr dem Fieber, und zwar dem langsam schleichenden. Schon hatte es mich gepackt. Der Arzt erklärte, es sei der Anfang, der Puls sei erregt und unsicher, der natürliche Blutumlauf sei gestört. Ich ließ also sofort den Wagen in Bereitschaft setzen. Meine Paulina wollte mich nicht fortlassen, doch ich ließ mich in meinem Entschluss nicht irre machen. Mir kam das Wort des Gallio, meines Herrn, auf die Lippe, der beim Eintritt eines Fiebers in Achaja sofort das Schiff bestieg mit dem Ausruf, es sei keine Krankheit des Körpers, sondern der Örtlichkeit. Dies sagte ich meiner Paulina, die mir meine Gesundheit empfiehlt. Denn da ich weiß, dass ihr Leben sich ganz um das meine dreht, so fange ich an für mich selbst zu sorgen, um für sie zu sorgen. Das Alter hat mich zwar in mancherlei Hinsicht tapferer gemacht, allein dieser Wohltat des Alters gehe ich dadurch wieder verlustig. Denn ich muss daran denken, dass dieser Greis auch ein junges Leben in sich fasst, dem Schonung gebührt. Da ich es nun bei ihr nicht durchsetzen kann, dass sie mit ihrer Liebe auch höhere Tapferkeit paare, so setzt sie es bei mir durch, dass ich mich sorgsamer liebe. Denn gegen edle Empfindungen muss man nachsichtig sein, und zuweilen muss man, aller drängenden Gründe ungeachtet, zur achtungsvollen Schonung der Seinigen den Atem sogar mit quälender Gewalt zurückrufen und selbst noch auf den Lippen zurückhalten, da der Tugendhafte leben muss, nicht solange es ihm beliebt, sondern solange die Pflicht es fordert. Wer weder die Gattin noch einen Freund hoch genug achtet, um länger im Leben zu verweilen, wer auf dem Sterben besteht, der ist ein Zärtling. So viel Gewalt soll die Seele über sich haben, wenn die Rücksicht auf die Nächststehenden es heischt: Sie soll, und zwar nicht bloß, wenn sie sterben *will*, sondern auch, wenn sie schon Anstalt dazu getroffen, davon abstehen und sich den Angehörigen weiter widmen. Es zeugt von hoher Sinnesart, um anderer willen zum Leben zurückzukehren, was große Männer häufig getan haben. Aber auch das ist meines Erachtens ein Zeichen edelster Herzensbildung, dass man sein Alter, in dem man sich sicherer fühlt und mit dem Leben weniger ängstlich umgeht, aufmerksamer behütet, wenn man weiß, dass dies für irgendeinen der Unsrigen erfreulich, nützlich und wünschenswert ist. Zudem bringt ein solches Verhalten nicht wenig Freude und Lohn mit sich. Denn was wäre erfreulicher, als seiner Gattin so wert zu sein, dass man sich selbst dadurch werter wird? Es kann also meine Paulina mir nicht nur ihre Furcht zuguterechnen, sondern auch die meinige.

Du fragst, welche Folgen für mich der Entschluss zur Reise gehabt habe. Sobald ich der schädlichen Stadtluft entronnen war mit ihrem Geruch der rauchenden Küchen, die, einmal in Gang gesetzt, ihren verpestenden Dampf mit Staub vermischt von sich geben, spürte ich sofort eine Änderung in meinem Befinden. Von dem Zuwachs an Kraft, den ich gewann, als ich den Weinberg erreicht hatte, kannst du dir kaum eine Vorstellung machen. Auf die Weide gelassen, fiel ich über mein Futter her. Ich habe mich also schon wieder mit mir ins Gleichgewicht gesetzt. Jene Mattigkeit des unzuverlässigen und das Denken hemmenden Körpers ist von mir gewichen. Ich fange an, mich mit ganzer Seele meinen wissenschaftlichen Bestrebungen hinzugeben. Nicht viel kommt dabei auf den Ort an, nur muss die Seele sich völlig selbst angehören, die mitten im Drang der Geschäfte ihre Abgeschiedenheit bewahren kann, wenn sie nur will; aber der, der es auf schöne Gegenden abgesehen hat und nach Muße hascht, wird überall etwas finden, was ihn zerstreut. Wie denn Sokrates einem, der klagte, dass ihm seine Reisen nichts genützt hätten, die Antwort gegeben haben soll: »Du hast es nicht anders verdient, denn du reistest mit dir selbst.« Wie trefflich würde es doch mit so manchem bestellt sein, wenn ihn ein Irrweg von ihm selbst abführte! Jetzt sind sie es selbst, die sich in Bedrängnis bringen, beunruhigen, verführen, in Schrecken setzen. Was nützt es, das Meer zu durchkreuzen und von einer Stadt zur anderen zu eilen? Willst du deine Bedrängnisse loswerden, so darfst du nicht immer wieder woanders sein, nein, musst selbst ein anderer sein. Nimm an, du seiest nach Athen gekommen oder nach Rhodus: Wähle nach Belieben die Stadt: Was macht es aus, welche Sitten dort herrschen? Du wirst die Deinigen mitbringen. Du wirst den Reichtum für ein Gut halten, so wird die Armut, und zwar, was das Schlimmste ist, die *eingebildete* Armut dich quälen. Denn magst du auch noch so viel besitzen, so wirst du doch, weil irgendeiner noch mehr hat, dich für um ebenso viel benachteiligt halten, als du gegen ihn im Rückstand bist. Du wirst Ehrenstellen für ein Gut halten; so wirst du dich denn nicht darüber beruhigen können, dass dieser Konsul geworden, jener sogar es noch einmal geworden, und es wird dich jedes Mal mit Neid erfüllen, wenn du irgendjemandes Namen öfters in den Fasten lesen wirst. Dein blinder Ehrsuchtsdrang wird so anschwellen, dass du meinst, du hättest keinen hinter dir, wenn noch irgendeiner vor dir ist. Für das größte Übel wirst du den Tod halten, während doch an ihm nichts Schlimmes ist, als das, was vor ihm liegt, nämlich dass er gefürchtet wird. Nicht bloß Gefahren werden dich schrecken, sondern schon der bloße Argwohn. Immer wirst du dich von Schreckgespenstern verfolgt sehen, denn was wird es dir nützen,

so vielen argolischen Stätten
Glücklich entflohn und gerettet zu sein von umringenden
Feinden?

Ja auch der Friede wird dich nicht ungeängstigt lassen durch allerhand Befürchtungen. Selbst wo alles sicher ist, wird dir das Vertrauen fehlen, wenn der Geist einmal scheu geworden ist. Hat sich dieser einmal an eine unbedachte Furchtsamkeit gewöhnt, so erweist er sich auch unfähig zum Schutze seiner eigenen Wohlfahrt. Denn er weicht nicht aus, sondern flieht. Wir geben uns aber mehr den Gefahren preis, wenn wir den Rücken kehren. Für das schwerste Unglück wirst du es halten, einen von den Deinen, den du liebst, zu verlieren, während dies Verhalten doch ebenso töricht ist als zu weinen, weil von den lieblichen, dein Haus zierenden Bäumen die Blätter abfallen. Was dir Freude macht, das siehe nicht anders an, denn als sähest du es noch in seiner vollen Kraft: Ein düsteres Schicksal wird den einen an diesem, den anderen an jenem Tage dir rauben. Aber wie der Abfall des Laubes kein schwerer Schaden ist, weil es sich wieder ersetzt, so steht es auch mit denen, welche du liebst und in denen du deines Lebens Wonne siehst: Ihr Verlust kann wieder ersetzt werden, auch wenn sie nicht abermals geboren werden.

»Aber es werden nicht dieselben sein.« Auch du wirst nicht derselbe sein. Jeder Tag, jede Stunde ändert dich; aber wenn andere uns geraubt werden, so ist das augenfälliger, während es hier verborgen bleibt, weil es nicht offen geschieht. Andere werden uns gewaltsam entrissen, wir selbst aber werden uns selbst unbemerkt entfremdet. An das alles denkst du nicht und bemühst dich nicht um Heilung deiner Wunden, sondern streust dir selbst eine ganze Saat von Anlässen zur Bekümmernis aus bald durch Hoffen, bald durch Verzweifeln. Bist du weise, so mischst du das Eine mit dem Anderen und wirst weder hoffen ohne zu zweifeln, noch verzweifeln ohne zu hoffen.

Was kann an sich das Reisen einem nützen? Es tut der Genusssucht keinen Einhalt, es zähmt nicht die Begierden, beschwichtigt nicht den Zorn, unterdrückt nicht die ungestümen Erregungen der Liebe, kurz entlastet unsere Seele nicht von ihren Übeln. Es fördert weder unsere Urteilskraft, noch zerstreut es den Irrtum, sondern wirkt auf uns wie auf einen Knaben, der das Unbekannte anstaunt: Es fesselt nur kurze Zeit durch die überraschende Neuigkeit so mancher Eindrücke. Aber dies rastlose Hin und Her steigert nur die Unbeständigkeit unserer durch und durch kranken Seele und macht sie unsteter und oberflächlicher. Das hat zur Folge, dass es sie aus den Orten, nach denen sie das heftigste Verlangen hatten, noch heftiger wieder forttreibt: Sie machen alles im Fluge ab wie die Vögel und ziehen schneller wieder ab als sie gekommen. Das Reisen wird dir Völkerkenntnis verschaffen, wird dir neue Gebirgsgestaltungen zeigen, unbesuchte Länderstrecken, die durch nie versiegende Quellen bewässert werden, die Natur irgendeines Flusses, den man des Näheren beobachtet, sei es, wie der Nil im Sommer steigt und anschwillt, oder wie der Tigris plötzlich dem Auge entschwindet und nach Zurücklegung einer verborgenen Strecke in voller Größe wieder hervortritt, sei es, wie der Mäander, für alle Dichter reizvoll zur Übung und zum Spiel, sich in zahlreichen Windungen hin- und herschlängelt und häufig seinem eigenen Bett wieder so nahe kommt, dass er erst ganz kurz vor der erwarteten Vereinigung wieder abbiegt – aber es wird dich weder besser noch gesünder machen. Die Wissenschaften sind es, mit denen wir in Verkehr treten müssen, und die Meister der Weisheit, auf dass wir lernen, was erforscht ist, und nach dem forschen, was noch nicht gefunden ist: Das ist der Weg, auf dem unser Geist aus der traurigsten Knechtschaft in Freiheit gesetzt wird. Solange du noch nicht weißt, was zu meiden, was zu erstreben, was notwendig, was überflüssig, was gerecht, was ungerecht ist, kann nicht von Reisen die Rede sein, sondern nur von einem Umherirren. Dieses dein Hin- und Herwandern wird dir keine Hilfe bringen, denn deine Leidenschaften begleiten dich, und deine Fehler folgen dir. Ja, wenn sie nur wenigstens folgten. Dann wären sie doch wenigstens in einiger Entfernung von dir: So aber trägst du sie mit dir, bist aber nicht ihr Führer. Daher drücken sie dich allerorten und setzen dir hart zu mit immer unverminderter Gleichmäßigkeit. Nach Arzenei muss sich der Kranke umtun, nicht nach neuen Gegenden. Hat einer ein Bein gebrochen oder ein Glied verrenkt, so besteigt er nicht einen Wagen oder ein Schiff, sondern ruft einen Arzt herbei, um den Bruch zu heilen und der Verrenkung abzuhelfen. Wie also? Glaubst du, dass die Seele, die an so zahlreichen Brüchen und Verrenkungen leidet, durch Ortsveränderung geheilt werden könne? Dies Übel ist zu groß, als dass es durch eine Spazierfahrt geheilt werden könnte. Eine Reise macht niemanden zum Arzt, niemanden zum Redner, keine Kunst wird durch den Ort erlernt. Wie also? Die Weisheit, diese allergrößte Kunst, wird sie etwa unterwegs gelernt? Glaube mir, es gibt keine Reiseroute, die dich aus dem Bereich der Begierden, der Zornesausbrüche und der Beängstigungen herausführt: Oder gäbe es eine, so würde das Menschengeschlecht sich zusammentun, um in Reih' und Glied sich dahin zu begeben. Diese Übel werden dich bei deinen Reisen über Land und Meer solange bedrücken und quälen, als du die Ursachen der Übel mit dir herumträgst. Du wunderst dich, dass die Flucht dir nichts nütze. Du lässt ja eben das nicht los, dem du zu entfliehen suchst.

Dich selbst also verbessere. Befreie dich von dem Drückenden, was auf dir lastet, und schränke deine begehrlichen Wünsche wenigstens auf ein vernünftiges Maß ein, reinige deine Seele von jeder Art der Nichtswürdigkeit. Sollen deine Reisen dir Freude machen, so heile die Fehler, die dich begleiten. Die Habsucht wirst du nicht loswerden, solange du mit einem habsüchtigen und schmutzigen Menschen zusammen lebst; die Aufgeblasenheit wirst du nicht loswerden, solange du mit einem Hochmütigen in engem Verkehr stehst. Niemals wirst du der Grausamkeit ledig werden im trauten Zusammensein mit einem Henkersmann. Deine wollüstigen Begierden werden sich steigern in der Gesellschaft von Ehebrechern. Willst du deiner Fehler ledig werden, so musst du dich fernhalten von den Beispielen der Laster. Der Geizhals, der Verführer, der Grausame, der Betrüger, die dir viel geschadet hätten, wenn sie in deiner Nähe gewesen wären – sie sind in dir. Suche den Verkehr mit Besseren: Lebe mit den Catonen, mit Lälius, mit Tubero. Und findest du Gefallen an dem Verkehr mit Griechen, so verkehre mit Sokrates, mit Zenon. Der eine wird dich sterben lehren, wenn es nötig ist, der andere, ehe es nötig ist. Lebe mit Chrysippus, mit Posidonius. Diese werden dir Kenntnis alles Menschlichen und Göttlichen vermitteln, sie werden dich anweisen tätig zu sein und nicht bloß klug zu reden und zur Ergötzung der Zuhörer mit Wortkünsten zu prangen, sondern der Seele Festigkeit zu verleihen und sie widerstandsfähig zu machen gegen alle Bedrohungen. Denn es gibt nur einen Hafen dieses wogenden und stürmischen Lebens: Das Kommende zu verachten, zuversichtlich standzuhalten und ohne Wanken die Pfeile des Schicksals mit unverwandter Brust zu empfangen, ohne sich zu verstecken oder den Rücken zu kehren. Die Natur hat uns zur Hochherzigkeit ausersehen, und wie sie einigen Tieren eine wilde, einigen eine verschlagene, einigen eine zaghafte Seele gegeben hat, so uns eine ruhmbegierige und erhabene, die danach fragt, wo man am ehrenvollsten, nicht wo man am sichersten lebe, ähnlich dem Weltall, dessen Muster der Mensch folgt und es nachahmt, soweit es seinen Schritten vergönnt ist. Er will in der vordersten Reihe stehen, überzeugt, dass er dann Lob und Ansehen verdiene. Er ist Herr über alles, ist erhaben über alles; daher soll er nichts über sich anerkennen, nichts soll ihm schwer erscheinen, nichts ihm den Eindruck machen, als könne es den Mann beugen.

Schreckensgestalten, entsetzlich zu schau'n, der Tod
und die Drangsal:

Nein, nichts von alledem, wenn einer nur dergleichen Gespenster fest ins Auge zu fassen und die Finsternis zu durchdringen vermag. Vieles, was des Nachts einen schreckhaften Eindruck machte, ließ der Tag als lächerlich erscheinen.

Schreckensgestalten, entsetzlich zu schau'n, der Tod
und die Drangsal;

sagt unser Vergil sehr bezeichnend: Nicht in Wirklichkeit sind sie nach ihm schreckhaft, sondern nur dem Anblick nach, also nur dem Scheine nach, nicht dem Dasein nach. Was ist, frage ich, wie das Gerede des Volkes es darstellt? Warum, ich bitte dich, Lucilius, sollte der Mann die Mühsal, der Mensch den Tod scheuen? Wie oft begegnen mir Leute, die glauben, was sie nicht tun können, das könne überhaupt nicht geschehen, und behaupten, wir (Stoiker) nähmen den Mund zu voll, gingen mit unseren Forderungen über die Menschennatur hinaus. Aber wie viel besser denke ich von ihnen! Auch sie selbst können das machen, sie wollen nur nicht. Und wer hat sich denn je getäuscht gesehen, wenn er nur kühn zugriff? Wem ist die Sache nicht leichter erschienen, sobald er sie nur anfasste? Nicht weil sie schwer ist, wagen wir sie nicht, sondern weil wir sie nicht wagen, ist sie schwer.

Verlangt ihr aber bestimmte Beispiele, so lasst euch auf den Sokrates hinweisen, den greisen Dulder, der alles mögliche Ungemach über sich ergehen lassen musste, aber sich nicht beugen ließ, selbst nicht durch die Armut, die ihm noch durch häuslichen Druck erschwert wurde, und ebenso wenig durch die Anstrengungen, denen er sich im Felddienst als Krieger unterzog; dazu die häuslichen Störungen, magst du nun an das ungebärdige Auftreten und die zügellose Zunge seiner Frau oder an seine unbegabten, der Mutter mehr als dem Vater ähnlichen Kinder denken. Entweder stand er im Felde oder unter dem Drucke der Tyrannei oder in einer Freiheit, die schlimmer war als Krieg und Tyrannen. Siebenundzwanzig Jahre dauerte der Krieg. Nach Beendigung des Krieges fiel der Staat zur Strafe in die Hand der Tyrannen, die ihm überwiegend feindlich gesinnt waren. Die schließliche Verurteilung gründete sich auf die schwersten Beschuldigungen; es wurden ihm Verstöße wider die Religion und Verführung der Jugend schuld gegeben, die er angeblich gegen die Götter, gegen ihre Väter sowie gegen den Staat aufhetzte. Sodann folgten Kerker und Gift. Das erschütterte den Sokrates so wenig, dass er keine Miene darüber verzog. Bis zum letzten Augenblick bewahrte er jenen bewundernswerten und einzigartigen Vorzug: Weder heiterer noch trauriger sah irgendjemand den Sokrates. Er blieb sich gleich bei aller Ungleichheit seines Schicksals.

Willst du ein anderes Beispiel? Lass dich erinnern an unseren jüngeren M. Cato, dem das Schicksal noch feindseliger und hartnäckiger mitspielte. Allenthalben und zuletzt noch im Tode hatte er sich gegen das Schicksal zur Wehr gesetzt, legte aber Zeugnis dafür ab, dass ein heldenhafter Mann dem Schicksal zum Trotze leben, ihm zum Trotze auch sterben kann. Sein ganzes Leben verlief ihm teils in den Stürmen der Bürgerkriege, teils in einer Lage der Dinge, die den Keim der Bürgerkriege schon in sich trug. Auch von ihm kannst du ebenso wie vom Sokrates sagen, er sei sich als Sklave vorgekommen, du müsstest denn glauben, Cn. Pompejus und Caesar und Crassus seien Genossen der Freiheit gewesen. Niemand hat inmitten so häufigen Wechsels der Staatsform den Cato jemals verändert gesehen: In jeder Lage zeigte er sich als denselben, in der

Prätur, bei der Niederlage in der Amtsbewerbung, bei der Anklage, in der Provinz, in der Volksversammlung, beim Heere, im Tode. Besonders in jener verzweifelten Lage der Republik, als Caesar auf der einen Seite stand, gestützt auf zehn kampferprobte Legionen sowie auf sämtliche auswärtige Hilfstruppen, auf der anderen Seite Cn. Pompeius, für sich allein schon allen Gefahren gewachsen: Alle anderen neigten sich teils zum Caesar, teils zum Pompejus; Cato allein bildete auch eine Partei der Republik. Willst du dir ein umfassendes Bild jener Zeit machen, so siehst du auf der einen Seite den unteren Bürgerstand und die ganze Masse des auf den Umsturz hinarbeitenden Pöbels, auf der anderen die Optimaten nebst allem, wovor man im Staate Ehrfurcht und Achtung hatte, zwei aber vereinsamt in der Mitte, die Republik und den Cato. Du wirst staunen, sage ich, wenn du bemerken wirst

Priamus und den Atriden, und beiden ergrimmt den Achilles.

Denn auf beide ist er übel zu sprechen, beide entwaffnet er. Folgendes Urteil fällt er über die beiden: Wenn Caesar siegt, sagt er, werde er sterben, wenn Pompejus, werde er in die Verbannung gehen. Welche Ursache zur Furcht hätte er gehabt, der sich selbst, sei es als Sieger oder Besiegter, ein Schicksal bestimmt hatte, wie es ihm nur von den ingrimmigsten Feinden beschieden werden konnte? Er ging also nach seinem eigenen Beschluss unter. Du siehst, dass Menschen schwere Not ertragen können: Mitten durch die Einöden Afrikas führte er sein Heer. Du siehst, der Durst lässt sich ertragen: Über glühende Hügel ohne irgendwelches Gepäck die Trümmer des geschlagenen Heeres hinwegführend, ertrug er gepanzert den Mangel an Getränk, und gab es ab und zu einmal Wasser, so war er der Letzte, der trank. Du siehst: Über Ehre und Bemängelung der Ehre kann man mit Verachtung hinwegsehen: An demselben Tage, wo er eine Wahlniederlage erlitt, spielte er auf dem Wahlplatze Ball. Du siehst, es ist möglich, die Macht der Höheren nicht zu fürchten. Den Caesar und den Pompejus, von denen niemand den einen zu beleidigen wagte, außer um die Gunst des anderen dadurch zu gewinnen, forderte er zugleich heraus. Du siehst: Der Tod so gut wie das Exil kann verachtet werden. Er kündigte sich selbst Verbannung und Tod und inzwischen den Krieg an. Wir können also gegen jene Dinge so viel Mut haben, wenn wir nur den Mut haben, unseren Hals dem Joche zu entziehen. Vor allem aber gilt es, der Wollust zu entsagen: Sie entkräftet uns, verweichlicht uns und fordert viel von uns; um dies Viele aber wird man das Schicksal anbetteln müssen. Ferner ist der Reichtum zu verachten, er ist das Handgeld zum Ankauf der Knechtschaft. Auf Gold, Silber und was sonst die Paläste beschwert, muss man verzichten: Die Freiheit lässt sich nicht umsonst erwerben. Schätzest du diese hoch, so muss alles andere gering geschätzt werden.

Hundertundfünfter Brief

Wie sichert man sich gegen Gefahren vonseiten der Menschen?

Lass dir von mir Ratschläge geben zur besseren Sicherung deines Daseins. Du aber, hoffe ich, hörst diese meine Belehrungen so an, wie wenn ich dir vorschriebe, wie du in der Gegend von Ardea für deine Gesundheit Sorge tragen solltest. Erwäge die Gründe, die einen Menschen zum Verderben eines anderen anreizen können. Es sind dies, wie du finden wirst, Hoffnung, Neid, Hass, Furcht, Verachtung. Von alledem kommt der Verachtung die geringste Bedeutung zu, und zwar in so auffälliger Weise, dass viele sich zu ihrer Sicherung in ihr verborgen haben. Wenn man einen verachtet, so gibt man ihm zwar einen Fußtritt, geht aber dann seines Weges weiter. Niemand fügt einem von ihm verachteten Menschen unausgesetzt, niemand mit Vorbedacht Schaden zu. Es wird damit gehalten wie in der Schlacht: Wer am Boden liegt, an dem geht man vorüber, mit dem Stehenden kämpft man. Du wirst dich der Hoffnung der Schurken entziehen, wenn du nichts hast, was fremde und ruchlose Begehrlichkeit reizen könnte, wenn du nichts Hervorragendes besitzest. Denn die Begehrlichkeit wird auch schon durch Geringfügiges erregt, wenn einem Wegelagerer davon Kunde zugekommen ist. Dem Neide wirst du entgehen, wenn du dich den Blicken nicht aufdrängst, wenn du mit deinen Gütern nicht prahlst, wenn du dich bescheidest dich im Stillen zu freuen. Der Hass aber ist entweder die Folge einer Beleidigung: Dem wirst du aus dem Wege gehen, wenn du niemandem zu nahe trittst; oder er entsteht für nichts und wieder nichts: Davor wird dich der gesunde Menschenverstand bewahren. Für viele ist das gefährlich geworden. Manche haben sich Hass zugezogen, ohne einen Feind zu haben. Vor der Gefahr, gefürchtet zu werden, wird dich deine maßvolle Lebensstellung und deine milde Sinnesart bewahren. Jedermann soll wissen, dass du dir aus Beleidigungen nichts machst. Auf Wiederversöhnung deinerseits soll man leicht und sicher rechnen können. Gefürchtet zu werden aber ist lästig, ebenso sehr im Hause wie auswärts, ebenso sehr von Sklaven wie von Freien. Es gibt niemanden, der nicht Macht genug hätte zu schaden. Dazu bedenke auch noch, dass, wer gefürchtet wird, auch selbst fürchtet. Niemand kann furchtbar sein ohne Gefährdung seiner eigenen Sicherheit. Und was schließlich die Verachtung anbelangt, so hat derjenige das Maß derselben in seiner eigenen Gewalt, der sie durch sein Verhalten sich bereitet hat, der verachtet wird, weil er es gewollt hat, nicht weil es ein Muss für ihn war. Diesem Übelstand wird einerseits die Beschäftigung mit den Wissenschaften abhelfen, anderseits die Freundschaft mit Männern, die bei einem Mächtigen mächtig sind, an die sich anzuschließen förderlich ist, ohne jedoch sich an sie zu binden; sonst kann die Abhilfe teurer zu stehen kommen als die Gefahr. Nichts aber wird so nützlich sein, als sich ruhig zu halten und so wenig als möglich mit anderen zu reden, so viel als möglich mit sich selbst. Es liegt in der Unterhaltung (mit anderen) ein gewisser verführerischer Reiz, der sich einschleicht als wirksamer Schmeichler und ganz ähnlich wie Trunkenheit oder Liebe einem die Geheimnisse ablockt. Niemand wird verschweigen, was er gehört hat; niemand wird nur das sagen, was er gehört hat. Wer die Sache nicht verschweigt, wird auch den Gewährsmann nicht verschweigen. Ein jeder hat einen, dem er so viel vertraut als ihm selbst vertraut worden ist. Gesetzt auch, er halte seine Geschwätzigkeit in Zucht und begnüge sich mit den Ohren eines Einzigen, es wird doch bald eine Menge daraus werden: So wird, was eben noch Geheimnis war, zur Volksstimme werden.

Förderlich für die Sicherheit ist es vor allem, dass man nichts Unbilliges tut: Die Zügellosen führen ein verworrenes und unruhevolles Dasein. Sie fürchten in demselben Maße als sie Schaden anstiften und sind niemals innerlich frei. Denn sie zittern nach begangener Tat und kommen nicht los von der Sache; ihr Gewissen lässt sie an nichts anderes denken und zwingt sie immer wieder sich selbst Rede zu stehen. Es leidet schon Strafe, wer dieselbe erwartet. Es erwartet sie aber, wer sie verdient hat. Bei bösem Gewissen kann einem irgendein Umstand zwar Sicherheit gewähren, aber niemals die Sorge verscheuchen: Denn wird einer auch nicht entdeckt, so glaubt er doch, er könne entdeckt werden. Nicht nur im Schlafe wird er beunruhigt, auch stets, wenn er von eines anderen Verbrechen redet, denkt er an das seinige: Es scheint ihm nicht hinlänglich vergessen, nicht völlig begraben. Es hat der Schuldige also bisweilen das Glück, verborgen zu bleiben, die feste Gewissheit niemals.

Hundertundsiebenter Brief

Ratschläge zur Bekämpfung von Widerwärtigkeiten

Wo bleibst du mit deiner Klugheit? Wo mit deinem Scharfblick für unterscheidende Erfassung der Dinge? Wo mit deiner gehobenen Sinnesart? Schon eine solche Kleinigkeit bringt dich außer Fassung? Sklaven haben die Zeit, wo du durch Geschäfte in Anspruch genommen warst, für eine günstige Gelegenheit zur Flucht gehalten. Wären es Freunde, die dich hintergingen – denn wir wollen es bei diesem Namen bewenden lassen, den sie unserem Irrtum verdanken, um ihnen einen schlimmeren Namen zu ersparen – so würdest du in deiner ganzen Existenz geschädigt sein; so aber bist du nur um Leute gekommen, die deiner Mühe spotteten und in deiner Person eine Belästigung für andere sahen. Darin liegt nichts Ungewöhnliches, nichts Unerwartetes. Durch solche Erbärmlichkeiten sich gekränkt zu fühlen ist ebenso lächerlich als zu klagen, dass man auf der Straße bespritzt oder mit Schlamm besudelt wird. Es geht mit dem Leben ebenso wie im Bade, im Gedränge, auf der Reise: Das Leben geht nicht sanft mit uns um. Du hast einen weiten Weg angetreten: Auf ihm musst du ausgleiten, musst anstoßen, musst fallen, musst müde werden, musst ausrufen: »o Tod«, d.h. du musst der Wahrheit ins Gesicht schlagen. Hier wirst du einen Begleiter zurücklassen, dort einen zu Grabe tragen, dort einen fürchten. Durch solcherlei Widerwärtigkeiten muss man sich durchkämpfen auf diesem dornenvollen Pfad. Sterben will die Seele? Sie bereite sich vor gegen alles; sie wisse, dass der Platz, den sie einnimmt, dem Donner und Blitz ausgesetzt ist, sie wisse, dass sie an einer Stelle weilt,

> Wo ihr Lager gebettet der Harm und rächende Sorgen,
> Blass auch wohnen umher Krankheiten und trauriges Alter.

In solcher Gemeinschaft müssen wir das Leben dahinbringen. Entgehen kannst du diesen Zugaben nicht, verachten aber kannst du sie. Du wirst sie aber verachten, wenn du häufig daran denkst und dich mit dem Zukünftigen im Voraus abfindest. Jedermann geht tapferer an eine Sache, auf deren Eintreten er sich lange schon innerlich vorbereitet hatte, und leistet auch wuchtigen Schlägen, wenn sie ihm nicht unerwartet kommen, Widerstand, während er unvorbereitet sich auch vor dem Leichtesten ängstigt. Nichts darf uns unerwartet sein: Das sei unser Hauptstreben. Und weil die Neuheit alles schwerer macht, so wird dies beständige Denken daran dir den Dienst leisten, dass dich kein Übel als einen Neuling überrascht. »Sklaven sind mir entwichen.« Einen anderen haben sie geplündert, einen anderen angeklagt, einen anderen ermordet, einen anderen verraten, einen anderen mit Füßen getreten, einem anderen durch Gift, einem anderen durch Anschuldigung zugesetzt. Nenne, was du willst, es ist schon vielen begegnet. Der Reihe nach wird alles mögliche Feindliche gegen uns gerichtet. Manche Pfeile haben uns durchbohrt, manche haben eine zitternde Bewegung und kommen trotzdem erst recht an ihr Ziel, manche, die für andere bestimmt waren, streifen uns. Wundern wir uns über nichts, wozu uns die Geburt bestimmt hat, und das eben deshalb von keinem beklagt werden soll, weil es für alle gleich ist. Ich sage mit Absicht: »gleich ist«. Denn auch ein Unglück, dem man entgangen ist, hätte uns treffen können. Gleiches Recht ist nicht das, welches wir alle zu spüren bekommen haben, sondern das, welches für alle gegeben ist. Die Seele soll sich dem Gebote des Gleichmutes unterwerfen, und ohne Klage sollen wir den Tribut der Sterblichkeit zahlen. Der Winter bringt Frost: Man muss frieren; der Sommer führt uns die Wärme zurück: Man muss schwitzen. Die Unbilden der Witterung setzen der Gesundheit zu: Man muss sich in das Kranksein fügen. Auch ein wildes Tier wird uns vielleicht der Quere kommen oder ein Mensch, der gefährlicher ist als alle wilden Tiere. Manches wird uns das Wasser, anderes das Feuer entreißen. Diesen Gang der Dinge können wir nicht ändern.

Wohl aber steht es in unserer Macht, uns eine hohe und eines ehrenwerten Mannes würdige Sinnesweise zu eigen zu machen, die uns alle Zufallslaunen mutig ertragen und mit der Natur in Übereinstimmung bleiben lässt. Die Natur aber gibt diesem vor deinen Augen sich ausbreitenden Reich durch den Wechsel der Erscheinungen seine angemessene Ordnung: Dem Gewölk folgt heiterer Himmel; das Meer wird stürmisch erregt, nachdem es geruht hat; abwechselnd wehen die Winde; der Nacht folgt der Tag; ein Teil des Himmels erhebt sich, der andere senkt sich hinab in das Meer. In dem Wechsel der Gegensätze besteht die ewige Dauer der Dinge. Diesem Gesetz soll unsere Seele sich anpassen, ihm soll sie folgen, ihm gehorchen. Und was auch immer geschehen mag, sie soll glauben, dass es hat geschehen müssen, und jedem Verlangen entsagen, der Natur Vorwürfe zu machen. Das Beste ist, zu ertragen, was man nicht besser machen kann, und sich der Führung Gottes, des allmächtigen Schöpfers aller Dinge, ohne Murren zu fügen. Ein schlechter Krieger ist, wer dem Feldherrn nur mit Seufzen folgt. Daher sollen wir ungesäumt und unverdrossen seine Befehle aufnehmen und nicht abbiegen von dieser Bahn seines herrlichen Werkes, in das alle Fügungen, die uns treffen, mit sicherer Hand eingewebt sind. Und zwar wollen wir den Jupiter, durch dessen Steuer dieser ganze Weltenbau gelenkt wird, so anreden, wie ihn unser Kleanthes in höchst wirkungsvollen Versen anredet, die in unsere Sprache zu übersetzen mich das Beispiel Ciceros berechtigt. Gefallen sie dir, dann gut; missfallen sie dir, so wirst du dir sagen, dass ich dem Beispiel des Cicero gefolgt bin.

O Vater, höchster Weltenlenker, führe mich,
Wohin du willst, ich folge gern und willig dir;
Denn wollt ich nicht, so müsst ich seufzend folgen dir
Und litt als böse, was ich leiden konnt' als gut.
Wer will, der ist des Schicksals Freund, wer nicht,
sein Knecht.

So wollen wir leben, so sprechen: Bereit und unverdrossen soll uns das Schicksal finden. Der ist ein Mann von hochgemutem Geist, der sich ihm hingibt, wogegen kleinlich und entartet derjenige ist, der widerstrebt und von der Weltordnung übel denkt und lieber die Götter bessern will als sich.

Hundertundachter Brief

Die rechte Lehr- und Lernweise der Philosophie

Was du von mir zu wissen begehrst, das fällt in das Gebiet dessen, womit man sich nur um des Wissens willen abgibt. Gleichwohl hast du es, eben weil es dahin gehört, eilig und willst nicht auf das zusammenfassende Buch warten, mit dem ich eben beschäftigt bin und das die ganze Moralphilosophie enthalten soll. Ich werde mich sofort daran machen, doch nicht ohne dir zuvor mitzuteilen, wie du diese Lernbegierde, von der ich dich so lebhaft ergriffen sehe, zu regeln hast, damit sie nicht selbst sich im Wege stehe. Man darf weder beliebige Teile herausgreifen noch gierig das Ganze verschlingen wollen. Stück für Stück muss man sich in den Besitz des Ganzen setzen. Die Last muss mit unseren Kräften in richtigem Verhältnis stehen, und die Besitzergreifung darf nicht über unsere Leistungsfähigkeit hinausgehen. Nicht dein Wunsch, sondern dein Fassungsvermögen muss maßgebend sein für das, was du in dich aufnimmst. Habe nur guten Mut, dann wirst du fassen, so viel du willst. Je mehr der Geist aufnimmt, umso mehr schafft er sich Raum.

Diese Lehre erhielten wir, wie ich mich erinnere, vom *Attalus*, als wir seine Schule belagerten. Wir erschienen da immer als die Ersten und waren die Letzten, die wieder herausgingen, forderten ihn auch bisweilen zu belehrenden Unterhaltungen auf Spaziergängen auf, und er versagte sich den Lernenden nie, ja kam ihnen entgegen. »Das nämliche Ziel«, sagte er, »muss sich der Lehrende und der Lernende vorsetzen; jener soll von dem Willen beseelt sein zu nützen, dieser sich zu fördern.« Wer mit einem Philosophen verkehrt, soll täglich etwas Gutes mit nach Hause nehmen: Er soll entweder gesünder oder leichter heilbar zurückkehren. Und dies wird der Fall sein: Denn das ist die Kraft der Philosophie, dass sie nicht bloß die ihrer Beflissenen, sondern auch die bloß mit ihr Verkehrenden fördert. Wer in die Sonne kommt, der wird gebräunt werden, auch wenn er nicht in solcher Absicht kam. Wer einen Salbenladen besucht und sich längere Zeit da aufgehalten hat, der nimmt den Geruch solcher Stätte mit sich. So bleibt auch bei denen, die einen Philosophen besucht haben, etwas haften, das ihnen förderlich ist, auch wenn sie nicht weiter darauf achten. Wohlgemerkt: Ich sage, wenn sie nicht darauf achten, nicht wenn sie sich dagegen sträuben.

»Wie aber? Kennen wir nicht Leute, die viele Jahre zu Füßen eines Philosophen gesessen haben und keinen Schimmer von Farbe annehmen?« Wie sollte ich sie nicht kennen, sie, diese Muster von Sesshaftigkeit und Beharrlichkeit, die ich nicht Schüler der Philosophie nenne, sondern Hausinsassen derselben? Einige kommen, um zu hören, nicht um zu lernen, wie wir ins Theater gehen des Vergnügens wegen, um unsere Ohren durch Rede oder Gesang oder Schauspiel zu ergötzen. Unter den Zuhörern eines Philosophen wirst du gar viele finden, denen die Schule des Philosophen nichts anderes ist als eine willkommene Stätte zum Zeitvertreib. Ihr Absehen ist nicht darauf gerichtet, sich dort dieses oder jenes Fehlers zu entledigen, irgendwelches Lebensgesetz sich geben zu lassen, das ihre sittliche Bildung regelt, sondern sich einen Ohrenschmaus zu bereiten. Einige jedoch kommen sogar mit Schreibtafeln, nicht um den Inhalt, sondern um die Worte festzuhalten, die sie ebenso fruchtlos für andere nachplappern, wie sie selbst sie für sich hören. Manche werden durch begeisternde Worte der Spruchweisheit angeregt und werden in eine der des Vortragenden entsprechende Stimmung versetzt, froh bewegt in Miene und Geist, und in eine innere Erregung gebracht, ähnlich der der phrygischen Halbmänner *(Galli)*, die durch den Ton der Flöte auf Befehl in Begeisterung geraten. Sie fühlen sich hingerissen und angespornt durch die Schönheit des Inhalts, nicht durch den Klang leerer Worte. Lässt sich ein scharfer Spruch wider den Tod oder ein Trutzwort wider das Schicksal vernehmen, da regt sich sofort die Lust, das Gehörte auch zu tun. Die Hörer werden durch solche Sprüche gepackt und sind, wie das Gesetz es verlangt, wenn diese Stimmung nur Dauer hätte und wenn nicht die große Masse des Volkes, dieses Widerraters alles Ehrbaren, sie von diesem herrlichen Anlauf wieder zurückbrächte. Wenige können die Gesinnung, die in ihnen aufgekeimt war, mit nach Hause bringen. Es ist leicht, den Hörer zur Begierde nach dem Rechten zu erregen; denn allen hat die Natur die Grundlage dazu und den Keim der Tugenden gegeben. Wir alle sind zu alledem geboren. Erscheint einer, der uns anzuregen versteht, dann wird dieses bessere Ich gleichsam aus seinen Banden befreit. Siehst du nicht, wie die Theater erdröhnen, so oft ein Spruch ertönt, der allgemeinen Anklang findet, und dem wir seine Wahrheit durch unseren Beifall bezeugen?

> Der Armut mangelt Vieles, Alles fehlt dem Geiz.
> Der Geizhals meint's mit allen schlimm, mit sich zumeist.

Bei solchen Versen klatscht der schmutzigste Geizhals und freut sich über die schmachvolle Züchtigung seiner Laster. Wie viel mehr muss das wohl deinem Urteil zufolge der Fall sein, wenn solche Worte aus dem Munde eines Philosophen kommen, wenn seine heilsamen Vorschriften mit dergleichen Versen gewürzt werden, die eben diese Vorschriften wirksamer eindringen lassen in das Gemüt der noch unerfahrenen Hörer. »Denn«, mit Kleanthes zu reden, »wie unser Hauch einen stärkeren Ton gibt, wenn die Trompete ihn durch die Enge des langen Kanals hindurch gezogen hat und schließlich durch den erweiterten Ausgang ausströmen lässt, so erhöht die knappe Form, die für den Vers geboten ist, die Entschiedenheit des Eindrucks, den die Worte auf uns machen.« Die nämliche Mahnung wird gleichgültiger angehört und macht geringeren Eindruck, solange sie in ungebundener Rede vorgetragen wird; sobald der Rhythmus dazu kommt und der treffende Gedanke an bestimmtes Versmaß gebunden ist, wird eben dieser Gedanke gleichsam mit kräftigerem Armschwung entsandt. Über die Verachtung des Geldes wird viel hin und her geredet und in endlosen Vorträgen die Lehre eingeschärft, die Menschen müssten ihren Reichtum in der Seele, nicht im Gelde suchen, reich sei derjenige, der sich in seine Armut zu fügen wisse und sich mit wenigem reich mache; doch größeren Eindruck macht es auf das Gemüt, wenn Verse folgender Art vorgetragen werden:

Am wenigsten bedarf, wer wenig nur begehrt.
Wer, was genug ist, wollen kann, hat, was er will.

Wenn wir diese und derartige Verse hören, werden wir zum Geständnis der Wahrheit gebracht. Denn diejenigen, denen nichts genug ist, sind entzückt, rufen Beifall und erklären das Geld für hassenswert. Siehst du sie in dieser Stimmung, dann setze ihnen zu, lass nicht locker, darauf lege alles Gewicht unter Beiseitelassung aller Zweideutigkeiten, aller Folgerungskünste, aller Neckereien mit Fangschlüssen und aller sonstigen Spielereien eines richtigen Scharfsinns. Wider die Habsucht, wider die Üppigkeit sei deine Rede gerichtet, und wenn du siehst, dass du damit etwas ausgerichtet und auf die Seelen der Hörer Eindruck gemacht hast, dann lass nicht locker, sondern setze ihnen noch mehr zu: Kaum sollte man glauben, welch starke Wirkung eine derartige Rede hat, die ernstlich auf Heilung bedacht ist und es auf nichts anderes abgesehen hat als auf das Wohl der Hörenden. Denn gar leicht werden jugendliche Gemüter für die Liebe zum Edlen und Rechten gewonnen, und die Wahrheit macht ihr Recht geltend auf die noch bildsamen und nur wenig verdorbenen Seelen, wenn sie einen fähigen Anwalt gefunden hat. Ich wenigstens wurde, als ich den Attalus wider die Laster, Verirrungen und Übel des Lebens reden hörte, oft von Mitleid ergriffen mit dem Menschengeschlecht, und er wuchs in meinen Augen weit über das menschliche Maß hinaus. Er selbst erklärte sich für einen König, doch mir kam es vor, als stünde er noch über den Königen, er, der sich zum Richter über die Könige machen durfte. Und wenn er vollends anfing, der Armut das Wort zu reden und darzulegen, was für eine überflüssige und für den Tragenden beschwerliche Last alles sei, was über das Bedürfnis hinausginge, da regte sich oft der Wunsch, man möchte arm aus der Schule herausgehen. Wenn er sich daran machte, unsere Lustbegierden durchzuhecheln, einen keuschen Leib, einen bescheidenen Tisch, eine reine Sinnesart zu preisen, die nicht nur frei sei von unerlaubten, sondern auch von überflüssigen Lustbegierden, da ward das Verlangen lebendig, dem Gaumen und dem Magen Schranken zu setzen. Davon ist mir einiges geblieben, mein Lucilius. Denn mit großem Eifer hatte ich mich der Sache angenommen. In der Folge aber habe ich, dem öffentlichen Leben wieder zugewandt, nur wenig von dem guten Anfang bewahrt. Von jener Zeit ab entsagte ich dem Genuss von Austern und Schwämmen für das ganze Leben. Denn das sind keine Speisen, sondern Leckerbissen, die die Satten zum Essen nötigen, ein höchst erwünschter Zwang für die Vielfraße, die mehr in sich stopfen, als sie zu fassen vermögen; denn so leicht sie durch die Kehle hinuntergehen, so leicht kehren sie auch wieder zurück. Von jener Zeit ab enthalte ich mich mein Lebtag der Salbe; denn für den Körper ist es der beste Geruch, wenn er keinen hat. Von jener Zeit ab entbehrt mein Magen des Weines. Von jener Zeit ab meide ich mein Lebtag jedes (warme) Bad in der Überzeugung, dass es nicht nur unnütz, sondern auch eine Verweichlichung sei, den Körper abzukochen und durch Schweiße auszuleeren. Was ich sonst damals von mir geworfen, ist wieder zurückgekehrt, aber doch so, dass ich Maß halte in allen Dingen, deren ich mich vordem ganz enthielt, und zwar in einem Grade, der der Enthaltsamkeit ziemlich nahe liegt und vielleicht schwerer ist als diese, weil dergleichen Begierden leichter ausgerottet als auf das gehörige Maß zurückgeführt werden.

Weil ich mich einmal darauf eingelassen habe dir darzulegen, wie viel stärker der Drang war, mit dem ich in der Jugend an die Philosophie herantrat, als der, mit dem ich im Alter darin fortfahre, so will ich dir ohne Scheu bekennen, welche Liebe ich zum Pythagoras gefasst habe. Sotion machte mich mit den Gründen bekannt, die jenen wie später den Sextius sich der Fleischnahrung enthalten ließen. Diese Gründe waren für beide verschieden, aber für beide höchst ehrenvoll. Sotion glaubte, der Mensch habe unblutige Nahrung genug, und es führe nur zur Grausamkeit, wenn die Zerfleischung dem Genusse dienen sollte. Dazu bemerkte er weiter, man müsse den Stoff zur Schwelgerei beschränken. Er suchte zu beweisen, dass die große Mannigfaltigkeit der Speisen und ihr Missverhältnis zu unserem Körper der Gesundheit zuwider seien. Pythagoras dagegen behauptete, alles sei mit allem verwandt und es gebe einen Verkehr der Seelen, die sich immer wieder in neue Gestalten umwandelten. Keine Seele, wenn du ihm glaubst, geht unter oder macht auch nur eine Pause, mit Ausnahme der kurzen Zeit ihres Überganges von einem Körper in einen anderen. Wir werden sehen, in welchem Wechsel der Zeiten und wann sie, nachdem sie durch mehrere Wohnungen umhergeirrt, wieder zum Menschen zurückkehrt. Dabei flößte er den Menschen Furcht ein vor Verbrechen und Vatermord, da sie ahnungslos an die Seele des Vaters geraten und diese durch Schwert oder

Biss verletzen könnten, wenn irgendein verwandter Geist in einem solchen Körper seinen vorübergehenden Aufenthalt hätte. Nachdem Sotion dies dargelegt und durch seine Beweisgründe vollends erhärtet hatte, sagte er: »Glaubst du nicht, dass die Seelen immer wieder andere Leiber zum Wohnsitz angewiesen erhalten, und dass, was wir Tod nennen, nichts anderes ist als eine Wanderung? Glaubst du nicht, dass in diesen zahmen oder wilden Tieren oder auch in den Wassertieren eine Seele weile, die einst einem Menschen angehört hat? Glaubst du nicht, dass in dieser Welt nichts untergehe, sondern nur den Ort wechsele? Und dass nicht nur die Gestirne in bestimmten Umläufen sich bewegen, sondern dass auch die lebenden Wesen einem bestimmten Wechsel unterworfen sind und dass die Seelen einen Kreisgang vollführen? Große Männer haben dies geglaubt. Daher halte mit deinem Urteil zurück, trage aber Sorge, dass du dich für alle Fälle sicherst. Entspricht dieser Glaube der Wahrheit, so bist du unschuldig, wenn du dich der tierischen Nahrung enthältst; ist er falsch, so ist er doch eine Schule der Genügsamkeit. Was kann dieser also deine Leichtgläubigkeit für Schaden bringen? Folgst du mir, so entsagst du damit eben nur dem, wovon sich Löwen und Geier nähren.« Durch solche Reden angetrieben fing ich an, mich der tierischen Nahrung zu enthalten, und nach Ablauf eines Jahres war mir diese Gewohnheit nicht nur leicht, sondern auch angenehm. Es kam mir vor, als erhielte mein Geist einen größeren Schwung, und ich möchte dich heute nicht versichern, es sei nicht so gewesen. Du fragst, wie es kam, dass ich wieder davon abgestanden? Meine Jugendzeit fiel in die ersten Jahre der Regierung des Kaisers Tiberius. Damals wurde mit dem ausländischen Gottesdienst aufgeräumt, die Enthaltung aber von gewissen Tieren galt als Beweis des Aberglaubens. Darum kehrte ich auf Bitten meines Vaters, der nicht etwa Verleumdung fürchtete, aber die Philosophie hasste, zu meiner früheren Gewohnheit zurück, und es kostete ihm nicht viel Mühe, mich dahin zu bringen, dass ich mich wieder an besseres Essen gewöhnte. Attalus pflegte eine Matratze zu loben, die hart genug war, um den Körper keinen Eindruck machen zu lassen. Noch als Greis bediene ich mich einer solchen, die keine derartige Spur hinterlässt.

Dies teilte ich dir mit, um dir zu zeigen, wie mächtig bei Anfängern der erste Drang nach allem Guten ist, wenn jemand sie nur anregt und anfeuert. Allein es fehlt weder an Fehlgriffen der Lehrer, die uns auf die Kunst der Streitrede, nicht auf das Leben einüben, noch an Schwächen der Schüler, die zu ihren Lehrern kommen, nicht mit dem Vorsatz, ihre Seele zu bilden, sondern ihr Talent. So ist es denn dahin gekommen, das, was Philosophie war, Philologie geworden ist. Es kommt aber viel darauf an, mit welchem Vorsatz du an etwas herantrittst. Wer als künftiger Grammatiker den Vergil durchforscht, der liest jenes herrliche Wort

> die Zeit flieht unwiederbringlich

nicht in dem Sinne: Wachsam gilt es zu sein; wenn wir nicht eilen, so bleiben wir zurück; es drängt uns der eilende Tag, wie er selbst auch gedrängt wird; unvermerkt werden wir fortgerissen; alles verschieben wir auf die Zukunft, und inmitten des jähen Laufes der Dinge legen wir die Hände in den Schoß. O bewahre! Er benutzt sie zu der Beobachtung, dass Vergil, so oft er von der Schnelligkeit der Zeit redet, sich des Zeitwortes *fugit* (sie flieht) bedient:

> Immer der beste Tag in der armen Sterblichen Leben
> Fliehet zuerst: Es erscheint Krankheit und trauriges Alter:
> Mühsal rafft uns dahin und die Strenge des grausamen Todes.

Wem es um die Philosophie zu tun ist, der weiß auch diesen Worten die rechte Deutung zu geben. Niemals, sagt er, wählt Vergil den Ausdruck, »die Tage gehen«, sondern »sie fliehen«, weil dies die schleunigste Art des Laufens ist, und die besten Tage, sagt er, werden uns zuerst geraubt: Was also zaudern wir, uns selbst in schleunige Bewegung zu setzen, um dem, was alles andere an Schnelligkeit hinter sich lässt, gleichzukommen? Das Bessere flieht vorüber, das Schlimmere tritt an seine Stelle. Wie aus einem Kruge das Lauterste zuerst ausfließt, während das Schwerste und Trübe sich auf den Grund senkt, so ist in unserem Leben das Beste zuerst abgeschöpft. Tun wir recht daran, dies in *fremdem* Dienste zu verbrauchen, um für *uns* nur den Bodensatz zu behalten? Fest präge sich unserer Seele jenes Dichterwort ein und werde hoch gehalten wie ein Orakelspruch:

> Immer der beste Tag in der armen Sterblichen Leben
> Fliehet zuerst!

Warum der beste? Weil, was zurückbleibt, unsicher ist. Warum der beste? Weil wir als Jünglinge lernen können, weil wir die willige und noch fügsame Seele dem Besseren zuwenden können; weil diese Zeit geeignet ist für Anstrengungen, geeignet ist für wissenschaftliche Ausbildung des Geistes wie auch für körperliche Übungen und Leistungen; das weitere Leben ist träger und schlaffer und dem Ende näher. Darum gilt es, mit ganzer Seele danach zu streben und jeder Ablenkung ausweichend auf das *eine* Ziel hinzuarbeiten, dass wir nicht diese Schnelligkeit der enteilenden Zeit, die wir nicht zurückhalten können, erst gewahr werden, wenn wir uns im Rückstand sehen. Jeder erste Tag werde von uns begrüßt als der beste und werde uns zu einem schätzbaren Besitz. Was flieht, muss mit raschem Griffe erfasst werden. Ganz anders denkt der, welcher jenes Gedicht mit den Augen eines Grammatikers liest. Für diesen ist nicht jeder erste Tag der beste, weil weiterhin Krankheiten sich einstellen und das Alter nachdrängt und, während wir noch von Jugend träumen, schon über unserem Haupte schwebt. Was sagt er vielmehr? »Vergil braucht Krankheiten und Alter in ständiger Verbindung.« Gewiss, eine richtige Bemerkung. Denn das Alter ist eine unheilbare Krankheit. Außerdem, sagt er, gibt er dem Alter noch einen bezeichnenden Beinamen: Er nannte es traurig.

> Es erscheint Krankheit und trauriges Alter.

An anderer Stelle sagt er:

> Blass auch wohnen umher Krankheiten und trauriges Alter.

Es ist kein Wunder, dass sich aus demselben Stoffe ein jeder das für seine Studien Passende entnimmt: Auf derselben Wiese sucht der Stier sein Gras, der Hund den Hasen, der Storch die Eidechse. Wenn hier ein Philologe, dort ein Grammatiker, dort ein der Philosophie Beflissener das Buch des Cicero vom Staate in die Hand nimmt, so ist die Aufmerksamkeit eines jeden anderswohin gerichtet. Der Philosoph wundert sich, dass gegen die Gerechtigkeit so viel gesprochen werden konnte. Wenn der Philologe die nämliche Lektüre vornimmt, macht er folgende Anmerkung: Es gibt zwei römische Könige, von denen der eine keinen Vater, der andere keine Mutter hat. Denn über des Servius Mutter ist man in Zweifel; von Ancus wird kein Vater genannt: Er heißt der Enkel des Numa. Außerdem merkt er an, dass derjenige, welchen wir Diktator nennen, wie er auch in den Geschichtsbüchern so genannt wird, in den alten Zeiten *magister populi* (Oberster des Volkes) genannt worden sei. Und noch heute findet sich dies in den Auguralbüchern und erhält seine Bestätigung dadurch, dass der von jenem Ernannte *magister equitum* (Reiter-Oberst) heißt. Ebenso bemerkt er, dass Romulus bei einer Sonnenfinsternis umgekommen sei; Berufung an das Volk habe auch vonseiten der Könige bestanden. Dass dies sich in den Pontifikalbüchern finde, glaubt neben manchen anderen auch Fenestella. Macht sich aber der Grammatiker an die Erklärung der nämlichen Bücher, so sind es zunächst besonders hervortretende Wörter, über die er seine Bemerkungen macht, so über *reapse* (»wirklich« = *re ipsa*), das sich bei Cicero findet, ebenso *sepse*, das *se ipse* bedeutet. Sodann geht er zu Ausdrücken über, deren Bedeutung sich im Laufe des Jahrhunderts durch den Volksmund verändert hat, wie z. B. Cicero sagt: *quoniam iam sumus ab ipsa calce eius interpellatione revocati* (weil wir durch seine Einsprache vom Ziele selbst zurückgerufen sind). Die Linie, die wir jetzt in der Rennbahn *creta* nennen, wurde von den Alten *calx* genannt.

Sodann stellt er die Verse aus dem Ennius zusammen und vor allem die über den Africanus.

Cui nemo civis neque hostis
Quivit pro factis reddere opis pretium.
(Dem weder Freund noch Feind
Bezahlen konnte seiner Taten würd'gen Lohn).

Hieraus, sagt er, sehe er, dass bei den Alten *ops (opem)* nicht nur »Hilfe« bedeutet habe, sondern auch Mühe *(opera)*. Denn Ennius sagt, niemand, weder Mitbürger noch Freund, habe dem Scipio den Lohn seiner Mühe bezahlen können.

Sodann schätzt er sich glücklich, dass er gefunden, wie Vergil auf die Worte gekommen sei

Über ihm tönet
Mächtig das himmlische Tor.

Ennius, sagt er, habe dies aus Homer sich angeeignet, Vergil aus dem Ennius. Denn es finde sich in eben den Büchern vom Staat folgendes Epigramm:

Si fas endo plagas caelestum ascendere cuiquam est
Mi soli coeli maxima porta patet.
Ist je einem vergönnt, zu ersteigen die himmlischen Räume,
Öffnet das himmlische Tor mir sich, das hohe, allein.

Doch um nicht selbst, während mein Sinn auf ganz anderes steht, zum Philologen oder Grammatiker zu werden, so erinnere ich daran, dass das Hören und Lesen der Philosophen sich auf das glückliche Leben als auf seinen eigentlichen Zweck beziehen muss. Es gilt da nicht altertümliche oder erkünstelte Worte zu erspähen und schiefe Metaphern und Redefiguren, sondern Vorschriften, die uns zum Nutzen gereichen werden, und herrliche und begeisternde Sprüche, die sich bald durch die Tat bewähren sollen. Wir sollen diese Lehrzeit so ausnutzen, dass aus den Worten Werke werden. Niemand aber, meine ich, macht sich schlechter verdient um die Menschheit, als wer die Philosophie wie eine feile Kunst erlernt hat und anders lebt, als man seinen Vorschriften zufolge leben soll. Diese Leute machen sich selbst zu Mustern ihrer unnützen Lehre, indem sie selbst Sklaven aller der Laster sind, gegen die sie auftreten. Ein Lehrer dieser Sorte kann mir ebenso wenig nützen wie ein Steuermann, der im Sturm seekrank wird. Es gilt, in der reißenden Flut das Steuer festzuhalten, mit dem Meere selbst zu ringen, dem Winde die Segel zu entreißen. Was kann mir ein Schiffslenker helfen, der von Schrecken gelähmt ist und speit? Wie viel gewaltiger ist doch der Sturm, von dem das Leben hin- und hergeworfen wird, im Vergleich zu irgendwelchem Schiff! Nicht zu reden gilt es, sondern das Steuer zu führen. Alles, was sie sagen, womit sie sich vor der Hörermenge großtun, ist von anderen erborgt. Dies hat Platon gesagt, jenes haben Zenon, haben Chrysipp und Posidonius und die große Schar anderer Philosophen gesagt. Wie sie beweisen können, dass, was sie sagen, auch ihr Eigen sei, will ich dir kundtun: Sie brauchen nur durch die Tat zu bewähren, was sie vortragen. Weil ich denn zu Ende bin mit dem, was ich an dich bringen wollte, will ich nun deinem Wunsche willfahren und die ganze von dir erbetene Erörterung zum Inhalt eines zweiten Briefes machen, damit du nicht an einen dornenvollen Gegenstand, der mit gespitzten und lernbegierigen Ohren angehört werden muss, in einen Zustand der Ermattung herantrittst.

Hundertundneunter Brief

Kann der Weise dem Weisen nützen?

Ob der Weise dem Weisen nütze, verlangst du zu wissen. Wir (Stoiker) behaupten doch, der Weise habe die ganze Fülle des Guten in sich und habe das Höchste erreicht: Wie kann also einer einem nützen, der bereits im Besitze des höchsten Gutes ist? So steht die Frage. Die Guten nützen sich gegenseitig, denn sie üben sich in Betätigung der Tugend und sorgen für Erhaltung ihres Wahrheitsbestandes. Jeder von beiden bedarf einen, mit dem er sich aussprechen, den er zum Genossen seiner Forschungen machen kann. Die bewährtesten Ringkämpfer stellen fortwährend gegenseitige Übungen an, auf den Tonkünstler wirkt fördernd derjenige, der das Gleiche erlernt hat. Auch der Weise bedarf der regsamen Betätigung seiner Tugenden. So wird er denn, wie er selbst sich fördert, auch von einem anderen Weisen gefördert. Worin besteht nun der Nutzen, den der Weise dem Weisen gewährt? In dem Antrieb, den der eine dem anderen gibt, in dem Aufweisen von Gelegenheiten zu löblichen Handlungen. Außerdem wird er sich über manchen Gegenstand seines Nachdenkens äußern, wird, was er gefunden hat, zur Belehrung darbieten; denn für den Weisen sind immer noch Dinge im Rückstand, die er finden muss und auf die der Trieb seines Geistes gerichtet ist. Der Böse schadet dem Bösen und macht ihn noch schlechter dadurch, dass er seinen Zorn nur noch mehr anfacht, dass er seine Traurigkeit gutheißt, seine Genusssucht lobt, und am schlimmsten steht es mit dem Bösen dann, wenn das bunte Durcheinander der Laster den höchsten Stand erreicht hat und alle Nichtswürdigkeit auf einen Haufen zusammengetragen ist. Umgekehrt wird also der Gute dem Guten nützen. »In welcher Weise«, fragst du. Er wird ihn in eine freudige Stimmung versetzen, wird sein Selbstvertrauen stärken. Die Wahrnehmung der beiderseitigen Gemütsruhe wird die gehobene Stimmung beider steigern. Außerdem wird der eine dem anderen die Kenntnis von mancherlei Dingen mitteilen. Denn der Weise weiß nicht alles. Und auch wenn dies der Fall wäre, könnte einer doch kürzere Wege zur Erreichung des Zieles ausdenken und Mittel angeben, durch welche die ganze Sache leichter in Gang gebracht wird. Der Weise wird dem Weisen nützen, nicht sowohl durch seine eigenen Kräfte als durch die Kräfte dessen, dem er hilft. Es kann der Weise auch allein gelassen seiner Aufgabe gerecht werden. Er wird seine eigene Schnelligkeit nicht ungenützt lassen; gleichwohl nützt ihm der, der ihn im Laufe ermuntert. »Nicht der Weise nützt dem Weisen, sondern er nützt sich selbst. Das lass dir gesagt sein: Nimm dem einen die eigene Kraft, und der andere wird nichts ausrichten.« Die Sache so genommen, könnte man auch sagen, es sei im Honig keine Süßigkeit, denn eben der, der ihn genießen soll, muss eine Zunge und einen Gaumen haben, die für einen solchen Geschmack empfänglich sind, widrigenfalls er nur Missbehagen empfinden wird. Denn es gibt allerdings Leute, denen infolge einer Krankheit der Honig einen bitteren Geschmack hat.

»Wenn«, sagt man, »für das, was den höchsten Grad von Wärme erreicht hat, es überflüssig ist, weiter erwärmt zu werden, so ist es auch für den, der den Gipfel der Tugend erreicht hat, überflüssig, dass ein anderer ihm nütze. Verlangt etwa ein Landmann, der mit allem Bedarf ausgerüstet ist, von einem anderen ausgerüstet zu werden? Begehrt etwa ein Soldat, der vollständig ausgerüstet ist für den Feldzug, noch weitere Waffenstücke? Also auch der Weise nicht, denn er ist genügend ausgerüstet fürs Leben, ist genügend mit Waffen versehen.« Meine Antwort hierauf lautet so: Auch wer in höchster Wärme ist, bedarf noch weiterer Wärme, um auf der vollen Höhe zu bleiben. »Aber«, erwidert man, »die Wärme erhält sich selbst.« Zunächst ist ein großer Unterschied zwischen dem, was du vergleichst. Denn die Wärme ist etwas Einheitliches, der Nutzen etwas Mannigfaches. Sodann bedarf die Wärme, um warm zu sein, keines Zusatzes von Wärme. Der Weise dagegen kann nicht in seiner Seelenstimmung beharren, wenn er nicht mit einigen Freunden verkehrt, die ihm ähnlich sind und mit denen er seine Tugenden teilt. Dazu kommt noch, dass alle Tugenden miteinander im Freundschaftsbund stehen. Deshalb nützt derjenige, der die Tugenden eines anderen ihm Gleichenden liebt und die seinigen als liebenswert wirken lässt. Was ähnlich ist, macht Freude, zumal wenn es edler Art ist und volles Verständnis hat für ausgleichende Gegenseitigkeit der Anerkennung. Sodann ist auch kein anderer kundig genug auf die Seele eines Weisen Einfluss zu gewinnen als ein Weiser, sowie auch auf den Menschen nichts anderes vernunftgemäß wirken kann als der Mensch. Wie also zur Wirkung auf die Vernunft Vernunft nötig ist, so bedarf es zur Wirkung auf die vollkommene Vernunft der vollkommenen Vernunft. Das Lob, uns nützlich zu sein, wird auch denen zuerkannt, die uns mit Dingen versehen, die bloß vermittelnde Bedeutung haben, mit Geld, mit Gunst, mit Schutz gegen Unbill und was sonst für das Leben wertvoll oder notwendig ist. In diesen Dingen wird man auch von dem Toren sagen, dass er dem Weisen nütze. Nützen aber (im eigentlichen Sinne) heißt gemäß der Natur auf die Seele wirken durch die eigene Tugend wie auch durch die Tugend dessen, auf die sich die Wirkung bezieht. Das aber wird nicht geschehen, ohne auch eben dem zugutezukommen, welcher nützt. Denn dadurch, dass er der Tugend eines anderen ein Übungsfeld gibt, schafft er sich selbst auch ein solches. Doch sieh jetzt auch ab von alledem, was entweder höchstes Gut ist oder dessen Entstehen bewirkt: Gleichwohl können die Weisen sich gegenseitig nützen. Denn einen Weisen zu finden ist dem Weisen an sich schon etwas Begehrenswertes, weil von Natur alles Gute dem Guten schätzenswert ist und demnach ein jeder dem Guten zugetan ist wie sich selbst.

Für die Durchführung des Themas ist es unerlässlich, von dieser Frage auf eine andere überzugehen. Es fragt sich nämlich, ob der Weise mit sich allein zurate gehen wird oder ob er zum Rat einen andern zuziehen wird. Das ist für ihn unvermeidlich, wenn es sich um diese bürgerlichen und häuslichen und sozusagen sterblichen Dinge handelt. In diesen bedarf er fremden Rates ebenso dringend als eines Arztes, als eines Steuermanns, als eines Anwaltes und eines Prozessleiters. Es wird also der Weise dem Weisen zuweilen nützlich sein, denn er wird ihm Rat erteilen. Aber auch in jenen hohen und göttlichen Dingen wird er, wie wir sagten, nützlich sein durch gemeinsame Beschäftigung mit allem, was zur Tugend gehört, sowie durch den Austausch ihrer Gesinnungs- und Gedankenwelt. Außerdem ist es der Natur gemäß, mit Freunden in engster Gemeinschaft zusammenzuhalten und sich an ihrem Tun wie an dem eigenen zu erfreuen. Denn unterlassen wir das, dann wird auch die Tugend nicht bei uns weilen wollen, die durch Sinneseindrücke gestärkt wird. Die Tugend aber fordert uns auf, uns mit der Gegenwart gut abzufinden, für die Zukunft Sorge zu tragen, zurate zu gehen und den Geist in Spannung zu halten. Leichter wird die Anspannung und Entwirrung dem gelingen, der sich jemandem zugesellt. Er wird also entweder einen schon vollkommenen Mann suchen oder einen, der im Fortschreiten begriffen und der Vollkommenheit nahe ist. Nützen aber wird ihm der Vollkommene, wenn er die Beratung durch mitteilende Einsicht fördert. Man sagt, die Menschen hätten ein schärferes Auge für fremde als für die eigene Sache. Dieser Fehler stellt sich bei solchen Leuten ein, welche die Selbstliebe verblendet und denen die Furcht bei Gefahren den Blick für das Nützliche raubt. Erst bei größerer Sicherheit und in gefahrloser Lage wird ein solcher anfangen klug zu werden. Nichtsdestoweniger gibt es Dinge, die auch ein Weiser schärfer bei anderen sieht als bei sich selbst. Zudem wird der Weise dem Weisen jene entzückende und hochherrliche Erfüllung des Wortes leisten »dasselbe wollen und dasselbe nicht wollen«: Am gleichen Joche wird er ziehen zur Förderung des edlen Werkes.

Damit habe ich der Forderung, die du an mich stelltest, Genüge getan, obschon der Gegenstand zu denen gehört, die in meiner Gesamtdarstellung der moralischen Philosophie ihre Erledigung finden sollen. Was dergleichen besondere Fragen anlangt (wie die hier behandelte), so denke an das, was ich dir so häufig zu hören gab, dass sie zu nichts weiterem als zur Übung unseres Scharfsinns dienen. Denn immer wieder kehre ich zu der Frage zurück: Was nützt mir dieser Plunder? Wird er mich tapferer, wird er mich gerechter, wird er mich genügsamer machen? Noch ist es nicht Zeit zu dergleichen Übungsspielen: Noch bedarf es des Arztes. Was verlangst du von mir ein unnützes Wissen? Du hast Großes verheißen, ich sehe nur Kleines. Du sagtest, ich würde unerschrocken sein, auch wenn die Schwerter rings um mich blitzten, auch wenn die Schwertspitze mir an der Kehle stände. Du sagtest, ich würde unbekümmert sein, auch wenn die Flammen rings um mich loderten, auch wenn ein plötzlicher Wirbelwind mein Schiff rings auf dem Meere umherwürfe: Leiste mir zunächst den Dienst, mich zu einem Verächter der Lust und des Ruhmes zu machen. Weiterhin erst magst du mich lehren, knifflige Fragen zu lösen, Zweideutigkeiten klarzulegen, Dunkelheiten aufzuhellen: Jetzt lehre mich, was nötig ist.

Hundertundelfter Brief

Sophistik und Philosophie

Du fragst mich, welchen Ausdruck es im Lateinischen für *sophismata* (Sophismen) gibt. Viele haben versucht, der Sache einen Namen zu geben, aber kein Name hat sich eingebürgert. Sehr begreiflich! Fand doch die Sache selbst bei uns keine rechte Aufnahme und dauernde Verwendung; man wollte daher auch von einem Namen dafür nichts wissen. Der beste scheint mir indes immerhin der zu sein, dessen Cicero sich bediente: Er nennt sie *cavillationes* (Fallenstellerei). Wer sich darauf verlegt, der weiß zwar eine verfängliche Frage an die andere zu reihen, aber für das Leben gewinnt er nichts; weder tapferer wird er noch enthaltsamer noch erhabener. Derjenige dagegen, der zu seiner sittlichen Gesundung sich anhaltend mit der Philosophie beschäftigt, wächst zusehends an Seelentüchtigkeit, gewinnt volles Selbstvertrauen und wird unüberwindlich und größer in den Augen eines jeden, der ihm näher tritt. Es geht uns mit ihm wie mit großen Gebirgen, deren Höhe, aus der Ferne gesehen, sich weniger bemerklich macht; erst in unmittelbarer Nähe wird ersichtlich, wie hoch die Gipfel sind. So steht es auch, mein Lucilius, mit dem Philosophen, dem echten Philosophen, der sich in Taten bekundet und nicht in kunstvollen Spielereien. Er steht auf der Höhe, bewundernswert, erhaben, wahrhaft groß. Er macht sich nicht größer durch untergelegte Sohlen und geht nicht auf den Fußspitzen umher wie so manche, die ihrer Statur durch Trug etwas zusetzen und größer scheinen wollen als sie sind: Er ist zufrieden mit seiner Größe. Warum sollte er auch nicht zufrieden sein mit einer Größe, an welche die Hand des Schicksals nicht heranreicht? Er ist also erhaben über das Menschliche und sich selbst gleich in jeder Lebenslage, sei es, dass die Fahrt hemmungslos verläuft, sei es, dass die Wogen hochgehen und Widerwärtigkeiten und Schwierigkeiten zu überwinden sind. Diese Beständigkeit können jene neckenden Witzeleien, von denen ich eben erst sprach, nicht gewähren. Mit ihnen spielt der Geist, ohne etwas dabei zu gewinnen; er zieht dadurch die Philosophie nur von ihrer Höhe herab in die gleichmäßige Niederung. Doch möchte ich dich nicht abhalten, dich ab und zu auch mit diesen Dingen zu befassen, aber nur dann, wenn du sonst nichts vorhast. Der bedenklichste Übelstand dabei ist indes der: Sie schmeicheln sich gleichsam ein, fesseln den durch den Schein des Scharfsinns bestochenen Geist und halten ihn auf, während eine unübersehbare Masse von Aufgaben seiner harrt und kaum das ganze Leben dazu hinreicht, um das

Eine zu lernen, das Leben zu verachten. »Wie?«, erwiderst du, »würdest du nicht besser sagen, um es zu leiten?« Das kommt erst an zweiter Stelle: Denn um es gut zu leiten, muss man gelernt haben es zu verachten.

Hundertundfünfzehnter Brief

Warnung vor allzu peinlicher Sorge für Glätte des Stils. Die Hauptsache bleibt immer die Bildung der Seele, die sich in dem Geschriebenen kundgibt

Du darfst es nicht allzu ängstlich nehmen, mein Lucilius, mit den Worten und mit der Darstellungsweise: Es gibt Größeres, wofür du meines Erachtens Sorge zu tragen hast. Lege Gewicht darauf, was du schreibst, nicht wie. Ja, selbst nicht, *dass* du schreibst, sondern dass du nachdenkest und die Ergebnisse dieses Nachdenkens dir zu eigen machst und ihnen gleichsam den eigenen Stempel aufdrückst. Findest du die Redeweise eines Menschen ängstlich und gefeilt, so ist gewiss auch seine Seele von nicht minder kleinlichen Dingen in Beschlag genommen. Der große Mann spricht lässiger und ungezwungener; seine ganze Art zu sprechen zeigt mehr Zuversicht als Sorgfalt. Du kennst die jungen Modeaffen, mit glänzendem Bart und Haupthaar, wie aus dem Schmuckkästchen genommen: Nichts Mannhaftes, nichts Gediegenes kannst du von ihnen erwarten. In der Rede spiegelt sich der Stand der Seelenbildung. Ist sie völlig geglättet, geschminkt und künstlich zubereitet, so ist das ein Beweis, dass auch die Seele nicht unverfälscht sei und irgendwo einen Riss habe. Die gesuchte Ebenmäßigkeit der Rede ist kein männlicher Schmuck. Wenn es uns vergönnt wäre, die Seele eines ehrenhaften Mannes zu beschauen, oh, welche schöne Erscheinung würde uns da entgegentreten, wie ehrwürdig, wie strahlend von Hoheit und innerem Frieden, indem hier die Gerechtigkeit, dort die Tapferkeit, hier die Mäßigkeit und die Einsicht ihr Licht leuchten ließen! Nebst dem würden auch die Genügsamkeit und Enthaltsamkeit und Geduld und Freigebigkeit und Gefälligkeit und die Menschenfreundlichkeit, dieses – wer sollte es glauben? – unter Menschen so seltene Gut, dazu beitragen, den Glanz jener Erscheinung zu erhöhen. Dazu gesellt sich noch der scharfe Blick in die Zukunft aufgrund der gesunden Urteilskraft und die aus alledem sich ergebende großartige Hochherzigkeit, um, ihr gütigen Götter, die Schönheit jener Erscheinung, ihr Gewicht und ihren Wert noch wer weiß wie hoch zu steigern! Welchen überwältigenden Eindruck würde sie machen in ihrem Verein mit der Anmut. Niemand würde sie liebenswürdig nennen, ohne sie zugleich als ehrwürdig zu bezeichnen. Wenn jemand diese Erscheinung erblickte, die höher und glänzender wäre als alles, was sonst unter dem Auge sichtbar zu werden pflegt, würde er nicht, wie bei Begegnung mit einer Gottheit, voll Staunen innehalten und im Stillen darum beten, dass der Anblick ihm nicht als Frevel ausgelegt werde? Wenn dann der liebevoll einladende Ausdruck des Antlitzes ihn zum Nähertreten ein Herz hat fassen lassen, würde er dann nicht in tiefste Anbetung versinken und nach langer Betrachtung dieser erhabenen und das gewöhnliche Maß der uns umgebenden Menschenwelt überragenden Gestalt mit ihren von Milde zeugenden, doch gleichwohl in lebhaftem Feuer strahlenden Augen – würden ihm dann nicht, dem von Ehrfurcht und Staunen Erfüllten, die Worte unseres Vergil auf die Lippen kommen:

> O wie red' ich dich an, Jungfrau, nicht zeigt ja dein Antlitz
> Sterbliche Züge, dem Munde entströmt nicht menschliche Rede.
> Sei uns gnädig, und wer du auch seiest, erleichtre die Not uns!

Sie wird sich einfinden und unsere Not lindern, wenn wir ihr nur unsere Ehrfurcht bezeugen wollen. Dies geschieht aber nicht durch das Abschlachten fettleibiger Rinder noch durch aufgehängtes Gold und Silber, noch durch Spenden, die ihrem Schatze einverleibt werden, sondern durch fromme und gute Sinnesrichtung. Niemand, sage ich, würde unberührt bleiben von glühender Liebe zu ihr, wenn es uns vergönnt würde, sie zu schauen; denn jetzt steht dem vielerlei im Wege und blendet uns entweder durch übermäßigen Glanz oder lässt uns im Dunkeln verweilen. Aber wie man die Sehkraft durch gewisse Heilmittel zu schärfen und zu reinigen pflegt, so können wir auch die Geistesschärfe von Hindernissen befreien und können bei ernstlichem Willen selbst die vom Körper verdeckte Tugend schauen, auch wenn die Armut uns hindernd im Wege steht, auch wenn Niedrigkeit und übler Ruf sich als Hemmnis vorlagert. Ja, wir werden jene Schönheit schauen, mag sie auch von Schmutz überdeckt sein. Anderseits werden wir ebenso die Schlechtigkeit und Verdorbenheit einer kümmerlichen Seele klar erkennen, mag auch noch so starker Glanz des sie rings umstrahlenden Reichtums uns im Wege stehen und unser Auge hier durch den falschen Glanz der Ehrenstellen, dort durch blendende Macht gestört werden. Dann können wir erkennen, welch verächtlichen Tand wir bewundern, ganz ähnlich den Knaben, denen jedes Spielzeug ein kostbares Wertstück ist; denn um wenige Groschen gekaufte Halsbänder ziehen sie ihren Eltern sowie auch ihren Brüdern vor. Was also, fragt Ariston, ist zwischen uns und ihnen für ein Unterschied? Kein anderer als der, dass wir in Gemälde und Bildsäulen vernarrt sind, also unsere Verdrehtheit teuer bezahlen. Die Knaben haben ihr Entzücken an kleinen, glatten und in gewissen Farben schillernden Steinchen, wir an dem Farbenspiel gewaltiger Säulen, die, aus dem Sande Ägyptens oder aus den Wüsten Afrikas herbeigeschafft, irgendeine Säulenhalle oder einen Speisesaal tragen, der da Raum bietet für ein ganzes Volk. Wir bewundern die mit dünnen Marmorplatten belegten

Wände und wissen doch, was sich darunter versteckt. Wir betrügen unsere Augen, und wenn wir die Decken mit reichstem Goldschmuck zieren, was tun wir anderes als uns einer Lüge freuen? Wissen wir doch, dass unter jenem Gold sich nichts anderes birgt als elendes Holz. Und nicht bloß den Wänden oder den getäfelten Decken wird ein dünner Schmuck aufgelegt: Das Glück aller derer, die du hohen Hauptes umhergehen siehst, ist mit Goldblech überzogen. Sieh nur genau hin, und du wirst erkennen, welches Maß von Bosheit unter dieser dünnen Decke von Würdigkeit sich birgt. Und der eigentliche Schadenstifter, der so viele Amtsherren, so viele Richter an sich fesselt, der Amtsherren und Richter *schafft*, das Geld, hat, seitdem es zu Ehren gekommen, die wahre Ehre der Dinge zu Fall gebracht. Wir sind herüber und hinüber, alle zu Kaufleuten und käuflich geworden und fragen nicht nach der Beschaffenheit, sondern nach dem Preis der Dinge. Um Lohn sind wir pflichtgetreu, um Lohn pflichtvergessen, das Ehrbare halten wir hoch, solange es einige Hoffnung bietet, bereit, zum Gegenteil überzugehen, wenn Schurkereien mehr versprechen. Bewunderung von Gold und Silber haben uns schon unsere Eltern beigebracht, und die dem zarten Alter eingeflößte Begierde hat tiefer Wurzel gefasst und ist mit uns gewachsen. Ferner ist man ohne Ausnahme im ganzen Volke in *diesem* Punkte einig, so viel Zwietracht auch im Übrigen herrscht. Das Gold halten sie hoch, sie wünschen es den Ihrigen, sie weihen es den Göttern, wenn sie dankbar scheinen wollen, als das Größte unter den menschlichen Dingen. Schließlieh ist es mit der Sittlichkeit dahin gekommen, dass die Armut zu Schimpf und Schande gereicht, verächtlich in den Augen der Reichen, gehasst von den Armen. Dem gesellt sich nun noch die Dichterschar bei, die in ihren Gesängen unsere Leidenschaften anfacht und den Reichtum als einzigen Schmuck und Zierde des Lebens preist. Ihrer Meinung zufolge können die unsterblichen Götter nichts Besseres geben und auch selbst nichts Besseres besitzen.

Königlich ragt auf Säulen die Burg des Sonnenbeherrschers
Hell von schimmerndem Gold.

Und schau nur seinen Wagen an:

Gold war die Achse, die Deichsel von Gold, von Gold
auch des Rades
Äußerster Kranz, von Silber die wohlgeordneten Speichen.

Zudem nennen sie das Zeitalter, das ihren Schilderungen nach das Beste sein soll, das goldene. Und auch bei den griechischen Tragikern fehlt es nicht an solchen, die Unschuld, Sicherheit, guten Ruf als Tauschmittel für Gold hingaben.

Nennt immerhin mich schlecht, wenn ihr nur reich
mich nennt.
Ob einer reich sei, fragen alle, nicht ob gut.
Man fragt nur, was du hast, nicht wie und nicht woher.
Nach dem Besitze schätzt man jeden überall.
Macht irgendein Besitz dem Menschen Schande? Nein.
Reich möcht' ich leben oder aber sterben arm.
Wer sterbend noch Gewinn hat, ist beneidenswert.
O Gold, du größtes Gut des menschlichen Geschlechts,
Dem nicht der Mutter Wonne, nicht der Tochter Reiz,
Auch nicht der Vater gleicht trotz Ehre und Verdienst.
Wenn so viel Anmut aus der Venus Antlitz strahlt,
Weckt Liebe sie mit Recht im Himmel und bei uns.

Als diese letzten Verse in einer Tragödie des Euripides gesprochen worden waren, erhob sich wie mit *einem* Ruck die gesamte Zuschauerschaft, um dem Schauspieler mitsamt dem vorgetragenen Stücke die Schwelle zu weisen, bis denn Euripides selbst hervorsprang und bat, sie möchten warten und sehen, welchen Ausgang der Bewunderer des Goldes nehme. Bellerophon erlitt in jenem Stück die Strafe, die jeder in seinem Lebensdrama erleidet. Denn keine Habsucht bleibt ungestraft, ungeachtet sie selbst schon Strafe genug ist. O wie viel Tränen, wie viel Trübsal legt sie uns auf! Dazu gesellen sich die täglichen Sorgen, die nach Maßgabe des Besitzes einen jeden peinigen. Der Besitz des Geldes ist mit größeren Qualen verbunden als sein Erwerb. Wie seufzen sie über Verluste, die schmerzlich empfunden werden, wenn sie eintreten und noch schmerzlicher scheinen! Und zu alledem ist für sie, wenn ihnen auch das Schicksal nichts raubt, alles ein Verlust, was nicht noch weiter erworben wird. »Aber die Leute nennen nun einmal einen solchen glücklich und reich und wünschen so viel zu erlangen wie er besitzt.« Ich gebe es zu. Wie steht es nun? Hältst du irgendjemand für schwerer vom Schicksal benachteiligt als die, welche mit ihrem Elend auch noch den Neid verbinden? O dass doch diejenigen, die sich Reichtum wünschen möchten, mit den Reichen zurate gingen, und diejenigen, die nach Ehrenstellen trachten, mit den Ehrgeizigen und zu der höchsten Würdenstufe Emporgelangten! Wahrlich, sie hätten ihre Wünsche geändert, während inzwischen jene sich schon wieder mit neuen tragen, nachdem sie sich von den alten losgesagt. Denn wo fände sich der, dem sein Glück, auch wenn es im Geschwindschritt käme, genügte? Sie ergehen sich in Klagen über ihre Entwürfe und über ihre Erfolge und wünschen sich immer das zurück, was sie aufgegeben. Daher darfst du von der Philosophie erhoffen, was ich für das Höchste halte: Du wirst niemals Reue über dich selbst empfinden. Zu diesem unerschütterlichen Glück, das kein Sturm ins Wanken bringt werden dir nicht sorgsam gefügte Worte und eine sanft hinfließende Redeweise verhelfen. Mögen diese Künste ihr Glück versuchen, wie sie wollen, wenn nur die Seele sich dauernd in guter Verfassung erhält, wenn sie nur erhaben ist über alles Kleine und unbekümmert um das Meinungsgewirr und gerade um dessentwillen, was anderen missfällt, mit sich selbst zufrieden und von der Art, dass sie ihren Fortschritt nach dem Leben misst und alles, was sie nicht begehrt und nicht fürchtet, zu wissen überzeugt ist.

Hundertundneunzehnter Brief
Die Kunst reich zu werden

So oft ich etwas gefunden habe, warte ich nicht, bis du sagest »Halb Part«! Ich sage es mir selbst. Du fragst, was es sei, was ich gefunden. Öffne deinen Schoß, es ist reiner Gewinn. Du sollst von mir lernen, wie du auf's schnellste reich werden könnest. Wie sehr spitzest du die Ohren! Und nicht mit Unrecht: Auf kürzestem Wege werde ich dich zu dem größten Reichtum führen. Doch bedarfst du dazu eines Gläubigers. Um Geschäfte zu machen, musst du fremdes Geld aufnehmen, doch wünsche ich keine Mittelsperson; ich möchte nicht, dass die Agenten (Makler) deinen Namen im Munde führen: Ich will dir einen Gläubiger verschaffen, über den du unmittelbar verfügen kannst, jenen Catonianischen: »Du musst von dir selbst borgen.« Es mag noch so wenig sein, es wird doch hinreichen, wenn wir das noch Fehlende uns selbst abfordern. Denn, mein Lucilius, es macht keinen Unterschied, ob du etwas nicht vermisst oder ob du es hast. Das, worauf es ankommt, ist in beiden Fällen das Gleiche: Du wirst aller Qualen ledig sein. Auch geht meine Anweisung nicht dahin, dass du der Natur etwas versagest – sie besteht auf ihrem Willen, lässt sich nicht überwinden, fordert das Ihrige –, sondern dass du dir dessen bewusst bist, dass alles, was über die Natur hinausgeht, nur etwas Zufälliges, nichts Notwendiges ist. Ich hungere, also muss ich essen. Ob dies Brot von geringer Sorte ist oder feines Weizenbrot, ist für die Natur gleichgültig. Ihr zufolge soll der Magen nicht an Lustgefühle gewöhnt, sondern gefüllt werden. Ich dürste: Ob das Wasser aus dem nächsten Brunnen geholt wird oder ob damit so verfahren wird, dass man es mit einer dichten Schneelage umhüllt, um es durch fremde Kälte frisch zu erhalten, das ist für die Natur gleichgültig. Diese verlangt nur das Eine, dass der Durst gelöscht werde. Ob es ein goldener Becher sei oder einer aus Kristall oder Flussspat, oder ein Kelch aus Tibur, oder die bloße hohle Hand, macht nichts aus. Auf den Zweck, den ein jedes Ding hat, richte dein Augenmerk, auf alles Überflüssige wirst du dann verzichten. Der Hunger mahnt mich: Nach dem ersten Besten mag sich die Hand ausstrecken; er selbst – der Hunger – wird mir empfehlen, was ich ergreifen soll. Der Hungrige verachtet nichts.

Du fragst, was es denn nun sei, was mir Freude gemacht habe? Ich finde, es ist ein vortrefflicher Spruch, der da lautet: Der Weise ist der leidenschaftlichste Liebhaber des natürlichen Reichtums. »Du wartest mir«, sagst du, »mit leerer Schüssel auf. Was soll das? Schon hatte ich meine Geldkörbe bereitgestellt. Ich ließ meinen Blick schon rings umherschweifen, welches Meer ich mir auswählen sollte zur Betreibung meiner Handelsgeschäfte, welche Staatspachtung ich übernehmen, welche Waren ich zur Einfuhr wählen sollte. Das heißt doch, einen an der Nase herumführen, wenn man ihn Armut lehrt, wo man ihm Reichtum versprochen.« So hältst du also den für arm, dem nichts fehlt? »Das verdankt er«, sagst du, »sich selbst und seiner beharrlichen Genügsamkeit, nicht dem Glücke.« Wenn du ihn also nicht für reich hältst, so geschieht dies deshalb, weil sein Reichtum ihm nicht abhandenkommen kann? Was willst du lieber haben: viel oder genug? Wer viel hat, der wünscht immer noch mehr und beweist dadurch, dass er noch nicht genug hat: Wer genug hat, der hat, was bei dem Reichen niemals der Fall ist, sein Ziel erreicht. Oder glaubst du, Reichtum des Genügsamen sei deshalb kein Reichtum, weil niemand wegen desselben geächtet worden ist? Weil keiner wegen desselben von seinem Sohn oder von seiner Gattin vergiftet worden ist? Weil er auch im Kriege ungefährdet ist und im Frieden einem ein ruhiges Dasein gewährt? Weil es weder Gefahr bringt, ihn zu haben, noch mühevoll ist, ihn zu verwalten? »Aber der hat doch zu wenig, der nur so viel hat, dass er nicht zu frieren, nicht zu hungern, nicht zu dursten braucht.« Mehr hat Jupiter auch nicht. Was genug ist, ist niemals zu wenig, und was nicht genug ist, ist niemals viel. Nach Überwindung des Darius und der Inder ist Alexander arm. Ist das etwa eine Lüge? Er sucht nach weiterem Besitz, durchforscht unbekannte Meere, sendet neuartige Flotten in den Ozean und durchbricht sozusagen die Riegel der Welt. Was der Natur Genüge tut, das ist dem Menschen nicht genug. Es ist einer aufgetreten, der, nachdem er schon alles hatte, immer noch mehr wünschte: So groß ist des Geistes Verblendung, so auffällig bei einem jeden, wenn er Fortschritte gemacht, das Schwinden der Erinnerung an seine Anfänge. Er, der eben erst noch der nicht unbestrittene Gebieter eines kaum bekannten Erdwinkels war, ist von Trauer erfüllt, da er nach Erreichung der Grenze der Erde durch *seine* Welt zurückkehren soll. Geld hat niemanden reich gemacht; wohl aber gibt es keinen, dem es nicht noch größere Begier nach sich eingeflößt hätte. Du fragst, woher das komme? Wer mehr hat, der macht dadurch den Anfang, mehr haben zu können. Schließlich magst du mir jeden Beliebigen, der mit dem Crassus und Licinus in *einer* Reihe genannt wird, vorführen. Er gebe sein Vermögen an und rechne alles, was er hat und was er hofft, zusammen: Wenn du mir glaubst, ist er arm, wenn dir, so *kann* er es sein. Derjenige dagegen, der seine Lebensweise nach Maßgabe des natürlichen Bedürfnisses gestaltet hat, ist nicht nur des Gefühls der Armut, sondern auch der Furcht vor ihr ledig. Aber damit du wissest, wie schwer es sei, seine Bedürfnisse auf das natürliche Maß zu beschränken, so höre: Eben der, von dem wir reden, den du arm nennst, gebietet sogar noch über einigen Überfluss. Allein der Reichtum blendet die Menge, und es zieht die Aufmerksamkeit auf sich, wenn aus einem Hause viel bares Geld fortgetragen wird, wenn viel Gold sogar zum Schmucke der Decke verwendet wird, wenn die Dienerschaft durch Körperschönheit oder durch prächtige Kleidung hervorsticht. Das Glück aller dieser Leute beschränkt sich auf die glänzende Außenseite: Derjenige dagegen, den wir von der großen Masse abgesondert und dem Schicksal entzogen haben, ist in seinem Innern beglückt. Denn was jene anlangt, bei denen eine geschäftige Armut fälschlich den Namen des Reichtums für sich in Beschlag genommen hat, so besitzen sie den Reichtum in der Weise, wie man von uns sagt, wir haben das Fieber, während das Fieber uns hat. Umgekehrt pflegen wir auch zu sagen: Das Fieber hat einen in seiner Gewalt. In gleicher Weise sollten wir sagen: Der Reichtum hat einen in seiner Gewalt.

An nichts also möchte ich dich mehr erinnern als daran, woran niemand oft genug erinnert wird: Dass du alles nach den natürlichen Bedürfnissen messest, denen man entweder umsonst oder für ein Geringes genügen kann: Nur Fehlerhaftes darfst du nicht in deine Bedürfnisse einmischen. Fragst du, auf was für einem Tisch, auf was für Silbergeschirr die Speisen aufgetragen werden, und ob von einander sich gleichenden und glatthäutigen Dienern? Die Natur verlangt nichts als Speise überhaupt.

Wenn du verschmachten möchtest vor Durst,
    wünschst goldene Becher
Du dir alsdann? Wenn Hunger dich quält,
    verschmähst du dann alles
Außer der Butt' und dem Pfau?

Der Hunger ist nicht anmaßend; er ist zufrieden, wenn er aufhört; was ihm dazu verhilft, ist ihm ziemlich gleichgültig. Es sind Qualen einer unseligen Schlemmerei, die danach fragt, wie man auch nach der Sättigung noch hungere, wie man den Bauch nicht fülle, sondern vollstopfe, wie man den nach dem ersten Trunk gelöschten Durst sich wieder einstellen lasse. Vortrefflich also sagt Horaz: Dem Durst komme es nicht darauf an, in was für einem Becher das Wasser gereicht werde oder von welcher schönen Hand. Denn wenn du meinst, es mache für dich etwas aus, in welcher Haartracht dir der Sklave den Becher reiche und wie durchsichtig dieser sei, dann bist du nicht durstig. Unter den übrigen Gaben hat die Natur uns auch *den* Vorzug verliehen, dass sie die Notwendigkeit jeden Beisatzes von Ekel entledigt hat. Was überflüssig ist, lässt Auswahl zu; da ist das Eine nicht anständig genug, das Andere nicht frei von Tadel, wieder ein anderes meinen Augen nicht wohlgefällig. Der große Weltenschöpfer, der uns die Gesetze für das Leben erteilt hat, hat es darauf abgelegt, dass wir gesund, nicht dass wir Leckermäuler seien. Für unsere Gesunderhaltung ist alles bereit und steht uns zur Verfügung; bei Befriedigung unserer Leckerhaftigkeit geht es nicht ohne Mühe und Sorgen ab. Machen wir uns also diese Wohltat der Natur, die nicht zu ihren geringsten gehört, zu nutze und bleiben wir immer dessen eingedenk, dass sie sich durch nichts besser um uns verdient gemacht hat als dadurch, dass das, was wir unumgänglich notwendig haben, ohne Ekel genossen wird.

Hundertundzwanzigster Brief

Über den Ursprung der Erkenntnis des Guten und des Sittlichguten

Dein Brief verbreitet sich über mehrere Fragen; bei einer aber verweilt er länger und verlangt eine Aufklärung darüber, wie wir zu der Erkenntnis des Guten und Sittlichguten gelangt sind. Diese beiden Begriffe sind bei anderen voneinander verschieden, bei uns nur getrennt. Was das heißen soll, will ich dir erklären. Für gut halten einige alles was nützlich ist. Daher legen sie diesen Namen sowohl dem Reichtum bei wie dem Pferde, dem Weine und dem Schuhe: So geringschätzig denkt man bei ihnen vom Guten und lässt seinen Wert so tief herabsinken. Für sittlichgut halten sie, was der vernunftgemäßen Anforderung an die Pflicht entspricht, wie z. B. die treue Fürsorge für den in hohem Alter stehenden Vater, die Unterstützung eines verarmten Freundes, mannhafte Haltung im Felde, einsichtige und bedachtsame Abstimmung im Rate. Wir lassen diese Begriffe zwar als zwei gelten, aber als aus *einer* Wurzel hervorgegangen. Nichts ist gut, was nicht auch sittlichgut ist. Was sittlichgut ist, ist unbedingt ein Gut. Ich halte es für überflüssig beizufügen, was für ein Unterschied zwischen beiden bestehe, da ich darüber schon mehrfach mich geäußert habe. Nur das Eine will ich sagen, dass wir nichts für gut halten, das auch zum Übeln verwendet werden kann. Du siehst aber, wie viele es gibt, die Reichtum, hohe Geburt, Macht übel verwenden. Jetzt also kehre ich zu der Frage zurück, über die du Aufklärung wünschest, auf welche Weise wir zuerst zur Erkenntnis des Guten und Sittlichguten gelangt sind.

Die Natnr konnte uns dies nicht lehren: Den Samen der Wissenschaft hat sie in uns gelegt, die Wissenschaft hat sie uns nicht gegeben. Einige sagen, wir seien zufällig zu solcher Kenntnis gelangt: eine unglaubliche Annahme; denn wie könnte die Vorstellung der Tugend irgendeinem durch Zufall zugekommen sein? Wir sind der Ansicht, dass sie aufgrund der Beobachtung sowie der Vergleichung sich oft wiederholender Tatsachen entstanden sei: Durch *Analogie* – so nehmen die Unseren an – ist sowohl das Sittlichgute wie das Gute erkannt worden. Da die römischen Grammatiker dies Wort mit dem Bürgerrecht beschenkt haben, so dürfen wir es meines Erachtens nicht verurteilen, müssen vielmehr sein Bürgerrecht anerkennen. Ich werde mich also dieses Ausdrucks bedienen, nicht nur als eines aufgenommenen, sondern als eines ganz geläufigen. Was es mit dieser Analogie auf sich hat, will ich angeben: Die Gesundheit des Körpers war uns bekannt, ihr gemäß schlossen wir auch auf irgendwelche Gesundheit der Seele. Wir kannten die Kräfte des Körpers. Aus ihnen schlossen wir auf das Dasein auch einer geistigen Kraft. So manche gütige, so manche menschenfreundliche, so manche mutige Handlungen hatten unser Staunen erregt: Diese gaben uns Anlass, sie als vollkommen zu bewundern. Noch so manche Fehler hafteten daran, die der Schimmer und Glanz einer ausgezeichneten Tat verbarg: Diese betrachteten wir als überhaupt nicht vorhanden. Die Natur heißt uns das Lobwürdige zu steigern, jedermann erhöhte den Ruhm auch über die Wirklichkeit hinaus: Daraus ergab sich für uns die Vorstellung eines unvergleichlich großen Gutes. Fabricius wies das Gold des Königs Pyrrhus zurück und erachtete es für höher als ein Königreich, die Schätze eines Königs zu verachten. Und als der Arzt des Pyrrhus diesem selben Manne versprach, er würde den König Pyrrhus vergiften, ließ er den Pyrrhus warnen, sich vor Nachstellungen in Acht zu nehmen. Beide Handlungen waren Ausfluss derselben Gesinnung: Sich nicht durch Gold besiegen zu lassen und nicht durch Gift zu siegen. Wir bewunderten den erhabenen Mann, der sich weder durch des Königs noch durch die wider den König gerichteten Anerbietungen irre machen ließ, der bei seiner musterhaften Haltung beharrte, der, was unvergleichlich schwer ist, im Kriege sich frei hielt von jeder Schuld, der glaubte, dass es auch gegen die Feinde ein Unrecht gebe, der bei größter Armut, auf die er stolz war, dem Reichtum aus dem Wege ging, als wäre er Gift. »Lebe«, sagte er, »durch meine Güte, Pyrrhus, und freue dich über das, was du bisher bedauertest, dass Fabricius nicht bestochen werden kann.« Horatius Cocles sperrte allein den schmalen Zugang zur Brücke und gab den Befehl, man solle hinter ihm ihm den Rückweg abschneiden, wenn nur dem Feinde der Weg genommen würde, und leistete den Andringenden so lange Widerstand, bis der gewaltige Zusammenbruch der losgelösten Balken sich vernehmen ließ. Als er sich umblickte und sah, dass durch seinen Wagemut das Vaterland außer Gefahr sei, rief er: »Wer da will, mag mir auf diesem meinem Wege folgen.« Dabei stürzte er sich hinab in die Flut, und nicht weniger darauf bedacht, in dem reißenden Strom seine Waffen zu retten als sein

Leben, kehrte er mit dem wohlbewahrten Schmuck seiner Waffen so wohlbehalten zurück, als wenn er über die Brücke gegangen wäre.

Diese und ähnliche Taten zeigten uns ein Bild der Tugend. Ich füge dem hinzu, was vielleicht Befremden erregt: Das Böse ließ zuweilen den Schein des Sittlichguten uns entgegentreten, und es glänzte das Beste durch sein Gegenteil. Wie du weißt, es grenzen die Fehler an die Tugenden, und auch das Verdorbene und Schändliche hat Ähnlichkeit mit dem Löblichen: So gibt sich der Verschwender den Schein des Freigebigen, trotz des großen Unterschiedes, der darin besteht, ob einer zu geben versteht oder nichts versteht vom Zusammenhalten. Es gibt viele, mein Lucilius, behaupte ich, die nicht schenken, sondern verschleudern. Freigebig nenne ich nicht den, der seinem Gelde zürnt. Die Gleichgültigkeit ahmt die Leutseligkeit, die Verwegenheit die Tapferkeit nach. Diese Ähnlichkeit nötigte uns, Acht zu geben und zu unterscheiden zwischen dem, was scheinbar einander nahe, tatsächlich aber weit voneinander entfernt ist, und bei Beobachtung derer, die eine hervorragende Tat berühmt gemacht hatte, nicht zu übersehen, wer eine Tat in edler Begeisterung und mit voller Hingebung vollbracht habe, aber nur einmal. Den einen sahen wir im Kriege tapfer, auf dem Markte zaghaft, in Ertragung der Armut herzhaft, der Verleumdung gegenüber gedrückt: Wir lobten die Tat, aber verachteten den Mann. Einen anderen sahen wir gütig gegen seine Freunde, maßvoll gegen seine Feinde; öffentliche und persönliche Obliegenheiten erfüllte er mit höchster Gewissenhaftigkeit; in Ertragung etwaiger Leiden ließ er es nicht an Geduld, im Handeln nicht an Klugheit fehlen. Wir sahen: Wo es zu geben galt, da spendete er mit voller Hand, wo es zu arbeiten galt, da zeigte er Ausdauer, Widerstandskraft und die Fähigkeit, der Ermattung des Körpers durch den Geist abzuhelfen. Zudem war er stets derselbe und in allem Tun sich selbst gleich, nicht mehr durch jeweiligen Entschluss gut, sondern durch strenge Gewohnheit dahin gebracht, dass es ihm nicht nur möglich war richtig zu handeln, sondern dass es ihm unmöglich war anders als richtig zu handeln. Wir fanden, dass er im Besitz der vollen Tugend sei. Diese zerlegten wir in Teile: Es mussten die Begierden gezügelt, die Furcht verscheucht, die Obliegenheiten von vornherein bestimmt, das einem jeden Zukommende ihm zugeteilt werden. So kamen wir zu den zusammenfassenden Begriffen der Mäßigkeit, der Tapferkeit, der Klugheit und der Gerechtigkeit, deren Pflichtenkreis für jeden bestimmt wurde. Woran erkannten wir also die Tugend? Sie macht sich uns kenntlich durch ihre Ordnung, durch ihre Schönheit, durch ihre Beständigkeit sowie durch die Zusammenstellung aller ihrer Handlungen und ihre alles überragende Größe. Daraus ergab sich die Vorstellung jenes glücklichen Lebens, das in ungetrübtem Laufe dahinfließt und ganz sein eigener Herr ist. Wie aber ist uns das klar geworden? Ich will es sagen. Niemals schmähte jener vollendete und zur Tugend gelangte Mann das Schicksal, niemals nahm er die Schickungen mit trüber Stimmung auf, er sah sich als einen Bürger der Welt und als einen Krieger an und unterzog sich deshalb allen Anstrengungen, als wären sie Befehle. Was ihm auch widerfahren mochte, er sah darin kein beleidigendes Unglück, das durch bösen Zufall über ihn gekommen, sondern gleichsam einen ihm gewordenen Auftrag. Wie er auch beschaffen sein mag, sagte er, ich erkenne ihn als für mich gültig an: Er ist abstoßend und hart, aber eben darauf muss meine Mühe gewandt sein. Unwillkürlich erschien also der als groß, der niemals über Unglück seufzte, niemals über sein Schicksal klagte. Er machte sich vielen kenntlich und leuchtete wie ein Licht in der Finsternis und zog die Aufmerksamkeit aller auf sich, denn er war freundlich und milde, göttlichen und menschlichen Dingen gleich freundlich zugeneigt. Er war im Besitz der vollkommenen und zu ihrer vollen Höhe gelangten Seele, die nichts über sich hat als den göttlichen Geist, von dem ein Teil auch in diese menschliche Brust sich herabgesenkt hat. Niemals ist sie göttlicher, als wenn sie an ihre

Sterblichkeit denkt und sich dessen bewusst ist, der Mensch sei dazu geboren, um das Leben zu verlassen, und dieser Leib sei nicht seine Heimstätte, sondern eine Herberge, und zwar eine Herberge nur für kurze Zeit, die man wieder verlassen muss, sobald man merkt, dass man dem Wirte zur Last wird. Der schlagendste Beweis, mein Lucilius, für die Abkunft der Seele aus einer höheren Region ist es, wenn sie diese Behausung, in der sie wohnt, für niedrig und eng erachtet, wenn sie den Austritt aus ihr nicht fürchtet. Denn wer sich seiner Herkunft erinnert, der weiß, wohin er gelangen wird. Sehen wir nicht, wie vieles Ungemach uns verfolgt, wie wenig dieser Körper unseren Wünschen entspricht? Bald ist es der Kopf, über den wir klagen, bald der Bauch, bald die Brust und die Kehle. Jetzt sind es die Nerven, die uns quälen, dann die Füße, bald der Durchfall, bald der Schnupfen, bald haben wir zu viel Blut, bald wieder zu wenig: Von der einen und anderen Seite leiden wir unter Anfechtungen und Bedrängnissen. So pflegt es denen zu gehen, die in fremdem Hause wohnen. Und doch! Wir, die wir mit einem so morschen Leibe uns abfinden müssen, machen nichtsdestoweniger Entwürfe für die Ewigkeit, und soweit man sich die menschliche Lebenszeit ausgedehnt denken kann, so weit erfüllen wir sie mit unseren Hoffnungen, nie zufrieden mit unserem Geld, mit unserer Macht. Was kann man sich Unverschämteres, was Törichteres denken? Nichts genügt den zum Tode Bestimmten, ja den Sterbenden. Denn täglich rücken wir dem Ende näher, und jede Stunde treibt uns hin auf den Punkt, der uns den Sturz bringt. Siehe, in welcher Blindheit unser Geist befangen ist: Was ich als zukünftig bezeichne, das vollzieht sich jetzt eben, ja, ein großer Teil hat sich schon vollzogen im Verlaufe unseres Lebens. Wir täuschen uns aber, wenn wir den letzten Tag fürchten, denn jeder einzelne Tag trägt ebenso viel zum Tode bei. Nicht jeder Schritt, bei dem wir versagen, bringt die Ermattung, sondern er gibt sie nur kund. Der letzte Tag bedeutet die Ankunft beim Tode, jeder andere die Annäherung an ihn. Der Tod vollzieht sein

Werk an uns Tag für Tag, rafft uns nicht plötzlich dahin. Daher gibt sich ein großer und seiner besseren Natur sich bewusster Geist zwar Mühe, um auf dem ihm angewiesenen Posten sich ehrenvoll und rührig zu halten, aber er hält nichts von dem, was ihn umgibt, für sein Eigentum, sondern braucht es wie ein vorübereilender Fremder als geliehenes Gut.

Wenn uns ein Mann von solcher Charakterstärke zu Gesicht kommt, warum sollte sich uns dann nicht die Vorstellung einer ungewöhnlichen geistigen Veranlagung aufdrängen? Zumal wenn, wie gesagt, die ununterbrochene Gleichmäßigkeit seines Verhaltens Zeugnis ablegte von der Echtheit seiner Größe. Die Wahrheit hat festen Bestand, die Lüge hat keine Dauer. Es gibt Leute, die abwechselnd bald Vatinier sind bald Catone. Und bald ist ihnen Curius nicht streng genug, Fabricius nicht arm genug, Tubero nicht genügsam und enthaltsam genug, bald wetteifern sie mit Licinus im Reichtum, mit Apicius in Tafelgenüssen, mit Mäcenas in Verweichlichung. Der schlagendste Beweis für Charakterverderbnis ist das Schwanken und das beständige Hin und Her zwischen erheuchelter Tugendsamkeit und der Liebe zu den Lastern.

Heute wimmelte
Sein ganzes Haus von Sklaven, morgen ließ
Er sich an zehn begnügen: hatte bald
Den Mund voll Potentaten und Tetrarchen;
Da war ihm nichts zu groß; bald hieß es: lasst
Mir nur ein schlichtes Tischchen auf drei Füßen,
Mit einer Muschel reinen Salzes drauf,
Und einen Rock, so grob gewebt er sei,
Der mich vor Kälte schützt, was brauch' ich mehr?
Nun, hättst du diesem mit so wenigem
Zufriednen eine Million gegeben,
In minder als sechs Tagen war davon
Kein Heller übrig.

So sind alle jene Menschen, wie Horatius Flaccus diesen beschreibt als einen Menschen, der niemals derselbe, ja nicht einmal sich selbst ähnlich ist: So weit treibt er's in seiner Abirrung von sich selbst. Von vielen habe ich gesprochen? Es fehlt nicht viel, so sind es alle. Wer änderte nicht täglich sein Vorhaben und seinen Wunsch? Bald will er eine Frau haben, bald eine Freundin, bald will er König sein, bald lässt er sich angelegen sein, dass kein Sklave ihn an Diensteifer übertreffe, bald macht er sich breit, dass er Neid erregt, bald duckt er sich und beschränkt sich dermaßen, dass er unter die Dürftigkeit der wirklich Darniederliegenden herabsinkt, bald streut er das Geld aus, bald legt er sich auf den Raub desselben. Darin verrät sich vor allem der Mangel an Einsicht, wenn einer bald so bald so erscheint und – meiner Meinung nach das Schimpflichste was es gibt – wenn er sich selbst nicht gleich bleibt. Sieh darin etwas Großes, dass man nur einen Menschen vorstellt. Aber nur der Weise ist es, der nur einen vorstellt, sonst niemand; wir Übrigen sind alle vielgestaltig. Bald wirst du uns genügsam finden und ernst gestimmt, bald verschwenderisch und flunkerhaft. Immer wieder wechseln wir in unserer Rolle und übernehmen die entgegengesetzte von der, die wir aufgegeben. Was du also von dir selbst fordern musst, ist dies, dass du die Haltung, die du von vornherein angenommen hast, bis zu Ende bewahrest. Sorge, dass man dich loben kann, wo nicht, dass man dich erkenne. Von manchem, den du gestern gesehen, kann mit Recht gesagt werden: »Wer ist das?« So groß ist die Veränderung.

Hundertundzweiundzwanzigster Brief

Die Verwerflichkeit der Nachtschlemmerei

Schon hat der Tag an Länge verloren; er ist im sichtlichen Rückzug begriffen, so jedoch, dass er noch reichlichen Raum lässt für einen, der sozusagen mit dem Tage selbst sich erhebt. Noch pflichteifriger und besser ist der, der den Tag schon erwartet und den Sonnenaufgang gleichsam zutage fördert. Schmach über jeden, der bei hohem Stande der Sonne noch halb im Schlafe liegt und erst um die Mittagszeit wach zu werden beginnt; ja für viele ist das sogar noch die Zeit vor Tagesanbruch. Gibt es doch Leute, die Tag und Nacht für ihr Tun vertauschen und die vom gestrigen Rausche noch schwer belasteten Augen nicht eher aufschlagen, als bis die Nacht herankommt. Wie es mit denen stehen soll, die die Natur zu unseren Gegenfüßlern gemacht hat,

> Und wenn der Morgen bereits mit schnaubenden Rossen uns anhaucht,
> Lassen die Sterne sich dort am Abendhimmel erblicken. –

so ist bei diesen zwar nicht der Erdstrich, wohl aber das Leben allem Üblichen entgegengesetzt. In derselben Stadt gibt es gewisse Gegenfüßler, die, wie M. Cato sagt, weder die aufgehende noch die untergehende Sonne jemals gesehen haben. Glaubst du, dass solche Leute wissen, wie man leben müsse, da sie nicht wissen, *wann*? Und sie sind es, die den Tod fürchten, während sie schon lebend dem Tode und dem Grabe verfallen sind. Sie sind Unheilbringer wie die Nachtvögel. Mögen sie auch gesalbten Körpers zechend die Finsternis durchwachen, mögen sie auch mit den zahlreichen Gängen ihrer Schmauserei die ganze Zeit ihres verkehrten nächtlichen Treibens hinbringen, sie tafeln nicht, sondern bringen sich selbst die Totenopfer. Den Toten wird wenigstens bei Tage geopfert. Aber wahrhaftig, dem Tätigen ist kein Tag zu lang. Geben wir dem Leben möglichste Ausdehnung: Was es fordert und zum Inhalt haben will, ist Tätigkeit. Die Nacht soll sich eine Einschränkung gefallen lassen und einen Teil von sich an den Tag abtreten. Vögel, die für die Tafel bestimmt sind, werden, um sie durch den Mangel an Bewegung leicht fett zu machen, im Dunkeln gehalten; wenn sie so ohne alle kräftigende Bewegung daliegen, schwillt ihr träger Körper an, und die Finsternis fördert das Wachstum des trägen Fettes. So bieten die Körper derer, die sich der Finsternis hingegeben haben, einen hässlichen Anblick. Denn sie zeigen eine Farbe, die verdächtiger ist als die Blässe der Kranken, kraftlos und matt schleichen sie bleich umher, und ihr Fleisch hat bei den Lebenden schon etwas, was an den Leichnam erinnert. Und doch möchte ich sagen, dieses Übel sei nur das kleinste bei ihnen. Wie viel größer ist die Finsternis, die über ihrem Geiste lagert. Dieser ist in sich selbst erstarrt, ist in Dunkel gehüllt und beneidet die Blinden. Wer hat jemals die Augen gehabt um der Dunkelheit willen? Du fragst, wie die Seele zu dieser Verkehrtheit komme den Tag zu meiden und das ganze Leben in die Nacht zu verlegen? Alle Laster liegen im Kampf mit der Natur und entziehen sich der gebührenden Ordnung. Darauf eben hat es die Üppigkeit abgelegt, am Verkehrten seine Freude zu haben und nicht nur abzuweichen vom Rechten und sich so weit wie nur möglich von ihm zu entfernen, um schließlich zum Gegenpart zu werden. Scheinen dir diejenigen nicht ein widernatürliches Leben zu führen, die nüchtern dem Becher zusprechen, die den Wein in die leeren Adern aufnehmen und berauscht zu Tische gehen? Und doch findet man häufig schon bei Jünglingen, welche den Körperübungen obliegen, dies Laster: Beinahe auf der Schwelle des Baderaumes schon trinken sie unter Nackten, ja treiben's bis zum Zechen und entledigen sich des durch die Fülle des hitzigen Getränkes erregten Schweißes gleich darauf durch Abreiben. Unmittelbar nach dem Frühstück oder der Hauptmahlzeit zu trinken ist (in ihren Augen) niedrige Volkssitte, der die

Familienväter auf dem Lande huldigen und Leute, die das wahre Vergnügen nicht kennen: Ein wahrer Genuss aber ist jener Edelwein, der nicht auf der Speise schwimmt, der frischweg auf die Nerven dringt. Nur jene Trunkenheit schafft Fröhlichkeit, die in das Leere kommt. Scheinen dir diejenigen nicht naturwidrig zu leben, die Weiberkleider anziehen anstelle der ihrigen? Leben diejenigen nicht naturwidrig, die es darauf ablegen, den blendenden Reiz des Knabenalters über seine eigentliche Zeit hinaus in Geltung zu halten? Was kann es Grausameres und Erbärmlicheres geben? Es soll einer nie Mann werden, um lange das Opfer der Wollust eines Mannes zu sein? Und während jenen schon sein Geschlecht dem Schimpf hätte entreißen sollen, soll ihn nicht einmal sein Alter davon befreien? Leben diejenigen nicht naturwidrig, welche Rosen im Winter verlangen und durch Erwärmung mit warmem Wasser und geschicktes Erborgen der winterlichen Wärme die Blumen des Frühlings erzielen? Leben diejenigen nicht naturwidrig, die Obstgärten auf turmhohen Gebäuden anlegen? Deren Wälder uns von den Dächern und Giebeln der Häuser zuwinken, mit Wurzeln, die in einer Höhe liegen, bis zu welcher die Wipfel hinaufzutreiben sich wie ein Frevel wider die Natur ausgenommen haben würde? Leben diejenigen nicht naturwidrig, die die Fundamente ihrer warmen Bäder in Meere legen lassen, und die nur dann die volle Annehmlichkeit eines Schwimmbades zu genießen glauben, wenn Flut und Sturm an ihr warmes Badegewässer anschlagen? Haben sie einmal angefangen alles nur in Widerspruch mit der natürlichen Gewohnheit tun zu wollen, so fallen sie schließlich völlig von ihr ab. »Es ist Tag, so ist es Zeit zum Schlafen. Es wird still: Jetzt ist es Zeit uns zu rühren, uns spazieren tragen zu lassen, das Frühstück zu genießen. Schon ist das Tageslicht wieder im Anzug: Es wird Zeit zum Mittagsmahl. Fort mit der Volkssitte, mit der herkömmlichen Lebensführung; sie ziehen uns nur ins Gemeine hinab. Überlassen wir den Tag dem gemeinen Volke: Uns soll ein besonderer, nur uns angehöriger Morgen anbrechen!« Solche Gesellen sind in meinen Augen so gut wie tot. Denn wie gering ist bei ihnen, die bei Fackel- und Kerzenlicht leben, noch der Unterschied von einem Leichenbegängnis, und zwar eines Frühverstorbenen?

Ein derartiges Leben haben meiner eigenen Erinnerung nach viele geführt, und zwar zu gleicher Zeit. Zu ihnen gehörte auch der gewesene Prätor Acilius Buta. Als dieser, nachdem er sein ungeheueres Vermögen durchgebracht, dem Tiberius seine Armut gestand, erwiderte dieser: »Du bist spät erwacht!« Montanus Julius, ein erträglicher Dichter und bekannt durch die Freundschaft mit Tiberius, wie nicht minder durch die Erkaltung dieser Freundschaft, trug aus seinen Gedichten vor. Sonnenauf- und -untergang spielten dabei eine besonders hervortretende Rolle. Als denn einer seinem Unwillen darüber Luft machte, dass jener den ganzen Tag gelesen, und erklärte, seine Vorleserei sei unausstehlich, erwiderte Natta Pinarius: »Ich kann unmöglich höflicher sein: Ich bin bereit, ihn vom Aufgang bis zum Untergang anzuhören.« Als er dann die Verse gelesen hatte:

> Schon hebt Phöbus an die glühenden Flammen zu senden,
> Schon erhebt sich der Tag in rötlichem Schimmer,
> die Schwalbe,
> Ängstlich besorgt, bringt Futter zum Nest
> der geschwätzigen Jungen,
> Teilet es liebevoll aus, um bald noch einmal zu kommen. –

da brach der römische Ritter Varus, der Genosse des M. Vinicius, ein Feinschmecker und Tafeljäger, welchen Beruf ihm seine lose Zunge lohnend machte, in die Worte aus: »Jetzt beginnt Buta zu schlafen.« Als dann jener die Verse las:

> Schon in die Ställe getrieben sind von den Hirten
> die Herden,

Schon ist die Nacht im Begriff, ein träges Schweigen
zu breiten
Über die schlummernde Erde. –

da sagte derselbe Varus: »Was sagst du? Ist es schon Nacht? Dann will ich gehen und dem Buta meinen Morgengruß bringen.« Nichts war bekannter als diese seine Lebensweise, diese Verkehrung des Lebens in sein Gegenteil, eine Mode, wie gesagt, die damals viele mitmachten. Einige aber ergaben sich dieser Lebensweise nicht deshalb, weil sie etwa glaubten, die Nacht habe an sich etwas Angenehmes, sondern weil der Überladene an nichts Freude hat, und weil das Tageslicht dem bösen Gewissen lästig ist, und weil demjenigen, der für alles, was er begehrt oder verachtet, nur den Maßstab des hohen oder geringen Preises kennt, das umsonst zu habende Licht etwas Widerwärtiges ist. Außerdem wollen die Schlemmer ihr Lebelang im Munde der Leute sein; denn schweigt man, so scheint all ihre Mühe verloren. Daher muss immer wieder von ihrer Seite etwas geschehen, was dem Gerede Nahrung gibt. Viele verzehren ihr Hab und Gut, viele halten sich ihre Geliebte. Will man es unter diesen Gesellen zu einem Namen bringen, so gilt es noch über die Üppigkeit hinaus etwas Außerordentliches zu leisten: In einem so vielbeschäftigten Gemeinwesen findet alltägliche Verworfenheit nicht Beachtung genug, um zum Stadtgespräch zu werden. Ich habe den Pedo Albinovanus erzählen hören – er war ein sehr gewandter Erzähler –, er habe oberhalb des Hauses des S. Papinius gewohnt. Dieser gehörte zu jener lichtscheuen Gesellschaft. »Um die dritte Stunde der Nacht«, erzählte er, »höre ich das Knallen von Peitschen. Ich frage, was er mache? Er lässt sich Rechnung ablegen, lautet die Antwort. Ich höre um die sechste Stunde der Nacht ein heftiges Geschrei; ich frage nach dem Grunde; Antwort: Er übt seine Stimme. Ich frage um die achte Stunde der Nacht, was es mit jenem Geräusch von Rädern auf sich habe: Man sagt mir, er ließe sich spazieren fahren. Um Tagesanbruch gibt es ein Hin- und Herrennen, die Sklaven werden gerufen, die Kellner und Köche machen Lärm. Ich frage, was vorgehe: Man sagt mir, er habe Meth und Speltsuppe verlangt, sei eben aus dem Bade gekommen. Seine Mahlzeit, fuhr er fort, dauerte nicht länger als sein Tag; denn er lebte sehr sparsam: Er verbrauchte nichts als die Nacht. Daher, glaube ich, sagte er, als einige ihn einen Geizhals und Knauser nannten: »Ihr könnt ihn auch Lychnobios (bei Lichte lebende Nachteule) nennen.« Du darfst dich nicht wundern, wenn du solche Sonderlichkeiten von Lasterhaftigkeit findest: Sie sind mannigfach, haben unzählige Gestalten; ihre Arten sind unerschöpflich. Die Bemühung um das Rechte ist einfach, die um das Verkehrte vielfach und allen möglichen neuen Abweichungen zugänglich. Ebenso geht es mit den Sitten: Bei denen, die der Natur folgen, sind sie gefälliger und ungezwungener Art und zeigen nur geringe Verschiedenheiten; bei unseren Nachtschwärmern aber sind sie durchaus verdrehter Art und sind ebenso verschieden von allem anderen wie von sich selbst. Der Hauptgrund dieser Krankheit scheint mir der Widerwille gegen die übliche allgemeine Lebensweise zu sein. Wie sie durch ihre Kleidung sich von den Übrigen unterscheiden sowie durch die gewählte Art ihrer Mahlzeiten, durch die vornehme Form ihrer Fuhrwerke, so wollen sie sich auch als etwas Besonderes hinstellen durch ihre Zeiteinteilung. Sie wollen sich nicht auf die gewöhnlichen Sünden verlegen, da sie auf übelen Ruf als Lohn ihrer Sünden rechnen. Auf diesen haben es alle diejenigen abgelegt, die, um diesen Ausdruck zu gebrauchen, rückwärts leben. Daher, mein Lucilius, wollen wir den Weg einhalten, welchen die Natur uns vorgezeichnet hat, und wollen nicht von ihm abweichen. Wer der Natur folgt, dem ist alles leicht, und alles geht ihm von der Hand; wer sich gegen sie stemmt, der lebt so, als ob er gegen den Strom ruderte.

Hundertunddreiundzwanzigster Brief
Lob der Genügsamkeit

Durch eine mehr beschwerliche als lange Reise erschöpft, langte ich spät in der Nacht auf meinem Albanum an. Ich vermisse hier noch alles, was mir nottut, außer mich selbst. Daher gönne ich meiner Müdigkeit die Bequemlichkeit des Lagers und lasse die Säumigkeit des Koches und Bäckers ruhig über mich ergehen. Denn in einem Selbstgespräch führe ich mir eben dies zu Gemüte, dass nichts schwer sei, was man leicht nimmt, und dass nichts des Ärgers wert ist, wenn man nicht selbst dem Ärger Nahrung gibt. Mein Bäcker hat kein Brot: Aber mein Verwalter, mein Hausmeister, mein Pächter hat welches. »Ein elendes Brot«, sagst du. Warte nur: Es wird schon gut werden. Auch dieses Brot wird der Hunger verfeinern und zum Weizenbrot machen. Man darf es nur nicht eher essen als bis eben der Hunger es befiehlt. Ich will also warten und nicht eher essen, als bis es so weit ist, dass ich entweder gutes Brot bekomme oder aufhöre meinem verwöhnten Gaumen zu huldigen. Es ist notwendig, sich an Bescheidenes zu gewöhnen. Viele Schwierigkeiten örtlicher und zeitlicher Art werden sich auch dem Reichen und Wohlhabenden als Hemmnisse ihrer Lustbegier entgegenstellen. Niemand kann alles haben, was er will; wohl aber kann er nicht wollen, was er nicht hat, und heiteren Sinnes genießen, was ihm beschert wird. Für unsere innere Freiheit kommt sehr viel darauf an, ob wir unseren Magen in guter Zucht haben, und ob er widerstandsfähig ist auch gegen starke Zumutungen. Ich kann das Vergnügen gar nicht hoch genug anschlagen, das es mir macht, meine Müdigkeit sich an sich selbst gewöhnen zu sehen: Ich verlange keine Sklaven zum Salben, kein Bad, kein anderes Mittel als das der Zeit. Denn was die Anstrengung uns auferlegt hat, das macht die Ruhe wieder gut. Diese eine auch noch so erbärmliche Mahlzeit wird erfreulicher sein als ein Antrittsschmaus. Denn ich habe meine Seelenstärke einer völlig unvermuteten Probe unterworfen. Eine solche nämlich ist einfacher und wahrer. Denn wenn die Seele sich vorbereitet und sich die Ausdauer ausdrücklich zum Gesetze gemacht hat, so gibt sich nicht mit gleicher Sicherheit das Maß ihrer wahren Festigkeit kund. Die sichersten Beweise sind die aus dem Stegreif, wenn sie nicht nur gelassen, sondern mit freundlicher Miene das Beschwerliche an sich herantreten lässt, wenn sie sich nicht ereifert, nicht hadert; wenn sie das, was man ihr hätte geben müssen, sich selbst ersetzt durch Nichtvermissen und sich mit dem Gedanken beruhigt, dass nur ihrer Gewohnheit, nicht aber ihr selbst etwas fehle. Wie überflüssig uns vieles sei, lernen wir erst dann einsehen, wenn es uns zu fehlen beginnt. Denn wir brauchten es nicht, weil wir mussten, sondern weil wir es hatten. Wie vieles aber schaffen wir uns an, bloß weil andere es sich angeschafft, weil es in dem Besitz der meisten sich findet! Eine der Ursachen unseres Ungemachs ist die, dass wir uns in unserer Lebensweise nach dem Beispiel anderer richten und uns nicht durch die Vernunft leiten lassen, sondern der Gewohnheit als Führerin folgen. Wären es nur wenige, die dies täten, dann würden wir nicht geneigt sein es ihnen nachzumachen; aber wenn die Mehrzahl sich dazu bereitfindet, als wäre es anständiger, weil es überwiegend geschieht, so schließen auch wir uns an. So gelangt anstelle des gesunden Urteils der Irrtum zur Herrschaft, sobald er sich der öffentlichen Meinung bemächtigt hat. Niemand unternimmt jetzt eine Reise ohne einen Vortrab von numidischen Reitern und ohne einen Trupp von Vorläufern: Man schämt sich, wenn man keine Leute hat, welche die Begegnenden aus dem Wege treiben oder die durch den emporwirbelnden Staub das Nahen eines vornehmen Herren ankündigen. Allgemein führt man jetzt Maultiere mit sich, die kristallene und myrrhene und von der Hand großer Künstler gefertigte Gefäße tragen: Man schämt sich, wenn es so aussieht, als habe man lauter Gepäck, das ohne Gefahr gerüttelt werden könne. Ihre Lieblingsknaben sitzen jetzt durchweg mit verdecktem Gesichte im Wagen, damit die Sonne oder die Kälte ihrer zarten Haut nicht schade: Man schämt sich, wenn die Knaben im Gefolge nicht sämtlich eines künstlichen Mittels bedürfen zum Schutze ihres Gesichtes. Man hüte sich vor der Unterhaltung mit all diesen Leuten: Sie sind es, die diese Laster verbreiten und von einem auf den anderen übertragen. Die verruchteste Sorte von Menschen scheinen diejenigen zu sein, die mit dem Herumtragen von Worten sich zu schaffen machen: Es gibt auch Leute, die sich mit Verbreiten von Lastern befassen. Die Unterhaltung mit ihnen wirkt sehr schädlich; denn wenn sich die Folgen auch nicht sofort zeigen, so haftet der Same doch in der Seele, und auch wenn wir uns von jenen Leuten entfernt haben, folgt uns das Unheil, um später sich wieder zur Geltung zu bringen. Wie Leute, die ein Konzert gehört haben, die rhythmische Bewegung und den bestrickenden Zauber der Sangesweisen, der das Nachdenken hemmt und nicht zu ernstlicher Tätigkeit kommen lässt, noch in den Ohren mit sich herumtragen, so haftet auch die Rede der Schmeichler und Lobredner des Verkehrten noch lange in uns, nachdem die Rede verklungen ist. Und es fällt der Seele nicht leicht, sich des Schmeicheltones zu erwehren: Er begleitet uns und dauert fort und kehrt von Zeit zu Zeit wieder. Daher gilt es, unsere Ohren vor den bösen Reden zu verschließen, und zwar gleich vor den ersten. Haben sie sich einmal Eingang verschafft und Einlass gefunden, dann erlauben sie sich alsbald weit mehr. So versteigen sie sich zu Behauptungen wie den folgenden: »Tugend, Philosophie, Gerechtigkeit, das ist alles nichts als leerer Wortschwall. Das einzige Glück ist es, sich das Leben angenehm zu machen. Essen, Trinken, Genuss des Erbgutes, das heißt leben, das heißt sich erinnern, dass man sterblich sei. Die Tage fließen dahin, und unwiederbringlich verrinnt das Leben. Gibt's da einen Zweifel? Was hilft es, weise zu sein und dem Alter, das nicht immer genussfähig bleibt, schon jetzt, da es noch genussfähig und nach Lust verlangend ist, Entsagung aufzuerlegen? Wohlan! Eile dem Tode voraus, und lass dir alles, was er dir rauben wird, gleich jetzt zugutekommen! Du hast keine Geliebte, keinen Knaben, der die Geliebte eifersüchtig machen kann. Tag für Tag gehst du nüchtern aus; mit der Mahlzeit hältst du es so knapp, als müsstest du deinem Vater dein Rechnungsbuch vorlegen. Das heißt nicht leben, sondern Zuschauer fremden Lebens sein. Welche Torheit ist es, den Erben in die Hände zu arbeiten und sich selbst alles zu versagen, nur um dir aus einem Freunde einen Feind zu machen um der Erbschaft willen. Denn der Erbe wird sich umso mehr über deinen Tod freuen, je mehr er bekommt. Diese finsteren und dünkelhaften Gesellen, diese Richter über fremdes Leben und Feinde ihres eigenen, diese Schulmeister des Publikums lass dir völlig gleichgültig sein und gib unbedenklich einem Wohlleben den Vorzug vor einem säuberlichen Ruf.« Solche Stimmen sind ebenso zu fliehen wie diejenigen, an denen Ulixes nicht anders als festgebunden vorüberfahren wollte. Sie haben dieselbe Wirkung: Sie locken uns von der Heimat, von Eltern, Freunden weg und trüben unser Leben, mancherlei Hoffnung uns vorgaukelnd, durch die traurigsten Wirrnisse. Wie viel besser ist es, den rechten Weg zu verfolgen und es mit sich dahin zu bringen, dass einem nur das angenehm ist, was sittlich gut ist. Dies Ziel können wir erreichen, wenn wir uns klarmachen, dass es zwei Arten von Dingen gibt: Solche, die uns einladen, und solche, die uns von sich scheuchen. Einladend wirken Reichtum, Erlustigungen, Schönheit, Ehrgeiz, und was sonst noch uns umschmeichelt und anlächelt, verscheuchend wirken Anstrengung, Tod, Schmerz, Schande und knappes Auskommen fürs Leben. Es bedarf also ernsthafter Übung, um das Eine nicht zu fürchten, das Andere nicht zu begehren. Wir müssen eine zwiefache Kampfesweise einhalten, deren eine das Gegenteil der anderen ist: Vor dem Einladenden müssen wir zurückweichen, gegen das uns Bedrängende zum Widerstand uns aufraffen. Siehst du nicht, wie verschieden die Haltung derer ist, die herabsteigen, und derer, die hinaufsteigen? Wer bergab geht, beugt den Körper rückwärts, wer bergauf geht, nach vorn. Denn beim Absteigen sein ganzes Gewicht nach vorn zu legen, beim Aufsteigen dagegen nach rückwärts, heißt sich zum Genossen des Verkehrten machen. Bei Sinnesgenüssen geht es abwärts, bei Bewältigung des Widrigen und Harten aufwärts: Hier müssen wir den Sporn, dort den Zügel brauchen.

Glaubst du nun, ich meine es so, dass nur diejenigen unseren Ohren verderblich sind, welche die Lust loben und vor dem Schmerz uns bange machen als vor Dingen, die ihrem Wesen nach furchtbar seien? Nein, auch jene, glaube ich, schaden uns, welche uns unter dem Scheine der stoischen Lehre zu den Lastern ermuntern. Denn sie kommen uns mit Behauptungen, denen zufolge nur der Weise auch ein zuständiger Liebhaber sei: »Er besitzt allein das Wissen für diese Kunst, er ist in gleicher Weise auch der Kundigste im geselligen Trinken und Schmausen. Lasst uns denn untersuchen, bis zu welchem Alter man die Jünglinge lieben dürfe.« Das bleibe der griechischen Sitte überlassen. Wir wollen vielmehr unsere Beachtung folgenden Reden schenken: »Niemand ist durch Zufall gut. Die Tugend muss erlernt werden. Die Lust ist eine niedrige und kleinliche Sache, völlig wertlos, ein Gemeingut, das wir mit den unvernünftigen Tieren teilen, und dem auch die winzigsten und verachtetsten Geschöpfe zufliegen. Der Ruhm ist etwas Eitles und Flüchtiges und beweglicher als die Luft. Die Armut ist für niemanden ein Übel außer für den, der ihr widerstrebt. Der Tod ist kein Unglück. Du fragst, was er sei? Er allein ist das gleiche Recht für das menschliche Geschlecht. Der Aberglaube ist der Irrtum eines Kindes: Er fürchtet die, die man lieben muss, er beleidigt die, welche er verehrt. Denn was wäre es für ein Unterschied, ob du die Götter leugnest oder in Verruf bringst?« Diese Sätze muss man lernen, ja auswendig lernen. Die Philosophie darf dem Laster keine Entschuldigungen zur Verfügung stellen. Keine Hoffnung auf Genesung hat der Kranke, den der Arzt zur Unmäßigkeit ermahnt.